Franz Loquai (Hrsg.)

Im Licht der Grünen Insel

Buch

Zerklüftete Steilküsten und kilometerlange Sandstrände, wilde Gebirgslandschaften und Schafherden auf grünen Weiden, mittelalterliche Klöster und gemütliche Pubs: Nirgendwo kann man seine Seele besser baumeln lassen als in Irland. Wer hierher kommt, ist überwältigt von der malerischen Natur, von eindrucksvollen Kulturzeugnissen der Vergangenheit und von einer allgegenwärtigen musikalischen und literarischen Tradition. Die Grüne Insel ist reich an Geschichte und Geschichten – und einige dieser Geschichten, die auch Schattenseiten wie Not und Krieg nicht aussparen, werden in diesem Band erzählt. »Im Licht der Grünen Insel« versammelt ausgesuchte Texte klassischer und moderner Autoren, darunter Roddy Doyle und James Joyce, Elizabeth Bowen und Colum McCann, William Butler Yeats und Flann O'Brien, Frank McCourt und Hugo Hamilton. Dieser Band ist das ideale Lesebuch für alle Irland-Freunde, eine so spannende wie unterhaltsame Sammlung, die einen das Jahr hindurch zum Schmökern und Träumen anregt.
Ein Anhang mit Nachwort, Autorenbiografien, Quellenverzeichnis und Bibliografie bietet alle wichtigen Hintergrundinformationen zu den Texten.

Herausgeber

Professor Dr. Franz Loquai lehrt Neuere deutsche und Vergleichende Literaturwissenschaft an der Universität Heidelberg. Er ist Herausgeber zahlreicher Goldmann-Klassiker, darunter Hugo von Hofmannsthals »Die Frau ohne Schatten und andere Erzählungen«, Rainer Maria Rilkes »Geschichten vom lieben Gott«, »Die Aufzeichnungen des Malte Laurids Brigge« und »Zwei Prager Geschichten« und Arthur Schnitzlers »Fräulein Else und andere Erzählungen« und »Therese. Chronik eines Frauenlebens« sowie der unten aufgeführten Lesebücher.

Weitere Reise-Lesebücher bei Goldmann:

Land des Lichts. Ein Provence-Lesebuch (7736)
Licht über blauen Wassern. Ein Mittelmeer-Lesebuch (7745)
Licht über dem Fjord. Ein Skandinavien-Lesebuch (7700)

Franz Loquai
(Hrsg.)

Im Licht der Grünen Insel

Ein
Irland-Lesebuch

Goldmann

Es war dem Verlag leider nicht möglich,
sämtliche Quellen zu ermitteln.
Eventuelle Rechteinhaber
wenden sich bitte an den Verlag.

Umwelthinweis:
Alle bedruckten Materialien dieses Taschenbuches
sind chlorfrei und umweltschonend.

1. Auflage
Originalausgabe Juli 2005

Umschlaggestaltung: Design Team München
Umschlagfoto: CORBIS / Ergenbright
Satz: IBV Satz- und Datentechnik GmbH, Berlin
Druck: GGP Media GmbH, Pößneck
Titelnummer: 7707
BH · Herstellung: Sebastian Strohmaier
Made in Germany
ISBN 3-442-07707-9
www.goldmann-verlag.de

Inhalt

Aufbruch: Annäherung an die Insel

Erste Reise: In Dublin und Umgebung

Zweite Reise: Im Osten und Süden von Éire

DRITTE REISE: AM RAND DER WESTLICHEN WELT

VIERTE REISE: IM LICHT DER GRÜNEN INSEL

Fünfte Reise: Ausflüge nach Ulster

Heimkehr von der Heiligen Insel

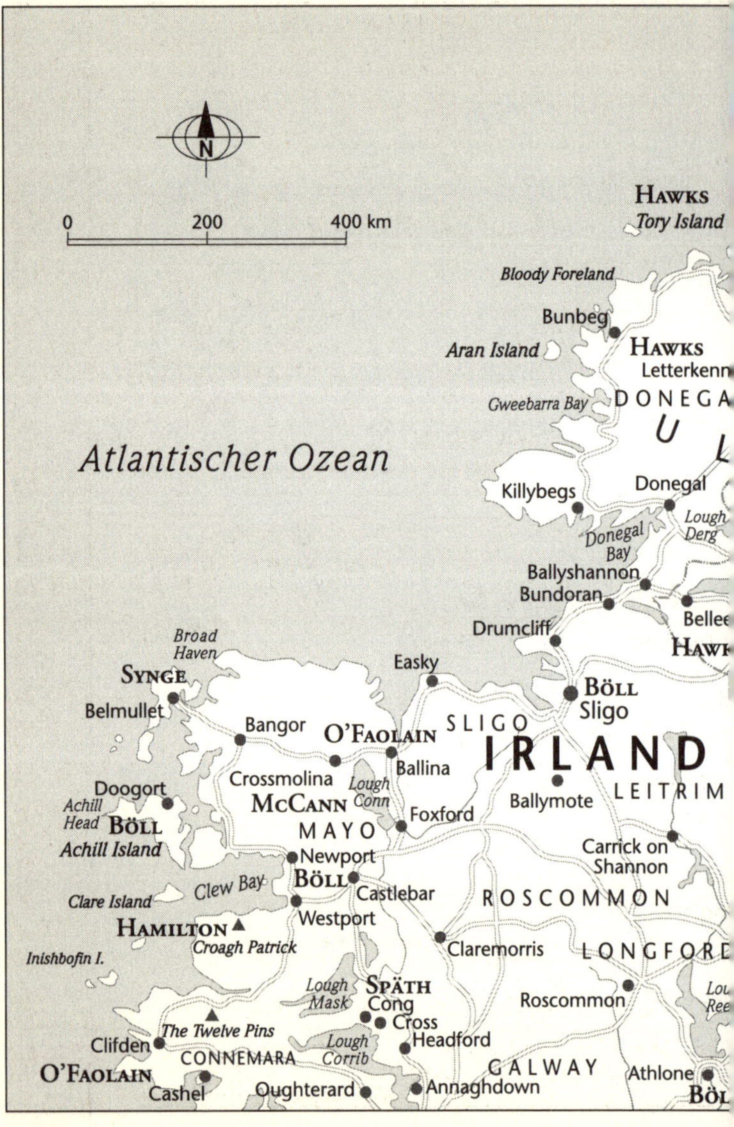

N
0
200
400 km
Atlantischer Ozean
HAWKS
Tory Island
Bloody Foreland
Bunbeg
Aran Island
HAWKS
Letterkenn
Gweebarra Bay
DONEGA
U
L
Killybegs
Donegal
Lough Derg
Donegal Bay
Ballyshannon
Bundoran
Bellee
Drumcliff
HAWK
Broad Haven
SYNGE
Belmullet
Easky
BÖLL
Sligo
Bangor
O'FAOLAIN
SLIGO
IRLAND
Ballina
Crossmolina
Lough Conn
Ballymote
LEITRIM
Doogort
Achill Head
BÖLL
Achill Island
MCCANN
MAYO
Foxford
Carrick on Shannon
Newport
BÖLL
Castlebar
Clare Island
Clew Bay
Westport
ROSCOMMON
HAMILTON
Croagh Patrick
Claremorris
LONGFORD
Inishbofin I.
Lough Mask
SPÄTH
Cong
Cross
Roscommon
Lough Ree
The Twelve Pins
Clifden
Lough Corrib
Headford
CONNEMARA
GALWAY
O'FAOLAIN
Cashel
Oughterard
Annaghdown
Athlone
BÖL

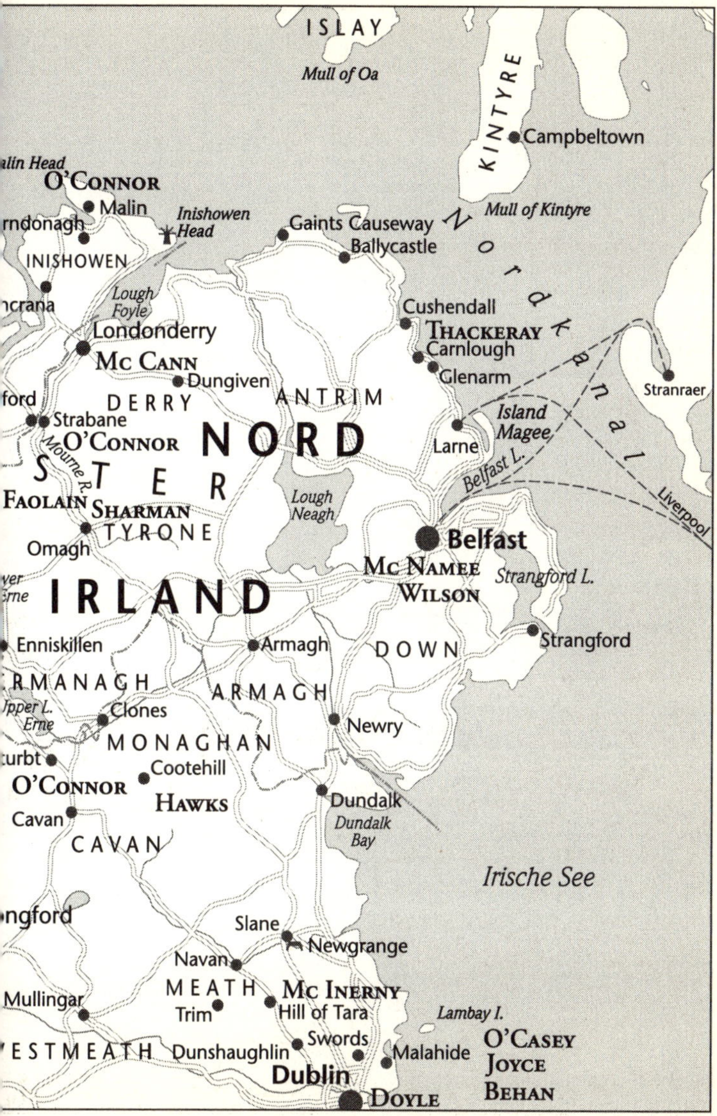

ISLAY
Mull of Oa
KINTYRE
Campbeltown
alin Head
O'Connor
Malin
rndonagh
Inishowen Head
Gaints Causeway
Mull of Kintyre
Ballycastle
Nordkanal
INISHOWEN
Lough Foyle
ncrana
Cushendall
Londonderry
Thackeray
Carnlough
Mc Cann
Glenarm
Dungiven
Stranraer
ford
DERRY
ANTRIM
Strabane
Island Magee
O'Connor
NORD
Larne
Mourne R.
STER
Belfast L.
Faolain
Sharman
Lough Neagh
Liverpool
TYRONE
Belfast
Omagh
Mc Namee
Strangford L.
Wilson
IRLAND
Strangford
Enniskillen
Armagh
DOWN
RMANAGH
ARMAGH
Upper L. Erne
Clones
Newry
MONAGHAN
urbt
Cootehill
O'Connor
Hawks
Dundalk
Cavan
Dundalk Bay
CAVAN
Irische See
ngford
Slane
Newgrange
Navan
MEATH
Mc Inerny
Mullingar
Trim
Hill of Tara
Lambay I.
Swords
O'Casey
ESTMEATH
Dunshaughlin
Malahide
Joyce
Dublin
Behan
Doyle

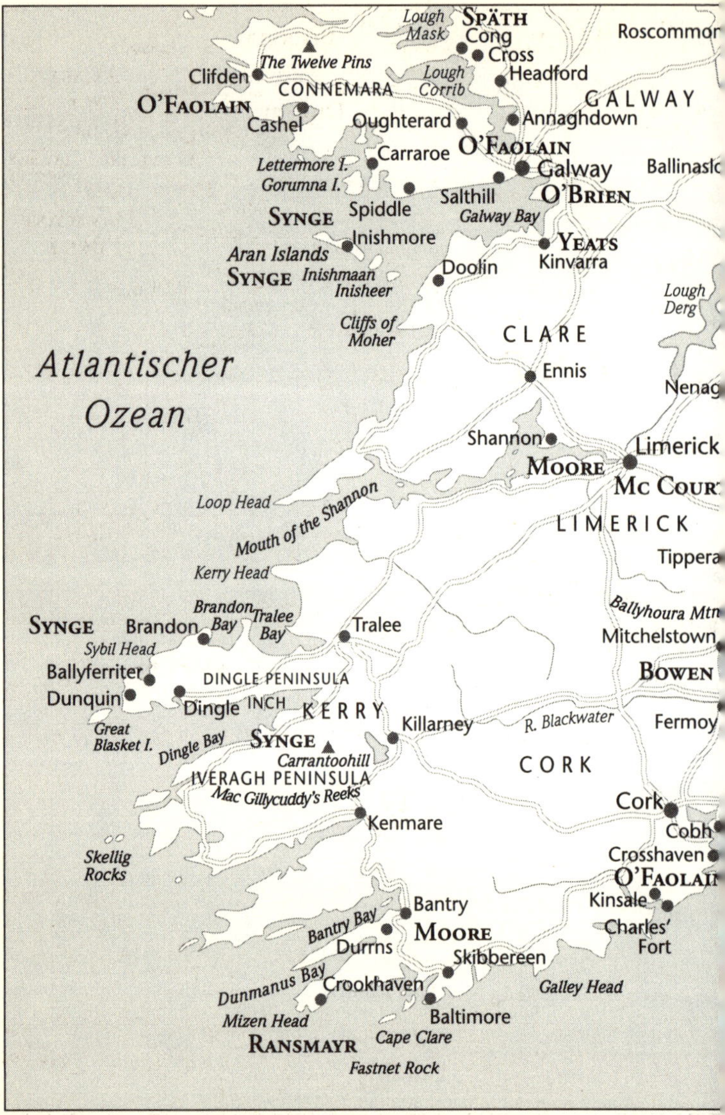

Atlantischer Ozean
Lough Mask
SPÄTH
Cong
Cross
Roscommon
The Twelve Pins
Clifden
CONNEMARA
Lough Corrib
Headford
O'FAOLAIN
Cashel
GALWAY
Oughterard
Annaghdown
O'FAOLAIN
Lettermore I.
Carraroe
Galway
Ballinasloe
Gorumna I.
Salthill
O'BRIEN
SYNGE
Spiddle
Galway Bay
Inishmore
YEATS
Aran Islands
Kinvarra
SYNGE
Inishmaan
Doolin
Inisheer
Lough Derg
Cliffs of Moher
CLARE
Ennis
Nenagh
Shannon
Limerick
MOORE
MC COURT
Loop Head
Mouth of the Shannon
LIMERICK
Kerry Head
Tipperary
Brandon Bay
Tralee Bay
Ballyhoura Mtns
SYNGE
Brandon
Tralee
Mitchelstown
Sybil Head
Ballyferriter
DINGLE PENINSULA
BOWEN
Dunquin
Dingle
INCH
KERRY
Great Blasket I.
Killarney
R. Blackwater
Fermoy
Dingle Bay
SYNGE
Carrantoohill
CORK
IVERAGH PENINSULA
Mac Gillycuddy's Reeks
Cork
Kenmare
Cobh
Crosshaven
Skellig Rocks
O'FAOLAIN
Bantry
Kinsale
Bantry Bay
MOORE
Charles' Fort
Durrns
Skibbereen
Dunmanus Bay
Crookhaven
Galley Head
Mizen Head
Baltimore
RANSMAYR
Cape Clare
Fastnet Rock

Lough Ree
Mullingar
MEATH
Trim
BECKETT
Lambay I.
WESTMEATH
Dunshaughlin
Swords
Malahide
O'CASEY
JOYCE
BEHAN
BÖLL
Athlone
Dublin
DOYLE
Dun Laoghaire
Liverpool
Holyhead
Tullamore
KILDARE
Dalkey
BOWEN
BÖLL
River Shannon
OFFALY
Bray
BECKETT
HAMILTON
O'BRIEN
Birr
Mtns.
WICKLOW
Laragh
Wicklow
Athy
oscrea
LAOIS
Baltinglass
SYNGE
IRLAND
Wicklow
Aughrim
Carlow
Arklow
CARLOW
Thurles
MC AMLAIGH
Kilkenny
IPPERARY
Mt. Leinster
KILKENNY
WEXFORD
Sankt-Georg-
Kanal
Galtee Mtns.
ahir
Clonmel
Carrick
on Suir
New Ross
Wexford
REVOR
Waterford
WATERFORD
Rosslare Harbour
Fishguard
ockmealdown Mtns.
Tramore
Dungarvan
Youghal
Keltische
See
Le Havre
N
Cork - Swansea
0
200
400 km

Aufbruch:
Annäherung an die Insel

Heinrich Böll

Ankunft

Als ich an Bord des Dampfers ging, sah ich, hörte und roch ich, daß ich eine Grenze überschritten hatte; eine von Englands lieblichen Seiten hatte ich gesehen: Kent, fast bukolisch – das topographische Wunder London nur gestreift – dann eine von Englands düsteren Seiten gesehen: Liverpool – aber hier auf dem Dampfer war England zu Ende: hier roch es schon nach Torf, klang kehliges Keltisch aus Zwischendeck und Bar, hier schon nahm Europas soziale Ordnung andere Formen an: Armut war nicht nur »keine Schande« mehr, sondern weder Ehre noch Schande: sie war – als Moment gesellschaftlichen Selbstbewußtseins – so belanglos wie Reichtum; die Bügelfalten hatten ihre schneidende Schärfe verloren, und die Sicherheitsnadel, die alte keltisch-germanische Fibel, trat wieder in ihr Recht; wo der Knopf wie ein Punkt gewirkt hatte, vom Schneider gesetzt, war sie wie ein Komma eingehängt worden; als Zeichen der Improvisation förderte sie den Faltenwurf, wo der Knopf diesen verhindert hatte. Auch als Aufhänger für Preisschildchen, als Hosenträgerverlängerung, als Manschettenknopf-Ersatz sah ich sie, schließlich als Waffe, mit der ein kleiner Junge durch den Hosenboden eines Mannes stach: erstaunt war der Junge, erschrocken dann, weil der Mann keinerlei Reaktion zeigte; dann klopfte der Junge vorsichtig mit dem Zeigefinger den Mann ab, um festzustellen, ob er noch lebte: er lebte noch, schlug dem Jungen lachend auf die Schulter.

Immer länger wurde die Schlange vor dem Schalter, wo es den Nektar Westeuropas in großzügigen Portionen um billiges Geld gab: Tee; als wären die Iren bemüht, unbedingt auch diesen Weltrekord, den sie knapp vor England halten, nicht preiszugeben: fast zehn Pfund Tee werden jährlich pro Kopf in Irland verbraucht: ein kleines Schwimmbassin voll Tee also muß in jedem Jahr durch jede irische Kehle laufen.

Während ich langsam in der Schlange vorrückte, blieb Zeit genug, um die anderen irischen Weltrekorde ins Gedächtnis zu rufen: nicht nur den im Teetrinken hält dieses kleine Land: als zweiten den im Priesternachwuchs (die Erzdiözese Köln etwa müßte fast tausend Neupriester jährlich weihen, um mit einer kleinen Erzdiözese in Irland konkurrieren zu können); als dritten Weltrekord hält Irland den im Kinobesuch (wiederum – wieviel Gemeinsamkeit bei allen Gegensätzen! – knapp vor England); als vierten schließlich einen bedeutsamen, von dem ich nicht zu sagen wage, daß er mit den ersten dreien in ursächlichem Zusammenhang stehe: in Irland gibt es die wenigsten Selbstmörder auf dieser Erde. Noch sind die Rekorde im Whiskytrinken und im Zigarettenrauchen nicht ermittelt, doch auch in diesen Disziplinen liegt Irland weit vorne, dieses kleine Land, das soviel Bodenfläche wie Bayern, aber weniger Einwohner hat, als zwischen Essen und Dortmund wohnen.

Eine Tasse Tee so um Mitternacht, wenn man fröstelnd im Westwind steht, während der Dampfer sich langsam in die offene See schiebt – dann einen Whisky oben in der Bar, wo das kehlige Keltisch immer noch, aber nur aus einer einzigen irischen Kehle klang; Nonnen duckten sich im Vorraum der Bar wie großes Geflügel für die Nacht zurecht, warm unter ihren Hauben, ihren langen Habits, zogen ihre langen Rosenkränze ein, wie Taue eingezogen werden, wenn ein Boot abfährt; einem jungen Mann, der mit einem Säugling auf dem Arm an der Bartheke stand, wurde eben das fünfte Glas Bier verweigert, auch seiner Frau, die mit einem zweijährigen Mädchen neben ihm stand, nahm der Kellner das Glas ab, ohne es neu zu füllen; langsam leerte sich die Bar, schon war das kehlige Keltisch verstummt, die Köpfe der Nonnen nickten leise im Schlaf; eine hatte vergessen, ihren Rosenkranz einzuziehen, die dicken Perlen rollten mit der Bewegung des Schiffes hin und her; die beiden mit ihren Kindern auf dem Arm, denen der Trunk verweigert worden war, wankten vor mir, steuerten auf eine Ecke zu, wo sie aus Koffern und Kartons sich eine kleine Burg erbaut hatten: dort schliefen zwei weitere Kinder, zu beiden Seiten an die Großmutter gelehnt, deren schwarzes Umhängetuch Wärme für drei zu bieten schien; der Säugling und das zweijährige Schwesterchen wurden in einem Waschkorb verstaut, zugedeckt, die Eltern verkrochen sich stumm zwischen zwei Koffern, eng aneinandergeschmiegt, und die weiße schmale Hand des Mannes zog einen Regenmantel wie ein Zeltdach über dem Paar zurecht. Stille, nur die Kofferschlösser klirrten leise im Rhythmus des fahrenden Schiffes.

Ich hatte vergessen, mir einen Platz für die Nacht zu sichern, stieg über Beine, Kisten, Koffer; Zigaretten glühten im Dunkeln, ich schnappte aus geflüsterten Gesprächen Brocken auf: »Connemara … keine Chance … Kellnerin in London.« Ich duckte mich zwischen Rettungsboote und Schwimmgürtel, aber der Westwind war scharf und feucht, ich stand auf, wanderte über das Schiff, das mehr einem Auswandererschiff als einem Heimkehrerschiff glich; Beine, glühende Zigaretten, Brocken aus geflüsterten Gesprächen – bis ein Priester mich am Mantelsaum festhielt und lächelnd einlud, mich neben ihn zu setzen; ich lehnte mich zurück, um zu schlafen, aber rechts von dem Priester, unter einer grün-grau gestreiften Reisedecke hervor, sprach eine zarte klare Stimme: »Nein, Father, nein, nein … es ist zu bitter, an Irland zu denken. Einmal im Jahr muß ich ja hinfahren, um meine Eltern zu besuchen, und meine Großmutter lebt auch noch. Kennen Sie die Grafschaft Galway?«

»Nein«, sagte der Priester leise.

»Connemara?«

»Nein.«

»Sie sollten es sich ansehen, und vergessen Sie nicht, auf der Rückfahrt im Hafen von Dublin achtzugeben, was aus Irland exportiert wird: Kinder und Priester, Nonnen und Biskuits, Whisky und Pferde, Bier und Hunde ...«

»Mein Kind«, sagte der Priester leise, »Sie sollten diese Dinge nicht in einem Atem nennen.«

Ein Streichholz flammte unter der grün-grauen Reisedecke auf, ein scharfes Profil wurde für wenige Sekunden sichtbar.

»Ich glaube nicht an Gott«, sagte die zarte klare Stimme, »nein, ich glaube nicht an Gott – warum sollte ich da nicht Priester und Whisky, Nonnen und Biskuits in einem Atem nennen; ich glaube auch nicht an *Kathleen ni Houlihan*, an dieses Märchenirland ... Ich war Kellnerin in London, zwei Jahre lang: ich hab' gesehen, wieviel leichte Mädchen ...«

»Mein Kind«, sagte der Priester leise.

»... wieviel leichte Mädchen *Kathleen ni Houlihan* nach London geliefert hat; die Insel der Heiligen.«

»Mein Kind!«

»So nannte mich auch der Pfarrer zu Hause: mein Kind ... Er kam mit dem Fahrrad, einen weiten Weg, um uns sonntags die Messe zu lesen, aber auch er konnte nichts dagegen tun, daß *Kathleen ni Houlihan* ihr Kostbarstes exportierte: ihre Kinder. Gehen Sie nach Connemara, Father – soviel schöne Landschaft auf einmal, mit so wenig Menschen drin, haben Sie sicher noch nie gesehen; vielleicht lesen Sie einmal eine Messe bei uns, dann sehen Sie mich sonntags fromm in der Kirche knien.«

»Aber Sie glauben doch nicht an Gott.«

»Aber denken Sie, ich könnte es mir leisten – und ich würde

es meinen Eltern antun –, nicht in die Kirche zu gehen? ›Fromm ist unser gutes Mädchen geblieben – fromm; ein gutes Kind.‹ Und meine Großmutter küßt mich, wenn ich wieder zurückfahre, segnet mich und sagt: ›Bleibe so fromm, wie du bist, mein gutes Kind!‹ ... Wissen Sie, wieviel Enkel meine Großmutter hat?«

»Mein Kind, mein Kind«, sagte der Priester leise. Scharf glühte die Zigarette auf, ließ wieder für eine Sekunde das strenge Profil sehen.

»Sechsunddreißig Enkel hat meine Großmutter: sechsunddreißig; achtunddreißig hatte sie: einer ist abgeschossen worden in der Schlacht um England, ein zweiter mit einem englischen U-Boot versenkt worden – sechsunddreißig leben noch: zwanzig in Irland, die anderen ...«

»Es gibt Länder«, sagte der Priester leise, »die Hygiene und Selbstmordgedanken exportieren, Atomkanonen, Maschinengewehre, Autos ...«

»Oh, ich weiß«, sagte die zarte klare Mädchenstimme, »ich weiß das alles: ich habe selbst einen Bruder, der Priester ist, und zwei Vettern: sie sind die einzigen in der ganzen Verwandtschaft, die ein Auto haben.«

»Mein Kind ...«

»Ich versuch' jetzt, ein wenig zu schlafen – gute Nacht, Father, gute Nacht.«

Die glühende Zigarette flog über die Reling, die grün-graue Decke wurde fest um die schmalen Schultern gezogen, der Kopf des Priesters bewegte sich wie im ständigen Kopfschütteln hin und her; vielleicht war es auch nur der Rhythmus des fahrenden Schiffs, der den Kopf bewegte.

»Mein Kind«, sagte er leise noch einmal, aber er bekam keine Antwort mehr.

Er lehnte sich seufzend zurück, klappte den Mantelkragen hoch; vier Sicherheitsnadeln hatte er als Reserve innen auf dem Revers stecken: vier, die an einer fünften, quergesteckten, hin und her schaukelten unter den leisen Stößen des Dampfers, der in die graue Dunkelheit hinein auf die Insel der Heiligen zufuhr.

Hugo Hamilton
Deutsch-irische Wallfahrten

Vaters Name lautet Jack, und er kommt in einem Lied vor, einer langen Ballade mit vielen Versen, die von all den Auswanderern handelt, die Irland verlassen haben. Das Lied ist so lang, dass ein Tag nicht reichen würde, um es ganz zu singen. Es hat mehr als tausend Verse, und alle drehen sich um Freiheit und Hungertod, und am Ende geht es um das Fortgehen. Vater kann nicht gut singen, aber den Refrain, in dem es heißt, dass man in Irland bleiben und irisch sein solle, spricht er immer wieder vor sich hin.

»No more shall we roam from our native home«, sagt er oft, wenn wir am Meer stehen, uns am blauen Geländer festhalten und den weißen Segelbooten zuschauen. Er will nicht, dass wir in England oder Amerika leben, wo man nur Englisch spricht und von der Rückkehr in die Heimat träumt. Also bleiben wir, durchs Wasser von allen anderen Ländern getrennt, in Irland, dem Land unserer Geburt, in dem die Kirchenglocken läuten und das Postschiff aufs Meer hinausfährt. Anstatt des ewigen Auswanderns hatte Vater eine neue Idee: Warum nicht Leute aus anderen Ländern nach Irland holen? Und so hat er Mutter geheiratet, und nun ist sie diejenige, die von ihrer fernen Heimat träumt und singt. Mutter ist es, die in der Fremde lebt, und das heißt, dass wir am Ende in einem fremden Land leben werden, weil wir Kinder von irgendwo anders sind.

Vater stammt aus der Kleinstadt Leap, die im Westen von Cork liegt, und er hatte viele Onkel und Cousins, die auswandern mussten. Bei einem seiner Onkel dauerte es zwanzig Jahre, bis er den ersten Brief nach Hause schrieb, und er schrieb ihn nur, um sich gegen das in Irland noch immer umlaufende Gerücht zu verwahren, er hätte bei seiner Abreise Freundin und Baby zurückgelassen. Es war leicht, Gerüchte über Ausgewanderte in die Welt zu setzen. Und den Ausgewanderten fiel es leicht, Irland zu verleugnen und aus der Entfernung zu sagen, dass es ein bettelarmes Land voller Versager sei. Vielleicht verdienten sie in der Fremde viel Geld, sagt Vater, aber sie seien auch einsam und wollten, dass die restlichen Iren ebenfalls auswanderten und zu ihnen stießen. Vater und Ted, sein jüngerer Bruder, wollten eigentlich auch weg. Sie wohnten mit ihrer Mutter in einem Haus am Ende der Stadt, über dessen Kaminsims das Foto eines Matrosen hing. Sie hatten vor, nach Amerika zu gehen und bei ihrem Onkel zu arbeiten, aber dann bekamen sie ein Stipendium und gingen stattdessen zur Schule.

Die Kleinstadt Leap ist nach einem berühmten Iren namens O'Donovan benannt, der einst den Engländern entkam, indem er über eine nahe Schlucht sprang. *Léim Uí Dhonabháin* wird sie genannt: Donovans Sprung. Die Polizei machte in der ganzen Gegend Jagd auf ihn, doch er entkam durch den unglaublichen Sprung über die Schlucht, den ihm niemand nachzutun wagte. »Über die Schlucht, überm Gesetz«, sagten die Leute aus der Stadt. Freiheit gab es damals nicht. Und da ihm schlecht die ganze Stadt über die Schlucht folgen konnte, blieb man, wo man war, und man blieb unter britischer Herrschaft. Doch man sprach darüber, und im Sommer ging man zur Schlucht hinauf, um einen Blick auf die andere Seite zu werfen. Den Sprung konnte allerdings niemand tun. Also benannte man die Stadt nach einer Sache, die vielleicht nur Legende war. Man nannte sie Leap, weil der Sprung etwas war, das die Einwohner der Stadt gern getan hätten, wovon sie träumten und worüber sie sangen.

Danach seien viele ausgewandert, sagt Vater. Und jene, die geblieben waren, sagten ihren Kindern, dass sie, falls sie es nicht O'Donovan gleichtun und ihr Leben lang davonrennen wollten, lieber Englisch sprechen sollten, denn das war die Sprache, die man in Amerika und Kanada, in Australien und Südafrika sprach. Auf den Schiffen sprach man Englisch, und man sprach Englisch in den Filmen. Irisch sei schlecht für das Geschäft, sagten sie, warum also sollte jemand sein Leben bei einem Sprung über eine tödliche Schlucht riskieren? Der bloße Gedanke war verrückt. Alle Bewohner Corks fingen an, Englisch zu sprechen und an jedem Satzende »Junge« zu sagen, egal, ob der Angesprochene jung war oder alt. Du bringst dich doch um, Junge, sagten sie. Sie sagten alles zweimal, um sicherzugehen, dass man ihnen glaubte. Sie behaupteten, über dem Gesetz zu stehen, und warum den Beweis dafür führen, Junge?

In Vaters Lied kamen außerdem viele Morde und reichlich Sterben vor und große Häuser, die in Flammen standen. Ab und zu erzählt er uns Teile des Liedes, jenen zum Beispiel, der von der Zeit erzählt, als im Westen Corks, nachdem man die britische Flagge hatte abnehmen wollen, die Kämpfe ausbrachen. Er erzählt von Kindern, die Süßigkeiten in den Einschusslöchern in der Molkereiwand versteckten, und von Terence MacSwiney, dem Oberbürgermeister von ganz Cork, der bei einem Hungerstreik in einem Londoner Gefängnis starb. Vater legt die Platte mit dem Lied über Kevin Barry auf, einen Mann, der an einem Montagmorgen in Dublin gehängt wurde. Er erzählt uns von der Zeit, als britische Soldaten vor ihrem Haus in Leap standen und drohten, es niederzubrennen, weil sie glaubten, dass die Aufständischen aus den Fenstern im ersten Stock geschossen hätten. Vater und seine Familie mussten mitten in der Nacht nach Skibbereen fliehen, und auf dem Weg den Hügel herunter überschlug sich der Karren mit ihren Habseligkeiten, und der Esel, der auf den

Rücken fiel, lag da wie ein Käfer, alle viere in die Höh. Und das Gleiche passierte, nachdem die Briten abgezogen waren und der Kampf unter den Iren begann, denn genau das hatte man von den Briten gelernt: Eines Tages, als Irish-Free-State-Soldaten das Haus anzünden wollten, weil sie überzeugt waren, Heckenschützen der IRA oben am Fenster gesehen zu haben, mussten sie ein zweites Mal fliehen.

»Kampf und Tod wird es nicht mehr geben«, sagt Vater. Er will nicht, dass noch mehr Menschen aus ihren Häusern vertrieben werden, denn es ist an der Zeit, für Irland zu leben und aufzuhören, sich über Unsinn zu streiten. Er sagt, dass es in Irland zu viel zu tun und zu viel zu sehen gibt, den runden Turm in Glendalough etwa oder das neue IMCO-Gebäude, das wie ein weißes Schiff aussieht, wenn man mit dem Bus vorbeifährt. Vater verlangt seine Fahrkarte auf Irisch, und wenn der Bus um die Kurve fährt, glaubt man manchmal, dass er direkt in ein Schaufenster rast. Wir gehen in den Zoo und picknicken im Phoenix Park, von dem aus man den großen, spitzen Turm des Wellington Monument sehen kann. Wir rennen über den Rasen, dürfen aber nicht auf dem Denkmal spielen, weil es britisch ist und die Briten vergessen haben, es mitzunehmen. Wartet ab, bis wir unsere eigenen Denkmäler bekommen, sagt Vater.

Es gibt aber auch Teile des Liedes, die uns Vater nicht erzählen will. Einige dieser Verse haben mit Leap und bestimmten Dingen zu tun, an die er nicht erinnert werden möchte. Wie das Foto des Matrosen über dem Kaminsims. Oder die Leute in der Stadt, die ihn auslachten, weil sein Vater gefallen war und bei der Marine das Gedächtnis verloren hatte. Eine Mutter zu haben, die immer noch Geld vom englischen König bekam, war schlecht. Und deshalb verhöhnten sie ihn und sagten, dass er es nie schaffen würde, über die Schlucht zu springen.

Jeder Fluch fällt auf den zurück, der ihn ausgesprochen hat, sagt Vater.

Er verspricht, uns seine Heimatstadt zu zeigen, tut es aber nie. Stattdessen würde er uns lieber die Zukunft zeigen, und darum verschweigt er uns bestimmte Strophen des Liedes. Als er klein war, verlor er sein Gedächtnis und schwor sich, als erster Mensch seit O'Donovan wirklich über die Schlucht zu springen. Er sagte, dass man nicht über dem englischen Gesetz stehe, solange man England seinen Job verdanke und Englisch spreche. Und als die Zeit reif war, sprang Vater. Er wanderte nicht aus, und er trank auch keinen Whiskey oder erfand irgendwelche Geschichten. Stattdessen änderte er seinen Namen und beschloss, nie mehr Heimweh zu haben. Er steckte sich eine *Pioneer Pin* an, das Abzeichen der Antialkoholiker, nannte sich Sean statt Jack, studierte Ingenieurswesen und sprach Irisch, als gebe es weder seine Heimatstadt noch seinen Vater noch all die Auswanderer.

Aber auch von seinem Vater erbt man etwas, und zwar nicht nur die Form einer Stirn, ein bestimmtes Lächeln oder ein Hinken, sondern auch Dinge wie Traurigkeit, Hunger und seelische Wunden. Man kann Erinnerungen erben, die man am liebsten vergessen würde. Schon als Kind kann man alles Mögliche erben, eine hilflose Wut etwa. All das klingt in der eigenen Stimme mit, genau wie in der Stimme des Vaters, und es ist, als wäre man mit einem Stein in der Hand auf die Welt gekommen. Und wenn ich erwachsen bin, werde auch ich vor meiner Geschichte davonrennen. Manche Dinge will auch ich vergessen, also werde ich meinen Namen ändern und nie zurückkehren.

Vater tut so, als gäbe es England gar nicht. Für ihn ist das ein Land, von dem er nie gehört hat und das auf keiner Karte verzeichnet ist. Stattdessen richtet er sein Interesse auf andere Länder. Warum sollten wir nicht mit anderen Partnern tanzen, sagt er, zum Beispiel mit Deutschland? Deshalb begann er schon während des Studiums, Deutsch zu lernen und deutsche Musik zu hören – Bach und Beethoven. Jede Woche besuchte er in Dublin Kurse, die immer ausgebucht waren, weil sie von Dr. Becker gegeben wurden, einem echten Deutschen. Er wusste, dass Deutschland ein Land mit großartiger Musik und großartigen Erfindungen war, und eines Tages, redete er sich ein, wäre auch Irland ein solches Land – ein Land mit eigener Sprache und eigenen Erfindungen. Bis dahin, sagte er, gebe es Irland gar nicht. Bis dahin existiere es nur in der Erinnerung der Emigranten oder in den Zukunftsvisionen der Idealisten. Ob in ferner Zukunft oder in ferner Vergangenheit – Irland existiere nur in Liedern.

Dann begann er, Reden zu halten. Damals hatte nicht jeder ein Radio, und die Zeitung konnte auch nicht jeder lesen, und deshalb hörten die Leute den Reden zu, die in der O'Connell Street gehalten wurden. Wenn die Leute dort die Hüte und Mützen in die Luft warfen und jubelten, wusste man, dass sie mit dem übereinstimmten, was gesagt wurde. Die größte Menge, die die meisten Hüte in die Luft fliegen ließ, drängte sich immer vor dem Hauptpostamt, um de Valera zu hören. Ein paar Redner hatten Lautsprecher, aber die guten brauchten keine. Ihnen reichte die eigene Stimme, und Onkel Ted sagt, dass der beste Redner, der ein Stück weiter oben auf der Straße stand, James Larkin gewesen sei, ein Mann, der die Menge schon mit seinen ausgestreckten Armen bannen konnte.

Vater hätte seinen Hut für niemanden in die Luft geworfen, und deshalb begann er, am anderen Ende der Straße mit seinen Freunden selbst Reden zu halten. Gemeinsam gaben sie eine Zeitung heraus und druckten Flugblätter, und sie hatten ihr eigenes Parteiabzeichen, das die Form eines kleinen »e« hatte und für *Eire* stand, also Irland. Er sagte, es sei an der Zeit, dass Irland auf eigenen Füßen stehe und von einem Traumland zu einem wirklichen Land werde. Die Iren hätten genug Zeit damit vertrödelt, Steinwälle zu bauen und sich selbst zu widersprechen. Regeln dafür, ein neues Land zu werden, gebe es nicht, und es interessiere ihn auch nicht, Dinge zu sagen, mit denen alle übereinstimmten. Nach jedem Satz ließ er die Faust auf ganz eigene Art durch die Luft sausen, so als schlüge er auf einen Tisch. Das ließ einige Hüte in die Luft fliegen. Wenn er die Hand aufs Herz legte, hatte er die Menge in der Tasche, und vielleicht wären ihm irgendwann auch die Hüte der Zuhörer de Valeras, Larkins und Cosgraves zugeflogen, aber leider begann er, Irisch zu sprechen, und nicht alle verstanden, was er sagte.

Eines Tages kaufte er sich ein Motorrad, eine BSA, um im ganzen Land herumfahren und in den Kleinstädten Reden halten zu können. Er fuhr die schmalen Straßen hinauf und hinunter, die Motorradbrille auf der Nase, um den Hals den im Fahrtwind flatternden Schal und Schubert-Lieder im Ohr. Irland, sagte er, werde bald wie Deutschland sein, mit einer eigenen, großen Kultur und eigenen, großen Erfindungen. Er verkündete seinen Zuhörern, dass Irland in einem Krieg mit Deutschland nie an der Seite Englands kämpfen könne. Wenn am Straßenrand ein Schrein stand, hielt er manchmal an und sprach ein Gebet. Und manchmal war die Straße von einer Rinderherde versperrt, und er musste anhalten und warten, bis ihm der Bauer einen Weg hindurchgebahnt hatte, und wenn er dann auf seinem Motorrad mitten durch die Herde knatterte, stoben die erschrockenen Kühe in alle Richtungen davon.

Und dann kam Vater auf die glorreiche Idee, Ausländer nach Irland zu holen. Nach Kriegsende lief er in Dublin Mutter über den Weg und beschloss, eine deutsch-irische Familie zu gründen. Damals hielt er immer noch Reden, schrieb immer noch Zeitungsartikel und knatterte, die Motorradbrille auf der Nase, immer noch kreuz und quer durchs Land. Aber war es nicht das Beste, das Land neu zu begründen, indem man heiratete und Kinder bekam? Denn ein neues Land, sagt er, das sind die Kinder. Und am Ende sind wir das neue Land. Am Ende sind wir die neuen Iren.

Damit endet der Film, und das Lied geht weiter. Mutter hatte nie damit gerechnet, in Irland einen Mann kennen zu lernen, schon gar keinen, der Deutsch sprach und deutsche Musik liebte. Sie hatte nie damit gerechnet, für immer in Irland zu bleiben, über irische Schulen zu diskutieren oder in Irland Marmelade einzukochen und Kinderschuhe auszusuchen. Vater fragte, ob sie einen Spaziergang mit ihm machen und seine Aussprache korrigieren wolle. Und weil Deutschland so großartige Musik besaß, wollte er Mutter auch etwas Großartiges über Irland erzählen, etwas über St. Patrick und irische Geschichte und die Freiheit Irlands. Er sagte ihr, er habe keine Angst, Opfer zu bringen. Er sprach schnell, als würde er eine Rede halten und als würden Tausende von Zuhörern ihre Hüte in die Luft werfen, ohne sich Gedanken darüber zu machen, ob sie je wieder zur Erde fielen.

Mutter sagte, sie wolle zurück nach Deutschland, weil es auch ein Land sei, das kürzlich seine Freiheit wiedererlangt habe und in dem man ganz von vorn anfangen müsse. Er wiederum wollte nicht auswandern. Er sagte, dass er ein Haus gekauft habe, das nicht weit vom Meer entfernt sei. An den Wänden hingen noch keine Bilder. Möbel gebe es auch nicht, nur einen Tisch mit zwei Stühlen in der Küche und ein Bildnis der Jungfrau Maria. Nachts, wenn man im Zimmer mit der nackten Glühlampe und den abblätternden Tapeten Radio höre, fühle man sich manchmal einsam, weil alles so still und leer sei. Aber schließlich würde man eine neue Republik gründen, und zwar mit gescheckten, deutsch-irischen Kindern.

Sie heirateten an Weihnachten in Deutschland. Alles ging Hals über Kopf, denn bestimmte Dinge muss man schnell tun und ohne groß darüber nachzudenken. Ein weißes Kleid bekam Mutter nicht, aber sie bekam Schnee, dicken, stillen Schnee. Mit dem Zug fuhren sie den Rhein entlang. Sie sprachen über die Zukunft, und er sagte, in ihrem Haus werde sie immer Deutsch sprechen können. Sie sagte, sie wolle versuchen, Irisch zu lernen. Die Kinder würden deutsche und irische Kleidung tragen. Sie sagte, dass sie gut backen und Geschichten erzählen könne. Er behauptete, handwerklich geschickt zu sein. Er verkündete, eine Kamera bauen zu wollen, um viele Fotos zu machen, und sie sagte, dass sie diese Fotos zusammen mit den ersten Locken ihrer Kinder in einem Album aufbewahren werde. Sie sagte, dass sie alles aufschreiben wolle, jedes erste Wort und die ersten Tränen und alles, was auf der Welt geschehe.

Über manche Dinge sprachen sie nicht. Sie behielt ihr Geheimnis für sich, und auch er begrub seine Vergangenheit. Das Foto seines Vaters versteckte er im Schrank. Er wollte sie nicht verletzen, indem er Fotos eines englischen Matrosen im Haus aufhängte. Aber sie hatte gar nichts gegen England. Für sie sei es keine Heirat gegen etwas, sagte sie, sondern für etwas Neues. Mutter erfand sogar ein neues Signal, damit wir nicht verloren gehen konnten. Einen Pfiff, der aus drei Tönen bestand, zwei kurzen, die zu einem langen abfielen, und das war wie ein geheimer Code, den keine andere Familie auf der ganzen Welt entschlüsseln konnte.

In jedem Land besuchten sie einen Berg. Unterschiedlicher hätten zwei Berge wohl kaum sein können. Zuerst war der berühmte und direkt am Rhein gelegene Drachenfels an der Reihe. Oben darauf gab es ein Hotel, und dort quartierten sie sich ein, und beim Frühstück betrachteten sie den unter ihnen liegenden Fluss, den die Frachtkähne lautlos und wie kleine Spielzeugboote hinauf und hinab fuhren. Sie bewahrte die Bahnfahrkarten und Hotelquittungen auf, ja selbst die Zierdeckchen aus Papier, die unter den Kaffeetassen lagen. Alles war wichtig, und nichts würde vergessen werden. Auch die Gerüche des Meeres und des Diesels oder die Gesichter der Iren auf der Fähre nach Irland wollte sie nie vergessen. Sie bestiegen einen berühmten Berg namens Croagh Patrick, um auf dem Gipfel zu beten. Hier war der Aufstieg viel mühsamer, und manch einer machte sich mit bloßen Füßen auf den steinigen Weg. Einmal frischte der Wind so plötzlich auf, dass sie sich an den Felsen festhalten mussten. Eine Seilbahn gab es nicht. Und auf dem Gipfel gab es auch kein Hotel mit Kaffee und Kuchen. Aber als sie die kleine Kirche auf dem Gipfel erreichten und die Menschen gemeinsam den Rosenkranz beten hörten, bot sich ihnen ein großartiger Blick. Sie konnten ringsumher das Land sehen, gesprenkelt mit winzigen Häusern und winzigen Feldern, und die Inseln, die sich in den Atlantik hineinzogen.

Erste Reise:
In Dublin und Umgebung

Elizabeth Bowen

Eine unangenehme Vorstellung

An einem sonnigen Julimorgen sehen die Parkanlagen an der Straßenbahnlinie nach Dalkey entlang der Dubliner Bucht so bunt aus wie ein Reigen von Sonnenschirmen. Am Ende der abschüssigen, mit Villen bestandenen Seitenstraßen ist das kreideblaue Meer zu erkennen – dabei sind es noch immer Vororte und nicht etwa die Küste. In der Ferne funkeln, als glitten sie über die Bucht hinweg, Gebäude im Hitzedunst der Landenge von Howth; Howth Head selbst ist tiefverschleiert. Hinter dem landeinwärts gelegenen Ballsbridge beschleunigt die aus Dublin kommende Trambahn ihre Fahrt; mit der immer rascheren Stetigkeit eines vom Stapel gelassenen Schiffes saust sie durch die Wohngebiete. Ihre mit rotem Samt bespannten Sitzplätze sind kaum je voll besetzt – denn ihr Rivale, der raschere Bus, eilt ihr auf derselben Straße ruckelnd voraus.

Hinter Ballsbridge, dort, wo Bucht und Bahn zusammentreffen, zerteilt das über der Bucht hängende Ozon mehr und mehr den Geruch der Kamine und Pollen und der vom Juli gedunkelten Parkbäume. Mit einemmal sehen Sie die ganze Bucht offen vor sich liegen – zwischen der fahrenden Straßenbahn und der reglosen See befindet sich nichts als Grasflächen und die niedriger liegenden Eisenbahngeleise. Eine Welle hellgleißenden Lichts durchflutet die Elektrische. Wenn hohe Reihenhäuser erneut den Blick versperren, haben selbst ihre der Bahn zugewandten Rückseiten ein salziges, maritimes

Aussehen: Ihre Rouleaus aus Baumwolle sind halb heruntergelassen und hängen schief und krumm; hier und da gewährt eine offenstehende Zimmertür einen flüchtigen Blick durchs ganze Haus aufs Meer. Eigentlich sollten die verwitterten Löwen auf den Torpfosten Delphine sein. Zwischen ältere Reihenhäuser, reich verzierte, aber heruntergekommene Hotels mit viel Glas und Herrensitze mit runden Treppenaufgängen, die alle nur deswegen errichtet worden sind, um sich über die Rasenflächen zu erheben, sind geduckte rote Villen gezwängt. Blicke von der Elektrischen und von den Parkanlagen herüberschallende Stimmen dringen in die alten, von Mauern eingefaßten Rasenstücke mit ihren Grotten und Trauerweiden ein, Poliertes und Verfallenes wechseln einander ab. Doch Stuck, Dachschiefer und Schieferfassaden, fleckiges Italienisch-Rosa, staubige Fenster, Spitzengardinen und Delphin-Löwen scheinen diese Bahnstrecke für immer begleiten zu wollen. Bald schon wird auch das Neue versacken, zerbrökkeln, verblassen. Alles ist dem Wandel unterworfen. Nichts bleibt glanzvoll außer dem Morgen.

Den nicht sehr zahlreichen Fahrgästen zuliebe bremst die Bahn ab und hält an. Erst verlangsamt der Engpaß bei Blackrock ihre Fahrt, dann der von Dun Laoghaire – Einkaufszentren, die an der Strecke liegen: so belebt sie sind, so überfüllt sind sie. Hausfrauen mit braungebrannten bloßen Armen in Baumwollkleidern drängen sich blinzelnd und schwatzend im stockenden Verkehr und stoßen sich in Schenkelhöhe gegenseitig mit ihren Einkaufsbeuteln an. Verloren wirkende protestantische Damen, die in der Nähe der Esplanade zur Untermiete wohnen, stehen eingequetscht zwischen Rinnstein und Geschäften. Durch das Gewühl fädelt sich im Gänsemarsch eine Gruppe gestiefelter Kinder, angeführt von einer Nonne, die als Nadel fungiert. Alleingelassene Gören wackeln in ihren Turnschuhen mit den Zehen, lutschen Bonbons und lassen den lieben Gott einen guten Mann sein. Die sich in den Auslagen stapelnden Artikel sehen starr und heiß aus. Über den Ladenfassaden stehen auf Konsolen einige Uhren. Als wäre er von den Uhren aufgeschreckt, betätigt der Fahrer wieder und wieder seine Bimmel, bis sich die Tram stockend ihren Weg durch das Gewimmel bahnt.

An diesem Morgen um halb zwölf läßt eine Bahn nach Dalkey nicht lange auf sich warten. Schon nähert sie sich der Haltestelle Ballsbridge. Mrs. Kearney wirkt unentschlossen, aber als die Bahn endlich vorfährt, steigt sie freilich doch noch ein, denn ein Bus ist nicht in Sicht. Mit ihren ständig verrutschenden, nur lose verschnürten Päckchen, darunter auch eine Kleiderschachtel, erklimmt sie, eine Illustrierte zwischen den fest zusammengebissenen Zähnen, die Stufen zum Oberdeck. Sie läßt sich auf einem der samtbezogenen Sitze nieder: ihr ist heiß. Aber die beiden Türen und die Fenster stehen halb offen, und als sich die Bahn in Bewegung setzt, wird frische Luft hereingefächelt. Es sitzen nur vier Fahrgäste da – und kein Mann, der Pfeife raucht. Endlich hat Mrs. Kearney ihre Pakete zwischen Hüfte und Seitenwand verstaut. Sie will gerade ihre Illustrierte aufschlagen, da starrt sie angestrengt nach vorn und zeigt Interesse an jemandes Rücken. Mit Sack und Pack zieht sie drei Sitzplätze nach vorn um, beugt sich vor und versetzt dem Rücken einen leichten Stups. »Sind Sie's, oder sind Sie's nicht?« fragt sie.

Miss Kevin fährt mit dem ganzen Oberkörper herum, so daß sie beinahe mit den Huträndern zusammengestoßen wären. »Nein, so etwas aber auch! ... Sie in der Elektrischen!« Nun dreht sie sich vollends in ihrem Sitz herum und hakt den Ellbogen über die Rückenlehne – er ist nackt und spitz, am Gelenk aufgerauht: sie und Mrs. Kearney sind gleich alt, etwa fünfunddreißig. Beide tragen Kattunkleider, die ihnen bei diesem Wetter auf dem Rücken kleben. Ihre Freude ist übergroß; zwar sind sie nicht gerade eng befreundet, aber doch so eng, wie sie es je sein könnten. Beide haben eine frische, rosa Gesichtsfarbe: Mrs. Kearney könnte ein paar Pfund abnehmen, Miss Kevin ein paar Pfund zunehmen.

Sie pflichten einander bei, daß sie früh unterwegs sind. Miss Kevin ist zum Sommerschlußverkauf in der Stadt gewesen und muß jetzt nach Hause, damit ihre Mutter ausgehen kann. Sie hat ebenfalls Pakete mit, doch ihre sind festverschnürt und glänzen, denn man hat sie auf der Ladentheke zurechtgemacht. »Überall heißt es jetzt zugreifen. Man kann nie wissen.« Sie kann den Blick nicht von Mrs. Kearneys Paketen abwenden, die unter ihren Schnüren aufzuplatzen drohen. »Sie sind ja auch nicht gerade schlecht beladen«, sagt sie.

»Ich will Ihnen mal sagen, was ich heute gemacht habe«, sagt Mrs. Kearney. »Ich habe mich von meiner Schwester Maureen in Ballsbridge verabschiedet – wer weiß, wie lange wir uns nicht sehen werden. Meine Schwester ist nämlich heute morgen mit der ganzen Familie und mit ihrem Dienstmädchen nach Cavan aufs Land gefahren.«

»Das kann doch nicht wahr sein«, sagt Miss Kevin. »Hat sie denn dort Verwandtschaft?«

»Das schon, aber das ist nicht der eigentliche Grund. Sie läßt sich nämlich evakuieren. In den Ferien fahren sie sonst immer nach Tramore, aber dieses Jahr, sagt sie, räumt sie lieber das Haus.« Damit ist das Gespräch auf ihre Pakete gebracht. »Da hat sie mich eben gebeten, ein paar Sachen für sie aufzubewahren.« Daß Maureen ihr die alten Klamotten vermacht hat, einschließlich der Illustrierten, die schon einen Monat alt ist, verschweigt sie.

»Hat sie's nicht gut?« sagt Miss Kevin höflich. »Aber wird sie es da drüben nicht schrecklich langweilig finden?«

»Das kann ich Ihnen wohl sagen«, versetzt Mrs. Kearney. »Trotzdem, sie fahren alle zusammen mit dem Wagen hin. Sie redet von nichts anderem mehr. Sie meint, wir sollten alle irgendwohin fahren, wo wir nicht zu Hause sind. Ihr macht's ja nichts aus umzuziehen, wo sie doch den Wagen hat. Aber anscheinend besagen die letzten Meldungen in den Zeitungen, daß wir erschossen werden, wenn wir nicht zu Hause bleiben. Es heißt, wir sollen uns von den Straßen fernhalten – und da muß heute morgen ausgerechnet der Wagen meiner Schwester vor der Haustür stehen. Glauben Sie, man wird sie anhalten, Miss Kevin?«

»Das ist gut möglich«, sagt Miss Kevin. »Ich höre, daß man sehr argwöhnisch ist. Ich muß schon sagen, wenn sich die Anweisungen so rasch ändern, ist es besser, sie gar nicht zu beachten. Wir müßten ja kopfstehen, wenn wir sie alle befolgen wollten. Es heißt, zuallererst gelte es, die Ruhe zu bewahren, und wie können wir die Ruhe bewahren, wenn wir erst dies tun, dann jenes? Dabei haben wir hier nicht einmal halb so viele Anweisungen wie in England. Die Engländer müssen sich ja selber leid tun ... Haben Sie Erde im Haus, Mrs. Kearney? Wir schon, wir haben drei Eimer voll. Der Luftschutzwart ist sehr zufrieden mit uns: er sagt, wie vorbildlich wir uns verhalten. Allerdings haben wir keinen Luftschutzkeller. Haben Sie denn einen?«

»Wir haben eine Art Pumpe, aber ich weiß nicht, ob sie etwas taugt. Und Fergus gibt keine Ruhe, bis er den Keller nicht gründlich saubergemacht hat.«

»Ganz auf der Höhe der Zeit!«

»Die Sachen liegen auf dem Rasen, und der Rasen ist hinüber. Er ist verrückt vor lauter Luftschutz«, sagt sie niedergeschlagen.

»Sind Männer nicht furchtbar gründlich?« sagt Miss Kevin in einem Ton jüngferlicher Gleichgültigkeit, der sie ziemlich ärgerlich stimmt. Die ganze Zeit hat sie an ihren Paketen vom Sommerschlußverkauf herumgenestelt, jetzt kann sie der Versuchung nicht länger widerstehen, eines zu öffnen. »Was meinen Sie«, sagt sie, »ist das nicht ein hübscher Musselinstoff?« Sie läßt das Ende eines Faltenwurfs zwischen Finger und Daumen hindurchgleiten. »Er fällt wunderbar herab. Ich hab genug Stoff für ein Kleid und einen Bolero. Französische Ware, es heißt, wir werden keine mehr hereinbekommen.«

»Und dieser Coty-Duft – ist der nicht auch französisch?«

Als die Bahn sanft am offenen Meer entlanggleitet – Mauern und Bäume auf der landeinwärts gekehrten Seite, Gras und Bucht auf der anderen –, fließen ihre Gesichter über von dem grellen Licht, das die See aussendet. Die Spitzen ihrer kurzgeschnittenen Haare und die Gedanken in ihren Köpfen werden einen Moment lang durcheinandergewirbelt und erfrischt. Mrs. Kearney zittert in der Ferienbrise, doch Miss Kevin blickt in ihre Geldbörse. Mrs. Kearney nimmt sich vor, mit den Kindern an den Strand zu gehen. »Schwimmen Sie gern, Miss Kevin?«

»Ich mache mir nichts daraus, ich habe Kreislaufstörungen. Es ist ein furchterregender Anblick, wenn ich blau anlaufe. Es heißt, das Meer sei voller Minen«, sagt sie mit Blick auf die weite, unschuldig aussehende Bucht.

»Ach, i wo, die sind festgekettet, da werden Sie schon nicht hops gehen.«

»Ich bin eigentlich nie ängstlich, aber es fröstelt mich immer so entsetzlich!«

»Meine Schwester Maureen ist immer ängstlich. Selbst in Tramore traut sie sich nicht ins Wasser; ihr gefällt es am Strand. Ich frage mich, was sie anfangen will, wenn man ihren Wagen anhält – im Fond neben dem Dienstmädchen hat sie ihr gesamtes Tafelsilber. Und ihre Kleinen sind sehr ängstlich: das würden die nie durchstehen. Ich hätte sie bitten sollen, mir ein Kabel zu schicken. Oder soll ich ihr telegraphieren, um herauszufinden, ob sie heil angekommen ist? ... Haben Sie nicht eben gesagt, wir müßten die Straßen meiden?«

»Nur im Falle einer Invasion, Mrs. Kearney. Sonst ist es ganz richtig, sich evakuieren zu lassen.«

»Dann tut sie also das Richtige«, sagt Mrs. Kearney und wird vorübergehend wieder trübsinnig. »Und wenn am Ende nichts passiert, wird sie sagen, daß sie in die Ferien gefahren ist, und es würde mich nicht wundern, wenn sie anschließend doch noch nach Tramore führe. Immerhin, es beruhigt mich wirklich sehr, was Sie sagen … Ist das die Ansicht Ihres Vaters?«

Miss Kevin wird ziemlich bockig. »Der?« sagt sie. »Lieber Himmel, ich würde ihn nie fragen. Er verachtet den ganzen Krieg gründlich. Meine Mutter und ich wagen es nicht, darauf zu sprechen zu kommen – ist das nicht ziemlich gemein von ihm? Er tut nichts anderes, als Zeitung zu lesen und in sich hineinzubrummen. Und glauben Sie etwa, er läßt meine Mutter oder mich in seine Nähe, wenn er die Nachrichten anstellt? Man könnte meinen«, sagt Miss Kevin mit einem hellen Lachen, »daß wir zwei den Krieg vom Zaun gebrochen hätten, nur um ihn zu ärgern: Hitler scheint er gar keine Schuld geben zu wollen. Wenn er sich nicht wohl fühlt, kann er ganz schön uneinsichtig sein. Wir mußten darum betteln, daß er die paar Eimer Erde hereinschaffte, und jetzt tut er so, als wären sie nur für die Katze da. Und wenn er hört, wie der Luftschutzwart uns lobt, wird er bissig. Ist es nicht äußerst gemein von ihm, daß er uns aus allem heraushalten will, wo es doch heißt, daß das ganze Land zusammenrückt? Am Luftschutz findet er gar keinen Gefallen.«

»Um die Wahrheit zu sagen, ich auch nicht«, sagt Mrs. Kearney. »Hat man nicht deswegen sogar die Pferdeschau abgeblasen? Bricht Ihnen das nicht das Herz – ist das nicht ein schwerer Schlag fürs Leben der Nation? Ich habe mein Lebtag noch keine Pferdeschau verpaßt – Sheila wäre beinahe dort zur Welt gekommen. Und muß nicht der Handel entsetzlich darunter leiden? Ich bringe es einfach nicht übers Herz, mich nach einem neuen Hut umzusehen. Meines Erachtens wird dieser Krieg jetzt schon ziemlich monoton: alles Aufregende beschränkt sich doch auf ganz wenige … Sind Sie auf der Rotkreuz-Party gewesen?«

In der Dun Laoghaire Street bleibt die Trambahn quietschend stehen. Miss Kevin und Mrs. Kearney rücken gleichzeitig ans Fensterende der Sitzbank und mustern eingehend die Auslagen der Geschäfte und die Käuferinnen. Der Hitzedunst der Stadt steigt zitternd von der Straße auf und beginnt sich in der haltenden Tram zu verbreiten. »Ach, du meine Güte«, ruft Miss Kevin aus, »das ist doch mein Musselinstoff! Französische Ware, daß ich nicht lache! Und sehen Sie sich die Figur an – da kann einem ja übel werden!«

Doch Mrs. Kearney hat gerade mit vergleichbarer Entrüstung eine Uhr bemerkt. »Nun schauen Sie sich an, wie spät es schon ist«, sagt sie mit Leidensmiene. »Ist die Straßenbahn nicht furchtbar langsam? Mein Vormittag ist hin, und zu Hause ist noch kein Handschlag getan, nur weil ich einer Evakuierung beigewohnt habe. Sie hat gut reden! Sie erwartet, daß ich um zehn auf der Treppe stehe. ›Ein schrecklicher Abschied‹, schreibt sie auf der Postkarte. Dabei drückt sie mir zum Schluß nur die Pakete in die Hand, dann schickt sie mich hinein, um nachzusehen, ob sie den Picknickkorb mithaben und was sie mit ihrem Pelzmantel angestellt haben ... Ich steige an der nächsten Haltestelle aus, meine liebe Miss Kevin. Bitte bestellen Sie doch Ihrem Vater und Ihrer Mutter, daß ich mich nach ihnen erkundigt habe.« Bei dem bloßen Gedanken, sich bewegen zu müssen, läuft sie puterrot an. Langsam klemmt sie sich ihre Pakete unter den Arm. »Na denn«, sagt sie, »ich mach' mich davon mit meinen objets d'art.« Aus einer Öffnung am Ende der Kleiderschachtel ragt ein Paar Pumps mit den Absätzen heraus. Jede Bemerkung, die Miss Kevin von sich geben könnte, übertönt der Fahrer, indem er seine Bimmel betätigt: die Bahn drängt die Menge beiseite und fährt die Dun Laoghaire Street entlang, zwischen hohen Treppenfluchten, Spitzenvorhängen, Gärten mit runden Blumenrabatten. »Dann also auf Wiedersehen«, sagt Mrs. Kearney und erhebt sich schwankend.

»Auf Wiedersehen«, sagt Miss Kevin. »Das kann ja noch heiter werden.«

Am oberen Ende der Treppe schickt Mrs. Kearney sich an, in ihre Illustrierte zu beißen. »Aber nicht doch«, sagt sie. »Ich werde Sie doch wohl vorher noch sehen.«

Roddy Doyle

Irische Idole
oder
Barrytown United

Die Lehrerin, die wir vor Henno hatten, Miss Watkins, brachte ein Geschirrtuch mit, auf dem war die Unabhängigkeitserklärung abgedruckt. Weil seit 1916 fünfzig Jahre vorbei waren. In der Mitte war der Text, und seitlich drum herum waren die sieben Leute, die unterschrieben hatten. Sie machte es über der Tafel fest, und wir durften nach vorn kommen, immer zwei und zwei, und es anschauen. Ein paar von den Jungs bekreuzigten sich.

– *Nach bhfuil sé go h'álainn**, Jungs? sagte sie, wenn wir an ihr vorbeikamen.

– *Ta***, sagten wir.

Ich guckte mir die Namen an, die unter dem Text standen. Der erste war Thomas J. Clarke. Clarke; genauso heiße ich auch.

Miss Watkins griff nach ihrem *bata**** und las uns die Erklärung vor und zeigte dabei auf jedes Wort einzeln.

– In dieser großen Stunde muß sich die irische Nation mit Mut und Disziplin und mit der Bereitschaft ihrer Kinder, sich für das Gemeinwohl zu opfern, des erhabenen Schicksals als würdig erweisen, zu dem sie berufen ist. Gezeichnet im Namen der Provisorischen Regierung Thomas J. Clarke, Seán

* Ist das nicht schön?
** Ja.
*** Zeigestock.

MacDiarmada, Thomas MacDonagh, P. H. Pearse, Eamonn Ceannt, James Connolly, Joseph Plunkett.

Miss Watkins fing an zu klatschen, da klatschten wir auch. Wir fingen an zu lachen. Sie guckte, da hörten wir auf, aber klatschen taten wir weiter.

Ich drehte mich zu James O'Keefe um.

– Thomas Clarke ist mein Opa. Weitersagen.

Miss Watkins schlug mit dem *bata* auf die Tafel.

– *Seasaigi suas.**

Sie ließ uns im Takt neben unseren Bänken marschieren.

– *Clè – deas – clè deas – clè.***

Die Barackenwände wackelten. Die Baracken standen hinter der Schule, man konnte drunterkriechen. Vorn war der Lack ganz blättrig von der Sonne, schön zum Polken. Einen Klassenraum in der richtigen Schule kriegten wir erst ein Jahr später, als wir zu Henno kamen. Das Marschieren war spitze. Die Bretter hopsten unter unseren Füßen. Wir trampelten so mächtig, daß wir aus dem Takt kamen. Sie ließ uns ein paarmal am Tag marschieren, immer, wenn sie fand, daß wir zu faul wurden. Miss Watkins las die Unabhängigkeitserklärung, und wir marschierten.

– Iren und Irinnen, im Namen Gottes und all jener uns vorangegangenen Generationen, die sich für die nationale Souveränität unseres Landes einsetzten, ruft Irland durch uns seine Kinder zur Fahne und nimmt den Kampf um seine Freiheit auf.

Sie mußte aufhören. Es war kein richtiges Marschieren mehr. Sie schlug an die Tafel.

– *Suigi sios.* ***

Sie guckte böse und enttäuscht.

Kevin meldete sich.

* Aufstehen.

** Links – rechts – links – rechts.

*** Setzen!

– Miss?

– *Ta?**

– Paddy Clarke sagt, sein Opa ist der Thomas Clarke auf dem Geschirrtuch, Miss.

– So, sagt er das?

– Ja, Miss.

– Patrick Clarke.

– Ja, Miss.

– Steh auf, damit wir dich besser sehen.

Es dauerte ziemlich lange, bis ich aus meiner Bank rauskam.

– Dein Großvater ist Thomas Clarke?

Ich grinste.

– Ja oder nein?

– Ja, Miss.

– Dieser Mann hier?

Sie zeigte auf den Thomas Clarke in seiner Geschirrtuch-Ecke. Er sah aus wie ein Opa.

– Ja, Miss.

– Und jetzt erzähl uns mal, wo er wohnt.

– Clontarf, Miss.

– Wo?

– Clontarf, Miss.

– Komm nach vorn, Patrick Clarke.

Ich hörte nur meine Füße auf dem Bretterboden. Sonst nichts.

Sie zeigte auf das, was unter dem Kopf von Thomas Clarke geschrieben stand.

– Lies uns das vor, Patrick Clarke.

– Ex – exekutiert von den Briten am 3. Mai 1916.

– Und was heißt exekutiert, Dermont Grimes, der in der Nase bohrt und denkt, daß ich ihn nicht sehe?

– Totgemacht, Miss.

* Ja?

– Sehr richtig. Und das ist dein Großvater, der in Clontarf wohnt, Patrick Clarke?

– Ja, Miss.

Ich tat so, als ob ich mir das Bild noch mal anguckte.

– Ich frage dich noch einmal, Patrick Clarke. Ist dieser Mann dein Großvater?

– Nein, Miss.

Sie gab mir drei auf jede Hand.

Als ich wieder zu meiner Bank zurückkam, kriegte ich den Sitz nicht runter, meine Hände kriegten gar nichts mehr zustande. James O'Keefe stieß mir den Sitz mit dem Fuß nach unten, es gab einen Knall. Ich dachte, ich wäre noch mal dran. Ich steckte die Hände unter die Beine. Krumm zu sitzen traute ich mich nicht, das hatte sie streng verboten. Es fühlte sich an, als wenn meine Hände abgefallen wären: bald würde es mehr so sein wie eine nässende Quaddel. Meine Handflächen schwitzten. Es war ganz still. Ich sah zu Kevin hin. Ich versuchte lustig zu gucken, aber meine Zähne klapperten. Liam, der vor uns saß, drehte sich um, er wartete, bis Kevin zu ihm hinsah und ihn angrinste.

Ich mochte Opa Clarke; viel mehr als Opa Finnegan. Opa Clarkes Frau, meine Oma, lebte nicht mehr.

– Sie ist im Himmel, sagte er, und läßt sich's wohl sein.

Ich kriegte immer eine halbe Krone von ihm, wenn wir ihn besuchten oder er zu uns auf Besuch kam. Einmal war er mit dem Fahrrad gekommen.

Als mal abends im Fernsehen Markt und Börse lief, grabbelte ich in den Fächern an der Anrichte rum. Die unterste Schublade war so vollgestopft mit Fotos, daß von ganz oben ein paar nach hinten gerutscht und unter die Anrichte gefallen waren. Ich hob sie auf. Es war auch eins von Opa und Oma Clarke dabei. Wir waren schon ganz lange nicht bei ihm gewesen.

– Pa?

– Ja, mein Sohn?

– Wann gehen wir zu Opa Clarke?

Pa sah aus, als wenn er was verloren und wiedergefunden hätte, und als wenn es dann doch nicht das war, was er gesucht hatte. Er richtete sich auf. Er guckte mich eine Weile an.

– Opa Clarke ist tot, sagte er. Weißt du das nicht mehr?

– Nein.

Ich hatte es echt nicht mehr gewußt.

Er nahm mich hoch.

[...]

Aidan machte den Fußballkommentator. Darin war er spitze. Vor dem Spiel mußten wir ihm unsere Namen sagen. Wir spielten auf der Straße. Unser Fußballplatz war weg. Die Gartentüren auf jeder Seite waren die Tore. Wir waren acht, gerade richtig, vier gegen vier. Wenn man den Ball hatte und ein Auto kam vorbei, kriegte man einen Einwurf, sobald das Auto weg war. Wenn man weiterspielte und der Fahrer gehupt hatte, ehe man zum Schuß kam, galt das Tor nicht, wenn es eins gewesen war. Den Ball am Randstein abzuschirmen war verboten. Alles, was höher ging als Pfostenoberkante, war über die Latte.

Um George Best mußte ich kämpfen.

Kevin war kein Manchester-United-Fan. Er stand auf Leeds. Früher war er für United gewesen, aber dann hatte er gewechselt, weil sein Bruder auf Leeds stand.

Kevin war dran.

– Eddie Gray, sagte er.

Den Eddie Gray nahm sonst keiner. Ian McEvoy war auch ein Leeds-Fan, aber er *war* immer Johnny Giles. Als Kevin mal krank war, nahm Ian McEvoy sich den Eddie Gray.

– Warum nicht Johnny Giles?

– Nur so ...

Ich war ihm draufgekommen.

Vier von uns waren für Manchester United. Und alle wollten George Best sein. Weil Sinbad immer Nobby Stiles sein mußte, wechselte er von United zu Liverpool, dabei war es ihm im Grunde egal. Fast wäre ich auch zu Leeds gewechselt, aber es ging dann doch nicht. Sie hätten gesagt, daß ich es wegen Kevin mache, aber eigentlich war es nur wegen George Best.

Kevin nahm vier Schleckeis-Stiele und brach einen durch. Die United-Fans zogen eins von den Hölzchen, und wer das durchgebrochene zog, durfte als erster was sagen.

Aidan zog das kurze Hölzchen.

– Bobby Charlton, sagte er.

Den hatte er genommen, weil er wußte, daß er was erleben konnte, wenn er George Best sagte. Daß ich ihn dann fertigmachen würde. Schiedsrichter hatten wir nicht. Jeder konnte machen, was er wollte, sogar das Tackling von Leuten aus der eigenen Mannschaft war erlaubt. Aidan kriegte ich leicht unter. Er war ein guter Fighter, aber er schlug sich nicht gern. Er ließ einen immer los, ehe man sich richtig ergeben hatte, und dann konnte man ihn fertigmachen.

Kevin warf eins von den langen Hölzchen weg. Diesmal zog ich das kurze.

– George Best.

Liam war Denis Law. Hätte er das kurze gezogen, wäre er George Best gewesen, und ich hätte nichts dagegen gemacht. Bei ihm war es was anderes. Ich hatte mich noch nie mit ihm gehauen. Er hätte gewonnen, das wußte ich irgendwie. Dabei war er gar nicht mal so viel größer. Er hatte so was an sich, das hatte man früher eigentlich gar nicht gemerkt, da war er sehr klein gewesen, das heißt, so groß war er jetzt ja auch nicht. Es lag an seinen Augen; sie glänzten nicht. Wenn die Brüder nebeneinander standen, waren sie so, wie wir sie sahen: klein, witzig, traurig, brav. Sie waren in der Clique, weil wir sie blöd fanden, es war gut, sie dabei zu haben. Ich war sauberer als sie, gescheiter als sie. Besser als sie. Einzeln waren sie anders. Aidan sah kleiner und unfertiger aus und Liam gefährlich. Wenn sie zusammen waren, ähnelten sie sich sehr, wenn man einen allein traf, überhaupt nicht, aber das kam selten vor. Sie waren keine Zwillinge. Liam war älter als Aidan. Sie standen beide auf United.

– Es kommt sie billiger, sagte Ian McEvoy, wenn sie nicht dabei waren.

– Das Spiel ist angepfiffen, sagte Aidan.

Ich, Aidan, Ian McEvoy und Sinbad gegen Kevin, Liam, Edward Swanwick und James O'Keefe. Zwei Tore kriegten wir immer geschenkt, weil wir Sinbad hatten. Er war viel kleiner als die anderen. Meist gewann die Mannschaft, in der Sinbad war. Weil sie automatisch zwei Tore mehr hatte, dachten wir, aber daran lag es gar nicht (mal stand es zum Schluß dreiundsiebzig zu siebenundsechzig). Sondern daran, daß Sinbad ein guter Fußballer war. Das hatte nur keiner von uns gemerkt. Er war klein und mickrig; wir hatten ihn am Hals, weil er mein kleiner Bruder war. Ein Superdribbler, sagte Mister O'Keefe, der Vater von James O'Keefe. Für einen Fußballspieler ideal ausbalanciert.

Ich guckte Sinbad an. Er war bloß mein kleiner Bruder. Der mich nervte. Sich nie die Nase putzte. Flennte. Ins Bett machte. Seinen Teller nicht leer aß, ohne daß er deswegen Zoff kriegte. Und der eine Brille mit einem schwarzen Glas tragen mußte. Er lief hin und holte sich den Ball. Das machte sonst keiner. Die anderen warteten alle, bis der Ball zu ihnen kam. Er flutschte überall durch. Er war super. Und er konnte auch abgeben, nicht wie die meisten, die gut dribbeln können und alles allein machen wollen. Ich hätte ihn umbringen können. Auf seinen kleinen Bruder kann man doch nicht stolz sein.

Zwei zu null, noch vor dem Anpfiff.

– Die Mannschaftskapitäne reichen sich die Hand.

Ich gab Kevin die Hand, ordentlich mit Druck. Wir waren

Nordirland. Kevin war Schottland. Bobby Charlton spielte für Nordirland, weil er hier Urlaub machte.

– Und jetzt der Anstoß für Schottland.

Es waren schnelle Spiele. Nicht wie auf Gras. Die Straße war nicht breit, wir mußten uns ganz schön drängeln. Die Gartentüren waren zu. Ein Ball, der an die Gartentür knallte, war ein Tor. Ungefähr die Hälfte der Tore schossen die Torhüter. Wir hatten versucht, die Regeln zu ändern, aber da machten die Keeper nicht mit; wenn wir keine Tore schießen dürfen, sagten sie, gehen wir nicht ins Tor. Ins Tor kamen sowieso nur die, mit denen man sonst nichts anfangen konnte, aber gebraucht wurden sie doch. Mal hatte James O'Keefe, mit Abstand der schlechteste Spieler, ein Tor geschossen, das traf die Gartentür, aber der Ball prallte ab und flog über die Straße in seinen eigenen Kasten. Da hatte er mit einem Schuß ein Tor und ein Eigentor gemacht.

– Alle Achtung, sagte der Kommentator. Das sieht man nicht alle Tage.

– Anstoß für Schottland ist erfolgt. Denis Law gibt weiter an Eddie Gray –

Ich kriegte einen Fuß dazwischen, der Ball traf die Gartentür.

– Jaaaa!

– Alle Achtung, sagte der Reporter. Ein Tor von Best. Eins zu null für Nordirland.

– Ej, sagte ich. Vergiß die Tore von Sinbad nicht.

– Drei zu null für Nordirland. Das fängt ja gut an. Man darf gespannt sein, was Schottland jetzt macht.

Schottland machte drei Tore.

Es war zum Schwindligwerden. Das Leder knallte über die Straße und wieder zurück. Der Ball war an einer Stelle aufgeplatzt. Es tat weh, wenn man ihn ans Bein kriegte.

– Ich kann mich nicht erinnern, jemals ein so spannendes Spiel gesehen zu haben, sagte der Reporter. Alle Achtung.

Er hatte gerade ein Tor geschossen.

Nach einer Weile hatten wir nicht mehr so viel Dampf drauf. Konnte ja keiner durchhalten. Von dem kaputten Ball kriegte man Fußschmerzen beim Kicken.

– Siebzehn zu sechzehn für Nordirland.

– Siebzehn beide.

– Gar nicht wahr. Ich hab mitgezählt.

Kevin guckte Edward Swanwick an. Wie steht es?

– Siebzehn beide.

– Na also, sagte Kevin.

– Er ist in deinem Team, sagte ich. Das sagt er bloß wegen dir.

– Und er ist in deinem Team, sagte Kevin und zeigte auf den Kommentator.

– Tja, da müßte wohl der Schiedsrichter ein Machtwort sprechen.

– Halt die Klappe.

– Ich muß doch reden. Das ist mein Job.

– Sei bloß still, dein Vater ist ein Alki.

Irgendeiner sagte das immer.

– Okay, sagte ich. Siebzehn beide. Wir gewinnen sowieso.

Kevin wandte sich an seine Mannschaft.

– Los, Männer, Tempo! Schlafen könnt ihr zu Hause!

Liam und Aidan wehrten sich nie, wenn wir was über ihren Pa sagten.

Das Spiel war langsamer geworden. Aidan hatte erst mal aufgehört zu kommentieren. Es wurde dunkel. Spielschluß war mit dem Abendessen. Wenn James O'Keefe zu spät kam, kriegte sein Essen die Katze. Das hatte seine Mutter mal gesagt, weil er sich hinter einer Hecke versteckt hatte, als sie nach ihm rief.

– James O'Keefe! Ich geb deine Fischstäbchen der Katze.

Da ging er rein. Er hatte sich versteckt, weil er dachte, daß es nicht Fischstäbchen gibt, sondern Hackfleisch mit Rüben, hat er später gesagt. Aber James O'Keefe schwindelte, sobald er den Mund aufmachte. Er war das größte Lügenmaul in ganz Barrytown.

Siebenundzwanzig zu dreiundzwanzig für uns.

– Alle Achtung, sagte Aidan. Roger Hunt macht der schottischen Verteidigung Probleme.

Roger Hunt war Sinbad. Sie wurden nicht fertig mit ihm, weil er so klein war und den Ball hinter sich verstecken konnte. Kevin war gut im Tackling, aber hier auf der Straße kam er nicht richtig zum Zug, außerdem ist es immer leichter, einen zu foulen, der so groß ist wie du. Und Sinbad schoß die Tore nicht selber, er gab den Ball an einen guten Schützen ab, meist an mich, und dann gingen sie alle auf mich los, weil ich die Tore machte, und nicht auf Sinbad. Von unseren Toren hatte ich einundzwanzig geschossen. Sieben Hattricks.

– Wieso heißt das eigentlich Hattrick?

– Weil du dafür einen Hut kriegst. Eine Mütze.

Wenn man für Irland spielte, kriegte man eine Art Schulmütze oder Pfadfinderkappe mit einem Wappen drauf. An den Englandmützen war so was wie die Kordel an dem Morgenrock von Pa. Solche Mützen waren nicht zum Aufsetzen da, sie kamen in einen Schrank mit Glastüren, wie Orden; zum Ansehen, wenn Besuch kam. Wenn ich krank war, durfte ich den Morgenrock von Pa anziehen.

Barrytown United hatte Mister O'Keefe erfunden. Ich mochte Mister O'Keefe. Mit Vornamen hieß er Tommy, und so durften wir auch zu ihm sagen. Kam uns zuerst ganz schön blöd vor. James O'Keefe sagte nicht Tommy zu ihm, und wenn Missis O'Keefe dabei war, sagte auch keiner von uns Tommy, aber nicht, weil er es verboten hatte. Nur so. James O'Keefe wußte nicht, wie seine Ma mit Vornamen hieß.

– Agnes.

So hieß die von Ian McEvoy.

– Gertie, sagte Liam.

So hatte seine und Aidans Mutter geheißen.

– Steht das so auf dem Grabstein?

– Jaha.

Jetzt kam James O'Keefe.

– Weiß nicht.

Erst nahm ich es ihm nicht ab. Ich dachte, daß er es uns nicht sagen wollte, weil wir dann drüber lachen würden, aber wir hatten ja über alle Namen gelacht; nur nicht über Gertie. Wir verpaßten ihm tausend Stecknadeln, an beiden Armen gleichzeitig, und er wußte immer noch nicht, wie seine Ma mit Vornamen hieß.

– Dann sieh zu, daß du's rauskriegst, sagte Kevin. Wir hatten ihn losgelassen, weil er hustete.

– Wie denn?

– Sieh zu, daß du's rauskriegst, sagte Kevin. Das ist deine Mission. James O'Keefe guckte ziemlich belämmert.

– Kannst sie ja fragen, sagte ich.

– Hey, hey, keine Hilfestellung, sagte Kevin. Bis nach dem Abendessen weißt du's, sagte er zu James O'Keefe.

Aber dann vergaßen wir es wieder.

Missis O'Keefe war gar nicht so übel.

– Ellbogenfoul von George Best an Alan Gilzean.

– Ich hab ihn überhaupt nicht angefaßt, sagte ich.

Ich kickte den Ball weg; Unterbrechung.

– Ich hab ihn nicht angefaßt. Er ist in mich reingelaufen.

Es war bloß Edward Swanwick. Er hielt sich die Nase, weil wir nicht sehen sollten, daß sie nicht blutete. Er hatte Wasser in den Augen.

– Er heult, sagte Ian McEvoy. Seht euch das an.

Bei den anderen hätte ich es nicht gemacht. Das wußten sie. Es war ja bloß Edward Swanwick.

– Hoppla, Junge! Den Rasen sollst du umpflügen und nicht den Gegner! Aber ganz ehrlich, Alan Gilzean, ist das nicht ein bißchen viel Pedal für so einen kleinen Knuff?

Komisch – wenn Aidan nicht den Fußballkommentator machte, sagte er nie so Sachen, über die man lachen mußte. Zweiundvierzig zu achtunddreißig für Nordirland. Kevin kriegte einen ganz roten Nacken. Er würde verlieren. Klasse. Es wurde dunkel. Wenn Missis O'Keefe rief, das war der Abpfiff. Mußte gleich soweit sein.

– Barrytown United.

– Barrytown Rovers.

Wir überlegten uns Namen.

– Barrytown Celtic.

– Barrytown United ist am besten.

Das hatte ich gesagt. Es mußte was mit United sein, ganz klar. Wir saßen bei den O'Keefes hinten im Garten. Mister O'Keefe saß auf einem Backstein. Er rauchte eine Zigarette.

– Barrytown Forest, sagte Liam.

Mister O'Keefe lachte, aber von uns lachte keiner mit.

– United.

– Nienienie!

– Wir können ja abstimmen, sagte Ian McEvoy.

Mister O'Keefe rieb sich die Hände.

– Glorreicher Gedanke, Jungs.

– Es wird bestimmt United.

– Wird es nicht.

– Pst, sagte Mister O'Keefe. Ruhe jetzt! Alle melden, die für Barrytown Forest sind.

Liam hob die Hand ein bißchen und ließ sie wieder sinken. Sonst meldete sich keiner. Wir johlten.

– Barrytown Rovers?

Keine Hand ging hoch.

– Barrytown – United.

Die Fans von Manchester United und Leeds hoben die Hand. Sonst war keiner mehr übrig, nur Sinbad.

– Die Entscheidung ist gefallen, sagte Mister O'Keefe.

– Barrytown United. Mit einer stattlichen Mehrheit. Was hättest du denn gewollt? fragte er Sinbad.

– Liverpool, sagte Sinbad.

Es war so super, in einem Team zu spielen, das United hieß, daß wir es Sinbad durchgehen ließen.

– Ju-nei-ted!

Ju-nei-ted!

Sean O'Casey

Die Razzia

Die kalte Pracht des Frostes glitzerte draußen allenthalben, doch keiner sah sie, keiner fühlte sie, denn das Elendsviertel lag im Schlafe. Eine unbehagliche Stille lag über dem Haus, denn jeder, ob er nun wach lag oder schlief, war sich bewußt, daß der Tod mit seinem waffenstarrenden, wundenschlagenden Gehilfen durch die verdunkelten Straßen streifte. In einem Mietszimmer, dessen trübes Fenster nach der Straße hinausblickte, lag Sean auf einem niedrigen Rollbett ausgestreckt und rief sich den Anblick vor Augen, den die Straße bei Tage bot. Er konnte sie deutlich draußen entlanglaufen sehen, das holprige Kopfsteinpflaster der Fahrbahn, mit leeren Streichholzschachteln, Strohhalmen, Papierfetzen übersät, hier und da mit Haufen von Pferdeäpfeln bepflanzt und mit einer dicken Schicht schlummernden Staubes überzogen, der nur darauf wartete, daß ein müßiger Wind käme, um ihn zu neuem, belästigendem Leben in die Höhe zu jagen. Magere Gaslaternen standen in regelmäßigem Abstand auf den Bürgersteigen. Viele waren durch das Geschaukel spielender Kinder verbogen, standen gebeugt da wie keuchende, nach Luft schnappende alte Männer, die erst weiterlaufen, wenn sie der Rücken zu schmerzen anfängt. Der trübselige Bürgersteig schlängelte sich an den hohen Häusern entlang und führte nirgendwo anders hin als zu kräfteverzehrender Arbeit, schwindsüchtigem Husten, Fieberqualen, zu bitteren Anklagen gegen das Leben und ebenso verzweifelten wie wirkungslosen Anrufungen des heiligen Antonius, der »Kleinen Blume« und der Bernadette von Massabielle um Hilfe in der Not. Auf diese Steine will ich meine Kirche bauen.

Und da waren auch die Häuser – eine lange, taumelnde Schlange unzufriedener, mißvergnügter Unheilbarer, besudelt von den uralten Spuren von Schüttelfrost, Fieber, Krebs und Schwindsucht, den bitteren Tränen kleiner Kinder, den Seufzern enttäuschter junger Ehefrauen. Die Türen trugen die Narben jahrelanger Abnutzung und ungeduldigen Klopfens; ihre Seitenpfosten waren wacklig, ihre Stuckverzierungen längst schon abgeblättert – ja, sie sahen wie Krücken aus, die die zittrigen Türen auf ihren wackligen Beinen aufrechterhielten. Die Fenster blickten mit ihren verklebten Augen trübe hinaus, der müde Staub von der unruhigen Straße drunten ruhte sich seit einem Jahr auf ihnen aus. Schmutz und Krankheit waren hier die Hauptsakramente – äußere sichtbare Zeichen einer inneren, seelischen Schande. Die Leute kauften das Billigste vom Billigen an Nahrungsmitteln, um zu leben, zu arbeiten und Gott zu ehren: die billigsten Kartoffeln, den billigsten Tee, das billigste Fleisch, das billigste Fett, und sie warteten, bis das nicht verkaufte Brot schimmlig wurde, damit sie auch das billiger kriegen konnten. Die hier sammelten wirklich die Brocken, auf daß nichts umkomme. Die Straßen waren lange, verhärmte Gänge von Verfall und Fäulnis. Es hätte einer geradezu phantastischen Vorstellungskraft bedurft, dieses verkommene Elend mit der einst hier prunkenden Pracht von Samt und Seide in Verbindung zu bringen oder mit dem Schmelz der Rose, dem Duft des Lavendels. Tausend Jahre mußte es her sein, seitdem die letzte Lavendeldame mit den Füßen voran aus dem letzten noch überlebenden Haus herausgetragen worden war. Selbst die Sonne schaudert jetzt, wenn sie eins der Dächer streift, denn sie hat das Gefühl, daß irgend etwas Böses die Glut ihres Gewandes abgekühlt haben muß. Die Blume, die hier einst blühte, ist auf ewig tot. Keine

Kletterpflanze hat sich hier in den Mauerritzen emporgerankt und sie verschönt; der Himmelsschlüssel konnte nur weit, weit von hier zur Augenweide und Erhebung dienen, hier war kein Platz für den Tanz der Narzissen; keine Schwalbe zwitscherte unter einer bergenden Dachrinne, und es war ein trauriger Anblick, wenn ein verirrter Sperling im täuschenden Staub ein gelbes Korn suchte; nicht einmal die stachelhäutige Distel mit ihrer purpurnen Bischofsmütze fand trotz aller Zähigkeit hier ein Eckchen zum Leben. Kein Wordsworth wanderte verloren wie eine Wolke hier umher.

Kein Toter bringt das Blut so zum Erstarren
wie die Verwesungsbilder, die hier harren,
wo Kinder, mehr gewohnt zu hassen als zu lieben,
im Spiel den Kampf ums Dasein üben;
zu treten mit dem Fuß, zu raffen mit den Händen,
die Ellenbogen blindlings anzuwenden:
das Mädchen lernt zu kreischen, keifen, klügeln,
der Junge, später seine Frau zu prügeln.

Und doch hatte in diesem Schrecken und Elend die Passionsblume Wurzel geschlagen. Was verloren war, wurde wiedergefunden; was tot war, kam wieder zum Leben. Der Geist, der heldenmütig unter dem Brokatrock gewohnt und den schlanken, geschmeidigen Degen beseelt hatte, war wieder ins Dasein getreten, doch nicht in Brokat, sondern in Lumpen, nicht mit einem Degen oder mit eleganten Phrasen als Waffe, wie sie in Komödien und Satiren geglänzt hatten, sondern mit bitteren Flüchen, mit herzhaften Hieben und einem saftigen, wutbeschwingten Speichelstrahl mitten ins Gesicht des Herrn. Gekämpft hatten diese rasenden Toren, die von Larkin und Connolly angeführt wurden, gekämpft, bis in ihren bebenden Herzen der Morgenstern aufstieg, das neue und strahlende Licht, das rote Evangelium, das Licht des Wissens um Gottes

Herrlichkeit, wie sie sich im schaffenden Geist und in den lebenskräftigen Körpern von Männern, Frauen und kleinen Kindern offenbarte. Und jetzt hatte etwas Stärkeres in den Kampf eingegriffen als unbewehrte Hände. Manch speerspitzer Mündungsblitz aus einem Gewehrlauf versetzte einen dunklen Winkel oder eine überschattete Straße in Schrecken, veranlaßte die bewaffneten Männer in Khaki oder Schwarz, sich in ihren vorbeisausenden Lastwagen tief zu ducken und wie rasend in die Straße zurückzufeuern, die jetzt wieder im Schatten lag, oder in die Winkel, die jetzt dunkler waren als zuvor.

Nun war es still in dem alten Haus. Die schöne Nellie Ballynoy hatte im Vorbeigehen angeklopft, als sie die Treppe hinaufstieg. Als sie Sean aber schon im Bett fand, hatte sie gute Nacht gewünscht und war gegangen. Träger Schlaf war durch den dunklen Flur hereingekrochen, hatte die Ruhelosigkeit beschwichtigt und von der Bodenkammer oben bis unten zum Keller allen Lärm zum Schweigen gebracht. Ein schlampiger Schlaf, trübäugig, in schlurfenden Filzpantoffeln, schäbig und schmuddlig, verlangte überall wispernd nach erbärmlicher Ruhe. Gähnend schlich er sich heran, schläferte alle Wachsamkeit ein, obwohl für Dublin jetzt jede Nacht eine Nacht voll Gefahren war. In allen Räumen stand das billige Geschirr still auf den Regalen, die Stühle lehnten an den rissigen Wänden, die rosenfingrigen Feuer waren alle verblichen, das Getrappel von Kinderfüßen war längst zur Ruhe gekommen, nur Träume schlichen sich verstohlen ein und erfüllten die häßlichen Zimmer ein paar dunkle Augenblicke lang mit strahlendem Frieden: sie kleideten die Schläfer in Glanz und Herrlichkeit, ließen sie vielleicht teure Weine aus bauchigen Flaschen schlürfen oder führten sie auf den gelben Sand am Strande einer heiteren, friedlichen See. Ein jüngeres Mädchen träumte sich vielleicht in ein knapp anliegendes Nachtgewand zwischen schneeigen Laken hinein, und ein Prinz in bunten

Kleidern stand vor der Schlafzimmertür und konnte es kaum erwarten, hereinzukommen und ihr einen auserlesenen Gutenachtkuß zu entbieten. Doch die jüngeren Männer erblickten sich selbst, das Schwert in der Hand, wie sie die khakifarbenen Halsabschneider aus Irlands fünf schönen Feldern vertrieben.

Jeder Schutzengel konnte sich nun etwas entspannen und schlaftrunken neben der zerrissenen Steppdecke und den zerlumpten Laken einnicken, denn die Sünde rollte sich um diese Stunde gewöhnlich wie ein Hund zu ihren Füßen zusammen und schlief, bis das Mietshausleben am Morgen wieder begann. So schlief denn das stille Haus nach Beginn der Sperrstunde in Frieden und auch nicht mit einem Gedanken daran, daß das Aufheulen eines jeden vorbeifahrenden Motors das Sterbelied für jedermann war; denn im Schlafe hatte sich das schmutzige Dach über ihnen beiseite geschoben und ihnen die Sterne greifbar nahe gebracht.

Wann bricht der Tag für Irland an, wann geht der Morgenstern ihm auf? Wie oft hatte er nicht diese Worte mit sehnsuchtsvoller Stimme singen gehört nach einem Reigentanz oder einem Ländler bei einer ceilidh oder sgoruidheacht! Nun, hier würde nie der Tag anbrechen, nie würden die Schatten weichen. Die Augen fielen ihm zu, die Gedanken verwischten und vermischten sich und taumelten ins Vergessen, als plötzlich draußen Motoren aufheulten und sich schnell näherten. Er fuhr hoch, auf den Ellbogen gestützt, als er Bremsgeräusche vernahm und sich bewußt wurde, daß die Wagen vor seinem Hause oder dem Haus gegenüber hielten. Dann ließ er sich wieder aufs Bett sinken, um sich zu verbergen, als ein blendender Scheinwerferstrahl durchs Fenster drang und alles Dunkel aus dem Raume fegte. Er ließ die alten Wände einige Augenblicke lang in Silberglanz aufleuchten, zog sich dann wie eine weichende Flut zurück, um seinen Glanz einem anderen Teil des Hauses zuzuwenden. Dann erschütterte eine

Serie wilder Stöße die widerspenstige Haustür, Glas splitterte und verriet Sean, daß die beiden Seitenteile der Türfüllung mit einem Hammer oder Gewehrkolben eingeschlagen worden waren.

Eine Razzia! Alle lieblichen Träume des Hauses waren zerstoben. Der Schlaf war gewichen, und Kinder umschlangen angstvoll mit Armen und Beinen die wachsam sich straffenden Leiber ihrer Mütter.

Wer war es – die Tommys oder die Tans? Die Tans, dachte Sean, denn die Tommys hätten nicht so viehisch gebrüllt und hätten nicht ohne weiteres die Glasscheiben eingeschmissen. Sie hätten mit dem Kolben an die Tür gehämmert und gewartet, bis jemand aufmachte. Nein, das waren die Tans.

Er hörte das rasche Tapp-Tapp von bestrumpften Füßen, so schwach es auch war, die Treppe herabkommen und durch den Flur nach dem Hinterhof eilen. Er hatte die Ohren so angespannt, daß er das seidenweiche Tappen der eiligen Füße deutlich durch den Lärm hörte, den die auf die Eingangstür hagelnden Schläge machten. Dann glaubte er zu hören, wie sich die Hintertür leise öffnete und vorsichtig wieder schloß.

›Wer könnte das sein?‹ überlegte er. Jeder von den Männern im Hause konnte es sein. Denn wer schon nicht an den Überfällen teilnahm, schleppte doch wenigstens für die Kämpfenden Munition heran. Und die Dockarbeiter und Seeleute halfen auch bereitwillig beim Waffenschmuggel. Und wenn es um seine Sehkraft nicht so schlecht bestellt gewesen wäre, hätte er wahrscheinlich sich auch daran beteiligt. Alle waren der guten Sache zugetan, mit Ausnahme des dünnen, zarten Gatten der Frau Ballynoy, der völlig unpolitisch war. Jedenfalls war da jemand, der in den Hof schlüpfte, um über die Mauer in die dunklen Gassen zu entkommen, jemand, der Angst hatte, aber dabei doch die Ruhe bewahrte. Die Dubliner Slums führten Krieg mit dem britischen Empire: die ganze Macht einer Armee, unterstützt durch Banden unbarmherziger Schläger, die ganze Ordenspracht eines königlichen Kabinetts, die ganze Finanzmacht der Banken kämpfte gegen die zerlumpte Brut der Mietskasernen. Ein ungleicher Kampf, bei Gott, aber die Slums würden ihn gewinnen! Da bricht die Tür zusammen!

Ein gewaltiges Krachen ließ das alte Haus erbeben, ließ auch Seans Herz erbeben, denn er wußte wohl, was ihm bevorstehen konnte, sobald das Licht einer Taschenlampe der Tans das Dunkel des Zimmers zerriß. Schwere Füße jagten wild an seiner Tür vorbei und erfüllten bald das ganze schweigende Haus mit ihrem Getrappel, denn keiner war aus einem der Zimmer herausgekommen, um in dem dunklen, zugigen Flur einem gewaltsamen Tod ins Auge zu blicken. Er dachte an die beiden Jungen, die zwei Offiziere der braunen Hilfstruppe aus dem Dubliner Schloß gefesselt auf einen Müllabladeplatz am Rande der Stadt geschleppt hatten. Man hatte sie in sitzender Stellung an eine alte Steinmauer gelehnt und über jeden der jungen Köpfe einen aus dem Müllhaufen aufgelesenen alten Eimer gestülpt. Dann waren die Offiziere etwa vierzig Schritt zurückgetreten, hatten nach den Eimern geschossen, bis sie ganz durchlöchert waren, und hatten die Opfer ihrer Untat liegen lassen, um die Herzen der überlebenden IRA-Leute mit Furcht vor den Tans zu erfüllen. Er dachte auch an Clancy, Clune und McKee, die gefangen in das Schloß gebracht worden waren, wo die Tans sie interviewten und mit Bajonetten zum Reden anregten. Sie stachen so heldenmütig auf sie ein, bis keiner von den dreien weiterstöhnen konnte, weil jeder am Ende tot war. Jetzt konnte Sean keinen Laut, kein Stimmengewirr mehr hören – alles war ruhig geworden, seitdem die Tür mit Gekrach zusammengebrochen war. [...]

Sean konnte nur versuchen, totenstill dazuliegen, sich geräuschlos immer tiefer in die harte Matratze seines Rollbetts einzuwühlen, jedes Verlangen, sich an die Tür zu schleichen und zu horchen, mannhaft zu unterdrücken, ja sogar sein Atmen so einzuschränken, daß er es selber nicht mehr hörte. Das war alles, was er tun konnte. Denn eine tiefe Stille konnte die Tans vielleicht davon abschrecken zu sondieren, um die Ursache davon herauszukriegen. Den Hilfstrupplern freilich würde diese Stille nichts ausmachen, die brachten es fertig, eine Leiche aus dem Sarg zu heben, um nach einem Gewehr zu suchen. Er ließ die Tür jetzt immer unverschlossen, denn die Erfahrung hatte ihm gezeigt, daß sie über das kleinste Hindernis, das ihnen den raschen Eintritt in einen Raum verwehrte, immer maßlos wütend wurden.

Aus den Augenwinkeln konnte er durch das Fenster das Scheinwerferlicht die Straße hinauf- und hinabgleiten sehen, und jedesmal, wenn es für ein paar Augenblicke sein Zimmer überflutete, blendete es ihn. Er hörte die dumpfen, aber lauten Schläge von schwerem Eisen auf schwerem Holz. Die Laute kamen aus dem Hinterhof, und er erriet, daß sie den Eingang des großen Schuppens aufbrachen, in dem eine Zimmermannswerkstatt sein sollte und wo Frau Ballynoys Mann manchmal arbeitete. Jetzt hörte er weiche, verstohlene Schritte im Flur, die sich nach dem Hof zu bewegten – hinter demjenigen her, der sich schon fortgeschlichen hatte, als die Tür eingeschlagen wurde. Der war über die Mauer geklettert, dachte Sean, und hatte sich – vielleicht dicht dahinter – stumm in die dunkelste Ecke der schmalen Gasse geduckt, den Revolver fest in der Hand, die Schuhe um den Hals gebunden, damit, wenn er ausreißen mußte, der Klang rennender Füße dem Feind keinen Anhaltspunkt geben konnte, nach welcher Richtung er ihm einen Kugelhagel nachsenden müßte. Eine schlimme Nacht für ein Paar bloße Füße. [...]

Die Stille wurde aufgestört durch das Geräusch eines angeworfenen Motors, der sich zum Abfahren warm lief. Jetzt hörte er Schritte draußen im Flur, hörte einige Stimmen, die heldenhafte Witze rissen. Sie gingen also. Vielleicht war es auch nicht der Fall: manchmal taten sie nur so, fuhren die Wagen ein Stück weiter und ließen die Männer zurück, die dann plötzlich wieder ins Haus stürmten, mitten zwischen die törichten Leute, die in Nachtgewändern aus ihren Zimmern kamen, um einander über das große Ereignis auszufragen. Bleib still, reg dich nicht, beweg dich nicht, ein paar von ihnen könnten noch direkt hinter der Tür stehen.

So lag er, wie es ihm schien, lange da. Vom Angstschweiß war sein Körper feucht, so daß er fröstelte. Bleibe still, rühr dich nicht – jemand war bei der Tür. Er hörte, wie die Klinke ein schwaches, messingnes Geräusch von sich gab. Gleich würde ein schwarzbekleideter Arm hereinlangen und einen Schuß auslösen, den er nicht mehr hören würde. Stumm drückte er sich tiefer ins Bett und überließ das übrige Gott.

»He«, hörte er Frau Ballynoys Stimme aus dem Dunkel flüstern, »sind Sie noch da, oder haben die Sie mitgenommen? Sind Sie fort, oder schlafen Sie, oder was ist los?«

›Schon wieder diese Frau!‹ dachte Sean ärgerlich – ›wie sie mich erschreckt hat!‹ »Ich bin wach, Frau Ballynoy«, gab er flüsternd zurück.

»Nun«, sagte sie zärtlich, »Sie können sich wieder beruhigen und unbesorgt schlafen oder aufstehen und sich über die fragwürdigen Dinge mit mir unterhalten, die heute, in einem christlichen Zeitalter, getan werden.«

»Warten Sie, bis ich eine Kerze angezündet habe«, sagte er, und das Bett knarrte vernehmlich, als er sich aus der durchgelegenen Kuhle heraushob.

»Sie werden keine Kerze anstecken, solange ich hier bin, junger Mann«, sagte ihre Stimme, »wo ich doch fast nichts anhabe, denn ein Stückchen Umhang ist der einzige schützende Vorhang zwischen mir und einem durchdringenden Blick aus den Augen eines jungen Mannes, und es wäre doch nicht gut, in ein und derselben Nacht von einem Extrem ins andere zu verfallen.«

»Haben die denn etwas gefunden?«

»Gar nichts, aber sie haben zwei von den Männern mitgenommen. Krepieren sollen sie alle und in den tiefsten Höllenpfuhl stürzen, wo es am allerheißesten ist! Zünden Sie aber lieber die Kerze nicht an«, fügte sie hinzu, »denn wenn jemand mit knapper Not gerade einer drohenden Gefahr entgangen ist, benimmt er sich einem unschuldigen weiblichen Wesen gegenüber oftmals leichtsinnig und unbesonnen, wenn ich auch weiß, daß Sie nicht zu dieser Sorte Männer gehören.«

Er hörte, wie sich die Tür leise schloß und wie ihre Hand am Schloß herumtastete. Er hoffte, sie würde nicht bleiben.

»Ah, hier ist der Schlüssel! Es ist nämlich sicherer, eine verschlossene Tür zwischen sich und neugierigen Augen zu haben, die sich Tag und Nacht um die Angelegenheiten anderer Leute kümmern und alles, was sie denken und tun, auch anderen zutrauen.«

»Wäre es nicht besser, Sie gingen wieder in Ihr Zimmer, Frau Ballynoy?« gab er zu bedenken. »In solchen Zeiten haben Sie jedes bißchen Schlaf nötig, das Sie ermöglichen können. Das geht uns allen so, und außerdem könnte jemand herumschnüffeln und uns sehen und dann das Schlimmste denken.«

»Freilich«, sagte sie, »die Menschen sind schlecht, wenigstens die meisten – deshalb habe ich ja die Tür zugesperrt. Und nenn mich nur Nellie, denn du kennst mich ja jetzt lange genug. Jetzt kannst du auch die Kerze anzünden, aber stell sie möglichst weit weg von mir, denn zwischen mir und einem Unglück ist nur ein ganz dünner Schutz.« Und sie kicherte lustig, als Sean ganz langsam eine Kerze auf einer Kiste neben seinem Bett anzündete.

Ein schönes Weib war sie, ganz bestimmt: langes rötliches Haar ging wellig in einen Knoten über, der wunderschön auf einem weißen Nacken ruhte; ein feingeschnittenes blasses Gesicht mit großen, grauen, unschuldsvollen Augen, die Nebelschleier aus dem Tale von Massabielle zu umhüllen schienen.

Eine schöne Gestalt erhöhte noch diese Reize, und wie sie diesen süßen Körper kokett vor den Augen eines Mannes hin und her wiegte, sah er nicht mehr den Nebel von Massabielle oder wollte ihn nicht mehr sehen. Eine Rose von Tralee, vielleicht ohne die stille Schönheit dieser Blume, aber doch eine liebliche Rose der Slums. Aber Sean war nicht in der rechten Stimmung, sich am Reiz ihrer schönen Figur und ihres Gesichts zu erfreuen. Wenn jemand sah, daß sie in seinem Zimmer gewesen war, würde das ganze Haus behaupten, er hätte mit Frau Ballynoy ein Verhältnis. Er hätte den Mut haben sollen, aufzustehen und sie hinauszuschieben. Er wünschte jetzt beinahe, die Hilfstruppler wären ein wenig länger geblieben.

In dem bescheidenen Licht der Kerze sah er, daß sie ihren entzückenden Leib nur mit einem Paar brauner Pantoffel und einem geblümten Umhang geschmückt hatte, der nur bis zur Hälfte der Oberschenkel reichte und ein großes Stück ihres weißen, schwellenden Busens frei ließ. Ein reizendes Bild, aber verdammt ungemütlich für jemand, der entschlossen war, keine Notiz davon zu nehmen.

»Oh, da bist du ja«, sagte sie, als die Kerze ruhig brannte, »hübsch und traulich und ganz allein.« Sie kam näher und setzte sich neben ihn auf die Bettkante. »Ich frage mich immer wieder, warum ein Land, das so von Gebet und Frömmigkeit überfließt, so oft mitten in der Nacht für nichts und wieder nichts in Todesangst gestürzt wird. Und dann behaupten sie noch, es geschehe alles um Irlands willen. Diese ganze Politik wird eines Tages noch unser Tod sein. Ich fühl' mich schrecklich verlegen in diesem Aufzug«, sagte sie unvermittelt, »aber ich hab' das gute Nachthemd gewaschen und habe bloß in meiner Haut geschlafen, und dieser Umhang war das erste, was ich erwischte, als die Tans an die Haustür donnerten. Stiefmütterchen sind drauf«, sagte sie kichernd und zog den Umhang auf dem Oberschenkel ein Stück höher, »Stiefmütterchen haben was zu bedeuten!«, und sie stieß Sean mit ihrer vom Kleiderwaschen und vom Soda geröteten Hand ausgelassen gegen die Brust.

»Ist denn Herr Ballynoy nicht zu Hause?« fragte Sean, um sie von dem Stiefmütterchenumhang abzulenken, und überlegte, wie er sie am besten loswerden könnte.

»Ich hab' dir doch heute früh auf der Treppe gesagt, daß er auf dem Land zu tun hat! Der ist ja nie da, wenn die Tans kommen. Er würde einem aber auch nicht viel nützen, wenn's hart auf hart geht, denn er ist von Natur aus ängstlich, mit 'nem Gänseblümchen im Mund geboren. Ich bin also jetzt ein armes, verlassenes Mädchen«, und sie knuffte ihn wieder – diesmal in den Oberschenkel.

»Meinen Sie nicht, es wäre besser, Sie gingen wieder in Ihre Wohnung zurück?« gab er warnend zu bedenken. »Die Tans könnten wiederkommen.«

»Ja, das ist schon möglich, man kann ja nie wissen, was die Kerle vorhaben. Und das auch noch so kurz vor Weihnachten. Ach«, sagte sie plötzlich und blickte verträumt in die Ferne, »es ist doch schön, bei jemandem zu sein, zu dem man gehört: abgesehen von meinem Mann, sind wir die beiden einzigen Protestanten im ganzen Haus. Von den vielen Leuten hier sind wir – abgesehen von meinem Mann – die zwei einzigen, die Gott auf die rechte Art verehren und die genaue Bedeutung der Heiligen Schrift kennen.«

»Nein so was!« sagte Sean, »und ich habe immer gedacht, Sie und Ihr Gatte kümmerten sich nicht viel um die Religion – in jeder Beziehung nicht.«

»Da bist du in einem bedauerlichen Irrtum befangen. Ich kann mich an kein Jahr erinnern, wo wir nicht auf dem Weg zur Kirche das geheimnisvolle Klingen und Leuchten in der Morgenluft des Weihnachtstages gespürt hätten. Und wenn ich in der richtigen Stimmung war, und das war oft der Fall, da konnte ich über der Kirchturmspitze so was wie den Stern leuchten sehen, und mit meinen eigenen Ohren konnte ich hören, wie die Füße der drei Kamele schwerfällig durch den tiefen Sand stapften, der Kamele, auf denen die Drei Könige mit ihren reichen Gaben saßen, aus Persien oder aus sonst so 'ner wilden Gegend der weiten Welt waren sie. Und die ganze Zeit über suchte ein Mann voller Sorge ein Unterkommen für eine gute Frau, und die Täler und Berge waren vor Schnee gar nicht mehr zu erkennen, und die Flocken färbten ihr schönes dunkles Haar ganz grau und breiteten einen heimtückischen weißen Teppich für ihre mit Sandalen bekleideten Füße aus, und die taten ihr sehr weh unter dem Biß dieser frostigen Weichheit, und der müde Joseph trottete trottelig hinterdrein und machte sich Gedanken, ob sie auf der kalten, kalten Erde übernachten müßten. Aber Gott war gut und fand einen Stall als Obdach für den verstörten, halbtoten Mann mit dem triefnassen Gewand, den wie Feuer brennenden, riesigen Händen und den armen Füßen, die unter dem angepappten Schnee ganz blau waren. Und wie Joseph die erstaunten Tiere in gehöriger Entfernung fortgescheucht hatte, da lag auch schon bald der kleine Bursche sicher und geborgen in einer Krippe auf ganzen Haufen von warmem Klee, Thymian, Rosmarin und Lavendel.«

»Das kann aber nicht stimmen«, sagte Sean, »denn wie sollte jemand in dieser schlimmen Jahreszeit zu solchen Frühlings- und Sommerpflanzen kommen?«

»Das weiß ich auch nicht«, murmelte sie, »aber vielleicht hat Gott das Heu und das Stroh in die süß duftenden Kräuter verwandelt. Aber es ist viel besser, wenn man solche Dinge nicht zu genau überdenkt. – Du hast wohl Angst, mich anzusehen, was?« rief sie und ließ ihre Träumerei beiseite, denn Sean hatte den Kopf abgewandt, um den Reizen des weißen Busens und der weichen Schenkel zu entrinnen. »Solange du dir nicht zu viele Freiheiten herausnimmst, habe ich nichts dagegen – wenn ich mich auch in dieser mangelhaften Bekleidung ein klein wenig geniere.«

Ein Schulterband des Umhangs war herabgeglitten, und sie hatte keck den Arm ganz herausgezogen, so daß nun fast die Hälfte ihres Körpers bis zur Taille nackt war. Er erblickte eine im Kerzenlicht wunderschön erscheinende Brust, die wie ein goldener Becher mit einem verschwommenen Rubin in der Mitte aussah. Wenn er sie doch so in einer dunklen Ecke im Phoenixpark hätte oder in seinem eigenen Zimmer in einem anderen Haus, wo sie niemandem bekannt war, da würde er die Welt in einem kurzen Rausch gern vergessen. Aber nicht hier.

»Ihr Gatte ist doch ein anständiger Kerl«, sagte er und versuchte, seine Gedanken von ihr wegzulenken, »und er würde sicher entzückt sein, wenn er Sie so sähe. Er hält viel von Ihnen.«

»Das gehört sich auch so«, sagte sie mit beißendem Hohn, »wo sollte er denn so eine wie mich noch mal herkriegen? Er meint es gut, der arme Kerl, aber offen gesagt, er ist einfach rührend und jämmerlich, wenn wir allein sind und er versucht mal loszugehn. Bittet mich, ihm zu sagen, wenn er mir weh tut!« Sie verfiel in ein weiches, lustiges Lachen und preßte eine Hand auf den Mund, um die vergnügten Laute zu unterdrücken. »Es macht Spaß, hier davon zu reden, aber es macht mich verrückt, wenn ich mit ihm zusammen bin. Oft bin ich fast fertig von dem ewigen Bemühen, einen Funken Temperament aus ihm rauszuholen. Er tut sein Bestes, aber das bißchen Mumm, das er früher gehabt hat, ist weg, vom Winde verweht – nun ist mir alles egal!« Jetzt lachte sie boshaft und so laut, daß Sean Angst bekam, jemand könnte sie hören. »Aber was ich dir jetzt erzähle«, fuhr sie fort, »da wirst du dich totlachen! Du solltest Charlie mal sehen, wenn er seinen männlichen Pflichten nachkommen will: ›Es wird dir doch auch bestimmt nicht zu viel werden, Nellie? Sage es mir ja, wenn ich dir weh tue, Liebling!‹ Eines Nachts, als er gerade – na, du weißt schon –, habe ich ihn doch reinweg aus dem Bett auf den Fußboden geschmissen – von dem Plumps wackelte das ganze Haus! Und du wirst's nicht für möglich halten, aber 's ist wahrhaftig wahr, da blieb er doch betäubt der Länge nach liegen. Gott soll mich strafen, wenn ich lüge. Und danach, weißt du, mußte ich eben mit ihm umgehn wie mit zerbrechlichem Porzellan! Nein, die Art, wie es der arme Charlie macht, ist zu zaghaft für mich. Da versteht sich Jim Achree besser drauf. Hast du schon mal davon gehört?«

Sie ließ sich zu ihm hinabgleiten, bis sie halb über ihm lag, und sang ihm hingerissen ins Ohr:

»Jim Achree bringt's fein, hat gewaltigen Mumm dabei,
Macht die Mädchen verrückt und ganz toll und ganz
  dumm dabei.
Wenn sie nur mit ihm tändeln, kriegt er alle gleich 'rum
  dabei:
Keine will's lassen, was bei ihm sie gelernt.
Jimmy Achree, gewiß, du bist einzig in deiner Art,
Und mit jedem Mal kommst du besser denn je in Fahrt,
Himmlisch brutal und fix, immer voll neuer Tricks
Legst du prächtig uns Frauen um – wie ein Wirbelsturm
  zart!

Du«, sagte sie, um Atem ringend, »wenn jetzt jemand nur ein kleines bißchen lieb zu mir wäre, würde ich einfach hilflos und willenlos hinsinken.«

›Mitten im Tode sind wir vom Leben ganz umfangen‹, dachte Sean. Er wollte den Kopf wegwenden, um nicht von der weißen Brust in Versuchung geführt zu werden, die wie ein goldener Becher mit einem verschwommenen Rubin in der Mitte aussah, aber sein Kopf rührte sich nicht von der Stelle. Statt dessen wurde er sich bewußt, daß seine Hand über ihren schönen Busen glitt. Er fühlte, wie ihr Arm sich unter seinen Kopf schob, bis er den Hals fest umschlang, während der andere die Decke von ihm streifte. Er war erledigt, wenn er nicht um Hilfe schrie, und das konnte er doch nicht tun.

»Du bist ein anständiger junger Mann«, hörte er sie flüstern, »und würdest nie die Gelegenheit unziemlich ausnutzen, wenn mitten in der Nacht eine Frau allein in deinem Zimmer ist und es nur von dir abhängt, dich mit ihr auf ein Bett duftender Wiesenblumen zu werfen. Winde dich doch nicht so, du wirst noch alles verderben! Warum willst du mich denn nicht die Decke wegschieben lassen? Du hast viel zu viele auf dir; ein bißchen kühle Luft wird dir gut tun. Man muß zugreifen, wenn einem mal was Gutes geboten wird.« Sie riß ihm mit wildem Ruck die Decken vom Leibe, lag neben ihm und preßte ihren Mund auf den seinen. Ihre großen, unschuldsvollen Augen brannten jetzt in wildem Feuer.

»Los«, flüsterte sie keuchend, »geh auf mich los, so derb du willst – danach sehne ich mich doch schon wochenlang!« Und jetzt selber halb von Sinnen, packte er sie wie ein Schraubstock und krallte ihr seine Finger ins Fleisch.

Da plötzlich erstarrten sie beide und horchten, hörten das Aufheulen eines Motors draußen auf der Straße. Ein zweiter Motor heulte heran, ein dritter, der letzte, und alle vereinten sich in schrillem, drohendem Gewinsel, daß die Wände des alten Hauses widerhallten.

›Heute nacht sind sie in voller Stärke ausgerückt‹, dachte Sean. Mehr als drei Wagen auf einmal, und jeder davon summt jemandem sein Sterbelied. Irlands moderner, seelenloser Käuzchenschrei!

Plötzlich ging das schrille Heulen in ein schrilles, vibrierendes Kreischen über, das von dem Bob-bob-bob leerlaufender Motoren abgelöst wurde, als die Lastwagen draußen anscheinend sehr nahe am Haus hielten.

»Die halten vor unserm Haus oder dem nächsten!« sagte Nellie, löste den Arm von seinem Hals und glitt rasch vom Bett zur Türe. »Wer hätte gedacht, daß die Hunde sich zweimal in derselben Nacht herbemühen würden? Lieber Gott, die haben es tatsächlich auf unser Haus abgesehen!« In rascher Folge hämmerte es wieder an der Tür. Nellie drehte und würgte wie wahnsinnig am Schlüssel herum, aber sie bekam die Zimmertür nicht auf.

»Jetzt werden sie reinkommen«, jammerte sie leise, »und ich stehe vor der Welt als leichtsinnige Frau da.« Sie zerrte und drehte und wand sich dabei, daß ihr der Umhang von den Schultern glitt und sie nackt und erregt an der Tür stand. »Du bist dran schuld«, schrie sie mit halber Stimme und wandte Sean ihr gerötetes, wutverzerrtes Gesicht zu, »du hast mich in diese Klemme gebracht, weil du keine anständige Frau sehen kannst, ohne mit ihr anzubändeln.«

Sean lag genausoviel wie ihr daran, daß sie ungesehen hinauskam. Er sprang aus dem Bett, rannte zur Tür und drehte mit kräftigem Ruck den Schlüssel herum. Sie schnappte sich ihren geblümten Umhang, riß die Tür auf und stürzte hinaus und die Treppe hinauf, ohne ein Wort zu sagen. Er machte die Tür wieder zu, sauste zum Bett zurück, grub sich wieder tief hinein und horchte, ob es wohl die Tans oder die Tommys wären, die ins Haus eingebrochen waren.

Die Tür schlug auf, und eine Taschenlampe schoß Entsetzen in seine Augen. Stumm wartete er auf einen Schlag oder Schuß, aber nichts dergleichen kam. Er machte die Augen auf und sah an der Tür einen in Khaki gekleideten jungen Offizier stehen, die Taschenlampe in der einen, den Revolver in der anderen Hand. Hinter ihm zwei Soldaten mit schußbereiten Gewehren. Der Offizier starrte Sean an, steckte dann langsam die Waffe wieder in die Pistolentasche und gab den Soldaten ein Zeichen. Sie gingen daraufhin in Rührt-euch-Stellung und setzten die Gewehrkolben auf den schmutzigen Fußboden ab.

»Stehen Sie auf, ziehen Sie sich an, und treten Sie dann auf die Straße hinaus«, sagte der Offizier kurz. »Jedes Zimmer dieses Hauses muß durchsucht werden. Versuchen Sie nicht, den Stacheldrahtring zu überschreiten, der um das Gebiet hier gezogen ist. Die Soldaten haben Befehl, auf jeden zu schießen, der es tut.« Er beobachtete Sean, wie er sich anzog, und als er ihn die Mütze auf den Kopf stülpen sah, fragte er: »Haben Sie denn keinen Mantel?«

»'ne Art Mantel höchstens«, sagte Sean.

»Besser als nichts. Ziehen Sie ihn lieber an, draußen ist's verdammt kalt.«

›Anständiger Kerl‹, dachte Sean und zog seinen alten Mantel an, ›denkt gelegentlich auch an andere. Gott sei Dank sind keine Tans hier!‹

Er ging in den dunklen Flur hinaus und prallte beinahe auf einen Tan, der dort stand und an einem Revolver herumfingerte. Es lief ihm kalt den Rücken hinunter.

»Wohin willst du?« fragte er.

»Auf die Straße – Befehl vom Offizier«, sagte Sean.

»Von was für'n Offizier?« fragte der Tan.

»Heeresoffizier.«

»Ach nee, 'n Heeresoffizier? Wir haben hier zu befehlen – kapiert?«

»Zu Befehl«, sagte Sean prompt.

»Bist du Sinnfeiner?« wollte er jetzt wissen und drehte die Pistole in der Hand.

»Sinnfeiner? – Ich? Keine Angst!«

»Du warst aber mal einer!«

»Nein, niemals«, sagte Sean. ›Gott sei Dank‹, dachte Sean, ›hat er mich nicht gefragt, ob ich Republikaner bin. Der dumme englische Lümmel kennt ja den Unterschied gar nicht.‹

»Ja, du bist aber doch Ire – das kannst du nicht abstreiten!«

»Nein, mein Herr, das kann ich nicht abstreiten. Ire bin ich auf jeden Fall.«

»Na schön, da schrei mal laut: ›Zum Teufel mit Irland‹, dann kannst du gehn – aber nicht bloß brummeln, sondern so laut, daß es das ganze Haus hört. Na, wird's?«

Aber Sean sagte kein Wort. Gott sollte ihn verdammen, wenn er so was täte! Er wußte, daß sein Gesicht kreideweiß war, er merkte, wie ihm die Knie zitterten, aber er sagte kein Wort und blickte stur vor sich hin.

»Na los, du Sinnfeinerschwein, schrei!«

Ein Lichtstrahl fiel auf sie, und Sean sah den jungen Offizier auf sie zutreten. Er blieb stehen, blickte Sean an und dann den Tan.

»Was ist hier los?« fragte er. »Lassen Sie den Mann auf die Straße gehn.«

»Kümmern Sie sich um Ihre eigenen verdammten Angelegenheiten«, knurrte der Tan.

»Das tu' ich gerade«, sagte der junge Offizier. »Ich bin zufällig auch Ire, oder haben Sie was dagegen?«

»Ich stehe nicht unter Ihrem Befehl!« sagte der Tan grob.

»Das bedauere ich durchaus nicht!« sagte der Offizier, »aber diesem Mann hier habe ich zu befehlen – habe ich Ihnen nicht den Befehl gegeben, auf die Straße zu gehn?« fragte er Sean.

»Jawohl, Herr Leutnant.«

»Dann führen Sie den Befehl gefälligst aus«, sagte er scharf; Sean machte eine schnelle Wendung und lief im Geschwindschritt durch den Flur zur Tür hinaus auf die Straße.

Es war sehr kalt, und im schüchternen Schimmer des abnehmenden Mondes sah Sean, daß Fußweg und Fahrdamm von einer dicken Rauhreifschicht weiß überzogen waren. Menschengruppen standen an die Hauszäune gedrängt, und immer weitere Personen sickerten schläfrig aus den übrigen Häusern heraus und wurden von bewaffneten Soldaten zusammengetrieben. Die Frauen versuchten, ihre weinenden und vor Kälte klappernden Kinder warmzuhalten, indem sie sich fadenscheinige Tücher über die Schultern warfen und die Kleinen auf ihren Armen hineinwickelten.

Mehrere Scheinwerfer ließen ihr Licht durch die Straßen

wandern, strahlten die Menschengruppen flüchtig an oder flimmerten an den Häuserfronten entlang. An einem Straßenende stand ein Panzerwagen mit geöffneten Klappen. Man konnte drin die Köpfe einiger Tommys erblicken, die stillvergnügt ein Lied sangen, das den fröstelnden Leuten riet, ihre Sorgen in ihren alten Tornister einzupacken. Auf dem Fahrdamm glitt über die jungfräuliche Weiße des Rauhreifs ein rautenförmiger Tank dahin. Er sah wie eine schmutzige, gefährliche, dahinkriechende Schnecke aus. Maschinengewehre ragten aus den Schlitzen und starrten wie häßliche, heraustretende Augen die zusammengeduckten Leute an.

Vor der Tür des Hauses, in dem er wohnte, bemerkte er unter den Menschen eine Bewegung. Er schlenderte hinüber, bis er neben den Stufen stand und einer Reihe Soldaten über die Schultern schauen konnte. Ein Gefangener! Wer konnte es sein? Flüsternd fragte er den vor ihm stehenden Soldaten, was los wäre.

»Ein ganzes Waffenlager«, flüsterte der Soldat heiser. »Hinter dem Haus haben sie ein ganzes Arsenal entdeckt! Genug Dynamit, um das ganze Viertel in die Luft zu jagen. So'n Kerl da zückte 'ne Pistole, kriegte aber einen Schuß durch die Hand, ehe er abdrücken konnte. Da kommt er, der Lumpenhund!«

Inmitten einer Gruppe von Soldaten mit schußbereiten Gewehren marschierte eine dünne, hilflose Gestalt, aber die Lippen im blassen Gesicht waren fest zusammengepreßt, und der kleine Kopf war hoch erhoben. Als Sean genauer hinsah, bemerkte er, daß Handschellen die beiden kleinen Hände zusammenschlossen und daß von der einen rote Tropfen auf den frostweißen Fußweg fielen. Sie ließen kleine Flecke zurück wie rote Beeren, die in Schnee gefallen waren. Im Flur hörte er Nellies Stimme schreien.

»Das ist mein Mann!« hörte er sie rufen, »ein guter Mann und ein tapferer Mann! Und ihr werdet Irland nie ganz totschießen können, ihr bewaffnetes Lumpengesindel, ihr! Hier, schleppt mich nur auch noch mit, wenn ihr's euch traut. Laß den Mut nicht sinken, Charlie – ganz Irland ist mit dir!«

Sean blickte noch genauer hin. Großer Gott – der Gefangene war der ängstliche, unbedeutende Charlie Ballynoy, der sich nicht für Politik interessierte! Ein Lastwagen voller Soldaten kurvte an die Bordkante. Der gefesselte Gefangene wurde hineingeschoben und -gehoben. Dort stand er mitten unter den Soldaten, vom Scheinwerferlicht angestrahlt, und hielt seine mit Eisen gefesselten Hände hoch, von denen immer noch das Blut tropfte.

»Hoch die Republik!« rief er, so laut er konnte.

Der Lastkraftwagen fuhr fort, die roten Flecken auf dem Reif wurden braun und blieben einsam liegen. Die Köpfe, die sich erhoben hatten, sanken wieder herab, und alles war wieder still und ruhig. Ein frostiges Morgengrauen begann endlich die tiefdunklen Schichten vom Himmel abzuschälen, und die Szene hüllte sich in geisterhaften Glanz, aus dem die bleichen Gesichter der harrenden Menschen noch heller hervorleuchteten. Der blasse Mond sank tiefer am unfreundlichen Himmel, und der Rauhreif auf Fußweg, Fahrdamm und Dach wurde noch weißer. In schmutziges Gelb gekleidete Gestalten bewegten sich aus einem dunklen Torbogen heraus über die weiße Fläche, um in einem noch dunkleren Tor wieder zu verschwinden. Und die ganze Zeit über kroch der braune, schneckenähnliche Tank die Straße auf und ab und ließ den zarten Reif unter seinen mahlenden Raupenketten zu schmutziger Kohle werden – der neue Leviathan, über den Gott keine Macht mehr hatte.

Brendan Behan

Ein Bekenntnis

Ich muß den dreckigsten Zug in Irland erwischt haben, denn die meisten sind ausgezeichnet und ganz sauber. Aber dieser, der mich von Dun Laoghaire nach Dublin brachte, war ein gräßliches altes Vehikel. Ich zog das Fenster runter und streckte den Kopf raus. Der Boden war gefroren, aber es würde ein schöner Tag werden, die Sonne hatte sich ein Herz gefaßt und angefangen zu scheinen. Ich sah vertraute Häuser und Menschen, die ihren morgendlichen Beschäftigungen nachgingen, und ich wunderte mich über das Grün der Wiesen und die Bäume, deren gerade Reihen sich meilenweit zu erstrecken schienen. Sie hatten das Laub verloren; es würde bald Winter werden.

In meinem Abteil saß ein alter Kerl mit einem scharfgeschnittenen Gesicht, der einen sauber aussehenden Jungen bei sich hatte. Der Junge hielt einen Stoß Zeitungen auf den Knien. Dann saßen noch zwei Dubliner Herren in der Ecke, die während der ganzen Fahrt ihr Los beklagten. Ich glaube, manche Leute könnte man mit einer Million Scheinchen ins Ritz stecken und die Gina Lollobrigida dazu, und sie hätten immer noch was zu jammern.

Als der Zug in den Dubliner Bahnhof einfuhr, machte ich die hintere Tür des Abteils auf und schwang mich blitzschnell über die Barriere.

Ein Jahrhundert schien vergangen, seit ich zuletzt die Straße nach Crumlin hinuntergegangen war, wo wir in einem Sozialbau wohnten. Die Sonne blinzelte durch die Bäume, und die frostige Luft roch herrlich nach Rauch. Ich ging vielleicht fünfzehn Minuten lang, aber die Uhr war noch nicht gemacht, die in diesem Augenblick die Zeit hätte messen können.

Mein Vater und meine Mutter begrüßten mich, sie nahmen mich in die Arme, auch meine kleine Schwester Carmel, die jetzt mit einem schottischen Schreiner verheiratet ist und in England lebt.

Während meiner Zeit in Borstal hatte ich oft an zu Hause und an meine Familie gedacht, und wenn der Frost unter den Füßen knirschte, hatte ich mir vorgestellt, wie sie in Dublin um das Feuer herumsaßen, in Dublin, wo es Feuer gab, die mich willkommen heißen würden, wenn ich herauskam. Jetzt wunderte ich mich, wie die drei Jahre sich zu nichts zusammengezogen hatten, so als wäre ich nie weggewesen. Meine Mutter weinte ein bißchen und erzählte mir von Nancy, die im »Morgenstern« bediente, was Craigavad zu dem Armenpfleger gesagt hatte, als der mit dem Haferbrei rumging; es wäre ja alles nicht so schlimm gewesen, wenn er nur nicht immer diesen alten Spazierstock benutzt hätte, um den Brei umzurühren, und dann war da noch der liebe Mick, der nur hinkam, um sein Frühstück gegen ein Glas Schnaps zu tauschen. Und zwischendrin ließ sie einfließen:

»Maureen stirbt an Schwindsucht.«

Himmel und Hölle und Verzweiflung und Vermutungen und Hoffnung! Wir hatten miteinander geplaudert, miteinander gelacht, gemacht, was Jungen und Mädchen zusammen machen. Ich war bei dem Mädchen zu Hause gewesen und kannte ihren Vater, ihre Mutter und ihre Brüder. Ich hatte Seite an Seite mit ihren Brüdern gekämpft, wir hatten auf denselben Schlachtfeldern der Armen gekämpft.

Wie konnte der Tod zu einem so jungen Menschen kommen?

Ich ging zu ihr nach Hause. Sie hatten einen Gemüseladen

in der Benburb Street, in der Nähe der Guinness-Brauerei im Herzen von Dublin. Als ich hinkam, verkaufte Maureen gerade einer alten Frau einen Kohlkopf, und um ehrlich zu sein, einen Augenblick lang wußte ich nicht, ob sie es war oder ihre zehn Jahre ältere Schwester, denn als ich Dublin verlassen hatte, war Maureen fast noch ein Kind, und nun war sie eine hochgewachsene, braunhaarige, blauäugige Frau.

»Hallo, Brendan«, sagte sie, »wie geht's denn so?«

»Nicht schlecht, Mädchen«, sagte ich und ging durch den Laden in die dahinterliegende Küche.

Es war niemand zu Hause, aber sie kam hinter mir her und fragte, was ich zum Abendessen haben wollte, es wäre ja Freitag. Sie sagte, sie sei sich nicht sicher, welche Religion ich eigentlich hätte, obgleich alle meine Angehörigen seit 432 römische Katholiken seien. Aber ich wußte, daß Fisch knapp war, deshalb sagte ich, ich sei Protestant, und sie machte mir ein Steak. Später entdeckte sie, daß ich gar kein Protestant war, wenn auch kein richtiger Katholik, und sie sagte, ich hätte Jesus Christus für ein Pfund Rindfleisch verraten. Sie entschuldigte sich, weil die Zimmer in einem so schlechten Zustand wären, aber ihre beiden Brüder, die einzigen erwachsenen männlichen Mitglieder der Familie, waren interniert, und da ihr Vater Invalide war, gab es niemanden, der hätte tapezieren können. Da ich von Beruf Tapezierer war, fragte sie mich, ob ich wohl gelegentlich die Bude aufmöbeln – wie man in Dublin sagt –, das heißt, ob ich die Wände tapezieren könnte.

»Sicher«, sagte ich, »aber sicher, Maureen.«

Dann redeten wir dies und jenes, ich erzählte ihr Geschichten von Heldentaten, die in England um unserer Sache willen geschehen waren, und sie saß da und hörte sich alles an. Und dann erzählte sie mir von den Bekenntnissen eines IRA-Stabschefs, von denen ihr Vater behauptete, sie wären die reine Wahrheit, und die mir völlig unwahrscheinlich vorkamen.

»Brendan«, sagte sie, »ich kann deine Ansichten nicht teilen, und ich will mir deine schmutzigen Wörter nicht anhören. Am liebsten würde ich dich bitten zu gehen.«

Als dann ein Freund von ihr kam, bat sie ihn tatsächlich, mich rauszuschmeißen.

»Mach, daß du rauskommst, Brendan Behan«, sagte der Freund.

»Jesus«, sagte ich, »ich hab' doch mein verdammtes Maul nicht mal aufgemacht.«

Aber ich ging nicht, und im Laufe der Tage möbelte ich die Bude auf und war glücklich in ihrer Gegenwart. Wir redeten ruhig miteinander, während ich arbeitete, und ich war überglücklich, daß ich in den drei Jahren nichts von meinem Handwerk vergessen hatte. Die Zimmer sahen nett und sauber aus, und ich spürte einen Frieden, den ich nie zuvor gekannt hatte.

Kurz darauf wurde Maureen in das Crooksling-Sanatorium in den Dubliner Bergen geschickt, und ich ging hin, um dieses Mädchen noch einmal zu sehen, mit der mich eine ganz reine Beziehung verband.

Ich bin von Natur feige, und ich mußte vorher ein paar Whiskeys trinken, und als ich sie dann so zart und einsam in dem nackten, nach Äther riechenden Krankensaal liegen sah, wußte ich, daß ich sie sehr innig liebte. Ich brachte ihr ein paar Blumen und sang ihr ein paar Lieder, und sie schien völlig glücklich. Irgendwie scheint mir das zu beweisen, daß die katholische Religion vielleicht doch die richtige ist. Ich war als Kind sehr fromm gewesen, aber später hatte ich Schwierigkeiten mit dem Geschlechtlichen, und dann hatte ich erlebt, wie meine Freunde exkommuniziert wurden, und ich hatte gehört, daß auch mein Vater und Tausende andere exkommuniziert worden waren. Und jetzt war ich selbst exkommuniziert, aber im Innern glaube ich, daß ich nur bei Tageslicht Atheist bin, denn ich möchte nicht ohne Priester sterben.

Ich küßte Maureen ganz keusch auf die Lippen.

»Leb wohl«, sagte ich, »leb wohl«, denn ich wußte, ich würde sie nicht wiedersehen. Ich bin kein Amateurdoktor, um Himmels willen, aber ich wußte, daß ich den Tod getroffen hatte bei einem so jungen Menschen, den ich liebte.

Ich verließ das Sanatorium, und mit dem Geld, das ich bei mir hatte – es war nicht viel –, ging ich in die »Embankment-Bar« gleich neben dem Sanatorium. Traurig dachte ich über die Worte Shakespeares, des großen Engländers, nach, der gesagt hat: »Tu, als wärst du ein Mann.« Er hat nicht gesagt: »Sei ein Mann«, sondern: »Tu, als wärst du ein Mann.«

O Gott, o Heiligstes Herz, Herr, erbarme dich ihrer, ich versuchte, zu »tun, als wäre ich ein Mann«, denn ich konnte jetzt keiner sein. Ich saß da in der Hinterstube der Kneipe und machte ein tapferes Gesicht. Es saß noch ein anderer junger Mann da, der sich ganz harmlos die Zeit vertrieb, aber ich konnte seine Gegenwart nicht ertragen und trat wieder ins Tageslicht hinaus mit einem Herzen so schwarz wie die Nacht.

Ich wollte ein Stück zu Fuß gehen, aber da kam mir ausgerechnet diese Mrs. Jones entgegen, diese scheinheilige Vettel mit ihrem knochigen Gesicht und den roten, teuflischen Schweinsaugen. Auch in guten Zeiten möchte ich nicht in Eselsschreinähe zu ihr kommen.

Als wäre der Satan hinter mir her, sprang ich auf den Bus nach Blessington und stieg dort in den Dubliner Bus Nr. 21 um und fuhr zur Watling Street.

Maureens Großmutter stand in der Tür ihres Häuschens, als ich die Eingangsstufen hinaufstieg.

»Wie geht es meiner Enkelin?«

Auf diese direkte Frage war ich nicht gefaßt, und ich wußte ja, daß es Maureen nicht gut ging, aber auf meine lügnerische Art sagte ich:

»Es geht ihr ganz gut, sie ist ganz wohl.« Ich blickte ihr ins Gesicht, um zu sehen, ob sie mir glaubte. Sie nickte dankbar.

»Möchtest du nicht hereinkommen, Brendan«, sagte sie,

»und eine Tasse Kaffee trinken? Paddy wird bald nach Hause kommen und bestimmt nach dir fragen.«

Paddy war ihr Sohn und Maureens Vater, aber ihr könnt mir glauben, daß ich nicht in der Stimmung war, mit irgendeinem zu sprechen, außerdem ist Kaffee ein Getränk, das ich abscheulich finde, und Tee war damals rationiert. Aber ich konnte nicht ablehnen. Es ist herrlich, wenn man eine Weile mit sich allein sein kann, draußen in der Sonne, denn das ist etwas, was man im Gefängnis nie kann, trotz all ihrer Einzelhaft – und davon habe ich mein Teil gehabt. Da beobachten diese dreckigen Schweine einen jeden Augenblick, selbst in Momenten, wo der Schlechteste von uns nicht mal einen Hund stören würde. Ich war also nicht so schlecht, der alten Frau eine Absage zu erteilen, und folgte ihr ins Haus.

Paddy O'Reilly hatte den Spitznamen »der blutige Mann«, denn er arbeitete im Schlachthof und war gewöhnlich mit Tierblut beschmiert. Es war zwar kein Menschenblut – trotzdem. Ich habe ein Herz für Tiere und kann nicht sehen, wenn eins getötet wird.

Ich habe nie über Dinge, die mir viel bedeuten, sprechen können, und ich behaupte auch nicht, daß ich etwas zu sagen habe, um dessentwillen Christus vom Kreuz herabsteigen würde oder so etwas, aber ich kann's einfach nicht aussprechen, das ist alles. Ich war also froh, daß Mrs. O'Reilly mich über meine Zeit in der Jugendhaftanstalt Borstal ausfragte. Ich erzählte ihr von einem IRA-Mann aus West-Belfast, der mich hatte sprechen wollen, aber ich erzählte ihr nicht, daß ich gerade dabei war, die Kreuzwegstationen abzurutschen.

Ihre Söhne und Enkel waren genau wie meine eigenen Verwandten alle in der IRA, sie war daher sehr interessiert, als ich ihr erzählte, daß dieser Mann aus Belfast wußte, daß ich in Killiney Castle zusammen mit Seamus MacIlhenna und Tommy Gunn ausgebildet worden war. Tommy war immer ein Erfolg auf Festen oder Singabenden, und wir waren bei solchen

Gelegenheiten oft zusammen gewesen. Und so erinnerten wir uns an Geschichten über Tommy, diesen tollen Spaßmacher.

In diesem Augenblick kam Paddy herein, immer noch in seiner blutbefleckten Schürze, und er schüttelte mir die Hand und sagte:

»*Céad míle fáilte rombhat abhaile.*«

Ich dankte ihm und sagte: »*Go raibh maith agat.*«

Er hatte ein festes, aber trauriges Gesicht, und er war ein guter Mensch. Der Herr erbarme sich seiner. Er weilt nicht mehr unter uns.

»Wie geht es Maureen?« fragte er, denn er wußte, daß ich nicht um meiner Gesundheit willen hier saß.

Ich hatte mir einen ziemlichen Wortschatz aus dem britischen Slang angeeignet, einiges im Gefängnis, manches von meinen Brüdern und Vettern, die in der britischen Armee und der Royal Air Force gedient hatten – das ist eine ehrenwerte Organisation, trotzdem ich, wie man sich denken kann, gegen sie bin.

»Paddy«, flüsterte ich, so daß die Alte es nicht hören konnte, »ich glaube, Maureen ist dran.« Damit wollte ich sagen, daß sie im Sterben lag, und Paddy antwortete traurig:

»Laß uns zur Ecke gehen und einen trinken.«

Denn in Zeiten großer Not, das muß ich leider sagen, muß der Ire einen trinken, um seinen Kummer zu ersäufen, und Mrs. O'Reilly hatte uns gehört.

»Brendan«, sagte sie, »du hast mir gesagt, Maureen ginge es gut.«

»Ja, das stimmt auch. Natürlich geht es ihr gut«, log ich.

»Das glaube ich nicht. Du und Paddy O'Reilly, ihr geht nicht umsonst einen trinken.«

»Nun«, sagte ich, »vielleicht geht's ihr auch nicht so ganz gut.«

Ich konnte ihr nicht sagen, daß ihre Enkelin im Sterben lag.

Und die arme, gebrechliche, schöne alte Frau, die den Bürgerkrieg mitgemacht hatte, deren Enkel des Mordes angeklagt gewesen war – das war, so möchte ich behaupten, damals eine ehrenvolle Sache –, diese alte Frau brach weinend zusammen.

Paddy und ich gingen und überließen sie ihrem Schmerz. Das war wohl nicht sehr tapfer von uns.

»Brendan«, sagte er, »glaubst du's wirklich?«

»Ja«, antwortete ich, »ich habe schon früher Leute sterben sehen, Paddy, ich bin sicher, sie macht's nicht mehr lang.«

Er weinte, und ich weinte, und wir tranken. Und ich sang die Strophe eines Lieds, das meine Mutter sich ausgedacht hatte:

Mit Weh denk ich an die Freunde, die mich umgaben zu
Hauf,
An die Mädchen mit rosigen Lippen und die Burschen
mit schnellem Lauf;
An Bächen, zu breit zum Springen, liegen Knaben unter
welkem Grün,
Und die rosigen Mädchen schlafen auf Feldern, wo die
Rosen verblühn.

Ich sah Maureen nicht wieder, und mehr will ich darüber nicht sagen. Aber, bei Gott, ich wünschte, sie säße jetzt neben mir.

Und wenn dies die Bekenntnisse eines irischen Rebellen sind, so ist dies wirklich ein Bekenntnis.

James Joyce
Eine kleine Wolke

Acht Jahre zuvor hatte er seinen Freund am North Wall verabschiedet und ihm glückliche Reise gewünscht. Gallaher war vorangekommen. Man merkte es sofort an seiner weltläufigen Miene, seinem gutgeschnittenen Tweedanzug und seiner unerschrockenen Aussprache. Wenige Burschen hatten Talente wie er, und noch wenigere wurden von einem solchen Erfolg nicht verdorben. Gallaher hatte das Herz am rechten Fleck, und er hatte seinen Triumph verdient. Es war schon etwas, einen solchen Freund zu haben.

Little Chandler hatte sich seit dem Mittagessen in Gedanken mit dem Wiedersehen mit Gallaher beschäftigt, mit Gallahers Einladung und mit der großen Stadt London, wo Gallaher lebte. Er wurde Little Chandler genannt, weil er klein wirkte, obwohl er nur wenig kleiner war als der Durchschnitt. Seine Hände waren weiß und klein, sein Leib zerbrechlich, seine Stimme ruhig und seine Manieren kultiviert. Sein helles seidiges Haar und seinen Schnurrbart pflegte er aufs sorgfältigste, und sein Taschentuch war dezent parfümiert. Die Halbmonde seiner Fingernägel waren makellos, und wenn er lächelte, erblickte man eine Reihe kindlich weißer Zähne.

Während er an seinem Pult in den King's Inns saß, dachte er an die Veränderungen, die diese acht Jahre mit sich gebracht hatten. Aus dem Freund, den er in einem schäbigen und ärmlichen Zustand gekannt hatte, war eine glänzende Figur der Londoner Presse geworden. Er sah oft von seiner ermüdenden Schreibarbeit auf, um aus dem Bürofenster zu blicken. Die Glut eines Spätherbstsonnenuntergangs bedeckte die Rasenflächen und Wege. Sie sprühte freundlichen Goldstaub auf die verschlampten Kindermädchen und hinfälligen Greise, die auf den Bänken dösten; sie flimmerte auf all den sich bewegenden Figuren – auf den Kindern, die kreischend die Kiespfade entlangrannten, und auf allen, die durch den Park gingen. Er beobachtete die Szene und dachte an das Leben; und er wurde (wie immer, wenn er an das Leben dachte) traurig. Eine sanfte Melancholie ergriff Besitz von ihm. Er spürte, wie zwecklos es war, gegen das Geschick anzukämpfen – darin bestand die Last der Weisheit, die die Jahrhunderte ihm vermacht hatten.

Ihm fielen die Gedichtbände auf seinen Bücherborden zu Hause ein. Er hatte sie in seinen Junggesellentagen gekauft, und manch einen Abend, wenn er in dem kleinen Zimmer neben dem Flur saß, war er versucht gewesen, einen vom Bord zu nehmen und seiner Frau etwas vorzulesen. Doch immer hatte ihn Schüchternheit abgehalten; und so waren die Bücher auf ihren Borden geblieben. Manchmal wiederholte er sich einzelne Verse, und das tröstete ihn.

Als seine Stunde geschlagen hatte, stand er auf und verabschiedete sich gewissenhaft von seinem Pult und den Kollegen. Er tauchte unter dem feudalen Bogen der King's Inns auf, eine ordentliche bescheidene Figur, und ging rasch die Henrietta Street hinunter. Der goldene Sonnenuntergang war im Schwinden, und die Luft war kühl geworden. Eine Horde schmieriger Kinder bevölkerte die Straße. Sie standen oder rannten auf dem Fahrdamm oder krochen die Stufen vor den gähnenden Haustüren hinauf oder hockten wie Mäuse auf den Schwellen. Little Chandler wendete keinen Gedanken an sie. Geschickt suchte er sich den Weg durch all dieses winzige ungezieferhafte Leben im Schatten der hageren geisterhaften Patrizierhäuser, in denen einst der alte Adel Dublins bramarbasiert hatte. Keine Erinnerung an die Vergangenheit berührte ihn, denn sein Sinn war voll einer gegenwärtigen Freude.

Er war noch nie bei Corless gewesen, aber er wußte, was der Name galt. Er wußte, daß die Leute dort nach dem Theater hingingen, um Austern zu essen und Likör zu trinken; und er hatte gehört, daß die Kellner dort Französisch und Deutsch sprachen. Wenn er abends schnell vorbeigegangen war, hatte er Droschken vor der Tür halten und reichgekleidete, von Kavalieren begleitete Damen aussteigen und rasch eintreten sehen. Sie trugen rauschende Kleider und viele Umhänge. Ihre Gesichter waren gepudert, und wie erschreckte Atalantas rafften sie ihre Kleider hoch, wenn diese den Boden berührten. Er war immer vorbeigegangen, ohne den Kopf zu wenden. Selbst bei Tag war er gewohnt, auf der Straße schnell zu gehen, und immer, wenn er sich spät abends in der Stadt befand, eilte er furchtsam und aufgeregt seines Wegs. Zuweilen jedoch forderte er die Ursachen seiner Angst heraus. Er suchte dann die dunkelsten und engsten Straßen auf, und während er tapfer weiterging, ängstigte ihn die Stille, die um seine Schritte gebreitet war, ängstigten ihn die schweifenden schweigenden Figuren; und zuweilen ließ ihn der Klang leisen flüchtigen Gelächters wie ein Blatt erzittern.

Er bog nach rechts, Richtung Capel Street. Ignatius Gallaher bei der Londoner Presse! Wer hätte das vor acht Jahren für möglich gehalten? Dennoch, als er jetzt auf die Vergangenheit zurückschaute, konnte Little Chandler sich an viele Anzeichen künftiger Größe bei seinem Freund erinnern. Die Leute sagten, Ignatius Gallaher wäre nicht zu bändigen. Natürlich hatte er damals einen ziemlich liederlichen Umgang gehabt, reichlich getrunken und von allen Seiten Geld gepumpt. Schließlich war er in irgendeine fragwürdige Affäre verwickelt gewesen, irgendeine Geldtransaktion: jedenfalls war das die eine Erklärung für seine Flucht. Doch Talent sprach ihm niemand ab. Immer gab es ein gewisses ... Etwas in Ignatius Gallaher, das einen wider Willen beeindruckte. Selbst wenn er völlig abgebrannt war und keine Ahnung mehr hatte, wo er Geld herbekommen sollte, trug er ein hochgemutes Gesicht zur Schau. Little Chandler erinnerte sich (und die Erinnerung ließ ein wenig stolzes Rot auf seine Wangen treten) an eine von Ignatius Gallahers Redensarten, wenn er in der Klemme war:

– Nun mal langsam, Jungs, sagte er dann heiter. Wo ist meine Denkkappe?

Das war der ganze Ignatius Gallaher; und zum Teufel, man konnte nicht umhin, ihn dafür zu bewundern.

Little Chandler beschleunigte seinen Schritt. Zum ersten Mal in seinem Leben fühlte er sich den Leuten, an denen er vorüberkam, überlegen. Zum ersten Mal rebellierte seine Seele gegen die öde Uneleganz der Capel Street. Es gab keinen Zweifel: wenn man Erfolg haben wollte, mußte man fortgehen. In Dublin konnte man nichts werden. Als er über die Grattan Bridge ging, blickte er flußabwärts zu den unteren Quays und bedauerte die armen verkümmerten Häuser. Sie kamen ihm vor wie eine Bande von Vagabunden, zusammengekauert am Flußufer entlang, die alten Mäntel mit Staub und Ruß bedeckt, betäubt von dem Panorama des Sonnenuntergangs und in Erwartung der ersten Nachtkühle, die sie aufstehen, sich schütteln und weiterziehen heißen würde. Er fragte sich, ob er ein Gedicht schreiben könnte, das diese Idee ausdrückte. Vielleicht wäre Gallaher in der Lage, es für ihn in einer Londoner Zeitung unterzubringen. Konnte er etwas Originelles schreiben? Er war nicht sicher, welche Idee er auszudrücken wünschte, doch der Gedanke, daß ein poetischer Augenblick ihn gestreift hatte, erwachte in ihm zum Leben wie eine aufkeimende Hoffnung. Tapfer schritt er voran.

Jeder Schritt brachte ihn London näher, weiter weg von seinem eigenen nüchternen unkünstlerischen Leben. Ein Licht begann am Horizont seines Geistes zu flackern. Er war gar nicht so alt – zweiunddreißig. Sein Charakter hatte sozusagen den Punkt der Reife gerade erreicht. Es gab so viele verschiedene Stimmungen und Eindrücke, die er in Versen auszudrücken wünschte. Er fühlte sie in seinem Innern. Er versuchte, seine Seele zu wägen, um zu sehen, ob sie eine Dichterseele war. Melancholie war der Grundton seines Charakters, dachte er, doch es war eine Melancholie, die durch wiederkehrende Phasen des Glaubens und der Resignation und einfacher Freude gemildert war. Wenn es ihm gelang, sie in einem Gedichtband zum Ausdruck zu bringen, würde die Menschheit vielleicht aufhorchen. Populär würde er nie sein: das war ihm klar. Die Menge konnte er nicht entflammen, aber vielleicht fände er bei einem kleinen Kreis verwandter Geister Anklang. Die englischen Kritiker würden ihn aufgrund des melancholischen Tons seiner Gedichte vielleicht zu der Keltischen Schule rechnen; außerdem würde er Anspielungen einfügen. Er begann, Sätze und Wendungen aus den Rezensionen seines Buches zu erfinden. *Chandlers Begabung für beschwingte und anmutige Verse… Eine wehmütige Trauer durchzieht diese Gedichte… Der keltische Ton.* Es war ein Jammer, daß sein Name nicht irischer wirkte. Vielleicht wäre es besser, vor dem Nachnamen den Namen seiner Mutter einzufügen: Thomas Malone Chandler, oder besser noch: T. Malone Chandler. Er würde mit Gallaher darüber reden.

So hingegeben fuhr er in seinen Träumen fort, daß er seine Straße verpaßte und zurückgehen mußte. In der Nähe von Corless überwältigte ihn seine frühere Erregung, und er blieb unentschlossen vor der Tür stehen. Schließlich öffnete er die Tür und trat ein.

Das Licht und der Lärm der Bar hielten ihn eine kurze Zeit am Eingang zurück. Er sah sich um, doch der Glanz vieler roter und grüner Weingläser verwirrte seinen Blick. Die Bar schien ihm voller Leute, und er hatte das Gefühl, daß die Leute ihn neugierig beobachteten. Schnell schaute er nach links und rechts (und runzelte dabei leicht die Stirn, um seinem Hiersein den Anschein der Ernsthaftigkeit zu geben), doch als sein Blick etwas klarer wurde, sah er, daß niemand sich nach ihm umgedreht hatte: und da war ja auch Ignatius Gallaher, mit dem Rücken an den Tresen gelehnt und sehr breitbeinig aufgepflanzt.

– He, Tommy, altes Haus, da bist du ja! Was soll's denn sein? Was nimmst du? Ich einen Whisky: besser hier als das Zeug, das wir da drüben am andern Ufer kriegen. Soda? Lithiumwasser? Kein Mineral? Für mich auch nicht. Verpatzt den Geschmack ... Hallo, *garçon,* bringen Sie uns zwei halbe Malzwhisky, seien Sie so gut ... Na, und wie ist es dir denn so ergangen, seit wir uns zum letzten Mal gesehen haben? Großer Gott, was werden wir alt! Sieht man mir an, daß ich älter werde – hm, wie? Ist ein bißchen grau und gelichtet oben, wie?

Ignatius Gallaher nahm den Hut ab und entblößte einen großen kurzgeschnittenen Schädel. Sein Gesicht war schwer, bleich und glattrasiert. Seine Augen, die von bläulichem Schiefergrau waren, belebten seine ungesunde Blässe und leuchteten auffällig über dem lebhaften Orange seiner Krawatte. Zwischen diesen rivalisierenden Zügen erschienen die Lippen sehr lang und form- und farblos. Er senkte den Kopf und befühlte mit zwei teilnahmsvollen Fingern das dünne Haar um seinen Scheitel. Little Chandler schüttelte verneinend den Kopf. Ignatius Gallaher setzte seinen Hut wieder auf.

– Das schafft einen, sagte er. Diese Presse. Immer auf Zack, immer auf Trab, immer auf der Suche nach Stoff, und manchmal findet sich keiner: und dann soll immer auch noch etwas Neues dabeisein. Korrekturen und Drucker können mir ein paar Tage gestohlen bleiben, hab ich mir gesagt. Ich bin verflixt froh, wieder mal in den heimatlichen Gefilden zu sein, das kann ich dir sagen. Tut einem gut, ein bißchen Urlaub. Ich fühl mich viel wohler, seit ich wieder im lieben schmuddeligen Dublin an Land gegangen bin ... Hier, das ist für dich, Tommy. Wasser? Sag halt.

Little Chandler ließ sich seinen Whisky sehr verdünnen.

– Du weißt ja nicht, was gut für dich ist, alter Knabe, sagte Ignatius Gallaher. Ich trinke meinen pur.

– Ich trinke in der Regel sehr wenig, sagte Little Chandler bescheiden. Gelegentlich mal einen Halben, wenn ich einen von dem alten Haufen wiedersehe; mehr nicht.

– Na dann, sagte Ignatius Gallaher fröhlich, auf uns und auf die alten Tage und die alte Bekanntschaft.

Sie stießen an und tranken.

– Ich hab heute ein paar aus der alten Runde getroffen, sagte Ignatius Gallaher. Mit O'Hara scheint es schlimm zu stehen. Was macht er?

– Nichts, sagte Little Chandler. Er ist auf den Hund gekommen.

– Aber Hogan hat eine gute Stellung, nicht?

– Ja; er ist in der Land Commission.

– Ich habe ihn einmal abends in London gesehen, und er schien gut bei Kasse ... Der arme O'Hara! Suff, vermute ich?

– Auch anderes, sagte Little Chandler knapp.

Ignatius Gallaher lachte.

– Tommy, sagte er, ich sehe, du hast dich kein bißchen geändert. Du bist immer noch derselbe ernsthafte Kerl, der mir sonntagmorgens Predigten gehalten hat, wenn ich einen dicken Kopf hatte und eine pelzige Zunge. Du solltest dich ein wenig in der Welt umtun. Bist du denn nie wo gewesen, wenigstens kurz mal?

– Ich bin auf der Insel Man gewesen, sagte Little Chandler.

Ignatius Gallaher lachte.

– Die Insel Man! sagte er. Fahr nach London oder Paris: Paris zum Beispiel. Das würde dir gut tun.

– Kennst du Paris?

– Das kann man wohl sagen! Ich habe mich da ein bißchen umgetan.

Und ist es wirklich so schön, wie es heißt? fragte Little Chandler.

Er nippte ein wenig an seinem Whisky, während Ignatius Gallaher den seinen verwegen hinunterkippte.

– Schön? fragte Ignatius Gallaher und verweilte bei dem Wort und dem Geschmack seines Whiskys. So schön ist es eigentlich nicht. Natürlich ist es schön ... Aber es ist das Pariser Leben; das ist die Chose. Ach, es gibt keine Stadt sonst, die wie Paris ist, so lebenslustig, so munter, so aufregend ... Little Chandler trank seinen Whisky aus und brachte es nach einiger Mühe zuwege, den Blick des Barmanns zu erhaschen. Er bestellte noch einmal das gleiche.

– Ich war im Moulin Rouge, fuhr Ignatius Gallaher fort, als der Barmann ihre Gläser weggenommen hatte, und in all den Künstlercafés. Dolle Kiste! Nichts für eine brave Haut wie dich, Tommy.

Little Chandler sagte nichts, bis der Barmann mit den zwei Gläsern zurückkam: dann stieß er leicht mit seinem Freund an und erwiderte den Toast von vorhin. Er fing an, sich etwas desillusioniert zu fühlen. Gallahers Aussprache und Redeweise gefielen ihm nicht. Sein Freund hatte etwas Ordinäres an sich, das ihm früher nicht aufgefallen war. Aber vielleicht kam das nur von dem Leben in London bei der Hetze und dem Konkurrenzkampf der Presse. Der alte persönliche Charme war unter seiner neuen großtuerischen Art immer noch da. Und schließlich hatte Gallaher gelebt, hatte die Welt gesehen. Little Chandler sah seinen Freund neidisch an.

– Alles in Paris ist lebenslustig, sagte Ignatius Gallaher. Sie finden, man soll das Leben genießen – und meinst du nicht, daß sie recht haben? Wenn du was vom Leben haben willst, mußt du nach Paris. Und weißt du, für Iren haben sie da viel übrig. Als sie gehört haben, daß ich aus Irland bin, haben sie mich geradezu verhätschelt, Mensch.

Little Chandler trank vier oder fünf Schluck aus seinem Glas.

– Sag mal, begann er, stimmt es, daß Paris so … unmoralisch ist, wie man behauptet?

Ignatius Gallaher machte eine weltumfassende Geste mit dem rechten Arm.

– Alle Orte sind unmoralisch, sagte er. Natürlich ist in Paris manches schon ganz happig. Du brauchst bloß mal auf einen der Studentenbälle zu gehen. Da geht es hoch her, allerdings, wenn die Kokotten loslegen. Du weißt, was Kokotten sind, ja?

– Ich habe von ihnen gehört, sagte Little Chandler.

Ignatius Gallaher trank seinen Whisky und schüttelte den Kopf.

– Ach, sagte er, du kannst sagen, was du willst. Keine Frau ist wie die Parisienne – keine hat soviel Stil, soviel Schwung.

– Dann ist es also eine unmoralische Stadt, sagte Little Chandler mit schüchterner Hartnäckigkeit – ich meine im Vergleich zu London oder Dublin?

– London! sagte Ignatius Gallaher. Das gibt sich nichts. Frag mal Hogan, mein Lieber. Ich hab ihn ein bißchen in London herumgeführt, als er drüben war. Er würde dir die Augen öffnen … Also, Tommy, mach keinen Punsch aus deinem Whisky: gieß dir noch einen hinter die Binde.

– Nein, wirklich …

– Ach was, los, einer mehr wird dir schon nicht schaden. Was soll's sein? Dasselbe nochmal, ja?

– Hm … na gut.

– *François,* nochmal dasselbe … Möchtest du was rauchen, Tommy?

Ignatius Gallaher zog sein Zigarrenetui hervor. Die beiden Freunde zündeten ihre Zigarren an und pafften schweigend, bis ihre Getränke kamen.

– Wenn ich dir meine Meinung sagen soll, sagte Ignatius

Gallaher und kam hinter den Rauchschwaden zum Vorschein, in denen er eine Zeitlang Zuflucht gesucht hatte, es ist schon eine irre Welt. Was heißt hier Unmoral! Ich habe von Fällen gehört – was sage ich? – ich habe sie miterlebt: Fälle von … Unmoral …

Ignatius Gallaher paffte nachdenklich an seiner Zigarre und hob dann an, seinem Freund mit der Gelassenheit eines Historikers ein paar Bilder der Verderbnis, die im Ausland wucherte, zu umreißen. Er resümierte die Laster vieler Hauptstädte und schien geneigt, die Palme Berlin zuzugestehen. Für manches konnte er nicht bürgen (er hatte es von Freunden gehört), aber anderes hatte er selber erlebt. Er schonte weder Rang noch Stand. Er enthüllte viele der Geheimnisse von religiösen Häusern auf dem Kontinent und beschrieb einige der Praktiken, die in der guten Gesellschaft im Schwange waren, und erzählte zum Abschluß in allen Einzelheiten eine Geschichte über eine englische Herzogin – eine Geschichte, die wahr sei, wie er wisse. Little Chandler war erstaunt.

– Na ja, sagte Ignatius Gallaher, hier sind wir in dem alten Trott von Dublin, wo man von solchen Sachen keine Ahnung hat.

– Wie öde mußt du es finden, sagte Little Chandler, nach all den Orten, wo du gewesen bist!

– Na ja, sagte Ignatius Gallaher, es ist ganz erholsam, wieder mal rüberzukommen, weißt du. Und schließlich sind es die heimatlichen Gefilde, wie man so sagt, nicht? Dafür hat man nun einmal eine gewisse Schwäche. Das liegt in der Natur des Menschen … Aber jetzt erzähl mir von dir. Hogan hat mir erzählt, daß du … von den Wonnen der ehelichen Freuden gekostet hast. Vor zwei Jahren, nicht?

Little Chandler wurde rot und lächelte.

– Ja, sagte er, ich habe im Mai vor einem Jahr geheiratet.

– Ich hoffe, es ist nicht zu spät am Tag, dir meine herzlichsten Wünsche auszusprechen, sagte Ignatius Gallaher. Ich habe deine Adresse nicht gehabt, sonst hätte ich's seinerzeit getan. Er streckte seine Hand aus, die Little Chandler nahm.

– Also, Tommy, sagte er, da wünsche ich dir und der Deinigen alle Wonnen des Lebens, altes Haus, und Berge von Geld, und daß du nicht stirbst, bis ich dich erschieße. Und das wünscht dir ein aufrichtiger Freund, ein alter Freund. Das weißt du doch?

– Das weiß ich, sagte Little Chandler.

– Wie steht's mit dem Nachwuchs? fragte Ignatius Gallaher.

Little Chandler wurde wieder rot.

– Wir haben ein Kind, sagte er.

– Sohn oder Tochter?

– Einen kleinen Jungen.

Ignatius Gallaher schlug seinem Freund dröhnend auf den Rücken.

– Bravo, sagte er, ich hatte auch nicht an dir gezweifelt, Tommy.

Little Chandler lächelte, blickte verwirrt auf sein Glas und biß sich mit drei kindlich weißen Vorderzähnen auf die Unterlippe.

– Ich hoffe, du kommst uns einen Abend besuchen, sagte er, ehe du zurückfährst. Meine Frau wird sich freuen, dich kennenzulernen. Wir können etwas Musik machen und –

– Tausend Dank, altes Haus, sagte Ignatius Gallaher, schade, daß wir uns nicht früher gesehen haben. Aber morgen abend muß ich wieder weg.

– Vielleicht heute abend?

– Tut mir schrecklich leid, alter Freund. Weißt du, ich bin mit jemand anders hier, ein gescheiter junger Kerl übrigens, und wir wollten ein bißchen Karten spielen gehen. Sonst gerne …

– In diesem Fall natürlich …

– Aber wer weiß? sagte Ignatius Gallaher rücksichtsvoll. Nächstes Jahr mache ich vielleicht mal wieder eine Spritztour herüber, jetzt, wo ich das Eis gebrochen habe. Aufgeschoben ist nicht aufgehoben.

– Also gut, sagte Little Chandler, wenn du das nächste Mal kommst, müssen wir einen Abend zusammen verbringen. Das steht fest, nicht?

– Ja, das steht fest, sagte Ignatius Gallaher. Nächstes Jahr, falls ich komme, *parole d'honneur.*

– Und um das zu besiegeln, sagte Little Chandler, trinken wir jetzt noch einen.

Ignatius Gallaher zog eine große goldene Uhr hervor und schaute darauf.

– Ist es dann auch der letzte? fragte er. Weil, wie gesagt, ich habe nämlich eine Verabredung.

– Ja, absolut, sagte Little Chandler.

– Also schön, sagte Ignatius Gallaher, trinken wir noch einen als *deoc an doruis* – das ist gute Landessprache für einen kleinen Whisky, glaube ich.

Little Chandler bestellte die Getränke. Die Röte, die ihm einige Augenblicke zuvor ins Gesicht gestiegen war, behauptete sich. Jede Winzigkeit ließ ihn jederzeit rot werden: und jetzt fühlte er sich warm und aufgeregt. Die drei kleinen Whiskys waren ihm zu Kopf gestiegen, und Gallahers starke Zigarre hatte seine Gedanken durcheinandergebracht, denn er war fragil und enthaltsam. Das Abenteuer, Gallaher nach acht Jahren wiederzusehen, mit Gallaher zusammen in dem Licht und Lärm von Corless zu sein, Gallahers Geschichten anzuhören und für eine kurze Weile Gallahers unstetes und triumphales Leben zu teilen, brachte sein sensibles Wesen aus dem Gleichgewicht. Scharf fühlte er den Kontrast zwischen seinem eigenen Leben und dem seines Freundes, und er schien ihm ungerecht. Gallaher war ihm nach Herkunft und Bildung unterlegen. Er war sicher, daß er etwas Besseres leisten könne, als sein Freund je geleistet hatte oder je leisten könne, etwas Höheres als bloßen billigen Journalismus, wenn er nur die

Chance bekäme. Was war es, das ihm im Weg stand? Seine unglückselige Schüchternheit! Er wünschte sich irgendwie zu rechtfertigen, seine Männlichkeit unter Beweis zu stellen. Er durchschaute Gallahers Ablehnung seiner Einladung. Gallaher ließ sich durch seine Freundlichkeit nur gönnerhaft zu ihm herab, so wie er sich zu Irland durch seinen Besuch herabließ.

Der Barmann brachte ihre Whiskys. Little Chandler schob ein Glas seinem Freund hin und hob das andere verwegen.

– Wer weiß? sagte er, als sie ihre Gläser hoben. Wenn du das nächste Jahr kommst, habe ich vielleicht das Vergnügen, Herrn und Frau Ignatius Gallaher ein langes Leben und viel Glück zu wünschen.

Ignatius Gallaher kniff beim Trinken vielsagend ein Auge über dem Rand seines Glases zu. Als er ausgetrunken hatte, schmatzte er entschlossen mit den Lippen, setzte das Glas ab und sagte:

– Da brauchst du weiß Gott keine Angst zu haben, mein Lieber. Ich tobe mich erst aus und lerne das Leben und die Welt ein bißchen kennen, ehe ich den Kopf in den Sack stecke – wenn ich das je tue.

– Eines Tages tust du's bestimmt, sagte Little Chandler ruhig.

Ignatius Gallaher wandte seine orangene Krawatte und seine schieferblauen Augen voll dem Freund zu.

– Meinst du? sagte er.

– Du steckst den Kopf in den Sack, wiederholte Little Chandler wacker, wie alle anderen, wenn du nur die Richtige findest.

Er hatte seinem Ton etwas Nachdruck gegeben, und er merkte, daß er sich verraten hatte; aber obwohl die Farbe seiner Wangen intensiver geworden war, wich er dem Blick seines Freundes nicht aus. Ignatius Gallaher beobachtete ihn kurz und sagte dann:

– Wenn das je passiert, dann kannst du deinen letzten Dollar verwetten, daß keine Gefühlsduselei dabei ist. Ich habe vor, Geld zu heiraten. Sie hat entweder ein gutes dickes Bankkonto, oder sie ist nichts für mich.

Little Chandler schüttelte den Kopf.

– Also Menschenskind, sagte Ignatius Gallaher heftig, was denkst du eigentlich? Ich brauche nur ein Wort zu sagen, und morgen kann ich die Frau und die Kohlen haben. Du glaubst das nicht? Ich weiß es aber. Es gibt Hunderte – was sage ich? – Tausende von reichen Deutschen und Jüdinnen, die im Geld ersticken und nur zu froh wären ... Wart's nur ab, mein Lieber. Paß auf, ob ich meine Karten nicht richtig ausspiele. Wenn ich mir was vorgenommen habe, dann meine ich es ernst, das sag ich dir. Wart's nur ab.

Er riß das Glas zum Mund, trank aus und lachte laut. Dann blickte er nachdenklich vor sich hin und sagte in ruhigerem Ton:

– Aber ich habe keine Eile. Die können warten. Ich denke nicht daran, mich an *eine* Frau zu binden, weißt du.

Er bewegte die Lippen, als koste er von etwas, und zog ein schiefes Gesicht.

– Muß ziemlich öd werden, denk ich, sagte er.

. . . .

Little Chandler saß in dem Zimmer neben dem Flur und hielt ein Kind in den Armen. Um Geld zu sparen, hatten sie kein Mädchen, aber Annies jüngere Schwester Monica kam vormittags und abends für je etwa eine Stunde und half. Monica jedoch war längst nach Hause gegangen. Es war Viertel vor neun. Little Chandler war spät zum Tee nach Hause gekommen, und außerdem hatte er vergessen, Annie das Paket Kaffee von Bewley mitzubringen. Natürlich war sie schlechter Laune und kurz angebunden. Sie sagte, daß sie auf den Tee auch verzichten könne, aber als die Zeit heranrückte, da der

Laden an der Ecke zumachte, beschloß sie, selber ein Viertelpfund Tee und zwei Pfund Zucker zu holen. Sie legte ihm das schlafende Kind geschickt in die Arme und sagte:

– Hier. Mach ihn nicht wach.

Eine kleine Lampe mit weißem Porzellanschirm stand auf dem Tisch, und ihr Licht fiel auf eine Photographie in einem Rahmen aus Hornsplittern. Es war Annies Bild. Little Chandler betrachtete es und verweilte auf den dünnen, fest geschlossenen Lippen. Sie trug die hellblaue Sommerbluse, die er ihr eines Samstags als Geschenk mitgebracht hatte. Zehn Shilling und elf Pence hatte sie ihn gekostet; aber welche Nervenqualen dazu! Wie hatte er damals gelitten, als er an der Ladentür wartete, bis der Laden leer war, als er am Ladentisch stand und ungezwungen zu wirken versuchte, während das Mädchen Damenblusen vor ihm aufhäufte, als er am Pult bezahlte und den Penny zu nehmen vergaß, den er herausbekam, und der Kassierer ihn zurückrief, und als er sich schließlich bemühte, sein Erröten beim Verlassen des Ladens zu verbergen, indem er untersuchte, ob das Paket sicher verschnürt war. Als er die Bluse nach Hause brachte, küßte Annie ihn und sagte, sie sei sehr hübsch und schick; doch als sie den Preis erfuhr, warf sie die Bluse auf den Tisch und sagte, es sei glatter Betrug, einem dafür zehn Shilling und elf Pence abzunehmen. Zuerst wollte sie sie wieder zurückbringen, aber dann probierte sie sie an und fand sie entzückend, vor allem den Schnitt der Ärmel, und sie küßte ihn und sagte, daß es sehr lieb von ihm sei, an sie zu denken.

Hm! …

Er blickte kalt in die Augen des Photos, und kalt antworteten sie. Gewiß waren sie hübsch, und das Gesicht selbst war es auch. Aber er fand etwas Gemeines darin. Warum war es so bewußtseinsleer und damenhaft? Die Gefaßtheit der Augen irritierte ihn. Sie stießen ihn ab und boten ihm Trotz: es war keine Leidenschaft in ihnen, keine Verzückung. Er dachte an das, was Gallaher über reiche Jüdinnen gesagt hatte. Diese dunklen orientalischen Augen, dachte er, wie sie voll sind von Leidenschaft, von wollüstiger Sehnsucht! ... Warum hatte er die Augen auf dem Photo geheiratet?

Er ertappte sich bei der Frage und sah sich nervös im Zimmer um. Er fand etwas Gemeines in den hübschen Möbeln, die er für sein Haus auf Ratenzahlung gekauft hatte. Annie hatte sie selber ausgesucht, und sie erinnerten ihn an sie. Auch sie waren steif und hübsch. Ein dumpfer Groll gegen sein Leben erwachte in ihm. Konnte er seinem kleinen Haus nicht entfliehen? War es für ihn zu spät, ein so verwegenes Leben zu versuchen wie Gallaher? Konnte er nach London gehen? Die Möbel mußten noch bezahlt werden. Wenn er nur ein Buch schreiben und veröffentlichen könnte, das würde ihm vielleicht die Bahn freimachen.

Ein Band mit Gedichten von Byron lag vor ihm auf dem Tisch. Er öffnete ihn vorsichtig mit der linken Hand, um das Kind nicht wachzumachen, und begann das erste Gedicht im Buch zu lesen:

Der Wind verstummt, der Abend düstert sich,
Kein leiser Zephyr wandelt durch den Hain,
Zu Margarethens Grabe wend' ich mich,
Um Blumen dem geliebten Staub zu streun.

Er hielt inne. Um sich her im Zimmer spürte er den Rhythmus der Verse. Wie melancholisch er war! Ob auch er so schreiben, die Melancholie seiner Seele in Versen ausdrücken könnte? Es gab so vieles, das er zu beschreiben wünschte: seine Empfindung auf der Grattan Bridge ein paar Stunden zuvor beispielsweise. Wenn er sich in jene Stimmung zurückversetzen könnte ...

Das Kind wurde wach und begann zu schreien. Er blickte von der Seite auf und versuchte, es zu beruhigen; aber es ließ sich nicht beruhigen. Er begann es in den Armen zu wiegen, doch sein plärrendes Geschrei wurde nur noch heftiger. Er wiegte es schneller, während seine Augen die zweite Strophe zu lesen begannen:

In dieser engen Zelle ruht ihr Staub,
Der Staub, den erst ...

Es war zwecklos. Er konnte nicht lesen. Er konnte überhaupt nichts machen. Das Geplärr des Kindes zerriß ihm das Trommelfell. Es war zwecklos, zwecklos! Er war lebenslänglich gefangen. Seine Arme zitterten vor Zorn, und sich plötzlich zum Gesicht des Kindes hinabbeugend, brüllte er:

– Hör auf!

Das Kind hörte einen Augenblick auf, krümmte sich in Panik zusammen und begann dann laut zu kreischen. Er sprang vom Stuhl auf und ging mit dem Kind im Arm hastig im Zimmer auf und ab. Es weinte herzzerreißend, kam vier oder fünf Sekunden lang außer Atem, dann brach es von neuem aus ihm hervor. Die dünnen Wände des Zimmers warfen das Geschrei zurück. Er versuchte, es zu beruhigen, doch die Weinkrämpfe wurden nur schlimmer. Er blickte in das zusammengekniffene und zuckende Gesicht des Kindes und bekam Angst. Er zählte sieben Schluchzer ohne eine Pause dazwischen und drückte das Kind in Panik an die Brust. Wenn es starb! ...

Die Tür wurde aufgestoßen, und eine junge Frau kam außer Atem hereingestürzt.

– Was ist los? Was ist los? rief sie.

Als das Kind die Stimme seiner Mutter hörte, wurde sein Weinen paroxystisch.

– Es ist nichts, Annie ... es ist nichts ... Er hat angefangen zu schreien ...

Sie schleuderte ihre Päckchen auf den Boden und riß ihm das Kind weg.

– Was hast du ihm getan? schrie sie und starrte ihm ins Gesicht.

Little Chandler hielt einen Augenblick den Blick ihrer Augen aus, und sein Herz zog sich zusammen, als er dem Haß in ihnen begegnete. Er begann zu stammeln:

– Es ist nichts ... Er ... er ... hat angefangen zu schreien ... Ich konnte nicht ... Ich habe nichts getan ... Was?

Ohne ihn zu beachten, begann sie im Zimmer auf und ab zu gehen, drückte das Kind fest in die Arme und murmelte:

– Mein Kleiner! Mein Kleinchen! Ha' du Angst gehabt, Schätzchen? ... Nicht doch, Schätzchen! Nicht doch! ... Schäfchen! Mamas kleines Lämmerschwänzchen! ... Nicht doch!

Little Chandler fühlte Schamröte auf seinen Wangen und trat aus dem Lichtschein der Lampe. Er hörte, wie das paroxystische Weinen des Kindes mehr und mehr nachließ; und Tränen der Reue traten ihm in die Augen.

Sean O'Casey

Rot über Grün

Johnny verließ den ganzen Tag über das Haus nicht, außer wenn er etwas holen mußte. Er blickte die Straße auf und ab, nach rechts und links, bevor er nach dem Laden lief, das zu holen, was ihm aufgetragen war. So schnell seine Beine es vermochten, eilte er zurück in die Sicherheit des Hauses, denn er hatte Streit mit seinen katholischen Kameraden. Während der letzten Tage hatten sie ihn, sobald sie seiner ansichtig wurden, beschimpft und mit Steinen nach ihm geworfen. Sie lauerten ihm an den Straßenecken auf, fielen über ihn her, schlugen, stießen ihn und versuchten, ihm das, was er trug, aus der Hand zu reißen. Nur wenn Middleton oder Ecret mit ihm zusammen auf der Straße waren, fühlte er sich sicher. Als er heute mit einem Glas Bier nach Hause kam (seine Mutter hatte gesagt: »Einmal im Leben wollen wir uns einen guten Tag machen« und hatte einen Shilling der Miete zurückbehalten), war er Kelly begegnet, der an dem Laib Brot, den er unter dem Arm trug, knabberte. Kelly blickte geradeaus und tat so, als sähe er Johnny nicht. Aber als Johnny an ihm vorbeikam, stellte er ihm ein Bein. Johnny gelang es, sich vor einem bösen Sturz zu bewahren, und nur ein wenig von dem Bier wurde verschüttet.

Johnny kochte vor Wut und versetzte Kelly einen Schlag ins Gesicht, daß er mit blutender Nase nach Hause lief.

»Halte dich ein paar Tage lang von den Jungen fern, Johnny«, riet ihm die Mutter, als er ihr von dem Geschehenen berichtete, »bis alles vorbei ist. Sie können es nicht vertragen, daß wir dem Thron gegenüber unsere Pflicht tun. Sie werden schon bald alles wieder vergessen. Solltest in ihrer Gegenwart auch die Rosette nicht tragen.«

»Die sind nur neidisch«, erwiderte Johnny und betrachtete das rotweißblaue Abzeichen auf dem Rockaufschlag. »Sie ärgern sich, weil ihre Mütter mit ihnen heute abend nicht zur Illumination gehen, wie wir zwei es tun.«

Denn alle Stadtteile Dublins, in denen die wirklich anständigen Leute wohnten und die wirklich anständigen Leute arbeiteten, feierten etwas, das mit Ihrer Majestät der Königin Victoria von Großbritannien und Irland und der Kaiserin von Indien zu tun hatte, und taten durch Millionen von Lichtern, durch Fahnen und Fähnchen, durch Banner, Standarten und durch vieles andere dazu, das an Pfosten befestigt wurde, die durch schöne Girlanden miteinander verbunden waren, ihre Liebe und Treue kund. Bilder der Königin und der Mitglieder der königlichen Familie waren geschickt dort angebracht, wo sie ohne Mühe von allen gesehen werden konnten.

Alles das geschah, damit ihre Untertanen daran erinnert und dazu aufgefordert würden, tief im Innern ihrer Herzen zu beten, während sie einhergingen und all den lustigen Schmuck betrachteten, daß der Herr, unser himmlischer Vater, der hohe und mächtige König der Könige, unserer geliebten Herrscherin, der Königin Victoria, Seine Huld zuteil werden ließe, daß sie sich Seinem Willen beugte und auf Seinen Wegen wandelte, daß Er ihr Kraft gäbe, alle ihre Feinde zu besiegen. Und während sie das taten, flochten sie in ihr Gebet die Bitte ein, Gott möchte den Herrn des Hohen Rats und dem ganzen Adel und den hohen Beamten Weisheit und Einsicht verleihen, damit sie gerecht urteilten und der Wahrheit auch zu ihrem Recht verhülfen.

Und es war die heilige Pflicht der Reichen und der Angesehenen, die mit Einwilligung der Lords und des Adels Sicherheit und Wohlstand genossen, sich zu freuen und froh zu sein über das glückliche und leichte Leben, das sie im Reiche Englands und seiner Besitzungen lebten. Und sie gaben dem Ruhm des Reiches und ihrem Jubel Ausdruck, indem sie alles, was ihnen verfügbar war und sich nach Gestalt und Farbe dazu eignete, herabhängen ließen: von Fenstern und von Mauern, von Türmchen und Türmen, von Zinnen und Balkonen, von Giebeln und von allem, das geschmückt werden konnte, als äußeres und sichtbares Zeichen ihres festen Glaubens an ein glückliches Leben und einen geheiligten Tod unter der Herrschaft und der Regierung Ihrer Allergnädigsten Majestät.

Für die Schüler der Sonntagsschule war eine Teetafel und eine Vorführung von Lichtbildern vorgesehen. Aber das Tor zu diesen Freuden war Johnny verschlossen. Johnny war der Sonntagsschule ferngeblieben und damit weder legal noch moralisch oder geistig berechtigt, an dem Spaß teilzunehmen. Wer weder die Kirche noch die Sonntagsschule besuchte, durfte nach Gottes Ratschluß an diesem Fest nicht teilnehmen.

Die Mutter hatte Johnny gestreichelt und gesagt: »Mach dir nichts draus, Junge. Wir fahren mit der Tram rund um die Stadt und sehen die Illumination und die Blumen und die Fahnen. Das ist viel, viel schöner als alle Lichtbilder oder alle Teetafeln mit dem faden Kuchen und dem dünnen Tee.«

Es war nicht leicht, in der Tram einen Platz zu finden, denn es sah aus, als wäre der ganze Bezirk auf den Beinen. Frau Casside stellte Johnny vor sich, schob ihn langsam weiter und rief der drängenden Menge zu: »Machen Sie doch etwas Platz für ein krankes Kind, dessen Augen nur in den ersten Wochen des Jahres etwas sehen. Es wäre ein schlechter Tag für Dublin, wenn keiner auf ein so krankes Kind Rücksicht nähme.«

Der Schaffner beugte sich auf dem Vorderperron der Tram vor, streckte seine Hand aus und zog, die Nachdrängenden zurückhaltend, Johnny und seine Mutter in den Wagen.

»Mit dem Krummstab des heiligen Patrick sollte man euch ein bißchen Anstand einbleuen«, sagte er böse, während er versuchte, etwas wie Ordnung in den wilden Haufen zu bringen. »Laßt doch das Schieben und Drängen. Ihr benehmt euch wie eine Horde Wilder. Möchte nur wissen, weshalb Parnell seine Zeit damit vertut, euch zu anständigen Männern und Frauen zu machen. Bei Gott, ich schäme mich, Ire zu sein, wenn ich sehe, daß keiner von euch auch nur einen Funken Anstand im Leibe hat. Und ihr setzt eure Knochen aufs Spiel, nur um ein paar Lichter zu sehen, die zu Ehren der Hungerkönigin funkeln, die stolz in ihrem Wagen einherfährt, während die Iren dutzendweise in tiefe, verzweifelte Gräber geschaufelt werden.«

»Kümmern Sie sich um Ihre eigenen Angelegenheiten, und ziehen Sie die Glocke für die, die ein- oder aussteigen wollen«, sagte ein Mann mit feuchtem, breitem Mund, über den ein Schnurrbart wie eine Trauerweide herabhing. »Und glauben Sie nur nicht, daß auch nur einer der Fahrgäste etwas für den übrig hat, der versucht, die Bemühungen unserer tapferen irischen Partei zu vereiteln, die für uns im Unterhaus eintritt.«

Johnny drehte sich um und zupfte die Mutter am Ärrnel.

»Der Alte ist Georgie Middletons Vater«, flüsterte er. »Wenn er sich auf der Straße zeigt, rufen die Jungen hinter ihm her: ›Bei Middletons hat die Mama und nicht der Papa die Hose an.‹«

»Mag für Sie zutreffen«, sagte eine fette Frau mit einer dicken Turnüre, die sich, so gut sie konnte, einen Weg durch die Menge nach der Tram bahnte. »Wer andern gegenüber so dummes Zeug redet und sie beschuldigt, daß sie die Harfe hinter einer Flitterkrone verbergen, der will nur für sich dabei was herausholen. Man sollte ihm ganz gehörig das Fell verhauen.«

»Ich sprach nur mit mir selbst«, erwiderte der Mann mit dem feuchten, breiten Mund, über den der Schnurrbart wie eine Trauerweide herabhing. »Ich habe in der Stadt wichtige

Geschäfte zu erledigen. Und wenn die Illumination noch heller wäre als alle Kometen, die den Himmel erschrecken, ich würde ihr keinen Blick gönnen. Ich sähe nur die Notwendigkeit der Homerule und die grüne Fahne mit dem plötzlichen Durchbruch der Sonne in der Mitte, die überall da weht, wohin die Tram mich fährt.«

»Seid natürlich alle großartige Patrioten«, antwortete der Schaffner sarkastisch und zog an der Leine, damit der Wagen sich in Bewegung setzte. »Aber ich weiß schon; sobald alle drin sind, steigt keiner aus, bis die Fahrt zu Ende ist. Und wenn die Bahn durch die Straßen fährt, in denen die Fahnen aller Nationen außer der unseren wehen, dann macht keiner die Augen zu, diese Zeichen der Freude nicht zu sehen.«

»Der Schaffner ist ein gescheiter und kluger Mann«, sagte Johnnys Mutter, als sie oben auf der Tram Platz genommen hatten, von wo aus sie alles sehen konnten, was vor und neben ihnen und um sie herum geschah.

»Der Schaffner scheint sich über das, was in der Stadt geschieht, nicht besonders zu freuen«, erwiderte Johnny, »wenn er uns auch einen so guten Platz oben auf der Tram besorgt hat. Vielleicht weiß er gar nicht, was er sagt. Unwissenheit, nichts als Unwissenheit, meinst du nicht auch, Ma?«

»Ja, Unwissenheit, Johnny. Aber er hat sich dennoch uns gegenüber sehr freundlich benommen. Solchen Menschen begegnet man immer wieder. Wenn manche auch falsch denken, so können sie doch sehr gut sein.«

»Auch die katholischen Fenier, Ma?« fragte Johnny.

»Die vor allem. Dein Vater hat so oft gesagt, gerade die Fenier wären anständige Menschen. Einer von ihnen wohnte mit uns im selben Haus. Er mußte fliehen. Du warst damals noch nicht auf der Welt. Er und dein Vater waren sehr befreundet. Den Tisch mit der Schublade, den wir zu Hause haben, haben wir ihm damals abgekauft, als er und seine Frau nach Amerika fuhren. Manche Fenier waren auch Protestanten.«

»Aber wir sind doch eigentlich keine Iren, Ma.«

»Keine Iren?« wiederholte die Mutter. »Natürlich sind wir Iren. Wie kommst du denn auf diese Idee?«

»Als wir mal zusammen spielten, sagte Kelly, nur die Katholiken wären echte Iren. Und als Protestanten hätten wir mit den Iren nichts zu tun.«

Das Gesicht der Mutter wurde rot, und sie atmete schneller.

»Dieser dumme katholische Bengel«, sagte sie böse. »Am liebsten rieb ich dem mal unter die Nase, daß die O'Cassides genauso gute Iren sind wie ihre ganze Sippschaft. Als Irland noch von Iren regiert wurde, waren die Cassides genauso bekannt und angesehen wie die Kellys. Wenn dein Vater noch lebte, würde er durch alte Dokumente beweisen, daß die Cassides bis weit über das Jahr eins zurückgehen. Und die Protestanten sind auch Katholiken, keine römisch-katholischen, sondern ganz einfache Katholiken, und echte Iren ohne das Beiwort ›römisch‹. Wenn dein Vater heute noch lebte, würde er aus den Büchern beweisen, daß der heilige Patrick in Wirklichkeit so protestantisch war, wie ein Protestant nur sein kann, und daß die echten Iren vieles von dem ablehnten, was die Römisch-Katholischen zu ihrem Glaubensbekenntnis machen. Er predigte und lehrte nur das reine, unverfälschte Evangelium, an das wir Protestanten heute glauben.«

Die Tram bog in die Nördliche Frederickstraße ein, und Johnny dachte nicht mehr an den heiligen Patrick und die Protestanten. Die Bürgersteige waren voller Menschen, und viele, die auf ihnen keinen Platz mehr fanden, gingen neben der langsam fahrenden Tram her, die wie ein Schiff auf einem Fluß durch die Straßen wogte. So weit das Auge reichte, sah Johnny helle Lichter und wehende Fahnen. Voller Stolz und Freude empfand er sich als Teil dieser Prachtentfaltung, die verkündete, wie innig das irische Volk mit der mächtigen Königin von England verbunden war.

»Sieh nur mal das Orangistenhaus, Ma«, rief er begeistert, »sieh doch bloß!«

Aus jedem zweiten Fenster wehte eine königliche Standarte und ein Union Jack. Lichter brannten hinter den Fensterblenden in den Farben Orange und Blau, den Farben der Nassauer. In einem Fenster, dessen Blenden hochgezogen waren, sah man die Gesichter mehrerer Orangisten, die auf die große Menschenmenge herabblickten. Quer über die ganze Front des Gebäudes stand in flackernden Buchstaben aus Gasflammen: ›Gott schütze die Königin‹ und darüber, von einem bronzenen Lorbeerkranz umgeben, die Zahl ›1690‹. Auf der andern Seite erhob sich die herrliche Kirche, die Alexander Findlater, Gentleman-Krämer und Weinhändler in der Stadt Dublin, für die Presbyterianer gebaut hatte. Von ihrem Turm wehte die große Fahne, und ihre hellblauen Geländer mit den goldenen Speerspitzen funkelten glorreich im Schein der brennenden Lichter. Jeder Kopf in der Tram beugte sich vor, und jeder Hals reckte sich, diesen herrlichen Anblick zu genießen.

»Wie wunderbar«, murmelte Frau Casside. Ihr glühendes Gesicht verriet, daß die Besten im Lande und die Ärmsten im Lande eng verbunden waren in Achtung und Treue, die die ganze Stadt zu Ehren unserer Königin in Licht und Farbe tauchten.

»Die verfluchten Orangisten!« schrie draußen eine Stimme, und Johnny sah, wie zwei Polizisten den Mann packten, der drohend die Faust nach einem Fenster des Orangistenhauses erhob.

»Gleich gibt's Krach«, sagte Johnny aufgeregt. »Sieh nur, da wird ein Mann von der Polizei abgeführt.«

»Ein betrunkener Rowdy«, entgegnete die Mutter. »Es gibt immer solche Narren, die von Ruhe und Frieden nichts wissen wollen. Aber einer allein kann Gott sei Dank kein Unheil anrichten.«

Der Schaffner kam mit finsterem Gesicht die Treppe herauf, ging durch die Reihen der Fahrgäste und kassierte das

Fahrgeld ein. Die Fahrgäste schauten nach den flammenden Lichtern, den flatternden Fahnen, den hin und her schwankenden Girlanden, reichten dem Schaffner das Fahrgeld, ohne die geschmückten Straßen auch nur einen Augenblick aus den Augen zu lassen. Der Schaffner nahm das Geld aus den sich ihm entgegenstreckenden Händen, knipste die Fahrscheine und legte sie in die ausgestreckten Hände. Die Fahrgäste aber schauten unentwegt hinaus, um nichts von der Pracht aus Farbe und Licht zu versäumen. Verächtlich schüttelte der Schaffner den Kopf, während er von einer ausgestreckten Hand zur andern ging.

»Der arme Wolfe Tone, der arme Wolfe Tone«, murmelte er, während er weiterging, »der arme Wolfe Tone.«

Johnny sah, wie der Schaffner, nachdem er das Fahrgeld eingesammelt hatte, oben auf der Treppe stehenblieb, die eine Hand am Treppengeländer, und die Fahrgäste betrachtete, die immer noch hinausstarrten. Dann sang er, halb für sich, halb für die Fahrgäste:

»Einst lag ich auf dem Rasen, der Wolfe Tone bedeckt,
Und dachte, wie er einsam im Gefängnis ist verreckt.
Ungerächt noch die Freunde, und die Heimat nicht frei:
Ein bitteres Los das – ich bleibe dabei.
Mein Traum ward gestört von Stimmen und Tritten,
Von Männern, die durch den Friedhof schritten.
Sie trugen keinen Toten, sie trugen keinen Stein,
Am Grabe Wolfe Tones, da hielten sie ein.
Mein Herz strömte über, ich ergriff jede Hand
Und segnete jeden, der neben mir stand.
Wie herrlich, daß es noch Treue gibt
Zu dem Mann und dem Land, das so sehr er geliebt.«

»Wer war denn Wolfe Tone?« flüsterte Johnny, der voller Staunen sah, wie dem Schaffner, während er sang, die Tränen über die Backen rollten.

»Ein großer protestantischer Rebell, der vor hundert Jahren nach Frankreich ging und mit einer großen Flotte zurückkam, den Iren zu helfen, die Engländer aus dem Land zu jagen. Aber Gott war uns gnädig, er schickte einen gewaltigen Sturm, der die Schiffe vor der Bantry-Bai zerschlug.«

»Und was geschah dann mit Wolfe Tone?«

»Er kämpfte auf einem französischen Kriegsschiff, bis es von den Engländern gekapert wurde. Dann wurde er ins Gefängnis geworfen und von der englischen Regierung hingerichtet.«

»Weshalb haben die Iren ihn denn nicht gerettet?«

»Das weiß ich nicht. Es ist schon so lange her, und er ist von allen längst vergessen.«

»Aber der Schaffner hat ihn nicht vergessen, Ma.«

»Betrachten wir lieber die Lichter und die Fahnen«, sagte die Mutter, »und kümmern wir uns nicht um Dinge, die heute wertlos sind.« Der Schaffner sang weiter, die eine Hand immer noch am Treppengeländer. Er sang halb für sich, halb für die andern:

»Auf dem Bodenstown-Friedhof, im Winkel, weitab,
Vom Sturmwind umtost ein verfallenes Grab.
Ruinen und Dunkel umgeben es jetzt,
Bis das freie Irland ein Denkmal setzt.«

Eine brodelnde Menge, die auf dem Wege nach der Sackvillestraße war, konnte der Rotunde gegenüber nicht weiter; die Kuppel der Rotunde war eine einzige Masse aus hellen Lichtern, die von einer Krone überragt wurde; darüber prangte der Wahlspruch: ›Honi soit qui mal y pense.‹ Die Tram kam in dem Gedränge nicht weiter und mußte halten. Und das tat sie geduldig, wartete, bis das Gedränge sich löste und sie weiterfahren konnte.

»Bei Gott«, sagte der Mann mit dem breiten, feuchten

Mund, über den der Schnurrbart wie eine Trauerweide herabhing, und wandte dabei den Kopf, als gälten seine Worte allen, »bei Gott, sie haben es sich was kosten lassen, Dublin in ein glitzerndes, funkelndes Paradies zu verwandeln.«

»Nur für den, der es so sehen will«, erwiderte der Schaffner bissig. »Aber für das irische Auge, das richtig sieht, ist es nur ein Haufen brennender Kerzen, womit sie was hermachen und ihre Freude über den Tod unseres Landes zeigen wollen.«

»Na, wenn schon«, sagte der Mann, der zuerst gesprochen hatte, »es ist aber eine großartige Sache. Die ganze Stadt ist voller Bewunderung, und wenn das ganze Land mitmachte, dann hätten wir Frieden. Aber es kommt schon. Warten Sie es nur ab. Was Dublin heute denkt, das sagt morgen ganz Irland.«

Frau Casside neigte sich zu dem Mann hin, der gesprochen hatte, ihr Gesicht strahlte.

»Sie sagen die Wahrheit«, erwiderte sie. »Man braucht doch nur die Straße zu betrachten, um zu erkennen, daß jeder eifrig darauf bedacht ist, für eine Regierung zu arbeiten, die Gerechtigkeit und Ordnung schafft. Alle wollen nur Ruhe und Frieden. Man braucht so was doch nur zu erleben, um alles andere als Unsinn abzulehnen.«

»Ja«, entgegnete der Mann ärgerlich. »Was wir ersehnen, hätten wir schon längst, wenn dieser Halunke Parnell nicht das ganze Land in Wirrwarr und Aufruhr gestürzt hätte.«

»Nein«, antwortete Frau Casside tadelnd, »was Parnell auch sein mag, ein Halunke ist er nicht. Ich halte ihn für einen vollendeten Gentleman.«

»Vollendeter Gentleman!« höhnte der andere. »Ein Schmierkerl, sonst hätte er nicht die Lumpen des ganzen Landes gegen die Interessen der paar anständigen Menschen, die es hier noch gibt, auf die Beine gebracht. Der will doch nur der ungekrönte König Irlands werden.«

Frau Casside richtete sich auf und rückte, so weit sie konnte, fort von dem Mann mit dem breiten, feuchten Mund, über den der Schnurrbart wie eine Trauerweide herabhing.

»Wenn man die Wahrheit sagen dürfte, so würde sie lauten: Das Land kann keinen besseren König haben«, sagte sie.

»Hört, hört!« riefen mehrere im Wagen.

»Warten Sie nur ab«, entgegnete der Mann. »Eines Tages werden Sie sich der Worte erinnern, die Ihnen jemand sagte, der lieber heute als morgen das Land verließe.«

»Schade«, murmelte eine Stimme vom oberen Ende des Wagens her, »daß ein gewisser Herr die Tram nicht ebenso schnell verläßt, wie er das Land verlassen möchte.«

»Man darf doch wohl noch ein paar Worte sagen«, erwiderte der Mann mit dem feuchten, breiten Mund. »Das verbietet kein Gesetz. Wäre schlimm, wenn man über ein einfaches Thema nicht mal mehr ein paar einfache Worte sagen dürfte.«

»Wenn diese einfachen Worte aber ein Haufen Lügen sind«, entgegnete die leise Stimme vom oberen Ende der Tram, »dann ist es höchste Zeit, dem Betreffenden das Maul zu stopfen.«

Der Mann mit dem feuchten, breiten Mund erhob sich mit rotem Gesicht und funkelnden Augen.

»Ich sage«, schrie er, »daß ein ungläubiger Protestant nicht zum Führer des irischen Volkes bestimmt ist. Ich lasse mir den Mund nicht verbieten. Die Leute wollen Ruhe und Frieden haben, aber keine Aufgeblasenheit, und jeder soll die Meinung des andern achten. Ich habe keine Angst vor geballten Fäusten. Ich sage, daß Parnell und seine verrückte Bande das Land ruinieren.«

Der Kopf des Schaffners erschien am oberen Ende der Treppe. Sein Gesicht war immer noch finster. Er betrachtete die Fahrgäste im oberen Teil der Tram. Er schüttelte die Tasche, die er am Riemen über der Schulter trug, und rasselte mit dem Geld, um auf sich aufmerksam zu machen.

»Ich kann solche Reden in meinem Wagen nicht dulden.

Wenn Sie so loyal sind, wie Sie behaupten, dann stören Sie den Frieden der Königin nicht.«

Der Schaffner ging wieder nach unten, als die Menge sich plötzlich wieder in Bewegung setzte und die Tram weiterfahren konnte. Langsam fuhr sie an der Rotunde vorbei, kreuzte die Großbritannienstraße, gestattete allen noch einen schnellen Blick auf Mooneys Gasthaus mit der bekannten Uhr, die von Lichtern umgeben war, dann weiter hinein in den Schmuck und Lichterglanz der breiten Sackvillestraße, der breitesten Straße im zivilisierten Europa. Millionen von Lichtern brannten, Tausende von Fahnen wehten und flatterten von den unteren und den oberen Fenstern, von flachen und steilen Dächern; blaue, rote, gelbe, grüne und purpurfarbene Fahnen; und Dublins blaues Banner mit den drei flammenden Burgen nahm oft den Ehrenplatz ein.

An manchem Platz wehte auch die Fahne Deutschlands, mit dem schwarzen Kreuz oder dem wildbeschnabelten Adler, bereit, der Welt die Augen auszuhacken; denn Deutschland hatte erst vor ein paar Jahren Frankreich besiegt, und jetzt gingen Deutschland und England Arm in Arm. Und das Haus Sachsen-Coburg-Gotha und das Haus Mecklenburg-Schwerin und all die andern Häuser Deutschlands wurden von allen reichen und armen anständigen Protestanten hochgeschätzt, wie die Mutter Johnny erzählte. Und Johnny erinnerte sich, daß gelegentlich eines Besuchs des deutschen Gesandten in seiner Schule alle Kinder nach mühevoller Vorbereitung und vielen Schlägen ihm zu Ehren gesungen hatten:

»Lieb Vaterland, magst ruhig sein,
Fest steht und treu die Wacht am Rhein.«

Auch die Fahne Dänemarks war vertreten, denn weil der Prince of Wales Alexandra geheiratet hatte, wehten die dänische und die englische Flagge nebeneinander.

Jeder Laden, jedes Warenhaus, jede Bank war mit wehenden Fahnen geschmückt. An den Wänden flammten Rose, Klee und Distel, Harfen und Kronen mit Löwen und Einhorn. Es war ein herrliches Schauspiel, als die Tram langsam durch die Straße fuhr. Rechts und links Wände aus Feuer. Mauerkrönungen, Säulen und Giebel, Balkone und Balustraden waren verhüllt mit purpurnem und karminrotem Tuch, von feinsten Goldlitzen eingefaßt. Weiße, blaue und rote Girlanden vereinten das Ganze zu einer großen Harmonie. Feinstes Leinen und feinster Taft, feingewebte Seide wurden mit großem Geschick zur Ehre der hehren Königin von England entfaltet.

Weiter kroch die Tram durch die Menge in der Straße, und dauernd gab der Fahrer Warnzeichen, um die Straße frei zu halten. Dann weiter über die Carlislebrücke und in die Westmorelandstraße, und Johnny zeigte auf die hellerleuchtete Uhr, über der eine Krone funkelte, am Geschäftshaus der Irish Times.

»Es ist herrlich«, sagte Johnnys Mutter, »daß eine so große Menge sich so anständig verhält und darauf bedacht ist, die Freude nicht zu stören. Wenn die Regierung hier eine königliche Residenz schüfe, dann würde sie sehen, daß die Iren die treusten und gehorsamsten Untertanen sind. Und nun kommen wir zum Allerschönsten«, fügte sie hinzu, »dem Trinity College und der Bank von Irland.«

Langsam kroch die Tram durch die Menge, hinein in einen weiten Brunnen aus glühenden, glitzernden, funkelnden Lichtern, die die Nacht in einen lachenden Tag verwandelten. In den ersten Straßen hatte Johnny die Juwelen an Dublins Ohren hängen und ein schimmerndes Geschmeide an seinem Hals gleißen sehen. Hier aber sah er die wunderbare Krone auf seinem Kopf. Trinity College und die Königliche Bank von Irland funkelten in einem Meer aus Lichtjuwelen, und die zahllosen Fahnen wehten wie große Blumen, die inmitten der

Flammen blühten. Die Menge rührte sich nicht, stand wie verzaubert da inmitten des Wunders. Und das Schweigen war voll ruhiger Achtung und Treue. Es war der Schmuck ihres Rettungsfelsens, und Johnny und seine Mutter drückten einander die Hände.

In einiger Entfernung sah Johnny silbern funkelnde Flecke sich aus dem Dunkel in der Nähe der weniger beleuchteten Häuser abheben. Es waren die mit Silber beschlagenen Helme der Polizisten, die zu kleinen Trupps hier und da in den Torwegen der Häuser standen.

Plötzlich begann eine Schar gutgekleideter junger Männer, die wie Soldaten in Reih und Glied angetreten waren und von denen einer einen großen Union Jack trug, mit lauter Stimme und der ganzen Inbrunst ihrer jungen Herzen zu singen:

»Gott beschütze unsere liebe Königin,
Lang lebe unsere edle Königin,
Gott beschütze die Königin!«

»Die Studenten, die Studenten!« rief der Mann mit dem breiten, feuchten Mund und erhob sich. Er beugte sich weit über den Rand der Tram. »Jetzt werden wir wenigstens ein bißchen Wahrheit erleben.«

Aber die kraftvollen, frohen Stimmen wurden Gemurmel, als sich aus der Menge immer stärker werdendes Murren erhob. Das Gemurmel verstummte, und das Murren wurde drohendes Gebrüll. Glas klirrte, und die Splitter einer getroffenen Fensterscheibe des College fielen auf das Pflaster. Das drohende Gebrüll wurde singende Herausforderung, zuerst leise, dann lauter, wie das Tosen eines wilden Stromes, und während die Menge sang, drückte sie die Polizisten zurück in dem Bemühen, dichter an die Studenten heranzukommen.

»Der böse englische Tyrann hat unser irisch Grün
verbannt,
Wir sollen es verstecken, als hätt' es niemals Ruhm
gekannt.
Beim Himmel, eher werden die Opfer aus den Gräbern
steigen,
Als daß wir lassen von dem Grün und uns vorm Rot
verneigen.«

Jemand hob eine große grüne Fahne hoch. Großes Hallo! Die Menge drängte nach vorn, und die Polizei hatte alle Hände voll zu tun, sie zurückzuhalten. Und immer wieder klirrten die Scheiben der Fenster des Trinity College auf das Pflaster, und die Menge sang weiter:

»Auf uns nur baun wir und auf Gott,
daß er die segnen werde,
Die mehr der eignen Kraft vertraun
als Königen der Erde.
Wir heben unsre Hand zum Schwur,
wir weihen uns dem Tod,
Damit auf ewig gelten mag
der Ruf: Grün über Rot!«

Johnny sah, wie die singende Menge plötzlich vorwärtsdrängte, den Polizeikordon, der die Straße sperrte, durchbrach, die Studenten mit Fäusten und Stöcken angriff, sie zurück-, immer weiter zurückdrängte auf die Tore des College zu. Er hörte, wie im Innern des College eine Glocke ertönte, sah, wie durch das schwere offene Tor eine andere Schar Studenten strömte, mit dicken Stöcken bewaffnet, jubelnd und schreiend, während sie ihren Kommilitonen zu Hilfe eilten, die von den Leuten angegriffen wurden. Er sah, wie die Polizisten mit der Menge rangen, wie sie sich bemühten zusammenzubleiben und auf jeden, der ihnen zu nahe kam, mit dem Knüppel einschlugen. Aber einer nach dem andern fiel, geriet unter die Füße der dichten Menge, die wütend nach vorn drängte. Und mitten in dem Getobe stand die Tram wie ein regungsloses Schiff in wilder See, während die gutmütigen Pferde, die sie zogen, sich nicht rührten, nicht regten.

Einige aus der Menge hatten sich einen Strick verschafft, hatten ihn über den Mast einer großen Königsstandarte geworfen, die an einem hohen Bankgebäude flatterte. Hunderte von Händen zogen und zerrten, bis der Mast nachgab und die große Flagge herunterflatterte in die jubelnde Menge, die sich balgte und drängte, denn jeder wollte der erste sein, der die Flagge zerfetzte.

»Jetzt reißen sie die königliche Standarte runter«, stöhnte der Mann mit dem breiten, feuchten Mund, der vor Wut geiferte. Er konnte kaum sprechen. »Wo bleibt die Polizei? Weshalb greift die Polizei nicht ein? Wo bleiben die faulen, vollgefressenen, nutzlosen Kerle? Wenn ich besser angezogen wäre, würde ich denen mal vorhalten, wie man seine Pflicht tut.«

»Wären wir doch zu Hause geblieben«, murmelte Frau Casside, die Johnny fest an der Hand hielt.

Ein lauter Schrei, während die Menge und die Studenten miteinander rangen: »Die berittene Polizei rückt an! Die berittene Polizei!«

Weit oben in der Damenstraße sah Johnny die Silberhelme der berittenen Polizei, die, auf und ab tanzend, mit jeder Sekunde näher kamen. Ein großer Teil der Menge drängte in die Graftonstraße, bahnte sich, die Fäuste gebrauchend, einen Weg, um sich vor der berittenen Polizei zu retten. Frauen schrien, während sie weitergeschoben wurden, und ein paar Männer versuchten, ihre Kinder auf die Schultern zu nehmen. Johnny sah eine Frau, die laut schreiend in die Menge zurückdrängte.

»Ich habe meinen Tommie verloren! Er wurde mir von der

Hand gerissen. Ich muß zurück. Ich muß das Kind finden. Bitte, bitte, lassen Sie mich durch!«

Aber die Menge konnte ihr nicht helfen, und die Frau wurde zurückgedrängt, immer weiter zurück, und bald hatte Johnny sie aus den Augen verloren. Immer noch jammerte und flehte die Frau, sie durchzulassen, damit sie ihren Tommie wiederfände.

Der berittenen Polizei folgte eine schreiende, johlende Menge, sie warf mit Steinen, Flaschen und Eisenstücken, näherte sich den Pferden, so gut sie konnte. Dann und wann wandten einige der Polizisten die Pferde, griffen die hinter ihnen Drängenden an, und die Menge zerstob, kam aber gleich wieder zurück, wenn die berittenen Polizisten wieder ihren Kameraden folgten. Einmal sah Johnny, wie einer der berittenen Polizisten in seinem Sattel erstarrte. Er stieß einen Schrei aus, ließ den Gummiknüppel los, so daß er nur noch mit dem Riemen am Handgelenk hing. Er drehte sich um, und man sah, daß seine rechte Backe aufgerissen war von den Scherben einer Flasche, die eine haßerfüllte Hand aus der Menge geschleudert hatte. Andere Polizisten eilten herbei, dem Verwundeten vom Pferd zu helfen, und einer von ihnen verband die klaffende Wunde mit einem Taschentuch, das ihm ein Kamerad reichte.

Einige von denen, die die Studenten bedrängten, schrien eine Warnung, als die Berittenen in die Universitätsstraße einbogen. Der Kampf kam zum Stillstand, und die Gegner der Studenten zogen sich durch die Universitätsstraße und die Westmorelandstraße zurück. Manche von ihnen hinkten, andere liefen mit geneigtem Kopf, über den sie schützend die Hände hoben. Der Mann, der die große, grüne Fahne trug, befand sich unter ihnen, aber das Gewicht des Fahnenschaftes und die Falten des Tuchs, das sich ihm um die Beine legte, behinderten seinen Lauf. Voller Wut über die Verwundung ihres Kameraden galoppierten die Polizisten hinter der fliehenden

Menge her. Als sie an dem Mann, der die Fahne trug, vorbeikamen, beugte sich einer von ihnen aus dem Sattel, schwang seinen Knüppel und ließ ihn auf den Kopf des andern sausen, so daß er mitten auf der Straße zusammenbrach, fast verborgen in den Falten seiner grünen Fahne.

Johnny drängte sich dicht an die Mutter, deren Beben er fühlte, als sie sah, was geschah. Ein berittener Offizier näherte sich der Tram, beugte sich seitlich vom Pferd und berührte die Schulter des Fahrers mit seiner Reitpeitsche.

»Fahren Sie mit Ihrer Karre dahin, woher Sie gekommen sind, aber schnell!« befahl er.

Der Fahrer verließ die Plattform, machte mit der einen Hand die Zugstränge los, wandte die Pferde, führte sie am Zügel an das andere Ende des Wagens, hängte die Stränge ein und kletterte wieder auf die Plattform. Der Schaffner zog die Klingelleine, und die Tram fuhr langsam den Weg zurück, den sie gekommen war; heraus aus der glasglitzernden Huldigung für eine Königin; heraus aus all dem Purpur, Karmin und Gold; heraus aus dem Pomp der Wände und dem Blutvergießen in den Straßen; heraus aus dem Glanz der Kronen und dem strahlenden Segen, zurück in die Finsternis der Dorsetstraße und nach Hause.

Das letzte, was Johnny sah, als sich die Tram langsam fortbewegte, war die berittene Polizei, die unter Gejohle und Stein- und Flaschenwürfen in die Damenstraße galoppierte. Und eine einsame Gestalt lag still mitten auf der Straße, zwischen Bank und College, fast verborgen unter dem Tuch einer lustigen, grünen Fahne.

Samuel Beckett

Fingal

Die letzte, mit der er ging, bevor ihn ein denkwürdiger Lachanfall als Galan für einige Zeit außer Gefecht setzte, war hübsch, scharf und schlagfertig, in dieser Reihenfolge. Und so nahm er sie eines schönen Frühlingsvormittags mit hinaus aufs Land zur wahrhaft ländlichen Feltrim-Höhe. Kaum waren sie knapp vor dem Schloßwald von der Straße Dublin – Malahide nach Osten abgebogen, da kam sie in Sicht, ein bloßer Buckel, mit einer verfallenen Windmühle darauf, Horste von verkrüppeltem Ginster- und Brombeergestrüpp passim auf sanften Hängen. Die hohe Ruine machte sie meilenweit zum Blickfang. Der Wolfsberg.

Sie waren noch nicht lange oben, da überfiel ihn die Tristesse des omne animal. Sie aber war allem Anschein nach bei bester Laune, genoß die warme Sonne und den Ausblick.

»Die Dubliner Berge«, sagte sie, »schaun sie nicht wunderhübsch aus, so verträumt.«

Nun spähte Belacqua aber gerade eifrig in die andere Richtung, über die Flußmündung.

»Das kommt vom Ostwind«, sagte er.

Sie bestaunte nacheinander dies und jenes, den Höhenkamm der Insel Lambay, der aus dem braunen Schloßwald ragte, Ireland's Eye, das einem Haifisch glich, und die lachhaften Huckelchen dahinten ganz im Norden, wie hießen die?

»Der Naul«, sagte Belacqua. »Du willst im Ernst den Naul nicht kennen?« Dies im schockierten Tonfall der weitgereisten alten Jungfer: ›Sie waren doch wohl nicht in Venedig (mit Reim auf schwedisch) und haben die Quadriga verpaßt?‹ ›Sie sind allen Ernstes durch Chambery gekommen und haben Mme de Warens nicht aufgesucht?‹

»Fingal fade?« sagte er. »Winnie, ich muß mich wundern über dich.« Gemeinsam betrachteten sie Fingal eine Weile und schwiegen. Seine von Buchten und Marschland zernagte Küste, der Fleckenteppich kleiner Felder, Gehölze wie aufgeschossenes Unkraut, die Hügelkette zu niedrig, um den Ausblick zu begrenzen.

»Dabei ist es ein Zauberland«, seufzte er, »wie Saône-et-Loire.«

»Das sagt mir gar nichts«, meinte Winnie.

»Aber ja doch«, sagte er, »bons vins et Lamartine, Savannenland für die Grübler und Gramgebeugten, kein läppischer Kleinkinderhort wie Wicklow.«

Du spielst dich mächtig auf mit deiner Stippvisite drüben, dachte Winnie.

»Du mit deinen Grüblern und Gramgebeugten«, sagte sie, »mußt du denn ewig davon anfangen?«

»Na gut«, sagte er, »dann geb ich dir den Alphonse.«

Den könnte er behalten, gab sie zurück. Langsam braute sich etwas Ungutes zusammen.

»Was hast du da im Gesicht?« fragte sie scharf.

»Blasengrind«, sagte Belacqua. Der hatte sich nachts mit fürchterlichem Jucken angekündigt, und am Morgen wars soweit. Nicht lange, dann wurde ein Schorf daraus.

»Und du küßt mich noch«, rief sie, »mit sowas im Gesicht.«

»Hab ich nicht dran gedacht«, sagte er. »Ich bin dabei zu aufgeregt.«

Sie spuckte in ihr Taschentuch und wischte sich den Mund. Belacqua lag zerknirscht neben ihr und machte sich darauf gefaßt, daß sie nun aufsprang und ihn sitzen ließ. Aber stattdessen sagte sie:

»Was ist das eigentlich? Wovon bekommt man es?«

»Dreck«, sagte Belacqua. »Im Slum siehst du es bei jedem Kind.«

Ein langes betretenes Schweigen folgte diesen Worten.

»Pul nicht dran, Liebling«, sagte sie schließlich unvermittelt, »davon wird es nur noch schlimmer.«

Belacqua fühlte sich gelabt wie von einem Trunk Wasser im Verlies. Daß sie ihm wohlgesonnen war, mußte ihm also doch etwas bedeutet haben. Um seine Verwirrung zu verbergen, kam er auf Fingal zurück.

»Ich steige oft auf diese Höhe«, sagte er, »um Fingal vor mir zu haben, und jedesmal erscheint es mir weitab vom Schuß, eine Freistatt, ein Land, für das man sich nicht feinzumachen braucht, wo man mit Hausjacke und Zigarre ausgehen darf.« Der reinste Geysir, dachte sie. »Und das viel geheimes Leid mitangesehen hat, sonderlich von Frauen.«

»Das träumst du alles bloß«, sagte sie. »Ich sehe nur drei Weiden mit Kühen drauf. Kein Cincinnatus ohne Furche.«

Jetzt schmollte sie, und er war der Glückliche.

»Ach Winnie«, griff er ins Ungefähre, um sie an ihrer Aufrichtigkeit zu packen, denn alles übrige von ihr lag ja schon vor ihm hingestreckt im Gras, »du wirkst im Augenblick sehr römisch.«

»Er liebt mich«, scherzte sie im Ernst.

»Jetzt zieh noch einen Flunsch«, bettelte er, »sei nur recht römisch, so führe ich dich über die Flußmündung.«

»Und dann …?«

Und dann! Winnie, besinne dich!

»Wie ich sehe«, sagte er, »besinnst du dich. Sollen wir einen Vertrag aufsetzen?«

»Nicht nötig«, sagte sie.

Er war Wachs in ihren Händen, sie bog ihn nach Belieben hin und her. Doch hatte sich der Widerstreit in ihrer beider Stimmung jetzt gelegt, und so erschien auf einmal alles irgendwie gemütlich. Sie schaute lang in die umstrittene Gegend, und er zwang sie durch bloße Willenskraft weiter zum Stillesein und einer ernsten Miene, eine stumme puella in einer verschwommenen Welt. Aber dann sprach sie doch (wer bringt sie je zum Schweigen?) und meinte, sie könnte hier nur lauter graue, von Leibeigenen bestellte Felder und die Festungswälle verstoßener Günstlinge sehen, weiter nichts. Sehen! Wenn es zur Probe kam, war eine wie die andere – blinde Hennen allesamt. Die sah doch höchstens was, wenn sie die Augen schloß! Da wollte er das Thema lieber gleich begraben ohne weiteren Versuch, sich mitzuteilen. Fingal blieb in sein Inneres eingesperrt. Das war auch besser so.

»Schau«, sagte er und deutete.

Sie blinzelte, damit sie schärfer sah.

»Der große rote Bau«, sagte er, »am andern Ufer, mit den Türmen.«

Sie glaubte endlich zu erkennen, was er meinte.

»Ganz dahinten«, fragte sie, »der mit dem runden Turm?«

»Kennst du den?« sagte er. »Da hängt nämlich mein ganzes Herz daran.«

Nun ja, dachte sie, wenigstens spielst du mit offnen Karten.

»Nein«, sagte sie, »mir kommt es vor wie eine Brotfabrik.«

»Die Irrenanstalt Poltrane«, sagte er.

»Ach«, sagte sie, »ich kenne einen Arzt dort.«

Und weil somit auf ihn sein Herz, auf sie ein Freund in Poltrane wartete, einigten sie sich auf einen Marsch dorthin.

Sie umrundeten die Trichtermündung ganz, bestaunten das Theorem der Schwäne und die Wasserhühner, über die Dünen und am Martello-Turm vorbei, so daß sie Poltrane südwärts und von der See her erreichten, nicht wie im Auto über die Eisenbahnbrücke und die scheußliche rote Kapelle von Donabate. Die Gegend stand so voller Türme wie die Kirchenstadt Dun Laoghaire: das Martello-Paar, die roten der Anstalt, der runde und der Wasserturm. Unwissentlich vorschriftswidrig, denn das Verbotsschild stand weiter zur Küstenwache hin, stiegen sie die Anhöhe zum runden Turm hinauf. Sie liefen den Wiesenrain eines umgepflügten Felds entlang, bis sie auf ein Fahrrad stießen, das halb versteckt unter den wuchernden Halmen lag. Belacqua, der einem Fahrrad unter keinen Umständen widerstehen konnte, hielt diesen Fundort für ausgesprochen sonderbar. Der Besitzer stand auf dem Acker und kratzte mit einer Harke in den dürren Furchen.

»Gehts hier zum Turm?« rief Belacqua.

Der Mann wandte den Kopf.

»Kommen wir so zum Turm hinauf?« rief Belacqua. Der Mann richtete sich auf und deutete.

»Immer der Nase nach«, sagte er.

»Über die Mauer?« rief Belacqua. Er hätte nicht zu schreien brauchen, wäre auch im Sprechton über das stille Feld hinweg zu hören gewesen. Aber er wollte sich unbedingt verständlich machen, und der Gedanke, sich wiederholen zu müssen, schreckte ihn derart, daß er nicht nur die Stimme hob, sondern auch in eine möglichst breite Aussprache verfiel. Winnie war befremdet.

»Stell dich nicht an wie ein Idjoot«, sagte sie, »wenns gradeaus geht, gehts auch die Mauer rüber.«

Doch der Mann hörte es anscheinend gern, wenn von der Mauer die Rede war, oder freute sich vielleicht auch nur über die Gelegenheit zu einer Verschnaufpause, denn er ließ seine Harke fallen und kam zu ihnen hergestapft. Er war durchaus unauffällig. Sie müßten geradeaus, ja über die Mauer drüber, sagte er, dann kämen sie hinter dem Feld zum Turm, oder aber sie könnten zurück zur Straße, und ihr nach bis zum Bankett, und auf dem Bankett dann weiter. Auf dem Bankett? Gehörte der Mann auch zu den leicht Hirngeschädigten? Belacqua fragte, ob der Turm alt wäre. Das war er nicht, dazu brauchte er keinen Baedeker. Der Mann sagte, er wäre aus Wohltätigkeit im großen Hungerjahr erbaut worden, hätte er gehört, von einer Mrs. Sowieso, an deren Namen er sich nicht erinnerte, ihrem Gemahl zu Ehren.

»Nun, Winnie«, sagte Belacqua, »über die Mauer oder das Bankett hinauf?«

»Selten guter Blick auf Lambay von dort oben«, sagte der Mann.

Winnie war für die Mauer, sie hielt den Weg für kürzer, jetzt wo sie schon so weit gelaufen waren. Der Mann begann, das nachzurechnen. Belacqua war selber schuld, wenn sie nie mehr loskamen von dieser Menschmaschine.

»Aber ich hätte zu gern das Bankett gesehen«, sagte er.

»Und gradeaus«, sagte Winnie, »jetzt wo wir schon so weit gelaufen sind, und später das Bankett hinunter, wie wäre das?« Sie waren sich einig, Belacqua und der Mann: Solche Rechnungen gingen nur für Frauen auf. Auf einmal verband sie etwas miteinander.

Der Turm ließ sich gut an; das war der Leichenschmaus. Aber von der Tür aufwärts kam nur noch die Wohltat und keine Ehre, das war die Hochzeitstafel.

Sie waren noch nicht lange oben, da überfiel Belacqua von neuem die Tristesse des omne animal. Sie setzten sich ins Gras mit dem Gesicht zum Meer, die Anstalt weit unten hinter ihnen.

»Stimmt«, sagte Winnie, »so nah ist mir Lambay noch nie vorgekommen.«

Belacqua sah den Mann eifrig seine Furche kratzen und sehnte sich plötzlich zu ihm in den Lehm hinunter, um mit anzupacken. Er verbiß sich alle Erklärungen für das, was sich jetzt anbahnte, und betrachtete stattdessen den sanften Zweiklang von Gelb am Abhang, Ginster und Greiskraut einander beigesellt.

»Die wunderhübschen Ruinen«, sagte Winnie, »da links, mit Efeu überwachsen.« Die einer Kirche nämlich, und zwei kleine Felder weiter, eines viereckigen, nicht umfriedeten

Turms. »Davon«, sagte Belacqua, »bekomme ich sursum corda.«

»Dann gehen wir doch lieber weiter«, sagte Winnie wie der Blitz.

»Dieser widersinnige Turm«, sagte er, nun, da er Bescheid wußte, »steht länger als die Anstalt und noch nicht so lang wie die Ruinen.« Was er nicht sagte! »Die Mauerzinnen ergreifen mich so sehr –«

Die armen Irren strömten nun an die Sonne, die manierlicheren nach Lust und Laune, die übrigen herdenweise unter der Aufsicht eines Wärters. Ein Pfiff, und die Herde stand. Ein zweiter, und sie setzte sich in Gang.

»Ergreifen mich so sehr und in gleicher Art wie der Ton der Ziegelsteine an der alten Windmühle von Feltrim.«

Wer bringt sie je zum Schweigen?

»Sie haben einen rosa Stich«, sagte Belacqua, »und wie oft habe ich als kleiner vollgefressener fetter Junge nicht dagesessen und mit Hammer und Stichel Zacken in rotes Tuch gestochen.«

»Dir fehlt doch nichts?« fragte Winnie.

Er hatte abgewirtschaftet, verlachte aber die Schlußfolgerung von Leib auf Seele als ein Non-sequitur.

»Offenbar werde ich alt und müde«, sagte er, »wenn die äußere Natur bei mir nun schon die innere ausgleichen muß, wie bei Jean-Jacques, der im Steinbrechgarten Wurzeln schlug.«

»Ausgleichen zu müssen sich den Anschein gibt«, sagte sie. Sie wußte nicht recht, was das heißen sollte, doch klang es gut.

»Und zudem zieht es mich mit Macht in meinen Dottersack zurück, auf ewig rücklings in der Dunkelheit.«

»Eine kurze Ewigkeit«, sagte sie, »mit Tag- und Nachtschicht.«

Scheußlich, die Wortklauberei der Frauen.

»Verflucht nochmal«, sagte er, »du weißt doch, was ich meine. Kein Rasieren, kein Gefeilsche, kein Frösteln und kein

Kuddelmuddel, kein –« er angelte nach einem Ausdruck mit reicher Gefühlspalette – »kein verschwitztes Bett.«

Unten auf dem Spielplatz rechts von ihnen schossen ein paar Leichtgeschädigte mit einem Fußball auf das Tor. Andere schlenderten vor sich hin, allein oder in Knäueln, und ließen es sich an der Sonne wohl sein. Einer tauchte mit dem Kopf über der Mauer auf, daneben die Hände, in die er eine Wange legte. Ein anderer, gewiß Lammfrommer, stieg halb die Anhöhe herauf, verschwand in einer Mulde, kam alsbald wieder zum Vorschein und lief denselben Weg zurück. Ein Dritter stand mit dem Rücken zu ihnen fuchtelnd vor der Mauer, die den Anstaltspark von ihrem Standort trennte. Eine Patientenrotte lief Runde um Runde um das Spielfeld. Unten zur Linken standen Arbeiterhäuser in langer Reihe, in den Gärten Spiel und Geplärr von Kindern. Sah man von der Anstalt ab, so blieb von Portrane außer Ruinen wenig.

Winnie bemerkte, ihr kämen die Irren ganz normal und manierlich vor. Belacqua gab ihr recht, doch fand er, daß der Kopf auf der Mauer Bände sprach. Landschaften interessierten ihn nur als Vorwand für eine säuerliche Miene.

Plötzlich kam der Besitzer des Fahrrads mit der Harke in der Faust hügelaufwärts auf sie zugerannt. Er stürmte über die Mauer, durch den Zweiklang von Gelb, und stampfte über den Hügelrücken heran. Belacqua rappelte sich mit weichen Knien auf. Wer wollte ihm gewachsen sein, diesem Tobsüchtigen mit der Kraft von zehn Mann mindestens? Der schlug ihn glatt zu Brei mit seiner Harke und fiel dann über Winnie her. Im Näherkommen aber stürzte er von ihnen weg, sie konnten einen Augenblick lang sein Keuchen hören, bevor er sich über die Hügelflanke warf. Das Gefälle beschleunigte seine Talfahrt, bis er durch das Parktor schoß und hinter einem Häusereck verschwand. Belacqua lenkte seinen Blick zuerst auf Winnie und sah sie auf die Stelle starren, an der sich der Mann gleichsam in Luft aufgelöst hatte, dann auf den fernen Punkt, wo er ihn neiderfüllt in seiner Furche hatte kratzen sehen. Die Nickelspeichen des Fahrrads glitzerten in der Sonne.

Dann plötzlich Winken und Hallogeschrei von Winnie. Belacqua drehte sich um und sah einen Mann von der Anstalt forsch den Abhang heraufkommen.

»Dr. Sholto«, sagte Winnie.

Dr. Sholto war ein paar Jahre jünger als Belacqua, ein blasser, dunkelhaariger Mensch mit Denkerstirn. Er zeigte sich entzückt über ein – wie sollte er es nennen – so unverhofftes Vergnügen und in der Tat die Ehre, mit wem auch immer aus Miss Coates' Freundeskreis bekannt zu werden. Sie wollten ihm gewiß die Freude tun, ein wenig zu verweilen …? Das hieß Schnaps. Aber Belacqua, der sein eigenes Süppchen kochen wollte, seufzte bedauernd und schüttelte eine lange, höfliche Erklärung aus dem Ärmel dahingehend, wie dringlich ihm an der persönlichen Überprüfung eines gewissen Punkts bezüglich der Kirche gelegen sei, so daß er sich zwar eine Zusage namens Miss Coates' erlaube, die von dem langen Fußmarsch von Malahide sicherlich angegriffen …

»Von Malahide!« entfuhr es Dr. Sholto.

… er sich für seine Person jedoch entschuldige; man könne sich ja am Haupteingang der Anstalt wiedertreffen, in nun sagen wir einer Stunde, wie wäre das? Dr. Sholto äußerte tunlichste Bedenken. Winnie überlegte fieberhaft und schwieg.

»Ich gehe das Bankett hinunter«, sagte Belacqua umgänglich, »und komme auf der Straße dann zurück. Au revoir.«

Sie blieben einen Moment stehen und sahen ihm nach. Als er einen Blick zurück riskierte, waren sie verschwunden. Er ging in anderer Richtung weiter bis dorthin, wo das Fahrrad im Gras lag. Ein treffliches, leichtes Gerät mit Holzfelgen und roten Reifen. Als er den Ackerrain zur Straße hinunterrannte, hüpfte es unter seiner Hand neben ihm her. Er stieg auf, und so flogen sie bergab und um die Ecke, bis sie schließlich bei dem Zauntritt zu dem Feld anlangten, wo die Kirche stand.

Das Ding fuhr sich wie Butter; rechts schäumte das Meer zwischen Felsen, die Sunde vor ihm waren in wiederum ein anderes Gelb getaucht, und darüber schimmerten in der Ferne die Fischerhäuser von Rush in reinem Weiß. Belacquas Tristesse fiel von ihm ab wie ein Überhang. Er trug das Fahrrad ins Feld und legte es ins Gras. Dann eilte er, ohne der Kirche auch nur einen Blick zu gönnen, querfeldein über eine Mauer und einen Graben und stand bald vor der ärmlichen Brettertür des Turms. Von ihrem barrikadierten Aussehen ließ er sich nicht schrecken. Ein Fußtritt öffnete sie mit Schwung, und er trat ein.

Dr. Sholto nutzte so lang in seiner freundlich ausgestatteten Klause das Beisammensein mit Miss Winifred Coates zu seinem Besten. So hatte Portrane sie denn allesamt vereint, Winnie, Belacqua, sein Herz und Dr. Sholto, in Paarungen, die alle Beteiligten zufriedenstellten. In Winkelzügen solcher Art zeigt sich das Wohlwollen des Weltbewegers doch wohl unstrittig. Winnie behielt die Uhr im Auge und kam pünktlich mit ihrem Freund zum Haupteingang. Von ihrem anderen Freund nicht die Spur.

»Zu spät wie üblich«, sagte Winnie.

Hinsichtlich Belacquas fühlte Sholto nichts als Groll.

»Tja«, sagte er, »er schmirgelt wohl gerade einen Grabstein ab.«

Ein gedrungener, klobiger alter Mann in Hemdsärmeln und Pantoffeln lehnte an der Feldmauer. Winnie sieht noch immer sein breites, blaurotes Gesicht so lebhaft vor sich wie bei ihrem ersten besorgten Blick. War ihm vielleicht ein Fremder aufgefallen, ein blasser Dicker mit schwarzem Ledermantel?

»Nein, Fräulein«, sagte er.

»Nun«, sagte Winnie zu Sholto und ließ sich auf der Mauer nieder, »irgendwo in der Gegend muß er ja noch sein.« Eine Freistatt hatte er das Land geheißen, das viel heimliches Leid mitangesehen habe. Ja, aus dem letzten Loch.

»Warten Sie hier«, sagte Sholto, den Wahnsinn und die Bosheit in seinem Herzen, »ich gehe in der Kirche nach ihm schauen.«

Der Alte hatte schon seit einer Weile Zeichen der Erregung von sich gegeben.

»Ein Ausreißer?« fragte er hoffnungsvoll.

»Nein, nein«, sagte Winnie, »bloß ein Freund von mir.«

Aber er war nicht mehr zu halten, die Schleuse brach.

»Geboren bin ich auf Lambay«, sagte er zur Einleitung eines endlosen Berichts von einer Wiederergreifung, bei der er sich hervorgetan hatte, »und gearbeitet hab ich hier, von Kindesbeinen an.«

»Wenn das so ist«, sagte Winnie, »können Sie mir sicher auch die Ruinen dort erklären.«

»Das ist die Kirche«, sagte er und deutete auf die nebenan, die gerade Sholto verschluckt hatte, »und das«, er zeigte auf die entfernter stehende, »das da ist der Turm.«

»Ja«, sagte Winnie, »aber was für ein Turm, wozu hat er gedient?«

»Er hat einer Lady Sowieso gehört«, sagte er, »mehr weiß ich auch nicht.«

Umwerfende Neuigkeiten.

»Und da davor noch«, plötzlich kam ihm alles zurück, »Sie ham vielleicht schon mal vom Dechant Swift was läuten hören, der hat da drin nämlich sei« – er verkniff sich das Wort, aber dann ließ er drei grade sein – »sei Matz versteckt.«

»Sein Malz!« rief Winnie.

»Sei Matz«, sagte er, »Stella hat sie geheißen.«

Winnie starrte über das graue Feld. Keine Spur von Sholto, noch von Belacqua, nur dieser hochrote Kloß, der ihr auf den Leib rückte, mit seiner Mär von einer Matz und einem Stern. Was war bloß eine Matz?

»Sie meinen«, sagte sie, »er hat dort mit einer Frau gelebt?«

»Er hat sie da versteckt«, sagte der Alte, er hatte es einmal im *Telegraph* gelesen, und dabei blieb er auch, »und ist von Dublin runterkommen.«

Der kleine dicke Bruder Hurtig, frühmorgens brach er auf, nüchtern und lüstern, eine wandelnde Kamille.

Sholto tauchte auf dem Übertritt zwischen den Mauerzinnen auf und winkte ratlos. Winnie dämmerte allmählich: sie hatte alles hoffnungslos verpfuscht.

»Weiß der Himmel«, sagte sie zu Sholto, als er vor ihr stand, »wo er steckt.«

»Sie können nicht die ganze Nacht hier herumstehen«, sagte er. »Kommen Sie, ich fahre Sie nach Hause, ich muß ohnehin nach Dublin rein.«

»Ich kann ihm doch nicht einfach weglaufen«, jammerte Winnie.

»Aber er ist doch gar nicht hier, verdammt nochmal«, sagte Sholto, »sonst wäre er ja da.«

Der Alte, der seinen Sholto kannte, sprang diensteifrig in die Bresche: Er wollte die Augen offenhalten.

»Schließlich kann er nicht verlangen«, sagte Sholto, »daß Sie hier ewig warten.«

Ein junger Mann auf einem Fahrrad kam von Donabate her langsam um die Ecke, grüßte die Versammlung und bog in die Anstaltsauffahrt ein.

»Tom«, rief Sholto.

Tom stieg ab. Sholto entwarf eine knappe Karikatur von Belacquas Äußerem.

»So was ist dir wohl nicht über den Weg gelaufen«, sagte er, »oder doch?«

»Genau der ist an mir vorbeigeradelt«, sagte Tom, der sich gern nützlich machte, »beim Hoftor von Ross, wie ein geölter Blitz.«

»GERADELT!« rief Winnie. »Aber er hatte doch gar kein Rad.«

»Tom«, sagte Sholto, »hol das Auto raus, aber dalli, und fahr es her.«

»Aber er kann es nicht gewesen sein«, Winnies Wut hatte mehr als einen Grund, »wenn ich Ihnen doch sage, er hat kein Rad gehabt!«

»Er kann sein, wer er will«, sagte Sholto, ganz Herr der Lage, »noch vor der Hauptstraße haben wir ihn eingeholt!«

Aber Sholto hatte das Tempo des Missetäters unterschätzt; der saß wohlbehalten in Taylors Wirtshaus zu Swords und trank sein Bier mit einem Lachen, das Mr. Taylor wenig behagen wollte, bevor sie noch recht in Fahrt gekommen waren.

Zweite Reise:
Im Osten und Süden von Éire

Samuel Beckett

Von Liebe und Lethe

Die Zachs, bestehend aus Mister, Missis und Ruby, ihrem Augenstern, wohnten in einem kleinen Haus in Irishtown. Nach der Hauptmahlzeit, die sie mittags einnahmen, verzog sich Mr Zach auf ein Schläfchen in sein Zimmer, und Mrs Zach und Ruby in die Küche auf eine Tasse Kaffee und einen Schwatz. Die Mutter war kleinwüchsig, blaß und dicklich, erstaunlich wohlerhalten, wiewohl über den Wechsel längst hinaus. Sie goß eine genau bemessene Menge Wasser in den Topf und setzte ihn zum Kochen auf.

»Wann kommt er?« sagte sie.

»Er meinte, gegen drei«, sagte Ruby.

»Mit Auto?« sagte Mrs Zach.

»Er hoffte schon, mit Auto«, antwortete Ruby.

Mrs Zach hoffte das inständig auch, denn ihr schwebte eine Miteinladung zu der Spritztour vor. Zwar wäre sie lieber tot umgefallen, als ihrer Tochter im Weg zu stehen, aber sie sah doch nicht ein, wenn sie sich auf dem Rücksitz kleinmachte, was gegen ihre Teilnahme an dem Vergnügen sprechen könnte. Sie schüttete die Bohnen in die kleine Mühle und zermahlte sie energisch. Ruby, die zu allem Übel auch noch an Neurasthenie litt, stopfte sich die Finger in die Ohren. Mrs Zach ließ sich an dem Holztisch nieder und schaute zum Fenster auf das herrliche Wetter hinaus.

»Wo fahrt ihr hin?« sagte sie mit der natürlichen Neugier der Mutter für alle Anbelange ihres Kindes.

»Weiß ich doch nicht«, antwortete Ruby, die solche Fragen gerne übelnahm.

Der Besprochene mit seinen Hoffnungen auf einen Besuch um drei mit Auto war kein anderer als Belacqua, über dem das Unheil hing.

Als dann das Wasser kochte, stand Mrs Zach auf, gab den Kaffee hinein, drehte das Gas zurück, rührte kräftig um und ließ den Topf weiterköcheln. So sonderbar diese Art der Zubereitung auch wirken mag, der Anlaß gab ihr recht.

»Komm, ich setz dir einen Tee auf«, bettelte Mrs Zach. Aller Müßiggang war ihr ein Greuel.

»Ach nein«, sagte Ruby, »nein danke, wirklich nicht.«

In der Diele schlug die Uhr zweimal. Es war halb drei, die Stunde Null in Irishtown.

»Halb drei!« entfuhr es Mrs Zach. Daß es schon so spät war, hätte sie nie gedacht.

Ruby freute sich, daß es nicht früher war. Kaffeeduft zog durch die Küche. Sie hatte noch schön Zeit, über ihrem Täßchen vor sich hin zu träumen. Aber daraus wurde natürlich nichts, das wußte sie, wenn ihre Mutter jetzt die Redelust bekam und vor Fragen und Ratschlägen schier barst. Als daher der Kaffee zugeteilt war und die Mutter es sich gemütlich gemacht hatte für das jetzt anstehende Seelenschwätzchen, sagte sie unvermittelt:

»Du, Mutter, wenn es dich nicht stört, nehme ich meinen lieber mit aufs Klo, ich fühle mich nicht besonders.«

Mrs Zach war Rubys Schrullen gewohnt und nahm sie im allgemeinen mit Gleichmut hin. Diese Laune aber war denn doch das Allerneueste. Kaffee im Klo! Was würde Vater sagen, wenn er das erfuhr. Aber seis drum.

»Und den Feurio«, sagte Mrs Zach, »trinkst du den auch im Klo?«

Ein Feurio, Leser, ist ein Tropfen, der es in sich hat. Ruby stand auf und trank hastig einen Schluck Kaffee ab. »Gib mir lieber einen Pharisäer«, sagte sie.

Ein Pharisäer, Leser, ist mit Cognac abgerundeter Kaffee. Mrs Zach goß einen kleineren Schluck Cognac in die hingehaltene Tasse, als sie normalerweise zugestand, und Ruby ging hinaus.

Belacqua kennen wir in mancher Hinsicht, aber Ruby Zach ist ein Neuling dieser Zeilen. Damit der Leser dieses unerhörte Abenteuer nur ja nicht als wirren Schnickschnack abtun möge, wollen wir uns der Flaute jetzt bedienen, derweil Belacqua des Weges kommt, Mrs Zach in ihrer Küche Trübsal bläst und Ruby überm Pharisäer ihren Träumen nachhängt, das letzterwähnte Wesen etwas weiter zu entwickeln.

Über lange Zeit hinweg war, wegen ihrer schönen äußeren Erscheinung und vielleicht auch, obschon in geringerem Maße, ihres trefflichen Verstandes, um Rubys willen viel Schnaps geflossen; jetzt aber, mit drei- oder vierunddreißig Jahren auf dem Buckel, hatte das aufgehört. Wer auch nur die leiseste Neugier hinsichtlich ihres Aussehens verspürt, zum Zeitpunkt, da es uns beliebt, sie ins Spiel zu bringen, sei mit Verlaub auf die Magdalena* von Peruginos Pietà in der Nationalgalerie zu Dublin hingewiesen, freilich mit der Einschränkung, daß unsere Heldin über schwarzes, nicht rübenfarbenes Haar verfügt. Über diese Andeutung hinaus braucht uns ihr Aussehen nicht weiter aufzuhalten, zumal Belacqua kaum davon Notiz nahm.

Von des Lebens harter Schule aufgeklärt, hatte sich ihr ursprünglich überaus schwärmerisches und hochgesinntes Naturell zu fast schon atomistischer Verzweiflung aufgerieben. Ihre Herzensbildung hatte in der Tat auch einen unseligen Verlauf genommen. Als jüngeres und appetitlicheres Frauen-

* Die Gestalt kann wegen einer spiegelnden Vitrine, hinter die sich das Gemälde duckt, nur abschnittweise wahrgenommen werden. Ausdauer und ein unbestechliches Gedächtnis vermögen ihm jedoch nach manchem Zeugnis eine Gesamtaussage zu entlocken, die der Intention des Malers nahekommt.

zimmer war ihre Forderung an die Liebe gewesen, sie so fest und unverbrüchlich mit ihrem Gefährten zu verbinden und zu vereinen wie die eine Sonne eines Doppelsterns mit der andern; aber allmählich war sie ihr mehr und mehr aus dem Weg gegangen, als sie, zunehmend enttäuscht und angewidert, erleben mußte, daß das Ergebnis jeder neuerlichen Erfahrung, denn sie war sehr gefragt, ganz andersartig ausfiel. Diese erotischen Fehlschläge hatten zur Folge erstens, daß sie derartige Begegnungen gänzlich mied; zum zweiten, daß sie ihren Drang zur Sternverschmelzung in geistigere Bahnen lenkte, wobei Musik und Muskateller sich am wirksamsten erwiesen; und zuletzt, daß sie sich jaulend wie eine Katze in den Alkoven verzog, um sich den abgegriffenen Freuden hinzugeben, die er ihr bescherte. Diese jedoch, vor denen sie sich kaum zu retten wußte, solange sie die Spröde spielte, erlahmten naturgemäß in ihrem Eifer, sich einer anzubiedern, der der Sinn fürs rechte Maß sehr auf Kosten ihrer Reize zugewachsen war. Die Liebestrauben, die sie in hitzigeren Tagen als nichtswürdig verworfen hatte, wurden sauer, sobald sie ihr Gelüst danach in sich entdeckte. Wie sie sich früher in sich verkrochen hatte, weil sie nicht wollte, so jetzt, weil sie nicht konnte – nur, daß in ihrer Klause die Hoffnung, ihr Trost von einst, erstorben war. Sie sah ihr Leben als eine Stiege aus lauter Treppenwitzen.

Belacqua, der fromm dem Saum ihrer Gewänder huldigte und seine Entzückensausbrüche in sicherer Entfernung seelenruhig abzuwürgen wußte, verkörperte für sie aufs Haar den unsagbar entrückten Buhlen, dem sie als sehnsüchtige Sternschnuppe, überquellend vor dem gewissen Es, ihre zahllosen Kavaliere geopfert hatte. Und ausgerechnet jetzt, da das Meteoritenerz im Lehm erstickt, das Es versiegt und die Kavaliere abgezogen waren, kam er daher, Handlanger eines spöttischen Geschicks, um sie an ihre Entbehrungen zu mahnen und ihren Schmerz übers Entbehrte aufzuwühlen. Doch ließ sie ihn gewähren in der Hoffnung, er könnte sich früher oder später, in einer Anwandlung von Trunkenheit oder einem Allerweltsgefühlsschwall, so weit vergessen, daß er sie in die Arme schloß.

Fügen wir noch hinzu, daß sie seit langem an einem unheilbaren Gebrechen litt und nicht weniger als fünfzehn Ärzte, darunter zehn Atheisten, ihr unabhängig voneinander und glaubhaft zugesichert hatten, sie dürfe sich auf ein baldiges Ableben gefaßt machen, so ist nach unserer Überzeugung selbst der argwöhnischste Leser genötigt, nicht nur das zutiefst Erbärmliche an Rubys Lage, sondern auch die Wahrscheinlichkeit dessen einzuräumen, was wir ihm in nicht allzu ferner Zukunft zu berichten hoffen. Denn Belacquas Leichtfertigkeit, sein Talent, aus unzulänglichen Beweggründen zu handeln, wird unseres Erachtens durch seine bisherigen Unbilden zu reichhaltig belegt, um noch Verblüffung auszulösen. Hinsichtlich seines offenkundig unverantwortlichen Gebarens ließe er sich vielleicht mit einem Schimmer von Berechtigung den Naturgesetzen zur Seite stellen. Sein Platz war in der Nervenklinik.

Er hielt sich Ruby, an der ihm zu keiner Zeit viel lag, warm und schnitt ihr mit Bedacht die Cour in einer Weise, die sie nach seiner Überlegung am besten für die ihr zugedachte Rolle einschliff, worunter, wie er ihr enthüllte, als sie ihm mürbe dünkte, im wesentlichen ihre Mittäterschaft bei seinem felo de se zu verstehen war, da er zu seinem Leidwesen befürchten mußte, daß ihm im Alleingang die Sache in die Hose ging. Wie sein Entschluß zur Selbstzerstörung zustande kam, bleibt uns völlig unerfindlich.

Erweist ein Handlungsanreiz sich als derart unterschwellig, daß er unausdrückbar wird, spricht man am einfachsten von einer Tat ex nihilo und Punktum. Wozu im vorliegenden Fall um freundliche Erlaubnis gebeten sei.

Eine verständige Frau fragt im Normalfall eher ›was?‹ anstatt ›warum?‹ (sehr tief dies), aber der ärmsten Ruby hatte es an diesem Vorzug stets gemangelt; und also suchte sie, kaum hatte Belacqua ihr sein Vorhaben eröffnet, um seine Gründe nach. Nun hatte der zwar keine, wie wir eben sahen, jedenfalls keine vorzeigbaren; doch durch die Seelenerforschung seiner Helfershelferin hatte er sich in diesem Punkt so gut gewappnet, daß er sie auf der Stelle mit den Lesefrüchten gewissenhafter Studien zu bombardieren wußte: Griechen- und Römergründe, Sturm-und-Drang-Gründe, Gründe metaphysischer, ästhetischer, erotischer, antierotischer und chemischer Natur, dem Empedokles von Agrigent und Johannes vom Kreuz entnommene Gründe, kurz, alle außer den wahren Gründen, die es ja gar nicht gab, jedenfalls nicht als möglichen Gesprächsstoff.

Von dieser Sturzflut von Motiven wie geplättet, mußte Ruby einräumen, daß sie hier, entgegen ihrem anfänglichen Verdacht, keinen Grünschnabel vor sich hatte, der einer flüchtigen Vergrätzung nachgab, sondern einen ausgewachsenen Desperado von festem, ja edlem Vorsatz, und auf dieses Zugeständnis hin geriet sie in eine fast schon freudige Verfassung. Es war ohnehin aus mit ihr, und jetzt bot sich die Gelegenheit, mit einem leidlich gelungenen Bumsdich abzutreten. Die Sache wurde also eingefädelt, die erforderlichen Vorkehrungen getroffen, ein Termin aufs kommende Frühjahr und ein nahgelegener Austragsort vereinbart, nachdem Venedig im Oktober als leider undurchführbar hatte verworfen werden müssen. Nun war er da, der Schicksalstag, und Ruby hockte in der Haltung des Philosophen Square hinter Molly Seagrims Vorhang und biß sich die Nägel, indessen Belacqua in einem stupenden Sportkabriolett, das er für unschätzbare Summen stundenweise angemietet hatte, in Richtung Irishtown aufs Gas stieg.

Obwohl gegen Personenschäden so mangelhaft versichert, daß er noch nicht einmal einen Führerschein besaß, ging er dabei doch derart wild entschlossen vor, daß er auf der rasenden Fahrt durch den Verkehr in seinem Kielwasser einen Schwall von Injurien für sich verbuchen konnte. Das gehobene Fußgänger- und Radlertum drehte sich um und starrte ihm nach. »Diese Stromlinienmonster«, sagten sie kopfschüttelnd, »geradezu gemeingefährlich.« Schupos an verschiedenen Punkten der Innenstadt und der Vororte notierten seine Nummer. Auf der Pearse Street ratschte er einer Droschke das Hinterrad so glatt ab wie Petrus auf dem Ölberg Malchus' Ohr, ohne deshalb anzuhalten. Ein Stück weiter wurden in weiß Gott welcher bescheidenen Seitenstraße Kleinkinder von ihren Himmel-und-Hölle- und sonstigen Spielen wie Spreu vom Wind hinweggefegt. Angesichts des furchtbaren Buckels der Victoria-Brücke und ihrer unerbittlichen Mittelrippe jedoch hielt er, in jähem Entsetzen über den eigenen Wagemut, das Auto an, stieg aus und schob es mithilfe eines Passanten hinüber. Dann gondelte er gemächlich durch den Nachmittag, bis er zuguterletzt ohne weitere Mißhelligkeiten beim Haus seiner Komplizin angekommen war.

Mrs Zach warf weit die Tür auf. Im Nu hatte sie sich über Belacqua hergemacht, dessen große bleiche Fresse sie in Gedanken von wüsten Ausschweifungen gezeichnet sah.

»Ruby«, sang sie wie der Kuckuck in der Terz, »Ru-bie! Ru-bie!« Doch würde sie ihr altes Lied je ändern, war hier die Frage.

Ruby schlakste die Treppe herunter, mit Bißspuren auf ihrer Unterlippe, die keine Biene mehr zum Stich verlocken konnte.

»Hol deine Sachen«, sagte Belacqua barsch, »wir gehen.«

Mrs Zach fuhr entsetzt zurück. Noch nie hatte jemand ihrer Ruby gegenüber einen solchen Ton angeschlagen. Aber die schien sich nichts daraus zu machen und schlüpfte lammfromm in den Mantel. Mrs Zach erkannte nur allzuklar, daß sie nicht mitgenommen werden sollte.

»Kann ich euch eine kleine Stärkung anbieten«, sagte sie mit eisiger Stimme, »bevor ihr geht?« Aller Müßiggang war ihr ein Greuel.

Ruby hatte ihrer Meinung nach etwas derart Aberwitziges noch nie gehört. Eine Stärkung, bevor sie gingen! Die hatten sie höchstens nach ihrer Rückkehr nötig, falls es dazu kam. »Also wirklich, Mutter«, sagte sie, »du siehst doch, wir müssen fort.«

Belacqua sprang ihr mit einem angeblichen schweren Lunch im Bailey bei. Ein Hort der Wahrheit war er nicht.

»Fort wohin?« sagte Mrs Zach.

»Fort«, rief Ruby, »ganz einfach fort.«

Wie merkwürdig sie doch aufgelegt ist, dachte sich Mrs Zach. Aber seis drum. Daß sie bis zur Gartentür mitkam, wenigstens das konnten sie ihr nicht verwehren.

»Wie kommen Sie zu einem solchen Auto?« sagte sie.

Wer das Auto hätte sehen können, dem wäre die Frage naheliegend genug erschienen.

Belacqua nannte eine Autofirma.

»Tatsächlich«, sagte Mrs Zach.

Mr Zach schlich zum Fenster und spähte zwischen den Vorhängen hinaus. Er hatte sich für die Familie bis auf die Knochen abgerackert und es nur zu einem Patentrad gebracht. Verbitterung stahl sich über seine blausüchtigen Züge.

Belacqua würgte schließlich doch einen Gang hinein, wenn ihm auch nicht recht klar war, welchen, und mit qualmender Kupplung schossen sie in Hollywood-Manier nach vorn. Mrs Zach hätte ebensogut Lot nachwinken können, das Echo wäre nicht dürftiger ausgefallen. Sollte ihnen etwa der knallende Auspuff zum Sprachrohr dienen? Rubys Abschiedsspitze klang ihr noch im Ohr: »Wenn wir da sind, merkst dus schon.« Auf der Treppe begegnete ihr Mr Zach auf seinem Weg nach unten; sie gingen aneinander vorbei.

»Der junge Mann hat etwas an sich«, rief Mrs Zach hinunter, »was mir nicht behagt.«

»Dackel«, rief Mr Zach.

Der Abstand zwischen ihnen wuchs.

»Ruby benimmt sich äußerst merkwürdig«, rief Mrs Zach hinunter.

»Schlampe«, rief Mr Zach hinauf.

Wiewohl er sich nur ein Patentrad leisten konnte, faßte er sich doch gerne kurz. Ich weiß mir Besseres, dachte er und griff zur Flasche, auf diesem Odelfaß von Welt als das Glück der Blauen Vögel.

Dackel und Schlampe fuhren immer weiter, Totenstille zwischen ihnen. Nicht eine Silbe hatten sie gewechselt, bis das Auto sicher am Fuß eines Berges abgestellt war. Als Ruby dann aber Belacqua den Rücksitz hochklappen und eine Tasche hervorziehen sah, hielt sie es doch für angezeigt, das allmählich etwas unbehagliche Schweigen zu durchbrechen.

»Was ist denn drin«, sagte sie, »in der Hebammentasche da?«

»Sokrates«, erwiderte Belacqua, »seiner Mutter Sohn, dazu der Schierling.«

»Nein«, drängte sie, »ohne Schmäh, komm, sag schon.« Belacqua ließ für jeden Einzelpunkt einen Finger hochschnellen.

»Der Revolver mit Munition, das Veronal, der Whisky mit den Gläsern und die Mitteilung.«

Ruby konnte sich eines Schauders nicht erwehren.

»Um Himmels willen«, sagte sie, »welche Mitteilung denn?«

»Daß wir entronnen sind«, erwiderte Belacqua und ließ sich zu keinem weiteren Wort bewegen, so dringend sie ihn auch darum bat. Die Anschlagtafel hatte er sich selbst einfallen lassen, und das erfüllte ihn mit Stolz. Wenn es soweit war, mußte Ruby sie gutheißen, ob sie nun wollte oder nicht. Sie war als kleine Überraschung für sie gedacht.

Schweigend stiegen sie den Berg hinauf. Schwaden von Wachteln und, wie immer der Sammelname lauten mag, von

Schnepfen spritzten nach allen Seiten aus dem Heidekraut, wohingegen die Zahl der Hasen, die, in ihren Mulden sinnend und nun aufgescheucht, davonschnellten, dem Wildhüter alle Ehre machte. Sie stapften tief durch Rauschbeeren und Riedgras weiter aufwärts. Ruby schwitzte. Ein hoher Zaun aus Maschendraht, der sich wie eine Gürtelrose um den Berg schlang, versperrte ihnen den Weg.

»Wozu sind die ganzen Besen gut?« keuchte Ruby.

Soweit der Blick reichte, waren beiderseits am Draht Farnbündel befestigt. Belacqua zermarterte sich das Hirn nach einer Erklärung. Schließlich mußte er passen.

»Weiß Gott, ich komme nicht dahinter!« rief er aus. Und in der Tat, die Sache war höchst befremdlich.

Ladies first. Ruby erklomm den Zaun. Belacqua stand ritterlich zurück und hielt die Tasche; mit Freude erhaschte er einen unverstellten Blick auf ihre Beine. Er bekam zum ersten Mal Gelegenheit zur Abschätzung dieser ihrer Leibesteile und hatte durchaus schon Übleres erlebt. Sie schritten aus und hatten auch bald den Gipfel vor sich, komplett mit Keltenring, obschon noch in beträchtlicher Entfernung.

Ruby stolperte und fiel hin, wenn auch nur aufs Gesicht. Belacquas starker Arm war rasch zur Stelle, um ihr aufzuhelfen.

»Doch nicht weh getan?« erkundigte er sich freundlich.

»Der blöde alte Rock kommt mir dauernd in die Quere«, sagte sie zornig.

»Er fällt dir nur zur Last«, stimmte Belacqua zu, »weg damit.«

Der Vorschlag leuchtete Ruby so sehr ein, daß sie ihn umstandslos befolgte und sich als eine Frau enthüllte, die ein Hemd nicht nötig hat. Belacqua legte sich den Rock gefaltet über den Arm, denn in der Tasche war kein Platz mehr, und Ruby stürmte, der Fesseln ledig, im Schlüpfer gipfelwärts.

Belacqua, der voranging, hielt plötzlich inne, schlug die

Hände zusammen, fuhr herum und sagte zu Ruby, er hätte es. Scharf trat ihm ihr Anblick ins Bewußtsein, wie sie vor ihm knietief im Riedgras stand, dankbar für die Schnaufpause und ohne große Lust zur Frage: was?

»Die Büschel hängen dort am Draht«, sagte er, »der Schnepfen wegen.«

Sie verstand noch immer nicht.

»Damit sie nicht dagegen fliegen und sich weh tun.«

Jetzt begriff sie. Aber die Ruhe, mit der sie die Begründung hinnahm, stimmte Belacqua doch sorgenvoll. Es stand zu hoffen, daß die Mitteilung von besserem Erfolg gekrönt sein möchte als diese erleuchtete Enthüllung. Das Riedgras reichte Ruby mittlerweile bis an die Strapse, sie schien in die Heide einzusinken wie in Treibsand. Wackelten ihr etwa schon die Knie?

»Ihr Berggeister«, raunte Belacquas Herz, »gebt mir Beständigkeit.«

Seit dem Abstellen des Autos waren sie nun keiner Menschenseele mehr begegnet.

Auf dem Gipfel angelangt, mußten sie zuerst pflichtgemäß die Aussicht bewundern, unter besonderer Berücksichtigung von Dun Laoghaire und seiner makellosen Umrahmung durch die Schultern des Three Rock und Kilmashogue und der langen, wie flehentlich ins blaue Meer hinausgestreckten Landarme des Hafens. Junge Priester sangen in einem Wald am Berghang. Man konnte sie deutlich sehen und den Rauch ihres Lagerfeuers erkennen. Eine Lärchenschonung westlich im Tal wollte Belacqua Tränen in die Augen treiben, aber dann zwang er diese aufsässigen Glieder zum Blick nach oben zu den sanften Hängen von Glendoo, die leopardgefleckt dahinter lagen, mußte dabei an Synge denken und fand so seine Fassung wieder. Wicklow, diese Ansammlung pickeliger Brüste, zog er gar nicht erst in Betracht. Ruby war seiner Meinung. Die Städte der Ebene ließen sie in ihrer derzeitigen Stimmung völlig kalt. Im Keltenring lag Menschenkot.

Wie zwei fantocci am selben Draht warfen sie sich den Westhang der Heide hinab. Von jetzt an hat man sich ihr Verhalten sehr abgezirkelt und farcenhaft aufeinander eingespielt zu denken. Ruby glich mehr denn je einer zotigen Magdalena, Belacqua einem Statisten aus Der Dirne Glanz und Abstieg. Die Öffnung der Tasche zögerte er immer noch hinaus.

»Ich dachte ursprünglich daran, das Grammophon mitzubringen«, sagte er, »und die Pavane von Ravel. Aber dann –«

»Dann hast du umgedacht«, sagte Ruby. Sie hatte eine sehr störende Art, einem ins Wort zu fallen.

»Richtig«, sagte Belacqua, »von der gewohnten Blässe angekränkelt.«

Man beachte die literarische Ader.

»O Jammer«, sagte Ruby, »das hätte mir viel erleichtert.« Glückliche Infantin! Sich einmal von Velazquez malen lassen, und dann lebt wohl, ihr Bildungsgüter!

»Wenn du dich gefälligst wieder anziehen wolltest, jetzt wo du nicht mehr laufen mußt«, sagte Belacqua heftig, »würdest du *mir* viel erleichtern.«

Wie heikel es doch zwischen ihnen herging. Der kleinste Stein des Anstoßes konnte bei diesem Stand der Dinge den Karren kippen.

Ruby spitzte die Ohren. War das der langersehnte Antrag? In diesem Fall bekam er eine Abfuhr.

»Mir ist es lieber so«, sagte sie.

Belacqua starrte grimmig in die Lärchen und schmollte eine Weile.

»Also«, brummelte er schließlich, »wie wärs mit einem kleinen Schluck vorweg?«

Ruby zeigte sich nicht abgeneigt. Er öffnete die Tasche, so knapp es ging, griff hinein, zog die Flasche hervor, dann die Gläser, und schon war sie wieder zugeschnappt.

»Fünfzehn Jahre alt«, sagte er selbstgefällig, »auf Pump.« Wofür er alles Schulden hatte! Wenn er diesmal nicht zu Potte kam, dann war er pleite.

»Himmel nochmal«, rief er und ging wie ein erregter Hampelmann seine Taschen durch, »jetzt habe ich den Korkenzieher nicht mitgenommen.«

»Ach was«, sagte Ruby. »Wen kümmert das. Köpfe sie, schieß ihr den Hals ab.«

Aber dann fand sich der Korkenzieher, wie er sich immer findet, und sie leerten die Gläser mit einem langen Zug.

»Atemlose Länge«, japste Belacqua, »so ists recht: Longfellows Hiawathapoem an Dubliner Theke.«

Sie gossen nach und tranken aus.

»Das macht vier Doppelte«, sagte Ruby, »und acht hat angeblich die Flasche.«

Belacqua hielt die Flasche gegens Licht. Demnach war ihre Behauptung fehlerhaft.

»Aller guten Dinge sind drei«, sagte Belacqua.

Sie gossen nach und tranken aus.

»O Tod im Leben«, röhrte Belacqua, »o ihr dahingeschiedenen Tage.«

Er stürzte sich auf die Tasche und riß die Mitteilung heraus, um sie ihr vorzuweisen. Auf einem alten Nummernschild gewahrte sie in grobgepinseltem Weiß:

VORÜBERGEHEND BEI TROST

IK-6996 war ausgekratzt und hatte der Inschrift weichen müssen. Ein Palimpsest.

Ruby, vom Schnaps befeuert, schnaubte verächtlich.

»So geht es nicht«, sagte sie, »so geht es ganz und gar nicht.«

Ihr Urteil war ein harter Schlag. Armer Belacqua. Bedrückt hielt er das Schild auf Armeslänge von sich weg.

»Es gefällt dir nicht?« sagte er.

»Schwach«, sagte sie, »sehr schwach.«

»Ich meine nicht die Art der Ausführung«, sagte Belacqua, »ich meine die Idee dahinter.«

Aber was er meinte, war belanglos.

»Hätte ich was zum Buddeln da«, sagte sie, »ich würds vergraben, samt der Idee dahinter.«

Belacqua legte das Ärgernis mit der Schrift nach unten in das Heidekraut. Nun war die Tasche leer bis auf die Schußwaffe, die Kugeln und das Veronal.

Das Licht erstarb, die Zeit begann zu drängen.

»Ist dir ein Schuß lieber«, sagte Belacqua, »oder Gift? Wenn ersteres, hast du Sonderwünsche? Ins Herz? Die Schläfe? Wenn letzteres«, er reichte ihr die Tasche, »bitte bediene dich.«

Ruby gab sie ihm zurück.

»Laden«, ordnete sie an.

»Industriebarone«, sagte Belacqua und legte die Patrone ein, »jagen sich fast alle eine Kugel durch den Kopf. Kreuger hat die Regel bestätigt.«

»Wir sterben nicht im strengen Sinn zusammen, Liebling«, maunzte Ruby, »oder?«

»Leider«, sagte Belacqua, »kann man nicht alles haben. Aber ein paar Minuten«, dabei wurde ausgiebig mit der Pistole gefuchtelt, »bis ein Ei weichgekocht ist, was ist das schon, gemessen an der Ewigkeit.«

»Trotzdem«, sagte Ruby, »es wäre doch recht hübsch gewesen, gemeinsam abzutreten.«

»Die Frage des Vortritts«, sagte Belacqua wie von einer Tribüne herab, »bleibt stets neu zu lösen, wie auch sogar zwischen Napoleon und dem Papst.«

»›Der Papst, der pupst‹«, deklamierte Ruby, »›und weggeweht ist ihre Sünd –‹«

»Aber vielleicht ist dir die Geschichte nicht geläufig«, sagte Belacqua und überging die Albernheit.

»Nein«, sagte Ruby, »und dabei soll es auch bleiben.«

»Gut«, sagte Belacqua, »dann will ich mich auf die Bemerkung beschränken, daß die Lösung streng räumlicher Natur war.«

»Warum dann nicht die unsere auch?« sagte Ruby.

Dem Ballon geht irgendwie die Luft aus.

»Wir sind wie Zwillingskinder«, sagte Belacqua.

»– im Wald verirrt«, höhnte Ruby.

»– der Sanduhr ausgeliefert. Sie ist zu eng, um uns Arm in Arm hindurchzulassen.«

»Als gäbe es nur die eine auf der Welt«, sagte Ruby. »Pah!«

»Zufällig schmachten wir in derselben«, sagte Belacqua, »das ist der Haken.«

»Nun, es ist Nebensache«, sagte Ruby, »jedenfalls Ladies first.«

»Wie du meinst«, sagte Belacqua. »Ich bin der bessere Schütze.«

Aber Ruby, anstatt den Busen zu entblößen oder den Kopf zur Zerschmetterung hinzuhalten, goß sich zu trinken ein. Belacqua wurde vom Zorn gepackt.

»Verdammt nochmal«, schrie er, »haben wir das nicht alles vor Wochen schon geregelt? Ja oder nein?«

»Eine Regelung kam zustand«, sagte Ruby, »gewiß.«

»Wozu dann noch das ewige Gequatsche?«

Ruby trank aus.

»Und laß gefälligst etwas in der Flasche«, knurrte er, »ich kann es brauchen, wenn du hinüber bist.«

Dieselbe unbeschreibliche Empfindung, gemischt aus Verzweiflung und Erleichterung, die das Lebensgefühl des Facharztes vor dem dickeren Ende entlastet, wenn er dem Chirurgen auf die Schliche kommt, brach sich jetzt in Belacqua Bahn. Es überlief ihn heiß im Inneren. Das Miststück kniff.

Obwohl Ruby nach dem Genuß von Whisky in aller Regel in den Wolken schwebte, verfehlte er seine Wirkung bei der jetzigen Gelegenheit – kaum überraschend, wenn man deren sehr eigene Natur bedenkt. Zu ihrer Verblüffung ging jetzt der Revolver los, zum Glück passierte nichts, die Kugel fiel in eine terra Weißgottwo. Doch glaubte sie eine geschlagene Minute lang, sie wäre totgeschossen. Eine verstörte Stille, in deren leerer Mitte sich ihre Augen trafen, folgte auf den Knall.

»Der Finger Gottes«, flüsterte Belacqua.

Wer will über sein Verhalten in diesem Zwiespalt richten? Muß man ihn als von Grund auf verachtenswert verdammen? Hat er nicht vielleicht nur ritterlich versucht, der jungen Frau eine Beschämung zu ersparen? War Feingefühl der Grund, oder Begehrlichkeit, oder Feigheit, oder Zufall, oder was? Wir nennen nur die Fakten. Wir maßen uns nicht an, sie auf eine Bedeutung festzunageln.

»Digitus Dei«, sagte er, »ausnahmsweise mal.«

Die Bemerkung läßt tief blicken, oder nicht?

Als der erste Überraschungsschock sich gelegt und die Stille sich ausgetobt hatte, wallten in der Brust unserer zwei Suizidäre die Lebenssäfte so heftig auf, daß sie in unausweichlicher Umarmung ineinandersanken. In der äußersten Ehrerbietung, deren wir fähig sind, erwähnen wir dies mit gedämpfter Stimme und stehlen uns auf Zehenspitzen von ihrer Heidehochzeit fort.

Leicht möglich, daß er sich in künftigen Jahren, wenn Ruby zu den Toten und er zu den vergreisten Optimisten zählt, rühmen wird, er hätte zumindest dieses eine Mal, wenn auch nie vorher oder nachher, seine Absichten erreicht; car, in den Worten eines, der aus berufenem Mund die Materie besang, l'Amour et la Mort – Zäsur – n'est qu'une mesme chose.

Mag ihnen die Nacht, wie dem auch immer sei, melodisch werden.

John Millington Synge

In Wicklow

Hier und dort gibt es im County Wicklow wenig bekannte Ortschaften – Orte mit seltsam wohlklingenden Namen wie Aughavanna, Glenmalure, Annamoe oder Loch Nahanagan –, wo die Leute sich eine besondere Schlichtheit bewahrt haben und eine Sprache sprechen, die in mancher Hinsicht elisabethanischer ist als das Englisch von Connacht, obwohl dort viel länger Irisch gesprochen wurde. Die Frauen in diesen Tälern tragen oft noch altmodische Spitzenhauben, und die Männer kleiden sich zu Jahrmärkten oder zur Messe in seltsam geschnittene Schwalbenschwänze, Zylinder und Kniehosen mit Schnallen. Wenn ihnen ein Wanderer begegnet, dann bleiben die alten Leute gern stehen, um sich stundenlang mit ihm zu unterhalten, ihm Geschichten vom Aufstand oder von den gefallenen Engeln zu erzählen, die in den Hügeln umgehen, oder um auf die drei Schattenreiche anzuspielen, die in Wicklow niemals in Vergessenheit geraten – Amerika (ihr El Dorado), das Armenhaus und die Irrenanstalt.

»Ich hatte sehr viele Kinder«, erzählte mir einst ein alter Mann, der in Glenmalure geboren worden war. »Ich hatte sehr viele Kinder, und sie sind alle nach Kalifornien gegangen, mit dem, was ich ihnen mitgeben konnte, und haben sich ein Stück Land gekauft. Und als sie den Pflug ansetzten, blieb die Erde daran kleben. Sie untersuchten den Boden und fanden pures Gold. Jetzt sind sie reich, und ihre Töchter reiten auf schönen Pferden mit neuen Sätteln und eleganten Kandaren, aber mir haben sie nie auch nur ein halbes Pfund geschickt, der Teufel möge mit ihnen zur Hölle reiten.«

Nicht viel später begegnete mir an einem Hang, der einen schönen Blick auf Loch Dan bot, ein außergewöhnlich gutgelaunter und aufgeregter älterer Mann.

»Ich bin vor zwei Tagen in Liverpool angekommen«, sagte er, als ich ihn grüßte, »und heute morgen bin ich in Dublin eingetroffen und habe den Zug nach Bray genommen, wo man auf der Linken das blaue Salzwasser sieht und auf der Rechten schöne Täler voller Bäume. Von dort aus bin ich mit einem zweirädrigen Karren zu Brüdern und Vettern gefahren, die dort unten leben. Das sind arme Leute, lieber Mister, mit winzigen Hütten mit Lehmböden, aber sie sind so glücklich wie im Himmel, und was kann man sich mehr wünschen? In Amerika, Australien und auf dem Atlantik gibt es alle Arten von Menschen, gute Menschen und böse Menschen und Mörder und Einbrecher und Taschendiebe, hier aber sind alle Leute so gut und anständig wie Sie und ich.«

Er gehörte zu jenen, die man manchmal antrifft, die zu Zeiten ausgewandert sind, als die Leute noch schlichter waren als heute, und die dann nach einem Leben in den Staaten zurückkehren, so irisch wie irgendeiner, der sich nie weiter als zwanzig Meilen von Wicklow entfernt hat. Wir unterhielten uns noch eine Weile, und ich ließ mir von seinem Leben im Ausland erzählen.

»Ich habe Gefahren durchgemacht, die ganze Nationen ausgerottet hätten«, sagte er. »Und die Leute hier meinen, ich müßte stinken vor Gold, aber ihnen ist es besser ergangen. Ich war fünf Jahre als Schmied auf einem Schiff, ohne auch nur einmal Land zu sehen, und mußte alle Gefahren und Übel des Atlantiks ertragen. Danach war ich Tierarzt und habe Bruch, Spreizfuß, Spat, Hufgeschwüre, die Rotzkrankheit und alle möglichen Leiden von Pferd und Esel kuriert. Die Burschen hier glauben, man brauche nur übers Meer zu fahren und sich die Taschen voll Gold zu stopfen, aber ich sage Ihnen, es ist harte Arbeit, und in diesen Ländern sind die Arbeitshäuser voll, und die Gefängnisse sind voll, und die Irrenhäuser sind voll, genau wie in Dublin. Drüben gibt es schöne Häuser, und man braucht nur die Hand aus dem Fenster nach Rosen und Wein und der roten Weintraube auszustrecken, es gibt alle möglichen Sorten, während die Menschen in diesem Land zwischen ihren Bäumen und Tälern und mit ihren Lehmböden besser dran sind.«

In Wicklow, wie auch sonst in Irland, erregt das Arbeitshaus, obwohl es Landstreichern und Kesselflickern eine Zuflucht bietet, das absolute Entsetzen der Bauern. Das Irrenhaus, das sie besser kennen, fürchten sie weniger.

Einmal mußte ich spätabends aus einem Bergdorf in die Stadt Wicklow gehen und dann in die Berge zurückkehren. Als ich mich Rathnew näherte, stieß ich auf viele Gruppen von Männern und Mädchen, die auf ziemlich freche Art auf offener Straße miteinander flirteten, und als ich vorüberkam, drängten sich die Frauen zusammen und starrten mich an. Die dichtstehenden Bäume bei Rathnew lassen den Weg sehr dunkel werden, und reitet man schnell, ist der Kontrast wirklich abrupt und verblüffend, wenn man die Lichter von Wicklow erreicht. Die Stadt selber ist nach Einbruch der Dunkelheit düster und schmuddelig. Angetrunkene Männer und Frauen lungern herum und streiten sich im trüben Licht der Fenster, das gerade stark genug ist, um das Elend der hin- und herhuschenden Gestalten zu zeigen. Ich brachte meine Geschäfte rasch hinter mich und kehrte wieder in die Hügel zurück, wobei ich während der ersten Meilen auf der Straße wieder die lärmenden Gruppen und Paare passierte. Nach einer Weile hielt ich an einer einsamen Schenke, um etwas zu trinken und mich einen Moment auszuruhen, ehe ich die Hügel erreichte. In einer Ecke des Schankraums unterhielten sich müde sechs oder sieben Männer. Eine Frau, die ich kannte und die in Wicklow auf dem Markt gewesen war, saß nahe der Tür. Als ich mein Bier bekommen hatte, setzte ich mich auf ein Faß in ihrer Nähe, und wir unterhielten uns.

»Ach, Euer Ehren«, sagte sie. »Ich höre, Ihr werdet bald nach Dublin gehen, oder nach Frankreich, und vielleicht sind wir alle nicht mehr hier, wenn Ihr zurückkommt. Mein kleines Stück Land hat keine Zäune, ich werde mich noch zu Tode rennen. Die Kälber laufen weg, und die Gänse laufen weg, und die Hühner laufen weg, und ich laufe mich zu Tode. Wir haben keinen Mann mehr im Haus, seit er im Winter gestorben ist, und vorher war er fünf Jahre krank, und niemand hilft uns beim Heuen, oder wenn wir das bißchen Hafer oben auf dem Hügel ernten. Mein Bruder Michael ist in sein Haus zurückgekehrt, nachdem er sieben Jahre in Richmond in der Anstalt verbracht hat, aber von dem kann ich nichts verlangen, wo er doch selber eine Familie hat. Und es ist wirklich ein Wunder, daß er wieder hier ist, wo er es in der Anstalt doch so gut hatte ...«

Sie bemerkte mein Erstaunen und fuhr fort:

»Ich hatte einen Sohn, einen der feinsten Burschen in der ganzen Grafschaft – obwohl seine eigene Mutter das sagt und man es mir wirklich nicht ansehen kann. Also jedenfalls war er Wärter in einer Art privater Anstalt, ich glaube, so heißt das, und als Michael krank wurde, ist er zu ihm gegangen, er kannte die anderen Wärter ja nicht – aber sie haben versprochen, sich um ihn zu kümmern. Er war immer ein ruhiger Mann, der keinen Ärger machte. Nach den ersten drei Jahren konnte er frei herumlaufen, ganz wie ein Gentleman, und konnte leichte Arbeiten verrichten, wenn er Lust dazu hatte. Dann hat mein Sohn ihn noch einmal besucht, und ›Michael wirst du nie wieder sehen‹, sagte er, als er zurückkam, ›der hat es in der Anstalt viel zu gut‹. Und das war auch so, aber jetzt ist er wieder zu Hause.« Dann stand sie auf und brachte einige

Lebensmittel, die sie hier gekauft hatte, zu dem draußen wartenden Eselskarren.

»Es wird mir wirklich leid tun, wenn Ihr uns verlaßt«, sagte sie, als sie aufbrechen wollte. »Ich spreche nicht oft mit Euch, aber es ist doch schön, Euch in den Hügeln zu begegnen, möge der Allmächtige Gott Euch schützen und heil nach Hause bringen.«

Bald darauf stieg ich den langen Hang hinauf, der zur Hochebene zwischen Laragh und dem Sugar Loaf führt. Es war ungeheuer einsam. Kurz vor dem Hügelkamm kam ich an einer engen Schlucht vorbei, über der auf der einen Seite hohe, mit Fichten bewachsene Felsen aufragten, und darüber sah ich eine Handvoll gezackten Himmels mit ungewöhnlich leuchtenden Sternen. Gleich darauf erreichte ich den Rand des Hügels hinter dem Devil's Glen und roch den Duft der Moore, dann ging es wieder aufwärts. Ich hatte nicht genug Licht, um die Berge um mich herum zu sehen, und die Erde schien zu einer einfachen Plattform geschrumpft zu sein, von der aus ein Astrologe seine Beobachtungen anstellen konnte. Angesichts meiner Gemütsbewegungen in dieser Nacht begriff ich, warum in Wicklow so oft vom Irrenhaus die Rede ist.

[...]

Eines Abends zu Beginn der Erntezeit war ich unterwegs zu einem verstreut liegenden Dorf hoch in den Bergen, in der südlichen Hälfte der Grafschaft. Unterwegs traf ich auf einen alten Mann mit einer leeren Gallonenkanne. Ich schloß mich ihm an, und nach ein paar Worten musterte er mich neugierig.

»Verzeihung, Sir«, sagte er, »ich glaube, Sie sind kein Ire.« Ich sagte ihm, das sei ein Irrtum.

»Na ja«, sagte er darauf, »Sie sprechen anders als wir, und deshalb dachte ich, Sie kämen vielleicht aus einem anderen Land.«

»Ich bin vor zwei Monaten aus Frankreich zurückgekehrt«, sagte ich, »und vielleicht liegt mir noch etwas von dieser Sprache auf der Zunge.« Der Mann blieb stehen und strahlte vor Zufriedenheit.

»Ach«, sagte er. »So ist das also. Ich wußte doch, daß etwas an Ihnen anders ist. Ich spreche mit allen, die durch dieses Tal kommen, und ich erzähle ihnen Geschichten vom Aufstand und alte Geschichten von Irland, und nur wenige können mich unsicher machen, obwohl ich doch nur ein armer, ungebildeter Mann bin.« Er erzählte mir einige seiner Abenteuer, dann blieb er wieder stehen.

»Sehen Sie mich an«, sagte er, »und raten Sie, wie alt ich wohl bin.«

»So an die siebzig«, antwortete ich.

»Ach«, sagte er mit jämmerlich wehleidiger Stimme. »Halten Sie mich denn wirklich für so alt? Das hat vor Ihnen noch keiner gemacht.«

»Vielleicht sind Sie noch nicht weit über sechzig«, sagte ich voller Angst, ihn beleidigt zu haben. »Vielleicht sind Sie vierundsechzig!«

»Was glauben Sie denn«, sagte er. »Ich bin zweiundachtzig Jahre, drei Monate und fünf Tage alt. Würden Sie das glauben? Ich wurde vor zweiundachtzig Jahren am vierten Juni getauft, das ist wirklich die reine Wahrheit.«

»Das ist ein wahres Wunder«, sagte ich. »Die Vorstellung, daß Sie schon so alt sind, wo Sie doch so stark sind wie ich.«

»Ich bin überhaupt nicht stark«, meinte er, nun verzagter, »nicht so stark, wie ich war. Wenn ich zwei Glas Whiskey getrunken hatte, dann konnte ich eine Hornpipe tanzen, daß Ihnen die Augen übergegangen wären, aber heute könnten Sie mich mit einer Binsenstange umstoßen. Ich höre immer so einen Lärm in meinem Kopf, ich könnte jetzt nicht einmal mehr den Fluß neben mir hören, und deshalb kann ich nachts nicht schlafen. Das raubt mir die Kraft. Ich liege dann in der Dunkelheit und denke an alles, was in fünf Dutzend Jahren den Familien von Wicklow widerfahren ist – was dieser Sohn gemacht hat, was jener, wie viele übers Meer gegangen sind, und ich wünschte, die schwarze Hölle packte all jene, die in der ganzen Zeit keine drei Worte geschrieben haben, um mitzuteilen, ob sie noch leben und gesund sind. Das ist jetzt mein Beruf – an die ganzen Leute und an die vergangenen Zeiten zu denken. Und, um Vergebung, dürfte ich nach Ihrem Namen fragen?«

Den nannte ich ihm.

»Im County Wicklow gibt es zwei Zweige der Synges«, sagte er, und dann erzählte er mir allerhand bruchstückhafte Überlieferungen über meine Vorfahren. Wie eine Dame durch Roundwood ritt, »auf einem seltsamen Getier«, um einen Onkel in Roundwood Park zu besuchen, und wie sie einen von den Synges heiratete und als Mitgift ihr Gewicht in Gold erhielt – über acht *Stone* in Gold; Anekdoten, die sich auf Ereignisse bezogen, die sich vor über hundert Jahren zugetragen hatten.

Als er damit fertig war, erzählte ich ihm, wie sehr mich seine großen Kenntnisse über die Grafschaft erstaunten.

»Es gibt keine Familie, die ich nicht kenne«, sagte er, »von Baltinglass bis zum Meer, und was sie getan und wen sie geheiratet haben. Sie kennen mich noch nicht, aber wenn Sie eine Weile hier blieben und sich mit mir unterhielten, dann würde meine Gesellschaft Ihnen mehr Freude und mehr Ertrag einbringen als vielleicht die eines Gentlemans, mit dem Sie zusammen reiten oder in einem Wagen fahren.«

Inzwischen hatten wir eine Schenke am Straßenrand erreicht, die er offenbar mit seiner Kanne angesteuert hatte, und da ich mich noch nicht so schnell von ihm trennen wollte, bat ich ihn, mit mir zusammen einen zu trinken. Als wir den wunderbar sauberen, kleinen Schankraum betraten, fragte ich ihn nach seinen Wünschen. Er wandte sich an den Wirt:

»Haben Sie gerade irgendeinen guten Whiskey im Haus?« fragte er.

»Jetzt nicht, und auch sonst niemals«, antwortete der Wirt. »Wir haben nur schlechten, aber spielt das für euresgleichen eine Rolle, ihr würdet den Unterschied ja doch nicht merken.«

Nach vielem Hin und Her bekam er ein Glas Whiskey, nahm vor dem Probieren den Hut ab, sprach ein Gebet für meine Zukunft und setzte sich dann mit seinem Glas auf eine Bank in der Ecke.

Dann wurde ich bedient, und wir sprachen über Pferde und Rennen, da ein oder zwei Tage zuvor in Arklow Rennen stattgefunden hatten. Ich erwähnte einige Rennen, die ich in Frankreich besucht hatte, und sofort erzählte die Frau des Wirtes, eine junge Frau, die gerade hereingekommen war, von ihrem Besuch beim Grand Prix vor einigen Jahren.

»Sie waren also in Frankreich?« fragte ich sie.

»Ich habe dort elf Jahre verbracht«, antwortete sie.

»Alors, vous parlez français, Madame?«

»Mais oui, Monsieur«, erwiderte sie mit akzentfreier Aussprache.

Wir unterhielten uns ein Weilchen auf französisch, dann ließ sich der Mann seine Kanne mit Porter füllen – dem Abendtrunk für eine Gruppe von Schnittern, die am Hügel arbeiteten –, kaufte sich für einen Penny Zuckerzeug und ging dann die Straße zurück, die er gekommen war.

»Das ist der größte alte Schurke im Dorf«, sagte der Wirt, sowie der Alte außer Hörweite war. »Er macht sich an alle heran, die hier vorbeikommen, und versucht, soviel wie möglich aus ihnen herauszuholen. Vor kurzem sagten mir Gäste, ich solle ihm eine Flasche von dem und dem Porter geben, um die er gebeten hatte. Ich gab ihm die Reste aus einem alten Faß, das schon leer war, und der Alte leckte sich die Lippen und behauptete, so etwas Gutes noch nie getrunken zu haben, und dabei hatte er kaum einen Tropfen geschluckt. Bei Gott, am Ende mußte ich lachen, weil er so groß daherredete.«

Bald darauf wünschte ich ihnen eine gute Nacht und machte mich wieder auf den Weg, da ich noch zwei Berge überqueren mußte.

Dónall Mac Amhlaigh

Der Drahtesel des Dichters

Wie die meisten Angehörigen seiner Generation war Schnitzer ein begeisterter Kinogänger, und nachdem er bei einer Versteigerung in Kilkenny für ein Pfund ein altes Armeefahrrad erstanden hatte, machte es ihm durchaus nichts aus, mehrere Abende in der Woche die etwa zehn Meilen zum Lichtspieltheater zu radeln. Das Kino eröffnete ihm die große, weite Welt außerhalb von Glenbeg anschaulicher, als es die zärtlichste Hingabe an Bücher je vermocht hätte: Auf der Leinwand vor ihm war alles ausgebreitet, und von dem harten Holzgestühl des Vier-Penny-Sitzes verschlang er es mit gierigen Augen: die märchenhafte Skyline Manhattans, die goldenen Strände von Hawaii, den menschlichen Ameisenhügel Hongkong. Mit der unverbrauchten Empfänglichkeit der Jugend überließ sich Schnitzer aus ganzem Herzen der Glamourwelt des Zelluloids und durchlebte noch Tage später die Rollen, die er dort dargeboten sah, verhöhnte wie Humphrey Bogart die Drohung eines Ganoven oder lachte wie Errol Flynn mit frechem Mut im Angesicht der Gefahr; mitunter vergaß er sich sogar so weit, daß er jemanden mit einem finsteren Blick oder einer Grimasse erschreckte, deren Herkunft niemand hätte erraten können. Der leinwandbesessene Jugendliche hätte mehr in die Stadt als aufs Land gepaßt, und von den Menschen, unter denen er lebte, konnten Schnitzers kleine Ausflüge in das Reich der Phantasie nicht anders als mißverstanden werden. Insofern überrascht es nicht weiter, daß er bald im Rufe der Verschrobenheit stand.

[...]

Am Ende eines langen Arbeitstages auf den Feldern befestigte der unermüdliche Radfahrer ein Paar Klammern an seinen Hosenbeinen, setzte sich seine Mütze verkehrt herum auf, schwang sich mit einem Jubelruf auf sein Fahrrad und begann eine lange, mörderische Radtour durch die sommerliche Landschaft. Schnitzer war ein vertrauter Anblick, wenn er die staubigen Landstraßen entlangsauste, sich auf seinem alten Armeerad mit der vorn angebrachten schweren Karbidlampe abstrampelte, die Muskeln seiner strammen Waden überanstrengte, um seinem quietschenden Drahtesel höchste Geschwindigkeiten zu entlocken, während er hingerissen irgendeinen saftigen verbalen Leckerbissen zerkaute, mochte es nun *Caramba!* sein oder *Sacre Bleu!* oder auch nur das prosaischere *Mensch Meier!* Mitunter stieß er einen aufgeregten Schrei aus oder schleuderte den vorüberfliegenden Hecken ein Lieblingswort entgegen – etwa *Autophagen!* oder *merowingisch!* –, und dann schoß er, über die Lenkstange gebeugt, wie eine Schwalbe durch die Abenddämmerung. Man sieht ihn vor sich, wie er eine abschüssige Straße hinunterrast, erfrischt von dem brausenden Fahrtwind, der sein gebräuntes Gesicht strafft, oder einen Hügel erklimmt und es, wie steil auch immer die Steigung, mannhaft verschmäht abzusteigen, bis er den Gipfel erreicht hat und unter sich die fetten Weidegründe Leinsters erblickt. Höchstwahrscheinlich war es bei einer solchen Gelegenheit, daß er »Leb wohl, du süßes Muldowneyscourt« verfaßte, wobei er die schlichten Zeilen nach Art der altirischen Barden zunächst seinem Gedächtnis anvertraute und erst später niederschrieb ...

Der Dichter hatte aber auch eine praktische Seite, und diese schlug sich in der sorgfältigen Pflege nieder, die er seinem Fahrrad angedeihen ließ. Fortwährend polierte und reparierte

Schnitzer seinen Drahtesel, führte kleine Verbesserungen und Erneuerungen eigener Art durch, prüfte die Reifen auf Anzeichen der Abnutzung oder suchte die Felgen nach Rostflecken ab; nie ließ er das Rad über Nacht im Freien stehen, und jedes bewegliche Teil wurde bis zum Überdruß geölt. Die Politik des eingeplanten Verschleißes war noch nicht bis nach Glenbeg vorgedrungen, doch selbst Fintan Bolger sah sich zu der Bemerkung veranlaßt, daß die Industrieproduktion, wenn jeder soviel Sorgfalt auf sein Eigentum verwende, binnen kurzem völlig eingestellt werden müsse! Aber so sorgsam war der Dichter nun einmal von Natur aus. Und nicht damit zufrieden, sein Fahrrad einfach nur in Schuß zu halten, verschönerte er es auch auf unterschiedliche Weise; so versah er etwa das vordere Schutzblech mit einem kleinen dreifarbigen Wimpel und klebte auf den Rahmen eine Vielzahl bunter Abziehbildchen. Das unhandliche alte Armeefahrrad war Schnitzers Pegasus, das Flügelroß, auf dem er die Stätten seiner täglichen Schinderei floh, und in der Baronie Glenbeg, ja vielleicht sogar in der gesamten Grafschaft Kilkenny gab es nicht eine Gemeinde, durch die er nicht irgendwann einmal hindurchgekommen wäre. Einmal radelte er sogar bis nach Tramore, um seinen ersten Blick aufs Meer zu erhaschen, und kehrte noch am selbigen Abend nach Hause zurück: eine Gesamtstrecke von neunzig Meilen auf einem Fahrrad mit nur einem Gang! Ohne Zweifel läßt sich Schnitzers altes Rad als Verlängerung seiner selbst auffassen und der Zierat, den er dafür aussuchte, als Ausdruck seiner eigenen Persönlichkeit: die heisere Autohupe, welche die Klingel ersetzte, das Stück Pappe, das an der hinteren Gabel befestigt war und beim Berühren der Speichen ein ratschendes Geräusch ergab, ganz zu schweigen von den Speichen selbst, welche in den leuchtendsten Farben bemalt waren, die, wenn er vorüberflitzte, wie bei einer kreisenden Roulettescheibe verschmolzen. Offensichtlich leistete O'Sheas Fahrrad einen wesentlichen Beitrag zu seiner Freizeit und half ihm, die wenigen Kräfte zu verausgaben, die ihm nach seinem Tagwerk noch verblieben; Langeweile, der Ruin der Jugend von heute, war ihm durchaus unbekannt.

Als Landarbeiter, der für einen Hungerlohn schaffen mußte, und, es läßt sich nicht verschweigen, als junger Mann von ungewisser Herkunft konnte Schnitzer schwerlich darauf hoffen, in Gemeinden wie der, in der er aufwuchs, ein Liebchen zu finden. Der Unzulänglichkeit ihrer Mittel wegen schlugen Männer, deren Abstammung besser gesichert war als die Schnitzers, sich oft schweren Herzens als Junggesellen durchs Leben: In einer Gesellschaft, die die Menschen eher danach beurteilt, was sie haben, als danach, was sie sind, wird der persönliche Wert nicht immer so gewürdigt, wie es not täte, und der Dichter hätte das Antlitz und den Wuchs eines Adonis haben müssen, um seine sonstigen Nachteile wettzumachen.

Selbstredend war Schnitzer für die Reize des anderen Geschlechts nicht weniger empfänglich als andere junge Männer auch, und in den Sommermonaten besuchte er oft Tanzveranstaltungen unter freiem Himmel, die sonntags abends in Ballybrack oder Threecastles abgehalten wurden. Zu derlei Veranstaltungen strömten die drallen Bauernmädel herbei, und es war nur natürlich, daß Schnitzer sich in eine von ihnen verliebte, da er doch oft von den weniger greifbaren Schönheiten hingerissen war, die die Kinoleinwand zierten. Wie der Zufall so spielte, war er überaus unklug in der Wahl einer leibhaften *inamorata*... Das Kino hätte O'Shea womöglich die Chance geboten, eine junge Frau kennenzulernen, vielleicht ein Dienstmädchen oder eine Wäscherin, die ihn nicht abgewiesen hätte; falls sich jedoch eine solche Gelegenheit ergeben hatte, so hatte er sie wohl ungenutzt verstreichen lassen. [...]

Wem anders schenkte Schnitzer O'Shea sein Herz als Ned Purcells Tochter Anastasia; unglückseligerweise, denn ihr gesellschaftlicher Rang als Tochter eines wohlhabenden Bauern machte sie für ihn völlig unerreichbar. Wäre sich Schnitzer der sozialen Unterschiede, der starr hierarchischen Gliederung der Gemeinschaft, in der er lebte, stärker bewußt gewesen, so hätte ihm das ohne weiteres eingeleuchtet. Doch Dichter sind oft blind gegen die kleinlichen Gegebenheiten des Lebens, und Schnitzer nahm den Gegenstand seiner Zuneigung als Person wahr, ohne jede Berücksichtigung der Stellung, die sie in der materiellen Ordnung der Welt einnahm. Außerdem ist zuzugeben, daß er Miss Purcell nicht sehr gut, ja eigentlich so gut wie gar nicht kannte, auch wenn er sie bei einem Walzer von Anno dazumal oder einem Kontertanz im Freien manchmal zur Partnerin hatte und eines Abends auf seinem Weg durch Skeoughmore mehrere hundert Meter neben ihr hergeradelt war. [...]

Daß Anastasia die Tanzveranstaltungen überhaupt besuchte, ist verwunderlich, denn die Töchter der bessergestellten Bauern hielten sich im allgemeinen davon fern, aber Schnitzer hätte ohnehin nur wenig Gelegenheit gehabt, die Bekanntschaft fortzusetzen; jede ungebührliche Aufmerksamkeit für das Mädchen von seiner Seite wäre mit Schadenfreude aufgenommen und zur gegebenen Zeit Big Ned Purcell hintertragen worden; einem, milde gesprochen, furchtgebietenden Individuum. [...]

Es geschieht nicht aus Lieblosigkeit, wenn wir feststellen, daß Anastasia Purcell nicht ganz die hinreißende Schönheit war, die Schnitzer in ihr sah. Wie auch immer, es ist unvorstellbar, daß sie einen Heiratsantrag des Dichters angenommen hätte, selbst wenn sie, statt strenger (um nicht zu sagen: despotischer) elterlicher Gewalt unterworfen zu sein, in der Angelegenheit ein Mitspracherecht gehabt hätte. So aber konnte sie von den Gefühlen, die Fintan Bolgers junger Knecht ihr entgegenbrachte, nur eine geringe Vorstellung haben, ganz zu schweigen davon, daß er die Verwegenheit besäße, ihren Vater zu bitten, ihr den Hof machen zu dürfen. Ned war ein Mann bar jeder Kultiviertheit oder Sensibilität, ein arroganter, geldstolzer Bauer, der alles nach Kosten und Nutzen berechnete. Darüber hinaus neigte er zu unkontrollierbaren Zornausbrüchen, Ausbrüchen von solcher Heftigkeit, daß nur die mutigsten oder tollkühnsten Männer es gewagt hätten, ihn zu kränken. »Launisch wie Purcell« ist eine Redensart, die man noch heute in Glenbeg zu hören bekommt, und es kursieren Geschichten (einige davon sicherlich übertrieben) über Big Neds Exzesse, wenn die Wut ihn packte. Schnitzer O'Shea mochte so forsch wie nur irgendeiner im Umkreis gewesen sein, doch daß er auf diese Weise an Ned Purcell herantrat, zeugt eher von seiner rechtschaffenen Art als von seiner Tapferkeit, denn hätte er geahnt, in welcher Gefahr er schwebte, so hätte er sich Purcells Haus schwerlich genähert.

Schnitzer war in Liebe zu Anastasia Purcell entbrannt, sie beherrschte seine Gedanken bei Tag und bei Nacht, und die Vermessenheit seiner Liebe gab Anlaß zu mutwilligem Klatsch; lächerliche Gerüchte wurden in die Welt gesetzt, und die Angelegenheit versah zahlreiche Tischrunden mit Gesprächsstoff.

[...]

Freilich hätten sie weitaus mehr Anlaß zur Diskussion gehabt, wären sie zugegen gewesen, als Schnitzer Big Ned seine Aufwartung machte. Schnitzers Schwärmerei für Anastasia hatte sich stetig gesteigert; jeden Tag, wenn er das duftende Heu rechte oder mit erfahrener Hand die Zuckerrübenreihen ausdünnte, hauchte er millionenfach ihren Namen und schrieb auf jeden Papierfetzen, der ihm in die Hände fiel, liebevoll ihre Initialen. AP malte er dann ehrfurchtsvoll, verwob die reichverzierten Lettern mit verschlungenen keltischen Mustern, delikat gewundenen Bändern, die an beiden Enden merkwürdige Symbole hervortrieben, und starrte auf seine Schöpfungen wie ein Behexter. Versstrophen mit neun Zeilen, deren Anfangsbuchstaben, von oben nach unten gelesen, den

Namen Anastasia ergaben, warf er aufs Papier mit der Behendigkeit eines Buchmachers, der Wettscheine markiert, und manchmal, wenn er ehrgeiziger war, variierte er die Form, indem er die neun Buchstaben von Anfang bis Ende in diagonaler Folge anordnete. Die Jugend hat Anspruch auf ihr Maß an süßer Narretei, und es wäre unbillig, diese unbeholfenen Versuche hier wiederzugeben, auch wenn sie der Größe, die Schnitzer später errang, schwerlich Abbruch tun. Und so nahmen denn Initialenmalerei und Reimerei ihren Fortgang, und die Besessenheit des Dichters wuchs, bis er eines Tages, unfähig, sein heftiges Verlangen nach Miss Purcell länger zu bezähmen, seine Arbeit im Stich ließ, sich in Schale warf, das borstige Haar mit Pomade festpappte, auf sein altes Armeefahrrad sprang und mit rasender Geschwindigkeit zu Ned Purcells Gehöft in Skeoughmore radelte, wo er Big Ned ohne lange Vorreden fragte, ob er die Ehre haben dürfe, seiner Tochter den Hof zu machen.

Man kann über Schnitzers Unschuld und seinen Mangel an Weltklugheit nur staunen, und wahrscheinlich veranlaßte ihn nur der Einfluß der zahllosen amerikanischen Filme, die er sich angesehen hatte, zu einer so verwegenen Handlungsweise. Denn mit der Empfänglichkeit der Jugend bildete sich O'Shea vermutlich ein, er folge einer festumrissenen Prozedur; vielleicht hielt er sich für einen anständigen Yankee-Teenager, der mannhaft um die Erlaubnis nachsucht, das Mädchen seiner Träume auszuführen. Indes waren die Dinge in Glenbeg etwas anders geordnet, und in jedem Fall war Big Ned Purcell nicht der Mann, der Schnitzer etwa einen Irrtum zugute hielt, dem dieser erlegen sein mochte. Big Ned neigte, wie bereits angedeutet, zu Anfällen gehässigen Jähzorns und war an dem Tag eben erst zu einer Zerstörungsorgie gereizt worden.

Big Ned führte gerade ein scheues Pferd über den Mietenhof, als ihnen ein Huhn über den Weg flog und das Pferd so erschreckte, daß es sich heftig aufbäumte. Statt das Pferd zu beruhigen, wie jeder vernünftige Mann es getan hätte, richtete Big Ned seine Aufmerksamkeit auf die Henne und verfolgte das unglückselige Tier mit Drohungen und Verwünschungen quer über den Mietenhof, die in keinem Verhältnis zu der Ungelegenheit standen, die es ihm bereitet hatte. Jämmerlich kreischend suchte das verängstigte Huhn sich ihm zu entziehen, bis es zu guter Letzt in einem Zustand blinder Panik und kurz vor dem Zusammenbruch in die Bauernküche geflattert kam, die Katze aufschreckte und den Hund reizte, die vor dem Kamin geschlafen hatten. Gewöhnliche Umsicht hätte zum Rückzug geraten, damit die einfältige Henne wieder hinaus konnte, ohne allzu großes Chaos zu verursachen, doch Ned Purcell ließ sich von der Umsicht keinerlei Beschränkung mehr auferlegen, statt dessen folgte er dem unseligen Vogel in die Küche und versuchte ihn mit seinen großen, schwieligen Händen zu packen. Er brüllte wie ein Rasender und stieß ein ums andere Mal nach dem entsetzten Huhn, doch dieses wich ihm immer wieder aus, und in seinem frenetischen Versuch zu entkommen flatterte es auf eine Weise, wie sie von der Natur nicht vorgesehen ist, ziellos hin und her. Als die Henne gegen die Anrichte flog und Teller und Gefäße, die zu Mrs. Purcells wertvollstem Besitz zählten, krachend zu Boden warf, bettelte die aufgelöste Frau Big Ned an, endlich von ihr abzulassen, bevor er und das Huhn die Küche gemeinsam verwüsteten; er aber achtete ihres Flehens nicht und hätte sein Haus fröhlich in Stücke gehauen, hätte er nur die Genugtuung gehabt, den unglücklichen Vogel umzubringen – eine Genugtuung, die ihm versagt bleiben sollte. Denn als er erneut nach dem Huhn griff, fiel es ihm aus übergroßer Angst tot zu Füßen, und dem Bauern blieb nur noch, eine Faustvoll Federn zu umklammern, wobei er die unsäglichsten Gotteslästerungen ausstieß.

Man wird uns beipflichten, daß Schnitzer keinen ungünstigeren Zeitpunkt hätte wählen können, um sein ohnehin hoffnungsloses Anliegen vorzutragen, und daß er so bald nach dem soeben geschilderten kleinen Zwischenfall im Hause der Purcells eintraf, mußte Big Ned nur noch zu größerer Wut aufstacheln. Purcells Knecht, ein zerlumpter Bursche aus Slieverue, bezeugte den gesamten Vorfall, und von seiner Schwäche fürs Trinken abgesehen – die bis zu einem gewissen Grade sein vogelscheuchenartiges Aussehen erklärt –, wird Tim Costigan als ehrliche und zuverlässige Nachrichtenquelle angesehen. Anscheinend war Big Ned dabei, Dung auf einen Karren zu laden, dem das Pferd vorgespannt war, welches zuvor gescheut hatte, als Schnitzer auf seinem Fahrrad zum Mietenhof hereingefegt kam, atemlos vor Eile und von unbekümmerter Ahnungslosigkeit, daß er sich auf gefährlichem Terrain bewegte. Schnitzer sprang ab, schleuderte sein Fahrrad an die Ecke des Heuschobers und platzte ohne Umschweife mit dem Grund seines Besuchs heraus. Der Bauer starrte O'Shea einen Augenblick verblüfft an, und der Ausdruck, der sein Gesicht überzog, war schrecklich anzusehen – eine finstere, feindselige Miene, neben der sich der tödliche Blick des sagenhaften Basilisken wie ein gewinnendes Lächeln ausnahm; als Big Ned schließlich sprach, geschah es mit einer Ruhe, die in ihrer Verstelltheit noch bedrohlicher wirkte.

»Entschuldige, mein Kleiner, ich glaub', ich hab' nicht recht gehört. Würdest du das bitte noch mal wiederholen?« fragte er, und arglos kam der arme Schnitzer der Aufforderung nach.

»Ich möchte Ihrer Tochter Anastasia gern Gesellschaft leisten, Mr. Purcell. Ich bitte Sie um Erlaubnis, ihr meine Aufwartung machen zu dürfen.« Es trat eine schreckliche Stille ein, bevor Ned Purcell das Wort ergriff.

»Beim heiligen Vater im Himmel, hab' ich mich also doch nicht verhört«, sagte er leise, erschüttert über die schamlose Unverfrorenheit, die blanke Frechheit von Fintan Bolgers Knecht. Er starrte Schnitzer an wie eine völlig unbekannte

Kreatur, wie eine Sorte von Zweibeiner, die er noch nie zuvor erblickt hatte, und O'Shea, der seinen prüfenden Blick falsch auslegte, beeilte sich, Big Ned zu versichern, er verfolge ganz und gar ehrliche Absichten und ersuche im Hinblick auf eine spätere Heirat um die Genehmigung, Anastasia einen Besuch abstatten zu dürfen. In diesem Augenblick stieß Ned Purcell einen seltsamen, unverständlichen Schrei aus, ein Geheul wie das eines gepeinigten Mannes, der seine Hand versehentlich in einen Kessel mit kochendem Teer taucht, und mit der Schnelligkeit einer zubeißenden Schlange holte er mit seiner zweizinkigen Mistgabel nach dem Dichter aus – ein grimmiger Hieb, der O'Shea um ein Haar den Bauch aufgeschlitzt hätte. Nur sein rasches Reaktionsvermögen rettete den jungen Poeten; doch Big Ned holte aufs neue zu einem heftigen Stoß aus, der sein Ziel nur ganz knapp verfehlte. Wieder brachte Schnitzer sich durch einen Sprung in Sicherheit, wobei er den Bauern beschwor, ihn anzuhören, und wieder versuchte Big Ned ihn mit den schimmernden Zinken seiner Gabel zu durchbohren, während er zugleich einen Schwall von Schmähungen über dem unglücklichen Jugendlichen ausschüttete, die Armut seiner Vorfahren mütterlicherseits auftischte und auf niederträchtigste Weise über seine Ahnen väterlicherseits und deren Brut spekulierte. Was für eine teuflische Unverschämtheit, schnaubte Big Ned, während er mit weiten, wüsten Schwüngen seiner Heugabel, denen Schnitzer geschickt auswich, den Dichter attackierte, was für eine abscheuliche Dreistigkeit von einem Armenhäusler – aus einer langen Reihe von Armenhäuslern –, der nichts besitze außer den Lumpen, in denen er vor ihm stehe! Wo doch das einzige bißchen Vieh, das seine Angehörigen je ihr eigen nannten, zwei Ziegen waren, die die Allmende entlanghoppelten oder am Ende des Gartens an einem Grashalm knabberten! Wohin sollte das alles noch führen, flehte Big Ned, wenn ein armer Schlucker von einem Knecht einen achtbaren Mann und seine Familie beleidigen durfte? Oder gab es etwa keinen Gott mehr?

»Troll dich, du mieser Köter du, bevor ich deine Eingeweide über den Hof verspritze, du Scheusal du!« schäumte Big Ned und stieß auf eine Weise, die jeden weiteren Unterredungsversuch unterband, ein um das andere Mal mit seiner Mistgabel zu. Inzwischen war Schnitzer natürlich von der Vergeblichkeit seines Ansinnens überzeugt, ja solange er auf Purcellschem Grund und Boden verweilte, schwebte er gar in Lebensgefahr. Zwar gebrach es dem Dichter nicht an Mut, doch mangelte es ihm auch an Scharfsinn nicht gänzlich, und als er erkennen mußte, daß mit seinen Versuchen, Big Ned gut zuzureden, nichts gewonnen war, sprang er auf seinen treuen Drahtesel und schoß ratschend, mit bunten Speichen davon, verfolgt von einer Flut von Schimpfworten. Mochte der feindselige Empfang Schnitzers Leidenschaft für Ned Purcells Tochter auch nicht abgekühlt haben, so hielt er ihn doch davon ab, sich ihrem Vater jemals wieder zu nähern.

Eine Woche später befand sich Schnitzer Theophilus O'Shea, unser werdender Dichter, an Bord der knarrenden, alten *Prinzessin Maude,* seine wenigen Habseligkeiten in einem arg mitgenommenen Koffer. Da er seinen traurigen Blick über die sich purpurn verfärbenden Wicklower Berge wandern ließ und nach Anastasia Purcell, seiner ersten und einzigen Liebe, seufzte, waren seine Gedanken, dessen können wir sicher sein, dem bitteren Anlaß angemessen.

William Trevor

Irische Hochzeit

Mary Louise Dallon hatte in ihren Zügen das Aussehen eines Kindes bewahrt. In ihrem ovalen Gesicht hatten die großen, blauen Augen etwas von einer kindlichen Unschuld. Ihr hübsches, braunes Haar war weich und von Natur aus lockig. In ihrem Wesen war sie ein einfaches Mädchen geblieben. Einmal in ihrem Leben hatte man ihr gesagt, daß sie schön sei, aber sie hatte nur darüber gelacht: Sie sah nichts Außergewöhnliches in ihrem Schlafzimmerspiegel.

In dem Klassenzimmer neben der protestantischen Kirche hatte Miss Mullover Mary Louise einmal unterrichtet, und sie hätte nur ein lebhaftes Kind in Erinnerung behalten, wäre da nicht, im Alter von zehn Jahren, das plötzliche Interesse ebendieses Kindes an Johanna von Orleans aufgetreten oder an Jeanne d'Arc, wie Miss Mullover sie beharrlich nannte. Die Heilige war die Quelle solch ungewöhnlicher Faszination, daß Miss Mullover sich eine Zeitlang fragte, ob das Kind eine Gedankentiefe hatte, die ihr bisher entgangen war: eine Vorstellungskraft, die eines Tages Früchte tragen würde. Aber Mary Louise verließ die Schule mit keinem größeren Ehrgeiz, als in der örtlichen Apotheke, Dodd's Medical Hall, zu arbeiten, doch sie wurde enttäuscht. Die Umstände zwangen sie, zu Hause zu bleiben und auf dem Hof zu helfen.

Jahre zuvor hatte Miss Mullover Elmer Quarry unterrichtet, der ihr Klassenzimmer verließ, um zur Tate School in Wexford, fast sechzig Meilen entfernt, zu gehen. Die drei Geschwister Quarry – Elmer und seine Schwestern – stammten aus einer Familie, die seit vielen Jahrzehnten eine bedeutende Stellung in der Stadt innehatte. Die Dallons – draußen in Culleen – hatten sich ebensolange abgemüht, sich über Wasser zu halten.

In späteren Jahren beobachtete Miss Mullover aus der Ferne die Wechselfälle und Sorgen, die das Familienleben der Dallons bestimmten, und die unveränderliche Natur der häuslichen und kaufmännischen Routine bei den Quarrys. Sie nahm zur Kenntnis, daß Geld für Elmer Quarry in seinen mittleren Jahren ebensoviel bedeutete, wie dies bei seinen Vorfahren der Fall gewesen war, daß er im allgemeinen so vorsichtig war, wie sein Vater und sein Großvater es gewesen waren, und daß er den Ruf der Quarrys für ihren gesunden Menschenverstand und ein protestantisches Wertsystem in reichlichem Maße bestärkte. Seit mehr als einem Jahrhundert hatte in jeder Generation der Erbe von Quarrys Textilgeschäft spät geheiratet und sich zunächst als Geschäftsmann etabliert, bevor er seine Gedanken auf die Sicherung des Fortbestands der Familie richtete: Die alte Wohnung über dem Laden in der Bridge Street hatte weiß Gott genug junge Frauen gesehen, die vor der Zeit zu Witwen geworden waren. So kam es, daß Elmer Quarry im Jahre 1955 immer noch Junggeselle war und dazu der einzige wohlhabende Protestant im Umkreis von Meilen. In der ganzen Grafschaft war der Reichtum in die Hände einer kürzlich entstandenen katholischen Mittelklasse übergegangen und hatte auf diese Weise das Leben in der Provinz gründlich verändert.

Der an der Landstraße gelegene Bauernhof der Dallons im Pfarrbezirk Culleen hatte niemals mehr als bescheidenen Ansprüchen genügt, und im Jahre 1955 gehörte selbst dieses bescheidene Dasein größtenteils der Vergangenheit an: Der weiße Putz war hier und da abgebröckelt, Dachschiefer, die nicht mehr am richtigen Platz saßen oder in zwei Teile zerbrochen waren, waren nicht ersetzt worden, eine Fensterscheibe im oberen Stockwerk war kaputt. Im Innern des Hauses hätten die Zimmer neu gestrichen werden müssen; die Farbe war abgeblättert, die Feuchtigkeit löste die zerrissene Tapete im Treppenhaus ab, das unbenutzte Eßzimmer roch muffig und verrußt. Fünf Dallons lebten auf dem Hof – Mary Louise und ihre Schwester Letty, ihr Bruder James und ihre Eltern.

Wenn man am äußersten Rand der zum Hof gehörenden zehn Hektar Land stand, war der Hof drei Meilen von der Stadt entfernt, in der Quarrys Textilgeschäft so lange floriert hatte. Sonntags bildeten die Dallons, wenn sie in ihrem schwarzen, altmodischen Hillman in die Stadt gefahren kamen, nahezu ein Viertel der protestantischen Gemeinde; Weihnachten und Ostern stieg die Zahl auf drei- oder vierunddreißig an. Elmer Quarry und seine Schwestern gingen nur an diesen Feiertagen in die Kirche, aber den Dallons – besonders Mary Louise und Letty – gab der wöchentliche Gottesdienst die Gelegenheit zu einem geselligen Ausflug, an dem sie Gefallen fanden.

Es war eine kleine Stadt, die Zahl der Einwohner lag etwas über zweieinhalbtausend. Eine Fabrik, die Torfbriketts herstellte, war vor sieben Jahren auf dem Gelände einer früheren Gerberei gegründet worden. Es gab eine verfallene Mühle, einen Bahnhof, der nicht mehr in Betrieb war, und mit Moos überzogene Lagerhäuser zu beiden Seiten der einzigen Brükke, die innerhalb der Stadt den träge dahinfließenden Fluß überspannte. Läden, Wirtshäuser, das Postamt, die Gemeindeverwaltung, zwei Banken und andere Arbeitsstätten boten Beschäftigung, ebenso wie Hogans Hotel, drei Bauunternehmen, eine Molkerei, ein Verpackungsbetrieb für Eier und ein Landmaschinenlager. Das Electric Filmtheater war 1955 ein gutgehendes Geschäft; das Dixie Tanzlokal lockte Freitag abends nach wie vor viele Leute an. Die katholische Kirche – an den nördlichen Ausläufern der Stadt – war der Heiligen

Jungfrau als der Himmelskönigin geweiht; ein Nonnenkloster – auf halber Höhe der einzigen Erhebung der Stadt – gehörte dem Herz-Jesu-Orden an. Knaben wurden hinter der silbern gestrichenen Einfriedung der Schule der Christlichen Brüder in der Conlon Street unterrichtet, und die St. Fintans Berufsschule bot die Möglichkeit, sich weitere Fertigkeiten anzueignen. Die Bridge Street, in der sich das rosarot gestrichene Hogans Hotel und die besseren Läden befanden, war schmal und kurz und wurde auf der anderen Seite der Brücke zur South West Street. Der hagere, graue Kirchturm der protestantischen Kirche erhob sich aus den umstehenden Eiben, die diese von ihrer weiteren Umgebung abgrenzten. Ein Einsprengsel schmaler Gassen um das Gaswerk und Brown's Yard herum umfaßte das Armenviertel. Ein Wegweiser – schwarze Buchstaben auf gelbem Untergrund – verbarg einen Teil des Denkmals für Daniel O'Connell und wies die Richtung nach Clonmel und Cappoquin, Cahir und Carrick-on-Suir. Die Leute, die in der Stadt wohnten, kannten ihn auswendig; diejenigen, die in der näheren Umgebung lebten, betrachteten ihn mitunter voll Erstaunen.

Elmer Quarry fiel es im Januar fraglichen Jahres zum ersten Mal auf, daß Mary Louise Dallon ein Mädchen von ansprechendem Äußeren war. Er war zu diesem Zeitpunkt fünfunddreißig, Mary Louise einundzwanzig. Von großem Leibesumfang – und so vierschrötig wie die Herkunft seines Namens es anklingen ließ –, war er beständig in einen schwer zu beschreibenden Anzug gekleidet, der von schmutzigbrauner Farbe und blaßgestreift war. Sein kurzgeschnittenes, langsam licht werdendes Haar hatte den gleichen Farbton; seine Züge waren schwach ausgeprägt und regelmäßig und gaben seinem blassen, rundlichen Gesicht einen gepflegten Ausdruck. Elmer Quarry war nicht groß von Statur, aber nichtsdestoweniger von massiger Gestalt, in seinem ganzen Auftreten ein Unternehmer, wie sein Vater und sein Großvater es vor ihm gewesen waren. In dem Textilgeschäft wurde er von seinen Schwestern, Matilda und Rose, unterstützt, die beide ein paar Jahre älter waren als er und dazu gutaussehend, was ihm versagt geblieben war. Keine von ihnen hatte geheiratet, und beiden mißfiel es, als Elmer ein Auge auf Mary Louise Dallon zu werfen begann. Warum sollte an den gegenwärtigen Verhältnissen in der Wohnung über dem Laden und im Laden selbst etwas geändert werden? Das Geschäft würde sie drei ihr Leben lang ernähren, bis sie vom Alter gezeichnet wären und, wie die protestantische Gemeinde in der Gegend, stürben. Weder Rose noch Matilda gehörten zu den Leuten, die sich weigerten, den Tatsachen ins Auge zu sehen: Quarrys Laden war bereits ein Überbleibsel aus einer anderen Zeit. Wenn diese Linie der Quarrys ihr Ende fand, würde das Geschäft auf entfernte Cousins in Athy übergehen, die es wahrscheinlich verkaufen würden.

Die Quarrys, von denen hier die Rede ist, erinnerten sich noch an eine Zeit, als fünf Verkäuferinnen hinter dem Tresen gestanden hatten, und an eine Hochbahn, die den Laden mit dem Büro verbunden und in ausgehöhlten Holzkugeln das eingenommene Geld hinüberbefördert und das Wechselgeld zurückgebracht hatte. Nun waren nur noch die drei Quarrys im Laden; das Hochbahnsystem war vor Jahren auseinandergenommen und entfernt worden. Doch die roten Quittungsbücher waren die gleichen wie früher und wurden jeden Abend neben den Ladenkassen aufgestapelt, die man angeschafft hatte. Elmers Vater hatte das Büro jeden Tag erst nach Ladenschluß betreten, wenn der Angestellte, der das Wechselgeld in den Holzbehältern zurücksandte, nach Hause gegangen war. Aber da sie nun keine Angestellten mehr hatten und da Matilda und Rose mit Leichtigkeit hinter dem Tresen zurechtkamen, verbrachte Elmer immer mehr Zeit im Büro. Oftmals saß er da und starrte durch die kleinen Scheiben des Fensters, das vom Fußboden bis zur Decke reichte, in den ruhigen Laden hinunter, starrte die Stoffrollen an, die in den Regalen aufgestapelt waren – Nylon, Chintz und Seide, Baumwolle und Leinen –, die Zwirnrollen in dem flachen Glaskasten und die Kleider und Anzüge der Schaufensterpuppen. So unbeweglich wie diese Schaufensterpuppen wirkten manchmal auch seine Schwestern, eine hinter jedem Tresen, während sie auf einen neuen Kunden warteten. Matilda machte sich gerne schick zurecht; Rose trug langweilige Kleider. Matilda konnte besser mit den Kunden umgehen, am besten von ihnen dreien, das wußte Elmer. Rose zog es vor, die Hausarbeit zu machen und zu kochen. Er selbst fühlte sich naturgemäß eher in der Buchhaltung zu Hause.

Sein Werben begann am 11. Januar 1955, einem Dienstag. Elmer lud Mary Louise am darauffolgenden Freitag abend ins Kino ein. Er hatte keine Ahnung, was im Electric gezeigt wurde, aber er dachte, das spiele keine Rolle. Dann und wann, vielleicht einmal im Jahr, gingen er und seine Schwestern sich einen Film ansehen, weil man im Laden davon gesprochen hatte. Er selbst mochte am liebsten die Wochenschau, aber Rose und Matilda sahen gern etwas Unterhaltsames mit Musik. Selbstverständlich mußte er ihnen erzählen, daß er Mary Louise Dallon eingeladen hatte. Sie zeigten weiterhin ihr Mißfallen, äußerten sich jedoch nicht weiter dazu.

Im Hause der Dallons wurde die Einladung mit großer Überraschung aufgenommen. Mr. und Mrs. Dallon – ein schmächtiges, ergrautes Paar in den Fünfzigern, die sich beide so ähnlich sahen, daß sie Zwillinge hätten sein können – erkannten alles, was damit zusammenhing, und waren sich der Gewohnheit der männlichen Quarrys, jüngere Frauen zu heiraten, wohl bewußt. Sie sprachen unter vier Augen in ihrem Schlafzimmer darüber. Mrs. Dallon fuhr eigens in die Stadt, ging in Quarrys Textilgeschäft, kaufte eine Rolle weißen Zwirn und vergewisserte sich nochmals, wie Elmer aussah, indem sie durch das Fenster des Büros einen flüchtigen Blick auf ihn warf. Es hätte schlimmer kommen können, berichtete sie ihrem Mann bei ihrer Rückkehr, und später – in ihrem Schlafzimmer – fuhren sie fort, sich über die Entwicklung zu unterhalten.

Mary Louises ältere Schwester, Letty, und ihr Bruder James, der ebenfalls älter war, waren nicht so angetan davon. James – ein Hitzkopf, bekannt für seine Launenhaftigkeit, der seit seiner Schulzeit als langsamer Denker galt – war der Meinung, daß es sich bei der Einladung um eine Beleidigung handle. Elmer Quarry sei ein Mann, der niemals lache und nur selten lächle, der geborene Textilhändler. Letty – insgeheim darüber verärgert, daß ihre Schwester ihr vorgezogen worden war, nicht, daß sie in Begleitung von Elmer Quarry ihren Fuß ins Electric gesetzt hätte, selbst wenn er vor ihr auf die Knie gefallen wäre – warnte Mary Louise davor, was sich im Schutze der Dunkelheit zutragen könnte, und riet ihr, eine Sicherheitsnadel griffbereit zu halten, die jederzeit dienstbar gemacht werden konnte. Elmer Quarry habe einige falsche Zähne, versicherte sie, eine Tatsache, die sie im Wartezimmer des verläßlicheren Zahnarztes der Stadt, Mr. McGreevy, aufgeschnappt zu haben behauptete.

Mary Louise selbst hatte schreckliche Angst. Als die Einladung ausgesprochen worden war, zu welchem Zweck Elmer Quarry ihr auf die Straße hinaus gefolgt war, war sie errötet und beim Sprechen so aufgeregt gewesen, daß sie begonnen hatte zu stottern. Auf ihrem Fahrrad, während der ganzen Fahrt zurück zum Hof, sah sie immer wieder Elmer Quarrys stämmige Gestalt und die langsam kahl werdende Wölbung seines Kopfes, wie in dem Augenblick, als er sich gebückt hatte, um den Handschuh aufzuheben, den sie hatte fallen lassen. Letty war mit ein oder zwei Männern schon einmal ausgegangen, mit Gargan von der Bank of Ireland vor zwei Jahren und mit Billie Lyndon aus dem Radio- und Elektroladen. Sie hatte gedacht, Gargan würde ihr einen Antrag machen, aber er war unglücklicherweise befördert und nach Carlow versetzt worden. Billie Lyndon hatte die jüngere der Hayes-Schwestern geheiratet. Letty hatte sich darauf verlegt zu sagen, daß sie sich mit solchen Sachen nicht mehr abgebe, aber Mary Louise wußte, daß das nicht stimmte. Wenn Gargan wegen ihr zurückkäme, würde sie ihn auf der Stelle nehmen, und wenn irgend jemand anders auftauchte, der halbwegs in Frage kam, würde sie wieder anfangen, sich herauszuputzen.

»Was läuft denn?« fragte Letty.

»Das hat er nicht gesagt.«

»Hmm«, sagte Letty.

Arme Leute können nicht wählerisch sein, dachte Mr. Dallon schließlich für sich. Eines der beiden Mädchen in die Familie Quarry zu verheiraten würde bedeuten, daß man freier atmen und wieder etwas wie eine Zukunft für die beiden anderen sehen könnte. Mrs. Dallon kam zu einem ähnlichen Schluß: Vorausgesetzt, James würde nicht heiraten, würde der Hof ihn und Letty ernähren, er würde die Feldarbeit verrichten und dafür sorgen, daß das Vieh gemolken wurde, sie würde sich um das Federvieh kümmern. Der Hof war für zwei gerade richtig, bot ihnen ein hinlängliches Auskommen. Wenn drei von ihnen dablieben, würde es sich bemerkbar machen, es hätte einen Anschein von Versagen, obwohl niemand die Schuld daran trüge; eine Familie, die gemeinsam alt wurde, war niemals eine gute, eine dauerhafte Sache.

Der Film hieß »Flammende Sinne«, und er gefiel Elmer überhaupt nicht. Aber er kaufte eine Schachtel Pralinen in der Konditorei neben dem Electric, und so tröstete er sich mit ihnen darüber hinweg, denn er aß gern Süßes. Als er Mary Louise die Schachtel zum fünften Mal anbot, schüttelte sie den Kopf und murmelte etwas, das er so auffaßte, als ob sie nichts mehr wollte. Er wußte, daß Mädchen auf ihre Figur achten mußten, also aß er die restlichen Pralinen selbst, entfernte jedes einzelne Papierchen so geräuschlos wie möglich, um nicht zu stören. Der Film handelte von einer Frau in Italien, für die sich eine Reihe von Männern interessierte. »War der Film nicht wunderbar?« schwärmte Mary Louise, als die Lichter angingen, und er stimmte ihr darin zu.

Es war eine kalte Nacht. Vor dem Kino machte er den Gürtel seines Mantels zu und zog sich hellbraune Lederhandschuhe an; er trug keinen Hut. Er bemerkte, daß die Wangen seiner Begleiterin von der Wärme im Kino gerötet waren und daß sie eine blauweiße Wollmütze übergezogen hatte, die zu ihren Handschuhen paßte. Sie hatte die Wolle im Laden gekauft, und er glaubte sogar sich zu erinnern, daß er aus dem Büro hinuntergeblickt und gesehen hatte, wie sie sie ausgewählt hatte, letzten Sommer mußte es gewesen sein.

»Ich begleite Sie ein Stück in Richtung Culleen«, sagte er.

»Oh, ist doch nicht nötig, Mr. Quarry. Trotzdem vielen Dank.«

In der Gasse, die seitlich am Electric entlangführte, stand ihr Fahrrad, und es hing eine unansehnliche Kette mit Vorhängeschloß daran, die sie abmachte und in den Korb fallen ließ, der an der Lenkstange befestigt war. Als sie sich hinunterbeugte, um das zu tun, fiel das Licht der Straßenlaterne auf ihre Waden, und Elmer empfand zum ersten Mal ein körperliches Verlangen im Zusammenhang mit Mary Louise. Zwischen dem Saum ihres schäbigen, blauen Mantels und ihren Stiefelaufschlägen schimmerte die Seide ihrer Strümpfe so hervor, daß er es erregend fand. Ein- oder zweimal während des Films hatten Lana Turners tief ausgeschnittene Kleider seine Aufmerksamkeit erregt.

»Lassen Sie mich das Fahrrad schieben«, drängte er und schenkte Mary Louises Beteuerung, daß es nicht nötig sei, sie durch die Straßen zu begleiten, keine Beachtung.

Die Quarrys besaßen keinen Wagen. Da sie mitten in der Stadt wohnten, hatten sie nie einen benötigt, genau wie in früheren Zeiten nie eine Pferdekutsche nötig gewesen war. Ein

Bus beförderte einen aus der Stadt hinaus, und ein anderer brachte einen abends wieder zurück. Jedes Jahr im Dezember, vor Weihnachten, nahmen seine beiden Schwestern den Bus, um alle Wintereinkäufe zu erledigen. Elmer gab sich damit nicht ab. Im Winter spielte er Billard im Billardzimmer des YMCA, wo ein großes Kaminfeuer zwischen zwei Bücherschränken mit gläserner Front brannte, die eine Sammlung guter Bücher enthielten: Wildwestromane und Detektivgeschichten, Abenteuerromane von Sapper und Leslie Charteris sowie die »Encyclopaedia Britannica«. Elmer war dort oftmals ganz allein, denn zu jener Zeit fanden sich nicht viele Leute im Billardzimmer des YMCA ein, aber der Hausmeister ließ im Winter das Feuer immer brennen, und es lagen immer Exemplare des »Geographical Magazine« und der »Illustrated London News« aus. Im Sommer machte Elmer Spaziergänge – Bridge Street, South West Street, Boys' Lane, Father Mathew Street, Upton Road und zurück nach Hause an Kilkellys Reparaturwerkstatt vorbei.

Darauf bedacht, Mary Louise zu unterhalten, und weil sie gerade am Billardzimmer des YMCA vorbeikamen, vertraute er ihr ein paar Einzelheiten dieser beiden seit langem aufrechterhaltenen Gewohnheiten an. Wenn er einen Wagen besäße, fügte er hinzu, hätte er sie selbstverständlich zu Hause abgeholt und würde sie jetzt darin zum Hof zurückfahren. Kilkelly sagte ihm oftmals, daß er sich einen Wagen anschaffen sollte. »Ein Mann in deiner Position, Elmer«, das war, wie Kilkelly – der die Ford-Vertretung hatte – es ausdrückte, aber Elmer wiederholte diese Feststellung nicht, weil es so geklungen hätte, als wollte er sich aufspielen. Statt dessen fragte er Mary Louise, ob sie gelernt habe, den Hillman zu fahren, in dem er die Dallons oftmals sah, und sie gab zur Antwort, daß dem so sei. Elmer nahm es zur Kenntnis; er interessierte sich für solche Dinge.

»Nun, hier muß ich Sie verlassen«, sagte er, als sie den letzten Bungalow erreichten, der beanspruchen konnte, noch zur Stadt zu gehören. Der Vollmond verbreitete so viel Licht, daß es taghell war. Der Straßenbelag funkelte vom Reif, der sich in seinen Rissen festgesetzt hatte. Die Hecken und das Gras am Straßenrand wurden bereits weiß; an einigen Stellen hatte sich Eis gebildet.

»Ihr Licht funktioniert, oder?« fragte Elmer besorgt.

Mary Louise probierte es aus. Der Lichtstrahl war im Mondlicht kaum zu sehen. »Danke für alles«, sagte sie.

»Wie wär's mit nächster Woche?«

»Wäre was?«

»Wieder am Freitag.« Elmer hatte im Laden einmal gehört, daß Mädchen sich samstags gern die Haare wuschen, und von Rose und Matilda wußte er, daß sie es taten, einmal alle zwei Wochen. Rücksichtnahme habe noch keinem geschadet, hatte seine Mutter immer gesagt, was der Grund dafür war, daß er den Freitag vorgeschlagen hatte. Er selbst hätte den Samstag vorgezogen, weil man da das Gefühl zu haben begann, daß man sich erholte, was mit dem Wochenende zusammenhing. Wenn der Laden bis zum Montagmorgen geschlossen und auf der Straße mehr los war als an anderen Abenden, verspürte Elmer Samstag abends oftmals den Drang, diesem Unterschied Ausdruck zu verleihen. In der Regel lief er jedoch schnell zum YMCA hinüber und spielte allein eine Partie Billard.

»Freitag?« fragte Mary Louise.

»Paßt Ihnen Freitag? Oder wäre Samstag besser?«

»Nein, Freitag ist schon recht.«

»Sagen wir halb acht?«

Mary Louise nickte. Sie stieg auf ihr Fahrrad und fuhr davon. Die Sicherheitsnadel, auf der Letty bestanden hatte, war nicht benutzt worden. Er hatte nicht versucht, ihre Hand zu halten. Genaugenommen, dachte sie, hatten sie sich nicht einmal eine gute Nacht gewünscht. Einem Menschen eine gute

Nacht zu wünschen hatte etwas Vertrauliches an sich, und sie hatten es beide vermieden. Im Electric hatte sie, bevor die Lichter ausgegangen waren, bemerkt, daß die Leute sie ansahen. Morgen um diese Zeit würde es in der ganzen Stadt herumgegangen sein.

»Bist du heil wiedergekommen?« fragte Letty, als ihre Schwester mit der Fahrradlampe in der Hand in die Küche kam. Ihre Eltern waren ins Bett gegangen, aber Mary Louise wußte, daß sie nicht schliefen. Sie hatten dagelegen und auf das Geräusch des Fahrrads gewartet, auf das Klappern des Scheunentores und ihre Schritte auf dem Kopfsteinpflaster. Und sie würden weiter daliegen, wahrscheinlich ohne sich zu unterhalten, und sich lediglich fragen, wie es ihr ergangen war.

»Was für ein Film ist gelaufen?« fragte Letty.

»Lana Turner. ›Flammende Sinne‹.«

»Ach du lieber Gott!«

»Bonar Colleano hat mitgespielt.«

»Hat der Kerl seine Hände bei sich behalten?«

»Natürlich«, erwiderte Marie Louise mürrisch und empfand zum ersten Mal eine Art Verwandtschaft mit dem Mann, der sie ausgeführt hatte. Lettys Worte konnten messerscharf sein.

»Wo ist James?«

»Er ist drüben bei den Edderys und spielt Karten.«

»Ich geh dann jetzt ins Bett.«

»War das alles, Mary Louise?«

»Wie meinst du das, war das alles?«

»Hat er irgendwelche weiteren Pläne?«

»Er hat mich gefragt, ob ich Freitag mit ihm ausgehen will.«

»Geh nicht, Mary Louise.«

»Ich habe gesagt, daß ich mitkomme.«

»Er könnte fast dein Vater sein. Sieh dich bloß vor.«

Das tat Mary Louise. Sie zog sich während der Woche eine Erkältung zu und gab Letty eine Nachricht, damit sie sie im

Laden vorbeibrachte. Normalerweise hätte eine Erkältung sie nicht davon abgehalten, ins Kino zu gehen, und sie hoffte, daß Elmer Quarry auch zu diesem Schluß komme. Sie hoffte, daß er sich denken könne, wie sie sich fühle – nicht, daß sie sich selbst darüber völlig im klaren gewesen wäre. Wenn sie allein war, besonders wenn sie in ihrem Bett wachlag, wollte sie nie wieder mit ihm die Treppe des Electric Filmtheaters hinaufgehen müssen. Aber wenn Letty wieder anfing, ihr Ratschläge zu geben, und wenn James ebenfalls die eine oder andere Bemerkung fallen ließ, neigte sie unwillkürlich dazu, sich ihnen zu widersetzen. Weder ihre Mutter noch ihr Vater äußerten sich dazu, außer daß sie sie fragten, was für ein Film es gewesen sei. Aber sie wußte, woran sie dachten, und das ließ ihre Stimmung wieder umschlagen: Erneut wünschte sie sich, daß ihr das Erlebnis, mit dem Erben des Textilgeschäfts im Electric Filmtheater zu sitzen, ein weiteres Mal erspart bleibe. Auf die Mitteilung, die Letty ausgehändigt hatte, erfolgte keine Antwort, obwohl Mary Louise eine Reaktion erwartet hatte. Sie wußte nicht, warum sie darüber enttäuscht war, daß er es nicht fertiggebracht hatte, ihr ein oder zwei Zeilen zu schreiben.

Zu dieser Zeit machten sich viele junge Männer aus der Stadt und der näheren Umgebung auf nach England oder Amerika, und oftmals waren sie gezwungen, gefälschte Papiere zu benutzen, um in der Stadt, in die sie gelangten, Fuß zu fassen. Überall waren Familien von der Auswanderungswelle betroffen, und für die wenigen Protestanten in der Bevölkerung sah es so aus, als könnten sie sich davon nicht mehr erholen. Diese schrumpfende Gemeinde hatte kein Fleisch auf den Knochen; sie hatte keine Kraftreserven. Ihre Lebenskraft wurde von der trostlosen wirtschaftlichen Lage der Zeit untergraben.

Bei den Dallons drehten sich die Gespräche bei Tisch oftmals um dieses Thema. Von den Abenden, an denen er bei den

Edderys Karten spielte, brachte James Berichte über die Arbeitssuche in der Gegend mit und über das aufgezwungene Exil, das gewöhnlich darauf folgte.

Wenn er wieder einmal mit einem unverkauften Ochsen von einem Viehmarkt zurückkehrte, berichtete Mr. Dallon von den düsteren Ansichten jener, mit denen er sich unterhalten hatte. In dem Eierverpackungsbetrieb blieben die Löhne niedrig. Die Gespräche über eine Erweiterung der Brikettfabrik führten zu nichts.

Die Küche der Dallons, wo solche Gespräche immer stattfanden und alle Mahlzeiten eingenommen wurden, hatte getünchte Wände und einen eisernen Küchenherd. Dort stand ein grüngestrichener Küchenschrank, in dem man die Tassen, Untertassen und Teller, die täglich benutzt wurden, sehen konnte. Um den armseligen Tisch aus rohen Kiefernbrettern herum standen fünf grüngestrichene Stühle. Die Tür zum Hof war ebenfalls grün, genau wie das Holz der beiden Fenster mit Blick auf den Hof. Auf einer der Fensterbänke hatte sich ein Stapel Zeitungen angesammelt; sie waren aufbewahrt worden, weil sie sich gut eigneten, um Eier darin zu verpacken. Auf der anderen stand das Radio, das vor zehn Jahren ein batteriebetriebenes Modell ersetzt hatte. James und Letty konnten sich noch an den Tag erinnern, an dem der Batterieempfänger von Billie Lyndons Vater ins Haus gebracht worden war, wie eine Antenne am Schornstein hatte befestigt und ein zweiter Draht mit einem Nagel hatte verbunden werden müssen, den Mr. Lyndon vor dem Fenster in den Boden schlug. »Das ist Henry Hall«, sagte Mr. Lyndon, als man eine Stimme hörte, die eine Tanzmelodie ankündigte. Mary Louise konnte sich an nichts davon erinnern.

»Das ist der Lauf der Dinge«, hatte Mr. Dallon die Angewohnheit in der Küche zu sagen, eine Bemerkung von universalem Charakter, die man in jeder Lebenslage anwenden konnte. Mit einem leisen Seufzen hatte er sie oft während des

Krieges gebraucht, wenn die BBC-Nachrichten bedrückend gewesen waren; und nach dem Krieg, wenn Berichte über den Hunger in Europa kamen. Aber trotz eines leichten Anklangs von Pessimismus, der bei der Bemerkung mitschwang, war Mr. Dallon nicht ohne Hoffnung: Er glaubte ebenso sehr daran, daß alles schließlich besser werden würde, wie er daran glaubte, daß es zuerst einmal schlechter werden würde. Bei den menschlichen Verhältnissen gab es einen Kreislauf, hätte er vielleicht widerstrebend eingeräumt, wenn man ihn dazu genötigt hätte, obwohl das ein Ausdruck war, den er nicht aus eigenem Antrieb gebraucht hätte.

Mrs. Dallon wußte die vom Gefühl bestimmten Urteile ihres Mannes und den tieferen Sinn, den er bestimmten Entwicklungen oder Begebenheiten beimaß, zu schätzen. Nur in Angelegenheiten von geringerer Bedeutung beharrte sie auf ihrem Standpunkt, und selbst da blieb sie besonnen: Sie sprach ein Machtwort, wenn Mr. Dallon sich in Kleidern, die er beim Ausmisten des Kuhstalls angehabt hatte, auf den Weg in die Stadt machen wollte; sie bestand alle zwei Monate darauf, daß er sich die Haare schneiden ließ; und in ihrem Schlafzimmer sprach sie mit ihm unter vier Augen darüber, wie man am besten mit James umging, der immer mehr wie ein richtiger Griesgram aussehen werde, wenn ihm weiterhin das Gefühl vermittelt werde, wie ein Knecht behandelt zu werden. James werde genauso weggehen wie all die anderen, sagte Mrs. Dallon voraus: Wenn sie seine Anwesenheit als selbstverständlich ansähen, würden sie eines Morgens aufwachen und sehen, daß er nicht mehr da wäre. Nimmt man ihn auf dem Feld zu hart ran, schon begeht er irgendeine Dummheit und schließt sich vielleicht sogar der britischen Armee an.

Normalerweise wurden diese Themen immer zur Sprache gebracht, wenn die protestantischen Familien aus der Gegend sich sonntags vor der St. Giles Kirche begrüßten: die Goods, die Hayes', die Kirkpatricks, die Fitzgeralds, die Lyndons, die

Enrights, die Yates' und die Dallons. 1955 erkannten sie, daß ihr Überleben davon abhing, sich an die bestehenden Verhältnisse anzupassen. Obgleich sie immer noch ihrem protestantischen Glauben anhingen, war ihr Zusammenhalt geringer geworden als früher.

»Man muß eine Engelsgeduld haben«, hatte Mr. Dallon mehr als einmal im vertraulichen Gespräch nach dem Sonntagsgottesdienst geäußert, wenn er sich auf die Bemühungen bezog, seinem Sohn beizubringen, wie man einen Hof bewirtschaftete. Es war James, auf den es ankam. Er, und nicht seine Schwestern, mußte damit fortfahren, den zehn Hektar Landes von mittelmäßiger Güte ihren Lebensunterhalt abzuringen und die Tiere auf den Viehmärkten zu verkaufen: Von seinem Erfolg hing das Überleben von allen dreien ab. »Bete zu Gott, daß er nicht irgend so ein leichtfertiges Ding heiratet!« Dieser Sorge verlieh Mrs. Dallon nicht im Kirchhof Ausdruck, sondern dann, wenn sie mit ihrem Mann allein war. Wie sie James kannte, würde er in jedem Fall eine törichte Wahl treffen, aber wenn man darauf anspielte und es dann soweit war, bestand die Möglichkeit, daß er die Angelegenheit in irgendeinem abgelegenen Pfarrbezirk erledigen ließ, ohne daß jemand etwas davon wußte. Ein leichtfertiges Mädchen könnte den Untergang von Culleen bedeuten und damit auch den von Letty und Mary Louise – es sei denn, daß Mary Louise in der Zwischenzeit die Vorteile ihrer Einheirat in das Textilgeschäft entdeckte. Auch in diese Richtung durfte kein Wort verloren, kein Zwang ausgeübt werden. In diesen Tagen mußte eine Familie – mehr als jemals zuvor, wie Mrs. Dallon meinte – auf Gott vertrauen.

»Deine Erkältung ist vorüber«, sagte sie, als sie und Mary Louise etwa vierzehn Tage nach dem Besuch des Electric Filmtheaters in der Küche Brot backten. »Ich dachte schon, es würde eine Grippe daraus werden.«

»Ja, die Erkältung ist weg.«

Mary Louise hörte sich niedergeschlagen an, stellte ihre Mutter fest und sagte sich, daß dies kein schlechtes Zeichen sei. Es deutete darauf hin, daß Elmer Quarry ihren Stolz verletzt hatte, weil er versäumt hatte, seiner Enttäuschung darüber Ausdruck zu verleihen, daß die Verabredung rückgängig gemacht worden war. Mit dem Gespür einer Mutter erriet sie, daß Mary Louise bereute, so voreilig gewesen zu sein.

[...]

Zwölf Tage später war es dann soweit, und Elmer kam aus dem Büro herunter und zeigte sich besorgt wegen ihrer Erkältung. Die ältere seiner beiden Schwestern – die ihr gerade eine Strickjacke zeigte – war alles andere als erfreut, als er auf sie zuging.

Die Erkältung sei vorüber, sagte Mary Louise; es sei eine schwere Erkältung gewesen, aber sie sei vorüber. Die Strickjacke sei nicht ganz das Richtige, fügte sie hinzu. Sie habe im Schaufenster zwar reizend ausgesehen, bei näherer Betrachtung erweise sich jedoch, daß der Farbton ihr nicht stehe.

»War das nicht ein hinreißender Film?« bemerkte er, während Rose das Kleidungsstück ins Schaufenster zurücklegte.

»Ja.«

»Ein wunderbarer Abend.«

»Ja, das stimmt.«

»Tja, ärgerlich, daß uns diese verflixte Erkältung dazwischengekommen ist! Ich denke, daß ich Ihnen, um gerecht zu sein, noch einen Kinobesuch schulde.«

Er lächelte. Sie sah, daß er kleine Zähne hatte, eine Tatsache, die ihr bisher entgangen war.

»Oh«, begann sie.

»Wie wär's mit Freitag? Oder Samstag? Wäre Samstag besser?«

Sie entschied sich für Freitag. Sie sahen sich »Flieder im Frühling« an.

[...]

Die Hochzeit fand am 10. September 1955, einem Samstag, statt. Sie wurden in aller Stille getraut, trotzdem trug Mary Louise ein traditionelles Hochzeitskleid und Letty ein dazu passendes Brautjungfernkleid. Hinterher feierte man auf dem Bauernhof. Alle nahmen im Eßzimmer Platz, einem Zimmer, das ansonsten selten benutzt wurde. Mrs. Dallon hatte drei Hähnchen gebraten, und dazu gab es gewürztes Rindfleisch und Speck. Vor dem Essen wurde mit Sherry oder Whiskey auf die Gesundheit des Brautpaares angestoßen. Pfarrer Harrington, der die Trauung vollzogen hatte, ließ es sich nicht nehmen, noch ein paar Worte zu sagen.

Miss Mullover, schon fast siebzig, klein, zierlich und gichtkrank, hatte man als einstiger Mentorin sowohl der Braut als auch des Bräutigams einen Ehrenplatz zugewiesen. Sie war überrascht, als sie von Mary Louises Verlöbnis mit dem Textilhändler gehört hatte, aber nur wegen des Altersunterschieds: Ansonsten machte sie sich keine unnötigen Sorgen über besagte Verbindung. Sie hatte andere Mädchen in ihrer Schule gehabt, die schließlich noch ältere Männer geheiratet hatten. Marie Yates, noch nicht ganz dreißig bei ihrer Hochzeit mit dem beinahe achtzigjährigen Kanonikus Moore, kam sehr schnell wieder zur Besinnung: In ihrem ganzen Leben hatte Miss Mullover niemanden so weinen sehen wie Marie beim Begräbnis des alten Geistlichen.

Aber diese Zuversicht wurde nicht von allen Hochzeitsgästen geteilt. Matildas und Roses anhaltendes Mißfallen entsprach dem Lettys, das die Gestalt eines kühlen und abweisenden Benehmens und einer hartnäckigen Weigerung angenommen hatte, in dem Ereignis einen Grund zum Feiern zu sehen. Als Mary Louise im März offenbart hatte, daß Elmer ihr einen Heiratsantrag gemacht und sie ihn angenommen hatte, hatte Letty drei Wochen lang nicht mit ihr geredet, und als das Schweigen schließlich gebrochen worden war, hatte Letty sich so verändert, daß Mary Louise sich fragte, ob sich jemals wieder das gute Verhältnis einstellen würde, das sie zu ihrer Schwester gehabt hatte.

»Ich bin ein Glückspilz«, versicherte Elmer in einer Ansprache. »Es gibt niemanden im Umkreis von zehn Meilen, der dem nicht zustimmen würde.«

Das sei ausreichend, dachte er, also beließ er es dabei. Letzte Nacht war Rose tatsächlich vor ihm auf die Knie gefallen und hatte ihn unter Tränen gebeten, sich zu dieser späten Stunde alles noch einmal durch den Kopf gehen zu lassen. Matilda, die mit grimmigem Gesichtsausdruck auf dem Treppenabsatz im ersten Stockwerk gestanden hatte, hatte verkündet, daß er diese Torheit sein ganzes Leben lang bereuen würde. Mary Louise Dallon habe nur Stroh im Kopf. Sie heirate ihn wegen seines Geldes, da es allseits bekannt sei, daß die Dallons keinen roten Heller hätten. Ihre Flatterhaftigkeit könne man ihr an den Augen ablesen. Sie würde ihn auf die eine oder andere Art an der Nase herumführen. Sie würde ihn derart ausnehmen, wie er es sich nicht einmal träumen ließe. Sie würde ihn völlig durcheinanderbringen. Seine Schwestern waren erst um halb drei zu Bett gegangen, und selbst nachdem er sich erschöpft niedergelegt hatte, konnte Elmer immer noch hören, wie sie laut schimpften und wie Rose weinte.

Mit einer letzten leidenschaftlichen Anstrengung hatte Letty, ebenfalls in der vorangegangenen Nacht, versucht, ihrer Schwester die Sache auszureden. In der nächtlichen Geborgenheit des Schlafzimmers, das sie miteinander teilten, lauschte Mary Louise dem anhaltenden Gemurmel, das im einen Augenblick einen verbitterten und im nächsten einen geringschätzigen Unterton hatte. Sie malte ihr ihre Zukunft in der Wohnung über dem Laden aus, mit den beiden Schwestern, die an allem, was sie tue, etwas auszusetzen hätten, mit dem Mann, den sie heiraten wolle, welcher niemals für sie Partei ergreifen werde. Sie werde in der Wohnung nur ein Dienstmädchen und im Laden nur eine Verkäuferin sein. In dem Schlafzimmer, das sie mit dem kräftig gebauten Textilhändler teilen müsse, werde sie Gerüche und Intimitäten über sich ergehen lassen müssen, die keinem Mädchen gefallen würden; wenn sie sich weigern würde, seinen Forderungen nachzukommen, würde er darauf keine Rücksicht nehmen. Die drei Quarrys würden sie bei den Mahlzeiten genau beobachten. Alte Jungfern seien das Schlimmste, was einem zustoßen könne.

Aber am Mittag des 10. September wurde das Paar getraut. Elmers Trauzeuge war einer seiner Cousins aus Athy, ein Mann, dem Mary Louise nie zuvor begegnet war und den man anläßlich der Hochzeit hergeholt hatte. Pfarrer Harrington – mit rosigen Wangen und von großer Körperfülle, selbst noch nicht lange verheiratet – hatte die nötigen Fragen bedächtig und voll Sorgfalt gestellt, und seine langsame Sprechweise war dazu bestimmt, die Verbindung in besonderem Maße zu heiligen, zumindest schien es so. In der Sakristei standen Mr. und Mrs. Dallon, während der Eintrag ins Kirchenbuch vorgenommen wurde, unbeholfen da, und sowohl Rose und Matilda als auch Letty standen mit grimmiger Miene dabei. Weil er die Beklommenheit spürte, plauderte Pfarrer Harrington über andere Trauungen, die er vorgenommen hatte, und entsann sich dann der Einzelheiten seiner eigenen Hochzeit.

»Bah!« flüsterte Mary Louises Bruder einem seiner Cousins aus der Familie Eddery im Eßzimmer des Bauernhofs zu. Daß er seinem Ärger Luft machte, hatte nichts mit der Hochzeit seiner Schwester zu tun, sondern mit der angenehmen Wirkung eines zweiten Glases Whiskey. James konnte spüren, wie dieser mit einem Brennen, das neu für ihn war, seine Brust durchströmte.

»Ich hab heute zwei Shilling beim Pferderennen gesetzt«, verriet der ältere der Gebrüder Eddery. »Auf Pollys Sweetheart.«

James, der alles, was er verdiente, in Kilmartins Wettbüro

ausgab, war beeindruckt. Er habe heute nicht gewettet, sagte er. Er habe aber von Pollys Sweetheart gehört.

Letty zog sich ihr Brautjungfernkleid aus, um ihrer Mutter in der Küche zu helfen. Die Hähnchen hatten während des Hochzeitsgottesdienstes gebraten, der Speck und das gewürzte Rindfleisch waren kalt, da sie am vorangegangenen Tag zubereitet worden waren. Mrs. Dallons Wangen waren von dem kleinen Glas Sherry, das sie getrunken hatte, und von der Hitze des Küchenherdes gerötet. Sie goß das Wasser von Kartoffeln und Erbsen ab. Letty schüttete sie in vorgewärmte Schüsseln und trug diese ins Eßzimmer. Mr. Dallon fing an, das Fleisch zu tranchieren, während die Gäste Platz nahmen.

»Ein großartiges Festessen«, bemerkte Elmer. Er trug eine Nelke am Revers eines braunen Anzugs, den er seinen Sonntagsausgehanzug nannte und der bei weitem nicht so abgetragen war wie seine gewöhnliche Kleidung. Sein ohnehin kurzes Haar war am vorangegangenen Tag geschnitten worden, und die Brillantine, die der Friseur verwendet hatte, sorgte dafür, daß es immer noch richtig lag. Sein Nacken war ein wenig gerötet.

»Wunderschön«, sagte eine Frau. »Es ist alles wunderschön, Mrs. Dallon.«

Mrs. Dallon, die mit zwei Soßenschüsseln vorbeihastete, war zu beschäftigt, um etwas erwidern zu können. Sie flüsterte ihrem Mann etwas zu, und er hielt mit dem Tranchieren inne, um zu sagen:

»Man hat mir mitgeteilt, ich soll sagen, daß Sie anfangen können zu essen. Lassen Sie die heißen Sachen nicht kalt werden.«

Miss Mullover vertraute der Frau des Geistlichen an, daß sie gern auf Hochzeiten ehemaliger Schüler gehe. Es sei überraschend, welche Gefühle sich dabei einstellten. Mrs. Harrington – die wußte, daß ihr Mann sich zu einem bestimmten Zeitpunkt nicht sicher gewesen war, was er von dieser Heirat halten sollte – war darüber erleichtert, daß Miss Mullover zufrieden zu sein schien. Er hätte gern das Tischgebet gesprochen, dachte sie, aber unglücklicherweise hatte er mal kurz verschwinden müssen.

James und die Gebrüder Eddery gossen sich noch einen Whiskey ein, nachdem sie die Flasche hinter einem eingetopften Farn auf der Fensterbank entdeckt hatten. Die Gebrüder Eddery rauchten Zigaretten. Sie teilten Mrs. Dallon mit, daß sie sie zu Ende rauchen wollten, bevor sie sich setzten. Sie hätten es nicht eilig mit dem Speck und dem Hähnchen, sagten sie.

Letty, die die Aufgabe erhalten hatte, das Gemüse am Tisch herumzureichen, damit niemand übergangen würde, dachte an Gargan, der bei der Bank of Ireland angestellt und nach seiner Beförderung nach Carlow versetzt worden war. Sie waren zwei Jahre lang miteinander ausgegangen: Sie waren ins Kino gegangen, hatten Fahrradausflüge unternommen und waren zweimal bei der Tanzveranstaltung der Handelskammer in Hogans Hotel gewesen. Als Gargan nach Carlow gegangen und genügend Zeit verstrichen war, daß man annehmen konnte, er würde nicht zurückkommen, um sie zu sehen, hatte Billie Lyndon aus dem Radioladen ihr vorgeschlagen, abends ins Dixie Tanzlokal zu gehen, was sie einmal mit ihm getan hatte, aber die Leute waren ihr zu ungehobelt gewesen. Es hätte mit ihr und einem von den beiden klappen können, dachte sie, während sie das Gemüse herumreichte. Dann könnte sie in diesem Augenblick am anderen Ende des Tisches sitzen, als Mrs. Gargan oder Mrs. Lyndon. Sie hatten beide von Heirat gesprochen, es waren keine Anträge gewesen, aber wenn sie nachgebohrt hätte, wäre es wohl darauf hinausgelaufen. Im Electric hatten sich beide ähnlich verhalten: Als der Hauptfilm zur Hälfte vorüber war, hatten sie einen Arm über ihre Stuhllehne und dann, etwas später, um ihre Schulter gelegt. Bei beiden hatte sie gespürt, wie sie ihr Knie an ihres gepreßt hatten. Ihre Finger hatten ihre Wange gestreichelt. Auf dem Heimweg war es noch zu einem Gute-Nacht-Kuß gekommen.

»Du hast in diesem Kleid wunderschön ausgesehen, Letty«, schmeichelte ihr Angela Eddery, die noch zur Schule ging, während sie mit einem Löffel Erbsen auf ihren Teller füllte. »Haargenau wie Audrey Hepburn.«

Letty wußte, daß das nicht stimmte. Entweder verwechselte Angela Eddery Audrey Hepburn mit jemand anderem, oder sie log sie glatt an. Sie sah überhaupt nicht wie Audrey Hepburn aus; sie war ein völlig anderer Typ.

»Hast du es selber genäht?« fuhr Angela Eddery fort. »Mein Gott, ich habe noch nie so ein Kleid gesehen.«

»Wir haben es selber genäht.«

Als sie dem Trauzeugen eine Schüssel mit Kartoffeln reichte, sagte er, sie würden heute in der gleichen Branche arbeiten, Brautjungfer und Trauzeuge. Mary Louise hatte erzählt, er sei Junggeselle, Geschäftsführer einer Molkerei in der Nähe von Athy. Letty dachte, daß er sich ihr gegenüber ziemlich vertraulich verhielt, indem er sie ohne weiteres Letty nannte und so redete, wie er es tat. Er war größer als Elmer Quarry, aber genauso füllig und noch etwas kahlköpfiger.

Rose und Matilda saßen beieinander und aßen nicht viel. »Oh, das könnte ich niemals alles schaffen«, sagte Rose, sobald sie ihren Teller bekam, und starrte das Essen darauf an, als ob sie ein Urteil zu fällen hätte. Die Hähnchen hatten sie nichts gekostet, dachte Matilda bei sich, die waren im Hof herumgelaufen.

Pfarrer Harrington sprach mit Mr. Dallon, und Mr. Dallon legte erneut das Tranchiermesser und die Gabel zur Seite. Er sagte, daß der Geistliche das Tischgebet habe sprechen wollen, sich aber im geeigneten Augenblick außerhalb des Zimmers befunden habe. Wenn niemand etwas dagegen habe, würde er es nun sprechen, obwohl einige bereits angefangen hätten. Das spiele keine Rolle, fügte Pfarrer Harrington hastig hinzu. »Dem Herrn sei Dank«, ließ er noch folgen, »für Speis' und Trank.«

Mary Louise fühlte sich schläfrig, als Folge davon, daß Letty sie mit ihrer Tirade die halbe Nacht wachgehalten hatte. Ich habe den Sprung gewagt, sagte sie sich; sie hatte den Entschluß dazu gefaßt und es getan; es war ihre Angelegenheit, was sie getan hatte, es war ihr Leben. Sie lächelte Miss Mullover an, die sich über den Tisch beugte, um ihr etwas zu sagen.

»Erinnerst du dich daran«, fragte die Lehrerin sie, »daß du immer in Dodds Apotheke arbeiten wolltest?«

Mary Louise erinnerte sich daran. Sie wollte in der Apotheke bedienen, weil es der schönste Laden in der Stadt war. Dort roch es am besten, und alles war sauber. Um dort zu bedienen, mußte man einen weißen Kittel tragen. Jeder wußte, daß es etwas Besonderes war.

»Jetzt wird es Quarrys Laden sein«, fuhr Miss Mullover fort, und Mary Louise fragte sich, ob die alte Lehrerin schon verkalkt war, denn es war allen Anwesenden klar, daß sie soeben in das Textilgeschäft eingeheiratet hatte. Die Wahrheit war, daß der Tresen von Quarrys Laden für sie immer an zweiter Stelle gekommen war. Miss Mullover hatte sie das offensichtlich nie erzählt, andernfalls hätte sie es erwähnt, aber zu Hause hatte sie es erzählt. Als sie mit der Schule fertig war, war Verkäuferin das Beste, was man ihr ermöglichen konnte; das hatte ihr Vater gesagt, und sie hatte nichts dagegen gehabt und an Dodds Apotheke oder Quarrys Laden oder sogar an Foleys Konditorei und Lebensmittelgeschäft gedacht, das in der Bridge Street zwei Häuser unterhalb des Textilgeschäfts lag. Beim nächsten Jahrmarkt verbreitete man in der Stadt die Nachricht, daß sie zur Verfügung stehe, aber es wurde anscheinend keine Verkäuferin gebraucht. Foleys Laden war den Töchtern der Foleys vorbehalten, Renehan, der Eisenwarenhändler, beschäftigte nur Männer und mußte sich, bei drei

Söhnen, ebenfalls nicht außerhalb der Familie umsehen. Keine seiner Töchter würde in einem Gasthaus arbeiten, bestimmte Mr. Dallon, aber nicht einmal diese Möglichkeit bot sich. Fünf Jahre lang war Mary Louise zu Hause geblieben, hatte bei allem geholfen und auf eine freie Stelle gewartet. Das war es, was sie in Gedanken hatte abwägen müssen, als Elmer Quarry sein Interesse an ihr bekundet hatte – die endlosen, langweiligen Tage in Culleen, die Küche, der Hof, die Hühnerhäuser und die vielen Wochen, während der sie außer in der Kirche und im Eierverpackungsbetrieb, abgesehen von ihren Familienangehörigen, keinen Menschen sah. Das alles schien Letty vergessen zu haben.

»Mit Algebra hatte Elmer immer Probleme. Er kam einfach nicht mit den Klammern zurecht.« Miss Mullover nickte mehrmals über dem Essen und verlieh der Erinnerung auf diese Weise Gewicht. »Geschwungene Klammern, eckige Klammern, runde Klammern. Er konnte sie nie in die richtige Reihenfolge bringen.«

»Habe sie herzlich wenig gebraucht.« Elmer lachte laut auf, worüber Mary Louise so überrascht war, daß sie zusammenfuhr. Sie versuchte sich zu erinnern, ob sie ihn jemals zuvor lachen gehört hatte, und es fiel ihr ein, daß ihr Bruder behauptet hatte, er lache niemals. Man konnte all seine kleinen Zähne auf einmal sehen. Die Falten in seinem Gesicht wölbten sich zu kleinen Fettwülsten.

»Algebra mangelhaft«, rief sich Miss Mullover ins Gedächtnis zurück. »Rechnen gut. Ich erinnere mich, wie ich das geschrieben habe. Neunzehnhunderteinunddreißig etwa.«

Mary Louise stellte sich ihren Mann in dieser weit zurückliegenden Zeit vor, ein kleiner, dicker Junge, dachte sie, mit dicken, runden Knien. Im Internat in Wexford hatte er sicher lange Hosen getragen.

»Ich habe viele in der Schule erlebt«, erinnerte Miss Mullover Mr. Dallon, als er sich, nachdem er mit dem Tranchieren fertig war, schließlich hinsetzte.

»Sie haben Ihre Sache großartig gemacht, Miss Mullover.«

Mr. Dallon griff nach Salz und Pfeffer. Er erinnerte sich an Mary Louises Geburt, daran, was für Sorgen er sich gemacht hatte, weil sie spät dran war, daß er jedoch nichts gesagt hatte, weil das alles nur noch schlimmer gemacht hätte. Für den Fall, daß es ein Junge geworden wäre, hatten sie die Namen William oder vielleicht auch Nevil bei der Hand. Louise wurde sie nach seiner Mutter genannt; ihm fiel nicht ein, wie es gekommen war, daß sie beide Vornamen benutzten. Er glaubte sich daran zu erinnern, daß er sich gesagt hatte, daß die beiden Namen zusammen einen schönen Klang hätten.

»Sie war immer zu Späßen aufgelegt«, erinnerte sich Miss Mullover nun – womit sie wohl meinte, so vermutete er, daß ihr lebhafter Charakter Mary Louise als Kind gelegentlich in Schwierigkeiten gebracht hatte. Einmal hatte sie einen Stein auf den Schulhof geworfen und hatte nachsitzen müssen; sie und Tessa Enright hatten Würmer in Possy Lukes Pult versteckt und die Luft aus den Fahrradreifen gelassen. »Gelegentlicher Übermut«, hatte Miss Mullover ihr ins Zeugnis geschrieben.

Wahrscheinlich war sie sein Lieblingskind, obwohl er nicht gerne zugab, nicht einmal sich selbst gegenüber, daß er jemanden bevorzugte. Aber Mary Louise, die zur Welt kam, als sie gedacht hatten, die Familie sei vollständig, hatte sich – vielleicht nur aus diesem Grunde – einen besonderen Platz in seinem Herzen erobert. Mit ernstem Gesicht hatte sie zugehört, wenn er sie für ihr schlechtes Betragen in der Schule getadelt hatte. Beim Heumachen oder bei der Ernte hatte sie sich immer in seiner Nähe aufgehalten und ihm von den Wehwehchen erzählt, die einem kleinen mechanischen Küken zugestoßen waren. Wenn man es aufzog, pickte es auf dem Boden. »Picker« nannte sie es.

»Freuen Sie sich für sie, Mr. Dallon?« murmelte Miss Mullover.

Er nickte. Als sie älter wurde, wollte sie in der Stadt leben beziehungsweise in irgendeiner Stadt. Sie begann, mit Elmer Quarry auszugehen, und das war dabei herausgekommen. Es war eine Vernunftheirat: Sie wußte das, und er wußte das, und Elmer Quarry wußte es ebenfalls. Sie waren sich dessen bewußt, und sie waren damit einverstanden. »Bist du dir sicher, Mary Louise?« hatte er auf eine Antwort gedrängt, und nicht eine Sekunde lang hatte sie gezögert, ihn dessen zu versichern. Sie hatte so etwas Naives an sich: Das war immer ihre hervorstechendste Eigenschaft gewesen. Ohne an die Konsequenzen zu denken, hatte sie die kleinen Sünden ihrer Kindheit begangen; arglos hatte sie immerzu geplappert. Man konnte sie im Nu zum Schweigen bringen; man konnte mühelos ihr Selbstvertrauen erschüttern, und man fühlte sich schuldig, sobald man es getan hatte. »Wirst du dessen nicht überdrüssig werden?« war er weiter in sie gedrungen. »Der Stadt und alles dessen?« Erneut war sie erpicht darauf, ihn zu beruhigen, und sagte nichts von ihrer Furcht, die ihm nicht verborgen geblieben war: für immer auf dem Hof bleiben zu müssen, mit dem halben Leben noch vor ihr. Die entzückende Apotheke, mit einem jungen Mann in Tweedjacke tanzen zu gehen: Das hatte sich nicht ergeben, und sie war zu dem Schluß gekommen, daß ihr nicht mehr genug Zeit blieb, um darauf zu warten. In der Kirche von St. Giles saßen die alten Jungfern des Pfarrbezirks allein in ihrer Bank. Woche für Woche konnte man sie dort beobachten, und Weihnachten und Ostern kamen noch Elmer Quarrys Schwestern und einige andere hinzu.

»Er ist kein unangenehmer Mensch«, bemerkte Miss Mullover leise, als versuchte sie herauszufinden, was Mr. Dallon durch den Kopf ging. »Wie oft kann man, wenn ein Mädchen heiratet, künftiges Unglück heraufziehen sehen.«

Elmer Quarry sei anständig und vertrauenswürdig, erwiderte Mr. Dallon ebenfalls mit gedämpfter Stimme. Mary Louise hätte es schlechter treffen können, wollte er gerade hinzufügen, besann sich dann jedoch anders, weil es nicht ganz angemessen zu sein schien. Aber Miss Mullover nickte dennoch und stimmte ihm stillschweigend zu, daß seine Tochter es hätte schlechter treffen können.

Elizabeth Bowen

Grafschaft Cork

Droben in der nordöstlichen Ecke der Grafschaft Cork gibt es eine Landschaft aus Kalkstein – weit, luftig, nicht ganz flach; sie fällt kaum merklich von Nord nach Süd ab, und die Felder sind sanft gewellt. Dunkle Hügel und dichte Baumreihen, ein Netz aus Hecken, schroffe Felskämme und der glänzende Schiefer der Dächer prägen den Charakter dieser Landschaft – aber der vorherrschende Eindruck ist: Leere. In diesem Teil Irlands gibt es keine Seen, aber die Bewegung der Wolken am Himmel spiegelt sich überall wie in Wasser, gibt den Bäumen blütenhafte Fülle und dem Gras satten Glanz. In der luftigen Stille ist jeder Laut weithin zu hören. Die in den Tälern versteckten Bäche und Flüsse sieht man erst, wenn man zu ihnen hinuntersteigt.

Am unteren Rand dieses Landstrichs fließt der Blackwater von West nach Ost hinüber in die Grafschaft Waterford. Südlich des Blackwater erheben sich steil die Nagles Mountains und versperren einem die Sicht. Bei der Stadt Fermoy endet diese Bergkette und fällt steil ab. Die Hauptverbindungsstraße von Cork nach Dublin führt über die Brücke in Fermoy und verläuft dann in nördlicher Richtung über die Höhen von Kilworth, die diese Landschaft im Osten begrenzen. Nördlich von Kilworth liegt Mitchelstown, und jenseits von Mitchelstown ragen die mächtigen, farbenprächtigen Gipfel der Galtees auf. Galtymore, der dritthöchste Berg in Irland, beherrscht die nordöstliche Ecke von Cork. Nach diesem ihrem

Höhepunkt laufen die Galtees in den niedrigen Bergrücken der Ballyhouras aus – einer Kette kleiner, wohlgeformter Berge, die an die Grenze der Grafschaft Limerick heranreichen und sich, kleine Ausläufer im morastigen Gelände bildend, allmählich südwärts hinabsenken zu den Feldern der Grafschaft Cork. Die Ballyhouras, die ihre nördliche Begrenzung bilden, blicken über den weiten Landstrich, von dem ich hier spreche, hinab auf die Nagles Mountains. Ihre beiden bläulichen Linien, getrennt durch Weite und einen unsichtbaren Fluss, verlaufen ungefähr parallel.

Westlich davon dehnt sich eine große Ebene, hinter der man, allerdings nur an besonders klaren Tagen, die Berge von Kerry sehen kann. Die Landschaft, in der Bowen's Court steht, wird also an drei Seiten von Bergen und Hügeln eingefasst, während sie sich nach Westen hin in Licht und Wolken auflöst.

Diese Kalksteinlandschaft ist übersät von Brennöfen und Steinbrüchen, die kleinen weißen Landsträßchen verlaufen über harten Fels. Unsere beiden Flüsse, der Funcheon und der Awbeg, haben sich auf ihrem Weg nach Süden zum Blackwater gewundene Täler in den Felsen gegraben. Hier und da entlang der Täler bildet der Kalkfels steile Klippen oder Amphitheater. An manchen Stellen fließen die Flüsse zwischen steil ansteigenden Wäldern dahin, an anderen sind die Täler breit, flach und üppig begrast – dort gibt es sumpfige Strecken, wo Kühe dahintrotten und Pappeln, die die Hohlwege säumen, herüberwinken. Mit bedächtigem Schwingenschlag fliegen Reiher darüber hinweg, zwischen den Binsen wächst Minze, Knabenkraut und wilde Iris blühen hier zu Anfang Juni. Hinter Flussbiegungen stößt man auf einsame Steinbrücken, und alte Bergfriede oder Wachttürme, Burgen genannt, überragen die Täler; manche von ihnen sind so zerfallen und verwittert, dass sie wie gewachsener Fels aussehen, andere sind fast unsichtbar unter dem Efeu, und wieder andere sind gut erhaltene Gemäuer, deren Treppen man noch hinaufsteigen kann.

An beiden Flüssen stehen Mühlen – eine davon, eine große Mühle, ist nur noch eine Ruine –, und Schwäne schwimmen auf dem Funcheon und dem Awbeg. In der Nähe des Awbeg, unterhalb der Burg der Spensers, liegt ein Sumpf, in dem im Frühjahr die Möwen brüten.

Frank McCourt
Kindheit in Limerick

Mein Vater und meine Mutter hätten in New York bleiben sollen, wo sie sich kennengelernt und geheiratet haben und wo ich geboren wurde. Statt dessen sind sie nach Irland zurückgekehrt, als ich vier war und mein Bruder Malachy drei, und die Zwillinge Oliver und Eugene waren eben gerade ein Jahr alt, und meine Schwester Margaret war tot und weg.

Wenn ich auf meine Kindheit zurückblicke, frage ich mich, wie ich überhaupt überlebt habe. Natürlich hatte ich eine unglückliche Kindheit; eine glückliche Kindheit lohnt sich ja kaum. Schlimmer als die normale unglückliche Kindheit ist die unglückliche irische Kindheit, und noch schlimmer ist die unglückliche irische katholische Kindheit.

Überall prahlen oder winseln die Menschen ob des Jammers ihrer frühen Jahre, aber nichts läßt sich mit der irischen Version vergleichen: die Armut; der träge, redselige, trunksüchtige Vater; die fromme, vom Schicksal besiegte Mutter, die am Herdfeuer stöhnt; pompöse Priester; drangsalierende Schulmeister; die Engländer und die gräßlichen Dinge, die sie uns achthundert lange Jahre lang angetan haben.

Hauptsächlich waren wir: naß.

Draußen im Atlantischen Ozean ballten sich die Regenmassen zusammen, um langsam den Shannon hinaufzutreiben und sich auf immer in Limerick niederzulassen. Von der Beschneidung des Herrn bis Silvester durchfeuchtete der Regen die Stadt. Er schuf eine Kakophonie aus trockenem Husten, bronchitischem Rasseln, asthmatischem Keuchfauchen, schwindsüchtigem Krächzen. Nasen verwandelte er in schleimige Quellen, Lungen in prall mit Bakterien vollgesogene Schwämme. Er regte zu einer Fülle von Heilverfahren an: Um den Katarrh zu lindern, koche man Zwiebeln in von Pfeffer geschwärzter Milch; um die verstopften Luftwege zu reinigen, bereite man eine Paste aus Mehl, mit Brennesseln gekocht, welche man in einen Lumpen wickle und das Ganze, siedend heiß, dem Patienten auf den Brustkorb klatsche.

Von Oktober bis April glänzten Limericks Mauern von der Feuchtigkeit. Kleider trockneten nie: Tweed und wollene Jacken beherbergten Lebewesen, ließen zuweilen geheimnisvolle Vegetation keimen. In Kneipen stieg Dampf von feuchten Leibern und Gewändern auf, um, zusammen mit Zigaretten- und Pfeifenrauch, mit dem schalen Dunst verschütteten Starkbiers und Whiskeys versetzt und abgeschmeckt mit einem Hauch Pisse, der aus den Außenklos hereinzog, auf welchen so mancher Mann seinen Wochenlohn auskotzte, eingeatmet zu werden.

Der Regen trieb uns in die Kirche – unsere Zuflucht, unsere Kraft, unser einziges trockenes Haus. Zu Messe, Segen und Novene drängten wir uns in dicken, feuchten Klumpen zusammen, durchdösten das Geleier des Priesters, und wieder stieg Dampf auf von unseren Gewändern, um sich mit der Süße von Weihrauch, Blumen und Kerzen zu mischen.

Limerick war für seine Frömmigkeit berühmt, aber wir wußten, es war nur der Regen.

[...]

Wir ziehen in die Roden Lane ganz oben in einem Stadtteil namens Barrack Hill. In der Gasse sind sechs Häuser auf der einen Straßenseite, und eins steht auf der anderen. Die Häuser heißen Zwei-oben-zwei-unten: zwei Zimmer oben, zwei Zimmer unten. Unser Haus ist das am Ende der Gasse, das letzte von den sechs. Gleich daneben steht ein kleiner Verschlag – ein Klo – und gleich daneben ein Stall.

Mam geht zur Gesellschaft des Hl. Vincent de Paul, um zu sehen, ob vielleicht die Möglichkeit besteht, daß wir Möbel kriegen. Der Mann sagt, er gibt uns eine Bescheinigung für einen Tisch, zwei Stühle und zwei Betten. Er sagt, wir müssen in eine Gebrauchtmöbelhandlung in Irishtown gehen und die Möbel selbst nach Hause transportieren. Mam sagt, wir können den Kinderwagen nehmen, den sie für die Zwillinge hatte, und als sie das sagt, weint sie. Sie wischt sich mit dem Ärmel die Augen ab und fragt den Mann, ob die Betten, die wir kriegen, auch gebraucht sind. Er sagt, natürlich sind die auch gebraucht, und sie sagt, das macht ihr große Sorgen, in einem Bett zu schlafen, in dem vielleicht schon mal jemand gestorben ist, besonders wenn die Betreffenden die Schwindsucht hatten. Der Mann sagt, tut mir sehr leid, aber 'nem geschenkten Gaul sieht man nicht ins Maul.

Wir brauchen den ganzen Tag, um die Möbel mit dem Kinderwagen vom einen Ende von Limerick bis ans andere zu schleppen. Der Kinderwagen hat vier Räder, aber eins ist bockig, es will immer in eine andere Richtung. Wir haben jetzt zwei Betten, eine Kommode mit einem Spiegel, einen Tisch und zwei Stühle. Wir sind froh über das Haus. Wir können von einem Zimmer ins andere und die Treppe rauf und runter. Man kommt sich sehr reich vor, wenn man den ganzen Tag nach Herzenslust die Treppe rauf und runter kann. Dad macht Feuer an, und Mam kocht Tee. Er sitzt am Tisch auf dem einen Stuhl, sie sitzt auf dem anderen, und Malachy und ich sitzen auf dem Überseekoffer, den wir aus Amerika mitgebracht haben. Während wir unseren Tee trinken, kommt ein alter Mann mit einem Eimer an unserer Haustür vorbei. Er leert den Eimer ins Klo und spült, und in unserer Küche stinkt es gewaltig. Mam geht an die Tür und sagt, warum leeren Sie Ihren Eimer in unser Klo? Er zieht vor ihr die Mütze. Ihr Klo, Missis? O nein. Da machen Sie einen kleinen Fehler, haha. Das ist nicht Ihr Klo. Dies ist vielmehr das Klo für die ganze Gasse. Sie werden die Eimer von elf Familien an sich vorüberziehen sehen, und ich kann Ihnen sagen, in der warmen Jahreszeit wird das sehr kraftvoll, sehr, sehr kraftvoll. Jetzt haben wir Dezember, Gott sei Dank, es liegt Kälte in der Luft, und Weihnachten steht vor der Tür, und das Klo ist halb so schlimm, aber der Tag wird kommen, an dem Sie nach einer Gasmaske verlangen. Nun wünsche ich Ihnen eine gute Nacht, Missis, und ich hoffe, Sie werden glücklich in Ihrem Haus.

Mam sagt, Augenblick mal. Könnten Sie mir sagen, wer das Klo saubermacht?

Saubermacht? Lieber Jesus, das ist eine gute Frage. Saubermacht, sagt sie. Scherzen Sie möglicherweise? Diese Häuser wurden zur Zeit von Königin Victoria persönlich erbaut, und falls dieses Klo seitdem jemals saubergemacht worden sein sollte, so muß dies im Schutze der Nacht geschehen sein, als es niemand bemerkte.

Und er schlurft die Gasse hinauf und kriegt sich kaum ein vor Lachen.

Mam kommt zu ihrem Stuhl und ihrem Tee zurück. Hier können wir nicht bleiben, sagt sie. Dieses Klo wird uns alle mit Krankheiten umbringen.

Dad sagt, wir können nicht schon wieder umziehen. Wo kriegen wir denn ein Haus für sechs Shilling die Woche? Wir werden das Klo selbst sauberhalten. Wir werden eimerweise kochendes Wasser hineinschütten.

Ach ja? sagt Mam. Und woher kriegen wir Kohle oder Torf oder Briketts, um das Wasser zu kochen?

Dad sagt nichts. Er trinkt seinen Tee aus und sucht einen Nagel, um unser einziges Bild aufzuhängen. Der Mann auf dem Bild hat ein dünnes Gesicht. Er trägt ein gelbes Käppchen und ein schwarzes Gewand mit einem Kreuz auf der Brust. Dad sagt, er war Papst, Leo der Dreizehnte, ein großer

Freund des Arbeiters. Er hat das Bild die ganze Strecke von Amerika mitgebracht, wo er es gefunden hatte; jemand, dem das Los des Arbeiters nicht am Herzen lag, hatte es weggeschmissen. Mam sagt, er redet ziemlichen Quatsch, und er sagt, sie soll in Anwesenheit der Kinder nicht Quatsch sagen. Dad findet einen Nagel, fragt sich aber, wie er den Nagel ohne Hammer in die Wand kriegen soll. Mam sagt, er kann sich einen von den Leuten nebenan borgen, aber er sagt, man läuft nicht in der Gegend rum und borgt sich Sachen von Leuten, die man nicht kennt. Er stellt das Bild an die Wand und schlägt den Nagel mit dem Boden eines Marmeladenglases ein. Das Marmeladenglas zerbricht und schneidet ihm die Hand auf, und ein Klecks Blut fällt dem Papst auf den Kopf. Er wikkelt seine Hand ins Geschirrtuch und sagt zu Mam, schnell, schnell, wisch das Blut ab, bevor es trocknet. Sie versucht, das Blut mit dem Ärmel abzuwischen, aber der Ärmel ist aus Wolle, und das Blut wird nur verteilt, bis die eine Seite vom Gesicht des Papstes ganz eingesaut ist. Dad sagt, Gott in der Höhe, Angela, jetzt hast du den Papst völlig zerstört, und sie sagt, *arrah,* hör auf zu winseln, wir besorgen uns Farbe und bringen sein Gesicht irgendwann mal in Ordnung, und Dad sagt, er ist der einzige Papst, der jemals ein Freund des Arbeiters war, und was sollen wir bloß sagen, wenn jemand von der Gesellschaft vom Hl. Vincent de Paul reinkommt und sieht, daß er über und über mit Blut besudelt ist? Mam sagt, weiß ich nicht. Es ist dein Blut, und es ist traurig, wenn ein Mann nicht mal einen Nagel gerade einschlagen kann. Das zeigt nur wieder, wie nutzlos du bist. Auf einem Acker wärst du weit besser aufgehoben, und außerdem ist mir das sowieso alles egal, mir tut der Rücken weh, und ich geh jetzt ins Bett.

Och, was soll ich nur tun? sagt Dad.

Nimm den Papst von der Wand und versteck ihn im Kohlenkasten unter der Treppe, wo man ihn nicht sehen kann und wo er keinen Schaden anrichtet.

Kann ich nicht, sagt Dad. So was bedeutet Pech. Einen Papst sperrt man nicht in den Kohlenkasten. Wenn der Papst hängt, dann hängt er.

Mach doch, was du willst, sagt Mam.

Mach ich auch, sagt Dad.

Das sind jetzt unsere ersten Weihnachten in Limerick, und die Mädchen sind draußen auf der Gasse, springen Seil und singen:

Weihnachten kommt,
Die Gans wird fett und gut.
Bitte einen Penny
Dem Armen in den Hut.
Hast du keinen Penny,
Tust du mir leid, hoho,
Und hast du keinen halben Penny,
Geht es auch so.

Die Jungs uzen die Mädchen und singen statt dessen:

Und deine Mutter soll krepieren
Draußen aufem Klo.

Mam sagt, sie hätte so gern ein schönes Weihnachtsessen, aber was kann man schon machen, wenn das Arbeitsamt das Stempelgeld auf sechzehn Shilling kürzt, nachdem Oliver und Eugene gestorben sind? Man muß die sechs Shilling Miete zahlen, da bleiben einem zehn Shilling, und was nützt einem das bei vier Personen?

Dad kriegt keine Arbeit. Er steht an Wochentagen früh auf, macht das Feuer an, kocht Wasser für den Tee und seine Rasierschale. Er zieht sich ein Hemd an und befestigt einen Kragen daran. Er bindet sich den Schlips um und setzt sich die

Mütze auf und geht aufs Arbeitsamt, um für das Stempelgeld zu unterschreiben. Nie verläßt er das Haus ohne Schlips und Kragen. Ein Mann ohne Schlips und Kragen ist ein Mann ohne Selbstachtung. Man weiß nie, wann der Mann beim Arbeitsamt einem vielleicht mal sagt, in Ranks Mühle oder bei der Limerick-Zementfabrik ist was frei geworden, und selbst wenn es nur ein Aushilfsjob ist, was halten die von einem, wenn man ohne Schlips und Kragen erscheint?

Bosse und Vorarbeiter bekunden ihm immer ihren Respekt und sagen, sie stellen ihn gern ein, aber sobald er den Mund aufmacht und sie den Akzent aus dem Norden von Irland hören, nehmen sie statt dessen einen Mann aus Limerick. Das erzählt er Mam am Kamin, und wenn sie sagt, warum ziehst du dich nicht an wie ein anständiger Arbeiter?, sagt er, er wird keinen Zollbreit nachgeben, nie sollen sie es erfahren, und wenn sie sagt, warum kannst du nicht versuchen zu reden wie einer aus Limerick?, sagt er, so tief wird er nie sinken, und der größte Kummer in seinem Leben ist, daß jetzt der Akzent von Limerick seine Söhne heimgesucht hat. Sie sagt, das tut mir aber leid, daß du so schlimmen Kummer hast, hoffentlich wird er nicht noch schlimmer, und er sagt, eines Tages, mit Gottes Hilfe, werden wir Limerick verlassen und weit weg sein vom todbringenden Shannon.

Ich frage Dad, was heißt heimgesucht, und er sagt, Heimsuchung, das ist eine schwere Krankheit, mein Sohn, und Sachen, die nicht zueinander passen.

Wenn er keine Arbeit sucht, unternimmt Dad lange Gänge, meilenweit aufs Land hinaus. Er fragt Bauern, ob sie vielleicht Hilfe brauchen, sagt, daß er auf dem Bauernhof aufgewachsen ist und alles kann. Wenn sie ihn nehmen, macht er sich sofort an die Arbeit, mit Schlips und Kragen. Er arbeitet so schwer und so lange, daß die Bauern ihm sagen müssen, er soll aufhören. Sie fragen sich, wie ein Mann an einem langen, heißen Tag durcharbeiten kann, ohne einen Gedanken an Essen oder

Trinken zu verschwenden. Dad lächelt. Das Geld, das er bei den Bauern verdient, bringt er nie nach Hause. Das Geld scheint etwas anderes zu sein als das Stempelgeld, welches er zu Hause abliefern soll. Das Bauerngeld trägt er in die Kneipe und vertrinkt es. Wenn er beim Angelusläuten um sechs Uhr nicht zu Hause ist, weiß Mam, daß er einen Tag Arbeit hatte. Sie hofft, er denkt vielleicht mal an seine Familie und geht wenigstens einmal an der Kneipe vorbei, aber soweit kommt es nie. Sie hofft, er bringt vielleicht mal was vom Bauern mit nach Hause, Kartoffeln, Kohl, Steckrüben, Mohrrüben, aber er wird nie etwas mit nach Hause bringen, denn so tief wird er nie sinken, daß er einen Bauern um etwas bittet. Mam sagt, für sie ist es ja ganz normal, daß sie bei der Gesellschaft vom Hl. Vincent de Paul um eine Bescheinigung für Essen bettelt, aber er kann sich keine paar lumpigen Kartoffeln in die Tasche stecken. Er sagt, bei einem Mann ist das anders. Man muß die Würde bewahren, Schlips und Kragen tragen, aufs Äußere achten und nie um etwas bitten. Mam sagt, na, dann weiterhin viel Erfolg.

Wenn das Bauerngeld weg ist, kommt er nach Hause gewankt und besingt und beweint Irland und seine toten Kinder, aber häufiger Irland. Wenn er Roddy McCorley singt, heißt das, daß er sich nur ein bis zwei Pints leisten konnte. Wenn er Kevin Barry singt, heißt das, daß er einen guten Tag hatte, daß er bis zum Umfallen betrunken ist, bereit, uns aus dem Bett zu holen, antreten zu lassen und uns das Versprechen abzunehmen, daß wir für Irland sterben werden, es sei denn, Mam sagt ihm, er soll uns in Frieden lassen, oder sie schlägt ihm mit dem Schüreisen den Schädel ein.

Das würdest du doch nicht tun, Angela.

Das und noch viel mehr. Hör bloß mit dem Blödsinn auf und geh ins Bett.

Bett, Bett, Bett. Was bringt das denn, wenn ich ins Bett gehe? Wenn ich ins Bett gehe, muß ich doch nur wieder aufstehen, und ich kann nicht schlafen, wo es einen Fluß gibt, der uns mit Dunst und Nebel sein Gift herüberschickt.

Er geht ins Bett, singt ein trauriges Lied und hämmert dazu gegen die Wand und schläft ein. Wenn der Morgen dämmert, ist er wieder auf den Beinen, denn niemand, sagt er, sollte bei Tageslicht schlafen. Er weckt Malachy und mich, und wir sind müde, weil er uns die Nacht zuvor mit Reden und Singen wach gehalten hat. Wir beschweren uns und sagen, uns ist schlecht, wir sind müde, aber er zieht die Mäntel weg, mit denen wir zugedeckt sind, und wir müssen auf den Fußboden treten. Es ist Dezember, und es friert, und wir können unseren Atem sehen. Wir pinkeln in den Eimer bei der Schlafzimmertür und rennen die Treppe hinunter, zur Wärme des Feuers, das Dad bereits gemacht hat. Wir waschen uns Gesicht und Hände in einem Becken unter dem Wasserhahn neben der Tür. Das Rohr, welches zum Wasserhahn führt, muß mit einem Stück Bindfaden, das um einen Nagel gewickelt ist, an der Wand festgehalten werden. Um den Wasserhahn herum ist alles feucht – der Fußboden, die Wand, der Stuhl, auf dem das Becken steht. Das Wasser aus dem Hahn ist eisig, und unsere Finger werden gefühllos. Dad sagt, das ist gut für uns, das macht Männer aus uns. Er schüttet sich das eisige Wasser auf Gesicht und Hals und Brust, um zu zeigen, daß gar nichts dabei ist, wenn man so was macht. Wir halten die Hände ans Feuer, wegen der Wärme, die in dem Feuer ist, aber wir können nicht lange da bleiben, weil wir unseren Tee trinken und unser Brot essen und in die Schule gehen müssen. Dad sorgt dafür, daß wir vor den Mahlzeiten und nach den Mahlzeiten das Tischgebet sprechen, und er sagt uns, wir sollen in der Schule artig sein, denn Gott beobachtet jeden Mucks, und bei der geringsten Unfolgsamkeit fahren wir sofort und direkt zur Hölle, wo wir uns wegen der Kälte nie wieder Sorgen zu machen brauchen.

Und dann lächelt er.

Zwei Wochen vor Weihnachten kommen Malachy und ich bei strömendem Regen aus der Schule nach Hause, und als wir die Tür aufstoßen, ist die Küche leer. Tisch und Stühle und Überseekoffer sind weg, und das Feuer im Herd ist erloschen. Der Papst ist noch da, und das bedeutet, daß wir nicht schon wieder umgezogen sind. Dad würde nie ohne den Papst umziehen. Der Küchenfußboden ist naß, überall kleine Wasserpfützen, und die Wände glitzern vor Feuchtigkeit. Oben hören wir etwas, und als wir hochgehen, finden wir Dad und Mam und die fehlenden Möbel. Hier ist es schön und warm, und im Herd funkelt ein Feuer, und Mam sitzt im Bett, und Dad sitzt rauchend am Herd und liest die Irish Press. Mam sagt uns, daß es eine schreckliche Überschwemmung gegeben hat, daß der Regen die Gasse heruntergekommen ist und unter unserer Tür hindurch hereingeflossen kam. Sie haben versucht, ihn mit Tüchern und Lumpen aufzuhalten, aber die haben sich sofort vollgesogen und haben ihn hereingelassen. Die Leute, die ihre Eimer ausleerten, haben es noch schlimmer gemacht, und in der Küche konnte einem schlecht werden vor Gestank. Sie meint, wir sollen so lange oben bleiben, wie es regnet. Dann haben wir es die Wintermonate über warm, und im Frühling können wir wieder nach unten ziehen, wenn sich an den Wänden oder auf dem Fußboden erste Anzeichen von Trockenheit bemerkbar machen. Dad sagt, das ist, wie wenn man in den Ferien an irgendeinen warmen ausländischen Ort fährt, nach Italien zum Beispiel. So nennen wir seitdem das obere Stockwerk: Italien. Malachy sagt, der Papst ist immer noch unten an der Wand, und ihm ist kalt, und könnten wir ihn nicht raufholen, aber Mam sagt, nein, er bleibt, wo er ist, denn ich will nicht, daß er mich von der Wand anstarrt, wenn ich im Bett bin. Langt es denn nicht, daß wir ihn den ganzen Weg von Brooklyn nach Belfast nach Dublin nach Limerick mitgeschleppt haben? Alles, was ich jetzt will, ist ein wenig Frieden, Behaglichkeit und Trost.

Mam nimmt Malachy und mich mit in die Gesellschaft vom Hl. Vincent de Paul, damit wir mit Schlange stehen und sehen, ob vielleicht die Möglichkeit besteht, daß man was fürs Weihnachtsessen kriegt, eine Gans oder einen Schinken, aber der Mann sagt, diese Weihnachten geht es in Limerick allen verzweifelt schlecht. Er gibt ihr einen Bezugsschein für Lebensmittel bei McGrath und einen für den Schlachter.

Keine Gans, sagt der Schlachter, und keinen Schinken. Überhaupt nichts Schickes mit einer Bescheinigung vom Hl. Vincent de Paul. Was Sie haben können, Missis, ist Blutwurst und Kutteln oder ein Hammelkopf oder ein schöner Schweinskopf. Spricht doch nichts gegen einen Schweinskopf, Missis, jede Menge Fleisch dran, und Kinder lieben das, schneiden Sie die Backe auf, klatschen Sie ordentlich Senf drauf, was Besseres gibt's gar nicht, obwohl ich mir vorstellen könnte, daß es so was in Amerika gar nicht gibt, wo sie verrückt sind nach dem Steak und allen Klassen von Geflügel, fliegend, zu Fuß oder sogar schwimmend.

Er sagt Mam, nein, sie kann keinen gekochten Speck haben, auch keine Würste, und wenn sie einen Funken gesunden Menschenverstand hat, nimmt sie den Schweinskopf, bevor der auch noch weg ist, denn die armen Leute von Limerick sind ganz wild danach.

Mam sagt, der Schweinskopf ist nicht das Richtige für Weihnachten, und er sagt, er ist mehr, als die Heilige Familie in jenem kalten Stall in Bethlehem vor langer Zeit hatte. Die würden sich nicht beklagen, wenn sie einen schönen, fetten Schweinskopf angeboten kriegten.

Nein, beklagen würden sie sich nicht, sagt Mam, aber essen würden sie den Schweinskopf nie. Sie waren nämlich Juden.

Und was hat das damit zu tun? Ein Schweinskopf ist ein Schweinskopf.

Und ein Jude ist ein Jude, und es ist gegen ihre Religion, und ich kann es ihnen nicht mal verübeln.

Der Schlachter sagt, sind Sie ein bißchen ein Experte, Missis, was die Juden und das Schwein betrifft?

Bin ich nicht, sagt Mam, aber es gab da eine jüdische Frau, Mrs. Leibowitz, in New York, und ich weiß nicht, was wir ohne sie getan hätten.

Der Schlachter nimmt den Schweinskopf von einem Regal, und als Malachy sagt, ooh, kuckt mal, der tote Hund, müssen der Schlachter und Mam sehr lachen. Er wickelt den Kopf in Zeitungspapier, gibt ihn Mam und sagt, fröhliche Weihnachten. Dann wickelt er ein paar Würstchen ein und sagt ihr, hier, die Würstchen sind für euer Frühstück am ersten Weihnachtstag. Mam sagt, aber Würstchen kann ich mir nicht leisten, und er sagt, verlang ich denn Geld? Haben Sie was gehört? Nehmen Sie diese Würstchen. Vielleicht trösten die Sie ja über den Mangel an Gans oder Schinken hinweg.

Das müssen Sie aber doch nicht, sagt Mam.

Das weiß ich auch, Missis. Wenn ich müßte, würde ich's nämlich nicht machen.

Mam sagt, sie hat Rückenschmerzen, ich soll den Schweinskopf tragen. Ich drücke ihn gegen meine Brust, aber er ist feucht, und als das Zeitungspapier anfängt abzugehen, kann jeder den Kopf sehen. Mam sagt, ich schäme mich in Grund und Boden; die ganze Welt erfährt, daß es bei uns zu Weihnachten Schweinskopf gibt. Jungens von Leamy's National School sehen mich und zeigen auf uns und lachen. Gottogott, schaut euch Frankie McCourt mit seiner Schweineschnauze an. Eßt ihr Yanks das immer zu Weihnachten, Frankie?

Einer ruft dem anderen zu, hey, Christy, weißt du, wie man Schweinskopf ißt?

Nein, weiß ich nicht, Paddy.

Man hält ihn an den Ohren fest und kaut ihm das Gesicht weg. Und Christy sagt, hey, Paddy, kennst du den einzigen Teil vom Schwein, den die McCourts nicht mitessen?

Nein, kenn ich nicht, Christy.

Der einzige Teil, den sie nicht mitessen, ist das Oink.

Ein paar Straßen weiter ist das Papier ganz weg, und jeder kann den Schweinskopf sehen. Seine Nase ist flach gegen meine Brust gedrückt und zeigt direkt nach oben auf mein Kinn, und er tut mir leid, weil er tot ist und die ganze Welt über ihn lacht. Meine Schwester und zwei Brüder sind auch tot, aber wenn über die jemand lacht, kriegt er von mir einen Stein an den Kopf.

Wenn Dad nur kommen und uns helfen wollte! Mam muß alle paar Schritte stehenbleiben und sich an eine Mauer lehnen. Sie hält sich den Rücken und sagt uns, sie schafft es nie den Barrack Hill hinauf. Selbst wenn Dad käme, würde er uns nicht viel nützen, weil er nie was trägt – Tüten, Taschen, Pakete. Wenn man so was trägt, büßt man seine Würde ein. Das sagt er. Er hat die Zwillinge getragen, als sie nicht mehr konnten, und er hat den Papst getragen, aber das war ja auch nicht so etwas Gewöhnliches wie das Tragen eines Schweinskopfes. Er sagt zu Malachy und mir, wenn wir groß werden, müssen wir immer Schlips und Kragen tragen und dürfen nie Sachen schleppen.

Er sitzt oben am Feuer, raucht eine Zigarette und liest die Irish Press, die er liebt, weil sie De Valeras Zeitung ist, und er hält De Valera für den größten Mann der Welt. Er sieht mich und den Schweinskopf an und sagt Mam, es ist beschämend, einen Jungen einen Gegenstand wie diesen durch die Straßen von Limerick schleppen zu lassen. Sie zieht den Mantel aus, legt sich vorsichtig ins Bett und sagt ihm, nächste Weihnachten kann er vor die Tür gehen und eine Mahlzeit finden. Sie ist erschöpft und japst jetzt nach einer Tasse Tee, und könnte er bitte sein vornehmes Getue abstellen, das Wasser für den Tee kochen und etwas Brot braten, bevor seine beiden kleinen Söhne Hungers sterben.

Morgens am ersten Weihnachtstag macht er ganz früh Feuer an, damit wir Würstchen und Brot und Tee bekommen.

Mam schickt mich zu Oma, um herauszufinden, ob wir einen Topf für den Schweinskopf borgen können. Oma sagt, was habt ihr denn als Weihnachtsschmaus?, und als ich es ihr sage, sagt sie, Jesus, Maria und Joseph, tiefer kann man ja gar nicht sinken. Kann dein Vater denn nicht mal losziehen und allermindestens einen Schinken oder eine Gans auftreiben? Was ist das überhaupt für ein Mann?

Mam stopft den Kopf in den Topf, eben so mit Wasser bedeckt, und während das Schwein vor sich hin kocht, nimmt Dad Malachy und mich mit zur Messe in die Erlöserkirche. In der Kirche ist es warm, und es riecht süß von den Blumen und dem Weihrauch und den Kerzen. Er geht mit uns zum Jesulein in der Krippe. Der ist ein großes, fettes Baby mit blonden Locken wie Malachy. Dad erzählt uns, das da ist seine Mutter Maria, die mit dem blauen Kleid, und sein Vater, der heilige Joseph, das ist der alte Mann mit dem Bart. Er sagt, sie sind traurig, weil sie wissen, daß Jesus, wenn er mal groß ist, umgebracht wird, damit wir alle in den Himmel kommen können. Ich frage, warum das Jesulein denn sterben muß, und Dad sagt, solche Fragen stellt man nicht. Malachy sagt, warum nicht?, und Dad sagt, sei still.

Zu Hause ist Mam in einem schrecklichen Zustand. Es ist nicht genug Kohle da, um das Essen zu kochen, und das Wasser siedet schon nicht mehr, und sie sagt, die Sorgen bringen sie schier um den Verstand. Wir werden wieder in die Dock Road gehen müssen, um zu sehen, ob da Kohle oder Torf von den Lastwagen herumliegt. Wenn wir jemals was finden, dann heute. Selbst die Ärmsten der Armen gehen am Weihnachtstag nicht auf die Straße, um Kohle aufzusammeln. Dad brauchen wir gar nicht erst zu fragen, ob er mitkommt, denn so tief würde er sich nie herablassen, und selbst wenn, dann würde er keine Sachen durch die Straßen schleppen. Mam kann nicht wegen ihrer Rückenschmerzen.

Sie sagt, du wirst gehen müssen, Frank, und nimm Malachy mit.

Die Dock Road ist weit, aber uns macht das nichts aus, weil unsere Bäuche mit Würstchen und Brot gefüllt sind und es gerade mal nicht regnet. Wir tragen einen Beutel aus Segeltuch, den wir uns bei Mrs. Hannon von nebenan ausgeborgt haben, und Mam hat recht, in der Dock Road ist kein Mensch. Die Armen sind alle zu Hause und essen Schweinskopf oder vielleicht eine Gans, und wir haben die Dock Road für uns. Wir finden kleine Stücke Kohle und Torf, die in den Ritzen des Pflasters und der Mauern bei den Kohlenhandlungen steckengeblieben sind. Wir finden Papierschnipsel und Pappe, und das ist nützlich, wenn das Feuer wieder angezündet werden soll. Wir wandern herum und versuchen, den Beutel vollzukriegen, als Pa Keating vorbeikommt. Er muß sich für Weihnachten gewaschen haben, weil er nicht so schwarz ist wie damals, als Eugene gestorben ist. Er will wissen, was wir mit dem Beutel machen, und als Malachy es ihm sagt, sagt er, Jesus, Maria und heiliger Joseph! Weihnachten, und ihr habt kein Feuer für euern Schweinskopf. Tiefer kann man ja gar nicht sinken.

Er nimmt uns mit in South's Kneipe, die eigentlich gar nicht geöffnet hat, aber er ist Stammgast, und es gibt eine Hintertür für Männer, die ihre Pint brauchen, um den Geburtstag vom Jesulein da oben in der Krippe zu feiern. Er bestellt sich seine Pint und für uns Limonade und fragt den Mann, ob wohl die Möglichkeit besteht, daß er bei ihm ein paar Klumpen Kohle kriegen kann. Der Mann sagt, er schenkt nun schon seit siebenundzwanzig Jahren Getränke aus, und um Kohle hat ihn noch nie jemand gebeten. Pa sagt, er würde ihm einen großen Gefallen damit tun, und der Mann sagt, wenn Pa ihn um den Mond bittet, fliegt er hinauf und bringt ihn mit. Der Mann führt uns zum Kohlenkasten unter der Treppe und sagt uns, wir sollen soviel nehmen, wie wir tragen können. Es ist echte Kohle, keine kleinen Stückchen von der Dock Road, und wenn wir sie nicht tragen können, können wir sie hinter uns herziehen.

Wir brauchen lange von South's Kneipe bis zum Barrack Hill, weil wir ein Loch im Beutel haben. Ich ziehe den Beutel, und Malachys Aufgabe ist es, die Klumpen, die durch das Loch fallen, aufzuheben und wieder in den Beutel zu tun. Dann fängt es an zu regnen, und wir können uns nicht in einem Hauseingang unterstellen, bis es aufhört, weil wir die Kohle dabeihaben, und sie macht eine schwarze Spur auf dem Pflaster, und Malachy wird dadurch, daß er die Klumpen aufhebt, in den Beutel zurückstopft und sich mit seinen nassen, schwarzen Händen den Regen vom Gesicht wischt, ganz schwarz. Ich sage ihm, er ist ja ganz schwarz, er sagt mir, ich bin ja ganz schwarz, und eine Frau in einem Geschäft sagt uns, wir sollen bloß machen, daß wir von der Tür wegkommen, sie will sich zu Weihnachten nicht Afrika ansehen müssen.

Wir müssen den Beutel weiterziehen, sonst kriegen wir nie unseren Weihnachtsschmaus. Es dauert ewig, bis das Feuer wieder brennt, und das Wasser muß kochen, wenn Mam den Kohlkopf und die Kartoffeln hineintut, damit sie dem Schwein im Topf Gesellschaft leisten. Wir zerren den Beutel die O'Connell Avenue hinauf, und wir sehen Menschen in ihren Häusern, die um den Tisch herumsitzen, und alle Arten von Schmuck und helle Lichter. In einem Haus drücken sie das Fenster hoch, und die Kinder zeigen auf uns und lachen und rufen, seht euch mal die Zulus an. Wo habt ihr denn eure Speere?

Malachy schneidet ihnen Grimassen und will mit Kohlen schmeißen, aber ich sage ihm, wenn er mit Kohlen schmeißt, ist weniger für das Schwein da, und wir kriegen nie was zu essen.

Das Unten in unserem Haus ist wieder ein See, weil der Regen unter der Tür hereingekommen ist, aber das ist nicht schlimm, weil wir sowieso pitschnaß sind und durch das Wasser waten können. Dad kommt herunter und zerrt den Beutel die Treppe hoch nach Italien. Er sagt, wir sind tüchtige Jungs, weil wir soviel Kohle besorgt haben, die Dock Road muß ja förmlich mit Kohle bedeckt gewesen sein. Als Mam uns sieht, fängt sie an zu lachen, und dann weint sie. Sie lacht, weil wir so schwarz sind, und sie weint, weil wir so durchnäßt sind. Sie sagt uns, wir sollen alles ausziehen, und sie wäscht uns die Kohle von Händen und Gesicht. Sie sagt Dad, der Schweinskopf soll sich erst mal etwas gedulden, damit wir ein Marmeladenglas heißen Tee kriegen.

Draußen regnet es, unten ist ein See in unserer Küche, aber hier oben in Italien brennt das Feuer wieder, und das Zimmer ist so trocken und warm, daß Malachy und ich nach unserem Tee im Bett einduseln und erst wieder aufwachen, als Dad uns sagt, daß das Essen fertig ist. Unsere Sachen sind immer noch naß, deshalb sitzt Malachy auf dem Koffer und ist in Mams roten amerikanischen Mantel gewickelt, und ich bin in eine alte große Jacke gewickelt, die Mams Vater hinterlassen hat, als er nach Australien ging.

Köstliche Gerüche durchziehen das Zimmer – Kohl, Kartoffeln und der Schweinskopf –, aber als Dad den Kopf aus dem Topf holt und auf einen Teller legt, sagt Malachy, ach, das arme Schwein. Ich will das arme Schwein nicht essen.

Mam sagt, wenn du Hunger hättest, würdest du es essen. Jetzt hör auf mit dem Unsinn und iß dein Abendbrot.

Dad sagt, warte mal. Er schneidet Scheiben von den beiden Backen ab, legt sie auf unsere Teller und schmiert Senf drauf. Er nimmt den Teller mit dem Schweinskopf und stellt ihn unter den Tisch. Da, sagt er zu Malachy, das ist Schinken, und Malachy ißt, weil er nicht sieht, woher das kommt, und es kein Schweinskopf mehr ist. Der Kohl ist weich und heiß, und es gibt jede Menge Kartoffeln mit Butter und Salz. Mam pellt uns unsere Kartoffeln, aber Dad ißt seine mit Pelle und allem. Er sagt, alle wertvollen Nährstoffe der Kartoffel sind in der Pelle, und Mam sagt, nur gut, daß er keine Eier ißt, die würde er ebenfalls mit der Schale und allem wegkauen.

Er sagt, klar würde er das, und es ist eine Schande, daß die Iren jeden Tag Millionen von Kartoffelschalen wegschmeißen, und deshalb sterben sie zu Tausenden an der Schwindsucht, und klar sind Nährstoffe in Eierschalen, und überhaupt ist Verschwendung die achte Todsünde. Wenn es nach ihm ginge ... Mam sagt, geht es aber nicht. Iß.

Er ißt eine halbe Kartoffel mit der Pelle und tut die andere Hälfte zurück in den Topf. Er ißt eine kleine Scheibe Schweinebacke und ein Kohlblatt und läßt den Rest für Malachy und mich auf seinem Teller. Er macht noch mehr Tee, und zum Tee gibt es Marmeladenbrot, damit niemand sagen kann, wir hätten Weihnachten nichts Süßes gehabt.

Jetzt ist es dunkel, und draußen regnet es immer noch, und die Kohle glüht, und Mam und Dad rauchen ihre Zigaretten. Es gibt nichts zu tun, wenn die Sachen naß sind, man kann nur ins Bett gehen, wo es mollig warm und gemütlich ist, und der Vater kann einem eine Geschichte erzählen, wie Cuchulain katholisch wurde, und man schläft ein und träumt von dem Schwein, das in der Krippe von der Erlöserkirche steht und weint, weil es selbst und das Jesulein und Cuchulain alle sterben müssen, wenn sie groß sind.

[...]

Vor Ostern ziehen wir wieder hinunter nach Irland. Ostern ist besser als Weihnachten, weil die Luft wärmer ist, die Wände tropfen nicht vor lauter Feuchtigkeit, und die Küche ist kein See mehr, und wenn wir morgens früh aufstehen, erwischen wir vielleicht die Sonne, wie sie eine Minute lang schräg durchs Fenster fällt.

Bei schönem Wetter sitzen die Männer draußen und rauchen Zigaretten, wenn sie welche haben, betrachten die Welt und sehen uns beim Spielen zu. Die Frauen stehen mit verschränkten Armen und reden. Sie sitzen nicht, weil sie den ganzen Tag nur zu Hause bleiben, sich um die Kinder kümmern, das Haus saubermachen und ein bißchen kochen. Die Männer stehen nicht, weil sie davon, daß sie jeden Tag aufs Arbeitsamt müssen, um das Stempelgeld zu quittieren, und davon, daß sie die Probleme der Welt erörtern und überlegen, was sie mit dem übrigen Tag anfangen sollen, so abgekämpft sind. Manche schauen beim Buchmacher vorbei, um die Tagesform der Pferdchen zu studieren oder einen Shilling oder zwei auf eine sichere Sache zu setzen. Manche verbringen Stunden in der Carnegie-Bücherei und lesen englische und irische Zeitungen. Ein Mann, der stempeln geht, muß immer auf dem laufenden sein, was die Weltereignisse betrifft, weil alle Männer, die stempeln gehen, darin Experten sind. Ein Mann, der stempeln geht, muß stets vorbereitet sein, falls ein anderer Mann, der stempeln geht, die Rede auf Hitler oder Mussolini oder den schrecklichen Zustand der chinesischen Massen bringt. Ein Mann, der stempeln geht, begibt sich nach einem Tag beim Buchmacher oder mit der Zeitung ins traute Heim zurück, und seine Frau wird ihm die paar Minuten des Behagens und Friedens nicht mißgönnen, die seine Zigarette spendet, und auch nicht seinen Tee und nicht die Zeit, in der er auf seinem Stuhl sitzt und über die Welt nachdenkt.

Ostern ist besser als Weihnachten, weil Dad uns in die Erlöserkirche mitnimmt, wo alle Priester weiße Sachen anhaben und singen. Sie sind froh, weil unser Herr im Himmel ist. Ich frage Dad, ob das Baby in der Krippe tot ist, und er sagt, nein, Er war dreiunddreißig, als Er starb, und da ist Er, siehst du, und hängt am Kreuz. Ich verstehe nicht, wie Er so schnell erwachsen wurde, daß Er jetzt da hängt, mit einem Hut aus Dornen und überall Blut, das von Seinem Kopf tropft und von Seinen Händen und von Seinen Füßen und aus einem großen Loch über Seinem Bauch.

Dad sagt, das verstehe ich, wenn ich größer bin. Das sagt er jetzt ständig, und ich wäre gern so groß wie Dad, damit ich alles verstehe. Es muß richtig nett sein, morgens aufzuwachen und alles zu verstehen. Ich wäre gern wie all die Großen in der Kirche, die stehen und knien und beten und alles verstehen.

Während der Messe gehen Leute nach vorne zum Altar, und der Priester steckt ihnen etwas in den Mund. Sie kommen zurück zu ihrem Platz, halten den Kopf gesenkt und bewegen den Mund. Malachy sagt, er hat Hunger und will auch was. Dad sagt, pscht, das ist die heilige Kommunion, der Leib und das Blut unseres Herrn.

Aber, Dad …

Pscht, das ist ein Mysterium, sagt er.

Es hat keinen Sinn, weitere Fragen zu stellen. Wenn man etwas fragt, sagen sie einem, es ist ein Mysterium, das verstehst du, wenn du größer bist, sei ein artiger Junge, frag deine Mutter, frag deinen Vater, um der Liebe Jesu willen, laß mich in Ruhe, geh raus zum Spielen.

Dad bekommt zum erstenmal in Limerick Arbeit, bei der Zementfabrik, und Mam ist glücklich. Jetzt braucht sie nicht mehr bei der Gesellschaft vom Hl. Vincent de Paul um Sachen und Schuhe für Malachy und mich anzustehen. Sie sagt, es ist nicht gebettelt, sondern tätige Nächstenliebe genossen, aber Dad sagt, es ist gebettelt und eine Schande. Mam sagt, jetzt kann sie die paar Pfund zurückzahlen, die sie in Kathleen O'Connells Laden schuldet, und sie kann zurückzahlen, was sie ihrer eigenen Mutter schuldet. Sie haßt es, jemandem verpflichtet zu sein, besonders ihrer eigenen Mutter.

Die Zementfabrik ist Meilen außerhalb von Limerick, und das bedeutet, daß Dad gegen sechs Uhr morgens aus dem Haus sein muß. Das macht ihm nichts aus, weil er die langen Spaziergänge gewohnt ist. Am Abend vorher macht Mam ihm eine Flasche Tee, eine Stulle und ein hartes Ei. Er tut ihr leid, weil er drei Meilen hin und drei Meilen zurück zu Fuß muß. Ein Fahrrad wäre praktisch, aber um sich so was leisten zu können, müßte man ein Jahr arbeiten.

Freitag ist Zahltag, und Mam steht früh auf, macht das Haus sauber und singt.

> Von deinem Mund wollte ich einen Kuß.
> Aus gutem Grund sagte ich mir: Ich muß …

Viel gibt es nicht im Haus zum Saubermachen. Sie fegt den Küchenfußboden und oben den Boden von Italien. Sie wäscht die vier Marmeladengläser, die wir als Tassen verwenden. Sie sagt, wenn Dad länger Arbeit hat, können wir uns ordentliche Tassen und vielleicht sogar Untertassen anschaffen, und eines Tages, mit Gottes und Seiner Mutter Hilfe, die gebenedeit ist unter den Weibern, kriegen wir Laken für das Bett, und wenn wir ganz lange sparen, eine Decke oder sogar zwei, anstatt dieser alten Mäntel, die von ihren Besitzern zur Zeit der Großen Kartoffelhungersnot zurückgelassen worden sein müssen. Sie kocht Wasser und wäscht die Lumpen, die Michael davon abhalten, den ganzen Kinderwagen und das Haus als solches vollzuscheißen. Ha, sagt sie, das gibt ein schönes Abendessen, wenn euer Oller heute abend mit dem Lohn nach Hause kommt.

Oller. Sie hat gute Laune.

In der ganzen Stadt lärmen Sirenen und Pfeifen, wenn die Männer um halb sechs mit der Arbeit fertig sind. Malachy und ich sind aufgeregt, denn wir wissen, wenn der Vater Arbeit hat und seinen Lohn nach Hause bringt, kriegt man den Freitagspenny. Das wissen wir von anderen Jungen, deren Väter arbeiten, und wir wissen, daß man nach dem Abendessen in den Laden von Kathleen O'Connell gehen und Süßigkeiten kaufen kann. Wenn die Mutter gute Laune hat, gibt sie einem vielleicht sogar zwei Pence, so daß man am nächsten Tag ins Lyric Cinema gehen kann, um sich einen Film mit James Cagney anzusehen.

Die Männer, die in Fabriken und Läden in der Stadt arbeiten, kommen in die Gasse, um zu Abend zu essen, sich zu waschen und in die Kneipe zu gehen. Die Frauen gehen ins Kino, ins Coliseum oder ins Lyric Cinema. Sie kaufen sich Süßigkeiten und Wild-Woodbine-Zigaretten, und wenn ihre Männer schon länger Arbeit haben, gönnen sie sich Black-Magic-Pralinen. Sie lieben die Liebesfilme und amüsieren sich prächtig und weinen sich die Augen aus, wenn es kein Happy-End gibt oder ein Geliebter in die Fremde geht, um sich von Hindus oder anderen Nicht-Katholiken erschießen zu lassen.

Wir müssen lange warten, bis Dad die Meilen von der Zementfabrik zu uns zurückgelegt hat. Wir können nicht zu Abend essen, bevor er zu Hause ist, und das ist hart, weil man riecht, was bei den anderen Familien in der Gasse gekocht wird. Mam sagt, gut, daß Freitag Zahltag ist, wenn man kein Fleisch essen kann, denn der Geruch von Speck oder Würstchen in den anderen Häusern würde sie um den Verstand bringen. Immerhin gibt es bei uns Käsebrot und ein schönes Marmeladenglas Tee mit ordentlich Milch und Zucker, und was will man denn mehr?

Die Frauen sind in den Kinos, die Männer sind in den Kneipen, und Dad ist immer noch nicht zu Hause. Mam sagt, es ist ein weiter Weg bis zur Zementfabrik, auch wenn er schnell geht. Sie sagt das, aber ihre Augen sind wäßrig, und sie singt nicht mehr. Sie sitzt am Feuer und raucht eine Wild Woodbine, die sie bei Kathleen O'Connell auf Kredit gekriegt hat. Die Kippe ist ihr einziger Luxus, und diese Herzensgüte wird sie Kathleen nie vergessen. Sie weiß nicht, wie lange sie das Wasser im Kessel noch am Kochen halten kann. Es hat keinen Sinn, Tee zu machen, solang Dad noch nicht zu Hause ist, denn dann wird er suppig, matschig, dick wie Teer und untrinkbar. Malachy sagt, er hat Hunger, und sie gibt ihm ein Käsebrot, damit er durchhält. Sie sagt, dieser Job könnte unsere Rettung sein. Es ist schon schwer genug für ihn, mit seinem nördlichen Akzent einen Job zu kriegen, und wenn er den wieder verliert, weiß ich nicht, was wir treiben werden.

Die Dunkelheit ist in der Gasse, und wir müssen eine Kerze anzünden. Sie muß uns unseren Tee und unser Käsebrot geben, denn wir sind so hungrig, daß wir keine Minute mehr warten können. Sie sitzt am Tisch, ißt ein bißchen Käsebrot, raucht ihre Wild Woodbine. Sie geht zur Tür, um zu sehen, ob Dad schon durch die Gasse kommt, und sie spricht von den Zahltagen, an denen wir ganz Brooklyn nach ihm abgesucht haben. Sie sagt, eines Tages gehen wir alle zurück nach Amerika, und dann haben wir eine schöne warme Wohnung und ein Klo am anderen Ende des Korridors wie das in der Classon Avenue und nicht dies dreckige Ding da draußen.

Die Frauen kommen lachend aus den Kinos nach Hause und die Männer singend aus den Kneipen. Mam sagt, es hat gar keinen Zweck, noch länger zu warten. Wenn Dad bis zur Sperrstunde in den Kneipen bleibt, ist von seinem Lohn nichts mehr übrig, und da können wir genausogut ins Bett gehen.

Sie liegt in ihrem Bett und hat Michael in den Armen. Es ist still in der Gasse, und ich kann meine Mutter weinen hören, obwohl sie sich einen alten Mantel übers Gesicht zieht, und in der Ferne höre ich jetzt auch meinen Vater.

Ich weiß, daß es mein Vater ist, weil er der einzige in Limerick ist, der dieses Lied aus dem Norden singt, in dem sich Roddy McCorley zum Sterben begibt, heute noch, auf der Brücke von Toome. Wo die Gasse anfängt, biegt er um die Ecke und fängt mit Kevin Barry an. Er singt eine Strophe, bleibt stehen, hält sich an einer Häuserwand fest, weint wegen Kevin Barry.

Leute stecken den Kopf aus Fenstern und Türen und sagen ihm, um Jesu willen, stopf dir eine Socke rein. Manche von uns müssen morgens aufstehen und zur Arbeit. Geh nach Hause und sing da deine, äh, verdammten patriotischen Lieder.

Er steht mitten auf der Gasse und sagt der Welt, sie soll

rauskommen, er ist bereit zu kämpfen, bereit, für Irland zu kämpfen und zu sterben, und das ist mehr, als man über die Männer von Limerick sagen kann, die auf der ganzen Welt der Länge und der Breite nach dafür bekannt sind, daß sie mit dem Sachsen, dem perfiden, kollaborieren.

Er stößt unsere Tür auf und singt.

Wenn alles ringsum Wache hält –
Der Westen schläft, taub für die Welt.
Ganz Erin zag der Kummer quält,
Wenn Connaught tief in Schlummer fällt.
Doch horcht! die Stimm' wie Donner sprach:
Wach ist der Westen, wach, wach, wach!
Hurra, nun Englands Joch ich brach
Und tilg auf ewig Erins Schmach!

Er ruft von unten herauf, Angela, Angela, haben wir einen Tropfen Tee im Hause?

Sie antwortet nicht, und jetzt ruft er, Francis, Malachy, kommt zu mir herunter. Ich habe den Freitagspenny für euch.

Ich will nach unten laufen, um mir meinen Freitagspenny zu holen, aber Mam schluchzt mit dem Mantel über ihrem Mund, und Malachy sagt, ich will seinen ollen Freitagspenny gar nicht.

Dad taumelt die Treppe hoch und hält eine Rede, in der es darum geht, daß wir alle für Irland sterben müssen. Er zündet ein Streichholz an und hält es an die Kerze neben Mams Bett. Er hält die Kerze hoch über seinem Kopf und marschiert im Zimmer herum und singt:

Seht, wer da kommt durch die rotblüh'nde Heide,
Grün küßt ihr Banner die Bergluft so rein.
Kopf hoch, Blick voran, jeder Kerl wie Geschmeide;
Die Freiheit, sie thront in ihrer Herzen Schrein.

Michael wacht auf und schreit laut, die Hannons ballern nebenan an die Wand, Mam sagt Dad, er ist ein Schandfleck, und er soll nicht nur das Zimmer, sondern auch gleich das Haus verlassen. Er steht mitten auf dem Fußboden und hält die Kerze hoch über seinem Kopf. Er zieht einen Penny aus der Tasche und winkt Malachy und mir damit zu.

Euer Freitagspenny, Jungs, sagt er. Ich will, daß ihr jetzt aus dem Bett springt und euch aufstellt wie zwei Soldaten und versprecht, daß ihr für Irland sterbt, und dann gebe ich euch den Freitagspenny.

Malachy setzt sich im Bett auf. Ich will ihn gar nicht, sagt er dann.

Und ich sage ihm, ich will ihn auch nicht.

Dad steht eine Minute schwankend da und steckt dann den Penny zurück in seine Tasche. Er will etwas zu Mam sagen, und sie sagt, heute nacht schläfst du nicht in diesem Bett. Er findet mit der Kerze den Weg die Treppe hinunter, schläft auf einem Stuhl, kommt morgens zu spät zur Arbeit, verliert den Job in der Zementfabrik, und wir sind wieder auf Stempelgeld angewiesen.

[...]

Ich weiß, wann Dad das Böse tut. Ich weiß, wann er das Stempelgeld vertrinkt und Mam verzweifelt ist und bei der Gesellschaft vom Hl. Vincent de Paul betteln muß und in Kathleen O'Connells Laden anschreiben lassen muß, aber ich will ihn nicht im Stich lassen und zu Mam rennen. Wie kann ich das, wenn ich jeden Morgen mit ihm zusammen aufstehe und die ganze Welt schläft noch? Er macht das Feuer an und macht den Tee und singt sich was vor oder liest mir mit einem Flüstern, von dem die übrige Familie nicht aufwacht, die Zeitung vor. Mikey Molloy hat Cuchulain gestohlen, der Engel von der siebten Stufe ist woandershin geflogen, aber mein Vater am Morgen gehört immer noch mir. Er kriegt die Irish Press schon ganz früh und erzählt mir von der Welt, von Hitler, Mussolini, Franco. Er sagt, dieser Krieg geht uns nichts an, die Engländer machen nur wieder ihre Mätzchen. Er erzählt mir von dem großen Roosevelt in Washington und dem großen De Valera in Dublin. Morgens haben wir die Welt für uns, und er sagt mir nie, ich soll für Irland sterben. Er erzählt mir von den alten Zeiten in Irland, als die Engländer nicht wollten, daß die Katholiken Schulen haben, weil sie wollten, daß das Volk unwissend blieb; daß die katholischen Kinder sich in sogenannten Heckenschulen trafen, weit draußen auf dem Land, wo sie Englisch, Irisch, Latein und Griechisch lernten. Die Menschen liebten das Lernen. Sie liebten Geschichten und Gedichte, auch wenn ihnen das nicht half, einen Job zu finden. Männer, Frauen und Kinder versammelten sich in Gräben, um diese großen Lehrer zu hören, und jeder fragte sich, wieviel ein einzelner Mensch in seinem Kopf tragen kann. Die Lehrer riskierten ihr Leben, wenn sie von Graben zu Graben und von Hecke zu Hecke gingen, denn wenn die Engländer sie beim Unterrichten erwischten, konnte ihnen blühen, daß sie in ausländische Gefilde transportiert wurden oder Schlimmeres. Er sagt mir, heute ist die Schule leicht, man braucht nicht mehr in einem Graben zu sitzen, um Rechnen oder die ruhmreiche Geschichte Irlands zu lernen. Ich soll gut in der Schule sein, und eines Tages werde ich zurück nach Amerika gehen und mir einen Job besorgen, den man nicht im Freien ausübt, wo ich an einem Schreibtisch sitze, mit zwei Füllfederhaltern in der Tasche, einem roten und einem blauen, und Entscheidungen treffe. Ich werde aus dem Regen raus sein und einen Anzug und Schuhe und eine warme Wohnung haben, und was will ein Mann denn mehr. Er sagt, in Amerika kannst du alles werden, es ist das Land der unbegrenzten Möglichkeiten. Du kannst in Maine Fischer werden oder Farmer in Kalifornien. Amerika ist nicht wie Limerick, ein graues Nest mit einem mörderischen Fluß. Wenn man seinen Vater beim Feuer morgens für sich allein hat, braucht man weder Cuchulain noch den Engel von der siebten Stufe oder sonstwas.

Abends hilft er uns bei unseren Übungen. Mam sagt, in Amerika nennen sie das Schularbeiten, aber hier sind es Übungen, Rechnen, Englisch, Irisch, Geschichte. Bei Irisch kann er uns nicht helfen, weil er aus dem Norden ist und es ihm an der Muttersprache gebricht. Malachy bietet ihm an, daß er ihm alle irischen Wörter beibringt, die er weiß, aber Dad sagt, es ist zu spät, ein alter Hund lernt kein neues Gebell mehr. Vor dem Zubettgehen sitzen wir um das Feuer, und wenn wir sagen, Dad, erzähl uns eine Geschichte, erfindet er eine über jemanden in der Gasse, und die Geschichte führt uns um die ganze Welt, hoch in die Luft, unter die Meeresoberfläche und zurück in die Gasse. Jeder in der Geschichte hat eine andere Farbe, und alles steht auf dem Kopf und geht andersrum. Autos und Flugzeuge fahren unter Wasser, und U-Boote fliegen durch die Luft. Haifische sitzen auf Bäumen, und riesige Lachse tollen mit Känguruhs auf dem Mund herum. Eisbären ringen mit Elefanten in Australien, und Pinguine bringen Zulus bei, wie man Dudelsack spielt. Nach der Schule nimmt er uns mit nach oben und kniet neben uns, während wir unsere Gebete sprechen. Wir sagen das Vaterunser, drei Ave-Maria, Gott segne den Papst, Gott segne Mam, Gott segne unsere tote Schwester und die toten Brüder, Gott segne Irland, Gott segne De Valera, und Gott segne jeden, der Dad einen Job gibt. Er sagt, schlaft jetzt, Jungs, denn der heilige Gott sieht euch, und Er weiß immer, wenn ihr nicht artig seid.

Ich glaube, mein Vater ist wie die Heilige Dreifaltigkeit mit drei Menschen in sich, der eine am Morgen mit der Zeitung, der eine am Abend mit den Geschichten und den Gebeten und der eine, der das Böse tut und mit dem Geruch nach Whiskey nach Hause kommt und will, daß wir für Irland sterben. Ich bin traurig über das Böse, aber ich kann ihn nicht im

Stich lassen, weil der am Morgen mein richtiger Vater ist, und wenn ich in Amerika wäre, könnte ich sagen, ich liebe dich, Dad, wie sie das in den Filmen machen, aber in Limerick kann man das nicht sagen, weil man Angst haben muß, daß sie einen auslachen. Erlaubt ist, wenn man sagt, daß man Gott liebt und Babys und Pferde, die als erste reinkommen, aber alles andere ist Spinnkram.

Sean O'Faolain

Kinsale

In Kinsale »wimmelt es« von Geschichte, wie wir im Süden manchmal sagen. Sie muss mindestens bis in die Zeit der Normannen zurückreichen. Im Westen, oberhalb dieser alten Stadt, liegt hoch oben auf den Bergen ein Feld, und auf diesem Feld gibt es eine Erhebung, unter der sich die Überreste einer noch viel älteren religiösen Ansiedlung befinden. Aber für jeden Iren steht dieser Name nur für eins: 1601 die Landung der Spanier unter Don Juan de Aquila, den Anmarsch der Truppen von O'Neill und O'Donnell aus dem Norden Irlands, das letzte Aufgebot des alten gälischen, mittelalterlichen Irland gegen die neue Macht der Renaissance, die zehnwöchige Belagerung durch Mountjoy und Carew, die schreckliche und schicksalhafte Schlacht am Weihnachtsmorgen und dann die »Flucht der Grafen« – ein Datum wie ein Totenglöckchen, das im Bewusstsein Irlands das Ende seiner alten Ordnung einläutet.

In der Umgebung dieser alten Stadt gibt es kaum ein Feld, das nicht durch die Erinnerung an jene Belagerung und Schlacht alle anderen Gedanken verstummen lässt. Hier in diesem Graben wurden die Leichen der Iren aufgehäuft. Dort drüben die Farm trägt in ihrem Namen noch das irische Wort für »Metzelei«: Cnocanair. Unternimmt man hier mit einem Einheimischen einen Spaziergang, wird er, während man über die sanften Hügel von einem Aussichtspunkt zum nächsten gelangt, ebenso beiläufig wie unweigerlich das Gespräch unterbrechen, um einem zu zeigen, von wo sich O'Donnell der Stadt näherte, wo sich die englischen Gräben befanden, wo Carew sein Lager aufschlug. Noch heute findet man in der Erde Musketenkugeln. Belagerung und Schlacht sind in Kinsale so gegenwärtig, als hätten die Iren erst gestern im Morgengrauen das englische Lager überfallen, um dann zu ihrem Schrecken festzustellen, dass die feindlichen Truppen kampfbereit waren und sie schon erwarteten. Ich habe einen ganzen Tag damit verbracht, in Begleitung eines Freundes, der an mehreren Feldzügen teilgenommen hat und durch und durch Soldat ist, über diese Hügel zu wandern. Feld um Feld ließen seine sachkundigen Erläuterungen für mich alles wieder lebendig werden, besonders, als er sagte: »Man müsste hier im Winter herkommen. Die Schlacht fand ja im Winter statt. Dann sind die Bäume kahl, und wir könnten das Gelände so sehen wie sie damals, als der Tag anbrach.«

Alles ist dort so mit Vergangenheit getränkt, dass es mich an die Heide von Egdon erinnerte. In Irland ist so etwas selten. Die Spuren unserer Geschichte scheinen verblasst zu sein wie die Schrift auf einem alten Pergament. Die Kette der Erinnerungen ist unterbrochen. Unsere Denkmäler sind dann am schönsten, wenn sie sehr alt sind, aber dann sind sie schon so alt, dass sie kein Echo mehr hervorrufen. Für die »pietas«, die in anderen Ländern geachtet und gepflegt wird, gibt es hierzulande nur eine ungenügende Zahl von Formen, in denen sie aufbewahrt werden kann. Unser Nationalgefühl ist wie Gischt auf dem bewegten Meer, es löst sich auf wie eine Religion ohne Rituale. Wir werden von Geistern bewegt. Es liegt etwas Machtvolles und Kostbares in der Luft und hält uns fest wie ein Sukkubus, aber wir können kaum sagen, was es ist, denn wir haben so wenig Handgreifliches, um ihm Ausdruck zu geben. Im ganzen Land gibt es nur an ganz besonderen und besonders kostbaren Orten diese Urnenbeisetzung von Kinsale, wo man noch immer die Asche verehren kann, die sich noch immer in den Gefäß befindet, das wir vor uns sehen. Ein anderer Ort dieser Art ist Aughrim. Die Felder von Wexford. Manche Winkel der Stadt Limerick. Derry, Killala, Ballina, Sligo. Keines von diesen hat aber eine so überragende Bedeutung wie Kinsale, gibt einem das Gefühl, hier seien die Würfel gefallen, habe sich das Schicksal entschieden.

Brian Moore

Mangans Vermächtnis

Als er in die Stadt Bantry fuhr, kam er an einer hohen, mehr als eine Meile langen Steinmauer vorbei, die ein riesiges Gut umschloß, einst Landsitz eines englischen Grafen, nun aber Museum für eine ausgestorbene Lebensart. Als er um die Landzunge zur Bantry Bay einbog, sah er vor sich kleine, an einem steinernen Kai vertäute Fischerboote. Dahinter drängte sich die Stadt bis ans Wasser als eine Ansammlung grauer, strenger Häuser: Kloster, Lagerhalle, Kirche. Er fuhr auf den Hauptplatz, der sich zu den Kais hin öffnete. Es war Markttag. Überall sah er wiehernde Stuten, Fohlen, brüllende Kälber, die von ihren Müttern getrennt wurden, träge Färsen, die ihre Schwänze hoben, um Fladen warmen Kots auf den Beton fallen zu lassen. Abenteuerlich aussehende, ärmlich gekleidete Leute gingen umher, freche Jungen und Mädchen, Frauen in Trauer, rotgesichtige Männer mit Tuchmützen. Er stellte seinen kleinen roten Mietwagen, einen Ford, vor einer Reihe einfacher Gasthäuser ab, deren dunkle Zimmer lautes Gerede und ein Geruch nach Urin und Hefe durchzog. Tierkäufer und -verkäufer strömten unter stetem Feilschen aus dem Pub auf den Bürgersteig und wieder zurück.

Mangan ging durch ein Gewirr von Straßen und Geschäften in Richtung Stadtmitte. Drei Querstraßen weiter fand er, was er gesucht hatte, einen Kiosk mit der Aufschrift *Telefon* in der irischen Schreibweise. Es war ein altmodischer Apparat. Wie vorgeschrieben steckte er eine Münze in den Schlitz und bat die Vermittlung, ihn mit dem Sceptre Hotel in Drishane zu verbinden.

Er war heute morgen in Irland angekommen, war von New York losgeflogen und um acht Uhr Ortszeit in Shannon gelandet. Für Mangan, der noch nach New Yorker Zeit lebte, war es mitten in der Nacht. Ein beleibt aussehender Mann in abgetragenem Tweedanzug hatte am Flughafen vor dem Zoll auf ihn gewartet.

»Mr. Mangan? Ich komme von Collins & O'Brien. Ich bringe Ihnen den Wagen, den Sie sich von New York aus bestellt haben.«

Sie gingen zum Schalter einer Autovermietung, wo Mangan einige Papiere unterzeichnen mußte. Dann belud der beleibte Mann einen Kofferkuli der Flughafengesellschaft mit Mangans Gepäck und schob ihn vor sich her ins kalte Morgenlicht. »Sind Sie zum ersten Mal hier?«

»Ja.«

»Schätze, es wird regnen. Nicht gerade die beste Jahreszeit für einen Urlaub. Nun, hier steht Ihr Auto.«

Einsam stand der Wagen auf dem Parkplatz. Der beleibte Mann nahm eine Straßenkarte und breitete sie über das Wagendach. »Drishane, richtig? Nun, dann nehmen Sie die Straße hier nach Limerick, anschließend weiter nach Cork, sehen Sie? Und von da nach Brandon und weiter nach Bantry. Keine Sorge, die Straßen sind gut in Schuß. Und wenn Sie nach Bantry kommen, halten Sie sich immer in Richtung Mizen Head. Da sind Sie ja am Ende der Insel da unten, wirklich, am äußersten Zipfel der Insel, könnte man sagen.«

»Wie lange werde ich etwa brauchen?«

»Mit sechs Stunden sollten Sie gut hinkommen, möchte ich meinen.«

Also war er losgefahren, obwohl er sich auf der linken Seite der Straße noch ein wenig unsicher fühlte. Gegen Mittag kam er nach Cork, in die Stadt, wo sein Urgroßvater im Anschluß an seine Zeit in Indien in den britischen Kasernen für verheiratete Armeeangehörige gelebt hatte. Mit siebzehn Jahren war sein Großvater dann von Cork nach Kanada gesegelt, um sein Glück zu suchen. Mangan hielt an, als er meinte, die Hauptstraße erreicht zu haben, eine breite, kurvige, von Statuen gesäumte Straße, die widerhallte vom Lärm der Fußgänger, die in altmodischen Kaufhäusern und billig aussehenden Cafés ein und aus gingen. In einem dieser Cafés bestellte er sich ein Sandwich und ein Kännchen Tee, dann fuhr er weiter zu einer Stadt namens Brandon. Sechseinhalb Stunden nach seiner Abfahrt aus Shannon war er nun in Bantry und war immer noch nicht am Ziel.

Er hatte das Tourist Office auf der Fifth Avenue in New York gefragt, ob es in Drishane ein Hotel gebe. Die Frau hatte in einem Buch nachgesehen. »Es gibt da ein Haus namens Sceptre«, sagte sie. »Ist zwar ziemlich klein, wissen Sie, aber um diese Jahreszeit dürften Sie dort problemlos ein Zimmer bekommen. Rufen Sie von unterwegs aus an, nur um sicherzugehen, daß es geöffnet hat.«

Im Kiosk in Bantry hörte er, wie das Telefon klingelte und klingelte, aber in Drishane hob niemand ab. Nach einer Weile meldete sich die Vermittlung: »Es geht niemand an den Apparat, Sir«, sagte sie.

»Kann es sein, daß die Nummer nicht stimmt?«

»Das glaube ich nicht.«

»Ist das Hotel vielleicht geschlossen?«

»Ich weiß nicht, Sir. Sie könnten es später noch einmal probieren.«

Er trat aus dem Kiosk. Es begann zu regnen. Laut Karte war es bis Drishane höchstens noch eine halbe Stunde. Er ging zurück zum Wagen. Im Flugzeug hatte er nicht geschlafen, und als er jetzt aus Bantry hinausfuhr und an ein Schild kam, auf dem stand: NACH MIZEN HEAD, machte ihm die Müdigkeit zu schaffen. Hinter dem Schild bog er in eine Straße ein, die enger als die bisherigen Straßen war, eine gefährliche, kurvige Strecke mit Hecken wie Augenbinden. Jenes Gefühl des vertrauten Unvertrauten, das er zuvor empfunden hatte, verließ ihn nun. Hier war ihm seine Lektüre von Joyce, Yeats und O'Casey keine Hilfe mehr. Er ahnte, daß er Irland eigentlich überhaupt nicht kannte. Das äußerste Ende der Insel, hatte der beleibte Mann gesagt. Hier unten war das äußerste Ende der Insel.

Nach etwa einer Viertelstunde, vorbei an einem Dorf namens Durrus, sah er das Meer wieder vor sich, diesmal als große Bucht, ein langer, wilder Einschnitt des Ozeans tief unten zu seiner Rechten. Die Bucht wurde von schmalen, kleinen Flickenteppichfeldern gesäumt, die kärglicher als alles waren, was er bislang gesehen hatte. Einsame Cottages im Windschatten der Hügel überblickten diese Felder, die Fenster auf der den kalten Meerwinden abgewandten Seite. In den folgenden zehn Minuten sah er weder ein anderes Auto noch ein anderes Lebewesen, nur ein paar Möwen kreisten über einem Moor. Dann bog die Straße erneut landeinwärts ab, und er fuhr am Rand eines verlassenen Steinbruchs entlang. Auf einem Hügel standen die Ruinen dreier dachloser Cottages, die schon vor hundert Jahren verlassen worden sein mochten. Er kam an einer Kreuzung und einem winzigen Lebensmittelladen vorbei, der mit Plakaten für *The Irish Times* und *The Irish Press* warb. Auf dem Schild an der Kreuzung stand: DRISHANE 5.

Seine Augenlider wurden schwer. Sobald er das Hotel gefunden hätte, würde er sich ein paar Stunden Schlaf gönnen. Wieder tauchte das Meer am Horizont auf, und weit, weit draußen sah er etwas, das er für einen Fels mit einem Leuchtturm hielt. Er fuhr über einen Hügel. In der Ferne dichtgedrängte Schieferdächer, vom grauen Turm einer Kirche überragt. Er sah das Ortsschild von Drishane und bog in die Dorfstraße ein, die von einer schmalen, zu Kirche, Pfarrhaus und Schule führenden Querstraße gekreuzt wurde. An der breiteren Straße standen fünf kleine Geschäfte, drei Wirtshäuser, eine Bank, eine Autowerkstatt, eine Post in einem Tabakladen und ein zweistöckiges Gebäude mit einem auffällig malvenfarbenen Schild über der Tür: THE SCEPTRE HOTEL. Er parkte den Wagen vor dem Eingang und stieg aus.

Er sah zwei Leute auf der Straße, eine Frau, die aus einem Lebensmittelladen kam, und einen Mann, der träge auf einem kleinen Traktor saß. Beide starrten ihn an, taten aber, als interessierten sie sich nicht für ihn. Der Eingang zum Hotel war geschlossen. Er sah eine Messingscheibe mit Klingelknopf, drückte darauf und hörte es im Haus klingeln. Die Frau ging zurück in den Laden und kam einen Augenblick später mit einer anderen Frau wieder hervor; beide schauten zu ihm hinüber. Der Mann auf dem Traktor kaute auf seiner Pfeife. Mangan klingelte noch einmal. Nach einer Weile, die ihm ziemlich lang vorkam, hörte er schlurfende Schritte. Ein Riegel wurde zurückgeschoben. Die Tür ging auf, und zum Vorschein kam eine alte Frau in schwarzer Strickjacke und grauem Wollkleid, die Probleme mit ihrer unteren Gebißhälfte zu haben schien.

»Ich hätte gern ein Zimmer«, sagte Mangan.

»Tut mir leid. Wir haben geschlossen.«

»Geschlossen?«

»Das Hotel gehört Herrn und Frau Fallon, und die machen Urlaub auf Mallorca. Bis nächste Woche sind sie weg. Tut mir wirklich leid.«

»Gibt es noch ein Hotel hier in der Gegend?«

»Es gibt eins in Crookhaven, aber das hat auch geschlossen.«

Hinter der alten Frau kam ein reizloses Mädchen über den Flur, das sich die Hände an einem Geschirrtuch abtrocknete. »*Wachair,* sag ihm, er soll zu Feeley gehen. Gehen Sie, Sir, fragen Sie Feeley. Gleich gegenüber auf der anderen Straßenseite. Seamus Feeley weiß bestimmt, ob hier irgendwas auf hat. Vielleicht finden Sie ja ein Bed & Breakfast.«

Die Alte nickte zustimmend, ihre trüben Augen schienen an ihm vorbeizuschauen. »Ja, Sir, da, gleich gegenüber«, sagte sie und zeigte auf die Straße. »Sehen Sie das Schild?«

»Danke«, sagte er. Das Mädchen nickte. Die Alte bedachte ihn mit einem unbestimmten Lächeln und einem Kopfnicken, als sie die schwere Tür schloß. Er drehte sich wieder zur Straße um. Ein kalter Wind kam auf. Schwarze Wolken glitten über den Himmel und warfen flüchtige Schatten auf das Pflaster. Unter den Blicken des Mannes auf dem Traktor und der Frau am Eingang zum Lebensmittelladen ging er über die Straße.

Die Tür zum Büro von S. Feeley war geschlossen. Hinter einem angelaufenen Fenster war zu lesen: S.P. FEELEY, AUKTIONATOR & MAKLER. Darunter ein Pappschild: GESCHLOSSEN. Eine Tür weiter, doch im selben Gebäude, befand sich ein Gemischtwarenladen, an dem ebenfalls S. FEELEY stand. Er ging in den Laden, der an das Wohnzimmer eines Cottages erinnerte, aber von schmalen Gängen durchzogen wurde und mit Lebensmitteln vollgestopft war; es gab eine Gefrierfleischabteilung, Eisenwaren, Süßigkeiten, Angelzubehör, irische Pullover, Gummistiefel und eine Brottheke. Offenbar war niemand im Laden. Als er zur Kasse ging, rief eine Stimme von hinten: »Laden!«, und eine fette, blonde Frau kam offenbar aus einer Küche in den hinteren Räumen nach vorn, eine große schwarze Katze auf dem Arm. Sie ließ die Katze zu Boden springen, sah auf und blickte ihn überrascht an. Dann verbarg sie ihr Erstaunen hinter dem maskenhaften Lächeln eines Ladenbesitzers. »Guten Tag, Sir. Was darf's denn sein?«

»Man hat mir gesagt, ich soll nach Mr. Feeley fragen. Es geht um ein Zimmer. Das Hotel ist geschlossen, und ich wurde hierhergeschickt.«

»Also ein Zimmer für Sie allein? Wie wär's mit einem Bed & Breakfast?«

»Na ja, gut. Oder einfach nur ein Zimmer?«

»Einen Augenblick bitte.«

Mit einem beschwichtigenden Lächeln drehte sich die dicke Frau um und verschwand in den hinteren Räumen. Gleich darauf kam sie zurück und winkte ihm. »Wenn Sie bitte hier entlangkommen wollen.«

Der Laden lag im vorderen Bereich des Feeleyschen Wohnhauses. Daran schloß sich eine große, moderne Küche an und ein Flur mit neuem, gemustertem Teppich, der an einem farbigen Öldruck vom Heiligen Herzen vorbei zum Wohnzimmer mit Couchgarnitur führte. Sie durchquerten das Wohnzimmer und betraten einen Raum, der nach dem spiegelbildlich zu lesenden Schild im angelaufenen Fenster das Büro war, zu dem man ihn gleich anfangs gewiesen hatte. In dem kleinen, vollgestopften Zimmer brannte ein Torffeuer im Kamin, und auf dem Kaminsims waren eine farbige Gipsstatue der Jungfrau Maria, eine Flasche Whiskey, zwei Gläser und eine schlafende graue Katze zu sehen. Vor dem Feuer standen zwei alte Polstersessel, und überall im Zimmer drängte sich eine wahllose Ansammlung von Stahlschränken und Tischen, die mit offenen Aktenordnern überladen waren. An einem dieser Tische saß unter einer detailgenauen Straßenkarte ein kleiner, gedrungener Mann in Mangans Alter mit einer Tweedjacke, einem irischen Rollkragenpullover, Kordhose und abgetragenen Wildlederschuhen. Er war völlig kahl, doch als er sich zu ihnen umdrehte, rundeten sich seine dicken, gummihaften Lippen zu einem Lächeln, die vorquellenden Augen saßen seitlich versetzt an seinem Schädel und erinnerten Mangan sogleich an ein intelligentes, liebenswürdiges Säugetier, den Delphin.

»Mein Mann«, sagte die Blonde. »Dies ist der Gentleman, Seamus.« Sie nickte Mangan zu und zog sich zurück.

»Es geht um ein Zimmer, richtig?« fragte der gedrungene Mann.

»Ja, das Hotel hat mich hergeschickt. Mir wurde gesagt, daß Sie vielleicht weiterwissen.«

Feeley lächelte sein rundes Lächeln. »Die Fallons sind rüber nach Spanien. Ist das zu fassen? Die Iren verziehen sich auf den Kontinent, um da ihren Urlaub zu machen, und die vom Kontinent kommen her, um hier ihren Urlaub zu machen. Ach, die Welt ist schon komisch, also wirklich.«

Fuchtelnd deutete er auf einen Sessel. »Setzen Sie sich doch. Wie war noch mal der Name?«

»Mangan. James Mangan.«

»Mangan? Den Namen gibt's auch in unserer Kirchengemeinde.«

»Ich weiß. Deshalb bin ich hergekommen. Ich nehme an, daß einige von ihnen meine Verwandten sind.«

Feeley ließ seine seitlichen Augen rollen. »Verdammt, und Sie haben ja sogar das Aussehen der Mangans, das haben Sie. Kann gut sein, daß Sie mit einem der Leute hier in der Gegend verwandt sind. Meine Frau ist übrigens mit den Mangans verwandt. Meine Frau Una, die Dame, die Sie da eben gesehen haben.«

»Was Sie nicht sagen.«

»Stimmt aber. Und jetzt suchen Sie ein B&B, richtig?«

»Ein was bitte?«

»Ein Bed & Breakfast. Was glauben Sie, wie lange werden Sie bleiben?«

»Na ja, das hängt davon ab. Ein paar Wochen?«

Feeley streckte die Hand aus und zog behutsam eine Akte aus der anscheinend unüberschaubaren Flut von Papieren auf seinem Schreibtisch. »Schlechte Jahreszeit«, murmelte er vor sich hin und blätterte mit dicken Fingern die Seiten um. »Das größte B&B-Geschäft ist natürlich im Sommer, aber eins, zwei müßte es auch jetzt geben. Nein, das hier ist geschlossen, aber warten Sie, da ist noch Mrs .... Mullin ... Mrs. Mullin .... Mrs. Mullin ... da steht sie. Nein. Dezember und Januar geschlossen. Na ja.« Er starrte in die Akte, schlug dann mit der Hand darauf. Sein Delphinkopf reckte sich, als wollte ihm jemand einen Fisch zuwerfen. »Das könnte klappen!« sagte er. »Da gibt es ein Haus, drüben in Duntally, ein zweistöckiges Haus, drei Schlafzimmer, ein Wohnzimmer, Küche und Sonnenterrasse. Es gehört übrigens einem Mangan. Dinny Mangan. Er hatte es dieses Jahr an Urlauber vermietet. Verdammt, und ich habe hier irgendwo den Schlüssel. Bettwäsche und Decken sind da – massenhaft. Und Mrs. Kane wohnt am Ende der Straße. Die würde gern zu Ihnen putzen kommen, ganz bestimmt. Können Sie selbst ein bißchen kochen?«

»Ja, es klingt nur, als wäre es für einen Menschen viel zu groß.«

»Groß ist es, stimmt, ziemlich groß, aber um so besser. Ich bin übrigens der Makler für dieses Haus, und ich schätze, wir werden uns schon irgendwie einig.« Feeley öffnete die untere Schublade an seinem Tisch und zog einen Bund mit diversen Zetteln beklebter Schlüssel hervor. Er ließ ihn wie eine Gebetsmühle kreisen und hielt ihn schließlich mit dem Zeigefinger an. »Aha, da ist es. Duntally.«

Er stand auf. »Mit dem Wagen sind es von Drishane bis zum Haus nur zehn Minuten. Sollen wir hinfahren und einen Blick riskieren?«

Sie traten auf die Straße. Wie auf ein Signal hin warf der Mann auf dem Traktor seine Maschine an. »Sollen wir mit meinem Wagen fahren? Oder mit Ihrem?« fragte Feeley. »Nehmen wir meinen«, beschloß er dann, ohne Mangans Antwort abzuwarten. Und so fuhren sie los.

Feeleys merkwürdig metallicgrünes Auto hatte einen stärkeren Motor als Mangans Leihwagen und roch nach Schaf. Der Rücksitz glich einer Zweigstelle seines Büros und war mit Akten, Mappen, topografischen Karten und alten Zeitungen übersät. Sie fuhren durch das Dorf und bogen in eine enge Seitenstraße ein. Kaum waren sie auf dieser Straße, kam ihnen, aufrecht auf einem winzigen Eselskarren stehend, ein Mann entgegen, die Zügel in der Hand. Feeley preschte durch das hohe Gras am Straßengraben und umfuhr das Hindernis, ohne den Fuß vom Gas zu nehmen, während er zugleich die Hand vom Steuer nahm, um dem nur knapp entkommenen Opfer freundlich zuzuwinken. Hinter hohen Fuchsienhekken ging es in halsbrecherischem Tempo weiter bergauf, bis sie an eine Kreuzung kamen und nach rechts in einen kahlen, engen, einsamen Weg einbogen, der parallel zu einem Hügelrücken verlief. Tief unten lag Drishane mit seiner Kirchturmspitze und sah wie ein Postkartenbild aus, weiter hinten lief die große Bucht an einer Landspitze aus, und am Horizont erhob sich wie ein Schwert aus grauer See der Leuchtturmfelsen. »Wie heißt der Felsen da?« fragte Mangan und streckte die Hand aus. Feeley sah hinüber und schenkte seinem Begleiter sein Delphingrinsen. »Fastnet«, rief er. »Der Leuchtturm von Fastnet«, dann zeigte er nach vorn. »Sehen Sie das Haus?« Es war seit mehreren Minuten das erste Haus, das sie zu Gesicht bekamen, ein neues Haus am Straßenrand, auf dessen Hof noch immer der Bauschutt lag. »Da wohnt Mrs. Kane. Die Frau wird sich um Sie kümmern. Tja, wirklich eine großartige Person.«

Hinter Mrs. Kanes Haus gabelte sich die Straße. Feeley wählte den schmaleren Feldweg, nicht mehr als eine Wagenspur, die so eng war, daß das Auto kaum genug Platz hatte. Unmittelbar am Weg und von einem Zaun ausgefranster Hecken umstellt lag in einer Senke vor ihnen ein altes zweistöckiges Haus mit sonnenverbrannten, rosafarbenen Mauern und einem hohen Schieferdach. Eine verglaste Terrasse und ein kleiner, vernachlässigter Vordergarten gingen zur Straße hin. Auf der Rückseite standen ein paar ziemlich alte, strohgedeckte Nebengebäude mit unregelmäßigen Wänden aus Stein, wie sie die irischen Bauerncottages des letzten Jahrhunderts gehabt hatten. Die Nebengebäude schienen unbenutzt, das Dach war eingesackt. »Da wären wir«, sagte Feeley, als der Wagen durch eine torlose Hintereinfahrt schoß und auf einer Felsplatte im Hof vor der Hintertür zum Bauernhaus stehenblieb. Es waren keine Hühner im Hof, und das Haus wirkte verlassen, roch aber durchaus nicht muffig, als Feeley die Küchentür aufschloß. Alles war sauber, als wäre erst am Morgen gefegt und gewischt worden. Vier Holzstühle mit verblaßten grünen Sitzkissen standen in der Küche. Der Holztisch war von zahllosen Mahlzeiten arg zerkratzt, der Herd ein altmodischer Gaskocher, aber es gab auch noch eine große, offene Feuerstelle mit angeschichtetem Feuer und gestapeltem, brennfertigem Torf. Mangan sah Besteck, Gläser und Porzellan im Glasschrank, und irgend jemand hatte ein ungestrichenes Bücherregal an der gegenüberliegenden Wand angebracht und es mit Taschenbüchern, einem Wörterbuch, einer Enzyklopädie und anderen, alten Bänden vollgestellt. Über dem Kaminsims hing ein großes Foto von Papst Johannes XXIII., und ein nachkolorierter Öldruck der Mutter Gottes hing über der Küchentür, umflochten von einem aus Stechpalmen gefertigten Kruzifix. Das Haus war weder kalt noch klamm. Neben der Küche war das Bad, und Feeley machte ihn auf den Heißwasserboiler aufmerksam. »Es ist ein gutes Haus«, sagte er, als er Mangan ins Wohnzimmer führte. »Letzten Sommer waren die Mieter damit sehr zufrieden.«

Das Wohnzimmer schaute auf die verglaste Sonnenterrasse, die den Blick auf den vernachlässigten Vordergarten, die Bucht und den Leuchtturmfelsen freigab. »Kommen Sie mit nach oben?« fragte Feeley und führte Mangan über eine enge Treppe an einer Statue der Jungfrau Maria vorbei zu den drei Schlafzimmern im oberen Stock. Im größten der Schlafzimmer, das sie nun betraten, hing ein Bild und eine darauf abgebildete Schriftrolle, die das Haus dem Herzen Jesu weihte, darunter brannte eine helle, kleine, herzförmige Lampe.

»Ich dachte, das Haus steht leer«, sagte Mangan und zeigte auf die Lampe.

»Ach die, die geht nie aus«, ließ ihn Feeley wissen. »Die

brennt mit Gas. *In perpetua,* könnte man sagen. Und sehen Sie hier. Genügend Decken und Laken. Wenn Sie wollen, können Sie gleich einziehen, sich Ihr Bett machen und nach der langen Reise ein wenig schlafen. Wollen Sie das Haus mieten?«

»Ja.«

»Großartig. Dann lassen Sie uns wieder nach unten gehen. Möchten Sie sich noch ein wenig umsehen?«

»Nein, danke.«

»Wissen Sie was? Dann fahre ich Sie jetzt zurück ins Dorf, und wir besorgen Ihnen ein paar Kleinigkeiten fürs Frühstück. Sie kommen dann wieder her, schlafen sich aus und schauen morgen irgendwann bei mir vorbei. Na, wie klingt das?«

»Prima. Wollen Sie eine Kaution?«

»Ach was, Unsinn. Und ich mache Ihnen einen vernünftigen Preis, das können Sie mir glauben. Ist schön und ruhig hier oben, stimmt's? Sehr ruhig. Ein herrliches Fleckchen zum Ausspannen.«

Also fuhren sie zurück ins Dorf. Eine Stunde später, nachdem er seinen Wagen geholt und den Weg über die engen, einsamen Wege zurückgefunden hatte, betrat Mangan erneut das leere, Duntally genannte Haus. Als er seine zwei Papiertüten mit Lebensmitteln auf dem Küchentisch abstellte und ins Wohnzimmer mit der Sonnenterrassensicht auf Bucht und Landzunge trat, begann das Tageslicht draußen bereits zu verblassen, und ein nahezu übernatürliches Licht füllte den Abendhimmel. Plötzlich blitzte das Licht vom Leuchtturm wie ein Signal aus geheimer Quelle auf. Und als er über die Felder entlang der Bucht sah, kam es ihm vor, als wäre die Zeit zurückgedreht worden: Der Anblick strömte eine Stille aus wie ein mittelalterliches Gemälde. Der Blick auf die fernen Felder, auf den Kirchturm tief unten und die Schieferdächer, all das erinnerte an eine längst vergangene Welt, ruhevoll wie eine Landschaft von Poussin, unverändert und unveränderlich. Kein Geräusch war zu hören, nicht einmal das Summen eines Insektes, der Schrei eines Vogels. Gefangen in dieser Stille stand er da, ohne sich zu rühren. Es war, als hätte sein Leben aufgehört.

Laut und unvermittelt begann es zu regnen. Laut, weil sonst nichts zu hören war. Der Himmel verdüsterte sich. Die Tropfen trommelten auf die Schindeln, weinten gegen die Fenster, ließen die ausgefranste Hecke im vernachlässigten Vordergarten zittern und beben. Er fühlte sich allein: allein wie nie zuvor. Er wandte sich vom Regen ab, ging zurück auf den Flur und die Treppe hinauf. Im großen Schlafzimmer brannte die kleine, herzförmige Lampe wie eine Wunde. Umständlich breitete er Laken und Decken über das Doppelbett, zog sich aus und legte sich auf die alte, klumpige, von fremden Leibern ausgehöhlte Matratze. Der Regen trommelte noch immer auf das Dach, aber er hörte ihn nicht mehr.

Dritte Reise:
Am Rand der westlichen Welt

Christoph Ransmayr

Eine Bühne am Meer

Die Bühne, von der ich hier berichte, liegt hoch über den Klippen der südirischen Atlantikküste, an einer der unzähligen, von Feldsteinmauern, Stechginster und Fuchsienhecken gesäumten Straßen, die sich zwischen den Leuchttürmen von Galley Head und Irlands südwestlichstem Kap, dem Mizen Head, in tief eingeschnittenen Buchten und felsigen Hügelketten verlieren. Eine Bühne so nahe der Brandung, daß die Schauspieler, Sänger oder Dichter, die sie jemals betraten, die Stimme manchmal erheben mußten, um das Meer zu übersingen oder einfach zu überschreien. Mein Freund Eamon aus Skibbereen, der mir auch gezeigt hat, wie man ein Boot sicher zwischen Klippen verankert, wie man Hummerkörbe auslegt und bissige Katzenhaie, die in diese Körbe geraten, daraus wieder befreit, ohne sich zu verletzen, mein Freund Eamon hat mich an einem stürmischen Februartag zu dieser meilenweit von jeder Siedlung entfernten Bühne geführt. Die Wegkreuzung, an der sie liegt, heißt im südirischen Gälisch *Glaisín Álainn.* Das bedeutet *Schöne Weide.*

Glaisín Álainn war bis in die jüngste Vergangenheit und an sechs Tagen der Woche tatsächlich nur eine Viehweide mit großem Blick aufs Meer, eine gegen die Felsenküste sanft abfallende Wiese, auf der das einsame, nun verfallende Steinhaus eines Mannes namens Liam O'Shea stand. O'Shea lebte bis zum Jahr seiner Auswanderung nach Westaustralien mit zwei Kühen, vier Hirtenhunden, einem Maultier und einer wechselnden Anzahl von Schafen auf Glaisín Álainn, brannte in einem Schacht der aufgegebenen Kupferminen an der Roaringwater Bay heimlich Poteen, Kartoffelschnaps, fuhr nach solchen *Brandnächten* auf seinem Maultierkarren oft schlafend über die Dörfer und konnte zur Begleitung einer Knopfharmonika in einer fast endlosen Ballade alle Namen, Jahres- und Opferzahlen von mehr als einhundert Schiffsuntergängen an der irischen Westküste singen. Mit seinen über die Woche gestreuten *Besorgungsfahrten,* auf denen er das Neueste aus den Dörfern und von den nahen Inseln erfuhr und weitererzählte und nebenbei Bier in Flaschen, Tabak, Karamel und andere weiterverkäufliche Genüsse nach Glaisín Álainn schaffte, schien er sich aber stets nur auf jenen einen Abend vorzubereiten, an dem sein Haus zum Schauplatz wurde, zum Theater, seine Viehweide zu einem festlichen Ort.

Denn an Sonntagabenden versammelten sich auf Glaisín Álainn Bauern, Fischer, Strandgutsammler, Torfstecher, Handwerker und das irische Personal englischer Herrenhäuser – versammelte sich ein *Publikum,* das zu Fuß oder bestenfalls mit dem Fahrrad auch aus stundenweit entfernten Gehöften und Weilern West Corks kam, um hier an etwas teilzunehmen, was unter weniger bescheidenen Verhältnissen und an windstilleren Orten *Darstellende Kunst* heißt: Getanzt wurde bei Liam O'Shea! Getanzt, gesungen, Geschichten und Balladen zur Knopfharmonika oder zur *tin whistle,* einer dünnen Blechflöte, vorgetragen – das alles auf einer Bühne unter freiem Himmel, die Liam O'Shea inmitten seiner Weide aus Meersand und von den Gezeitenströmungen glatt geschliffenen Steinen gemauert hatte und zu der sein Publikum einfach *the platform* sagte.

Auf Liam O'Sheas Plattform konnte sich an einem Sonntagabend jeder aus dem Publikum vom Zuschauer in einen umjubelten Darsteller verwandeln, konnte einer, der eben noch gerührt oder lachend bloß zugehört hatte, sich nun selber erheben, zur Harmonika oder zur Blechflöte greifen und dann unter dem Applaus verstummter Sänger und Musiker zu spielen, zu singen beginnen.

Auch wenn Wind und Brandungslärm an Musikinstrumenten nur Knopfharmonika und Blechflöten zuließen, Ziegenfelltrommeln und die *uillean pipes,* eine sanft und melancholisch klingende Spielart des Dudelsacks – wenn Liam O'Shea Harmonika spielte und dazu von Schiffsuntergängen und den Segnungen des Strandguts sang, von auf den Brechern tanzenden Schweinen, von Hunderten Ballen schneeweißer Baumwolle, die wie Eisschollen in der Bantry Bay trieben, von schwimmenden Teppichen aus Orangen, Kisten voll Uhren und Messingglocken und vom Glanz versunkener Silberbarren und dem Gold spanischer Fregatten, dann meinten seine Zuhörer nicht bloß eine Knopfharmonika, sondern manchmal eine Fiedel zu hören, ja selbst die irische Harfe und andere Stimmen, die im Rauschen der Wirklichkeit auf Glaisín Álainn für gewöhnlich zu leise und deshalb nicht zu gebrauchen waren.

O'Sheas steinerne Bühne hatte kein Dach, keine einzige Mauer, die vor Wind und Regen schützte, keinen Vorhang, keine Treppe. Kaum höher als das Weideland gelegen, das sie umgab, konnte ein Künstler sie einfach betreten, indem er über Stechginster und Gras hinwegstieg – und konnte mit diesem einen Schritt doch eine ganze Welt hinter sich lassen: trat in eine Melodie ein, in eine Ballade, einen Applaus oder ein Gelächter, in dem ihm sein Leben plötzlich noch einmal neu und anders erschien, verwandelt in Töne und Worte. Dadurch wurde dieses Leben zwar nicht leichter, aber zumindest erzählbar, begreifbar – und erschien in manchen Spott- und Kampfliedern sogar veränderbar.

Schlachtgesänge und Liebeslieder, Balladen von der großen Hungersnot des vergangenen Jahrhunderts, Lieder vom Bürgerkrieg zwischen den Gefolgsleuten der irischen Republikaner Michael Collins und Eamon de Valera und selbst Walzer, wie sie in den Salons der Transatlantikliner getanzt wurden, die hell erleuchtet, so nah und so unerreichbar, an den Seezeichen vor Glaisín Álainn vorüberzogen – was immer auf Liam O'Sheas Plattform gesungen oder gespielt wurde, die Kulissen aller Tänze und Darbietungen blieben immer auch die Schauplätze der Wirklichkeit: Das Meer in einem Lied aus den Hungerjahren, in denen Schiffe voll Getreide und Fleisch Irlands Reichtum nach England verbrachten, während auf den Friedhöfen Massengräber für die Hungertoten ausgehoben wurden, dieses Meer voller Kornschiffe mit geblähten Segeln – es war das gleiche, dessen Rauschen bis nach Glaisín Álainn heraufdrang. Und die Klippen in einer Ballade, in der die *Lusitania* und die unsinkbare, in Belfast gebaute *Titanic* das Leuchtfeuer von Kinsale passierten und Kurs auf ihren Untergang nahmen – das waren und blieben die Klippen *dort unten,* schwarze Felsen in Sichtweite von Glaisín Álainn. Selbst der Himmel, der in so vielen Liedern angerufen wurde, war der gleiche, nach dessen Sternbildern die Fischer von Glandore und Leap und Baltimore und Ballydehob ihren Kurs bestimmten und aus dem es an manchen Sonntagabenden zu regnen begann.

Auch wenn in diesem Regen oder einem plötzlich aufziehenden Sturm zumindest für einige von O'Sheas Gästen die Möglichkeit bestand, in seinem Steinhaus unterzukommen, um dort am Torffeuer das Schlimmste abzuwarten – auf Glaisín Álainn gab es zu keiner Zeit den Paravent einer bloßen Kulisse, hinter der die Wirklichkeit verschwand oder schöner erschien, als sie war. Und wenn auf der Plattform das Heimweh eines irgendwo in Amerika, Neuseeland oder Australien verschwundenen irischen Auswanderers besungen wurde und das verlassene Land dabei so grün und so unvergeßlich wie nur in der Poesie erschien, dann streckte zum Zeichen dafür, daß keine Zeile erfunden war, der Leuchtturm von

Fastnet seine Lichtfinger bis nach Glaisín Álainn. Der Turm auf dem umbrandeten Felsen von Fastnet, der bei klarem Wetter auch tagsüber von O'Sheas Weide aus sichtbar blieb und in manchen Balladen und Liedern nur *Die Träne Irlands* hieß, weil jedes Auswandererschiff, das aus dem Hafen von Cork mit südwestlichem Kurs auslief, bei Fastnet die offene See gewann. Erst wer diesen schwarzen Felsen mit seinem Leuchtturm aus der Sicht verlor, hatte Irland aus den Augen und oft für immer verloren.

Der Leuchtturm von Fastnet war auch an jenem Februartag zu sehen, an dem ich meinen Freund Eamon zum erstenmal nach Glaisín Álainn begleitete, um Hummerkörbe zu holen. Es war ein Montag, und vor O'Sheas verlassenem Haus lag zwischen regennassen, grasenden Kühen ein Boot auf der Weide; Eamons Boot, das er noch jedes Jahr vor den ersten Winterstürmen aus dem Hafen von Castletownshend und dann über die Hügel bis nach Glaisín Álainn gezogen hatte, um es auf dieser Weide zu verankern, im Gras, das in West Cork auch während der kältesten Jahreszeit grün bleibt und schneefrei.

Anfang Februar, wenn in den Gärten der umliegenden Gehöfte die Kamelienbäume zu blühen beginnen, verschwinden die vor Glaisín Álainn aus der Brandung ragenden Klippen und unbewohnten Inseln manchmal hinter ungeheuren Vorhängen weißer Gischt. Dann rollt der von spätwinterlichen Weststürmen gepeitschte Atlantik mit aller Gewalt gegen die Küste, steigen zwanzig und dreißig Meter hohe Wasserwände an lotrechten Felsen empor, bersten unter Donnerschlägen und stürzen in vielarmigen Kaskaden in ein brodelndes Chaos zurück. Bei solchem Seegang suchen die Kühe auf O'Sheas Weide im Windschatten hinter Eamons Boot vor dem Gischtregen Schutz, der, von den Böen meilenweit landeinwärts geweht, das Gras salzig werden läßt. Selbst ein kräftiger Mann hätte an Sturmtagen Mühe, sich in den Windstößen auf der

Plattform aufrecht zu halten. Jeder Ton eines Gesanges, jedes Wort, jeder Schrei würde augenblicklich untergehen in einem die ganze Küste bis in ihre dunkelsten Höhlungen und Buchten hinein erfüllenden Tosen.

Im Winter, sagte mein Freund Eamon und zerrte ineinander verhakte Hummerkörbe aus der Ladeluke seines Bootes, im Winter habe ein Vorhang aus Regen und Gischt die Bühne von Glaisín Álainn geschlossen. Dahinter habe sich alles Theatralische, alles Tanzen und Festliche in bloße Geschichten, in Tratsch und Erzählungen verwandelt, die am rußigen Feuer in O'Sheas Haus manche Sonntagabende doch wieder so lang und so kurzweilig wie im Sommer werden ließen. Natürlich gab es auch an diesen Abenden Musik, Harmonika, Blechflöten, Lieder, aber kaum Tanz. Es war, als würde in den Winterstürmen so etwas wie das Repertoire, das Gedächtnis der Plattform erneuert, als müßte sich die Bühne vom Getrampel sommerlicher Auftritte erholen, um, vom kalten Regen und der Gischt blankgespült, an irgendeinem Sonntag nach dem Saint Patrick's Day im März wiedereröffnet zu werden.

An den Sonntagabenden im Winter, während der Druck der Böen den Rauch durch den Kamin manchmal in O'Sheas Stube zurückstieß und Erzählern wie Zuhörern die Augen vom Ruß tränten, waren es oft die Verschwundenen, die Ausgewanderten und die Toten, die in Geschichten und Liedern wiederkehrten – die Toten der großen Hungersnot, die in Amerika oder Australien Verschollenen, die Getöteten all dieser *Bloody Fridays* und *Bloody Sundays* der Kämpfe gegen England und des Bürgerkriegs, die Ertrunkenen jener Fregatten, Frachter und Tanker, deren geborstene Wracks bei ruhigem Wasser draußen, vor den Klippen von Glaisín Álainn, als Schatten in der Tiefe zu sehen waren.

Mehr als eine Million Tote in den Jahren der Hungersnot, sagte mein Freund Eamon, und Millionen von Ausgewanderten. Und alle diese Wracks dort draußen! Seit dem Mittelalter mehr als zweitausend in der Chronik der Untergänge verzeichnete, vor der irischen Küste gesunkene Schiffe ... So viele Geschichten und Songs könnten doch von allen Dichtern und Sängern dieser Welt nicht erzählt und nicht gesungen werden, um alle in Verlustlisten und Zahlenkolonnen verborgenen Dramen und Tragödien dem Gedächtnis der Menschheit zu bewahren. Was aber könne in einer Geschichte, auf einer Bühne, denn Größeres getan werden, als daran zu erinnern, was die Menschen sich selbst und einer dem anderen angetan hätten, daran zu erinnern, wozu diese Menschen in ihrem Glück und in ihrem Elend fähig seien und was ihnen also auch in Zukunft noch winken oder drohen werde?

John Millington Synge

In West Kerry

Am Bahnhof von Tralee – ich war unterwegs in ein Dorf, das viele Meilen hinter Dingle liegt – fand ich einen Jungen, der meine Tasche zu einem offenen Rangierbahnhof trug, wo die kleine Eisenbahnstrecke in den Westen anfängt. Eine Menge verwirrter Bauern lief mit allem möglichen Gepäck auf dem Bahnsteig herum, das sie schließlich in den Zug luden. Die Sitze zogen sich an den Waggonwänden entlang, und der Platz dazwischen füllte sich bald mit Mehlsäcken, Porterkästen, in Stroh gewickelten Stühlen und anderen Haushaltsartikeln. Ein betrunkener junger Mann stieg kurz vor dem Losfahren noch ein und sang für ein paar Münzen Lieder; er habe all sein Geld ausgegeben, erzählte er uns, und könne sich keine Fahrkarte leisten. Als der Wagen voll bepackt war, lief der Zug langsam aus dem Bahnhof aus. Neben mir saß ein alter Mann, der mir die irischen Namen der Orte, die wir passierten, erklärte und der mir Seven Pigs, eine Inselgruppe in der Bucht, zeigte, dann weiter entfernt Kerry Head und andere ferne Berge. Neben ihm drängte sich ein Dutzend kräftiger Frauen in Umschlagtüchern; und mir genau gegenüber saß eine junge Frau, die einen Trauring trug und zweifelsohne zu den besonders vornehmen Frauen von Kerry zählte. Jede ihrer Bewegungen und ihr Mienenspiel waren einfach bezaubernd. Eine der großen Frauen sprach mit ihr über einen älteren Mann, der krank gewesen war – vermutlich ihr Mann –, und über einen jungen Mann, der nach

England ausgewandert war und dem die Einsamkeit das Herz brach.

»Ach, der Arme!« sagte sie. »Ich nehme an, auch er wird sich daran gewöhnen; und wäre er nicht schlimmer dran, wenn er drüben in Saint Louis oder in einer dieser amerikanischen Städte wäre?«

Diese junge Frau schien in sich die Gesundheit der Leute vom Land mit feinstem Empfindungsvermögen zu vereinen, denn wenn es im Wagen irgendeine kleine Aufregung gab oder ein Witz gemacht wurde, dann färbten ihr Gesicht und ihr Hals sich vor Vergnügen und Belustigung. Im Weiterfahren bot sich uns ein wunderbarer Anblick – zuerst im Norden Loop Head, dann, als wir den Hügelkamm erreichten, auch im Norden, wo Drung Hill, die Macgillcuddy's Reeks und andere Berge Süd Kerrys lagen. Bald darauf stiegen fast alle an einem kleinen Bahnhof aus; auch die junge Frau, die ich so bewundert hatte, suchte ihr Gepäck zusammen und hob mit Männerkraft schwere Kisten aus dem Zug. Zwei offenbar aus Amerika zurückgekehrte Mädchen stiegen ein, prächtige, kräftig aussehende Frauen mit unglücklichen Gesichtern, dann fuhr der Zug wieder an. Durch enge Täler auf unserer Linken konnten wir jetzt die Dingle Bay sehen, die im Abendlicht von außergewöhnlicher Schönheit war. Im Nachbarwaggon saßen Viehtreiber und Gelegenheitsarbeiter, und während der letzten Stunde war es zu einem wütenden Wortwechsel zwischen ihnen gekommen, der immer wieder in einen gefährlichen Streit zu münden drohte; Schläge wurden jedoch nicht ausgeteilt.

An der Endstation wartete ein blauer zweirädriger Karren auf mich, um mich in das Dorf zu bringen, das ich besuchen wollte. Ich brauchte einige Zeit, um mein Gepäck darauf festzubinden, zusammen mit dem zerlumpten Jungen, der mich fahren sollte; dann fuhren wir los, durch die üblichen Straßen eines Ortes in Kerry, mit Schenken an den Ecken, und schließlich verließen wir die Stadt über einen schmalen Kai, an dem einige Segelboote und ein kleiner Kohlendampfer lagen. In der Nähe einer großen Wassermühle, wo eine Gruppe von Mädchen herumstand und sich die schwarzen Umschlagtücher vors Gesicht zog, überquerten wir eine Brücke, dann bogen wir scharf rechts ab und hielten auf die Berge zu. Zuerst fuhren wir einige Meilen lang bergauf und kamen nur langsam vorwärts, obwohl der Junge ein- oder zweimal absprang und sich eine Handvoll Gerten suchte, um die große Stute anzutreiben. Als das Zwielicht sich zu vertiefen begann, erreichten wir den Hügelkamm und sahen durch eine Kluft Smerwick Harbour, eine wilde Bucht mit phantastischen Landspitzen, und ein großes Stück Atlantik. Wir fuhren weiter westwärts, manchmal sehr schnell, wenn der Hang nicht zu steil war, dann wieder langsam, wenn die Straße unter uns wie eine Hausmauer abzufallen schien. Als es dunkel wurde, lag die See wie ein Stück Silber rechts von uns, und die Berge links von uns wurden schwarz, während herbe Nachtgerüche aus den Mooren aufstiegen. Ein- oder zweimal entdeckte ich am Straßenrand eine blaue Rauchwolke, und ich sah, daß wir dicht an den Dachgiebeln eines kleinen Dorfes vorbeifuhren, dessen Häuser so dicht aneinander standen, daß von keinem Licht zu sehen war. Es war jetzt schon recht dunkel, und der Junge fuhr vorsichtiger und landete mit dem Wagen ein- oder zweimal fast im Straßengraben, weil er riesige Löcher in der Straßenmitte, wo der Boden ins Moor abgesackt war, umgehen wollte. Schließlich erreichten wir einen weiteren Fluß und eine Schenke, dann fuhren wir einen Hügel hoch, von dem aus wir die Umrisse einer Kapelle sehen konnten, und der Junge drehte sich zu mir um und fragte: »Ist es schon zehn? Wir sind nämlich jetzt fast im Dorf.«

Am nächsten Morgen, einem Sonntag, drohte es zu regnen, aber ich wanderte nach dem Frühstück unterhalb des Croagh Martin nach Westen, in Richtung Atlantik. In einem der ersten Dörfer, durch die mein Weg mich führte, sprach ich mit einem Mann, der am Wegesrand saß und auf den Beginn der Messe wartete. Schon bald redeten wir über die irische Sprache.

»Vor einigen Jahren«, sagte er, »wollten alle Schluß damit machen; und als ich noch ein Kind war, wurde mir den ganzen Nachmittag lang ein Knebel in den Mund gesteckt, wenn ich beim Irischsprechen erwischt worden war. War das nicht grausam? Und jetzt kommen dieselben Wichtigtuer und flehen uns an, doch um Gottes willen nur noch Irisch zu sprechen, und ich würde sie dann gern zur Hölle schicken. Vor einer Weile war ein Priester hier bei uns, der sagte, wir sollten immer bleiben, wo wir sind, und dabei nur irisch sprechen; ich glaube zwar, daß die Priester gebildete Männer und Gelehrte sind, aber sie verstehen das Leben der Armen nicht so wie andere. Hier ist der Boden sehr arm – das sehen Sie ja selber –, und die Leute haben auch sonst kaum ein Auskommen; wenn also die Familie groß ist, muß ein Sohn zu Hause bleiben und den Hof übernehmen, und die anderen gehen weg, weil ihnen nichts anderes übrigbleibt. Und wenn sie in Tralee erst einmal die Dinglebahn verlassen haben, werden sie kein Wort Irisch mehr hören und niemandem begegnen, der diese Sprache versteht; und deshalb frage ich Sie, wozu ist ein Mann denn gut, wenn er nicht englisch spricht, und zwar gut?«

Nachdem ich ihn verlassen hatte, ging ich in Richtung Dunquin und legte mich längere Zeit neben eine wunderbar wilde Straße unter dem Croagh Martin, wo ich die Blasket-Inseln und die Spitze von Dunmore Head sehen konnte, Europas westlichsten Punkt. Es war ein grauer Tag, Meer und Himmel waren seltsam still, und nirgendwo sah ich ein Lebenszeichen, abgesehen vom Segel eines *currach* oder *naomhóg*, wie sie diese Boote hier nennen, das von den Inseln herkam. Ab und zu kam ein Karren voller alter Leute und Kinder vorbei, die mich auf irisch grüßten; dann machte ich selber kehrt. Ich folgte einer langen Straße durch ein Moor, mit einem sanftgewellten Berg auf der einen Seite, dem Meer auf der anderen und vor mir Brandon, das von Wolken teilweise verborgen war. Überall sah ich kleine Gruppen von Leuten, die unterwegs zur Kapelle von Ballyferriter waren, die Männer in grobem Wollstoff, die Frauen in blauen Umhängen, oder, häufiger, in schwarzen, über ihre Köpfe gezogenen Umschlagtüchern. Diese Prozession am grauen Herbsttag über die olivbraunen Moore, zwischen Bergen und See, rührte mich schmerzlich an, eine Rührung, die wir überall in Irland finden – die zum Teil lokal und patriotisch ist und zum Teil zu der Verzweiflung gehört, die sich überall unter die erhabene Schönheit der Welt mischt.

[...]

Morgens gehe ich oft zur Stelle, wo Sybil Ferriters Burg gestanden hat, auf einer kleinen Landzunge, die über einen schmalen Steg aus Felsen erreichbar ist. Wenn ich dort liege, kann ich ganze Züge von Kormoranen und Dohlen und Möwen sehen, die vor den Klippen herumfliegen, und dahinter sehe ich etliche *naomhógs*, die fast immer in Ferriter's Cove fischen. In der Ferne liegen dann Sybil Head und drei spitze Felsen, die Three Sisters; noch weiter weg sehe ich Smerwick Harbour und Brandon, zumeist verdeckt von weißen, luftigen Wolken. Zwischen den Landspitzen und dem Dorf gibt es einige mit Sanddorn bewachsene Dünen und einen flachen Strand, auf dem Dutzende von roten Bullen am Wasser liegen oder bis zu den Knien hineingehen. Weiter weg kommt man an seltsamen, hufeisenförmigen Buchten vorbei mit klarem, reinem Wasser von wundervollem Blau, eingerahmt von Sandsteinreihen auf der einen und schiefrig blauen Felsen auf der anderen Seite.

An diesem Morgen ging ich von Osten her nach Sybil's Head hoch, wo man dann plötzlich an einem felsigen Abgrund steht, der viele hundert Meter gerade zum Wasser hin abfällt. Es ist ein unbeschreiblich beeindruckender Platz, von dem aus wir Carrantuohill und die Skelligs und Loop Head sowie den weiten Atlantik sehen können, und über allem das wunderbar zarte und durchdringende Licht, das es nur in Kerry gibt. Wenn wir diese beinahe zweihundert Meter hinunterblicken, dann sind wir so hoch, daß die Tölpel, die dicht über der Wasseroberfläche fliegen, wie weiße Schmetterlinge aussehen, während die Dohlen wie Fliegen hinter ihnen herzuflattern scheinen. An solchen Orten fragt man sich, warum noch irgendein Mensch in Dublin, London oder Paris wohnt, wo es doch sicher besser wäre, an diesem großartigen Meer, unter diesem Himmel in einem Zelt oder einer Hütte zu leben und die wunderbare Luft einzuatmen, die sich zwischen den Zähnen anfühlt wie Wein.

[...]

Heute, an einem Feiertag, kam ich, zusammen mit einem Schulmeister und zwei jungen Männern aus dem Dorf, die nur den Nachmittag hier verbringen wollten, auf der großen Insel Blasket an. Der Tag war bewundernswert klar, See und Himmel waren blau, und die Fahrt im langen Kanu – ich hatte seit zwei oder drei Jahren in keinem mehr gesessen – machte mir eine unbeschreibliche Freude. Wir passierten Dunmore Head und hielten westwärts auf die große Insel zu, und dabei ließen die hohen Berge und die scharfen Felsen die Gegend sehr viel anders aussehen als die Meerengen bei Aran, wo ich zuletzt mit einem *currach* unterwegs gewesen war. Wie üblich ruderten drei Männer – mein Gastgeber, sein Sohn und ein großer Nachbar, alle trugen blaue Pullover, Hosen aus selbstgesponnener Wolle und Hemden, und sie sprachen nur irisch, obwohl mein Gastgeber, wenn er wollte, Englisch gut beherrschte. Als wir uns Blasket näherten, das sich wie ein Berg steil aus dem Meer zu erheben schien, konnten wir viele Menschen in Sonntagskleidung erkennen, die am Rand der Klippen saßen oder standen und auf uns warteten; gleich hinter ihnen sahen wir einige Hütten mit Dächern aus geteertem Filz. Etwas später erreichten wir zwischen den Felsen eine Bucht, wo wir an einem Bootsbauplatz landeten. Dann kraxelten wir einen steilen Zickzackpfad zum Felsengipfel hoch. Die Leute, die wir vorher von unten gesehen hatten, scharten sich um uns und schüttelten uns die Hände.

Die Hütte, in der ich hier wohnen sollte, ist eine der höchstgelegenen, und während wir durch kleine Gänge zwischen den Hütten auf sie zugingen, tauchten viele weiße, wölfisch aussehende Hunde auf und kläfften uns an. Mein Gastgeber war mit meiner Tasche schon vorausgegangen, und als ich seine Türschwelle erreichte, trat er vor, schüttelte mir noch einmal die Hand und hieß mich willkommen. Seine älteste Tochter, eine verheiratete junge Frau von etwa zwanzig, die ihm den Haushalt führte, gab mir ebenfalls die Hand und begann, ohne sich nach unserem Hunger zu erkundigen, Tee zu kochen und Speckstreifen zu braten. Sie ist eine zierliche, hübsche Frau mit braunen Haaren und Augen – statt der schwarzen Haare und blauen Augen, die bei ihresgleichen in Irland sonst zu beobachten sind –, und sie hat zarte Füße und Fesseln, was in dieser Gegend nicht üblich ist, weil die Frauen so hart arbeiten müssen. Ihre Schwester, die im selben Haus lebt, ist ein reizendes Mädchen von vielleicht achtzehn, voller Humor und guter Laune.

Der Schulmeister riß Witze auf Englisch und Irisch, während die zierliche Gastgeberin uns den Tee servierte; dann füllte sich die Küche mit jungen Männern und Frauen – die Männer waren gekleidet wie normale Fischer, die Frauen trugen Kattunmieder und bunte Röcke, die nichts mit der Tracht der Aran-Bewohner gemein hatten –, und eine Polka wurde getanzt, mit seltsamer Feierlichkeit, in einem Wirbel von Staub. Danach mußten meine Begleiter sich wieder auf den Weg zum Festland machen. Als wir das Haus verließen, um zum Meer zu gehen, scharte sich eine Menschenmenge um uns, die fast aus sämtlichen Einwohnern der Insel bestand. Am Klippenrand verabschiedeten sich die jungen Männer sowie der Schulmeister von mir und kletterten den Zickzackpfad hinunter, während ich mit den Insulanern an der Felskante stand. Ich blieb lange dort sitzen und sah zu, wie das Segel des Kanus auf Dunquin zuhielt, und dabei unterhielt ich mich mit einer jungen Frau, die einige Jahre in Ballyferriter verbracht hatte und gut englisch konnte. Es war ein besonders schöner Abend, und nach einer Weile, als die Menschenmenge sich zerstreut hatte, ging ich durch das Dorf und folgte dann einem Weg in Richtung Nordwesten, zwischen einigen Kartoffeläckern und kleinen Feldern voller Unkraut, die längst nicht mehr bestellt zu werden schienen. Dann ging ich einen steilen grünen Hügel hinauf und stand plötzlich am schroff abfallenden Rand einer Klippe. Es war ein wunderbarer Anblick. Genau unter mir befand sich der Atlantische Ozean; ich konnte ein oder zwei Meilen entfernt die scharfen Felsen von mehreren unbewohnten Inseln sehen, etwas weiter weg Tearaught und, zu meiner Linken, die ganze nördliche Kante der Insel, die sich zum Westen hinzieht, eine steile, heidebewachsene Front, bis zu dreihundert Meter hoch. Der Anblick von Meer und wilden Inseln war so klar und kalt und brillant wie in einem Traum, der lebendig wird in dem einzigartigen strengen Glanz, der diesem Ort hier eigen ist.

[...]

Oft fühlen wir uns klein und sind enttäuscht, wenn wir an einen Ort zurückkehren, der unsere Erinnerung und unsere Phantasie beschäftigt hat, und erst ein oder zwei Tage später können wir ihn wieder genießen. Heute morgen aber, als ich durch die Schlucht zwischen dem Croagh Martin und dann zurück zum Slea Head ging und Innishtooskert und Inishvickillaun und die Große Blasket-Insel sah, kamen sie mir zehnmal so grau und wild und großartig vor als je in meiner Erinnerung. Das kalte Wasser, die Brandung, das Gefühl von

Wasser in den Wolken, die schwarzen Felsen und überall der rote Farn waren wieder und wieder eine aufregende Überraschung.

Unterwegs begegneten mir ab und zu alte Männer in Fräcken aus Fries, die man heutzutage immer seltener sieht. Wenn ich sie auf Englisch ansprach, schüttelten sie den Kopf und murmelten etwas, das ich nicht verstehen konnte; wenn ich es jedoch mit Irisch versuchte, hielten sie mir lange Reden über das Wetter und den klaren Tag.

Als ich abends nach Hause kam, bot sich mir ein Anblick, der das ganze Wesen von Corcadhuibhne einzufangen schien – eine kurze Reihe niedriger Hütten mit gelben Dächern, daneben ein blattloser, alter Baum, und dies alles vor einem hohen Berg, der weit entfernt schien und doch nah genug war, um seine leuchtenden, wunderschönen Farben zu sehen.

Dann wanderte ich um die eindrucksvollen Forts von Fahan herum. Das Blau der See und das Blau der Hügel zwischen Carrantuohill und den Skelligs, die einzigartige Einsamkeit des Hangs, auf dem ich mich befand und wo nur einige Dohlen und Möwen zu sehen waren, waren so überwältigend, daß es mich fast traurig machte.

William Butler Yeats

Wie das Seil gedreht wurde

Einmal, als sich der Tag schon neigte, zog Hanrahan seines Wegs in der Nähe von Kinvara und hörte den Klang einer Fiedel aus einem Haus, das etwas abseits vom Straßenrand lag. Er schlug den Pfad ein, der darauf zuführte, denn es war seine Gewohnheit, an keinem Haus vorüberzugehen, wo es Musik, Tanz oder Geselligkeit gab, ohne einzutreten. Der Hausherr stand in der Tür und erkannte Hanrahan, als er näher kam, und sagte: »Sei willkommen, Hanrahan, du hast dich lange nicht bei uns blicken lassen.« Aber da kam die Frau zur Tür und sagte zu ihrem Mann: »Mir wäre es lieber, wenn Hanrahan heute abend nicht hereinkäme, denn er ist bei den Geistlichen und bei den Frauen, die auf sich halten, jetzt übel angeschrieben, und wie er daherkommt, sollt' es mich nicht wundern, wenn er eins zuviel getrunken hätte.« Ihr Mann erwiderte jedoch: »Ich werde nie einen Dichter wie Hanrahan von meiner Tür weisen« und hieß ihn eintreten.

Es waren eine Menge Nachbarn im Hause versammelt, und manche von ihnen erkannten Hanrahan, aber ein paar Buben, die sich in den Ecken drängten, hatten bloß die Erwachsenen von ihm reden hören und standen auf, um einen Blick von ihm zu erhaschen, und einer von ihnen fragte: »Ist das nicht Hanrahan, der eine Schule hatte und den die Elfen entführt haben?« Aber seine Mutter hielt ihm mit der Hand den Mund zu und hieß ihn still sein und nicht von solchen Dingen reden. »Denn Hanrahan«, sagte sie, »wird leicht zornig, wenn er hört, daß von der Geschichte geredet wird, oder wenn ihn einer danach fragt.« Dann rief der eine oder andre ihm zu und bat um ein Lied, aber der Hausherr wehrte, es sei noch nicht an der Zeit, ein Lied von ihm zu verlangen, bevor er sich ausgeruht habe. Er reichte ihm ein Glas Whiskey. Hanrahan dankte, hob es auf seine Gesundheit und leerte es auf einen Zug.

Der Musikant stimmte seine Fiedel für den nächsten Tanz, und der Hausherr sagte zu den Burschen, sie würden erst wissen, was tanzen heißt, wenn sie Hanrahan gesehen hätten, denn dergleichen habe man nach seiner Zeit nie wieder erlebt. Hanrahan aber sagte, er wolle nicht tanzen, er wisse seine Füße jetzt besser zu brauchen, seit er die vier Gaue Irlands durchwandere. Als er so sprach, kam gerade Una, die Tochter des Hauses, mit einem Armvoll Connemara-Torf fürs Feuer zur Halbtür herein. Sie warf den Torf in den Herd, daß die Flammen hoch aufloderten, und man sah, wie hübsch sie war und wie sie lächelte. Da standen zwei oder drei Burschen auf und baten um einen Tanz. Aber Hanrahan ging quer über den Estrich, schob die anderen beiseite und erklärte, sie müsse mit ihm tanzen nach dem langen Weg, den er zurückgelegt hatte, um zu ihr zu kommen. Er wird ihr wohl auch ein Schmeichelwort ins Ohr geraunt haben, denn sie sträubte sich nicht und stellte sich mit ihm zum Tanz an, und ihre Wangen waren leicht gerötet. Dann standen auch andere Paare auf, aber als der Tanz beginnen sollte, blickte Hanrahan zufällig zu Boden und bemerkte, daß seine Schuhe vertreten und zerrissen waren und daß die zerlumpten grauen Socken zum Vorschein kamen. Da sagte er ärgerlich, es sei ein schlechter Tanzboden und die Musik sei auch nicht besonders gut, und er setzte sich in den dunklen Winkel neben dem Herd. Aber wie er das tat, setzte sich das Mädchen neben ihn.

Der Tanz ging weiter, und als er zu Ende war, wurde ein zweiter verlangt, und eine Weile achtete niemand auf Una und

Rot-Hanrahan in ihrem Winkel. Nur die Mutter wurde unruhig und rief nach Una, daß sie ihr helfen solle, in der inneren Stube den Tisch zu decken. Doch Una, die ihr sonst in allem folgsam gewesen, antwortete, sie werde gleich kommen, aber nicht jetzt, denn sie lauschte dem, was Hanrahan ihr ins Ohr sagte. Da wurde die Mutter noch unruhiger und trat näher zu ihnen und tat, als ob sie das Feuer schürte oder den Herd fegte, und horchte eine Minute lang, um aufzufangen, was der Dichter ihrem Kind zuraunte. Das eine Mal hörte sie ihn von Deirdre mit den schneeweißen Händen erzählen und wie sie die Söhne Usnas in den Tod geschickt hatte, wie die Röte ihrer Wangen nicht so rot gewesen war wie das Blut, das für sie geflossen, und daß ihr Kummer unvergessen sei. Und er sagte, daß vielleicht durch die Erinnerung an sie der Kiebitzschrei über dem Moor den Dichtern so traurig im Ohr klinge wie die Totenklage von Jünglingen um einen Waffengefährten. Nie wäre die Erinnerung an sie lebendig geblieben, wenn nicht die Dichter gewesen wären, die ihre Schönheit in Liedern bewahrten. Das andere Mal konnte sie nicht recht verstehen, was er sagte, aber was sie vernahm, klang wie ein Gedicht, obgleich es keine Reime hatte, und dies hörte sie ihn sprechen: »Die Sonne und der Mond sind wie ein Mann und ein Mädchen, sie sind mein Leben und dein Leben, sie wandern und wandern ewig am Himmel dahin, beide wie unter demselben Dach. Gott hat sie füreinander geschaffen. Er hat dein Leben und das meine gemacht, ehe die Welt begann, und er tat dies, damit sie durch die Welt gehen mögen, auf und ab, wie die zwei besten Tänzer, die weiter tanzen, den langen Scheunenboden auf und nieder, frisch und lachend, wenn alle andern erschöpft sind und müde an der Wand lehnen.«

Da ging die alte Frau zu ihrem Mann, der beim Kartenspiel saß, aber er wollte nicht auf sie hören, und sie trat zu einer der Nachbarinnen und sagte: »Gibt es denn gar kein Mittel, die beiden auseinanderzubringen?« Und ohne eine Antwort abzuwarten, wandte sie sich an ein paar junge Männer, die plaudernd beisammen standen: »Wozu seid denn ihr da, wenn ihr das schönste Mädchen im Haus nicht bewegen könnt, mit euch zu tanzen? Geht jetzt hin, ihr alle«, sagte sie, »und seht zu, daß ihr sie dem Dichter und seinem Gerede abspenstig macht.« Aber Una hörte auf keinen von ihnen und bewegte nur ihre Hand, gleichsam um sie zu verscheuchen. Da wandten sie sich an Hanrahan und sagten, er solle doch selber mit ihr tanzen oder einen von ihnen mit ihr tanzen lassen. Als Hanrahan das hörte, antwortete er: »Also gut, ich werde mit ihr tanzen. Keiner im ganzen Haus soll mit ihr tanzen als nur ich allein.«

Darauf erhob er sich mit ihr und führte sie an der Hand, und einige von den Burschen wurden ärgerlich, und einige begannen über seinen schäbigen Rock und seine zerrissenen Schuhe zu spotten. Doch er achtete dessen nicht und Una ebenfalls nicht, sondern sie blickten einander an, als ob die ganze Welt ihnen allein gehörte. Aber zwei andere, die wie ein Liebespaar beisammensaßen, stellten sich zugleich mit ihnen an, faßten sich bei den Händen und bewegten die Füße nach dem Takt der Musik. Doch Hanrahan kehrte ihnen wie im Ärger den Rücken zu, und anstatt zu tanzen, begann er zu singen. Während er sang, hielt er die Hand Unas fest, und seine Stimme wurde lauter und lauter. Die Burschen ließen das Spotten sein, die Fiedel verstummte, und es war nurmehr seine Stimme zu hören, die wie ein Rauschen im Winde klang. Und was er sang, war ein Lied, das er einmal gehört oder auf seinen Wanderungen über Slieve Echtge selbst erdacht hatte, und die Worte, soweit man sie aus dem Gälischen übertragen kann, lauteten:

Des Todes Knochenfinger
Uns nimmer finden soll
Im weitgewölbten Traumland

Von Liebe übervoll,
Wo Zweige blühn und tragen
Das Jahr durch früh und spät,
Wo Bäche überschäumen
Von rot und braunem Met,
Ein Alter bläst die Sackpfeif',
Wo Silberbäume stehn,
Mit eisblauen Augen im Tanze
Sich Königinnen drehn.

Und während er sang, schmiegte sich Una enger an ihn, und aus ihren Wangen war alle Farbe gewichen, und ihre Augen waren nicht mehr blau, sondern grau von Tränen. Wer sie so sah, hätte meinen können, sie sei auf der Stelle bereit, ihm von West nach Ost durch die Welt zu folgen.

Doch einer der Burschen rief: »Wo ist denn das Land, von dem er singt? Nimm dich in acht, Una, es ist weit von hier, und du mußt vielleicht lange wandern, bevor du hingelangst.« Und ein anderer sagte: »Du wirst nicht ins Land der ewigen Jugend kommen, wenn du mit ihm gehst, sondern in die Sümpfe von Mayo.« Da sah Una Hanrahan an, als wollte sie ihn fragen, aber er faßte ihre Hand, hob sie auf und rief: »Dieses Land ist ganz nah bei uns, es ist überall! Mag sein, daß es auf dem kahlen Berg da hinten liegt oder im Herzen des Waldes.« Und er sprach mit lauter, klarer Stimme: »Ja, im Herzen des Waldes. Oh, der Tod wird uns nie finden im Herzen des Waldes! Willst du mit mir dahin gehen, Una?« fragte er sie.

Aber während er so redete, waren die zwei alten Frauen vor die Tür getreten, und Unas Mutter weinte und sagte: »Er hat einen Zauber über sie geworfen. Können wir ihn von den Männern denn nicht aus dem Haus jagen lassen?«

»Das geht nicht«, entgegnete die andere, »denn er ist ein Dichter der Gälen, und du weißt wohl, wenn du so einen aus dem Haus jagst, dann spricht er einen Fluch auf dich, daß das

Korn auf dem Feld verdorrt und den Kühen die Milch eintrocknet, und wenn er sieben Jahre in der Luft schwebte.«

»Der liebe Gott steh uns bei!« klagte die Mutter. »Warum hab' ich ihn nur ins Haus hereingelassen, den verrufenen Gesellen!«

»Du hättest ihn ruhig draußen lassen können, aber du würdest großes Unheil heraufbeschwören, wenn du ihn vor die Tür setztest. Aber hör zu, wie ich ihn durch sein eigenes Tun aus dem Haus bringen will, ohne daß ihn wer vertreibt.«

Bald danach kamen die zwei Frauen wieder herein, jede mit einem Bündel Heu in der Schürze. Hanrahan sang nicht mehr, sondern redete hastig und leise auf Una ein und sagte: »Das Haus ist eng, aber die Welt ist weit, und keiner, der wahrhaft liebt, braucht Nacht oder Morgen, Sonne oder Sterne, die Schatten des Abends oder etwas Irdisches zu fürchten.«

»Hanrahan«, sagte da die Mutter und klopfte ihm auf die Schulter, »willst du mir hier einen Augenblick helfen?«

»Ja, Hanrahan«, sagte die Nachbarin, »hilf uns aus dem Heu da ein Seil zu drehen, denn du hast geschickte Hände, und ein Windstoß hat das Dach über dem Heuschober gelockert.«

»Von Herzen gern«, sagte er und nahm das kleine Stäbchen in die Hand. Die Mutter reichte ihm das Heu zu, und er drehte es ein, aber er beeilte sich, ans Ende zu kommen, um wieder frei zu sein. Die Frauen fuhren fort, zu schwatzen und das Heu auszuteilen, und ermunterten ihn. Sie sagten, wie gut er das Seildrehen verstünde, besser als ihre Nachbarn und alle, die sie sonst noch kannten. Als Hanrahan bemerkte, daß Una ihm zusah, begann er ganz schnell zu drehen und hielt den Kopf hoch und rühmte sich der Geschicklichkeit seiner Hände, der Gelehrsamkeit seines Kopfes und der Stärke seiner Arme. Und wie er so prahlerisch redete, ging er rückwärts, während er das Seil drehte, bis er an die Haustür kam, welche hinter ihm offen stand, und ohne es zu merken, trat er über die

Schwelle und war auf der Straße. Kaum stand er draußen, sprang die Mutter geschwind zur Tür und warf ihm das Seil nach. Dann schloß sie hurtig die Tür und Halbtür und schob den Riegel vor.

Sie freute sich sehr, als ihr dies gelungen war, und lachte schallend, und die Nachbarn lachten mit und lobten sie. Aber sie hörten ihn ans Tor schlagen und draußen fluchen, und die Mutter konnte gerade noch Una zurückhalten, die schon die Hand auf dem Riegel hatte, um zu öffnen. Dann gab sie dem Fiedler ein Zeichen, und der spielte einen lustigen Tanz auf. Einer der Burschen ergriff Una, ohne zu fragen, und führte sie mitten in das Gedränge der Tanzenden. Als der Tanz zu Ende war und die Fiedel verstummte, war draußen kein Laut mehr zu hören, und die Straße lag still wie zuvor.

Als Hanrahan sah, daß er ausgesperrt war und an dem Abend weder Obdach noch Trunk noch das willige Ohr eines Mädchens finden würde, schwanden ihm Zorn und Mut, und er ging hin, wo die Wellen an den Strand schlugen.

Er ließ sich auf einem großen Stein nieder, schlenkerte mit dem rechten Arm und begann langsam vor sich hin zu singen, wie er es immer tat, um sich aufzumuntern, wenn sonst nichts helfen wollte. Und man weiß nicht, ob es damals oder ein andermal war, daß er ein Lied erdachte, das bis auf den heutigen Tag »Wie das Seil gedreht wurde« heißt und so beginnt: »Wer war die tote Katz, die mich hierhergeführt?«

Aber nachdem er eine Weile gesungen hatte, schienen sich Nebel und Schatten, welche aus dem Meer aufstiegen oder über das Wasser heranglitten, um ihn zu lagern. Es kam ihm so vor, als ob einer der Schatten die königliche Frau wäre, die er einst auf Slieve Echtge in ihrem Schlaf erblickt hatte. Nun aber schlief sie nicht, sondern verhöhnte ihn und rief denen, die hinter ihr waren, zu: »Er war schwach, er war schwach, ihm fehlte der Mut!« Und er spürte, daß er die Litzen des Seils noch immer in den Händen hielt, und fuhr fort, sie zu drehen, und es dünkte ihn, daß er allen Kummer der Welt hineinflocht. Dann war ihm, als ob sich das Seil im Traum in eine große Wasserschlange verwandelte, die aus der See kam, sich um ihn ringelte und ihn immer enger und enger umschlang. Endlich machte er sich los und wankte unsicheren Schritts den Strand entlang, und die grauen Gestalten umgaukelten ihn bald da und dort. Und also riefen sie: »Zu beklagen ist, wer dem Ruf nicht folgt, den die Töchter der Sidhe an ihn ergehen lassen, denn er wird bis ans Ende seines Lebens und aller Zeiten in der Liebe irdischer Frauen nicht Tröstung finden, und Grabeskälte wohnt auf ewig in seinem Herzen. Er hat den Tod erwählt. Er möge sterben, sterben, sterben!«

John Millington Synge

Die Aran-Inseln

Es hat aufgeklart, und die Sonne läßt mit strahlender Wärme die ganze Insel im silbrigen Glanz einer Münze aufleuchten und erfüllt Meer und Himmel mit strahlend blauem Licht. Ich bin aus dem Haus gegangen und habe mich auf die Felsen gelegt. Vor mir habe ich den schwarzen Umriß der Nordinsel, dann die Bucht von Galway, die fast zu blau ist, um hinzusehen, zu meiner Rechten den Atlantik, links zu meinen Füßen eine senkrecht abfallende Klippe und über mir unzählige Möwen, die sich in einer weißen Wolke von Schwingen jagen.

Irgendwo in der Nähe ist ein Nest von Haubenkrähen, und einer der alten Vögel versucht, mich zu vertreiben, indem er sich alle Augenblicke wie ein Stein aus etwa vierzig Meter Höhe über mir bis in Reichweite meiner Hand fallen läßt. Weiße Seeraben streichen über der Bucht hin und her und tauchen immer wieder nach einer Makrele. Weit draußen kann ich die ganze Flotte der Huker von Kilronan sehen, die zu einem nächtlichen Fischfang in den tiefen Gewässern im Westen ausläuft.

Während ich hier so Stunde um Stunde liege, scheine ich in die wilde Vergangenheit der Klippe aufzugehen und ein Gefährte der Kormorane und Krähen zu werden.

Manche Vögel spielen sich vor mir auf mit der Eitelkeit von Primitiven. Solange ich in Sichtweite bin, geben sie ein Schauspiel eigenartiger Bewegungen und Wendungen, und sobald ich fort bin, kehren sie zu ihrem Felsvorsprung zurück. Manche sind wunderbar behende und spielen ihre höchst graziöse Rolle für unglaublich lange Zeit ohne die kleinste Regung der Schwingen. Sie verlieren sich dabei so in das eigene Können, daß sie oft im Flug zusammenstoßen. Darauf folgt stets ein wilder Ausbruch von Beschimpfungen. Ihre Sprache ist leichter verständlich als das Gälische, und ich meine den größten Teil ihrer Schreie zu verstehen, wenn ich auch nicht antworten kann. Sie haben einen ganz bestimmten klagenden Ton, den sie mitten in ihrem üblichen Geschwätz mit besonderem Effekt anbringen und den sie entlang der Klippe wie eine unartikulierte Wehklage einander weitergeben, so als ob sie sich dann an die Schrecken des Nebels erinnerten.

Auf den niedrigen Felsflächen im Osten kann ich eine Anzahl von roten und grauen Gestalten erkennen, die eifrig an der Arbeit sind. Der ständige Wechsel hier auf der Insel von der Verzweiflung der letzten Nacht und dem strahlenden Heute läßt an eine Verwandtschaft denken zwischen den Stimmungen der Menschen hier und dem Wechsel von Ekstase und Niedergeschlagenheit, der bei Künstlern und bei bestimmten Arten von Geisteskrankheit auftritt. Jedoch begreife ich nur im Klang einiger weniger Sätze oder in dem Bruchstück einer alten Melodie den wirklichen Geist dieser Insel, denn im allgemeinen sitzen die Männer zusammen und sprechen in unendlichen Wiederholungen von Ebbe und Flut, von den Fischen und vom Preis des Tangs in Connemara.

[...]

Heute morgen waren wir wieder draußen nahe dem Pier an der Nordseite der Insel. Als wir langsam mit der Flut ruderten und nach Schellfisch fischten, fuhren ein paar Curaghs auf dem Weg nach Kilronan an uns vorbei, bis zum Dollbord mit Kelp beladen.

Eine alte, in rote Röcke gewickelte Frau saß auf einem Felsriff, das an einer Stelle ins Meer hinausragt, wo die von Süden kommenden Curaghs vorbeifahren. Sie rief mit zitternder

Stimme auf Gälisch zu ihnen hinüber und bat um eine Überfahrt nach Kilronan. Das erste Boot, das ohne Ladung vorbeikam, drehte aus einiger Entfernung bei und nahm sie mit.

Der Morgen hatte nichts von der wunderbaren Schönheit, die so oft bei regnerischem Wetter über der Insel liegt. Deshalb begnügten wir uns mit den schwachen Sonnenstrahlen und blickten hinunter auf die üppige Vegetation auf dem Meeresboden, die in eigenartigem Gegensatz zu der Öde oberhalb des Wassers steht.

Einige Träume, die ich in dem Haus hier gehabt habe, scheinen die Meinung zu bestätigen, daß manche Orte eine unbewußte Erinnerung an ihre Vergangenheit wachrufen.

In der vergangenen Nacht, nachdem ich im Traum zwischen Gebäuden umhergewandert war, auf denen ein merkwürdig blendendes Licht lag, hörte ich den schwachen Rhythmus einer in weiter Ferne auf einem Saiteninstrument einsetzenden Musik. Es kam immer näher und nahm unablässig an Schnelligkeit und Stärke zu. Als es ganz nah war, drangen mir die Klänge in Blut und Nerven und zwangen mich zum Mittanzen. Ich spürte deutlich, daß ich nicht nachgeben durfte, um nicht in Todesangst zu geraten. Deshalb kämpfte ich mit aller Kraft, mich nicht zu bewegen, und preßte meine Knie mit den Händen fest zusammen.

Die Musik nahm fortwährend zu. Sie klang wie die Saiten von Harfen, die in einer verschollenen Tonart gestimmt sind, dabei mit einem Klang wie die vollen Saiten eines Cellos.

Dann wurde die lockende Erregung stärker als mein Wille, und meine Glieder bewegten sich ohne mein Zutun. Im nächsten Augenblick wurde ich in einem Wirbel von Tönen fortgeschwemmt. Mein Atem, meine Gedanken und jede Regung meines Körpers wurden zu einem Teil des Tanzes, bis ich zwischen den Instrumenten, dem Rhythmus und mir selbst oder meinem eigenen Bewußtsein nicht mehr unterscheiden konnte. Eine Zeitlang schien es eine freudige Erregung zu sein, dann wuchs es in eine Ekstase hinein, wo alles Dasein sich in wirbelnde Bewegung verlor. Ein Leben jenseits dieses wirbelnden Tanzes war nicht mehr zu denken.

Dann plötzlich schlug die Ekstase in starken Schmerz und in Wut um; ich kämpfte um Befreiung, schien aber nur die leidenschaftliche Macht des Taktes, zu dem ich mich bewegte, zu verstärken. Wenn ich schrie, brachen nur wieder die gleichen rhythmischen Töne aus mir hervor.

Schließlich, in einem letzten Augenblick entfesselter Raserei, brach ich ins Bewußtsein zurück und erwachte. Zitternd schleppte ich mich zum Fenster des Hauses und sah hinaus. Der Mond lag glitzernd auf der Bucht, und nirgends auf der Insel war der geringste Laut zu hören.

In zwei Tagen reise ich ab, und ich habe schon von dem alten Pat Dirane Abschied genommen. Er traf mich heute morgen im Dorf und nahm mich mit in ›sein kleines Loch‹, ein elendes Häuschen, wo er die Nacht zubringt. Ich saß lange auf seiner Schwelle, während er sich hinter mir nahe seinem Bett auf einen Stuhl stützte und mir die letzte Geschichte erzählte, die ich von ihm hören sollte – eine rüde Anekdote, die sich nicht aufzuzeichnen lohnt. Dann erzählte er mir mit gewissem Nachdruck, wie er als junger Mann herumgezogen sei, dann in einer schönen Schule gelebt und dort den jungen Priestern Unterricht im Irischen erteilt habe.

Hier auf der Insel sagt man von ihm, er könne so viele Lügen erzählen wie vier Männer zusammen; vielleicht haben die vielen Geschichten, die er gehört hat, seine Erfindungsgabe genährt.

Als ich im Eingang stand und ihm Gottes Segen wünschte, beugte er sich über sein Strohbett und brach in Tränen aus. Dann wandte er sich wieder mir zu und hob eine zitternde Hand. Vom dauernden Reiben des Krückstocks hatte sein Handschuh ein großes Loch in der Handfläche.

»Ich werde dich nicht wiedersehen«, sagte er, und die Tränen liefen über sein Gesicht, »und du bist ein freundlicher Mensch. Wenn du das nächste Jahr zurückkommst, werde ich nicht mehr auf der Welt sein. Ich werde nicht über den Winter hinaus leben. Aber höre nun, was ich dir sage: Nimm in der Stadt eine Lebensversicherung auf meinen Namen auf, und dann wirst du fünfhundert Pfund an meinem Begräbnis bekommen.«

Heute abend, mein letzter hier auf der Insel, ist das Fest ›Pattern‹ – ähnlich den ›Pardons‹ in England. Ich hatte es eigens abgewartet, aber ein Dudelsackspieler, den man erwartet hatte, kam nicht, und es gab keinerlei Vergnügungen. Ein paar Freunde und Verwandte kamen von der anderen Insel herüber und standen in ihren besten Kleidern im Gasthaus herum, aber ohne Musik konnte man nicht tanzen.

Wenn der Pfeifer da ist, gibt das einen schönen Tag mit Tanz und vielen Späßen. Der Pfeifer aus Galway jedoch wird alt und läßt sich nicht mehr leicht zur Reise überreden.

Gestern abend, es war Johannis-Nacht, wurden Feuer angezündet, und die Jungen rannten mit brennenden Torfstücken umher. Ich konnte aber nicht herausfinden, ob der Brauch auf der Insel noch lebendig ist, das Herdfeuer mit Feuer im Freien anzuzünden.

Ich bin aus meinem Hotel voll von Touristen und Vertretern fort, um an der Bucht von Galway entlangzugehen, und sehe jetzt hinüber, dorthin, wo die Inseln liegen. Meine Sehnsucht nach diesen einsamen Felsen ist unsagbar stark. Die Stadt hier, deren wildes Leben für mich sonst voller Reize ist, erscheint mir in meiner augenblicklichen Stimmung als ein Gemisch alles dessen, was es heutzutage Sinnloses gibt. Die Banalität der Reichen und der Schmutz der Armen rufen bei mir noch immer den gleichen Schmerz verwunderten Abscheus hervor.

Die Inseln entgleiten schon meiner Vorstellung; ich kann kaum mehr begreifen, daß der Geruch des Tangs und das Tosen des Atlantiks noch immer um sie sind.

Einer meiner Freunde von der Insel hat mir geschrieben.

Lieber John Synge, ich warte seit langer Zeit auf einen Brief von Dir und glaube, Du vergißt diese Insel ganz. Mr. ... starb schon vor langer Zeit auf der großen Insel, und sein Boot lag im Hafen vor Anker, und der Wind trieb es nach Black Head und ließ es zerschellen nach seinem Tode.
Sag mir, lernst Du Irisch, seit Du weggegangen bist? Wir haben jetzt einen Zweig der »Gaelic League« hier, und die Leute machen gute Fortschritte mit dem Irischen und auch mit dem Lesen.*
Ich werde den nächsten Brief auf Irisch an Dich schreiben. Sag mir, wirst Du uns im nächsten Jahr besuchen kommen, und wenn Du es tun wirst, sollst Du vorher einen Brief schreiben. Alle Deine Dich liebenden Freunde sind bei guter Gesundheit. – Mise do chara go-buan.

Ein anderer Junge, dem ich ein paar Fischköder geschickt habe, hat mir ebenfalls geschrieben. Sein Brief beginnt auf Irisch und endet auf Englisch.

Lieber John, ich bekam Deinen Brief vor vier Tagen, und Stolz und Freude waren in mir, weil er auf Irisch geschrieben war, und es war ein schöner, guter, freundlicher Brief. Die Köder, die Du geschickt hast, sind sehr gut, aber ich

* »Liga für die gälische Sprache«, wurde 1893 gegründet, nicht nur um die irische Sprache unter der englischsprechenden Bevölkerung zu verbreiten, sondern auch um unter den Irischsprechenden die Zahl der Analphabeten zu verringern. (Anm. d. Ü.)

habe zwei davon verloren und die Hälfte meiner Leine. Ein großer Fisch kam und nahm den Köder, und die Schnur war schlecht, und die halbe Fischleine und die Köder waren weg. Meine Schwester ist aus Amerika zurückgekommen, aber ich denke, es wird nicht lange dauern, bis sie wieder weggeht, denn einsam und arm findet sie jetzt die Insel. –
Dein Freund …
Schreibe bald und schreibe ja auf Irisch, tust Du das nicht, werde ich es nicht ansehen.

Am Abend vor meiner Fahrt hinaus nach Westen schrieb ich an Michael – der die Insel verlassen hatte, um seinen Lebensunterhalt auf dem Festland zu verdienen – und teilte ihm mit, ich würde am nächsten Morgen, einem Sonntag, an dem Haus, wo er wohnte, vorbeikommen. Als ich an der Tür klopfte, kam ein junges Mädchen mit einem schönen Gesicht heraus, das nicht viel Englisch konnte. Sie schien alles über mich gehört zu haben und war so erfüllt von der Wichtigkeit ihrer Botschaft, daß sie sie kaum verständlich herausbrachte.

»Sie hat Euren Brief bekommen«, sagte sie und brachte die Pronomen durcheinander, wie dies im Westen häufig geschieht, »sie ist zur Messe gegangen, und sie wird danach auf dem Platz sein. Will der Herr jetzt gehen und sich auf den Platz setzen, und Michael wird Euch finden.«

Als ich die Hauptstraße zurückging, traf ich Michael, der mir entgegenkam, da er nicht mehr hatte warten wollen. Er war ein stämmiger Mann geworden, seit ich ihn zuletzt gesehen hatte, und trug jetzt den schweren braunen Wollstoff eines Arbeiters aus Connaught. Nach einem kurzen Gespräch kehrten wir um und gingen hinaus auf die Dünen oberhalb der Stadt. Hier, nur wenig von der Schwelle meines Hotels entfernt, fiel mir der Adel seines Wesens besonders auf, der durch sein neues Leben und durch die Städter und Seeleute, mit denen er zusammengekommen ist, kaum beeinflußt worden war.

»Ich komme oft aus der Stadt heraus am Sonntag«, sagte er während unserer Unterhaltung, »denn was kann man in einer Stadt unter all den Leuten schon tun, wenn man nicht arbeitet?«

Etwas später stieß ein anderer irisch sprechender Arbeiter zu uns, ein Freund Michaels, und wir lagen stundenlang im Gras, unterhielten uns und diskutierten. Der Tag war unerträglich schwül, und der Sandstrand und das Meer in unserer Nähe waren voll von halbnackten Frauen, aber keiner der beiden jungen Männer schien sich ihrer Gegenwart bewußt zu werden. Bevor wir in die Stadt zurückgingen, kam ein Mann und pflockte ein junges Pferd in unserer Nähe im Sand fest, und das interessierte meine Begleiter außerordentlich.

Spät am Abend traf ich noch einmal mit Michael zusammen, und wir wanderten, bis es dunkel wurde, die Bucht entlang, die noch immer voll badender Frauen war. Vor meiner Rückkehr von den Inseln werde ich ihn nicht mehr sehen, da er morgen zu arbeiten hat, und am Dienstag fahre ich mit dem Dampfer hinaus.

Ich bin heute früh zur Mittelinsel mit dem Dampfer nach Kilronan gekommen und dann weiter hierher mit einer Curagh, die mit Salzfisch hinübergefahren war. Als ich von der Mole heraufkam, füllten sich im Dorf die Türen mit Frauen und Kindern, und einige kamen auf die Straße heraus, um mir die Hand zu geben und mich tausendmal willkommen zu heißen.

Der alte Pat Dirane ist tot, und einige meiner Freunde sind nach Amerika gegangen, und das sind schon alle Neuigkeiten, die man mir nach mehrmonatiger Abwesenheit mitzuteilen hatte.

Als ich am Haus ankam, wurde ich von den alten Leuten begrüßt, und ein paar kleine Geschenke, die ich für sie gekauft hatte, riefen große Aufregung hervor: eine kleine Schere für die alte Frau, ein Streichriemen für ihren Mann und einige andere Kleinigkeiten. Dann ging der jüngste Sohn Columb, der noch zu Hause ist, in den hinteren Raum und holte von dort den Wecker, den ich ihnen letztes Jahr nach meiner Abreise geschickt hatte. »Ich liebe diese Uhr sehr«, sagte er und klopfte auf die Rückseite, »sie läutet für mich jeden Morgen, wenn ich zum Fischen hinaus will. Wirklich, es gibt keine zwei Uhren auf der Insel, die an sie herankommen.«

Ich wollte ihnen ein paar Photographien zeigen, die ich letztes Jahr hier aufgenommen hatte, und als ich auf einem kleinen Hocker nahe der Küchentür saß und sie der Familie vorwies, schlüpfte eine schöne junge Frau herein, mit der ich letztes Jahr ein paar Mal gesprochen hatte, und nach einem einfachen und herzlichen Willkommensgruß setzte sie sich neben mich auf den Boden, um sie mit anzusehen.

Das völlige Fehlen von Scheu oder Befangenheit bei den meisten dieser Menschen verleiht ihnen einen besonderen Zauber, und als diese junge und schöne Frau sich über meine Knie lehnte, um eine Aufnahme, die ihr gefiel, näher zu betrachten, empfand ich mehr denn je die eigenartige Einfachheit des Lebens auf den Inseln.

Als ich letztes Jahr hierherkam, war alles noch neu für mich, und die Menschen waren mir gegenüber etwas zurückhaltend, jetzt aber bin ich mit ihnen und ihrer Lebensweise vertraut, so daß mir ihre Eigenart viel mehr als früher auffällt.

Nachdem sie meine Aufnahmen von der Insel mit größtem Entzücken untersucht hatten und jede Person darauf identifiziert worden war – sogar die, von denen nur eine Hand oder ein Fuß zu sehen war –, holte ich ein paar Bilder hervor, die ich in der Grafschaft Wicklow aufgenommen hatte. Die meisten davon waren Ausschnitte und zeigten den Markt in Rathdrum oder Aughrim, Männer, die auf den Hügeln Torf stachen, oder andere Szenen des Landesinneren, aber alle riefen große Begeisterung hervor bei diesen Menschen, die des Meeres müde sind.

Dieses Jahr erlebe ich auf den Inseln die dunklere Seite des Lebens. Die Sonne scheint nur selten, und Tag für Tag weht ein kalter, südwestlicher Wind über die Klippen und führt Hagelschauer und dichte Wolkenmassen heran.

Die Söhne, die zu Hause leben, bleiben von etwa drei Uhr früh bis nach Einbruch der Dunkelheit zum Fischen draußen, wann immer es einigermaßen ruhig ist, trotzdem verdienen sie wenig, da es nicht viel Fisch gibt. Auch der alte Mann geht zum Fischfang, und zwar mit einer langen Rute und Grundköder, er hat aber gewöhnlich noch weniger Erfolg dabei.

Wenn das Wetter ganz schlecht geworden ist, hören die Männer zu fischen auf, gehen hinunter und graben im Regen Kartoffeln. Die Frauen helfen ihnen manchmal dabei, aber gewöhnlich bleibt es ihnen überlassen, die Kälber zu versorgen und im Haus zu spinnen.

Dieses Jahr scheint über der Familie so etwas wie Trauer zu liegen, und zwar der beiden Söhne wegen, die fortgegangen sind: Michael aufs Festland und ein anderer Sohn, der letztes Jahr in Kilronan gearbeitet hatte, in die Vereinigten Staaten.

Gestern kam ein Brief von Michael an seine Mutter. Er war auf Englisch geschrieben, da in der Familie nur er Irisch lesen und schreiben kann, und als ich in meinem Zimmer saß, hörte ich, wie die Worte langsam buchstabiert und übersetzt wurden. Etwas später brachte die alte Frau ihn mir zum Lesen. Erst erzählte er ihr von seiner Arbeit und von dem Lohn, den er bekommt. Dann sprach er davon, wie er eines Nachts in der Stadt spazierengegangen war und aus den Straßen hinaufgesehen hatte und bei sich gedacht hatte, was für eine großartige Nacht dies am Sandy Head auf der Insel sein würde – aber nicht etwa, fügte er hinzu, daß er sich einsam oder traurig gefühlt hätte. Am Schluß berichtete er so dramatisch, als handele es sich um eine Volkssage, wie er mich an jenem Sonntagmorgen getroffen hatte, und er schrieb: »Glaubt mir, es war das schönste Gespräch, das wir zwei oder drei Stunden lang hatten.« Er erzählte ihnen auch von einem Messer, das ich ihm gegeben hatte, und das sei so schön, daß niemand auf der Insel je so eines gesehen habe.

An einem anderen Tag kam ein Brief von dem Sohn in Amerika, der berichtete, daß er einen kleinen Unfall an einem Arm gehabt hätte, aber bereits wieder in Ordnung sei. Er verlasse New York und gehe ein paar hundert Meilen ins Land hinein. Danach saß die alte Frau den ganzen Abend auf ihrem Schemel in der Ecke am Feuer mit ihrem Umschlagtuch über dem Kopf und klagte traurig vor sich hin. Amerika erschien zwar weit entfernt, trotzdem hatte sie sich wohl gedacht, es sei ja nur der andere Rand des Atlantiks, und wenn sie jetzt von Eisenbahnen und Städten im Innern des Landes sprechen hörte, wo es kein Meer gibt – alles Dinge, die sie nicht mehr begreifen kann –, dann überkommt es sie, daß ihr Sohn für immer fortgegangen ist. Sie erzählt mir oft, wie sie im vorigen Jahr auf der Mauer hinter dem Haus gesessen und beobachtet habe, wie der Huker, auf dem der Sohn arbeitete, aus Kilronan auslief und in der Bucht stampfte und wie sie so Gesellschaft gehabt habe, wenn alle draußen gewesen seien.

Der Mutterinstinkt ist auf diesen Inseln so stark ausgebildet, daß er den Frauen das Leben zur Qual macht. Ihre Söhne wachsen auf, um fortgeschickt zu werden, sobald sie alt genug sind, oder sie bleiben hier und sind auf dem Meer in ständiger Gefahr; die Töchter gehen ebenfalls fort oder sind durch Gebären früh verbraucht, und ihre Kinder wachsen nur heran, um den Müttern später dann ihrerseits wieder Sorgen und Gram zu bereiten.

Die letzten vierundzwanzig Stunden lang herrschte Sturm, und ich bin auf den Klippen herumgewandert, bis mein Haar steif von Salz war. Ungeheure Massen von Gischt flogen vom Fuß der Klippe herauf, wurden vom Wind gepackt und hochgeschleudert, um dann in einiger Entfernung von der Küste niederzustürzen. Als eine solche Masse von Gischt auf mich herunterkam, mußte ich mich für einen Augenblick niederkauern und war eingehüllt und geblendet von einem weißen Hagel von Schaum. Die Wellen waren so gewaltig, daß ich mich unwillkürlich umdrehte und mich verstecken wollte, als ich eine besonders große auf mich zukommen sah, so wie man blinzelt, wenn jemand einen Schlag gegen die Augen führt. Durch den endlosen Wechsel und den Kampf des Meeres verwirren sich nach einiger Zeit die Sinne, und tiefe Verzweiflung tritt an die Stelle der anfänglichen freudigen Erregung.

An der Südwestecke der Insel traf ich auf ein paar Menschen, die Tang sammelten, der jetzt dicht auf den Felsen liegt. Er wurde von den Männern aus der Brandung geharkt und dann von einem Trupp junger Mädchen hinauf zum Abhang der Klippe getragen. Außer ihrer gewöhnlichen Kleidung trugen diese Mädchen ein rohes Schafsfell über den Schultern, um das durchsickernde Seewasser abzufangen, und mit ihren von Salz verkrusteten Lippen und Tanggeflechten im Haar sahen sie eigenartig wüst und fast wie Robben aus.

Danach sah ich auf meinem Spaziergang nichts Lebendes mehr, außer einem kleinen Schwarm Brachvögeln und ein paar Regenpfeifern, die sich vor dem Sturm zwischen den Steinen verkrochen.

Etwa zur Zeit des Sonnenuntergangs brachen die Wolken auf, und der Sturm wurde zum Orkan. Purpurrote Wolkenbänke zogen über den Sund, wo riesige Wellen, bekränzt von phantastischen schneeartigen Gischtgebilden, von Westen heranrollten. Dann war die Bucht von wirbelndem Grün erfüllt, und die Twelve Pins im Osten waren von Hellviolett und Scharlachrot bedeckt. Diese Welt von roher Gewalt erregte mich außerordentlich, und jetzt um Mitternacht, da der Wind sich legt, zittere ich noch immer, und ich bin wie berauscht.

Trotz des Regens bin ich in meinen Pampooties über die nassen Wege gegangen und habe mir eine fiebrige Erkältung geholt. Der Wind ist gewaltig. Wenn mir etwas Ernsthaftes zustoßen sollte, würde ich hier sterben, in eine Kiste eingenagelt und auf dem Friedhof in ein nasses Loch gestoßen werden, bevor irgend jemand auf dem Festland davon etwas erführe.

Vor zwei Tagen kam eine Curagh von der südlichen Insel vorbei – während wir durch das Wetter am Auslaufen gehindert sind, können sie ausfahren, da es auf ihrer Insel eine geschützte Bucht gibt –, vermutlich, um den Arzt zu holen. Später wurde das Wetter zu rauh für die Rückfahrt, und erst heute früh sahen wir sie in furchtbarer See im Südwesten zurückkommen.

Zuerst kam eine vierrudrige Curagh mit zwei Männern außer den Ruderern – wahrscheinlich der Priester und der Arzt –, gefolgt von der dreirudrigen Curagh von der Südinsel, die gefährdeter war. Oft wenn sie in einem solchen Wetter wegen des Arztes ausfahren, bringen sie den Priester gleich mit, da sie nicht wissen, ob sie ihn noch holen können, wenn man ihn später braucht.

An und für sich gibt es kaum Krankheiten, und die Frauen machen die Entbindungen unter sich ab, ohne ausgebildeten Beistand. In den meisten Fällen geht alles gut, aber manchmal wird in verzweifelter Eile eine Curagh nach dem Priester und dem Doktor geschickt, wenn es schon zu spät ist.

Das Baby, das letztes Jahr nur ein paar Tage hier war, gehört jetzt fest zum Haus; ich vermute, daß die alte Frau es angenommen hat, um sich damit über den Verlust ihrer eigenen Söhne zu trösten.

Der Junge ist jetzt schon ziemlich groß, obgleich er nur ein paar Worte Gälisch sagen kann. Seine Lieblingsbeschäftigung besteht darin, mit einem Stock hinter der Tür zu stehen und dort auf irgendein Schwein oder Huhn zu warten, das zufällig hereinkommt, dann hervorzustürzen und die Tiere zu verfolgen. Auch zwei junge Katzen sind in der Küche, die er mißhandelt, ohne ihnen wirklich weh tun zu wollen. Wenn die alte Frau mit Torf fürs Feuer in mein Zimmer kommt, marschiert er feierlich hinter ihr her mit einem Stück Torf unter jedem Arm, legt diese sehr sorgfältig auf das Feuer und läuft dann schnell wieder hinaus mit seinen langen, nachschleppenden Röcken.

Bis jetzt hat er auf der Insel noch keinen offiziellen Namen erhalten, da er den Herd noch nicht verlassen hat, aber im Haus reden sie von ihm gewöhnlich als »Michaeleen beug« – kleiner Klein-Michael.

Gelegentlich bekommt er einen Klaps, aber für gewöhnlich hält die alte Frau ihn im Zaum mit Geschichten von der »Hexe mit den langen Zähnen«, die im Dun haust und Kinder frißt, die nicht artig sind. Den halben Tag lang ißt er kalte Kartoffeln und trinkt sehr starken Tee, scheint aber trotzdem völlig gesund zu sein.

Ein irischer Brief von Michael an mich ist eingetroffen. Ich will ihn wörtlich übersetzen.

Liebe edle Person, – ich schreibe diesen Brief mit Freude und Stolz, daß Du Deinen Weg wieder in das Haus meines Vaters gefunden hast seit dem Tag, als Du auf dem Dampfer warst. Ich meine, daß keine Einsamkeit auf Dir sein wird, denn da wird die großartige, schöne »Gaelic League« sein, und Du wirst gewaltig lernen.

Ich denke, daß es niemanden im Leben gibt, der mit Dir herumgeht, außer Dir selbst vom Morgen bis zum Abend, und groß ist meine Trauer.

Wie leben meine Mutter und meine drei Brüder und meine Schwestern, und vergiß nicht den unschuldigen Michael und das arme kleine Kind und die alte graue Frau und Rory.

Es hat mich Vergeßlichkeit befallen mit allen meinen Freunden und Verwandten. – Ich bin Dein Freund …

Es ist merkwürdig, wie er sich der Vergeßlichkeit anklagt, nachdem er sich namentlich nach seiner ganzen Familie erkundigt hat. Ich vermute, das erste Heimweh läßt nach, und er sieht das eigene unabhängige Wohlergehen als einen Verrat den Verwandten gegenüber an.

Einer seiner Freunde war gerade in der Küche, als mir der Brief gebracht wurde, und auf Wunsch des alten Mannes las er ihn laut vor, sobald ich damit fertig war. Als er zum letzten Satz kam, zögerte er einen Augenblick und ließ ihn dann ganz weg.

Dieser junge Mann war gekommen, um mir sein Exemplar der »Love Songs of Connaught« – die Liebeslieder von Connaught – zu bringen, und ich überredete ihn, mir einige vorzulesen oder vielmehr vorzusingen. Nachdem er ein paar gelesen hatte, entdeckte ich, daß die alte Frau noch viele aus ihrer Kindheit kannte, obgleich ihre Version oft nicht die des Buches war. Sie wiegte sich auf einem Schemel in der Ecke am Kamin hin und her neben einem Topf mit Indigo, in dem sie Wolle färbte, und wenn der junge Mann ein Gedicht beendet hatte, griff sie es ein paar Mal wieder auf und rezitierte die Verse mit der feinsten musikalischen Intonation. Sie legte in ihre Stimme Wehmut und Leidenschaft, die dieser alle jene Nuancen zu verleihen schienen, nach der hohe Dichtung verlangt. Die Lampe war heruntergebrannt, und ein neuer furchtbarer Sturm heulte und kreischte über die Insel. Es war wie ein Traum, daß ich hier unter den Männern und Frauen saß und dieser urtümlichen und schönen Dichtung lauschte, die mit den ältesten Leidenschaften der Welt erfüllt ist.

Gerold Späth

Aus den Joyce Mountains

Lieber Dieter, hier kommt vom irischen Rand der europäischen Welt der gewünschte Brief, dessen Überschrift »Unter und auf den Joyce Mountains« ich nach kurzer Überlegung, da zu opulent, gleich wieder gestrichen habe. Die Landschaft hier ist übersichtlich.

Unten an der weiten Bay die Stadt Gaillimh oder Galway. Dann ein kurzer Fluss namens Corrib.

Dann Lough Corrib, fast zweimal so gross wie Dein und mein Zürichsee, freilich weit weniger tief, dafür drin scheint's präzis 363 Inseln mehr als in jenem, ich hab sie aber selbstverständlich nicht selber gezählt.

Nach dem Lough kommt sage und schreibe Joyce Country mit dito Mountains, die heissen Benlevy, Knocknagussy, Lugnabrick, Benbeg, Bencorragh und Bunnacunneen. Ob die Gipfel Rinavore und Devilsmother noch dazugehören, ist umstritten, verbindliche Auskunft nicht zu erhalten, doch den Berg Devilsmother hätte jener Joyce, den Dein »du« jetzt meint, sicher mit Behagen zu den Mountains geschlagen, die im Country seiner Sippe aus fast meerflachem Land in beinah voralpine Höhe aufragen, imposante Hügel und wuchtig, weil der hochalpine Hintergrund, da vielleicht vor Zeiten in den Atlantik abgerutscht, ihnen abgeht.

Es sollen die Joyceschen über den bretonischen Vornamen Iodoc, normannisch verballhornt Josse, zu ihrem Clansnamen und von Wales in diese Gegend herübergekommen sein, meine Quelle nennt den ersten hiesigen Joyce Thomas de Jorse, dieser Stammvater habe anno 1283 geheiratet, meine Quelle ist aber eine etwas unakademische, nämlich ein Joyce-Wappenschildchen aus Plastik, roter Doppeladler im Silberfeld, Motto »Death, Life with Honour«, in Galway an jeder Ecke zu kaufen. Du kannst aber in Ellmanns dicker Joyce-Biographie gleich auf den ersten Seiten nachlesen, dass Joyces Vater sein langes Leben lang rauschhaften Stolz aus ebendiesem Wappen der Galway-Joyces zog: Jeder Joyce ein Königssohn!

Was nun die Stadt betrifft, Gaillimh, zu deren Oligarchie die Joyces, lang ist's her, gehört haben sollen, wähnt man sich derzeit statt bei Königssöhnen eher in Boom-City in Goldrush-Land. Galway platzt aus allen Fugen, seit die vordem, wie es heisst, etwas verschlafenen oder verkaterten Iren eines Morgens als Europäer aufgewacht oder aufgeschreckt sind und alsbald die hohle Hand nach Brüssel hinüberreckten, auf dass dieselbe Jahr für Jahr gefüllt werde, und siehe, die hohle irische Hand ward und wird gefüllt Jahr um Jahr.

Viel Wasser überall. Und hundert farbige Knusperläden und zweihundert noch farbigere Schummerpubs, die Gebäulichkeiten selten mehr als dreistöckig, nur die alten Lagerhäuser am Hafen bringen es höher hinauf, in Strassen und Gassen und auf den Plätzen viele junge Leute, viel Musik, bunt alles, fröhlich, selbst wenn's regnet. Galway ist grau nur am Rand, es steht dort, wo ein tüchtig Spenden eintreibender Bischof und sein von gigantischen Visionen geplagter Architekt in den sechziger Jahren eine graue Kathedrale hingemorkst haben, unübersehbar ein unbeschreiblich hochromaneugotmaurischbarockartiges Scheusal, das ich Dir eben drum nicht weiter zu beschreiben wage. Ich rate Dir aber, wenn Du einmal hierher findest, selber ein Aug zu riskieren, es wird Dir die Sprache verschlagen. Nimm dann Deinen Mut zusammen und stoss durch die steinige Gräue vor ins ebenso steinerne Innere, wo an die zweitausend Menschen, ob der gigantischen

Dimensionen vielleicht etwas gestaucht, bequem Platz finden sollen, ergo wird da auch Platz sein für zweitausend und einen, und dem werden nun auch noch Sehen und Hören vergehen.

Solch extremer Erfahrung wirst Du, da bin ich mir sicher, Dich nicht verschliessen, andererseits aber, da bin ich mir noch sicherer, Dich in Deinem nun auch schon über die Mitte vorgerückten Leben nur jenes eine Mal aussetzen wollen, es reicht, es wird Dir genügen.

Am gedeihlichsten wirst Du Dich nachher auf einer Brücke erholen. Im frischen Wind ans Geländer gelehnt, hinabspähend in die eiligen Fluten des unteren River Corrib, wo die Lachse wider das Wasser hinaufwitschen und wild übers Wehr in den oberen Fluss schnellen. Dort sind die Fluten ruhiger, drum dem seinen Laichplätzen zustrebenden Fisch angenehmer. Ausser er gönnt sich jetzt was und schnappt eine falsche Fliege. Fliegen sind, was Lachse betrifft, dann falsch, wenn eine Schnur dran hängt und an der Schnur eine Rute und an der Rute ein lachsgeiler Fischer. Lachsgeil sind hier alle Fischer.

Du kannst Dich auch in einem Pub erholen. Mählich erwachen die Sinne Dir wieder, Du hörst Reden, Lachen, vielleicht Musik, und wirst, sobald Du Dich ans Dämmerbunte gewöhnt hast, auch wieder sehen und hernach, den munteren Gruss des Mannes hinter der Theke erwidernd, wieder zu Sprache kommen, Du sagst »Hello«, drauf am besten »a pint«, der Mann an den Schank- und Schalthebeln, welche nicht nur das irische Gemüt nachhaltig bewegen, ist vielleicht ein Joyce, hier heisst gar mancher Joyce, er wird Dich nicht überhören, und bald wird's Dir besser gehn.

Setz Dich hin, wenn Du magst. Oder bleib stehen. Ich stehe immer, setze mich nie, ich ermesse das Gewicht eines ersten zweiten dritten Schluckes im Stehen so genau, wie ich es sitzenderweise nie ermessen könnte, bilde mir's jedenfalls ein, habe die Sitzprobe aufs Exempel noch nie gemacht, weil ich, wie gesagt, immer stehe, auch nach dem vierten und auch nach dem letzten Schluck.

Vergiss dann, weil's jetzt wahrscheinlich kurz regnet, grad drum nicht, das schöne Wetter von vorhin zu rühmen und den Sonnenschein von demnächst, mach es Dir überhaupt zur Regel, nie Abschätziges übers berühmte irische Wetter zu sagen, beachte nicht die Schauer, sie verwehen rasch, überspring die Pfützen und lobe, wenn es nichts anderes zu loben gibt, Wind und Wolken, beide kommen aus West daher, unaufhaltsam, hier bleibt kein gräulicher Wolkensack tagelang am Üetliberg hängen oder wochenlang zwischen Bachtel und Etzel oder in irgendeinem Klöntal hocken, hier zieht's frisch und riesig obendrüber ostwärts, in Deine Richtung segelt's weiss davon, und dafür, dass Wolken und Wind, bis sie bei Dir ankommen, grau und schwer sind und Dir Saures geben, dafür können die Iren und ihr sauberes Wetter hier im Westen rein nichts.

Suche übrigens weiter kein Gesprächsthema, es wird eh schon mehr als eins in der wolkigen Luft hängen. Denn wie die Dinge jedes einzelnen Iren und drum auch des derzeitigen Premiers und seiner Minister oder der Opposition oder bezüglich Nordirlands liegen, kurzum: wie die irischen Geschäfte laufen oder nicht, hängt zwar stündlich direkt vom lieben Gott und dem von Ihm über Seine Insel gesandten weather ab, ein klein wenig aber auch vom genannten Premier und, wie Du auch zu hören bekommen magst, von dessen als Regierung getarntem Grossverdienerverein. Nimmt die Rede Deines Dir unbekannten Trinknachbarn diese Richtung, wird Dir gleich klar: Der Mann hasst mit bedächtiger Inbrunst, er hat bis obenaus genug, vielleicht auch vom irischen Thema Nummer eins, aber noch mehr von Nummer zwei, denn gegen das gottgegebene windignasse erste kann er nichts, die ihm seelentief widerwärtigen Schmarotzer in Dublin hingegen würde er, wenn die ihm einmal vor die Flinte, wenn er eine Flinte hätte und die geladen wäre, potz! peng!

Lass Dich aber nicht ein auf Fine Gael und Fianna Fail, spendier lieber eine kleine Runde oder eine grössere, sofern Du auch die auf Spesen nehmen kannst, und hör einfach zu, mach still stumme Recherchen – Du gehst ja auch nicht, ich meine: vergleichsweise, zum Beispiel als Kampfrichter auf Schwing- und Älplerfest, vermutlich, wie ich Dich kenne, nicht einmal als aktiver Zuschauer, oder etwa doch? seit wann? wo? wie oft?

Halte auch beim unabwendbaren Thema Nummer drei strikt an Dich. Du erkennst dasselbe daran, dass Deine Mittrinker, mittlerweile werden es zwei oder drei sein, von Ehescheidung anfangen und den Papst zitieren, worauf es stracks auf Empfängnisverhütung und Abtreibung hinauslaufen und heikel wird, auch zeitraubend, denn hierzulande lässt jeder jeden reden und ausreden, auch wenn der jeweilige Redner gar keiner ist, sondern ein Stotterer, und Dir wird auffallen, dass überraschend viele Iren stottern, insbesondere Politiker, die hier ihre Interviews gern im Radio abstottern. Gibt es in der Schweiz, in Österreich, in Deutschland oder sonstwo auf dem Kontinent stotternde Politiker? Könnte man, gäbe es sie, nicht viel leichter erkennen, ob sie sich selber glauben, was sie Dir und mir einzureden versuchen?

Schau jetzt, da die Zeit Dir davonlaufen will, ein paarmal demonstrativ auf Deine Schweizer Uhr, noch bevor jener seinerzeit allseits beliebte väterliche Bischof von Galway aufs Tapet kommt, der siebzehn Jahre lang eine Geliebte, einen Sohn und erhebliche Unterschlagungen vor seinen Schafen zu verheimlichen wusste, nicht aber vor Ihm, der dem klerikalen Versteckspiel zwar ebenso viele Jahre lang zusah, dann aber die Geduld mit einem ganz Irland erschütternden Donnerschlag plötzlich verlor, paar Jahre ist's her, es bebt und schüttert noch immer.

Ich schlage Dir abermals, lieber Dieter, Galways frische Luft vor, frag Dich zu Kennys Bookshop durch, Kennys ist der älteste und berühmteste, weil literaturhaltigste Buchladen des Westens oder des ganzen Landes, und was irische Literatur betrifft, ist man sozusagen Hoflieferant der Library of Congress sowie eines halben Hunderts US-Universitäten, und nur jene irischen Schriftsteller, deren Fotos bei Kennys herumhängen, sind wahrhaft echte Irish Writers. James Joyce hängt gleich mehrmals.

Von Kennys ist es nicht weit zur prächtigen alten Kirche St. Nicholas, lass ihre drei Schiffe für diesmal rechts liegen, geh linksab zwischen Lombard und Market Street in jenes Strässchen, das »bothar shandair« angeschrieben ist und Bowling Green heisst.

Hierhin hat im August 1909 ein noch junger Vater sein damals vierjähriges Söhnchen ein paar Schritte vorausgeschickt, nämlich, wie es heisst, damit der hübsche Bambino für ihn, dem vor der Begegnung etwas bange war, gut Wetter mache bei einer ihm noch nicht persönlich bekannten Dame, deren Tochter er nach Triest entführt hatte – und die Rechnung soll aufgegangen sein: Grossmutter Barnacle sei entzückt gewesen, Jungvater Joyce wurde gnädig aufgenommen in Bowling Green, wo jene Nora, seine Bett- und überhaupt Genossin fürs Leben, als junges Mädchen gehaust hatte.

Die älteste von acht sei sie gewesen, zwei boys, sechs girls, wird das Mädchen, welches das Häuschen jetzt hütet, Dir ungefragt erzählen, und bevor sie in Bowling Green schliesslich ein fixes Dach gefunden, habe die stetig wachsende Familie Barnacle die Wohnung neunzehnmal gewechselt, Wohnungswechsel habe Nora also nicht erst bei James lernen müssen, so wenig wie ihr Jim dann bei ihr.

Unter dem erwähnten fixen Dach ein Zimmer, etwa 4 x 4 Meter, unter diesem oberen die Küche, und damit hatte sich's, doch reichte es damals offenbar aus für sechs plus zwei und die wackere Mutter Barnacle, zumal diese, wie Du hören wirst, zuvor ihren etwas vielbrauchigen, weil meistens besoffenen Ehegespons endlich losgeworden sei. Wie und mit wessen Hilfe vielleicht, wirst Du mir, nachdem Du Dich genauer erkundigt haben wirst, später einmal erzählen; ich habe, fällt mir jetzt auf, mir derlei Recherchen an Ort und Stelle entgehen lassen oder nicht auferlegen oder das Mädchen nicht unterbrechen mögen, das mir auch erzählte, die Nora sei im Armenhaus geboren worden, und dieses Zweizimmerhäuschen ohne Wasser und ohne Toilette, aber mit einem Fensterchen unten und einem Fensterlein oben, sei für Barnaclesche und überhaupt westirische Verhältnisse um die Jahrhundertwende durchaus luxuriös gewesen, die Mädchen und die Mutter hätten oben geschlafen, zu viert im grossen Bett, zu dritt auf Matratzen am Holzboden, die beiden Buben unten in der Küche, welche die Mutter und die älteren Mädchen tagsüber, soviel man wisse, in eine Waschküche verwandelt hätten, um irgend Geld hereinzubekommen.

Vermutlich kannst Du alles das und viel anderes in Noras Biographie viel genauer nachlesen, aber kaum so wortreich, wie Du es von dem Mädchen hören wirst, drum wirst Du wahrscheinlich, lieber Dieter, wie ich, lieber dem Mädchen zuhören, das übrigens von der erwähnten Biographie nicht grad viel hält, dagegen sehr viel von der schönen, lebensklugen, robusten Nora, und Dich alsbald mit Begeisterung vor allerlei Schwarzweisses an der Wand führen wird: Nora und James. James und Nora. Mit Sohn Giorgio und der schönen Tochter Lucia, der armen. James und Giorgio und Enkel Stephen, letzterer heute in Frankreich lebend und, ganz im Sinne des Joyceschen Wappenspruchs, vehement kämpfend. Nein, wird das Mädchen beinah beleidigt ausrufen, nicht um Tantiemen, sondern für die Ehre der Familie!

Auch dieserhalb, lieber Dieter, wird es an Dir sein, behutsam nachzuhaken, da ich die Behutsamkeit wohl etwas übertrieben und drum, was diese vielleicht heikle Ehrensache angeht, gar nicht nachgefragt habe. Auch mag das beredte Mädchen schon bei Nora und James und den Giedions gewesen sein, selbviert in Luzern und in Stein am Rhein, im Hintergrund der Wagen, ein Nash Convertible, Nummernschild ZH 15952, und mit derselben Nummer, liest Du an derselben Wand, fährt der sich deutlich und freundlich an Nora erinnernde Giedion-Sohn heute noch in Deiner Stadt herum, vielleicht auch mal nach Stein am Rhein oder nach Luzern, freilich schwerlich mehr in jenem Nash. Aber er wohne noch im selben Haus, und es soll Noras Jim gewesen sein, der die Giedions seinerzeit davon abhielt, dort aus- und in etwas Bauhausartiges einzuziehen, dem heimatlosen Iren gefielen die dicken Mauern und handlichen Fenster von Doldertal 7, vielleicht schaust Du sie Dir einmal an, Dein Weg wäre kürzer als meiner von hier am Lough Corrib.

Was mich dran erinnert, dass es von der geschäftig auswuchernden Stadt Galway hinauf ins geradezu masslos stille Joyce Country noch ein erkleckliches Stück ist, das sich auch dadurch in die Länge zieht, dass man als Nicht-Ire gut beraten ist, auf den nicht übertrieben wegsamen westirischen Strassen die West-Iren das Tempo machen zu lassen. Nimm es also zielstrebig gemächlich, wenn Du durchs bald sehr ländliche Land nordwärts fährst.

Was die Landluft angeht: Diesel, mein Lieber, leider so nachhaltig mächtig viel Diesel vor Dir her, dass Du Dich fragen magst, ob die Iren ihre Motoren nicht nur auf Geschwindigkeit, sondern auch auf Gestank trimmen. In solch grünen Gedanken erreichst Du bald einen Punkt, der Dich erstmals die ganze Landschaft weithin überschauen lässt; ab jetzt weisst Du, dass hier wenige Meter Höhenunterschied erstaunliche Weit- und Übersicht bescheren können.

Linksab Lough Corrib, und wenn Du magst, kannst Du jetzt, vorsichtig an jener gelben Tafel vorbei, die ein ulkig in schwarze Wellen köpfelndes Auto zeigt und das nahe Ende der Strasse meint, nach Annaghdown zum See hin abschwenken, dessen Wasser eine moorige Färbung hat, was Dich wohl davon abhalten wird, seine legendäre Trinkqualität gleich kosten und schmecken zu wollen; solcherlei wirst Du, wie ich, den Leuten von Greenpeace überlassen, denen das schwärzliche Wasser zwar durchaus geheuer ist, weniger hingegen die zunehmende Ungeklärtheit jener Wässerchen, welche die ringsum tätige Bauernsame dem See in ungetrübtem Gleichmut zufliessen lässt ganz ohne Arg. Oder vielleicht doch arglistigerweise wie ehedem, den verhassten Landlords das Fischwasser zu verderben? Ich will diese Frage nicht klären, noch nicht, sie ist problematisch, erheischt Geduld, die gewisse günstige Gelegenheit.

Lass es, lieber Dieter, auch hinsichtlich des noch immer werbewirksamen Fischreichtums nicht auf eine Probe ankommen, denn wann hier wo welcher Fisch wie zu fangen, ist das Rätsel vieler und das Wissen weniger. Ich habe es bisher auf nur grad drei Hechtlein gebracht, in jedem Jahr eines, wobei ich Dir ausserdem bekennen muss, dass ein mitleidig belächelter Fischer ist, wer im Corrib nur Hechte erwischt, Hecht zählt hier gar nichts, Hecht isst der echte irische Fischer nicht, Hecht ist die Pest, die ihm massenhaft wegfrisst, was allein echter irischer Fisch ist, nämlich Forelle und Salm und sonst gar nichts.

Verzeih mir diesen Abschwenker, lies am Pier noch die Namen jener zwanzig Unglücklichen, die vor über hundertfünfzig Jahren mit einem alten Holzkahn voll Schafen, Gemüse und anderen Waren dem Markt von Gaillimh zustrebten und allesamt ertranken, als der Kahn leckte und die Panik der Nichtschwimmer ihn kippen und kentern liess. Nichtschwimmer waren damals alle.

Am Abend, angelangt in Joyce Country, gerätst Du zu Füssen der Joyce Mountains in ein Pub, nehme ich an, denn wir alle dürsten, wonach auch immer, und abends strebt hier alles zum Glase. Wenn es dann in dem Pub, in welchem es hoch und laut zu und her geht, schlagartig kirchenstill wird, alle senken den Kopf, und die Musikanten halten ihre Instrumente still, nur einer bläst sein blechernes Pfeifchen, dann wisse: sie halten inne im Gedenken an die Unglücklichen jener Katastrophe, der Mann mit der Tin Whistle spielt das lange klagende Lied von Annaghdown, memento mori, das Weben des Todes, auf lautlosen Pranken geht er um.

Gleich drauf setzen aber wieder Gefiedel, Gerede, Getrommel und Gelächter ein, auch das ist hier der Brauch. Derweil die Frauen eher im Hintergrund bleiben beim fett duftenden Torffeuerchen im Kamin, bist Du umstellt von Joyces, die allesamt Figuren ähneln, wie Synge oder Beckett sie auf die Bühnen der Welt gestellt haben; sie mögen John, Francis, Kevin, Fergus, Kieran, Fintan, Paddy, Fursey heissen oder James wie jener, den Du und ich im Auge haben, und in dem Gedränge könnte Dich nun schon der Hafer stechen.

Du wirst zwar etwas müde sein von der langen Fahrt am See entlang: halb oben war da das kleine Bauernnest Headford, dort steht Irlands grösstes und ältestes, drum auch berühmtestes Franziskanerkloster, leider aber nur, wie fast alles Alte hierzulande, als lausig leere Ruine in abgefressener Schafweide; ein Stück weiter oben war quer unter der Strasse der Black River, sein Wasser tatsächlich so schwarz wie sein irischer Name Dir dunkel: An Abhainn Dubh, und Du hast Dich gewundert, dass Wasser so stockschwarz und doch durchsichtig sein kann; gleich drauf nochmals Gälisch: Failte go Co. Maigh Eo – da bist Du ins County Mayo eingefahren, und wenig weiter oben, bei Cross, über dem See jetzt, linksab nach Cong, uralt, sehr klein und sehr berühmt, jedenfalls bei Iren in aller Welt, denn hier hat Hollywood anno 51 die Heimat- und Heimwehschwarte *The Quiet Man* mit einem gewissen John Wayne gedreht, die übriggebliebenen Staffagen sind jetzt Weihestätten und den leicht als Amerikaner erkenntlichen Amerikanern ein inniges Entzücken, Dir wohl weniger, auch musst Du noch weiter nach Clonbur, leider wieder nur ein kleines Kaff hinter unergründlich gezogener Grenze, eine Tafel sagt es Dir: Du bist wieder im County Galway – vor allem aber bist Du jetzt endlich angekommen in Joyce Country, was Dir, bedenke ich's recht, die Müdigkeit austreiben, Dich in neuen Schwung bringen sollte, ja recht eigentlich zwickt. Weshalb Du jetzt gleich herausfinden möchtest, ob und was all die Joyces ringsum über unseren James wissen.

Hat mich auch wundergenommen.

Da sagte der erste: Not a sheep on the hill would a Joyce not steal – was ein Zitat aus einer alten Ballade war.

Drauf der zweite: Oh, that Dublin-man!

Der dritte: Hat sich in Irland um rein nichts und auf dem Kontinent um viel zu viel gekümmert.

Der vierte kramt eine zerknautschte Zehnpfundnote aus der Kitteltasche, streicht sie auf der Theke flach – »Meinen Sie den?« – und schlägt, schau nicht so ungläubig, schlägt mit derber Faust dem Dichter James Joyce ins Gesicht, dann: Die muss echt sein, sonst wären seine Brillengläser jetzt in Scherben.

Drauf rüdes, karchelndes Gelächter, in das Du nicht einstimmen magst; aber schallert es ähnlich nicht auch durch das Buch »Ulysses«? – Du siehst den malträtierten, platt zwischen Stout und Whiskey liegenden Joyce mit dem Aufdruck £10 auf der Stirn, er schaut unbeirrt interessiert, wenn auch irgendwie abwesend durch seine unerschlagen gebliebene Brille und blickt seinen Namensvettern vom Lande nicht ins Gesicht, James Joyce lächelt unheimlich mild ins Ungefähre, seltsam fremd ins Fremde.

Ob Dein Abend in solcherart Runde sich hinziehen wird in eine lange Nacht? – Ich weiss es nicht, lieber Dieter, rate Dir aber dazu, Du stehst da nämlich, mit Cézanne zu reden, gleichsam direkt vor, ja sogar mitten im Motiv.

Kommt allerdings, zugegeben, schwer drauf an, was man

draus macht, aber ich selbst würde zumindest noch ein Weilchen bleiben. Joyce? – vielleicht auch, obwohl er, anders als seinerzeit in Paris, den jungen Hemingway hier nicht bei sich hätte als Mittrinker und Mitkrakeeler, wenn die Fahne allgemach auf Gesang dreht, oder als tüchtigen Raushauer, wenn sein eigener Sang und Witz sich zu Schmäh und Schimpf aufschwingen sollte. Ein stiller milder Trinker, nein, still und mild ist ja der hohe Sänger Joyce, ob mit Hemingway in Paris auf Pintenkehr oder sonstwo ohne Hemingway nach Mitternacht auf der Suche nach dem Heimway, nie und nimmer nicht gewesen. Und insofern ist jede irische Zehnpfundnote eine hilflos gefälschte.

Item: Du bleibst also besser noch ein paar Schlucklang bei den Dir fremden Joyces. Weitere Erkundigungen über den Dubliner wirst Du aber wahrscheinlich nicht anstellen wollen. Oder nicht können. Da die Kerle jetzt erst einmal Dich gründlich ausfragen werden. Woher? weshalb ausgerechnet hierher? für wie lange?

Sei nun nicht mundfaul, gib Auskunft jetzt in Joyce Country, umgeben von Königssöhnen, sie werden Dir hierauf, kreuz und quer durch die Chronologie, Joyce-Anekdoten und Joyce-Geschichten erzählen, solange Du zuhören magst oder kannst, nur wird jener auf den Kontinent abgehauene Dublin-man in ihren Stories keine Rolle spielen und keine Pointe setzen.

Die Joyces, von denen Du hören wirst, sind bettelarm gewesen, sind in Lumpen und barfuss gegangen, haben Schafe gehütet und, die Ballade lügt nicht, massenhaft Schafe gestohlen, haben zuweilen fremdes Vieh über Klippen hinabgehetzt, haben Fisch gefrevelt, jegliches Wild gewildert und auch sonst den Landlords und sich gegenseitig übern Hag gefressen, es gab immer wieder Krach mit der eigenen und anderen Sippen, man hat einander aufgelauert und einander verprügelt oder gar umgebracht wegen Vieh, Land, Geld, Frauen oder einer schrägen Bemerkung von vor zehn Jahren. Die Maamtrasna-Morde von 1882 – Joyces Geburtsjahr – zerreissen das Land noch heute, und des in Galway unschuldig gehängten Myles Joyce hat James Joyce sich 1907 in einer Triestiner Zeitung mit bitterer Erregung erinnert.

Oder: als es einem Guinness aus der gleichnamigen Brauerfamilie gefiel, sich hier im irischen Hillbillyland vor etwa hundertzwanzig Jahren ein Schneewittchenschloss samt kilometerlangen Parkmauern ans Fischwasser bauen zu lassen, haben die Joyces, die sie *hier* meinen, zur Arbeit antreten müssen. Zwölf Stunden im Tag. Für einen Penny pro Stunde. Sonntags frei, genau nach der Bibel der Herren im Land, die auch dafür sorgten, dass die scharenweise nachwachsenden jungen Joyces in Joyce Country jahrhundertelang schulfrei hatten und dann, als endlich Schulen eingerichtet wurden, eins übergezogen bekamen, wenn sie in ihrer irischen Muttersprache redeten, Gälisch war den Engländern verhasst, hinter dem ihnen fremden Idiom witterten sie Verschwörung, Meuchel, Rebellion, natürlich nicht zu Unrecht.

Doch ist das alles, Du hast recht, nun schon ein ganzes Weilchen her, und da die ärmliche alte Zeit in Joyce Country Hollywood nie besonders interessierte, sieht man hier selten als Amerikaner verkleidete Touristen und keine als Devotionalienhandlung aufgemachte Falle, in die sie hineintrampeln könnten.

Nein, lieber Dieter, keine Attraktionen in Clonbur. Oder, wenn denn doch, dann höchstens jener Mann hinter der Theke, der Dir in den braunen Schaum des schwarzen Safts mit ein paar Schlenkern das irische Kleeblatt oben draufzaubert. Und inzwischen werden die Joyces ringsum nicht länger bei ihren weiland Landlords sein, sondern bei erfreulicheren Erinnerungen, etwa an ungeheure Fischfänge, und allerhand Schräges belachen, Hinterfotziges begrinsen, irgendwann auch damit anfangen, die Glaubwürdigkeit einiger ihrer ganz besonders unglaublichen Geschichten zu erproben. Und zwar an Dir. Und genau jetzt wirst Du tief in Joyce Country, wo Joyce, wie Dir inzwischen schwanen wird, nie im Leben gewesen ist, bei James Joyce anlangen, beim hintergründigen Ruch und Rauch seiner Gesellen.

Nämlich: nachdem sein Vater in hohem Alter gestorben war, hat Joyce schriftlich darauf bestanden, die ergiebigste Quelle seiner Begabung, wenn er denn Begabung habe, sei niemand anders als ebendieser John Stanislaus Joyce gewesen, gargantuesker Wenig- bis Garnichtstuer, der die grössere Hälfte seiner Zeit bei seinesgleichen scheinbar vertan hat und in geschwätzigen schmuddeligen Pubs die Stadt, das Land, die Welt durch die Mühle drehte, dabei unentwegt Geschichten, Sprüche, Flüche aufschnappend, da hatte er zu Hause was zu erzählen, dieser törichteste Mensch, den er, Sohn James, je gekannt habe, töricht und witzig und oft leicht, manchmal schwer beduselt, dabei überaus scharfsinnig – »Hunderte von Seiten und Dutzende von Charakteren in meinen Büchern stammen von ihm«.

Und der selber saufende Sohn des Säufers bekannte, er teile mit seinem Vater »einen übertriebenen Hang zur Zügellosigkeit«, den er, wie sein Biograph nobel notiert, stets hegte und pflegte und vor sich gerechtfertigt habe als Mittel, die Quelle seiner Begabung rein zu erhalten – ein nicht ganz geheimes Verfahren, das uns der grosse Sohn und einzige Erbe des alten Joyce da entdeckt hat, tauglich nicht nur zur Rein-, sondern auch sehr zur Feuchthaltung der erwähnten Quelle, jedenfalls hoffe ich, lieber Dieter, dass Du an Deinem Abend dort in Rabelaisscher Runde in Joyce Country Dich dieses Hege- und Pflegemittels erinnerst und die Gelegenheit beim Henkel packst, den glanzvollen Joyceschen Zauber gründlich zu ergründen.

Magst Du dann, wenn Du jene sich hinziehenden, scharfsinnig törichten Stunden und den Rest der Nacht überstanden haben wirst, von wegen frischer Luft einen Berg besteigen?

Ich nahm gleich den nächstliegenden, Benlevy, auch Mount Gable geheissen, kahl und rostrot und 1370 Fuss hoch, berühmt als Wahrsage-Hügel, der Dir schon früh am Morgen, falls das Deine Zeit sein sollte, umstandslos verspricht, was der Tag halten wird, jedenfalls was das Wetter betrifft: sitzt ein klein Wölkchen auf Mount Gable, gibt es alsbald Regen, fahren Wolken rudelweise hin über Benlevy, kommt zuverlässig die Sonne hervor.

Ich habe mich auf die Wolkenrudel verlassen und aufgemacht zwischen tiefrot blühenden Fuchsien, dann durch Wacholdergebüsch und über Moos und helles Gestein und weiter oben, wo der Berg Wasser aus dem Hang herausdrückt, über dunkle Feuchtplätze und durch glucksende Rinnsale, vorbei an dickbalgigen Schafen, rotblaugrün besprayt alle. Durchtrainiert bis zum letzten Kilo Übergewicht bin ich hoch und höher hinaufgesteisst in die baumlose Kargheit von Benlevy, der ein harmloser Hügel mit sehr langgezogenem Scheitel ist, dessen Flanken Dir aber auf einmal eine unerwartet schweisstreibende Steilheit offenbaren, die sich stetig noch ein wenig steiler vor Dir aufstellt, Du keuchst bald schwer schnaufend Schritt um Schritt. Eine Frage der Kondition, gewiss, aber trotz Schweiss und Schnauf bin ich bisher noch auf jeder Erhebung, die ich angegangen habe, am Ende auch angekommen, wenn auch nicht mit jener Leichtigkeit, von der ich ausging, eben auch als ich mich dieser breit hingelagerten scheinbaren Harmlosigkeit näherte.

Hin und wieder wirst Du einen Schafpfad bemerken, ihm aber kaum folgen wollen, denn was die Schafe ausgetrampelt haben, ist meistens noch steiler als der Weg, den Du Dir machen wirst in dieser absoluten Weglosigkeit.

Ein Wind geht, bewegt ein paar dünne dürre gelbe Gräser, und ich bin sicher, dass Du kaum je reinere, leichtere Luft geatmet hast, ouschenfrisch. Oben auf einer Krete verharrt ein Schaf, oder vielleicht eher Bock als Schaf, wie der berühmte Kitschhirsch auf dem Felsen, und im Moos, das viele Farben hat und fleckweis gelblich oder rötlich ist, entdeckst Du nebst niedrigem Heidekraut nur ein einziges Blümchen, vierblättrig, sehr klein, sehr gelb, namenlos – oder treibst Du Botanik? dann möchte ich gern wissen, wie das winzige Blümelein heisst.

Schon auf halber Höhe ist ein grosser Teil des Lough Corrib zu überblicken. Du wirst mir jetzt aber nicht anfangen, Inseln zu zählen, denn bekanntlich stapft man am besten stetig weiter, Rhythmus ist beim Berggang wichtig, wuchtet Dich Fuss um Fuss höher und endlich so hoch hinauf, dass ein Steinhaufen ganz oben in Sicht kommt. Der Haufen ist das Gipfelmannli Nummer eins an Deinem Ende des Grates, gleich bist Du dort, ein paar Schritte noch, jetzt hast Du's geschafft.

Da und da ein wenig Unrat, Du bist nicht der erste hier oben, von wo die Sicht ringsum über Joyce Country und weit darüber hinaus geht, Hügel hinter Hügel und grüngefleckte Täler, drin Teiche und Seen, fern im Westen eine helle Kimm: der Atlantik.

Merkwürdigerweise lief mir oben auf dem Berg jemand in die Quere, der zwar Joyce heissen mochte, mich aber an Beckett erinnerte: ein hagerer alter Mann, weisshaarig, mit Stock und schwarz-weissem Schäferhund, sie hatten es eilig, waren langschrittig und nervös hinter verlorengegangenen Schafen her – »Can't find them!« schrie der Mann im Vorüberhasten mit Zorn in der Stimme, und heftig rauchend, laut vor sich hin hadernd lief er weiter, verschwand hinter kahlen Kreten, tauchte ein paarmal wieder auf mit seinem Hund, ein von Grat zu Grat davoneilender Scherenschnitt im Gegenlicht, jedesmal beträchtlich weiter entfernt in der Einöde, und war plötzlich verschwunden.

Könnte tatsächlich Beckett gewesen sein, Becketts Geist. Hatte da vielleicht etwas nachzuholen. War natürlich, weil ebenfalls Dublin-man, auch nie in Joyce Country gewesen. Und schon gar nicht auf den Mountains hinter verirrten Schafen her.

Weitab Gipfelzeichen Nummer zwei. Unterhalb des ersten ein kleiner Bergsee, zwei Steinwürfe weiter im Hochmoor ein zweiter, und nach Süden hin mag Dein Blick Oughterard streifen, dort liegt Noras erster Liebhaber auf dem Friedhof, Sonny Bodkin, starb an der Schwindsucht, hat der Geliebten kurz vor seinem Tod ein Abschiedsständchen gesungen – Joyce in seiner Eifersucht habe den Abgesang des toten Rivalen jahrelang im Ohr gehabt

Hoch oben im Norden siehst Du Croagh Patrick, die steile Pyramide, Irlands heiligen Berg. Den auch noch zu besteigen, will ich Dir, lieber Dieter, nicht auch noch zumuten. Wäre auch eine ganz andere, sehr steinige und sehr rutschige Geschichte voll tiefgläubiger Büsser, die meist unzulänglich, dafür sonntäglich beschuht oder gar barfuss durch Bruch, Schotter, Kies sich bergauf quälen: kein steilerer Pilgersteig sonstwo in Europa, in Jahrhunderten durch und durch gebeizt von Sünderschweiss und irischer Inbrunst in Erinnerung an jenen trickreichen Patrick, der nach vierzig Fasttagen sämtliche Schlangen der Insel vom Gipfel in den Tod geschickt und nachher einem Engel das Privileg abgehandelt haben soll, seine Iren am Jüngsten Tag selber richten zu dürfen.

Bleib noch ein Weilchen auf Benlevy. Kein heiliger Berg, aber auch kein gewöhnlicher. Überlass Dich wachen Geistes der in äusserster Ferne sich verlierenden Weitsicht – und dem vermutlich erhebenden Gefühl, das Du aus der Tatsache ziehen kannst, als erster »du«-Chef einen Vierhunderter in Joyce Country bestiegen zu haben.

Nachher geht's dann bergab, wiederum ohne vorgegebenen Weg, den Du grad drum leicht finden wirst, und bist Du wieder unten, wirst Du auch das Weitere nicht lang zu suchen brauchen, zum Beispiel den Joyce Country Drive, sofern es Dich, nach so viel Unwegsamkeit, auf eine markierte Route ziehen sollte.

Womit, lieber Dieter, ich diesen Brief aus dem Westen jetzt schliesse. Du kannst, wenn Du magst, ihn im »du« abdrucken, dazu vielleicht eine kleine Fussnote, die bündig dartut, dass und weshalb Du ihn Dir gewünscht hast.

Deinen Wunsch Dir zu erfüllen ist mir ein Vergnügen recht heiterer Art gewesen.

Take care!

John Millington Synge
In Connemara und Mayo

Einige der weitaus zu dicht besiedelten irischen Bezirke – über die soviel Widersprüchliches geschrieben und gesagt worden ist – liegen an der Nordküste der Galway Bay und überhaupt an der ganzen Küste zwischen Spiddal und Clifden. Ein Stück entfernt verläuft im Binnenland eine Bahnlinie, in der Bucht verkehrt ein Dampfer zwischen Galway und den Aran-Inseln; diese Gegend hier jedoch erreicht man nur, wenn man an die dreißig oder vierzig Meilen auf einer erbärmlich schlechten Straße fährt oder reitet. Wer von Galway aus dieser Straße folgt, erreicht schon bald Orte und Menschen, die wirklich typisch für Connemara sind. Auf jeder Straßenseite sehen wir kleine, quadratische Hafer- oder Kartoffelfelder oder Weiden, unterteilt durch lose Steinmauern, die ohne Mörtel errichtet worden sind. Wenn ein paar Hütten in Straßennähe liegen, sehen wir barfüßige Frauen hin und her eilen, die Kiepen voll Torf oder Gras auf dem Rücken tragen und hinter denen ein paar Kinder herlaufen. Wenn gerade Markttag ist, und an dem Tag, über den ich schreiben möchte, war das der Fall, dann überholt man Scharen von Landvolk, das in niedrigen, von Eseln oder Ponys gezogenen Karren zum Markt fährt. Meistens sitzen vorn auf dem Karren ein oder zwei Männer, lenken und rauchen, und hinter ihnen strecken sich zwischen Säcken voll Mehl oder jungen Schweinen Frauen aus, die fast immer ununterbrochen auf Gälisch aufeinander einreden. Die Männer tragen alle grobe Stoffe aus selbstgesponnener, naturgrauer Wolle, die Frauen mit Krapp gefärbte Unterröcke und Mieder und braune Umschlagtücher über dem Kopf. Der erste Eindruck, der einen überkommt, wenn man diese Leute sieht und sich gewissermaßen einen Platz sucht in dieser Prozession aus Fischern, Bauern und Frauen, wo fast alle interessant und attraktiv sind, ist ein Grauen vor jeglicher Reform, die ihre Individualität verringern könnte, ohne jedoch die Hoffnung auf eine Verbesserung ihres Befindens mit sich zu bringen. Ein wenig später hat man vielleicht das Gefühl, daß es einen Teil von Irlands Unglück ausmacht, daß fast alle Charakteristika, die dem irischen Leben Farbe und Attraktivität verleihen, untrennbar mit sozialen Verhältnissen verknüpft sind, die an Armut grenzen, während in Ländern wie der Bretagne die besten sichtbaren Züge des lokalen Lebens – die reichbestickten Kleider, zum Beispiel, oder die geschnitzten Möbel – ein anständiges, behagliches Leben zum Ausdruck bringen.

Ungefähr zwölf Meilen hinter Galway erreicht man Spiddal, ein Dorf an der Grenze zwischen den einigermaßen wohlhabenden Orten in der Nähe von Galway und dem kargen Land weiter im Westen. Wie die meisten Dörfer seiner Art besteht es aus einer doppelten Reihe von Häusern – einige sind zweistöckig –, mehreren Schenken, zwischen denen eine große Polizeiwache liegt, einer etwas abseits liegenden Station der Küstenwache und – am Anfang und am Ende des Dorfes – einer Kapelle und einer Kirche. Wir erreichten Spiddal am Abend, und kurz nach Sonnenuntergang spazierten wir auf einen den Elementen ziemlich ausgesetzten Anleger, wo verwitterte Fischerboote mit zahlreichen Tauen festgemacht waren. Von der Mannschaft war niemand zu sehen, aber Rauchfäden, die aus den offenen Einsteiglöchern vorn aufstiegen, ließen vermuten, daß die Männer doch an Bord waren. Während wir vom Pier aus auf die Boote hinunterblickten – es war gerade Ebbe –, schaute ein alter, grauhaariger Mann mit entzündeten Augen, die wegen des dauernden Torfbrennens hier so häufig auftreten, durch das Einsteigloch hoch und betrachtete uns mit ausdrucksloser Neugier. Gleich darauf kam ein junger Mann von einem Feld mit Dammerde, wo er einen Entwässerungsgraben gegraben hatte, und bat den alten Mann auf Gälisch um »einen Funken für seine Pfeife«. Der Alte verschwand einen Moment, dann erschien er mit einem schwelenden Stück Torf in der Hand und warf es auf den Pier, wo der junge Mann es mit raschem Griff, ohne sich zu verbrennen, packte, drauf blies und somit eine Flamme entfachte, mit der er seine Pfeife ansteckte, und wieder an seine Arbeit ging. Die Leute hier sind so arm, daß viele kein Geld für Streichhölzer ausgeben. Die Torfstücke werden im Kamin rund um die Uhr am Schwelen gehalten, und wenn jemand zum Fischen oder aufs Feld geht, nimmt er normalerweise ein brennendes Stück Torf mit und bewahrt es den ganzen Tag über in Asche oder irgendeinem trockenen Abfall auf, um es bei Bedarf entzünden zu können. Auf dem Rückweg ins Dorf bettelte uns eine alte Frau auf Englisch an, wie die meisten Leute hier, wenn sie erkennen, daß man kein Einheimischer ist. Wir gaben ihr einige Halfpence, und als sie sich mit dem üblichen »Gott schütze Sie« abwandte, verabschiedete ich mich auf Irisch von ihr, um ihr zu zeigen, daß ich ihre Sprache beherrsche, falls sie mit mir reden wolle. Sofort fuhr sie zu mir herum und bedankte sich noch einmal, diesmal außergewöhnlich überschwenglich. »Der Segen Gottes möge auf Ihnen ruhen«, sagte sie, »auf Straße und Kammweg, zu Wasser und zu Lande, auf dem Fluß und dem Berg, in allen Königreichen dieser Welt«, und so weiter, bis ich zu weit weg war, um noch zu hören, was sie sagte.

In einem Ort wie Spiddal kann man seltsam kuriose Typen sehen, vor allem an Sonn- und Feiertagen, wenn sich alle so gut anziehen, wie es ihnen richtig erscheint und wie ihre Mittel es erlauben. Als ich am Morgen nach unserem Eintreffen die Leute aus der Messe kommen sah, war das erstaunlich auffällig zu beobachten. Zuerst kamen Polizei und Küstenwache in ihren feschesten Uniformen, danach die Ladenbesitzer, die sich kleideten wie die Leute in Dublin, nur ein wenig grotesker; dann die wohlhabendere Landbevölkerung in der lokalen Tracht, die ich schon beschrieben habe, nur alles neu und vom Besten, die Träger gut genährt und gesund aussehend, und einige, vor allem die Mädchen, wirklich wunderschön gebaut; schließlich folgten die Armen in derselben Tracht, nur eben geflickt und fadenscheinig und zerlumpt, die Frauen zumeist barfuß, und beide Geschlechter waren vom Hunger gezeichnet oder von der Angst vor dem Hunger. Die Klasse, deren Zunahme man vor allem begrüßen würde, ist die der typischen Wohlhabenden, aber nur in wenigen Bezirken sind diese zahlreich vertreten, und immer eifern sie der Kleidung der Ladenbesitzer nach oder sinken wieder herab in die Klasse der Bettler.

Später an diesem Tag fuhren wir ein gutes Stück in Richtung Westen. Wie schon vorher war das Land, das wir durchquerten, zwar steinig und karg wie ein Steinbruch, aber nicht deprimierend. An jeder Straßenkreuzung kamen wir an Gruppen von jungen, gesund aussehenden Jungen und Männern vorbei, die sich mit Hurley und Hockey die Zeit vertrieben, und etwas abseits, auf kleinen Anhöhen, ein kleines Feld breit von der Straße entfernt, hatten sich die Mädchen versammelt, nahe genug an der Straße, um alles beobachten zu können, aber weit genug weg, um in ihrer Schüchternheit nicht verletzt zu werden. Ihre roten Kleider sahen besonders hübsch aus vor dem frischen Grün des Grases und des neuen Farns, dem Meer im Hintergrund und den Bergen von Clare in der Ferne. Ein Stück weiter, etwa zehn Meilen hinter Spiddal, schneiden die Meeresarme tief in die Berge, und die Straße biegt nach Norden ab, sie zu umgehen, und führt durch ein endloses, elendes Moor, das sehr viel trister aussieht als die

Felsen an der Küste. Hier sehen wir zwischen dem Torf ab und an einige erbärmliche Schafe herumgrasen, und von Zeit zu Zeit gehen am Straßenrand eilig zerlumpte Menschen vorüber. Ehe wir für die Nacht Halt machten, hatten wir eine weitere Bucht erreicht und befanden uns wieder zwischen Felsen. Später an diesem Abend gingen wir auf einen kleinen Pier hinaus, an dem die übliche Versammlung von schäbigen Fischerbooten lag, dann folgten wir einer Straße, die sich an einigen Stellen bis zu achtzig Meter über den Meeresspiegel erhob; und wenn wir nach unten blickten, sahen die kleinen Felder so winzig und felsig aus, daß der bloße Gedanke daran, sie zu bestellen, uns wie die Grille eines Exzentrikers erschien. Und doch drängten sich gerade hier am Straßenrand und an den Seitenwegen winzige Hütten zusammen, einige davon ohne Fenster, viele erbaut auf einer Steinfläche, mit dem nackten, lebendigen Fels als Fußboden. In ihrer Nähe waren immer wieder Menschen zu sehen, die Männer lungerten am Straßenrand herum, die Frauen liefen durch die Felder, fütterten ein vereinzeltes Kalb oder Lamm oder trieben vor Nachteinbruch einige Enten ins Haus. Dann sahen wir ein paar Jungen, die mit Hosenknöpfen Hockey spielten, ein Stück weiter entfernt ließen zehn junge Männer Esel über eine niedrige Mauer springen. Auf unserem Rückweg begegneten wir zwei Männern, die uns ansprachen, einer von ihnen hatte, wie wir seinem Hut und seinem Anzug ansehen konnten, offenbar nicht immer in Connemara gelebt. Bald erzählte er uns, daß er als Eisenbahnarbeiter in Gloucester und Bristol gewesen sei, er habe es aber satt bekommen und sei in sein Land zurückgekehrt.

»Bristol«, sagte er, »ist, glaube ich, die großartigste Stadt in ganz England, aber die Arbeit ist sehr hart.«

Ich erkundigte mich bei ihm nach den Fischereiverhältnissen in der Gegend. »Ach«, sagte er, »hier wird sehr wenig gefischt, wir haben nämlich keine guten Boote. Niemand hier will Boote haben, die Ladenbesitzer wollen lieber, daß die Leute unbeschäftigt sind, dann können sie sie für einen Shilling oder so pro Tag mieten und sie mit ihren alten Kähnen nach Aran und Clare schicken, um Torf zu verkaufen.« Dann sprachen wir über Aran, und er erzählte mir, wer von meinen Bekannten dort geheiratet hatte oder gestorben war, seit ich diese Inseln zuletzt besucht hatte, und dann gingen die beiden weiter.

[...]

Nur in wenigen ländlichen Pfarreien in Irland ist die Bevölkerung im Wachsen begriffen, und diese Pfarreien liegen zumeist in den ärmsten Bezirken. Eines der seltsamsten Beispiele für diese Entwicklung finden wir in der Pfarrei Carraroe, die als ärmste im ganzen Land gilt, obwohl sich anderswo sehr viel schlimmere Fälle individueller Verelendung beobachten lassen. Der charakteristischste Teil dieser Gegend liegt auf einem langen Vorland zwischen Cashla Bay und Greatman's Bay. Überall entlang der Küste sieht man kleine Anleger, an denen vielleicht zwei Fischerboote vertäut sind, und auf der Straße kommt man bisweilen an flachen Stellen mit kleinen Flecken von Hafer- oder Kartoffelfeldern vorbei, wo ganze Familien auf den Knien liegen und Unkraut jäten. Ansonsten sehen wir kaum mehr als endlose Mengen von steinigen Anhöhen mit vereinzelten Grasadern. Hier und dort erblicken wir aber immerhin den einen oder anderen Binnensee mit ein oder zwei Inseln, vielen Möwen und vielen Hütten am Ufer. Einige davon stehen schon fast im Wasser, andere ein wenig weiter oben, eingepaßt zwischen die Felsen; oben auf dem Kamm schließlich zeichnen sich ein oder zwei Hütten vor dem blauen Himmel oder den Twelve Pins von Connacht ab.

Am Ufer eines dieser Seen in der Nähe einer Strick- oder Spitzenschule – einer von denen, die die Behörde für zu dicht besiedelte Gebiete eingerichtet hat – begegnete uns ein Mann, der eine Stute und ihr Fohlen vor sich hertrieb, die aus ihrem

Pferch entwischt waren, obwohl er die Hinterbeine der Stute zusammengekettet hatte. Sobald er sie auf eines der Felder gebracht und aus losen Steinen eine Mauer errichtet hatte, kam er zu uns herüber und erzählte uns vom Aussterben der Connemara-Ponies. »Sie werden jetzt kaum noch echte Connemara-Ponies finden«, sagte er. »Und die Pferde, die sie uns schicken, um die Zucht zu verbessern, taugen überhaupt nichts, denn die Pferde, die wir mit ihnen züchten, werden nicht gedeihen, sie werden krank werden, weil wir nur so wenig Weideland für sie haben. In der letzten Zeit haben die meisten Leute in diesem Kirchspiel die Pferdezucht überhaupt aufgegeben. Wer noch welche hat, verkauft seine Fohlen, wenn sie an die sechs Monate alt sind, für vier oder vielleicht fünf Pfund; und die meisten hier arbeiten nur noch mit Eseln, die mit einem Tragegestell auf dem Rücken einiges transportieren können.«

»Wenn Sie keine Pferde haben«, fragte ich, »wie kommen Sie dann nach Galway, wenn Sie auf den Markt oder zur Kirmes wollen?«

»Übers Wasser«, sagte er, »mit einem der Fischerboote, die Sie sicher von der Straße aus bei den kleinen Anlegern gesehen haben. Sie können bei günstigem Wind in vier Stunden oder vielleicht noch weniger nach Galway segeln; und hier sind alle ans Meer gewöhnt, denn hier kann niemand leben, ohne in den Bergen Torf zu stechen und ihn in Clare oder Aran zu verkaufen. Sie sehen ja selber, daß der Boden nichts taugt, weil er fast nur aus Felsen und Steinen besteht. Vor zwei Jahren hatten wir einen verregneten Sommer, mit schlechten Kartoffeln und so, und den Leuten ging es vielleicht noch schlechter als jetzt; sie konnten nämlich keinen Torf stechen oder trocknen, um ihn auf der anderen Seite der Bucht zu verkaufen, und viele Frauen hatten kein einziges trockenes Stück, um es unter den Kochtopf zu legen, und sie zitterten vor Kälte und Hunger.«

Etwas später, nachdem wir uns über ein oder zwei andere

Themen unterhalten hatten, fragte ich ihn, ob viele der Menschen, die hier in den verstreut liegenden Hütten wohnten, oft in wirklicher Not seien. »Einige wenige haben vielleicht immer genug«, sagte er, »aber die meisten geraten ab und zu in Not, wenn sie keine Vorräte mehr haben; und manche sind fast immer kurz vor dem Verhungern, wie eine Frau dort hinten, die sieben Kinder mit kaum einem Hemd am Leib hat, und sie haben nichts zu essen und nur die Milch einer Kuh und ein wenig Schrotmehl, das ihnen irgendwelche Nachbarn geben.«

»Sie sind ja schon etwas älter«, sagte ich, »erinnern Sie sich daran, ob die Verhältnisse in Ihrer Jugend schon genauso schlimm waren?«

»Damals war alles nicht einmal halb so schlimm«, sagte er, »weil es weniger Menschen und mehr Land für jeden gab, und auch das Land war besser, denn jetzt trocknet es aus oder was weiß ich, jedenfalls bringt es nicht mehr denselben Ertrag wie damals.«

Ich fragte ihn, ob sie gekauften Dünger verwendeten.

»Wir bekommen ab und zu für acht Shillinge einen Zentner, aber ich glaube, das bringt nicht viel, denn Leuten wie uns geben sie nur schlechte Sorten. In den alten Zeiten gab's noch etwas anderes«, fügte er dann hinzu, »und zwar das Brennen von *poitín* (schwarzgebranntem Whiskey), was ein sehr gutes Geschäft war, die Polizisten machten selber das Feuer an, um etwas zu trinken zu bekommen, und dann zogen sie ab mit den Resten eines alten Fasses, das war eine Beschlagnahmung, und mit einem alten Sack mit einer Handvoll Malz, das war noch ein Beweisstück, damit war dem Gesetz Genüge getan; aber heute nehmen sie die Geräte und alles andere und wollen trotzdem noch jemanden festnehmen, und deshalb wird hier nur noch wenig gebrannt. Damals bekam man für eine Gallone zehn Shillinge, das war ein gutes Geschäft für arme Leute.«

[...]

Der alte Mann war fröhlich und schien recht wohlhabend zu sein; aber am Ende klang er mutlos, als er von einem Problem nach dem anderen erzählte, und deshalb fragte ich ihn, um das Thema zu wechseln, ob in der Gegend viel getanzt werde. »Nein«, sagte er, »heutzutage werden Sie hier keinen Dudelsackspieler mehr sehen, obwohl in den alten Zeiten so mancher hier oft ein Vierteljahr umherwanderte, Musik machte und *poitín* trank, und die Leute tanzten um ihn herum; aber jetzt wird hier überhaupt nicht mehr getanzt und gesungen, die meisten jungen Leute gehen nach Amerika, wenn sie erwachsen sind.«

Ich zeigte auf die Spitzenschule und fragte, wie die Mädchen arbeiteten und ob sie viel verdienten. »Ich habe gehört«, sagte er, »daß in den vier Schulen hier in der Gegend im Jahr an die sechshundert Pfund an Lohn gezahlt wird, das ist gar nicht schlecht; aber alle jungen Mädchen dort sparen, weil sie nach Amerika wollen, und warum sollten sie auch nicht?«

Das Schlimmste im Leben dieser Leute sind die häufigen Ausbrüche von Typhus, und ehe wir uns trennten, fragte ich ihn, ob es hier in der Gegend viele Fälle von Fieber gebe.

»Hier in nächster Nähe«, sagte er, »kommt das nicht sehr oft vor, aber es gibt auch Gegenden, wo wir manchmal von zwei Dutzend und mehr hören, die nur noch auf ihren Tod warten; aber ich nehme an, das ist Gottes Wille. Dann gibt es noch eine Krankheit namens Auszehrung, an der manche sterben; die Leute müssen überall auf die eine oder andere Art sterben, aber die meisten hier in der Gegend sind bei guter Gesundheit, gelobt sei Gott! Denn es ist eine gesunde Gegend mit reiner, frischer Luft.«

Dann erhob er sich und verließ uns mit einigen der üblichen Segenswünsche, und wir gingen weiter durch eine ähnlich arme oder noch ärmere Landschaft. Es ist bemerkenswert, daß hinter Spiddal – das heißt, in der allerärmsten Gegend von Irland – niemand mehr bettelt, nicht einmal indirekt. Viele der

Beamten, die mit Arbeitsbeschaffungsmaßnahmen und ähnlichem zu tun haben, vergleichen die Bevölkerung dieses Bezirks zu ihrem großen Nachteil mit der von Donegal, aber zumindest in dieser Hinsicht schneidet Donegal durchaus nicht besser ab.

[...]

Hinter Carraroe, dem letzten Vorgebirge am Nordufer der Galway Bay, erreicht man eine Inselgruppe, die den unteren Winkel von Connemara bildet. Diese Inseln sind im Grunde eine lange Halbinsel, getrennt durch eine Anzahl kleiner Meerengen, über die vor etwa zwölf Jahren Dämme und Drehbrücken gebaut wurden, weshalb man nun geradewegs bis nach Annaghvaan, Lettermore, Gorumna, Lettermullan und zu ein oder zwei kleineren Inseln fahren kann. Wenn man von Osten her kommt, muß man einen langen Umweg um Greatman's Bay machen, danach biegt die Straße nach Südwesten ab, und schließlich erreicht man Annaghvaan, die erste Insel. Die Straße ist wirklich bemerkenswert. Fast jeder Meter wurde in den Jahren der Hungersnot von den Leuten aus der Gegend im Rahmen von Arbeitsbeschaffungsmaßnahmen, die auch jetzt wieder stattfinden, gebaut. Dabei kommt es an manchen Orten zu Verbesserungen, primitive Wege werden zu Straßen, hier und dort wird ein neuer Weg in irgendein abgelegenes Dorf angelegt.

Wir fuhren hinter Costello und Carraroe viele Meilen über eine seltsam anmutende Moorstraße, die auf einem Torfdamm angelegt wurde. Auf beiden Seiten waren breite Grassoden – vielleicht soll damit für die barfüßigen Leute ein Weg ermöglicht werden –, dann zwei Wege aus grob behauenen Steinen, in denen schon tiefe Wagenspuren zu sehen sind, und ein in der Mitte verlaufender sandiger Pfad für die Pferde. An einer Biegung erblickten wir dann über ein Dutzend Männer und Frauen, die verbissen und in aller Eile an der Verbesserung eines weiteren Straßenstückes arbeiteten; ein Vorarbeiter wanderte zwischen ihnen umher und leitete die Arbeiten an. Einige dieser Leute stachen in der Nähe der Straßen Grassoden aus, andere brachten in langsamer, träger Prozession Säcke voller Erde, einige wenige waren mit Steinhauen beschäftigt, und drei oder vier Frauen hoben ein Stück weit entfernt eine kleine Sandgrube aus. Als wir rasch an ihnen vorbeifuhren, konnten wir sehen, daß jeder Mann und jede Frau mit einer Verzweiflung arbeitete, die ausreichte, um sie für einen zufälligen Passanten aussehen zu lassen wie eine Bande von Sträflingen. Für solche Arbeiten erhalten sie im Schnitt einen Shilling pro Tag, und in der Regel wird pro Haushalt nur eine Person angestellt, meistens das Familienoberhaupt. Manchmal wird auf diese Weise der beste Arbeiter in der Familie von seiner normalen Arbeit als Bauer, Fischer oder Seetangaschebrenner fortgeholt und erhält nur diesen erbärmlichen Lohn, zu einer Zeit, zu der sein Fleiß zu Hause am nötigsten gebraucht wird. Wenn auch einiges zugunsten dieses Arbeitsbeschaffungssystems spricht, so ist es in anderer Hinsicht doch alles andere als zufriedenstellend, und es rentiert sich auch nicht immer. Mir wurde von einem Ort nicht weit von hier erzählt, wo ein Vorarbeiter, ein Aufseher, ein Inspektor, ein Zahlmeister und ein Ingenieur die Arbeit von zwei Bettlern beaufsichtigen. Diese Darstellung ist vielleicht übertrieben, aber es zeigt doch einigermaßen korrekt einen Zustand, der in Irland nicht selten zu finden ist.

Ein oder zwei Meilen weiter kamen wir an einer ähnlichen Gruppe von Arbeitern vorbei, gleich darauf stieg die Straße um einige Meter an und bog dann scharf auf einen langen Damm mit einer Drehbrücke in der Mitte ab, der auf die Insel Annaghvaan führte. Als wir die Brücke erreicht hatten, sprang unser Kutscher vom Bock und nahm seine Stute beim Kopf. Das hohle Geräusch ihrer Hufe auf den Brettern der Brücke und die blaue, ansteigende Flut, die sie durch die Spalten dazwischen sehen konnte, machten ihr Angst, aber der

Mann redete ihr gut zu und brachte sie ohne große Schwierigkeiten zum Weitergehen. Auf den nächsten ein oder zwei Meilen folgten kleine Inseln, Dämme und Brücken so dicht aufeinander, daß die Stute sich daran gewöhnte und munter hinübertrabte, bis wir Lettermore erreichten und dann einige Zeit zwischen den üblichen kleinen, steinigen Hügeln weiterfuhren. Dann erreichten wir den größten Damm von allen, den zwischen Lettermore und Gorumna, wo die Brücke über einen so schmalen Zwischenraum im Dammfundament führt, daß die Flut mit außergewöhnlicher Kraft hindurchströmt. Auf der Außenseite türmte sich vor den Brückenpfeilern das Wasser fast einen Meter hoch, auf der anderen Seite erinnerte eine sprudelnde, wirbelnde Strömung an Bergbäche voller Lachse, nur sahen wir hier statt des braunen Flußwassers den weißen und blauen Schaum des Meeres.

Die restliche Straße zum unteren westlichen Ende von Gorumna führte uns durch Hügelland, das durch die vielen Steine zusehends weißer aussah, obwohl wir auch hier und da braunes Moor oder einen langgestreckten See mit vielen kleinen Inseln und Felsen erblickten. Fast überall konnten wir, wenn wir uns ein Stück von der Straße entfernten und um die Hügel herum schauten, die gelben Dächer und weißen Giebel der Hütten sehen, die überall in dieser Steinwüste verstreut stehen; und an jedem Hang sahen wir die roten Kleider der Frauen, die Torf stachen oder nach Schafen und Kälbern Ausschau hielten. In der Nähe des Dorfes, wo wir anhielten, sah die Sache etwas besser aus, hier waren neue Kartoffelfelder und Grasflächen zu sehen, und zwischen den Felsen weideten kleinwüchsige Rinder. Das Meer ist hier nahe, das ermöglicht das Fischen und die Tangaschebrennerei. In diesem Dorf gibt es einen kleinen, privaten Anleger, der zu einem Laden gehört, wo alles verkauft wird, und kurz nach unserem Eintreffen brachte ein Fischerboot aus Galway neue Waren. Etliche Frauen warteten schon darauf, und bald darauf machten sich mehrere von ihnen mit ihrem mit einem Sack Mehl beladenen Esel auf den Weg ins Inselinnere. Eine von ihnen, eine junge Frau von siebzehn oder achtzehn, mußte mit ihrer Ladung bis weit nach Lettermullan hinein, auf die nächste Insel, und sie benutzte dabei dieselbe Straße wie wir; dann schickte sie einen kleinen Jungen mit dem Esel zurück nach Gorumna und trug den Mehlsack, der mindestens hundert Kilo wog, auf dem Rücken über eine Meile auf einem schmalen Weg nach Hause. Daß junge Mädchen so schwere Lasten tragen, ist oft Ursache für ernsthafte Verletzungen und bringt in ihrem späteren Leben Gefahren und Leiden mit sich. Sie scheinen jedoch von diesen Risiken nichts zu wissen und tragen ihre Lasten fröhlich weiter.

[...] Als wir die Drehbrücke erreichten, über die man auf die Straße nach Gorumna gelangt, segelte vorsichtig ein Fischerboot, auf dem sich viele Männer und Frauen an der Reling drängten, durch den engen, felsigen Kanal. Das Schiff passierte nicht weit von uns einen flachen Felsen in der Nähe der Brücke und blieb dort kurz liegen, während die Frauen an Land sprangen; einige hatten Flaschen bei sich, andere kleine Kinder, alle trugen sie neue rote Unterröcke und Umschlagtücher. Als sie sich auf der Straße drängten, boten sie ein schönes Bild von Bauersfrauen, und sie alle redeten und lachten munter drauflos. Der alte Mann erzählte mir auf Irisch, sie seien auf einem *pattern* gewesen, einer Art semireligiösem Fest, ähnlich den bekannten Festen in der Bretagne, das ein Stück entfernt an der Ostküste der Galway Bay abgehalten worden war. Es tröstete mich zu sehen, daß zumindest einige dieser Inselbewohner auf ihre Weise glücklich und zufrieden sind. Als die Frauen alle an Land gekommen waren, wurde die Drehbrücke geöffnet und das Boot in die Bucht auf der Nordseite der Inseln gestakt. Dann wurde es von den Männern an Bord vertäut, und sie begaben sich alle in eine kleine Schenke, wo sie den Rest des Abends redeten und tranken und sich gegenseitig auf Irisch Geschichten erzählten.

[...]

Die Umgebung von Belmullet in Nord-Mayo – ein weiterer extrem armer Bezirk – sieht auffallend anders aus als Connemara. In Mayo ersetzen Torf und Moore die Steinwüsten, die die Küste von Galway so prägen. Deshalb werden Torfsoden auch für alle möglichen Arbeiten benutzt – zum Bauen von Mauern und Gräben und sogar für Hüttendächer –, während in der Gegend, die wir gerade verlassen haben, überall Granit- oder Kalksteinstücke herumliegen. Zwischen zwei Feldern sieht man immer eine dünne Torffläche, die manchmal von Wind und Wetter fast zersetzt worden ist, während auf anderen Gras und üppig blühender Farn wachsen. In Belmullet regnet es viel, bei nassem Wetter vermittelt uns dieses Fehlen von Steinen ein fast unerträgliches Gefühl von Feuchtigkeit und Unbehagen.

Die letzten vierzig Meilen der Reise nach Belmullet legten wir mit der langen Kutsche zurück, die Ballina um vier Uhr morgens verläßt. Es regnete heftig, als wir losfuhren, und die ganze Stadt schlief noch; aber während der ersten Stunde begegneten uns viele Erntearbeiter mit Sensen und kleinen Bündeln aus roten Tüchern, die raschen Schrittes auf Ballina zuhielten, um von dort aus nach Liverpool oder Glasgow zu fahren. Dann passierten wir Crossmolina, und bald hatten wir die Moore erreicht, wo man eine Meile nach der anderen zurücklegen kann, ohne etwas anderes zu sehen als hier und da ein einsam und weit vom nächsten Nachbarn entfernt gelegenes Haus. Die Reise von Connemara hierher hatte die ganze Nacht in Anspruch genommen, und immer wieder nickten wir ein und gerieten in eine Art Traum, um dann aufzufahren, wenn die Kutsche gefährlich ins Schlingern geriet, und wieder dieses triste Ödland zu sehen, wo einige tropfnasse Kühe in der Nähe der Straße herumstanden oder plötzlich ein Stück eines Sees aufleuchtete. Nach etwa vierzehn Meilen wechselten wir in einem aus drei Häusern bestehenden Weiler die Pferde. Ein zahnloser alter Mann brachte die frischen Pferde und schirrte sie wie im Halbschlaf langsam an. Dann fuhren wir weiter und hielten ab und zu bei einer Art Postamt, wo zumeist eine Frau oder ein Junge die Postsäcke entgegennahmen. In Bangor Erris stiegen vier weitere Fahrgäste zu, und da die Straßen vom Regen aufgeweicht waren, fielen die Pferde in einen langsamen Trab, so daß wir fast die Hoffnung aufgaben, je unser Ziel zu erreichen. Die Leute der Gegend machten gerade auf ihren kleinen Feldern Kartoffeln aus oder stachen im Moor Torf, und ihre verschlissene, farblose Kleidung, so ganz anders als die groben Wollstoffe Connemaras, steigerte unser Gefühl des Elends, das uns der Anblick der öden Moore und dieser erbärmlichen Hütten einflößte, bei denen oft ein alter Packkorb oder ein Stück Rohr als Schornstein dienen, auf unbeschreibliche Weise.

Belmullet selber liegt überraschenderweise auf einer Landenge, die Broad Haven von der Blacksod Bay trennt und die erst seit kurzem von einem Kanal durchzogen wird. Hinter dieser Landenge befindet sich eine an die vierzehn Meilen in Nordsüd-Richtung lange Halbinsel, die die beiden Buchten vom Atlantik trennt. Als wir am späten Nachmittag über die Landzunge wanderten, setzte der Regen wieder ein, und wir suchten unter einem Hüttendach Schutz. Bald darauf kam ein Mädchen aus der Hütte und holte uns ins Haus. Zuerst konnten wir fast nichts sehen, da der Regen draußen auch das kleine Fenster und die Tür der Hütte verdunkelte. Wir gewöhnten uns aber recht schnell an die Dunkelheit, und nun erschien uns das Licht als ausreichend. Die Frau des Hauses saß uns gegenüber neben dem Feuer, sie hatte zwei Kinder neben sich, und hinter ihnen stand ein großes, hölzernes Bett mit einer Art rotem Himmel und roten Vorhängen. Dann gab es noch die Tür, ein Spinnrad und gegenüber dem Feuer einige Boxen für Vieh und einen Schweinekoben, bewohnt von einer alten Zuchtsau und einem nur wenige Wochen alten Ferkel. Neben dem Kamin führte eine schmale Tür in ein weiteres Zimmer, obwohl es in vielen derartigen Hütten nur einen Raum gibt. Wir sprachen wie immer über die Armut der Menschen, die an Orten wie diesem noch schlimmer ist als anderswo, weil sie ein Stück weit vom Meer entfernt liegen und deshalb Fischerei oder Seetangwirtschaft keine Hilfe bieten können.

»Dieses ganze Land hier«, sagte die Frau, die am Feuer saß, »ist leeres Moor«, das heißt Moor, wo der Torf schon gestochen ist. »Der Boden ist unbrauchbar, solange er nicht mit allerlei Dünger und anderen Dingen vermischt wird. Wenn Sie hinter dem Haus ein Stück weitergingen, dann würden Sie sehen, daß unten nur noch Steine übrig sind, und wir würden große Mengen Sand und Seetang und Dung brauchen, um den Boden so sanft und mild zu machen, daß darin irgend etwas wachsen kann. Die reichen Bauern haben alles gute Land an sich gerissen, für Leute wie uns sind nur Steine und Moor übrig.«

Die Sau schnarchte in der Ecke, und ich sagte nach einem Moment, daß sie wohl mit den Schweinen das meiste Geld verdienten.

»In schlechten Jahren«, antwortete die Frau, »wie dem vergangenen Jahr, wenn die Kartoffeln faulen und die Ernte ausfällt, sind unsere Schweine auch keine Hilfe, wir können sie ja nicht füttern. Im letzten Jahr hatten wir einen Wurf Ferkel von dieser Sau, aber die haben uns nichts eingebracht, niemand wollte sie kaufen, weil alle Angst hatten, sie könnten ihnen wegsterben.«

Jemand von uns erwähnte die Arbeitsbeschaffungsmaßnahmen, die wir in Connemara gesehen hatten.

»Das gibt es hier auch«, sagte sie, »ein Sohn von mir ist jetzt dabei, er nimmt ein kleines Pferd mit, und deshalb kann er in drei oder vier Tagen einen ganzen Wochenlohn verdienen, dann hat er noch immer ein wenig Zeit für die Arbeit hier auf unserem Land.«

Ich fragte sie, ob sie viel Vieh habe.

»Nein, das nicht«, sagte sie. »Ich hätte auch keine Weide dafür. Einige Leute lassen ein paar Jährlinge auf dem Gras weiden, das Sie da unten kurz vor dem Sund sehen, aber woher sollte ich das Geld nehmen, um eins zu kaufen oder die ein Pfund achtzig oder so bezahlen, die es kostet, einen Jährling auf dem Gras zu haben? Vor einiger Zeit«, fügte sie hinzu, »ging es uns nicht so schlecht wie jetzt, denn ich hatte noch einen Sohn, der zur Ernte nach Schottland ging und uns pro Monat vielleicht ein oder zwei Pfund schicken konnte und der dann im Spätherbst noch fünf oder sechs oder mehr mit nach Hause brachte; aber der hat sich verletzt und nie wieder richtig erholt, und die anderen Kinder sind einfach noch nicht alt genug.«

Ein Mädchen hatte Wolle zum Spinnen gekämmt, und ich erkundigte mich bei ihr nach Spinnerei und Weberei.

»Die meisten Frauen spinnen ihre Wolle selber«, war die Antwort, »und die Weberin webt sie nachher für drei Pence pro Meter, wenn es einfach gewebt sein soll, bei Doppelgewebe, wie wir es für die Männerkleidung brauchen, kostet es sechs Pence. Die Frauen in der Gegend hier haben wenig Zeit zum Spinnen, aber die Frauen in den Bergen färben ihre Wolle so schön, daß man die Augen gar nicht davon abwenden möchte. Sie nehmen Steinfarbe und ein bißchen roten Krapp und ein bißchen Karmesinrot, und dann wieder Steinfarbe, Sie können mir glauben, es wird so schön, daß man die Augen gar nicht mehr davon abwenden möchte.«

Es regnete jetzt nicht mehr, und wir wanderten weiter bis zum Meer, wo etwas vom Ufer entfernt ein Seehund tauchte; alle paar Sekunden hob er den Kopf aus dem Wasser und betrachtete uns mit einem merkwürdig menschlichen Gesichtsausdruck. Danach gingen wir auf eine Mole im Norden der

Stadt, wo gerade das Boot aus Sligo eingetroffen war. Einer der Männer erzählte uns, daß sie am nächsten Morgen mehr als hundert Erntearbeiter nach Sligo bringen würden, die dann dort die Fähre nach Glasgow nehmen wollten, und daß während der nächsten Woche noch viele andere folgen würden. Diese Wanderarbeit hat viele unbefriedigende Aspekte; aber bei dem derzeitigen Zustand des Landes kann sie vielleicht die Sehnsucht nach Amerika zurückdrängen, die Menschen überkommt, die das ganze Jahr auf einem elenden Stück Land verbringen müssen.

Flann O'Brien

Irischer Lebenslauf

Ich war sieben Jahre alt, als man mich zur Schule schickte. Ich war zäh, klein und dünn, trug graue Woll-Breeches, war sonst jedoch oben- und untenherum unbekleidet. Außer mir gingen noch viele andere Kinder, die zumeist noch die Aschenflecken auf den Breeches trugen, zur Schule. Einige krochen die Straße entlang, da sie des Gehens nicht mächtig waren. Viele waren aus Dingle, manche aus Gweedore, eine andere Gruppe wieder kam von Aran herüber. Wir alle waren stark und beherzt an unserem ersten Schultag. Unter der Achselhöhle eines jeden von uns befand sich ein Klumpen Torf. Beherzt und stark waren wir!

Der Schulmeister hieß Osborne O'Loonassa. Er war dunkel, dürr und groß und ungesund und trug einen scharfen, sauren Ausdruck auf dem Gesicht, dessen Knochen sich unter der gelben Haut abzeichneten. Eine grimme Wut, so dauerhaft wie sein Haupthaar, stand auf seiner Stirn, und um andere Menschen war er nicht für ein Jota besorgt.

Wir alle versammelten uns im Schulhaus, einer kleinen, unfreundlichen Hütte, in der der Regen die Wände herunterrann und in der alles weich und klamm war. Wir alle saßen auf Bänken, ohne je ein Wort oder Geräusch zu wagen, da wir in der Furcht des Schulmeisters lebten. Er ließ den giftigen Blick über den Raum schweifen, und als der Blick auf mir haften blieb, trat ein jähes Leuchten in seine Augen. Beim Donner! wie wenig war dieser Blick mir angenehm, während diese beiden Augen mich ausforschten. Nach geraumer Zeit richtete er einen langen gelben Finger auf mich und sagte:

– Phwat is yer nam?

Ich verstand nicht, was er sagte, noch verstand ich irgendeine andere Art der Rede, derer man sich in ausländischen Weltgegenden bedient; denn mir stand nur das Gaelische als Ausdrucksmittel und Schutz gegen die Unbilden des Lebens zu Gebote. Ich konnte ihn nur, stumm vor Furcht, anstarren. Dann sah ich, wie ihn ein gewaltiger Wutanfall überkam, der sich – genau wie eine Regenwolke – mählich verdichtete. Angstvoll sah ich die anderen Buben an. Hinter meinem Rücken hörte ich ein Geflüster:

– Deinen Namen will er wissen!

Mein Herz tat vor Freude über diesen Beistand einen Sprung, und ich war diesem meinem Souffleur dankbar. Ich blickte den Schulmeister höflich an und antwortete ihm:

– Bonaparte, Sohn des Michelangelo, des Sohnes des Peter, des Sohnes des Owen, des Sohnes der Sarah, der Tochter des Thomas, der Enkelin der zu John gehörigen Mary, Enkelin des James, des Sohnes von Dermot ...

Bevor ich meinen Namen noch geäußert – oder zur Hälfte geäußert – hatte, entrang sich dem Schulmeister ein rasendes Gebell, und er winkte mich mit dem Finger heran. Als ich ihn erreichte, hatte er ein Ruder ergriffen. In diesem Stadium hatte ihn der Zorn wie eine Flutwelle überschwemmt, und er hielt das Ruder in geschäftsmäßiger Manier mit beiden Händen umklammert. Er schwang es hoch über die Schulter und brachte es, indem es laut durch die Luft flirrte, hart auf mich herunter, mir dergestalt einen vernichtenden Hieb auf den Schädel beibringend. Die Sinne schwanden mir von dem Schlag, doch bevor ich völlig bewußtlos war, hörte ich ihn kreischen:

– Yer nam, sagte er, is Jams O'Donnell!

Jams O'Donnell? Diese zwei Wörter sangen mir in den

Ohren, als das Gefühl in mich zurückkehrte. Ich fand mich seitlich auf dem Fußboden liegend wieder, meine Breeches, mein Haar und meine gesamte Person mit den Strömen von Blut gesättigt, das aus dem Spalt floß, den das Ruder in meinem Schädel verursacht hatte. Als meine Augen ihre Arbeit wieder aufgenommen hatten, hatte sich ein anderer Junge erhoben und wurde nach seinem Namen gefragt. Es war offenkundig, daß diesem Kind jeder Scharfsinn abging und daß die Prügel, die ich soeben bezogen hatte, ihm nicht zur guten, nützlichen Lehre gereicht hatten, denn er antwortete dem Schulmeister, indem er seinen normalen Namen angab, so, wie ich es getan hatte. Wieder schwang der Schulmeister das Ruder, das er gepackt hielt, und er hielt nicht inne, bis er wieder verschwenderisch Blut vergossen und den Jungen bewußtlos auf den Fußboden niedergestreckt hatte, ein blutbeflecktes Bündel. Und während er prügelte, schrie der Schulmeister wieder:

– Yer nam is Jams O'Donnell!

Auf diese Weise fuhr er fort, bis er jedes Geschöpf in der Schule niedergeschlagen und *Jams O'Donnell* getauft hatte. An jenem Tage blieb kein junger Schädel in der ganzen Gegend ungespalten. Natürlich waren viele gegen Nachmittag unfähig zu gehen und wurden von Verwandten nach Hause transportiert. Besonders bedauerlich war das für jene, die noch am Abend nach Aran zurückschwimmen mußten und seit dem frühen Morgen ohne einen Bissen Nahrung oder einen Mundvoll Milch geblieben waren.

Als ich nach Hause kam, kochte meine Mutter gerade Kartoffeln für die Schweine, und ich bat sie um ein paar davon zum Mittagessen. Ich bekam sie und aß sie mit nur einer kleinen Prise Salz. Die üble Lage in der Schule machte mir ständig Sorgen, und ich beschloß, meine Mutter zu befragen.

– Frau, sagte ich, ich habe gehört, daß jeder dort *Jams O'Donnell* genannt wird, wenn das so ist, dann ist unsere Welt wahrlich voller Wunder, und ist O'Donnell nicht ein wahrer Wundermann, wenn man die Anzahl der Kinder bedenkt, die er hat?

– Da hast du sicher recht, sagte sie.

– Wenn ich aber recht habe und es die Wahrheit ist, sagte ich, dann verstehe ich diese Wahrheit nicht.

– Wenn das so ist, sagte sie, warum verstehst du nicht, daß in dieser Gegend des Landes Gaelen leben und daß sie ihrem Schicksal nicht entfliehen können? Es stand schon immer geschrieben und wurde auch gesagt, daß jeder gaelische Knabe an seinem ersten Schultag geschlagen wird, weil er nicht Englisch noch die ausländische Form seines Namens versteht, und daß niemand ihm den mindesten Respekt schuldet, weil er bis ins Mark nur gaelisch ist. Nichts anderes geht an diesem Tag in der Schule vor: Strafe und Rache und ebenjene Narretei mit *Jams O'Donnell.* Und ach, ich glaube nicht, daß es für die Gaelen je eine gute Regelung geben wird, sondern nur Kummer, diesen aber für alle Zeiten. Der Alte-Graue-Knabe wurde ebenfalls an einem Tage seines Lebens geschlagen und gleichfalls *Jams O'Donnell* geheißen.

– Frau, sagte ich, was du da sagst, ist erstaunlich, und ich glaube nicht, daß ich je wieder in diese Schule gehen werde, sondern daß statt dessen das Ende meines Studiums gekommen ist.

– Du bist gewitzt, sagte sie, und das in deinem zarten Alter.

Seit diesem Tage hatte ich keine Verbindung mehr zur Bildung, und daher wurde mein gaelischer Schädel auch nicht ein zweites Mal gespalten. Aber sieben Jahre später (als ich sieben Jahre älter war) geschah es, daß wundersame Dinge in unserer Nachbarschaft geschahen, Dinge, die mit Fragen unseres Lebens zusammenhingen und die ich, aus diesem Grunde, hier in einiger Ausführlichkeit darlegen muß.

Der Alte-Knabe hielt sich eines Tages in Dingle auf, um Tabak zu kaufen und geistige Getränke zu kosten, als er Neuigkeiten hörte, die ihn erstaunten. Er glaubte sie zunächst nicht, denn er hatte den Stadtbewohnern nie getraut. Am nächsten Tag verkaufte er Heringe in den Rosses und erfuhr dort die nämlichen Neuigkeiten; daraufhin ließ er die Geschichte zur Hälfte gelten, konnte sie aber immer noch nicht ganz schlukken. Am dritten Tag war er in Galway (Stadt), und dort lautete die Geschichte ebenso. Schließlich glaubte er sie gläubig, und als er zurückkam, durchnäßt und aufgeweicht (der Himmel öffnet seine Schleusen unfehlbar jede Nacht über uns), setzte er meine Mutter von der Angelegenheit ins Bild (und mich ebenfalls, der ich im Hause lauschte!).

– Bei meiner Seele, sagte er, ich höre, daß die englische Regierung sich anschickt, ein edles Werk zum Wohle der Armen hier – möge jeder in diesem Haus in Sicherheit und errettet sein! – zu verrichten. Es wurde vereinbart, jedem unseresgleichen zwei Pfund pro Schädel für jedes unserer Kinder zu zahlen, das englisch spricht und nicht das bübische Gaelisch. Sie versuchen, uns vom Gaelischen zu trennen, Preis und Dank sei ihnen immerdar! Ich glaube nicht, daß die Bedingungen für die Gaelen jemals besser werden, wenn sie weiter kleine Häuser in einem Winkel der Schlucht bewohnen, sich in schmutziger Asche zu schaffen machen, ohne Unterlaß bei nie verwehendem Sturm auf Fischfang gehen und nachts Geschichten von den Unbilden und schweren Zeiten der Gaelen in den süßen Worten des Gaelischen erzählen, das ihnen zutiefst eigentümlich ist.

– Weh mir! rief meine Mutter aus, wie stehe ich da mit meinem einzigen Sohn; mit jenem aussterbenden Exemplar, das dort rücklings auf dem Fußboden liegt.

– Wenn das so ist, sagte der Alte-Knabe, wirst du entweder mehr Kinder haben oder aber ohne Einkünfte sein!

Während der folgenden Woche kam eine unerschütterliche schwarze Düsternis über den Alten-Grauen-Knaben, ein Omen schwieriger, verzwickter Gedanken, die seinen Geist erfüllten, während er sich mühte, das Problem des Kindermangels zu lösen. Eines Tages hörte er, als er in Cahirciveen weilte, der neue Plan werde bereits ausgeführt; das gute ausländische Geld sei bereits in vielen Häusern jenes Bezirks entgegengenommen worden, und ein Inspektor bereise das flache Land, um die Kinder zu zählen und die Qualität ihrer Englischkenntnisse zu prüfen. Außerdem hörte er, der Inspektor sei ein alter, bresthafter Mann mit notdürftigem Augenlicht und daß er ferner keinen übertriebenen Eifer in seinen Verrichtungen an den Tag lege. Der Alte-Knabe bedachte alles Gehörte gründlich, und als er in der Nacht heimkehrte (durchnäßt und aufgeweicht), berichtete er uns, keine Kuh sei nicht melkbar, kein Hund sei nicht für Wettrennen abzurichten, und desgleichen sei das Geld noch nicht erfunden, das man nicht stehlen könne.

– Bei meiner Seele, sagte er, noch bevor der morgige Tag anbricht, werden wir das Haus voller Kinder haben, und jedes einzelne wird uns zwei Pfund einbringen.

– Dies ist eine Welt voller Wunder, sagte meine Mutter, aber von dieser Gattung erwarte ich nichts, noch hörte ich je, daß man ein Haus in einer einzigen Nacht füllen kann.

– Vergiß nicht, sagte er, daß Sarah mit uns ist.

– Sarah, was soll das! sagte meine Mutter überrascht. In mir keimte von oben bis unten Verwunderung, als ich den Namen der Sau nennen hörte.

– Genau diese Dame, sagte er. Sie hat zur Zeit eine massenhafte Familie, und sie haben kräftige Stimmen, wenn ihr Dialekt uns auch unverständlich ist. Woher sollen wir wissen, daß ihre Unterhaltung nicht auf Englisch stattfindet? Junge Leute und junge Schweine haben naturgemäß die gleichen Gewohnheiten, und nimm auch zur Kenntnis, daß sich ihre Haut nicht wenig gleicht.

– Du bist ein scharfer Denker, erwiderte meine Mutter, aber man muß ihnen Anzüge schneidern, bevor der Inspektor kommt, um sie anzuschauen.

– Das muß man allerdings, sagte der Alte-Graue-Knabe.

– Es ist eine Welt voller Wunder heutzutage, sagte ich vom Hinterbett im Ende des Hauses aus.

– Bei meiner Seele, sie ist wirklich voller Wunder, sagte der Alte-Knabe, aber trotz der Zahlung dieses englischen Geldes zum Wohle von unseresgleichen glaube ich nicht, daß es für die Gaelen jemals gute Lebensverhältnisse geben wird.

Am nächsten Tag hatten wir diese merkwürdigen Hausgenossen drinnen, jeder von ihnen mit Kleidung aus grauer Wolle angetan, und sie quiekten, schnoberten und schnarchten in den Binsen im hinteren Teil des Hauses. Ein Blinder hätte von ihrer Anwesenheit gewußt – allein schon vom Geruch her. Wie die Umstände für die Gaelen auch immer zu jener Zeit ausgesehen haben mochten, unsere eigenen Bedingungen waren alles andere als gut, solange diese Burschen unsere ständigen Gesellschafter abgaben.

Wir hielten scharfe Wacht, um die Ankunft des Inspektors nicht zu verpassen. Wir mußten ziemlich lange warten, aber, wie der Alte-Knabe sagte, was kommen soll, das kommt auch. Der Inspektor suchte uns an einem regnerischen Tag auf, an dem überall schlechte Beleuchtung herrschte und das Ende des Hauses, in dem die Schweine waren, in tiefes Zwielicht getaucht war. Wer auch immer gesagt haben mochte, der Inspektor sei alt und bresthaft, hatte die Wahrheit gesagt. Er war Engländer und von schwacher Gesundheit, der arme Mann! Er war dünn, gebeugt und hatte ein saures Gesicht. Er scherte sich keinen Deut um die Gaelen – was Wunder! –, und er war auch nicht bestrebt, die Hütten, in denen sie lebten, zu betreten. Als er zu uns kam, verhielt er an der Schwelle und spähte kurzsichtig ins Innere des Hauses. Er war unangenehm berührt, als er unseren Geruch bemerkte, wandte sich aber nicht zum Gehen, denn er hatte mit den Behausungen der wahren Gaelen reiche Erfahrungen gesammelt. Der Alte-Graue-Knabe stand respektvoll und höflich bei der Tür vor dem

Gentleman, ich stand neben ihm, und meine Mutter war im rückwärtigen Teil des Hauses, wo sie die Ferkel umsorgte und umhegte. Gelegentlich hüpfte ein Ferkel ins Zentrum des Fußbodens und kehrte dann unverzüglich ins Zwielicht zurück. Man hätte es für einen kräftigen kleinen Knaben halten können, der durchs Haus krabbelt, wenn man die Breeches bedachte, die es trug. Ein stetiges Gemurmel ging von meiner Mutter und den Ferkeln aus; es war wegen des Lärms, den draußen Wind und Regen machten, schwer zu verstehen. Der Gentleman blickte scharf um sich und zog aus dem Gestank wohl nur geteiltes Vergnügen. Schließlich sprach er:

– Wie viele?

– Zwölf, *Sor*! sagte der Alte-Graue-Knabe beflissen.

– Zwölf?

Der Andere warf einen schnellen Blick ins Ende des Hauses, während er in Überlegungen begriffen war und sich bemühte, eine Erklärung für die soeben gehörte Auskunft zu finden.

– All spik Inglish?

– All spik, Sor, sagte der Alte-Knabe.

Dann bemerkte der Gentleman mich, der ich hinter dem Alten-Grauen-Knaben stand, und barsch richtete er das Wort an mich:

– Phwat is yer nam? sagte er.

– Jams O'Donnell, Sor!

Es war offenkundig, daß weder ich noch meinesgleichen diesem eleganten Fremdling zusagten, aber diese Antwort entzückte ihn, konnte er doch nun berichten, er habe die jungen Leute befragt, und sie hätten ihm in süßem Englisch geantwortet; die letzte seiner schweren Aufgaben war vollendet und er nun als freier Mann aus dem Gestank entlassen. Er verschwand in die Wolkenbrüche, ohne uns Wort oder Segensspruch zuteil werden zu lassen. Der Alte-Graue-Knabe war mit unserer Leistung überaus zufrieden und servierte mir zur

Belohnung eine fürstliche Portion Kartoffeln. Die Schweine wurden hinausgetrieben, und für diesen Tag waren wir alle froh und still. Einige Tage später erhielt der Alte-Graue-Knabe einen gelben Brief, in dem sich eine große Banknote befand. Das ist eine andere Geschichte, und ich werde sie zu anderer Zeit in diesem Band erzählen.

Als der Inspektor fort war und sich der Schweinegeruch aus unserem Haus verzogen hatte, hatten wir den Eindruck, die Arbeit sei getan und wir hätten die Angelegenheit ausgestanden. Doch leider sind die Dinge meist nicht das, was sie scheinen, und wird ein Stein geworfen, kann niemand sagen, wo er fällt. Am nächsten Tag, als wir die Schweine zählten und sie ihrer Breeches entkleideten, zeigte sich, daß eines fehlte. Gewaltig war das Lamentieren des Alten-Grauen-Knaben, als er bemerkte, daß uns sowohl Schwein als auch Kleidung insgeheim im Schutze der Nacht entrissen worden waren. Zwar trifft es zu, daß er oft das Schwein eines Nachbarn stahl, und er stellte oft klar, er habe nie eines seiner eigenen geschlachtet, sondern er habe sie vielmehr sämtlich verkauft, aber trotzdem hatten wir immer halbe Speckseiten im Haus. Bei Nacht und Tag ohne Unterlaß geschah Diebstahl in der Gemeinde – Habenichtse, die einander noch tiefer in die Armut trieben –, aber außer dem Alten-Knaben war niemand ein Schweinedieb. Natürlich war es nicht Freude, was sein Herz überschwemmte, als er bemerkte, daß ein anderer seine Melodie spielte.

– Bei meiner Seele, sagte er zu mir, ich fürchte, hier sind nicht alle gerecht und ehrlich. Das junge, kleine Schwein würde mir ja nichts ausmachen, aber in den Breeches war manch gutes Gewebe verarbeitet.

– Jedem seine Meinung, guter Mann, sagte ich, aber ich glaube nicht, daß Schwein oder Breeches gestohlen wurden.

– Glaubst du, sagte er, daß Furcht sie vom Diebstahl abgehalten hat?

– Nein, erwiderte ich, eher schon der Gestank.

– Ich weiß nicht, mein Sohn, sagte er, ich weiß nur, daß du sicherlich recht hast. Doch soll das heißen, daß sich das Schwein davongemacht hat, um zu streunen?

– Ein wenig wohlriechendes Streunen, wenn Sie recht haben, mein guter Mann, sagte ich.

In jener Nacht stahl der Alte-Knabe Martin O'Bannassa ein Schwein und tötete es still im rückwärtigen Teil des Hauses. Es war nämlich geschehen, daß ihn unsere Unterhaltung daran erinnert hatte, daß unser Speck zur Neige ging. Danach ergaben sich keine weiteren Erörterungen über das verlorene Schwein.

Ein neuer Monat namens März wurde geboren, blieb einen Monat lang bei uns und verließ uns wieder. Gegen Ende hörten wir mitten in der Nacht durch das Toben des Regens draußen ein lautes Schnauben. Der Alte-Knabe nahm an, es werde ihm ein weiteres Schwein mit Gewalt entrissen, und ging hinaus. Als er zurückkam, befand er sich in der Begleitung keines anderen als unseres fehlenden Schweins, aufgeweicht und durchnäßt, die feinen Breeches, mit denen man es bekleidet hatte, gründlich zerfetzt. Die Erscheinung, die das Geschöpf bot, ließ darauf schließen, daß es sich in jener Nacht durch ansehnliche Teile unseres Planeten geschleppt hatte. Meine Mutter erhob sich bereitwillig, als der Alte-Knabe verfügte, es sei angemessen, dem späten Heimkehrer einen großen Topf Kartoffeln aufzutischen. Das jähe Erwachen unserer Haushaltung behagte Charlie nicht übermäßig, und nachdem er ohnehin keinen Schlaf gefunden und unsere Reden und die damit verbundene Verwirrung voller Zorn verfolgt hatte, erhob er sich plötzlich und sprengte in den Regen davon. Das arme Geschöpf hatte nie viel von Geselligkeit gehalten. Gott segne ihn!

Die nachtschlafene Rückkehr des Schweins war zwar als solche erstaunlich genug, doch noch erstaunlicher war die

Kunde, die es uns gewährte, nachdem es sich an den Kartoffeln gütlich getan hatte und vom Alten-Grauen-Knaben seiner Breeches entkleidet worden war. Der Alte-Knabe fand in einer der Hosentaschen eine Pfeife mit einem guten Schlag Tabak. In einer anderen fand er einen Shilling und eine kleine Flasche mit geistigem Getränk.

– Bei meiner Seele, sagte er, wenn es auch zutrifft, daß Mühsal und Not die Gaelen immer am schwersten trifft, so doch nicht dieses Schwein. Hören Sie mal, sagte er, seine Aufmerksamkeit dem Schwein zuwendend, wo haben Sie diese Artikel bekommen, Sir?

Das Schwein warf ihm einen scharfen Blick aus seinen zwei kleinen Augen zu, ließ ihm aber keine Antwort zuteil werden.

– Laß ihm die Breeches, sagte meine Mutter. Wissen wir denn, ob er nicht jede Woche zu uns kommt und wunderbare Dinge in den Hosentaschen hat – Perlen, Hosenbänder, Schnupftabak und vielleicht sogar eine Banknote –, gleichgültig, wo er solches in ganz Irland auftreiben mag? Ist dies nicht heutzutage wahrhaftig eine Welt voller Wunder?

– Wie sollen wir wissen, gab ihr der Alte-Graue-Knabe zur Antwort, ob er je wieder zurückkehren wird und nicht stattdessen sich dort niederläßt, wo er diese feinen Sachen bekommen kann, und wir sind dann für immer ohne den wertvollen Anzug, den er jetzt trägt?

– Da hast du leider in Wahrheit recht, sagte meine Mutter.

Das Schwein wurde daraufhin ausgezogen, bis es splitternackt war, und dann zu den anderen getan.

Es verging ein voller Monat, bevor wir die Erklärung für den komplizierten Vorfall jener Nacht erfuhren. Der Alte-Knabe hörte in Galway ein Getuschel, ein halbes Wort in Gweedore und ein Sätzchen in Dunquin. All das fügte er zusammen, und eines Nachmittags, als der Tag beendet war und der nächtliche Niederschlag heftig auf uns einzuregnen begonnen hatte, erzählte er die folgende interessante Geschichte.

Es gab da einen Gentleman aus Dublin, der das Land bereiste und am Gaelischen überaus interessiert war. Dieser Gentleman hatte vernommen, daß in Corkadoragha Menschen lebten, die in jeder anderen Gegend des Landes unübertroffen waren, und ferner, daß es ihresgleichen nie wieder geben würde. Er besaß ein Instrument namens Grammophon, und dieses Instrument war dazu in der Lage, sich alles, was es hörte, zu merken, wenn ihm jemand Geschichten oder alte Sagen erzählte; es konnte ebenfalls alles, was es gehört hatte, ausspucken, wann immer dies jemandem beliebte. Es war ein Instrument voller Wunder und erschreckte viele Leute in unserem Gebiet und raubte anderen die Sprache; es ist zweifelhaft, ob es seinesgleichen je wieder geben wird. Da die Menschen glaubten, es bringe Unglück, war es für den Gentleman eine schwere Aufgabe, bei ihnen Folklore-Geschichten zu sammeln.

Aus diesem Grunde unternahm er auch niemals den Versuch, die Folklore unserer Alten und Vorfahren zu sammeln, wenn nicht die Dunkelheit sich schützend gesenkt hatte und sowohl er als auch sein Instrument im Winkel einer Hütte verborgen waren, in welchem beide angestrengt lauschten. Es war offenkundig, daß es sich bei ihm um eine wohlhabende Person handelte, gab er doch jede Nacht größere Beträge für geistige Getränke aus, um die Scheu und Unfähigkeit von den Zungen der alten Leute zu verscheuchen. Im gesamten Landstrich genoß er diesen Ruf, und sowie bekannt wurde, daß er Jimmys oder Jimmy Tim Pats Haus einen Besuch abstatten wollte, hastete jeder alte Knabe, der im Umkreis von fünf Meilen wohnte, dorthin, um sich von der zungenlösenden feurigen Medizin etwas zuteil werden zu lassen; hierzu muß angemerkt werden, daß auch viele jüngere Leute sie begleiteten.

In der Nacht, von der die Rede ist, befand sich der Gentleman im Hause von Maximilian O'Penisa, und zwar still in die

Finsternis geduckt, die Gehör-Maschine neben sich. Es hatten sich mindestens hundert alte Knaben um ihn gesammelt, und sie saßen, stumm und unsichtbar, im Schatten der Wände und ließen die Flaschen mit dem geistigen Getränk des Gentlemans von Hand zu Hand wandern. Manchmal war über einen kurzen Zeitraum hinweg ein schwaches Wispern zu hören, aber im allgemeinen bestand das einzige Geräusch aus dem Brüllen des Wassers, das draußen aus den düsteren Himmeln herniederfiel, ganz so, als leerten jene dort oben Kübel voll übler Nässe über die Welt aus. Wenn es den geistigen Getränken gelang, die Zungen der Männer zu lösen, so war das Ergebnis nicht etwa flüssiges Sprechen, sondern ein Rollen und Lecken, um die gleißenden Tropfen der geistigen Getränke noch besser erschmecken zu können. Auf diese Weise verging die Zeit, und so wurde die Nacht immer später. Die lastende Stille drinnen und das Summen, das draußen der Regen verursachte, entmutigten den Gentleman ein wenig. Er hatte in jener Nacht kein einziges Kleinod unserer Alten sammeln können, statt dessen aber geistige Getränke im Werte von fünf Pfund nutzlos verloren.

Plötzlich bemerkte er einen Aufruhr an der Tür. Dann, beim schwachen Licht des Kaminfeuers, sah er, daß die Tür aufgestoßen wurde (mit einem Riegel war sie nie versehen gewesen), und es kam ein armer, alter Mann herein, bis an die Ohren betrunken, durchnäßt und aufgeweicht, und wegen seiner Trunkenheit schritt er nicht mit aufrechtem Gang herein, sondern er kroch. Das Geschöpf verlor sich unverzüglich in der Dunkelheit des Hauses, doch wo immer es auch auf dem Fußboden liegen mochte –: das Herz des Gentlemans hüpfte vor Freude, als er hörte, wie sich ein gewaltiger, flüssiger Redestrom von der betreffenden Stelle her ergoß. Es war wirklich schnelle, verwickelte, ernsthafte Sprache; man hätte meinen können, der alte Knabe fluche betrunken vor sich hin; aber der Gentleman hielt sich nicht damit auf, sie verstehen zu wollen. Er erhob sich flink und stellte die Maschine neben den, der Gaelisch ausspie. Es hatte den Anschein, als habe der Gentleman dieses Gaelisch für überaus schwer verständlich gehalten, und entsprechend groß war seine Freude, als seine Maschine es trotzdem absorbierte; er wußte nämlich, daß gutes Gaelisch schwierig ist, das beste Gaelisch von allen aber so gut wie unverständlich. Nach etwa einer Stunde versiegte der Redefluß. Der Gentleman war über den Erfolg dieser Nacht sehr erfreut. Als Zeichen seiner Dankbarkeit steckte er dem alten Knaben, der nunmehr in trunkenen Schlummer gefallen war, eine weiße Pfeife, einen Schlag Tabak und eine kleine Flasche mit geistigem Getränk in die Taschen. Dann machte sich der Gentleman mit seiner Maschine auf den Heimweg durch den Regen, indem er ihnen allen still seinen Segen hinterließ, den jedoch keiner erwiderte, da die Trunkenheit den Schädel jedes Anwesenden mit Macht überschwemmt hatte.

Es wurde später in der Gegend gesagt, der Gentleman sei für die Sagen, die er in jener Nacht in seiner Gehör-Maschine gespeichert hatte, überschwenglich gelobt worden. Er reiste nach Berlin, einer Stadt Deutschlands innerhalb von Europa, und erzählte alles, was die Maschine gehört hatte, den gelehrtesten Köpfen des Kontinents. Diese gelehrten Köpfe sagten, sie hätten noch nie ein Fragment Gaelisch gehört, das so gut, so poetisch und so dunkel gewesen sei wie dieses, und daß sie sicher seien, man brauche sich um das Gaelische keine Sorgen mehr zu machen, solange dergleichen in Irland zu hören sei. Freudig statteten sie den Gentleman mit einem feinen akademischen Rang aus, und, das ist noch interessanter, sie stellten ein kleines Komitee aus ihren eigenen Mitgliedern zusammen, welches eine detaillierte Studie über die Sprache aus der Maschine anfertigen sollte, um herauszufinden, ob man irgendeinen Sinn hineinbringen könne.

Ich weiß nicht, ob es Gaelisch oder Englisch oder sonst ein fremder, ungehöriger Dialekt war, den die alte Rede enthielt, die der Gentleman mit seiner Maschine von uns hier in Corkadoragha eingesammelt hat, aber es steht fest, daß jedes Wort, das in jener Nacht gefallen war, von unserem streunenden Schwein stammte.

Vierte Reise:
Im Licht der Grünen Insel

SEAN O'FAOLAIN

Liebe und Pilgerfahrt

»Ich finde, sie könnten Weiß tragen«, hatte sie gesagt, als sie am Fenster stand, kleine Schlückchen Tee trank und auf den Vorstadtplatz und die Tennisspieler hinunterschaute. Und dann wandte sie sich ihm zu – mit jener raschen Drehung ihres Kopfes, die ihn immer an Elstern denken ließ: »Übrigens, Bobby – möchtest du mich nächste Woche zum Lough Derg hinauffahren?«

Aus der behaglichen Tiefe ihres Sessels erwiderte er liebenswürdig:

»Gern! Zu welchem Teil? Nach Killaloe? Aber gibt's denn dort ein gutes Hotel?«

»Ich meine den andern Lough Derg. Ich will die Pilgerfahrt machen.«

Eine Sekunde lang blickte er sie überrascht an. Dann brach er in Lachen aus. Dann suchte er forschend in ihrem Gesicht.

»Jenny! Sprichst du im Ernst?«

»Natürlich!«

»Meinst du den See mit der Insel, auf der die Leute barfuß über spitze Steine laufen und tagelang fasten müssen und die ganze Nacht hindurch aufsitzen und jammern und barmen?« Er schälte sich aus dem Sessel, trat zum Bücherregal, nahm sich eine Zigarette und fragte, während er ihr den Rücken zugekehrt hatte, mit kalter Stimme:

»Du wirst mir doch nicht fromm werden?«

Sie ging schnell zu ihm hinüber, drehte ihn herum, lachte

ihr Lächeln, das weißer als das Weiß ihrer Augäpfel blitzte, und legte den Kopf bittend auf die Seite. Als das ohne Wirkung blieb, sagte sie:

»Bobby! Vor meinen Freundinnen rühme ich dich immer als einen Mann, der die Dinge nimmt, wie sie gerade kommen. Das tun so wenig Menschen. Nie über den heutigen Tag hinausschauen. Alles unter der Eingebung des Augenblicks verrichten. Deswegen liebe ich dich auch so sehr. Andere Männer wägen immer ab und überlegen und besprechen. Ich habe dich gewissermaßen als einen prachtvollen, wilden, hirnlosen Kater hingestellt. Willst du mich jetzt Lügen strafen?«

Nach einem Weilchen blickte er auf seine Uhr und sagte:

»Meinetwegen denn. Ich will versuchen, mich nächste Woche ein paar Tage freizumachen. Jetzt muß ich im Krankenhaus vorbeischauen. Aber ich warne dich, Jenny! Ich habe die frommen Anwandlungen schon manchmal an dir beobachtet. Und eines Tages könnt's mir zuviel werden!«

Sie tätschelte ihm die Wange, küßte ihn beschwichtigend und sagte: »Du bist ein lieber Mensch!« Mit liebevollem Lächeln begleitete sie ihn bis an die Tür.

Die rasche Fahrt durch den Morgen bis zum Ufer des Shannon machte ihnen Freude. Er hegte keinerlei Argwohn, als sie es in Carrick abschlug, ihm bei einem Drink Gesellschaft zu leisten. Sie hatten sich auf die Bar gestützt und wie Mann und Frau, die sich einen freien Tag mit Autofahrt leisten, mit der Bardame gescherzt. Während sie geruhsam um das nördliche Ufer des Lough Gill glitten, war ihm plötzlich so glücklich zumute gewesen, daß er ihren violetten Handschuh gestreichelt und ihr zugeblinzelt hatte. Der See lag einsam in der Mittagssonne, und seine unendliche Weite und Stille wurde nur durch einen hochschnellenden Fisch oder durch einen Wimpernsaum aus Schilf und Binsen unterbrochen. Er argwöhnte auch nichts, als sie ihn in Sligo allein zum Mittagessen schickte und sagte, sie müsse unterdessen einer alten Nonne im Kloster einen Besuch abstatten. Einstweilen hatte ihm die Reise nichts weiter als eine ihrer Stimmungen bedeutet – bis ein gelber Wegweiser, auf dem ›Nach Bundoran‹ stand, sie daran gemahnte, daß ihr Ziel und die Trennung nahe waren, denn sie sagte:

»Was willst du bis zum Mittwoch unternehmen?«

»Darüber habe ich noch nicht nachgedacht.«

»Fahr nur nicht weg und vergiß mich ganz und gar, Liebling! Du weißt doch, daß du mich am Mittwoch gegen Mittag abholen mußt?«

Nach einer langen Pause murrte er:

»Du hast es wirklich fertig gebracht, daß ich mir wie ein ganz nichtswürdiger Mensch vorkomme, Jenny!«

»Aber wieso denn, um Gottes willen?«

»All das Bußetun ist doch meinetwegen, nicht wahr?«

»Sei nicht komisch! Es ist einfach eine Sache, die ich mir ganz für mich allein mit Hilfe meines gescheiten kleinen Köpfchens ausgeheckt habe.«

Er fuhr, ohne zu sprechen, mehrere Meilen weiter. Sie sah ihn amüsiert von der Seite an: sein rötliches, gesundes Hockeyspieler-Gesicht, das unter dem Schirm der karierten Reisemütze mürrisch dreinblickte. Das borstige Haar an den Schläfen wurde weiß. Alles an ihm verriet den vornehmen Dubliner Chirurgen, der eine Erholungsfahrt macht: das blaßgrüne Hemd, die etwas dunklere Krawatte, die zweireihige Weste, die Fahrhandschuhe, deren Rücken aus geflochtenem Lederband gearbeitet waren. Sie schaute nachdenklich aufs Meer hinaus. Er brummte:

»Eins will ich dir jedenfalls sagen, Jenny. Wenn du meine Frau wärst, würde ich solchen Unfug nicht dulden.«

Ihre Gedanken hatten also doch den gleichen Weg eingeschlagen? Aber wenn sie seine Frau gewesen wäre, dann hätte sich das Problem ja gar nicht gestellt. An der jähen Beschleunigung der Geschwindigkeit merkte sie, daß er schlechter Laune war. Als er daher auf den Grasrand fuhr, ausschaltete und sich ihr zuwandte, war sie nicht erstaunt. Eine Möwe flog klagend über sie hinweg. Sie schlug die grauen Augen zu ihm auf, lächelte und erwartete seinen Angriff.

»Jenny, wenn es dir nichts ausmacht – würdest du mir sagen, was das nun eigentlich alles zu bedeuten hat? Ich meine, warum hast du dir diese Faxen gerade für diese Tage vorgenommen?«

»Ich hatte die Pilgerfahrt schon immer machen wollen. Daraus ergibt sich ganz logischerweise, daß ich es irgendwann mal tun würde, nicht wahr?«

»Vielleicht. Aber warum zum Beispiel in diesem Monat und nicht im vorigen Monat?«

»Im vorigen Monat war die Insel nicht für Pilger geöffnet!«

»Und warum bist du nicht im letzten Jahr gegangen anstatt in diesem Jahr?«

»Du weißt doch, daß wir im letzten Jahr in Österreich waren!«

»Warum nicht im vorletzten Jahr?«

»Das weiß ich nicht. Und hör bitte auf, mich zu plagen! Es ist einfach etwas, das jeder irgendwann mal machen möchte. Es ist etwas typisch Irisches, wie Lourdes oder Fatima oder Lisieux. Jeder, der davon gehört hat, fühlt sich hingezogen. Wenn du ein gläubiger Katholik wärst, würdest du es verstehen.«

»Ich verstehe es ganz gut«, erwiderte er bissig. »Ich weiß ganz genau, daß die Leute in der ganzen Welt Pilgerfahrten unternehmen. In Spanien. In Frankreich. In Mexiko. Es würde mich gar nicht wundern, wenn es so etwas auch in Rußland gäbe. Was ich gerne wissen möchte, ist folgendes: was ist aufgetaucht, das diese Sonder-Extratour gerade jetzt herbeiführt?«

»Ich sagte dir doch, daß ich es nicht weiß. Der Wunsch

überfiel mich plötzlich am letzten Sonntag, als ich den Tennisspielern zuschaute. Ohne Grund. Er tauchte einfach so auf. Und da sagte ich mir: ›Gut! Dann geh ich eben jetzt!‹ Ich dachte, wenn ich's nicht unter der Eingebung des Augenblicks tun würde, dann würde ich's überhaupt nicht tun. Verlangst du eine verstandesmäßige Erklärung? Die kann ich dir nicht geben, weil ich keine weiß. Ich bin nicht so klug und gescheit wie du, Liebster!«

»Du bist so gescheit wie ein Sack voll Katzen!«

Sie lachte ihn aus.

»Wie ich dich liebe, Bobby, wenn du schlechter Laune bist! Wie ein kleiner Junge!«

»Warum hast du nicht George gebeten, dich hinzufahren?«

Sie setzte sich aufrecht hin.

»Ich möchte nicht, daß mein Mann auch nur ein Wort hiervon erfährt! Sprich bitte nicht mit ihm darüber!«

Er schmunzelte über seinen kleinen Sieg, betrachtete nachdenklich den Schwung ihres Backenknochens und den dunklen Glanz ihres Haares und ließ den Motor wieder anspringen.

»Und trotzdem«, sagte er nach einer Meile, »muß ein Grund vorhanden sein! Oder nenne es Anlaß, wenn dir das Wort ›Grund‹ nicht gefällt. Und ich gäbe was darum, wenn ich's herausbringen könnte.«

Nach einer weiteren Meile:

»Ich kann natürlich ebensogut zu dem alten Dolmen da drüben sprechen, anstatt eine Frau zu fragen, weshalb sie etwas tut. Und wenn sie's wüßte, würde sie's einem nicht sagen.«

Nach einer weiteren Meile:

»Weißt du, ich glaube, das alles ist nur ein Symptom für etwas ganz anderes. Du darfst nicht vergessen, mein Kind, daß ich Arzt bin. Ich habe meine Erfahrung im Deuten von Symptomen. Wenn eine Frau zu mir kommt und Schmerzen hat ...«

»Ja, ja, wenn eine Frau zum Chirurgen Robert James Flannery kommt und Schmerzen hat, dann sagt er zu ihr: ›Ist nicht weiter schlimm, 's sind ja bloß Schmerzen!‹ Meine Güte! Wenn eine Frau Schmerzen hat, dann hat sie eben Schmerzen, verdammt noch mal!«

Er fragte rasch: »Hast du Schmerzen?«

»Ach, hör schon auf! Die einzigen Schmerzen, die ich habe, die stammen aus dem Magen. Ich sterbe vor Hunger!«

»Tut mir leid! Hat's bei deiner Nonne im Kloster nichts Gutes zum Mittagessen gegeben?«

»Ich hab nicht zu Mittag gegessen. Man muß nüchtern auf die Insel gehen.«

»Soll das etwa heißen, daß du seit dem Frühstück überhaupt noch nichts gegessen hast?«

»Ich hab nicht gefrühstückt!«

»Was bekommst du zu essen, wenn du auf der Insel eintriffst?«

»Nichts. Oder so gut wie nichts. Auf der Insel muß jeder während der ganzen Zeit fasten. Vielleicht bekomm ich irgendwann vor Anbruch der Nacht eine Tasse Schwarztee oder heißes Wasser mit etwas Pfeffer und Salz drin, was sie, glaube ich, in ihrer fröhlichen Art als Suppe bezeichnen.«

Die Geschwindigkeit erhöhte sich sofort auf fünfundsechzig Meilen. Durch Bundorans Siesta-Stunde raste er wie der Wagen der Apokalypse. Vor Ballyshannon gingen sie bis auf nette, summende fünfzig herunter.

»Jenny?«

»Ja?«

»Bist du meiner überdrüssig?«

»Fängst du noch mal mit deinen Symptomen an?«

Wieder brachte er den Wagen zum Stehen.

»Bitte, beantworte meine Frage!«

Sie legte ihre violett behandschuhte Linke auf seine geballte Faust.

»Hör mal zu, Liebster! Wir kennen uns jetzt seit sechs Jahren. Du weißt, daß ich wie jede gute Katholikin regelmäßig zu Ostern und zu Weihnachten meine Pflicht tue. Ein- oder zweimal hab ich's dir auch gesagt. Du hast ein bißchen gemurrt und geknurrt, aber du hast mir deswegen nie Geschichten gemacht. Wieso machst du dir jetzt auf einmal Sorgen?«

»Weil das andere nur Routine war. Wie's die Franzosen und Italiener machen. Mein Gott, ich bin nicht engherzig! Es schadet nichts, wenn man hin und wieder mal in die Kirche geht. Ich tu's ja selber bei besonderen Anlässen, oder wenn ich in einem Haus zu Besuch bin, wo man sich aufregen würde, wenn ich nicht hinginge. Aber diese Verrücktheit hier ist keine Routine mehr!«

Sie wandte das Gesicht rasch ab, fort von seinen zornigen Blicken. Ein Kind in einer rosa Schürze mit Rüschen an den Schultern trieb zwei schwarze Kühe durch eine Lücke in der Hecke.

»Es war niemals Routine. Es ist das einzige, an das ich mich in meinem sonst sinnlosen Dasein anklammern muß. Keine Kinder. Ein Mann, den ich nicht liebe. Und dich kann ich nicht heiraten.«

Sie wandte sich ihm wieder zu. Er wandte sich ab und starrte über die lange leere Straße vor ihnen. Er wandte sich ihr zu. Er setzte zum Sprechen an. Er wandte sich wieder ungeduldig ab.

»Stimmt doch«, deutete sie seine Gedanken. »Es nützt gar nichts, nicht wahr? Es ist mein Problem, und nicht deins. Oder wenn es deins ist, dann hast du's schon vor langer Zeit gelöst, indem du sagtest, es sei nichts als blühender Unsinn.«

»Und wie hast du es denn gelöst?« fragte er höhnisch.

»Hast du irgendeinen Grund, dich über die Art zu beklagen, wie ich es gelöst habe? Oh, ich will mich nicht verteidigen. Ich bin eine Schwindlerin, eine Betrügerin. Du bist ehrlicher, als ich es bin. Du glaubst eben an gar nichts. Aber eins ist wahr, daß ich nichts habe als dich und ...«

»... und was?«

»Es klingt so lästerlich, daß ich's nicht aussprechen kann!«

»Sag's!«

»Ich habe nichts als dich und – Gott.«

Er holte sein Etui hervor und nahm sich eine Zigarette. Sie nahm auch eine. Als er ihr Feuer gab, trafen sich ihre Blicke. Er sagte sehr weich (und blickte dabei die leere Straße hinauf):

»Arme Jenny! Ich wünschte, du hättest mir all das schon längst mal gesagt. Es ist wirklich, wie du sagst, deine eigene Sache. Aber ich kann einfach nicht damit fertigwerden, weil das, was du jetzt vorhast, so entsetzlich ausgefallen ist. Auf eine Insel willst du, die mitten in den Bergen in einem See liegt und wo du eine Menge Betschwestern jeden Alters und Geschlechts und ohne Geschlecht antriffst und dir die Strümpfe und Schuhe ausziehst und auf bloßen Füßen über scharfe Steine humpelst und in Pfützen niederkniest und singst und betest und dir wie ein Verbrecher an die Brust schlägst und drei Tage lang nichts als Salzwasser trinkst... nein, Jenny, das bist doch nicht du! Das ist eine Seite an dir, die ich noch gar nicht kenne. Die einzige Erklärung dafür kann nur die sein, daß etwas in dir vorgeht, was ich vorher noch nie beobachtet habe.«

Sie hob verzweifelt die Hände. Er schleuderte die Zigarette fort und ließ den Wagen wieder an. Sie fuhren schweigend weiter. Ein feiner Nebel besprühte die Windschutzscheibe. Sie bogen von der Hauptstraße ab, in sonnenlose Hügel hinein, die so braun wie Heu waren. Als er sie das nächste Mal ansah, machte sie gerade ihr Gesicht zurecht. Der Mund verrollte die Schminke auf den Lippen; die Augen rollten im Spiegel umher. Er meinte:

»Dir steht ein nettes Picknick bevor, wenn das Wetter sich nicht hält!«

Sie blickte besorgt hinaus.

»Ein Vergnügen wird's bestimmt nicht sein.«

Eine jähe Regenbö peitschte gegen die Windschutzscheibe. Der Himmel hatte die Schleusen geöffnet. Er sagte:

»Müßt ihr denn, sogar wenn's regnet, auf den verdammten Steinen herumlaufen?«

»Ja.«

»Da wirst du doppelseitige Lungenentzündung bekommen.«

»Sorge dich nicht, Liebster! Man nennt es Sankt Patricks Fegefeuer. Er wird sich um mich kümmern.«

Ihre Bemerkung löste einen kleinen Streit aus, der anhielt, bis sie am Seeufer vorfuhren. Andere Wagen standen schon dort und glichen gestrandeten Kähnen. Pilger standen neben der Anlegestelle und warteten auf die Fähre: sie hatten den Rücken gegen den Wind gedreht und die Schultern hochgezogen. Ihre Kleider waren wirr wie das Fell von Rindern. Sie schaute über den See mit seinen jagenden Schaumraupen.

Er blickte finster umher – auf die wartenden Pilger, einen grünen Autobus, zwei Taxis voller Leute, die sich vor dem Regen geflüchtet hatten. Sie waren nicht seinesgleichen, und er sagte es auch.

Sie lächelte: »Das kommt davon, wenn man Chirurg ist. Du hast nicht mit Menschen zu tun, sondern mit Organen. Hast du mir nicht mal erzählt, wenn du operierst, blicktest du dem Patienten nie ins Gesicht?«

Er brummte. Zerfetzte, struppige Wolken strichen über die Hügelkämme. Der See war zerknittert und grau, bis auf die gelben Schaumraupen, die in Parallelen darübergeweht wurden. Ein kalter Flecken Helligkeit im Süden ließ alles nur noch trübseliger erscheinen. Sie spähte zur Insel hinüber und sagte:

»Es ist ganz und gar nicht so, wie ich's mir vorgestellt hatte.«

»Was hast du denn erwartet, zum Henker? Capri?«

»Ich hatte an eine alte Insel mit ehrwürdigen grauen Ruinen

gedacht, wo uralte Stechpalmen und Rhododendronbüsche bis zum Ufer hinunter wachsen – so eine Stätte, wo alte Mönche hausen könnten.«

Sie sahen hohe Gebäude, die am Rande der Insel wie moderne Hotels aufragten: eine achteckige Basilika, die für eine ganze Stadt groß genug gewesen wäre, vier oder fünf kahle, mit Schieferplatten gedeckte Häuser und einen langen, saalartigen Schuppen. Ein einziger Baum war da. Ein weiterer Bus traf ein und hielt neben ihnen. Die Leute spähten durch die halb abgewischten Scheiben.

»O Gott!« stöhnte sie. »Hoffentlich ist es nicht wie in Lourdes!«

»Und was ist denn Schlechtes an Lourdes, wo das hier Irland ist, bitte schön?«

»Wenn's kommerziell wäre! Ich kann es einfach nicht fassen, daß die Insel im Mittelalter die berühmteste Wallfahrtsstätte gewesen ist. Am äußersten Ende der bekannten Welt. Es muß so gewesen sein, wie wenn man nach Jerusalem pilgert oder sonnverbrannt mit einer Muschel am Hut von Galiläa heimkehrt.«

Er machte eine vulgäre Yukon-Stimme nach:

»Da steckt Gold drin in den Hügeln! Sieht mir nach einer verdammt guten Kapitalsanlage aus!«

Sie starrte ihn an. Der Regenguß ließ nach. Bald hatte er fast gänzlich aufgehört. Rinnsale gurgelten. Irgendwo tropfte es hartnäckig. Sie holte eine kleine rote Handtasche vom Rücksitz, die mit T.W.A. gezeichnet war.

»Am Mittwoch gegen Mittag holst du mich ab, nicht wahr?«

Er blickte sie ergrimmt an. Sie sah keinen Tag jünger als einundvierzig aus. Die Haut an ihrem Hals war gefurcht. In zehn Jahren würde sie eine Wamme haben.

»Viel Vergnügen!« sagte er, schaltete lärmend die Gänge und fuhr fort.

Das große, plumpe Fährboot näherte sich, der Bug schlug klatschend auf die zerfurchten Wellen. An jedem Ruder standen drei Mann. Der Sprühregen setzte wieder ein. Mit etwa hundertundfünfzig Männern und Frauen jeden Alters und, soweit sie sehen konnte, jeden Standes kletterte sie an Bord. Sie stießen ab, und langsam, zusammengeduckt gegen den Wind und den Regen, legten sie die Überfahrt zurück. Das Fährboot stieß in die Uferspalte hinein und leerte sich. Sie hatte eine Vorstellung von dunklem Wasser, nassem Zement, Häusern und einer großen Anzahl Menschen – und daß sie eine heiße Tasse Tee mit Gold aufgewogen hätte. Hinter den vier oder fünf weißgetünchten Häusern – sie vermutete, daß es die einzigen Gebäude auf der Insel gewesen waren, ehe Bahn und Bus die Pilgerfahrt zu einem beliebten Ziel gemacht hatten – und hinter den Zementwegen stieß sie auf die Überreste der ursprünglichen Insel: eine kleine Anhöhe, etwas warmes Gras, den Baum und die Grundmauern der alten Einsiedlerzellen, auf deren zahnspitzem Felsgestein sich schon barfüßige Pilger auf die Fersen traten. Die meisten dieser Barfüßer trugen Regenmäntel. Sie stolperten nicht nur einer über des andern Fersen: sie knieten auch auf den Zehen der andern, denn die Insel war überfüllt. Sie glaubte, es müßten bestimmt zweitausend Menschen da sein. Sie waren zwischen die zwei modernen Hotels und die große Kirche gepfercht. Sie sah einen Priester in Südwester und hohen Gummistiefeln. Eine Nonne, die an der Tür der Frauen-Herberge auf die Neuankömmlinge wartete, nahm ihren Namen und ihre Anschrift entgegen und wies ihr die Nummer ihres Schlafplatzes zu. Sie ging nach oben, stellte ihre rote Handtasche auf die Matratze, setzte sich daneben, löste die Strumpfhalter, zog ihre Schuhe aus, streifte die Nylonstrümpfe ab und war ohne anderen Übergang zu einem weiteren namenlosen Pilger geworden. Als sie zu den schon im Regen betenden Pilgern hinaustrat, spürte sie nichts weiter als ein Gefühl der Beschämung, als ob sie ganz allein dem Mikroskop des Himmelsgewölbes preisgegeben sei. Der feuchte Boden war kalt.

Eine dicke alte Frau in Schwarz, mit üppigem Busen und grauen Haaren, nahm sie freundlich beim Arm und sagte mit ihrer warmen Kerry-Stimme: »Sie zittern ja, Sie armes Würmchen! Immer mutig! Wenn wir die erste Station hinter uns haben, bekommen wir eine feine Tasse Schwarztee!«

Und sie lachte über die komische Sehnsucht nach einer Tasse Tee. Sie zuckte zusammen, als sie auf den harschen Beton der Terrasse trat, die sich um die Basilika zog und auf Pfählen bis übers Wasser vorstieß. Ein junger Mann lächelte teilnahmsvoll, da er sah, was für ein zartes Geschöpf sich den strengen Maßnahmen unterziehen wollte. Er war wie ein Sekretär angezogen, trug drei Federhalter in seiner Brusttasche und daneben das Abzeichen der Abstinenzler.

»Die Insel des Heiligen wird sie genannt«, lächelte er. »Manche Leute finden, sie müßte Teufels-Insel heißen.«

Seine Freundlichkeit mißfiel ihr. Nie im Leben hatte sie andere um Mitleid gebeten, aber sie entdeckte bald, daß die Insel auf Mitleid gebettet war. All und jeder um sie her schien zu sagen: wir sind hier allesamt Sünder, elende Kreaturen und kaum der Barmherzigkeit wert. Sie empfand die Demütigung der Verurteilten. Sie war unter Menschen, die auf alle Individualität und allen Stolz verzichtet hatten. Es war wie in einem Konzentrationslager.

Die dicke alte Frau aus Kerry erklärte ihr, wie der Tagesablauf war, und während sie zuhörte, begriff sie erst, wie lange ihr Aufenthalt eigentlich währen würde. Vorher war er ihr so kurz erschienen: man kam am Montagnachmittag an, und am Mittwochmittag fuhr man wieder ab. Es war ihr wie ein voller Tag und zwei kurze Nächte vorgekommen. Sie hatte nicht bedacht, daß sie unmittelbar nach der Ankunft draußen im Freien bleiben mußte, bis es ganz dunkel war, um etwa fünf Stunden lang die Runden über die Steine zurückzulegen und zu knien und zu beten. Und selbst dann würde sie nicht zur Ruhe kommen, denn sie mußte die ganze Nacht hindurch in der Basilika wachen und beten. Und dann würde der zweite lange Tag beginnen, der so langsam wie die Nacht verging; und am dritten Tag mußte sie immer noch die Runden ablaufen – bis es Mittag war. Sie mußte ohne Nahrung bleiben, sogar, nachdem sie die Insel verlassen hatte, ja, bis Mitternacht des dritten Tages.

»*Yerrah,* gewiß doch«, kicherte die Alte, »Fasten soll gesund für den Magen sein!«

Sie begann, an ›sie‹ zu denken. ›Sie‹ hatten sich das alles ausgedacht. ›Sie‹ hatten gesehen, wieviel mit einfachen Gebeten getan werden konnte. Als sie die Zahl der Vaterunser und Ave ausrechnete, die sie sagen mußte, gab sie beim zweitausendsten den Versuch auf. Und diese ständig zu wiederholenden Gebete mußten gesprochen werden, während sie über die Steine schritt oder auf der Erde kniete oder mit ausgebreiteten Armen aufrecht dastand. Das war eine Stellung, die ihr am wenigsten behagte. Jedesmal, wenn sie soweit war und das Gesicht dem See zuwandte und die Arme ausbreitete, während die Schlange der ihr Folgenden hörte, wie sie ihre Sünden bereute, mußte sie sich zu der Stellung und zu den Worten zwingen. Als sie es das erste Mal machte, indes der Nebel ihr in die Augen trieb und ihre Arme wie am Kruzifix hingen, sagten ihre Lippen wohl die Worte, aber im Herzen verwünschte sie sich, daß sie hergekommen war. Ehe sie ihren ersten Rundgang vollendet hatte – viermal um jede der sechs Zellen –, blutete der eine Knöchel und eine Zehe. Da wurde ihr gestattet, um die Tasse Schwarztee zu bitten. Sie nahm sie finster in Empfang, wie ein Gefangener Wasser und Brot entgegennimmt.

Nach dem ersten Rundgang wollte sie wieder von vorne anfangen und den zweiten machen, der aus den sechs Zellen und sieben anderen Prüfungen an anderen Punkten der Insel bestand – um damit den Tag hinter sich zu haben. Aber sie mußte entdecken, daß ›sie‹ etwas anderes erfunden hatten: sie mußte mit der ganzen namenlosen Pilgerschar verschmelzen und zur Messe in der Kirche erscheinen.

Feuchte Füße schlurften; der Regen trommelte gegen die bleigefaßten Scheiben; es roch nach Moorwasser und feuchten Kleidern; Tausende von Stimmen antworteten auf die Anrufungen. Zu ihrer Rechten antwortete ein siebzehnjähriges junges Mädchen aus vollstem Herzen. Der Alte zur Linken, ein Sechzigjähriger, ließ sich mit lauter Stimme vernehmen. Auf allen Seiten, vor ihr und hinter ihr, war es der gleiche leidenschaftliche Austausch an Energie, während sie selbst nichts weiter fühlte, als daß die Kruste um ihr Herz sich noch mehr verhärtete, und verzweifelt dachte sie: ich habe ebensowenig Gefühl wie ein Stein! Und während sie sich umschaute, mußte sie denken, daß die Vigilie heute nacht Stunde um Stunde so weitergehen würde, bis die dunklen, bleigefaßten Scheiben sich im Morgengrauen wieder aufhellten. Sie vergrub das Gesicht in den Händen und flüsterte: »O Gott, bitte erhebe mich über mich selbst!« Die Wogen der Stimmen dröhnten und murmelten in ihren Ohren wie in einer leeren Muschel.

Das allgemeine tuschelnde Gleiten nackter Füße trug sie nach draußen in die letzten Nachwehen des Tageslichts, in dem sie ihren zweiten Rundgang beginnen sollte. In der Vorhalle schreckte sie vor dem Regen zurück. Es wurde ganz offensichtlich eine scheußliche Nacht. Sie wurde von der Menge weitergestoßen und flutete unter ihrer Wucht bis zu dem eisernen Kreuz am Rande des steinigen Strands. Sie nahm ihren Platz in der Reihe der Betenden ein, und indes der Nachtwind ihr das Haar ins Gesicht klebte, hob sie die Arme und widersagte abermals der Welt, dem Fleisch und dem Bösen Feind. Auf dem harschen Beton machte sie vier Runden um die Kirche. Sie machte die erste Runde auf den Steinen der ersten Zelle. Sie vollendete die zweite Runde. Ihre Gebete waren mittlerweile wie erstarrt. Sie stammelte die Gebete und stolperte dabei die dritte, abschüssige Zelle hinauf und hinunter. Sie war naß wie eine ertrunkene Katze, und ihr Knie blutete. Bei der vierten Zelle sah sie *ihn*.

Er stand etwa sechs Meter von ihr entfernt und sah sie an. Er trug einen weißen Regenmantel, der bis zum Hals hinauf fest zugeknöpft war. Seine Füße waren bloß. Das Haar klebte ihm auf der Stirn, als ob er geschwommen wäre. Sie stolperte auf ihn zu und zerrte ihn am Arm zur Anlegestelle der Fähre hinunter.

»Was machst du hier?« schrie sie ihn wütend an. »Warum bist du mir nachgelaufen?«

Er blickte ruhig auf sie nieder:

»Warum soll ich denn nicht hier sein?«

»Weil du nicht daran glaubst! Du bist mir nur nachgelaufen, um mich zu verspotten und mich auszulachen! Oder aus ganz gewöhnlicher Neugierde!«

»Nein«, sagte er, ohne die Stimme zu erheben. »Ich bin hergekommen, um herauszufinden, an was du glaubst. Ich will alles über dich wissen. Ich will wissen, warum du hergekommen bist. Ich möchte nicht, daß du etwas tust oder hast, das ich nicht tun oder haben kann. Und was den Glauben betrifft – wir glauben alle an etwas.«

Die Dämmerung senkte sich auf die Insel und auf den See. Sie mußte in sein Gesicht spähen, um den Ausdruck zu erraten.

»Aber ich kenne dich seit Jahren, und du hast dir nie das Leiseste anmerken lassen, daß du an etwas anderes als Mikroskope und Mikroben und Symptome glaubst. Es ist verrückt! So etwas wie das hier kann dir unmöglich ernst sein! Ich fange an, dich zu hassen!«

»Wirklich?« sagte er so leise, daß sie sich nahe an ihn lehnen mußte, um ihn beim Klatschen der Wellen gegen den Bootssteg hören zu können. Ein träger Spalt in den Wolken ließ einen Stern herniederblinzeln. Bei seinem Schimmer sah sie, daß er lächelte.

»Ja!« schrie sie so laut, daß er die eine Hand hob und ihren Arm packte. Dann nahm er ihren andern Arm und sagte sanft:

»Ich finde, du hättest nicht herkommen sollen, Jenny. Du zermürbst dich nur. Es gibt gewisse Orte, zu denen sollten manche Menschen nie hingehen, und sie sollten auch nie versuchen, gewisse Dinge zu tun – so gut sie für andere sein mögen. Ich weiß, weshalb du herkamst. Du findest, du solltest dich von mir lossagen, aber du hast nicht die Kraft, es zu tun, darum bist du hier in die Berge hinaufgegangen, damit deine Götter es mit Zauberkraft bewerkstelligen. Gut! Ich werde sie bitten, daß sie dir helfen.«

Er lachte und ließ sie los, wobei er ihr einen sanften Stoß versetzte.

»Bitten? Du willst bitten? Willst du mir etwa erzählen, daß du auch nur ein einziges Gebet auf dieser Insel gesprochen hast?«

»Ja«, sagte er obenhin, »das habe ich.«

Sie blickte ihn verächtlich an.

»Willst du mir etwa weismachen, Bobby, daß du die Pilgerfahrt vorhast?«

»Ich habe nicht gefastet. Ich wußte nichts davon. Und ich mag's auch nicht. Jedenfalls habe ich mir die Taschen mit zwei Pfund von den besten Pralinés vollgestopft, die ich in Bundoran bekam. Ich glaube auch nicht, daß ich die ganze Nacht auf bleiben werde, wie ihr andern alle. Es ist hier so überfüllt, daß es vermutlich nicht auffallen wird, wenn ich mich im Bootshaus in einer Ecke zusammenrolle. Aber man kann ja nie wissen – vielleicht – vielleicht bleibe ich doch auf. Wenn ich es tue, dann wird es mich daran erinnern, wie ich mit meinem Vater zur Mitternachtsmesse ging, als ich noch ein kleiner Junge war. Oder wie wir in die Exerzitien gingen und alle eine brennende Kerze hochhielten und dem Bösen Feind widersagten. – Es war ein eigentümliches Gefühl, da am See zu stehen und all jene Worte zu sprechen. Ich dachte nämlich, ich hätte sie vollkommen vergessen.«

»Nächstens wirst du mir noch erzählen, daß du an den Teufel glaubst! Du Schwindler!«

»Oh, es ist gar nicht so schwierig, an den alten Knaben zu glauben. In der ganzen Welt gibt es keinen Doktor, der es nicht tut, wenn er ihm auch einen andern Namen gibt. Und in einer feuchten Nacht und an einem Ort wie diesem hier kann man an alles mögliche glauben. Nein, mein Kind, viel schwieriger ist es, an die Schlechtigkeit von Welt und Fleisch zu glauben. Das sind gute Dinge. Meinst du, ich würde jemals glauben, daß dein Körper und mein Körper etwas Böses sind? Und du glaubst es auch nicht. Und bestimmt wirst du dich nie von der Welt lossagen, denn du hängst mit Händen und Füßen an ihr!«

»Das ist nicht wahr!«

Seine Stimme traf sie wie ein Peitschenhieb: »Warum lebst du dann immer weiter bei deinem Mann?«

Sie stammelte etwas. Wieder hieb er zu:

»Du tust es, weil er reich ist und weil du Luxus und Behagen liebst und weil du gerne ›jemand‹ bist!«

Mit aufgeworfenem Kopf fegte sie an ihm vorbei. Sie sah ihn in dieser ersten Nacht nicht mehr.

Die Nachtwelt veränderte sich unmerklich. In der Kirche warfen die Stimmen Stunde um Stunde hartnäckig die Antworten zurück. Unter dem Summen des Gebetsrades, unter der Sehnsucht nach Schlaf und ihrer eigenen Verzweiflung sank sie nieder. War er in der Menschenmenge? Oder lag er schlafend in einer Ecke vom Bootsschuppen? Sie sah seine Finger mit den flachen Kuppen, eine Chirurgenhand, so stark und so feinfühlig. Sie ächzte, weil sie ein so sinnliches Bild heraufbeschworen hatte. Der Mond überhauchte ein schwarzes Fenster mit Farbe. Nach einer Ewigkeit schlich er sich weiter, zum nächsten Fenster. Köpfe nickten. Nachbarn weckten einander mit freundschaftlichem Rippenstoß. Viele hatten sich von den Bänken erhoben, um sich wachzuhalten, und zogen nun in lockerer Prozession mit schlurrenden Füßen durch die Schiffe, im Weiterschreiten Antwort gebend. Die Erschöpfung gewann die Oberhand über ihren Geist. Gegenstände begannen sich aufzulösen, wurden mit ihren Umrissen aus dem Ganzen herausgerissen – bald war es die Kanzel, bald eine Statue, bald ein Kruzifix. Jeder Gegenstand wurde so lebendig wie eine Halluzination. Das Kruzifix löste sich von der Wand und neigte sich ihr entgegen, und lange Zeit sah sie nichts als den schweren, hängenden Körper, die starrenden Augen, so daß, als der alte Mann neben ihr seinen Kopf auf ihre Schulter sinken ließ und dann zusammenzuckend aufwachte, sie ihn ebensowenig spürte, als wenn sie zwei Fische im Meer wären, die sich berührt hatten. Allmählich zogen die Anrufungen sie in ihren Bann; Laute drangen aus ihrem Mund; Gebete fluteten zwischen ihr und den kummervollen Augen hin und her, die sie fixierten. Sie schwebte in einer Verzückung, die so köstlich war wie manch einer von den herrlichen Tänzen ihrer Jugendzeit, als sie im Wirbel der Musik dahinflog, im Schwung der Körper, im Kreiseln der Lichter, ihrem sterblichen Körper entschwebend, allein in den Armen, die sie umfingen.

Plötzlich brach alles auseinander. Die Gebete waren durch eine der vier nächtlichen Pausen unterbrochen worden. Die dicht zusammengedrängten Pilger entspannten sich. Sie blickte sich trüben Auges um – nun nicht länger aus dem Ganzen herausgerissen. In ihren Eingeweiden rumorte es. Sie schaute auf den alten Mann neben sich. Sie lächelte ihn an – und er sie.

»Meine armen alten Knie sind zermartert«, sagte er und greinte.

»Seien Sie froh, daß Sie keine Röcke tragen«, gab sie lächelnd zur Antwort.

Sie gingen alle ins Freie, um sich in der kühlen und jetzt trockenen Luft zu recken oder rasch zu rauchen. Die bernsteingelben Fenster der Kirche zitterten in einer Wasserpfütze. Eine junge Frau mit herzhafter Stimme, die sich ans Geländer lehnte, bot ihr Feuer an. Das Streichholz verzischte im unsichtbaren See, der unter ihnen gegen die Bohlen plätscherte.

»So ein Zigarettchen ist ein großer Tröster«, sagte die junge Frau und machte einen tiefen Zug. »'s ist ebensogut wie ein Mann!«

»Was wohl Sankt Patrick denken würde, wenn er sehen könnte, daß Frauen auf seiner Insel rauchen?«

»Er würde uns gehörig durchbleuen!«

Sie lachte laut. Das mußte sie ihm erzählen! Auf der Suche nach ihm begann sie durch die dunkle Menge zu wandern. Er hatte etwas gesagt, das nicht der Wahrheit entsprach, und sie mußte ihm antworten. Sie ging durch die Menge zur Anlegestelle hinunter. Da stand er und blickte ins Dunkel hinaus, als ob er sich nicht gerührt hätte, seit sie ihn vor Mitternacht dort gesehen hatte! Einen Augenblick betrachtete sie ihn, erschreckt von der Gewalt der Liebe, die in ihr emporschlug. Dann trat sie näher.

»Hallo, du Weltweiser! Genießt du dein Bootshauslager?«

»Ich mache bei den Vigilien mit«, sagte er selbstgefällig.

»Du scheinst sehr mit dir zufrieden zu sein!«

Jetzt entgegnete er eifrig:

»Jenny, wir dürfen uns nicht streiten. Wir müssen einander verstehen. Und die Insel hier verstehen. Ich fange gerade damit an. Eine Insel ... in einem fernen See gelegen ... zwischen den Bergen ... in der Nacht ... kein Schlaf ... Hunger. Die Bedingungen der Wüste. Ich hatte recht mit dem, was ich dir sagte. Begreifst du nicht, wieso die alten Einsiedler, die hier hausten, in einer Trance entschwebten, in der nichts existierte als sie selbst und ihre Visionen? Es ist wirklich so: der Mensch kann sich lossagen von dem, den er den Teufel nennt, aber nicht vom Fleisch, nicht von der Welt. Sie glaubten gleich dir, daß sie das Fleisch und die Welt von sich werfen könnten, aber sie benutzten das Fleisch, um eines der seltensten Erlebnisse zu erlangen. Begreifst du?«

»Erlebnisse! Nächstens wirst du wieder von Symptomen sprechen!«

»Aber du mußt es doch sicher auch beobachtet haben?« Er blickte angestrengt auf das Leuchtzifferblatt seiner Uhr. »Ich vermute, daß wir wahrscheinlich gegen vier Uhr morgens anfangen werden, ein ausgesprochenes Gefühl der Auflösung zu erleben. Danach eine regelrechte Entäußerung ...«

Sie wandte sich wütend von ihm ab. Dann kam sie wieder und sagte:

»Mir wäre es bedeutend lieber, Bobby, wenn du so viel Anstand besäßest, gegen Morgen fortzugehen. Ich kann auch ohne dich nach Hause finden. Ich hoffe nur, daß wir uns nicht wieder auf der Insel hier begegnen. Auch nicht anderswo!«

»Wirkt der Zauber schon?« lachte er.

Von da an bemühte sie sich ganz bewußt, jedes einzelne Wort der Gebete mit voller Überzeugung zu sprechen und zu empfinden – was sehr töricht ist, da Gebete nicht Gedichte sind, die man lesen oder auch nur verstehen soll; sie sind ein Drang, und zu tanzen wäre ebenso weise. Sie glaubte, wenn sie nicht empfinden könnte, was sie sagte, dann könnte sie es auch nicht so meinen, und daher versuchte sie, jedes Wort zu würdigen und auszukosten, und weil sie jedes Wort mit Überzeugtheit zu sprechen versuchte, blieb sie hinter den andern zurück, versank in ihr Sinnen und hörte auf zu beten. Nach der zweiten Ruhepause betete sie nur noch, um sich wachzuhalten. Als das erste kalte Morgengrauen zu den Fenstern hereinfiel, wuchs ihr der Mut. Aber die Berge im Osten waren hoch, und der Morgen säumte eigensinnig lange. Es ist die schlimmste Stunde der Vigilie, wenn die Körperkraft versickert, die Gebete zu einem bloßen Summen werden und die Nacht wie von neuem zu beginnen scheint.

Als sie bei der letzten Ruhepause nach draußen ging, lag es auf den Bergen wie blaßblaues Gezelt. Träge Haufenwolken warfen einen Lichtschimmer auf das Meer. Kein Laut war zu hören. Kein Vogel sang. Um diese Stunde sind die Pilger zu ergriffen oder zu erschöpft, um noch sprechen zu können, so daß die Insel trotz all der Menschen zurücksinkt in ihr uraltes Schweigen.

Gegen Ende der letzten Runde war sie so still wie der morgendliche See. Sie sehnte sich nach der einen Tasse Tee. Sie spürte nichts mehr von ihren Gefährten. Sie dachte nicht an ihn. Sie spürte nichts mehr von sich selber. Sie dachte an Gott nicht anders, als ein Sklave an seinen Herrn denkt, und nachdem sie die Tasse leergetrunken hatte, saß sie in der Morgensonne vor der Frauen-Herberge wie eine blinde Alte, die vom Leben nichts anderes mehr erwartet als den Schlaf.

Der lange Tag verstrich so ungreifbar wie der Dunst, der von der Oberfläche des Sees aufstieg. Die Hitze wurde unerträglich. An diesem zweiten Tag steht es einem frei, zu plaudern, zu denken, zu schreiben, zu lesen – alles mögliche zu tun, wonach einem der Sinn steht, nur nicht das eine, das jeder will, nämlich zu schlafen. Sie tat nichts anderes, als den Wolken zuzuschauen oder auf das sanfte Murmeln der Wellen des Sees zu lauschen. Noch vor dem Mittag, als die großen Fährboote abstießen, hörte sie, daß abfahrende Pilger eine Hymne sangen. Sie hörte es ohne Sehnsucht: sie sehnte sich nicht einmal danach, etwas zu essen. Als sie ihm begegnete, war sie nicht länger erbittert.

»Noch hier?« sagte sie, und als er nickte, fragte sie:

»Müde?«

»Müde!«

»Hast wohl zuviel Pralinés gegessen.«

»Ich hab sie nicht gegessen. Ich hab sie eins ums andere aus der Tasche geholt, als ich mich hier übers Geländer lehnte, und hab zu erraten versucht, was drin war, Mokka, Nuß, Marshmallow, Cremefüllung, und dann warf ich sie mit einem kleinen Plumps den heiligen Fischen vor.«

Sie blickte ernst zu ihm auf.

»Versuchst du wirklich, an der Pilgerfahrt teilzunehmen?«

»Recht und schlecht. Bin noch im Rückstand mit meinen Runden. Bis morgen muß ich noch fünf schaffen. Vielleicht bring ich's nicht mehr fertig. Immerhin: etwas ist besser als gar nichts.«

»Du lieber Dummerjan!«

Hätte er sich da nicht abgewandt, so hätte sie es tun müssen: solch eine Welle von Zärtlichkeit überflutete sie beim Gedanken daran, was er tat und warum er es tat – so dümmlich, genau wie ein Mann, so kritisch, genau wie ein Mann, aus allen möglichen verdammt dummen Verstandesgründen, genau wie ein Mann, und ganz und gar nicht aus dem einzigen Grund, der, wie sie sehr wohl wußte, sein wahrer Grund war: nämlich, weil sie es tat. Und das bedeutete, daß er sie liebte. Sie setzte sich und lehnte sich an; sie schloß die Augen, und Kummertränen sickerten ihr zwischen den Lidern hervor, als sie spürte, wie ihr Schoß voller Begehren nach ihm verlangte.

Als sie sich wieder begegneten, war es spät am Nachmittag.

»Vier Runden erledigt«, verkündete er so strahlend, daß sie sich über ihn ärgerte.

»Es sind keine Golf-Runden, verdammt noch mal, Bobby!«

»Davon bin ich verflixt gut überzeugt. Ich kann dir verraten, daß meine Füße in solchem Zustand sind, daß ich eine Woche lang nicht Golf spielen kann. Schau her!«

Sie schaute nicht hin. Sie nahm ihn beim Arm und führte ihn zum stillsten Winkel, den sie finden konnte.

»Bobby, ich muß dir etwas gestehen. Ich habe den ganzen Tag nachgedacht, um mir darüber klarzuwerden. Ich weiß jetzt, weshalb ich herkam. Ich kam her, weil ich zutiefst weiß, daß eines schönen Tages unser Apfel vom Baum fallen muß. Ich bin vierzig. Du bist beinahe fünfzig. Es muß einmal dahin kommen. Ich kam her, weil ich es für richtig hielt, schon jetzt zu erklären, daß ich bereit bin, eines Tages auf dich zu verzichten, falls es sein müßte!«

Er begann zu lachen, daß es ihn nur so schüttelte.

»Zum Kuckuck, worüber lachst du denn?« ächzte sie.

»Wenn Frauen nachdenken! Mir ist so, als hätte es mal einen Mann gegeben, der betete: ›O Gott, bitte, mach mich keusch, aber nicht jetzt gleich!‹«

»Und was ich sage, ist ›jetzt gleich‹, wenn es so sein soll, wenn es sein kann, wenn ich's fertigbringen kann!« entgegnete sie wild. »Wahrscheinlich bitte ich im Grunde um ein Wunder – daß mein Mann stirbt, oder daß du stirbst, oder etwas dergleichen, das alles in Ordnung bringt.«

Er brach in solch ein schallendes Gelächter aus, daß sie sich furchtsam umschaute. Ein paar Leute in ihrer Nähe lachten zufällig auch gerade über etwas und blickten sie nachsichtig an.

»Bist du dir auch darüber klar, Bobby, daß ich, wenn ich hier zur Beichte gehe, alles über uns erzählen und versprechen muß, auf dich zu verzichten?«

»Ja, Schätzchen, und dabei weißt du ganz genau, daß du es überhaupt nicht tun wirst.«

»Aber ich will es jedesmal!«

Er starrte sie an, als schiebe er einen Vorhang vor ihrem Herzen beiseite.

»Jedesmal? Soll das etwa bedeuten, daß du es seit sechs Jahren versprochen hast?«

»Ich will es, wenn ich es verspreche. Nachher werde ich schwach. Ich kann nicht anders, Bobby. Das weißt du doch!« Sie las die Verachtung in seinem Blick und begann hastig weiterzureden, wobei sie ihren Trauring zornig am Finger herumdrehte. Er fuhr fort, ihr wie ein Mann in die Augen zu starren, der eine lange Eisenbahntrasse hinunterblickt und darauf wartet, daß die Lokomotive in Sicht kommt. »Nun siehst du auch, weshalb es keinen Sinn hatte, daß du mich gestern fragtest, warum ich jetzt herkommen müßte und nicht ebensogut ein andermal, denn bei mir gibt's kein ›andermal‹, bei mir ist's immer jetzt, ich begegne dir jetzt, und ich liebe dich jetzt, und ich finde jetzt, daß es nicht recht ist, und denke darum, ›nein, nicht jetzt‹, und verspreche, daß ich jetzt auf dich verzichten will, und ich meine es auch so, jedesmal, bis wir uns wiedersehen und es alles wieder von vorne anfängt, und nie hört es auf, bis ich eines Tages sagen kann, ›Ja, ich habe ihn mal gekannt, aber jetzt sehe ich ihn nicht mehr‹, und dann ist es ein ›Jetzt‹, neben dem es nie mehr noch ein anderes ›Jetzt‹ gibt, weil es dann nicht mehr lebenswert ist.«

Die Tränen rannen ihr übers Gesicht. Er seufzte: »Lieber Himmel! Da bist du ja in was Schönes hineingeraten, wie?«

»O Gott, die Versprechen, all die Versprechen! Ich wünschte, heute abend ginge die Welt unter und wir würden beide zusammen sterben!«

Er reichte ihr sein großes feuchtes Taschentuch. Sie trocknete sich die Tränen und putzte die Nase und fragte:

»Du willst wohl nicht zur Beichte gehen, nicht wahr?«

Er kicherte grimmig.

»Und ein Versprechen ablegen? Ich muß jetzt gehen und eine fromme Runde Golf ablaufen. Ich fürchte, mein Kindchen, du willst mich in die gleiche Zwickmühle hineinmanövrieren, in der du selber steckst. Nein, danke! Du mußt deine Probleme auf deine Art lösen, und ich tu's auf meine Art.«

Es war das letzte Mal, daß sie an jenem Tag mit ihm sprach.

Sie kehrte an das Geländer zurück, wo sie in der ersten Morgenfrühe mit der munteren jungen Frau gesprochen hatte. Da war sie wieder. Sie trug ein rotes Barett. Sie rauchte schon wieder. Sie begann zu plaudern, und die Worte flossen unaufhaltsam und ohne Pause über ihre Lippen. Sie hatte schöne, kräftige Schultern, einen großen, lebhaften Mund und ein Paar wilde Ziegenaugen. Nach einem Weilchen kam es heraus, daß die Frau vor Angst außer sich war. Sie stieß es alles plötzlich unter Rauchwolken hervor.

»Wissen Sie, warum ich mich hier so herumdrücke? Weil ich zur Beichte gehen muß und mich davor fürchte. Er wird kein gutes Haar an mir lassen. Er wird mich umbringen. 's ist nicht so einfach für ein Ding wie mich, das kann ich Ihnen sagen!«

»Haben Sie denn so schreckliche Sünden zu beichten?« lächelte sie beruhigend.

»Er wird mich in Grund und Boden verdammen, sag ich Ihnen doch!«

»Was ist's denn? Freunde?«

Die beiden Ziegenaugen weiteten sich vor Furcht und Vergnügen. Ihre Hände flogen wie die eines Betrunkenen.

»Ich kann ihnen nicht aus dem Wege gehen. Ich wünschte weiß Gott, ich wär nie hergekommen.«

»Aber wie töricht! Das ist doch nur menschlich! Ich bin überzeugt, daß die Hälfte von all den Leuten hier das gleiche zu beichten hat. Das ist doch eine uralte Geschichte, Kind, die den Priestern längst zum Halse heraushängt!«

»Ach, reden Sie bloß nicht! Lassen Sie mich in Ruhe! Ich bin eine Verbrecherin, sag ich Ihnen doch! Und es gibt Sachen, die kann man dem Priester einfach nicht sagen. Man kann sie kaum dem Doktor sagen.«

»Sind Sie verheiratet?« – mit einem Blick auf den Ring.

»Der arme Tom. Ich hab ihn kaputt gemacht. Mal ist er mit mir zum Doktor gegangen, weil er wissen wollte, ob der mich davon kurieren könnte. Der alte Esel hat meine Temperatur gemessen und mir ein Heft gegeben, sah aus wie ein Bus-Fahrplan, da stand drin, wann man sich ungestraft mit jemand ins Bett legen kann und wann nicht, der alte Idiot! Vor Weihnachten war ich schon wieder schwanger! Sechs Jahre verheiratet und sechs Kinder, solch Tempo kann ja kein Mensch aushalten! Und dabei bin ich erst vierundzwanzig. Soll ich etwa mein Leben lang jedes Jahr ein Kind in die Welt setzen? Ach, ich könnt meine rechte Hand herschenken, wenn mir jemand sofort einen doppelten Whisky gäbe!«

»Aber, Sie Arme, wir sitzen doch alle im gleichen Boot! Was soll ich denn da von mir sagen!«

»Von Ihnen?«

»Bei mir sind's nicht die Männer – da ist's was Schlimmeres!«

»Was Schlimmeres? Um Gottes willen, was kann's denn Schlimmeres geben als Männer?«

Die Frau sah sie von oben bis unten an und den Arm entlang bis zur Hand und zum Ringfinger.

»Ein Mann!«

Die lohfarbenen Augen huschten zum Gesicht zurück und begriffen sofort.

»Haben Sie ihn sehr lieb?« fragte sie sanft, nahm die stumme Antwort entgegen und fuhr noch mitleidiger fort: »Können Sie nicht von ihm lassen?«

»Es geht jetzt schon sechs Jahre so, und ich kann immer noch nicht von ihm lassen.«

Die Augen der jungen Frau wanderten traurig über den See, als flögen sie über einen See menschlichen Leids. Dann warf sie den Zigarettenstummel ins Wasser, und das rote Barett verschwand im aufgesperrten Rachen des Kirchenportals.

Sie sah ihn noch zweimal, bevor sich das Zwielicht verdichtete und der Tag durch den frühen Sonnenuntergang wieder kalt wurde. Er saß ihr genau gegenüber vor der Männer-Herberge, rauchte und blickte auf den Boden zwischen seinen Beinen. Sie saßen einander gegenüber und waren durch ihre Wesenheiten getrennt, aber vereint durch ihre Liebe. Danach erhaschte sie nur noch einmal einen Blick auf ihn, um die Stunde, wenn Himmel und Berge verschmelzen; da war er nur noch eine Silhouette vor dem Seespiegel. Bald darauf erhielt sie Erlaubnis, ihre Zelle aufzusuchen. Sowie sie sich hingelegt hatte, kreiselte sie auf den Grund eines tiefen Schlafsees nieder.

Sie erwachte gestärkt und ohne Sorgen. Sie hatte die Gabe der Insel empfangen: das Gefühl der Weltabgeschiedenheit, fast ein Erlebnis wie vom Sterben der Welt. Darin liegt die Freundlichkeit jener Insel. Keiner ist bloß ein Ding, arm, um von reich ausgebeutet zu werden, schwach, um von stark ausgebeutet zu werden; in gegenseitiger Freigebigkeit erkennt jeder den andern als Form einer Seele; es ist ein kurzes, gestrenges Utopien allgemeiner nackter Gleichheit. Die nackten Füße sind das Symbol einer Nacktheit, die in der Welt, welche sie verlassen haben, unbekannt ist.

Das Glücksgefühl, mit dem sie erwachte, erlitt eine kleine Trübung durch das Gespräch, das sie beim Frühstück – Schwarztee, wie üblich, und eine Scheibe Haferbrot – mit einem Engländer hatte. Er war ein Mann aus der City, der am Tag vorher angekommen und die ganze Nacht aufgewesen war, während sie geschlafen hatte. Er hatte sich noch nicht rasiert; er war etwa zwei- oder dreiundsechzig, klein und dickbäuchig, mit Augen, die hinter den Gläsern seines Zwickers ständig blicklos aufgerissen waren.

»Stimmt«, sagte er als Antwort auf ihre Frage. »Ich komme aus England. Aus Liverpool. Ich nehme den Nachtdampfer und treffe am Nachmittag darauf hier ein. Wirklich recht praktisch so. Bin jedes Jahr hergekommen, seit zweiundzwanzig Jahren, von den Kriegsjahren abgesehen. Komme wegen meiner Frau her.«

»Ist sie krank?«

»Starb vor zweiundzwanzig Jahren. Nein, was Sie annehmen, stimmt nicht, ich bete nicht für ihr Seelenheil. Sie war eine gute Frau, aber, hm, ich war nicht sehr gut zu ihr. Was nicht heißen soll, daß ich mit ihr gestritten oder daß ich getrunken habe oder ihr untreu war. Ich hab nie gespielt. Und nie im Leben hab ich geraucht.« Seine Hände machten eine leichte Gebärde, die ein ganzes Leben andeuten sollte, alle Verwirrung und allen Kummer seiner Seele. »Ich war eben einfach nicht gut zu ihr. Hab sie nicht glücklich gemacht.«

»Ist das nicht«, fragte sie, um ihn zu trösten, »ein sehr persönliches Gefühl? Ich meine, es steht nicht in den Zehn Geboten, daß man seine Frau glücklich machen soll.«

Er lächelte nicht. Er machte die gleiche leise Gebärde mit den Fingern.

»Oh, ich weiß nicht! Was ist denn die Liebe, wenn nicht das? Ich meine, es ist etwas Göttliches, einen andern Menschen zu lieben, nicht wahr? Ich meine, was anders kann ›göttlich‹ bedeuten, wenn es nicht bedeutet, für einen andern Menschen auf alles zu verzichten? Zu lieben – das ist ja nicht menschlich. Es ist töricht, es ist eine Torheit, eine göttliche Torheit. Es ist jenseits aller Vernunft und Grenzen. Ich konnte mich nicht dazu erheben«, schloß er traurig.

Sie blickte ihn an und dachte: ein dicker kleiner Mann, sein Leben lang Angestellter in irgendeinem Büro in Liverpool, verheiratet mit einer griesegrauen kleinen Frau, und hegt Gedanken über die Liebe, als ob er eine Art griechischer Mystiker wäre.

»Oft ist es schwieriger«, entgegnete sie lahm, »den eigenen Mann oder, je nachdem, die eigene Frau zu lieben – als seinen Nächsten.«

»Oh, bedeutend schwieriger!« gab er lächelnd zu. »Viel, viel schwieriger!«

Und dabei überfiel sie der Gedanke, daß wir in unserem Innern keinen Raum ohne eine Geheimtür haben – kein handfestes Selbst ohne ein Gespenst in seinem Innern, das entfliehen möchte. Wenn ich Bobby aufgebe, habe ich noch George. Wenn ich George aufgebe, habe ich noch mich selbst und was etwa ich in mir selbst sehen mag. Sie tätschelte die Hand des kleinen Mannes und ging weg, da sie fürchtete, wenn sie ihn weiterreden ließe, könnte sich selbst das eine kleine bißchen Aufrichtigkeit als Hirngespinst erweisen, und sie würde in dem Raum, den er hinter seinem eigenen Raum entdeckt hatte, weitere Türen finden, die zu weiteren fixen Ideen führten. Er hatte ihr etwas Wahres über ihre eigene Unvollkommenheit und über das Wesen der Liebe gesagt, und sie wollte davon weiterschenken, solange es noch Wahrheit war. Aber sie konnte *ihn* nicht finden, und sie hatte noch eine Runde zu machen, ehe das Fährboot die Insel verließ. Sie begegnete den Ziegenaugen. Die Jüngere umklammerte ihren Arm, und Tränen vergrößerten ihre gelbgrüne Iris, während sie fröhlich hervorstieß:

»Ein Lämmchen von einem Priester hab ich gefunden! Einen richtigen Heiligen! So sanft war er! ›Wieviel verdient dein Mann?‹ sagt er. ›Vier Pfund zehn die Woche‹, sag ich. ›Und sechs Kinder?‹ sagt er. ›Du arme Frau‹, sagt er, ›du brauchst überhaupt nicht herzukommen. Du hast dein Fegefeuer schon daheim.‹ Alle Schuld schob er dem armen Tom in die Schuhe. Und Gott verzeih mir, ich hab's zugelassen. ›Bring ihn mir her‹, sagt er, ›und ich werd ihn dir abkühlen.‹ Gott segne den armen unschuldigen Priester, ich wünschte, ich wüßt so wenig von der Ehe wie der! Aber«, und nun brach sie in ein Gejammer aus, »jetzt hat er mich erst recht erledigt! Jetzt hab ich den armen Tommy so lieb, daß ich gar nicht rasch genug nach Hause kommen kann, um mich mit ihm ins Bett zu legen.« Und unter wahren Tränenfluten der Freude, der Erleichterung und neuen Kummers rief sie: »Ich wünscht, ich wär ein elendes Nönnchen!«

Erst als sie alle wartend an der Fähre standen, erblickte sie ihn. Es gelang ihr, sich im Boot neben ihn zu setzen. Er berührte ihre Hand und blinzelte ihr zu. Sie lächelte ihn an. Der Signalbläser stieß ins Horn. Ein säumiger Pilger kam aus der Männer-Herberge hervorgestürzt. Die Bootsladung begrüßte ihn laut, der Hornbläser half ihm mit einem Scherz ins Boot, daß manche Leute auch nie genug vom Beten bekommen könnten, und es entstand ein allgemeines Geplauder über Leute, die viel zu beten hätten, und dann stimmte jemand die Abschiedshymne an, und die Ruderer begannen sich mit den schweren Rudern abzustoßen, und singend wurden sie langsam über den sommerlichen See in die Welt zurückgerudert.

Auf der gleichen Straße, die sie gekommen waren, verließen sie die Berge wieder. Beide waren schweigsam. Schließlich konnte sie ihre Frage nicht länger unterdrücken:

»Bist du hingegangen, Bobby?«

Was bedeuten sollte: hatte er nach all den Jahren voller Schweigen, voller Auflehnung und voller Unglauben jetzt um den Preis eines Bündnisses gegen sie seinen Frieden mit Gott gemacht? Er erwiderte sanft:

»Habe ich in all den Jahren deine Geheimnisse ergründen wollen?«

Sie nahm den Verweis demütig hin, und mehrere Meilen fuhren sie schweigend weiter. Sie waren sich nahe, ihre Schultern berührten sich, aber zwischen ihnen stand die undurchdringliche Mauer der Persönlichkeit, die jedes menschliche Lebewesen in eine eigene Welt seines Selbst einkerkert. Sie spürte es und begriff endlich, daß nur an Stätten wie der Insel im See die Schranken des Selbst niedersinken. Der dickbäuchige kleine Angestellte aus Liverpool hatte recht gehabt. Nur wenn die Liebe nichts anderes begehrt als Verzicht und völlige Entsagung, ist das Selbst dem Selbst überlegen. Jedermann, der die Insel betrat, ließ den Bereich des Selbst für einige Stunden hinter sich und tauschte es ein gegen das, was der kleine Mann eine göttliche Torheit genannt hatte. Nur ein paar Stunden lang war es möglich – es sei denn, man hatte den Mut – oder die Torheit –, ganz und gar auf die Welt zu verzichten. Dann kam ihr ein anderer Gedanke. Auch in der Welt mochte es ein Entrinnen aus der Welt geben.

»Glaubst du, Bobby, wenn Menschen sich lieben, daß sie dann alles um des andern willen aufgeben können?«

»Nein«, entgegnete er knapp. »Höchstens vielleicht in der ersten Hingerissenheit?«

»Wenn ich ein Kind hätte, könnte ich, glaube ich, alles für das Kind opfern. Sogar mein Leben.«

»Ja«, gab er zu. »Dergleichen ist schon vorgekommen.«

Und sie blickte ihn traurig an und wußte, daß sie sich niemals heiraten konnten, und selbst wenn sie es tat, würde sie nie Kinder bekommen. Und doch, wenn sie heiraten könnten, wäre immer noch die Insel da ...

»Weißt du, was ich mir gerade jetzt ausdenke?« fragte er munter.

Sie fragte ohne Anteilnahme, was es sei.

»Ich denke mir die Mahlzeit aus, die wir heute nach Mitternacht in Galway einnehmen wollen.«

»Nach Mitternacht? Dann ist die Pilgerfahrt also noch nicht beendet? Meinst du das?«

»Willst du es denn nicht? Es war von Anfang an deine Idee!«

»Gut. Und was wollen wir bis Mitternacht treiben? Noch nie ist mir die Zeit so langsam vergangen.«

»Ich will den Tag mit Angeln verbringen – hinter Glencar. Damit wird der hungrige Tag totgeschlagen. Und danach können wir bis Mitternacht die längste Straße durch Connemara wählen, die man sich nur vorstellen kann. Und dann hast du hoffentlich nichts einzuwenden gegen in Milch gesottene Bergforelle und gefüllten Lammbraten mit jungen Erbsen und Schalenkartoffeln und Apfelkuchen mit Schlagsahne, dazu einen kühlen Pouilly Fuissé, einen angenehmen Rotwein 1929, West-Irland Pont l'Evêque, und als Abschluß gälischen Kaffee und zwei Otards? Wie ich dich kenne, liegt dir so etwas sehr viel mehr als all dein dummer alter Schwarztee und das heiße Salzwasser.«

»Ich geb's zu, daß ich fleischlichen Dingen nicht abgeneigt bin.«

»Sie sind dein Lebenszweck!«

Er hatte es so sanft, so zärtlich gesagt, daß ihr – halb betroffen und halb belustigt – unwillkürlich die Ziegenäugige einfiel, wie sie, so rasch der Autobus sie nur fahren konnte, nach Hause eilte, um sich mit ihrem Tommy ins Bett zu legen. Von da an sprachen sie kaum noch, und dann nur über nebensächliche Dinge, wie ein Schloß an der Landstraße, die Sonne auf der sie begleitenden See, den Planwagen eines Kesselflickers oder eine schöne Aussicht. Es war früher Nachmittag, als sie hinter Glencar in das tiefe Tal einbogen, und im zweiten Gang suchte er nach einem verlockenden Stückchen Bach, fand eins und begann voller Eifer, seine Angelrute zusammenzusetzen. Allmählich wanderte er das blendende, flirrende Wasser hinauf, und nach einer Stunde war er nicht mehr zu sehen. Sie streckte sich am Ufer auf einer Reisedecke aus und sank in einen festen Schlaf.

Es war fast vier Uhr, als sie steif und durstig erwachte. Sie trank aus einer kleinen Bucht im Bach, und eine Stunde lang saß sie allein neben der Bucht, blickte in die torfbraune Tiefe und war's so lässig zufrieden wie eine Zigeunerfrau, dem Augenblick zu leben und es der Zeit zu überlassen, alles aufzuspulen und abzuspulen. Es war fünf Uhr, als sie ihn näherkommen sah: er schlappte schwerfällig in seinen klatschenden Wasserstiefeln einher und trug vier Forellen an einer Binsenschlaufe. Er warf ihr die Fische vor die Füße und sich selbst daneben.

»Hätt sie am liebsten roh gegessen«, sagte er.

»Wollen sie braten und essen«, rief sie wild.

Er sah sie einen Augenblick an, dann stand er auf und begann trockene Äste zu sammeln, fand im Wagen die Zeitung vom Montag – sie kam ihm wie eine uralte Zeitung vor – und zündete ein Feuer an. Sie schaute ihm zu, wie er es unterhielt. Als es weit genug heruntergebrannt war, um eine schöne Glut zu versprechen, briet er zwei von den Forellen in der Öse seines Fischhakens, und sie sog den Duft des sich bräunenden Fleisches ein und seufzte. Schließlich legte er sie braun und knusprig dicht neben ihrer Hand ins Gras. Sie hob eine an ihrem verkrusteten Schwanz in die Höhe, roch daran, blickte ihn an und warf sie wütend mitten ins Feuer. Er schnaufte halb lächelnd und tat das gleiche mit der andern Forelle.

»Nachmacher!« sagte sie.

»Laß uns zum Teufel hier fort!« rief er und sprang auf. »Nimm du die Sachen!«

Sie stand auf, sammelte das Gerät ein und folgte ihm, wobei sie ihm nachrief:

»Ich komme mir wie eine Beduinenfrau vor. ›Nimm die Sachen! Geh hierher! Geh dorthin!‹«

Der Wagen kletterte aus den Tälern und gelangte zum flachen Hochmoor der Easky-Halbinsel. Das Abendlicht, ein kaltes Ockergelb, gleißte über die grüngestreifte Heide wie in allen Tönungen eines Strandes bei Ebbe. In Ballina schlug sie vor, Tee zu trinken.

»Das wäre eine erfreuliche Abwechslung unserer Diät!« sagte er.

Als sie ein Café gefunden hatten und nachdem sie den Tee bestellt hatte, sagte er zur Bedienung:

»Und bitte eine Menge heißen Buttertoast!«

»Eine neue Art zu verführen«, sagte sie, während sie ihm Tee eingoß und die Milchkanne fragend hochhielt. »Milch?«

»Nimmst du Milch?«

»Nein.«

»Ich dann auch nicht.«

»Schönen heißen Buttertoast?«

»Nimmst du Toast?« fragte er.

»Warum zum Teufel soll ich denn alles entscheiden?«

»Ich habe dir eine höfliche Frage gestellt«, entgegnete er schroff.

»Nein.«

»Nein!«

Während sie ihren schwarzen Tee schlürften, blickten sie sich wie zwei Menschen an, die den andern Hals über Kopf zu hassen beginnen.

»Könntest du mir zufällig erklären«, fragte er bald darauf, »weshalb ich mich mit einer dummen Frau wie dir abplage?«

»Ich nehme an, Bobby, es ist einfach deshalb, weil wir ineinander verliebt sind.«

»Nehme ich auch an«, knurrte er. »Komm weiter!«

Sie begaben sich auf den längsten Umweg, den er auf der Karte heraustüfteln konnte: nach Westen in die Grafschaft Mayo hinein, zwischen den Seen bei Pontoon hindurch und über das ebene Heidemoor nach Castlebar. Hier schlossen die Berge die Ebene mit kobaltblauer Luft ein, und im verblassenden Licht lösten sich alle festen Formen auf. Wolken wie Seifenschaum zogen und flogen über die Kämme der Berge, bis sie glühten, als ob hinter den Gebirgsketten feurige Kohlenglut steckte. In Castlebar fuhr er bei der Post vor und telefonierte mit dem Hotel in Salthill, um zwei Zimmer und das Abendessen zu bestellen. Als er aus dem Gebäude trat, sah er in einem Schaufenster ein Plakat und sagte: »Warum gehen wir nicht ins Kino? Damit bringen wir ein paar Stunden hin!«

»Von Rechts wegen«, sagte sie, »solltest du mich nach Dublin fahren.«

»Wenn du es wünschst, werde ich's tun.«

»Würdest du es tun, wenn ich dich darum bäte?«

»Möchtest du es?«

»Vermutlich ist es schon ziemlich spät, nicht?«

»Durchaus nicht. Wenn ich schnell fahre, könnten wir gegen ein Uhr zu Hause sein. Wollen wir?«

»Das würde uns auch nichts nützen. George ist nicht da. Ich müßte dich ins Haus bitten und dir etwas zu essen geben und ... Ach, laß uns in das elende Kino gehen!«

Der Film, der gespielt wurde, war *Charleys Tante.* Mißmutig ließen sie die Narrenspossen über sich ergehen. Als sie nach neun Uhr wieder ins Freie traten, hing ein letzter Lichtschimmer am Himmel. Sie fuhren weiter und weiter, immer noch gen Westen, die Fahrt ausdehnend und die Nacht mit ihrer Entscheidung hinauszögernd. Vor Killary hielten sie neben dem schwarzen Gesicht eines Sees, stiegen aus und standen vor seiner von Felsen umfangenen Schönheit. Längs seiner steinigen Ufer wuchs nichts als ein paar windzerfetzte Binsen.

»Ich könnte dich fressen«, sagte er.

Sie erwiderte, daß nur Verliebte und Kannibalen so redeten.

Sie bummelten den sich weit hinstreckenden Fjord von Killary entlang, wo junge Leute, die Ferien hatten, draußen vor dem Hotel saßen, ihren Drink auf kleinen Klapptischchen vor sich. In Clifden war die Straße leer, und wie das Licht in den oberen Fenstern zeigte, stiegen die Leute bereits ins Bett. Sie bogen in eine lange Küstenstraße ein, an der die vereinzelten weißgetünchten Hütten weißer als der Wellenschaum glommen, der die Anwesenheit des Meeres nur eben andeutete. Sie hielten an einem anderen, dunkleren Strand, und dort sahen sie überhaupt keinen Schaum, sondern konnten das Meer nur an seinem unsichtbaren Wispern erraten oder wenn ein Stern auf eine Welle fiel. Bis Mitternacht war es jetzt nur noch eine Stunde.

Ihre Scheinwerfer störten Felsen und Kaninchen auf. Die Heide hüpfte gleich Känguruhs an ihnen vorbei. Es war längst elf Uhr gewesen, als sie das einsame Land an der Galway-Bucht entlangsummten. Seit einer Stunde hatte keiner von beiden gesprochen. Als sie nach Salthill hineinfuhren, war niemand draußen. Galway lag in Dunkel gehüllt. Nur das Licht auf der Hotelveranda bewies, daß drinnen noch Leben war. Als er den Motor abstellte, war zuerst nichts anderes zu hören als das Knistern sich zusammenziehenden Metalls, weil die Maschine sich abkühlte. Dann hörten sie rechterhand das Flüstern der Bucht. Der Knopf am Schaltbrett beleuchtete das Zifferblatt der Uhr.

»Viertel vor«, sagte er und lehnte sich an. Sie sprach nicht und rührte sich nicht. »Jenny!« rief er scharf.

Sie wandte langsam den Kopf, und das Licht am Schaltrand zeigte ihm ihr blasses Lächeln.

»Ja, Liebling?«

»Übermüdet?« fragte er und tätschelte ihr Knie.

Sie reckte den ganzen Körper, so daß der Sitz zitterte, streckte die Arme über den Kopf, senkte sie und ließ ihren Kopf auf seine Schulter fallen; sie seufzte glücklich und sagte:

»Jetzt möchte ich nichts weiter als irgend etwas zu trinken – bloß keinen Tee!«

In jedem Hotel in ganz West-Irland kennt man die Zwölf-Uhr-Heimkehrer vom Lough Derg. Schwelgerei ist der Lohn ihrer Bußübungen. Der Portier begrüßte sie wie Helden, die aus dem Krieg zurückkehrten. Während er sie zu ihren Zimmern führte, belobigte er sie, bemitleidete sie, wickelte sie in Watte und versicherte ihnen, daß der vorschriftsmäßige Grill bereits über dem Feuer brutzelte; er offerierte ihnen ein heißes Bad und erklärte ihnen, wo die Bar zu finden sei. »Sie werden's schon finden«, wiederholte er ein ums andere Mal. ›Suchen und finden‹ war der richtige Ausdruck, denn das heitere Leben in der Bar hatte sich hinter abgeblendetem Licht und zugezogenen Gardinen und verschlossenen Türen versteckt.

Er mußte in dem überheizten Zimmer die Jacke ausziehen und die Krawatte lockern. Sie eroberten sich eine Ecke an der Bartheke, und seine Bestellung lautete auf zwei Whiskysoda mit Eis. Innerhalb von zwei Minuten fühlten sie sich in der Menge wie zu Hause. Es war, als hätte es nie eine Insel gegeben, wenn ihnen die Bardame, die wußte, wo sie herkamen, nicht zugelacht hätte: »Sie werden wohl heute abend wie die Löwen essen, nicht?«

Nach dem Abendessen taten sie sich nochmals in der Bar gütlich, tranken aber diesmal langsam und fühlten sich so gestärkt, daß sie die Fahrt ohne Widerwillen oder Bedauern hätten fortsetzen können. Während sie kleine Schlückchen nahmen, fiel ihnen allmählich ein sanftes Klingen und Geigen ganz in der Nähe auf, und sie erfuhren, daß im Hotel nebenan eine Tanzerei im Gange war. Er sah sie mit hochgezogenen Augenbrauen an. Sie lachte und nickte.

Um drei Uhr gaben sie es auf und traten in die linde Kühle des frühen Sommermorgens hinaus. Leicht beschwipst und leicht ermüdet wanderten sie zur kleinen Promenade am Meer. Sie stützten sich aufs Geländer, und er legte ihr den Arm um die Taille, und sie legte ihren Arm um ihn, und sie blickten auf den Mond, der sich lautlos einen Pfad übers Meer bis hin zu den Aran-Inseln harkte. Sie spürte es, daß der entscheidende Augenblick gekommen war. Er sagte:

»Heute haben sie eine schöne Nacht auf der Insel!«

»Eine bessere Nacht, als wir sie hatten«, sagte sie zitternd.

Nach einer weiteren Pause voll Wellenschlag und Stille sagte er: »Weißt du, was ich gerade dachte, Jenny? Ich dachte, es würde mir gar nichts ausmachen, nächstes Jahr wieder hinzufahren. Vielleicht kann ich's das nächste Mal richtig machen?«

»Das nächste Mal?« flüsterte sie, und ihr ganzer Körper begann zu schmelzen, so daß sie die Augen schloß und sich bei ihm anlehnte. Auch er schloß die Augen, und am ganzen Leibe wurde er so starr wie ein Stahlträger, der vom Sturm umbraust wird. Langsam öffneten sie ihre liebestrunkenen Augen und blickten lange über den Glanz und die Schwärze des Meeres. Dann sagte er sanft, ach, so sanft, mit einer Sanftheit, die sie erschreckte:

»Wollen wir hineingehen, mein Liebling?«

Sie rührte sich nicht. Sie sprach nicht. Langsam wandte sie sich ihm zu und hob flehend die Augen zu ihm auf.

»Nein, Bobby, bitte noch nicht!«

»Noch nicht?«

»Nicht heute nacht!«

Er blickte auf sie herunter und schloß sie in die Arme. Sie küßten sich leidenschaftlich. Sie wußte, was der Kuß bedeutete. Ihre Lippen lösten sich voneinander. Hand in Hand gingen sie langsam zum Hotel zurück, jeder in sein Zimmer.

Heinrich Böll

Mayo – God help us

In der Mitte Irlands, in Athlone, zweieinhalb Schnellzugstunden hinter Dublin, wird der Zug zu zwei Hälften auseinandergekoppelt, die bessere Hälfte, die den Speisewagen behält, geht nach Galway weiter, die benachteiligte Hälfte, in der wir bleiben, geht nach Westport. Wir würden den Speisewagen, in dem gerade das zweite Frühstück serviert wird, mit noch schmerzlicheren Gefühlen scheiden sehen, wenn wir Geld hätten, englisches, irisches, um ein Frühstück oder einen Lunch zu bezahlen. So aber – da uns zwischen Ankunft des Schiffes und Abfahrt des Zuges nur eine halbe Stunde blieb und die Wechselstuben in Dublin erst um halb zehn öffnen – haben wir nur die leichten, doch hier nutzlosen Scheine, wie sie aus der Notenpresse der Bank deutscher Länder kommen: Fuggers Gesicht hat keinen Kurs in Mittelirland.

Noch habe ich den Schrecken, der mich in Dublin überfiel, nicht ganz vergessen: Als ich auf der Suche nach einer Wechselmöglichkeit den Bahnhof verließ, wäre ich fast von einem knallroten Auto überfahren worden, dessen einziger Schmuck ein deutlich sichtbares Hakenkreuz war. Hat jemand Lieferwagen des *Völkischen Beobachters* hierhin verkauft, oder hat der *Völkische Beobachter* hier noch eine Niederlage? Genauso sahen die Autos aus, die ich noch in Erinnerung hatte; aber der Fahrer des Autos bekreuzigte sich, als er mich freundlich aufforderte weiterzugehen, und beim näheren Zusehen klärte sich alles auf. Es war nur die *Swastika*

Laundry, die ihr Gründungsjahr, 1912, deutlich sichtbar unter dem Hakenkreuz aufgemalt hatte; doch die bloße Möglichkeit, es hätte eines jener Autos sein können, genügte, mir den Atem zu nehmen.

Ich fand keine Bank offen, kehrte entmutigt zum Bahnhof zurück, schon entschlossen, den Zug nach Westport fahren zu lassen, denn ich konnte die Fahrkarten nicht bezahlen. Es blieb uns die Wahl, ein Hotelzimmer zu nehmen, auf den nächsten Tag, den nächsten Zug zu warten (denn der Nachmittagszug würde keinen Anschluß mehr an unseren Bus haben) – oder auf *irgendeine* Weise ohne Fahrkarten in den Zug nach Westport zu kommen; *diese irgendeine* Weise fand sich: Wir fuhren auf Kredit; der Bahnhofsvorsteher in Dublin, gerührt von dem Anblick dreier übernächtigter Kinder, zweier verzagter Frauen und eines ratlosen Vaters (vor zwei Minuten erst dem Hakenkreuzauto entkommen!), rechnete mir vor, daß die Hotelnacht soviel kosten würde wie die ganze Eisenbahnfahrt nach Westport: Er notierte meinen Namen, die *Anzahl der auf Kredit beförderten Personen,* drückte mir tröstend die Hand und gab dem Zug das Abfahrtszeichen.

So gelangten wir auf dieser merkwürdigen Insel in den Genuß dieser einzigen Art eines Kredits, den wir noch nie bekommen und zu bekommen versucht hatten: den Kredit einer Eisenbahngesellschaft.

Doch leider gab es im Speisewagen kein Frühstück auf Kredit; der Versuch, es zu bekommen, scheiterte: Fuggers Physiognomie, wenn auch auf tadellosem Banknotenpapier, überzeugte den Oberkellner nicht. Wir wechselten seufzend das letzte Pfund, ließen uns die Thermosflasche voll Tee und einen Packen belegter Brote geben. Den Schaffnern aber blieb die harte Pflicht, merkwürdige Namen in ihre Notizbücher zu schreiben. Es geschah einmal, zweimal, dreimal, und es entstand für uns die bange Frage: Werden wir einmal, zweimal oder dreimal diese einzigartigen Schulden bezahlen müssen?

Der neue Schaffner, der in Athlone zustieg, war rothaarig, eifrig und jung; als ich ihm gestand, keine Fahrkarten zu haben, ging ein Leuchten des Erkennens über sein Gesicht. Offenbar waren wir ihm avisiert, offenbar wurden unsere Namen und unser Kredit sowie die *Anzahl der auf Kredit beförderten Personen* von Station zu Station durchtelegrafiert.

Vier Stunden lang noch hinter Athlone schlängelte sich der Zug, der jetzt zum Personenzug geworden war, zu immer kleineren, immer westlicheren Stationen durch. Die Glanzpunkte seines Haltens waren die Städte, die noch zwischen Athlone (9000 Einwohner) und der Küste liegen: Roscommon und Claremorris mit soviel Einwohnern, wie drei städtische Mietskasernen sie haben, Castlebar, die Hauptstadt der Provinz Mayo, mit viertausend und Westport mit dreitausend Einwohnern; auf einer Strecke, die etwa der Entfernung Köln–Frankfurt entspricht, nimmt die Bevölkerungsdichte immer mehr ab, dann kommt das große Wasser und dahinter New York mit dreimal soviel Einwohnern wie der ganze Freistaat Irland, mit mehr Iren, als in den drei Provinzen hinter Athlone leben.

Klein sind die Stationen, hellgrün die Bahnhofsgebäude, schneeweiß die Umzäunungen gestrichen, und auf dem Bahnsteig steht meistens ein einsamer Junge, der sich aus Mutters Tablett und einem Lederriemen einen Bauchladen gemacht hat: drei Tafeln Schokolade, zwei Äpfel, ein paar Rollen Pfefferminz, Kaugummi und ein *Comic;* einem dieser Knaben wollten wir unseren letzten silbernen Shilling anvertrauen, doch die Wahl war schwierig. Die Frauen plädierten für Äpfel und Pfefferminz, die Kinder für Kaugummi und *Comic.* Wir schlossen einen Kompromiß und kauften das *Comic* und eine Tafel Schokolade. Das Heft hatte den vielversprechenden Titel *Bat Man,* und auf dem Titel sah man einen dunkel maskierten Mann an Hausfassaden hochklettern.

Einsam auf dem kleinen Bahnhof im Moor blieb der lächelnde Junge zurück. Der Stechginster blühte, die Fuchsienhecken hatten schon Knospen; wilde grüne Hügel, Torfhaufen; ja, grün ist Irland, sehr grün, aber sein Grün ist nicht nur das Grün der Wiesen, auch das Grün des Mooses, gewiß hier, hinter Roscommon, auf Mayo zu, und Moos ist die Pflanze der Resignation, der Verlassenheit. Verlassen ist das Land, es entvölkert sich langsam, aber stetig, und uns – keiner von uns hatte diesen Streifen Irland je gesehen, je das Haus besichtigt, das wir *irgendwo im Westen* gemietet hatten –, uns wurde ein wenig bang: vergebens suchten die Frauen links und rechts der Eisenbahn nach Kartoffeläckern, Gemüsefeldern, nach dem frischen, weniger resignierten Grün des Salats, dem dunkleren der Erbse. Wir teilten den Riegel Schokolade und versuchten, uns mit *Bat Man* zu trösten, aber der war wirklich zu *bad.* Er kletterte nicht nur, wie er auf dem Titelblatt versprochen hatte, an Hausfassaden hoch; offenbar war es eines seiner Hauptvergnügen, Frauen im Schlaf zu erschrecken; auch konnte er, indem er seinen Mantel ausbreitete, durch die Lüfte davonfliegen, Millionen Dollars abnehmen, und seine Taten waren in einem Englisch beschrieben, das nicht auf kontinentalen Schulen und nicht auf den Schulen Englands und Irlands gelehrt wird; stark war *Bat Man* und schrecklich gerecht, aber hart, und er konnte gegen Ungerechte sogar grausam sein, schlug er doch auch gelegentlich jemandem die Zähne ein, welcher Vorgang in schöner Lautmalerei mit *Skrietsch* überschrieben war. Keinen Trost bot *Bat Man.*

Blieb uns ein anderer Trost: unser rothaariger Schaffner erschien und notierte uns lächelnd zum fünftenmal. Dieser geheimnisvolle Vorgang des häufigen Notierens ließ sich erklären. Wir hatten wieder eine Provinzgrenze überschritten und waren im County Mayo angelangt. Nun haben die Iren eine merkwürdige Gewohnheit; wenn der Name der Provinz Mayo genannt wird (es sei lobend, tadelnd oder unverbindlich), sobald nur das Wort Mayo fällt, fügen die Iren hinzu:

»*God help us!*« Es klingt wie die Antwort in einer Litanei: »Herr, erbarme dich unser!«

Der Schaffner entschwand mit der feierlichen Versicherung, daß er uns nicht noch einmal würde notieren müssen, und wir hielten auf einem kleinen Bahnhof. Auch hier wurde ausgeladen, was an allen anderen Bahnhöfen ausgeladen worden war: Zigaretten, nichts sonst. Schon hatten wir uns angewöhnt, an der Größe der ausgeladenen Zigarettenballen die Größe des Hinterlandes abzuschätzen, und wie ein Blick auf die Karte bewies, stimmte unsere Kalkulation. Ich ging durch den Zug in den Packwagen, um nachzusehen, wieviel Zigarettenpakete dort noch lagerten. Ein kleinerer und ein großer Ballen lagen noch dort, und so wußte ich, wieviel Bahnhöfe noch zu passieren waren. Der Zug war beängstigend leer geworden. Achtzehn Personen zählte ich, wir allein waren sechs davon, und es schien uns, als führen wir schon eine Ewigkeit durch Torfhalden, Moor, und noch immer nicht war das frische Grün des Salats zu sehen, nicht das dunklere der Erbse oder das bittere der Kartoffel. Mayo, flüsterten wir leise. *God help us!*

Wir hielten, der große Ballen Zigaretten wurde ausgeladen, und über das schneeweiße Gitter des Bahnsteiges blickten dunkle Gesichter, beschattet von Schlägerkappen, Männer, die eine Autokolonne zu bewachen schienen; auch an anderen Bahnhöfen waren mir solche aufgefallen, Autos und die lauernden Männer; jetzt erst erinnerte ich mich, wie oft ich sie vorher schon gesehen hatte. Sie kamen mir vertraut vor, wie die Zigarettenpakete, wie unser Schaffner und die kleinen irischen Güterwagen, die nur wenig mehr als halb so groß sind wie die englischen und kontinentalen. Ich ging in den Packwagen, wo unser rothaariger Freund auf dem letzten Zigarettenballen hockte; vorsichtig die englischen Vokabeln benutzend, so wie Anfänger im Jonglieren mit Porzellantellern umgehen mögen, fragte ich ihn, welche Bedeutung diesen dunklen Männern mit den Schlägerkappen zukomme, welches der Zweck ihrer Autos sei; ich erwartete irgend etwas Folkloristisches: ins Moderne übertragene Entführung, Raubüberfall, aber die Antwort des Schaffners war verblüffend einfach:

»Das sind Taxis«, sagte er, und ich atmete erleichtert auf. Taxis gibt es also auf jeden Fall, so sicher, wie es Zigaretten gibt. Der Schaffner schien meinen Schmerz erkannt zu haben: er bot mir eine Zigarette an, ich nahm sie gerne, er gab mir Feuer und sagte verheißungsvoll lächelnd:

»In zehn Minuten werden wir am Ziel sein.«

Pünktlich laut Fahrplan waren wir zehn Minuten später in Westport. Hier wurde uns ein feierlicher Empfang zuteil. Der Bahnhofsvorsteher persönlich, ein großer und würdiger alter Herr, postierte sich freundlich lächelnd vor unser Zugabteil und hob zur Begrüßung einen großen, ziselierten Messingstab, das Zeichen seiner Würde, an die Mütze. Er half den Damen, half den Kindern, winkte einen Träger herbei, drängelte mich zielsicher, aber unauffällig in sein Büro, notierte meinen Namen, meine irische Adresse und riet mir väterlich, mich nicht der Hoffnung hinzugeben, daß ich in Westport mein Geld gewechselt bekäme. Er lächelte noch milder, als ich ihm meine Fuggerporträts zeigte, sagte: *»A nice man, a very nice man«*, indem er auf Fugger deutete, und beschwichtigte mich:

»Es hat ja Zeit«, sagte er, »es hat wirklich Zeit, Sie werden schon zahlen. Beunruhigen Sie sich nicht.«

Noch einmal nannte ich ihm den Wechselkurs, aber der würdige alte Mann wiegte nur leise seinen Messingstab hin und her und sagte:

»Ich würde mir keine Sorgen machen.« *(I shouldn't worry.)* (Wobei uns die Plakate geradezu auffordern, sich Sorgen zu machen. *Denken Sie an Ihre Zukunft. Sicherheit über alles! Sichern Sie Ihre Kinder!)*

Aber noch machte ich mir Sorgen. Bis hierher hatte der

Kredit gereicht, aber würde er weiter reichen, für zwei Stunden Aufenthalt in Westport, für zweieinhalb Stunden Omnibusfahrt bis zum Ziel, durch Mayo – *God help us?*

Ich konnte den Bankdirektor noch aus seiner Wohnung herausklingeln; er zog die Augenbrauen hoch, denn es war sein freier Nachmittag; ich konnte ihn auch – und seine Augenbrauen senkten sich – von der relativen Schwierigkeit meiner Situation überzeugen: einiges Geld, und doch keinen Pfennig in der Tasche! Aber von der Kreditwürdigkeit meiner Fuggersammlung konnte ich ihn nicht überzeugen. Er hatte wohl irgend etwas von Ost- und West-Mark gehört, von dieser Währungsdifferenz, und als ich, rechts unterhalb Fugger, *Frankfurt* zeigte, sagte er – er muß in Geographie eine Eins gehabt haben –: »Es gibt auch ein Frankfurt in der anderen Hälfte Deutschlands«; da blieb mir nur noch übrig – was ich nicht gerne tat –, den Main gegen die Oder auszuspielen, aber er hatte offenbar in Geographie nicht *Summa cum laude* gehabt, und solche feineren Unterschiede waren ihm, auch angesichts des amtlichen Wechselkurses, eine zu schmale Basis für einen größeren Kredit.

»Ich muß das Geld nach Dublin schicken«, sagte er.

»Das Geld«, sagte ich, »so wie es ist?«

»Natürlich«, sagte er, »was soll ich denn hier damit?«

Ich senkte das Haupt: Er hatte recht, was sollte er damit?

»Wie lange wird es dauern«, sagte ich, »bis Sie aus Dublin Bescheid haben?«,

»Vier Tage«, sagte er.

»Vier Tage«, sagte ich, *»God help us!«*

Das wenigstens hatte ich gelernt. Ob er mir dann auf dieses Päckchen hin einen Kredit gewähren könne, einen kleinen? Er blickte nachdenklich auf Fugger, auf *Frankfurt*, auf mich, öffnete die Kassenschublade und gab mir zwei Pfundnoten.

Ich schwieg, unterschrieb eine Quittung, bekam eine von ihm und verließ die Bank. Natürlich regnete es, und mein *people* erwartete mich hoffnungsvoll an der Bushaltestelle. Hunger sprach aus den Blicken, die fast schon schmachtend waren, die Erwartung starker männlicher, starker väterlicher Hilfe, und ich entschloß mich zu tun, worauf sich der Mythos der Männlichkeit gründet, ich entschloß mich zu schwindeln. Ich lud alle mit großer Geste zum Tee ein, zu Schinken und Eiern, Salat – wo kam er bloß her? –, zu Keks und Eiskrem und war glücklich, nach bezahlter Zeche noch eine halbe Krone übrig zu haben. Das langte gerade noch für zehn Zigaretten, Zündhölzer und einen silbernen Shilling Reserve.

Noch wußte ich nicht, was ich vier Stunden später wußte: daß man auch Trinkgelder auf Kredit geben kann, und als wir erst am Ziel waren, am Rande von Mayo, fast am Achill Head, von wo es bis New York nur noch Wasser gibt – da trat der Kredit erst in rechte Blüte, schneeweiß war das Haus gestrichen, marineblau die Fensterrahmen, im Kamin brannte das Feuer. Es gab als Begrüßungsmahl frischen Lachs. Hellgrün war die See, vorne, wo sie auf den Strand rollte, dunkelblau zur Mitte der Bai hin, und ein schmaler, sehr weißer Saum war zu sehen dort, wo sie sich am Clare Island brach.

Am Abend noch bekamen wir, was soviel wert war wie bares Geld, das Anschreibebuch des Shopbesitzers. Es war dick, fast achtzig Seiten stark, sehr solide in rotes Leder gebunden, es schien auf Dauer angelegt.

Wir waren am Ziel, in Mayo – *God help us?*

Colum McCann

Das Gesetz des Flusses

Ich saß auf meinem Rucksack, hinter der Hecke, wo mein Alter mich nicht sehen konnte, und beobachtete die Langsamkeit des Flusses und ihn.

Nicht einmal der Fluß wußte noch, daß er ein Fluß war. Breit und braun, mit ein paar Plastiktüten, die im Schilf hingen, gab er in seinen Biegungen keinen Laut mehr von sich. Styropor war um einen der Pfähle des Stegs gebunden. Etwas Öl trieb träge auf der Oberfläche und schillerte farbig in der Nachmittagssonne.

Und trotzdem angelte mein Alter weiter vor sich hin. Die Schnur entrollte sich, blitzte im Licht, und die Fliege landete sanft. Er wedelte sie eine Weile lang aus dem Handgelenk hin und her, ließ nach jedem Wurf den Kopf nach vorn sacken, kurbelte die durchhängende Schnur ein und rieb sich den Unterarm. Nach einer Weile ging er weg und setzte sich in einen rot-weiß gestreiften Liegestuhl unter den Ästen der alten Pappel. Er drehte den Kopf zur Hecke, ohne mich zu sehen. Er lehnte sich im Liegestuhl zurück, begann, mit der Fliege am Ende der Schnur zu hantieren, nahm den Haken und die Federn zwischen die Zähne, pustete, versuchte sie aufzulockern.

Sein Mantel hing anarchisch um ihn herum, und seine Hose reichte bis über die Knöchel seiner grünen Gummistiefel. Als er aufstand, um sich den Mantel auszuziehen, und ich die Umrisse seines Körpers sah, erschrak ich – dünn wie die

Schilfrohre, aus denen ich früher in den Februarwintern heilige Kreuze geschnitzt hatte.

Der Nachmittag zog sich hin, und er hielt den Korkgriff träge zwischen die Beine geklemmt, beugte sich vor und spuckte auf den Boden, wischte sich etwas Speichel vom Kinn. Zwischendurch lüpfte er den Hut, hoch zu den Schwalben, die den Himmel durchschnitten, starrte dann wieder auf die Schnur, die im Wasser zwischen dem Müll lag.

Vor langer Zeit, in den siebziger Jahren – bevor die Fleischfabrik da war –, ging er immer morgens mit mir hier runter und ließ mich in dem schnellen Wasser schwimmen, gegen die Strömung. Er war ein guter Schwimmer, hatte einen kräftigen Körper, muskulöse Schultern, einen Stiernacken. Sogar im Winter stieg er in seiner roten Badehose hinein, durchfurchte das Wasser, ruderte mit den Armen wie eine Windmühle. Nasse Haarsträhnen klebten ihm am kahl werdenden Schädel. Die Strömung war so stark, daß er sich nicht von der Stelle bewegte. Manchmal blieb er ein oder zwei Stunden lang einfach nur schwimmend an einer Stelle. Er stieß laute Schreie aus, während meine Mutter am Flußufer stand und zusah. Ihre Haut war dunkel, fast moorfarben, wie das Land. Blaue Gummihandschuhe, die ihr bis zu den Ellbogen reichten. Säcke unter den Augen. Sie stand da und sah zu, winkte manchmal, hantierte zwischendurch mit der bunten Fahne von Gummibändern, die ihr silbernes Haar zusammenhielt.

Ich hielt mich im Fluß, indem ich mich an den Wurzeln der Pappeln festklammerte. Mit meinen sieben Jahren spürte ich den Sog in meinen Achselhöhlen, wie mir das Wasser übers Gesicht schoß, an meinem Körper zog. Mein Alter bewegte die Arme gegen die Strömung. Wenn er genug hatte, ließ er sich ein kleines Stück flußabwärts fortreißen, bis zur Uferbiegung. Ich ließ dann die Wurzel los und trieb mit ihm zusammen weg. Er langte herunter, packte mich und hob mich am Bund meiner Badehose heraus. Dann zogen wir uns an, bibberten zusammen auf dem schlammigen Ufer, und meine Mutter rief uns zum Frühstück. Mein Alter nickte dem Fluß zu. Es sei das Gesetz des Wassers, sagte er zu mir. Es halte die Dinge immer in Bewegung.

Aber als ich ihm an diesem Nachmittag zusah, dachte ich, wenn er heute versuchen würde zu schwimmen, würde er herumdümpeln wie die ganze Scheiße und der ganze Müll im Schilf.

Als der Abend hereinbrach, hatte der Himmel im Osten die Farbe von Nikotin, im Westen wurde er rot. Ein paar dünne Wolken jagten darüber hinweg. Er holte seine Zigaretten hervor, klopfte mit der Handfläche gegen den Boden der Schachtel, schnippte mit dem Daumen den Deckel hoch, eine berechnete Geduld in der Bewegung. Er griff in seine Manteltasche und holte eine Packung langer Küchenstreichhölzer heraus. Selbst aus der Entfernung konnte ich sehen, daß seine Hände zitterten, und er mußte zwei Streichhölzer anzünden, bevor die Zigarette brannte.

Er blies den Rauch zu den Schwalben hoch, hob wieder die Angelrute. Fuhr mit den Händen liebevoll über die Glasfaserstange, schnippte sie zurück zu einem letzten Wurf. Das Schnurgeschlängel traf geräuschvoll aufs Wasser. Der Fluß hüpfte. Es war ein Augenblick der Übereinstimmung. Das Sonnenlicht fing sich in den aufsteigenden Tropfen und färbte sie, und mir war plötzlich klar, daß mein Alter und das Wasser hier gemeinsame Sache machten – sie haben ihre Leben in der Verkleidung des anderen ausgelebt, der Fluß und er, einst in wilder Bewegung, sich neue Wege bahnend, reißend, bewegten sie sich jetzt langsam dahin zu irgendeinem endgültigen, unabänderlichen Meer.

Eine Frau mit rostbraunem Haar, deren Kleid nur einen Ärmel hatte, gebar meinen Vater im Sommer des Jahres 1918 auf der Spitze eines Kliffs, das über den Atlantik ragte. Sie galt in der Stadt als Verrückte – sie behielt einen Arm in ihrem Kleid, seitlich an die Hüfte gelegt –, und niemand war von den Umständen der Geburt überrascht. Gischt wehte auf das Kliff hinauf, und violette Wildblumen explodierten in Formen, die sie vielleicht an die Bomben erinnerten, die im fernen Flandern hochgingen. Sie hatte gerade einen Brief erhalten, in dem ihr mitgeteilt wurde, daß ihr Geliebter an die Kanonen des Großen Krieges verfüttert worden sei – er war einer aus der Gegend, der sich sieben Monate zuvor in sie hineingepflügt und dann die Stadt Mayo für eine britische Armeeuniform zurückgelassen hatte. Vielleicht taumelte sie in einen verrückten Tanz des Kummers hinein, nachdem sie die Nabelschnur durchschnitten hatte, nicht überrascht von der Tolle schwarzen Haares auf dem Kopf ihres Kindes, den derben roten Lippen, der sehr weißen Haut, den angequetschten Ohren.

Er wurde von zwei protestantischen Damen gefunden, die zusammen in einem riesigen Haus am Meer lebten. Die Damen waren gerade auf ihrem Sonntagsspaziergang, als sie zwischen ein paar zertrampelten Blumen das Bündel Haut entdeckten. Eine von ihnen zog ihren Unterrock aus und trug den Säugling darin eingewickelt nach Hause. Die Verrückte, meine Großmutter, war nirgends zu sehen, obwohl die Spur ihrer Kleidungsstücke, einschließlich des einärmeligen Kleides, landeinwärts in die Berge führte.

Die protestantischen Damen zogen ihn in einem Haus groß, wo es feine Teetassen aus Porzellan, Rundfunksendungen und mit Clotted cream vollendete Scones gab. Sie setzten ihn an ein Piano, leckten sich die Finger feucht und strichen seine Haare zurück, eine widerspenstige Tolle, die ihm lang über die Stirn wuchs. Seine Kleidung wurde aus dem entfernten Dublin bestellt, wunderschöne weiße Hemden, die er zerstörte, während er durch die Sümpfe rannte, Tweedhosen, die an Meeresfelsen zerrissen, herrliche blaue Krawatten, in die er Steine wickelte, um damit nach Brachvögeln zu werfen. Sie tauften ihn in der protestantischen Kirche auf den Namen Gordon Peters, und Jahre später – nachdem er in der Schule wegen dieses Namens zusammengeschlagen worden war – zahlte er es ihnen heim, indem er auf ihre Zahnbürsten urinierte.

Und doch liebte er sie auf eine seltsame Art und Weise, diese alten Damen mit ihren funkelnden flaschengrünen Augen. Er brachte von seinen langen Wanderungen Sträuße zurück, die er an den Ufern dunkler Teiche gepflückt hatte, violette Blumen, die einander in kostbaren Vasen auf dem Eßzimmertisch zunickten. Er nannte beide ›Mammy‹, kam mit Steinen vom Strand nach Hause gehüpft, erzählte Geschichten von Delphinen, die im Wasser die ganze Zeit neben ihm hergesprungen seien. Ein Freund von ihm, Manley, gab ein hohes Quieken von sich, das, wie er behauptete, Delphine anlockte, und sie verbrachten ganze Tage rufend am Strand, den Blick aufs Meer gerichtet. Die Damen brachten ihnen etwas zu essen, breiteten ihre langen Kleider auf dem Felsen aus und beobachteten ihren Adoptivsohn.

Er muß einen seltsamen Anblick geboten haben, mein Vater, in seiner blauen Gürteljacke, mit seinen sehr dunklen Augen, in die bereits eine Geschichte von Unheil und Traurigkeit hineingeschrieben war.

Mit elf, als ihm die Geschichte seiner Mutter erzählt wurde, benannte er sich in Michael Lyons um, ein Name, der unter den Einheimischen verbreitet war und der der Name seines eigenen Vaters hätte sein können. Er stand in seiner kurzen Hose am Rand des Kliffs und spuckte weit über den Ozean, um Britannien als Vergeltung für den sinnlosen Tod seines Vaters in seinem Speichel zu ertränken. Zu dem Zeitpunkt war ihm nicht klar, daß seine Spucke nach Westen zielte – nach Mexiko, San Francisco, Wyoming, New York –, wo sie in späteren Jahren tatsächlich ankommen würde.

Die Damen kamen den Küstenweg entlang, nahmen ihn auf

dem Heimweg in die Mitte, schwangen ihn zwischen sich hin und her, ein Engelchen-flieg voller Sommersprossen, das mit kleinen braunen Schuhen in der Luft strampelte.

Im Frühjahr 1934 beschlossen die protestantischen Damen, einigen Inselbewohnern, die auf der anderen Seite der Bucht lebten, in einem Boot Lebensmittel hinüberzubringen. Mein Vater war nicht bei ihnen – er war mit seiner Schleuder auf dem Moor unterwegs, um Jagd auf Brachvögel zu machen, sein Körper jetzt linkisch in seiner Halbwüchsigkeit. Die Sonne ergoß sich safrangelb über das vollkommen stille Wasser. Die Damen traten vom Kai herunter in das Coracle-Boot, weiße Sonnenschirme über ihren Köpfen. Sie tauchten die Ruder ein, die konzentrische Wellenkräusel über das Wasser schickten, und ließen den Kai hinter sich. Niemand wußte, was dann passierte – eine der Damen, Loyola, war eine geschickte Ruderin, wie es allgemein hieß –, aber vielleicht beugte sie sich vor, um einen Delphin zu betrachten oder einen treibenden Schuh, oder einen Seestern, oder eine fortgeworfene Flasche, und purzelte dann hinein. Vielleicht folgte ihr ihre Freundin in einem plötzlichen Anflug reiner Liebe, wobei der Sonnenschirm davonflog, eine grauhaarige Frau in einem weißen Spitzenkleid, die mit ausgestreckten Armen die Oberfläche der Bläue durchbrach und hinuntertauchte. Im Wasser blickten sie sich dann vielleicht plötzlich an und erinnerten sich an die wesentliche Tatsache, daß sie beide nicht schwimmen konnten. Der Sonnenschirm trieb auf der Wasseroberfläche, und ich stelle mir vor, wie die beiden Damen sich an den Händen haltend auf den Meeresboden hinuntersanken, voll Bedauern, daß der Junge im Seegras nicht bei ihnen sein konnte.

Ihre Leichen fand man später angespült am Strand, in der Nähe einiger Felsen, wo Seehunde bellten.

Die protestantischen Damen wurden auf einem kleinen Friedhof begraben, in der Nähe der Stelle, wo der Fluß ins

Meer stürzte. In ihrem Testament hinterließen sie meinem Vater alles, was sie besaßen – das Haus, das Grundstück, das Porzellan, die traurigen Zahnbürsten, die aus einem Porzellanbecher auf ihn herunterstarrten. Er war sechzehn Jahre alt und saß im Wohnzimmer an einem riesigen Mahagonitisch und ließ das Wummern leerer Häuser, das ihn umgab, auf sich wirken. Gärtner und Haushaltshilfen erschienen, um ihre Arbeit zu machen, und klopften mit dem Messingklopfer gegen die Tür. Wenn er ihnen öffnete, rissen sie sich die Mützen vom Kopf und nickten ihm ernst zu. Er gab ihnen ihren Lohn, bat sie aber, nicht wiederzukommen, sagte, er werde die Arbeiten selber erledigen, sie aber weiterhin jede Woche aus seiner Erbschaft bezahlen. Sie gingen wieder fort, den Kiesweg hinunter, und blickten sich mißtrauisch um. Das Gras überwucherte allmählich die Krocket-Reifen. Schläger verschwanden unter dem Laub. Vorhänge wurden offengelassen, so daß Sonnenstrahlen eindringen konnten und die Möbel bleichten. Die Hemden und Unterhemden meines Vaters bedeckten den Boden. Er ging dazu über, draußen zu schlafen, auf der Veranda, es gab zu viele Geisterstimmen in den oberen Räumen. Das Haus kam ihm fremd vor, aber tagsüber streifte er darin herum, öffnete Schubladen, klopfte Wände ab, kritzelte ›Michael‹ in den Staub auf den Fensterscheiben.

Es war die Kamera, die ihn aufweckte. Er fand sie in einer großen roten Schachtel unter einem der Betten. Sie hatte Loyola gehört, aber sie hatte ihm nie davon erzählt. Als er die silbernen Klemmen öffnete, stieg eine Staubwolke um ihn herum auf, und er nahm die Teile heraus und legte sie aufs Bett. Es war ein altes Modell mit einem schwarzen Tuch, Glasplatten, in tadellosem Zustand, einem Holzstativ, stabil, und einem unzerkratzten Objektiv. Auf einem handgeschriebenen Zettel stand die Gebrauchsanweisung. Er verbrachte Stunden damit, das Gerät wieder zusammenzusetzen, und trug es nach unten, schritt über die im Flur verstreuten Kleidungsstücke hinaus vors Haus auf den Rasen. Er grüßte den Himmel mit seiner neuen Entdeckung, streifte auf dem Grundstück umher, übte, betrachtete das lange Gras aus der Kastenperspektive, öffnete und schloß den Verschluß, wischte jedes Staubkorn von dem Gehäuse, verstärkte die Füße des Stativs mit Holzkeilen. Er nannte die Kamera ›Loyola‹, und nachts trug er sie auf die Veranda und starrte durch seine Schlaflosigkeit in sie hinein. Er ahnte es damals nicht, aber die Kamera würde ihn hinaus in die Welt katapultieren, würde ihm etwas geben, woran er sich klammern konnte, in ihm einen Glauben an die Macht des Lichts entzünden, an die Notwendigkeit des Bildes, an die Möglichkeit, Zeit festzuhalten.

Er bestellte mehr Glasplatten und Laborzubehör aus Dublin, richtete sich eine provisorische Dunkelkammer ein, nahm die Kamera einmal die Woche auseinander, säuberte sie mit den Zipfeln von weißen Hemden, setzte sie wieder sorgfältig zusammen, polierte sie mit einem weichen Lappen, der mit verdünntem Essig getränkt war, darauf achtend, immer nur in eine Richtung zu reiben, damit sich keine Flecken bildeten. In den kalten Wintermonaten stopfte er die Schachtel mit Kleidung und alten Handtüchern aus, um die Ausrüstung vor Frost zu schützen. Im Sommer stellte er sie in den Schatten und verhängte sie mit einem großen weißen Tischtuch.

Ich kann mir meinen Vater vorstellen, damals in den dreißiger Jahren, wie er herumstreifte und wie eine Schwalbe den Kopf unter das schwarze Tuch der Kamera steckte und wieder herauszog. Er trug sie über dunkle Straßen, die achtzig Jahre zuvor gebaut worden waren, von ausgehungerten Männern aus den Armenhäusern. Es waren schmale Straßen, die sich trunken von den Klippen in die Berge schlängelten und auf denen vom Meer hergewehte Gischtböen niedergingen. Und betrunkene Männer liefen sie entlang, manchmal reihenweise, wie sich biegende Gräser durchquerten sie das Jahrzehnt der Weltwirtschaftskrise, regendurchtränkt der Boden, geschunden das Land, Regenbogen über der Bucht. Stürme fegten über das Wasser, manchmal so stark, daß sie Schieferplatten, Balken und gelegentlich ganze Hausdächer durch die Luft trugen.

Sein Freund Manley besaß ein Motorrad, das sich mein Vater immer auslieh. Und so wie er die Triumph in scharfen Kurven in die Schräge legte und mit flatterndem Schal an Pieren vorbei und über Dorfplätze raste, wurde er zu einer lokalen Berühmtheit.

In den Nebenstraßen von Mayo fing er schwarzweiße Bilder von alten Frauen ein, gebeugten Hauptes unterwegs zur Messe; Blumen, die über schwarzen Pfützen aufragen; Schafe, die in den zerfallenen Gerippen alter Cottages kauern; Cornflakesschachteln, die in Schaufenstern vor sich hin bleichen; Fischer unten am Dock, die sich über Öltonnen die Hände wärmen; ein Kesselflicker, der sich vor einem alten Wohnwagen ausruht, alle viere von sich gestreckt, und sich im Schritt kratzt. Es war eine Welt, die selten ein Objektiv zu Gesicht bekommen hatte, und mein Vater bewegte sich darin, größer jetzt, sein Körper massiger, die Ärmel hochgekrempelt, dramatisch in der Darstellung seiner selbst. Die Haartolle wippte auf seiner Stirn. Blaue Adern, gebirgig und deutlich umrissen, zogen sich über seinen Handrücken. Er konnte den Arm spannen und die Muskeln spielen lassen. Die Mädchen vor der Tanzhalle warfen ihm bewundernde Blicke zu.

Der Besitzer der Tanzhalle – ein Mann mit dem Gesicht eines Schleimaals – erlaubte drinnen keine Kameras. Trotzdem, mein Vater gab sich damit zufrieden, dort herumzuhängen, zu rauchen, zu warten, daß Manley erschien, immer auf der Suche nach Gelegenheiten, seine Loyola einzusetzen. Achtzehn Jahre alt, und die Welt damals war ein großartiger Ort für ihn. Am liebsten hätte er Stücke vom Universum herausgebissen und sie auf eine große photographische Platte gespuckt. Draußen vor der Tanzhalle machte er manchmal Bilder von jungen Frauen, die zum erstenmal rauchten, ihre neuen Hüte keß im schrägen Winkel aufgesetzt, die Lippen kühn über den Rand geschminkt, damit sie voller wirkten. Manchmal versuchten die Mädchen, ihn zu einem Tanz zu überreden, aber es interessierte ihn nicht, das Tanzen, es sei denn, er konnte eine Aufnahme davon machen.

Einmal wurde er erwischt, als er versuchte, die Wirtschafterin des Priesters im Klohäuschen hinter dessen Haus zu photographieren. Die Tür stand offen und gab die Haushälterin, wie sie mit gespreizten Knien und um die Hüften hochgerafftem Rock dahockte, seinen Blicken preis. Mein Vater hatte sich in einem Gebüsch versteckt, kam aber nicht dazu, auch nur ein einziges Bild zu machen. Der Priester, ein ehemaliger Hurlingspieler, entdeckte ihn und streckte ihn mit einem einzigen Schlag zu Boden, öffnete den Rückendeckel der Kamera, hielt die Glasplatten ans Licht, als würde er die heiligen Schriftrollen lesen. In der folgenden Woche hielt er eine donnernde Predigt, Passagen aus dem Alten Testament über Götzenbilder, fiebrige Worte flogen zwischen den Kirchenbänken umher. Mein Alter drückte sich im hinteren Teil der Kirche herum, den Hut auf dem Kopf. Er tippte leicht an die Krempe, als die Gemeinde zum Abendmahl vorging. Von da an folgte ihm, wenn er durch die Stadt ging, ein dunkler, aber gleichsam heldenhafter Schatten. Er kam aus der Kirche herausstolziert, spuckte mit missionarischem Eifer in Richtung Himmel und schlenderte mit stolzem Schwung in den Schultern davon.

Mit seiner Erbschaft richtete er sich in einem alten Kuhstall am Ende einer Landstraße ein kleines Labor ein. Es war ein uralter Stall, übersät mit Tierscheiße und Holzstücken. In einer Ecke lag der verwesende Kadaver eines Kalbes. Er schaffte ihn hinaus, verbrannte die Knochen, wischte den Stall aus, nagelte die Bretter fest, schmückte die Wände mit Photos und wartete auf Kundschaft, gelangweilt im Türrahmen stehend, rauchend. Manchmal kam Manley, sein Schrotgewehr stolz unterm Arm, angetan mit unmodischen Krawatten und Anzügen von ausbündiger Vulgarität – Kleidung, für die mein Vater ihm Geld geliehen hatte. Manley machte sich beim Stall breit, erzählte von neuen Büchern, die er gelesen hatte. Er verfocht damals die Anarchie – sagte, das sei Demokratie in ihrer höchsten Vollendung – und bekräftigte mit der Faust seine Solidarität mit Sacco und Vanzetti, die gut ein Jahrzehnt zuvor in den Vereinigten Staaten hingerichtet worden waren. Manley träumte davon, nach Spanien zu gehen, sich vielleicht der Internationalen Brigade anzuschließen. Mein Vater nickte zu der Melodie von Manleys Tiraden, immer mit einem Blick auf die Straße, nach Kundschaft Ausschau haltend.

Neuigkeiten kamen spät nach Mayo. Zeitungen kamen spät. Ideen kamen spät. Sogar Vogelschwärme kamen manchmal spät. Irgend etwas in der Schwere des Bodens und des Wetters lud zu Trägheit ein. Er wußte, die Einheimischen würden zu seinem Stall kommen, wenn er etwas Ungewöhnliches tat, und so verkündete er bald, daß Porträts bei ihm umsonst seien. Danach kleckerten ein paar Leute herbei – schuldbewußt und heimlich kamen sie das von hohen Brombeersträuchern gesäumte Sträßchen entlang, betraten die Baracke, wo er einen weißen Vorhang von einem Holzbalken hängte. Durch die Ritzen in den Wänden drangen kleine Lichtwellen und bildeten auf ihren Gesichtern merkwürdige Muster – hagere Bauern, unbehaglich in ihren alten Sonntagsanzügen; Großmütter, die sich die Finger vor die verfaulten Zähne halten; behelmte Polizisten; ein Boxer in bauschigen Shorts, der sich mit dem Handschuh auf die Brust klopft; der Metzger, eine Blume im Knopfloch; Mädchen mit Sicherheitsnadeln in den Kleidersäumen. Da waren sogar ein paar junge Frauen in hölzern-lasziven Posen.

Mein Vater hatte eine alte dreibeinige Chaiselongue aus dem Abfall gerettet. Wenn die Frauen sich darauf hinstreckten, fielen die Haare bis zum Boden. Manley ließ die Politik vorübergehend ruhen und spähte mit lüstern heraushängender Zunge durch die Ritzen in der Stallwand. Sie waren nicht schlüpfrig, die Bilder. Sie hatten eine Schwerfälligkeit, als hätte er sich zu sehr verkrampft – anders als die, die er Jahre später von Mam machte, fließend und sinnlich. Die meisten Frauen bekamen ihre Bilder nie zu sehen. Aber Jahrzehnte später, als er sich schon eines gewissen Ruhmes erfreute, ließ er sie in Frankreich drucken. Das Buch verursachte einen mittleren Skandal in der Stadt, bescherte einem der Gemeinderäte eine leichte Herzattacke, als er ein Porträt seiner Tante sah, deren linke Brustwarze unter einer dünnen Leinenbluse durchschien.

Die Schwalben flogen frei in der Grenzenlosigkeit umher, einige schossen auf der Jagd nach Insekten hoch in die Luft, andere stoben zum Meer hinunter oder flogen einfach hin und her, peitschten den Abendhimmel. Er blickte zu ihnen hoch, als wäre er neidisch, als wollte auch er dorthin nach oben schießen, sich in der lächerlichen Imitation eines Fluges zu ihnen gesellen. Sie hatten die Bäuche voller Insekten, als er sich steif von seinem Liegestuhl erhob, seine Angelrute packte, den Fliegenhaken ins unterste Öhr steckte und den schlammigen Weg entlang zu unserem Haus zurückging.

Als er, mit wehendem Mantel, eine qualmende Zigarette im Mund und in der rechten Hand einen blauen Eimer, ins Schlingern geriet, nahm er den unteren Teil der Angel als Stock zu Hilfe. Auf der Türschwelle lehnte er seine Rute gegen die Glyzinie und entledigte sich mit trägen Tritten eines seiner Stiefel. Auf dem Betonboden zitterte sein besockter Fuß vor Kälte. Er hustete in seine Faust hinein und ließ etwas Spucke in das Loch am unteren Ende der Regenrinne tropfen, beugte sich hinunter, drückte seine Zigarette in einer Pfütze aus, schlug nach ein paar Mücken in der Luft.

Ich hievte meinen Rucksack hoch, trat hinter der Hecke

hervor und ging über den Hof. Er legte den Kopf schief wie ein neugieriges Tier, schloß das rechte Auge, kramte im Mantel nach seiner Brille.

»Jesses«, murmelte er, »du bist das.«

Ich streckte ihm die Hand entgegen, und er lehnte sich mit seiner Schulter an mich. Er roch nach Erde, Tabak und Köder. Er drückte mit dem Fuß unten gegen die Haustür, schob sie auf, hustete, warf seinen Mantel auf den Kleiderständer.

»Meine Güte, das ist ja wirklich ein Ungeheuer, was du da hast«, sagte er.

Ich lehnte den Rucksack gegen den Küchentisch, während er zum Kamin ging.

»So, so, so«, sagte er, mit dem Rücken zu mir, im Kamineimer hantierend, »siehst gut aus.«

»Du auch.«

»Hast dir die Haare geschnitten.«

»Ja.«

»Hast auch den Ohrring verloren.«

»Ach ja, den trag ich schon lange nicht mehr.«

»Bleibst du eine Weile zu Hause?«

»Ja.« Ich nahm einen Löffel vom Tisch und zwirbelte ihn zwischen den Fingern. »Eine Woche. Ist das in Ordnung?«

»Wenn du einen alten Mann ertragen kannst.«

»Wenn du mich ertragen kannst.«

»Urlaub?« fragte er.

»Ja, so ähnlich. Bin zurück, um mir die Green Card zu holen. Muß in den nächsten Tagen mal zur Botschaft in Dublin.«

»Dachte, du wärst in London?« sagte er.

»Ja, war ich auch. Jetzt bin ich in den Staaten.«

»Soso. Und was machst du da?«

»Dies und das. Nicht viel.«

Er kratzte sich den Kopf und gab einen kleinen Rülpser von sich. »Hier ist auch nicht mehr viel los.«

»Sieht noch genauso aus, bis auf den Fluß.«

Die Neon-Küchenlampe zischte. »Ich geh jeden Tag angeln.«

»Jeden Tag?«

»Da ist ein riesiger rosa Lachs unten hinter der Biegung. Ich könnte schwören, der Dreckskerl verarscht mich. Hin und wieder taucht er auf und sieht aus, als würde er winken.« Er streckte die Arme aus. »So groß, das Scheißding.«

»Ein Lachs?«

»Genau.«

»Im Fluß?«

»Wieso nicht?«

»Was ist damit passiert?«

»Womit?«

»Mit dem Wasser.«

»Ach, die haben bei der Fleischfabrik noch ein paar Schleusen gebaut.«

»Wieso?«

»Weiß nicht. Um die Kadaver zu reinigen oder so was.«

»Es sieht langsam aus.«

»Aber vollgestopft mit diesem Brocken.«

»Ja.«

»Ich sag dir, so groß, das Scheißding.«

Er breitete wieder die Arme aus, ein Meter Länge zwischen Leberflecken. Aber ich war mir sicher, das einzige in diesem Fluß, das mehr als einen Meter maß, war die Angelrute, die er vor langer Zeit einmal in einem Wutanfall hineingeworfen hatte. Ich war von der Schule nach Hause gekommen, einen Goldring im Ohr, und er hatte die Rute mit dem Korkgriff bis zum Steg geschleudert und gesagt, wenn ich mir das Scheißding nicht aus dem Ohr nähme, dann würde er mir was verpassen, da könne ich Gift drauf nehmen. Was er nie tat und nie tun würde.

»Jetzt mal im Ernst«, sagte er zu mir, »du solltest ihn mal sehen.«

»Wo?«

»An der Biegung, hab ich doch gesagt.«

»Wirklich?«

»Ja, eiert da rum wie ein Furz in einer Flasche.«

Ich lachte, während er sich vorbeugte und sich das Knie rieb.

»Ein absoluter Scheißriese«, sagte er.

Aber Riesenlachs hin oder her, mir schien, er sollte besser nicht mehr so oft zum Fluß hinuntergehen. Könnte sich eine schlimme Erkältung holen. Oder hineinfallen, vom Wind weggeblasen werden. Er wandte sich vom Kamin weg, sein Hemd war bis zum dritten Knopf geöffnet. Seine Brust war ein Xylophon von Knochen, die unter seiner Haut hervortraten. Im Gesicht und auf den Armen war noch etwas Bräune, aber die Mulde unter seiner Kehle war vollkommen weiß, und seine wenigen Brusthaare kräuselten sich grau. Sein Hals war wie ein schlaffer Sack, und seine Hose war ihm viel zu weit. Nicht gerade gesund für ihn, draußen in der Kälte zu sein, obwohl es wunderbar wäre, ihn seine Angel auswerfen zu sehen wie früher – selbst wenn ich ihn verachtete, gab es Zeiten, wo es mich verblüffte, ihn einfach beim Auswerfen zu beobachten. Damals, als der Fluß noch lebte, diese schnellen Drehungen des Handgelenks, die glitzernden Haken im Aufschlag seines Mantels, diese ungeheure Traurigkeit in seinem allmählichen Entschwinden, während die Rute peitschte und er leise zählte, eins-zwei-drei-los, die Schnur wie ein Lasso dem Wind entgegenschleuderte, die Spitze der Glasfaserrute hochschnellen ließ, die Fliegen durch einen heftigen Schwung trocknete, schließlich beobachtete, wie sie sich über dem Wasser schlängelten und dann herabsanken und sanfte Kreise in die Wasseroberfläche furchten, während er kurbelnd auf dem Ufer aufstampfte und übers Wasser spuckte, seine Bewegungen voll unterschwelliger Gewalt.

Er hustete wieder, kramte in seiner Tasche nach einem Taschentuch, zog es heraus, wobei ein paar Münzen auf den Boden fielen. Ich bückte mich, um sie aufzuheben. Ich stand da und sah die neuen Zehn-Penny-Münzen an.

»Wann haben die denn die Münzen geändert?« sagte ich.

»Ach, vor einem Jahr oder so.«

»Aha.« Ich betrachtete die Harfe. Die Prägung war sehr fein.

»Schön, daß du zurück bist, Conor«, sagte er schließlich.

Seine Lippen zitterten, als er mit dem Schürhaken zum Kamin ging, sich hinkniete, sanft in der Glut herumstocherte. Ein paar große Brocken fielen heraus auf die Betonplatte, und er zerdrückte sie mit dem Daumen, den er dann ableckte, um den Schmerz zu lindern, spuckte ein paar Stücke Asche von seiner Zungenspitze weg. Er hatte Mühe, sich aus der Hocke zu erheben, und ich legte meinen Arm unter seine rechte Schulter.

»Hör mal«, sagte er und fuhr plötzlich herum. »Ich bin kein Scheißinvalide, damit du's nur weißt.«

»Ich weiß.«

»Ich kann also allein aufstehen.«

»In Ordnung.«

»Ohne das kleinste bißchen Hilfe.«

»Okay, okay.«

Er legte die Hand auf den Boden und stemmte sich hoch, den Kaminsims als Stütze benutzend. Eins von Mams Bildern – sie steht an einem Pfosten in Mexiko – lehnte noch auf dem Sims. Er sah es nicht an. Stand einfach auf, mit fiependem Atem, richtete sich auf und gähnte, wirbelte mit den Armen, als wollte er das Universum seines Selbst erweitern.

»Siehst du?« sagte er. »Wie ein junger Gott.«

Er schlenderte in die Küche und kam mit einer Flasche Whiskey und zwei Gläsern wieder, von denen eins einen Sprung bekam, als seine zitternde Hand die Flasche gegen den Glasrand schlug. Goß sich großzügig ein, reichte mir die

Flasche. »Hier«, sagte er zu mir, »alle anderen Gläser sind schmutzig.« Ich glaube, es war das erste Mal in meinem Leben, daß mein Alter mich Alkohol trinken sah – allerdings habe ich ihm früher, als ich jünger war und Mam schon fort war, immer Pfundnoten aus seinen Taschen gestohlen, nachdem er mir seine Geschichten erzählt hatte. Ich ging in die Stadt und kaufte Flaschen mit hartem Cider, lief dann am Flußufer entlang zurück, um die Namen der beiden protestantischen Damen unter ihrer Explosion kirschfarbener Wildblumen freizulegen.

[…]

Er ist derselbe griesgrämige alte Sack, der er war, als ich vor fünf Jahren fortging. Wahrscheinlich ein bißchen blöd von mir, nach Hause zu kommen und zu denken, daß es anders geworden sein könnte. Aber eine Woche ist eine Woche, und so lange können wir uns wahrscheinlich ertragen – außerdem muß ich für ein paar Tage nach Dublin hochfahren, das mit meinem Visum geregelt bekommen. Aber was er wohl sagen würde, wenn ich ihm erzählen würde, daß ich zur Zeit in einer Hütte in Wyoming lebe, Jobs mache, die mir kaum die Miete einbringen, und mich einfach so treiben lasse. Würde ihm aber wahrscheinlich scheißegal sein, würde ihn kein bißchen kratzen. Wie er jetzt so dahinlebt, Tag für Tag mit diesen langsamen Angelwürfen.

Ich saß heute nacht im Schlafzimmer wach und sah aus dem Fenster in die tiefe Dunkelheit der Nacht, die über Mayo herrschte, voller wild blitzender Sterne. Auf eine seltsame Art und Weise ist es schön, wieder hier zu sein – es ist immer schön, irgendwohin zurückzukommen, egal wohin, sicher in dem Wissen, daß man wieder wegkommt. Das Gesetz des Flusses, wie er immer gesagt hat.

Hält die Dinge in Bewegung. Als ich von zu Hause weggegangen bin, habe ich mir geschworen, nie wieder zurückzukehren – am Bahnhof hat er mir eine Zehnpfundnote in die

Hand gedrückt, und ich habe sie ihm wieder zurückgeworfen, als der Zug anfuhr. Aber genug davon. Genug Gejammere. Ich bin jetzt zu Hause, und eine Million Möglichkeiten können noch vor meinem Fenster liegen, Brachvögel, ausgestorben und dennoch wieder am Himmel, wenn ich das will.

[...]

Eine Ansammlung von Zubehör sorgfältig vor sich aufgereiht – Lametta, lila und goldene Seidenfäden, blaue Seidenschwanzfedern, etwas gelbes Seehundsfell, eine leuchtend orangefarbene Halsfeder, winzige Federn eines Goldfasans, etwas schwarzes Garn, sehr schwarz, flußschwarz. Er zeigte mir jedes einzelne Stück, seine Hand schwebte darüber. Das meiste war am Morgen in dem Päckchen gekommen, von einem Angelladen in Dublin.

Er erzählte mir, daß buntere Fliegen in dunklen Gewässern besser funktionierten, daß der Lachs hochkommt, wenn er Farben sieht.

Komisch allerdings, er sagte, daß Lachse nicht fressen, wenn sie in den Flüssen sind, sie reagieren bloß – wenn man sie fängt, haben sie nichts im Bauch. Und wenn sie springen, dann nicht vor Freude, sondern nur, um gegen schnell fließendes Wasser anzukommen oder um Meeresläuse loszuwerden. Aber das sind schlaue Burschen, sagte er – die lassen sich nicht so leicht täuschen, und eine schlecht gemachte Fliege bringt ungefähr soviel wie ein Gegrüßet-seist-du-Maria in einem Luftangriff.

Ich zog mir eine alte Kiste heran und setzte mich, umgeben von seinem starken, durchdringenden Geruch.

»Man darf nicht zu viele Federn nehmen«, sagte er, auf den Haken zeigend, »sonst saugt die Fliege zuviel Wasser auf. Aber eine große Fliege bedeutet einen großen Fisch, ist alles eine Frage des Gleichgewichts.«

Er hatte Schwierigkeiten mit einem Knoten.

»Soll ich dir helfen?«

»Geht schon. Das könnt ich mit geschlossenen Augen machen.«

Er band zwei Seidenschwanzfedern Rücken an Rücken. »Für den Schwanz«, erklärte er.

Mir fiel auf, wieviel größer seine Hände waren als meine. Sie hatten aufgehört zu zittern und arbeiteten mit Präzision. Er drehte den Haken im Schraubstock und beugte sich darüber, setzte die Brille auf und wieder ab, ein wenig ungeduldig. »Scheiße«, sagte er, »hier«, und er reichte mir eine schmale Schere, ließ mich etwas von dem überschüssigen Faden abschneiden. »Näher ran.« Ich war überrascht, daß er nicht rauchte.

Er formte den Körper des Insekts, auf eine lange schmale Feder gewickelt, und dann machte er den Hals und die Flügel, befestigte ein paar Goldfasanfedern auf jeder Seite. Er fächerte die Haare, damit sie wie Flügel aussahen. »Die Dinger müssen so lebendig aussehen, wie es nur geht«, sagte er. Ich reichte ihm Zange, Schere und Pinzette. Er benannte dabei jedes einzelne Instrument. Als Ahle verwendete er eine in den Korken einer Sherry-Flasche gesteckte Stopfnadel. Dazu gehörte ein Fingerhut aus einem alten Lippenstift, der Mam gehört haben muß. Jedesmal, wenn ich ihm etwas reichte, nickte er, atmete pfeifend und gab so etwas wie ein Dankeschön von sich. Aber ansonsten war seine Atmung still und gleichmäßig, in voller und herrlicher Konzentration auf die Herstellung der Fliege – es wurde allmählich ein kleiner indianischer Kopfschmuck daraus, Fäden, Federn und Bänder. Ich dachte an Kutch und Eliza, könnte ihnen vielleicht eine der Fliegen als Geschenk mitbringen.

Als er die erste fertig hatte, streckte er zufrieden den Daumen hoch. »Das wär's«, sagte er, »jetzt wollen wir mal sehen, ob der Mistkerl dem hier widerstehen kann.« Er ging eine Weile im Mantel in der Scheune umher, schnüffelte die Luft, wischte sich die Hände ab.

Er summte eine Melodie, ließ die Luft gegen seine Lippen vibrieren. Manchmal blieb er stehen, um die Federn in den Mund zu nehmen, oder er bat mich, Klebertropfen von der Fliege zu wischen oder ein Stück gewachste Schnur zu greifen, das durch die Schlaufe kam, heruntergefallene Stücke vom Boden aufzuheben, zu schneiden und abzurunden, etwas Faden um den Schaft zu wickeln.

Er schürzte wieder seinen Mund in die Melodie hinein, die um uns herum auf und ab stieg, während er mir ein paar kleine Tricks zeigte, wie man die Lamettastreifen hineinband, die Farben miteinander vermischte, aus schwarzem Garn den Kopf fertigte. Die Zeit bewegte sich im Rhythmus eines Insektenflügels – ich dachte, daß eine Sekunde im Leben eines Insekts einem Jahrzehnt in unserem entsprechen könnte, die ganze Welt in Prismen zertrümmert, die Essenz des Lebens, die Vitalität jedes Augenblicks –, und mein Alter hätte sowohl die Kürze als auch die Länge der Zeit erschaffen können. Das Summen wurde regelmäßig, versank in Tonlosigkeit, so daß ich vergaß, daß es da war.

Es war Abend, als er schließlich aufstand, die letzte Fliege in seinen Hut steckte, ihn aufsetzte und sagte: »Ich sterbe vor Hunger, junger Mann, komm, gehen wir.«

Er legte die anderen Fliegen in die Kiste und machte den Deckel zu. Wir gingen zum Haus, wo Mücken herumtänzelten – früher konnte er auch Mücken machen, sagte er, aber jetzt sind sie ihm zu klein und schwierig.

Ich kochte Spaghetti mit Soße. »Seh ich vielleicht aus wie ein Scheißitaliener?« sagte er, aber er aß sie mit Genuß, redete über Fliegen, ein Fließband von Geplauder kam aus ihm heraus. Erzählte, daß irgendein alter Typ in Donegal vor hundert Jahren als erster bunte Fliegen gemacht habe, Schmetterlinge, und damit sogar reich geworden sei. Er habe die Federn in Eselpisse getunkt, um sie farbecht zu machen. Konnte sie mit einer Hand hinterm Rücken zusammenbinden. Jemand holte ihn sogar nach London rüber, damit er darüber Vorträge hielt. Der war ein Genie im Herstellen von Farben für dunkles Wasser. Mein Vater quasselte weiter, unterbrach sich ab und zu, um zu husten oder sich die Nase zu putzen, wonach die Worte wieder aus ihm herausflossen. Zwischendurch, während ihm Spaghetti von der Gabel fielen, zeigte er mit ernster Miene auf mich: »Aber eins sage ich dir, das einzige Zeichen für eine gute Fliege ist, wenn du was fängst. Darauf läuft's hinaus. Du kannst noch so viele hübsche Fliegen machen, wenn du nichts fängst, dann ist das alles für die Katz.«

Nach dem Essen tranken wir ein paar Tassen Tee, und seine Hände fingen wieder leicht an zu zittern. Ging auf sein Zimmer hoch, sagte, morgen werde er das Scheißding fangen.

[...]

Wir streiften durch den Hof, und er machte einen Witz über die Schubkarre, daß ich ihn doch darin herumschieben könnte. Gab dem Rad sogar einen Tritt, der daneben ging. Mir fiel auf, daß die Vorderkappe einer seiner Gummistiefel lose war, und erzählte ihm von dem alten Mann in Mexiko, den ich hatte tanzen sehen, in seinem kragenlosen Hemd und seinen löchrigen Schuhen. »Gibt nichts Besseres als einen alten Mann, wenn's ums Tanzen geht«, sagte er, während er über den Hof zum Weg schlurfte. Wir verließen den Hof. Wolken zogen über den Himmel, Mauersegler hinterher. Eine Brise wehte um unsere Köpfe. Noch kam kein Geruch von der Fabrik. Er schob sich über den Übertritt und durch die Lücke im Gebüsch zum Wasser hinunter. Der Fluß war so tot wie eh und je.

Ich hüllte mich fest in meine Jacke und suchte mir ein Plätzchen am Rand der Böschung. Er saß in seinem Gartenstuhl, bekam einen Hustenanfall, stand dann auf und fing an, ein paar Zigarettenkippen einzusammeln, die wir gestern übersehen hatten. Ich half ihm, steckte zwei Kippen in meine Jackentasche. Ich stand bei ihm, als seine Arme hinausschossen.

»Sieh dir das an!« rief er. »Guck!«

Ich sah mich um, aber da war nichts, absolut nichts, nicht mal ein Kräuseln.

Aber ich weiß, was er sah. Im Sprung das Blitzen eines leuchtenden Bauches, gekrümmt und ungebändigt in seiner Drehung, über die Wasseroberfläche steigend, die Flossen angelegt, der Schwanz in einem peitschenden Zucken, Tropfen verspritzend, ein riesiger Blitz, ein Meter über der Oberfläche, das Maul geöffnet, um Luft zu schnappen, die Augen riesig und vorstehend, ein Saum von Wasser drum herum – Ort und Bewegung gleichermaßen eingefangen, wie auf einem der alten Photos – hinaufschießend, die gesamte Fläche des Wassers darunter in Aufruhr, so daß die Strömung zuckte und sich befreite aus dem Zuhause zwischen dem Schilf, hinunterzog, dem Meer entgegen, selbst das Gras beugte sich unter der Bewegung, bis sein Lachs den Zenit erreichte und kopfüber ins Wasser zurückschoß, mit einem magischen Laut, einem Chor von Platschern, die sich wie Gewitter entluden, und das Wasser wußte etwas über sich selbst und wurde auf einmal ganz still, und da war eine Freude, ich spürte sie, wunderbar, beständig, und er lehnte sich mit der Schulter gegen mich und sagte: »Ein verdammtes Wunder war das, stimmt's?«

Er klopfte mir auf den Rücken und bat mich, ins Haus zu gehen und seine Angelrute und die Fliegen zu holen, was ich tat. Ich öffnete die Holzkiste und brachte ihm die bunte, die er neulich gemacht hatte. Als ich zurückkam, stand er nickend an der Böschung, klatschte mit den Händen und lachte über seinen großartigen Fisch. Ich ging mit der Angelrute zu ihm und sagte zu mir und zu den kreisenden Mauerseglern und zu den Mücken, die sie fraßen, und zu den gemächlich vorbeiziehenden Wolken, die entlangbummelten: Laß diese Freude bis in die Nacht andauern.

Er befestigte die Fliege. Er flüsterte: »Hast du das gesehen, mein Junge?«

Ich sah hinüber und sagte zu ihm: »Ja, ich hab's gesehen.«

Er grinste, justierte die Kurbel, stellte sich von mir weg, nur ein paar Schritte, ließ etwas Leine aus, streichelte die Angelrute, wobei er durch die Zähne pfiff, peitschte die Rute über seinem Kopf hin und her, so daß sie mit dem Zischen und Wischen etwas Fließendes bekam, und warf sie aus, als gäbe es kein Morgen, nein, kein Morgen, er warf einfach mit ganzer Kraft.

Heinrich Böll

Kein Schwan war zu sehen

Die rothaarige Frau im Abteil unterhielt sich leise mit dem jungen Priester, der für Sekunden von seinem Brevier aufsah, weitermurmelte, aufsah, dann sein Brevier zuklappte und sich ganz dem Gespräch widmete.

»San Franzisko?« fragte er.

»Ja«, sagte die rothaarige Frau, »mein Mann hat uns mal rübergeschickt; ich fahr' jetzt zu meinen Schwiegereltern, ich seh' sie zum erstenmal. In Ballymote muß ich raus.«

»Sie haben noch Zeit«, sagte der Priester leise, »noch viel Zeit.«

»Wirklich?« fragte die junge Frau leise. Sie war sehr groß, dick und blaß, saß da mit ihrem Kindergesicht wie eine große Puppe, während ihre dreijährige Tochter des Priesters Brevier genommen hatte und täuschend ähnlich dessen Gemurmel nachahmte. Schon hob die junge Frau die Hand, um die Tochter zu strafen, aber der Priester hielt ihren Arm zurück.

»Lassen Sie doch, bitte«, sagte er leise.

Es regnete; Wasser lief an den Fensterscheiben herunter, Bauern paddelten draußen über ihre überschwemmten Wiesen, um ihr Heu zusammenzufischen; auf Hecken hing Wäsche, dem Regen preisgegeben, nasse Hunde bellten den Zug an, Schafe flohen, und das kleine Mädchen betete Brevier, flocht in sein Gemurmel manchmal Namen ein, die es aus dem Abendgebet kannte: Jesus, Holy Mary, gab auch den armen Seelen einen Platz.

Der Zug hielt, ein triefnasser Bahngehilfe reichte Körbe voller Champignons in den Packwagen, lud Zigaretten aus, das Paket mit den Abendzeitungen, half dann einer aufgeregten Frau, den Regenschirm aufzuspannen ...

Der Bahnhofsvorsteher blickte traurig dem langsam davonfahrenden Zug nach: manchmal wird er sich fragen, ob er nicht in Wirklichkeit Friedhofswärter sei: vier Züge am Tag: zwei hin, zwei zurück, und manchmal ein Güterzug, der traurig dahinbummelt, als führe er zur Beerdigung eines anderen Güterzuges. In Irland schützen die Bahnschranken nicht die Autos vor den Zügen, sondern die Züge vor den Autos: sie werden nicht zur Straße hin geöffnet und geschlossen, sondern die Schienenstränge werden zum Bahnkörper hin verriegelt; so wirken die hübsch gestrichenen Bahnhöfe ein wenig wie kleine Erholungsheime oder Sanatorien, die Vorsteher gleichen eher Heilgehilfen als ihren martialischen Kollegen in anderen Ländern, die ständig im Rauch der Lokomotiven stehen, im Donnern der Züge, eilig dahinbrausenden Güterzügen ihre Reverenz erweisen. Blumen wachsen um die kleinen irischen Bahnhöfe herum, zierliche, gepflegte Beete, sorgsam beschnittene Bäume, und der Vorsteher lächelt in den abfahrenden Zug hinein, als wollte er sagen: Nein, nein, du träumst nicht, es ist wirklich wahr, und es ist wirklich 16.49 Uhr, wie meine Uhr da oben anzeigt. Denn der Reisende ist sicher, daß der Zug Verspätung haben muß; der Zug ist pünktlich, aber die Pünktlichkeit wirkt wie Schwindel; 16.49 ist eine zu genaue Zeitangabe, als daß sie auf diesen Bahnhöfen stimmen könnte. Nicht die Uhr ist im Irrtum, sondern die Zeit, die sich auf Minutenzeiger einläßt.

Schafe flohen, Kühe staunten, nasse Hunde bellten, und die Bauern fuhren mit Kähnen auf ihren Wiesen umher und fischten Gras mit Netzen zusammen.

Sanfter Singsang floß rhythmisch von den Lippen des kleinen Mädchens, artikulierte sich zu Jesus, Holy Mary, flocht die armen Seelen in regelmäßigen Abständen ein. Die rothaarige Frau wurde immer ängstlicher.

»Aber nein«, sagte der Priester leise, »noch zwei Stationen bis Ballymote.«

»In Kalifornien«, sagte die junge Frau, »ist es so warm, und es gibt so viel Sonne. Irland ist mir ganz fremd. Ich bin schon fünfzehn Jahre weg; ich rechne immer in Dollars, kann mich nicht mehr an Pfund, Shilling, Pence gewöhnen, und wissen Sie, Father, Irland ist trauriger geworden.«

»Das macht der Regen«, sagte der Priester seufzend.

»Ich bin diese Strecke ja nie gefahren«, sagte die Frau, »aber andere, damals, bevor ich wegging; von Athlone nach Galway – oft bin ich gefahren, aber ich meine, es wohnen jetzt weniger Menschen dort als damals. Es ist so still, daß mir das Herz stehenbleibt. Ich habe Angst.«

Der Priester schwieg und seufzte.

»Ich habe Angst«, sagte die Frau leise. »Von Ballymote muß ich noch zwanzig Meilen weit, mit dem Bus, dann zu Fuß, durch Moor – ich habe Angst vor dem Wasser. Regen und Seen, Flüsse und Bäche und wieder Seen – Irland, Father, kommt mir vor, als sei es durchlöchert. Niemals wird die Wäsche auf diesen Hecken trocken werden, das Heu wird davonschwimmen – haben Sie nicht auch Angst, Father?«

»Es ist nur der Regen«, sagte der Priester, »beruhigen Sie sich. Ich kenne das. Manchmal hab' ich auch Angst. Zwei Jahre lang hatte ich eine kleine Pfarre, da unten zwischen Crossmolina und Newport, und es regnete oft wochenlang, es stürmte – nur immer die hohen Berge, dunkelgrün und schwarz –, kennen Sie Nephin Beg?«

»Nein.«

»Dort in der Nähe war es. Regen, Wasser, Moor – und wenn mich mal einer mitnahm nach Newport oder Foxford: immer Wasser – an Seen vorbei oder an der See.«

Das kleine Mädchen klappte das Brevier zu, sprang auf die

Bank, umklammerte den Hals der Mutter und fragte leise: »Werden wir ertrinken, wirklich?«

»Nein, nein«, sagte die Mutter, aber sie selbst schien nicht sehr überzeugt zu sein; von draußen klatschte der Regen gegen die Scheiben, der Zug stampfte mühsam in Dunkelheit hinein, schlich wie durch Wasserwolken. Das Mädchen aß lustlos ein belegtes Brot, die junge Frau rauchte, der Priester nahm sein Brevier wieder auf; nun machte er – wohl ohne es zu wissen – das kleine Mädchen nach, ließ aus seinem Gemurmel die Namen artikuliert herausklingen: Jesus Christ, Holy Ghost, Mary, dann klappte er das Buch wieder zu.

»Ist Kalifornien wirklich so schön?« fragte er.

»Es ist herrlich«, sagte die Frau und zog fröstelnd die Schultern ein.

»Auch Irland ist schön.«

»Herrlich«, sagte die Frau, »wirklich, ich weiß – muß ich nicht raus?«

»Ja, auf der nächsten Station.«

Als der Zug in Sligo einlief, regnete es immer noch; Küsse wurden unter Regenschirmen getauscht, Tränen unter Regenschirmen geweint; ein Taxichauffeur schlief über dem Lenkrad auf seinen verschränkten Armen; ich weckte ihn; er gehörte zu der sympathischen Sorte derer, die lächelnd erwachen.

»Wohin?« fragte er.

»Zum Drumcliff Churchyard.«

»Aber da wohnt doch niemand.«

»Mag sein«, sagte ich, »aber ich möchte hin.«

»Und zurück?«

»Ja.«

»Gut.«

Wir fuhren durch Pfützen, leere Straßen: in der Dämmerung blickte ich durch ein offenes Fenster auf ein Klavier: die

Noten sahen aus, als müßte der Staub fingerdick auf ihnen liegen. Ein Friseur stand gelangweilt in seiner Ladentür, schnippte mit der Schere, als wollte er sich Regenfäden abschneiden; vor einem Kinoeingang erneuerte ein Mädchen sein Lippenrot, Kinder mit Gebetbüchern unter dem Arm liefen durch den Regen, eine alte Frau schrie einem alten Mann über die Straße zu: *»Haua je, Paddy?«*, und der alte Mann schrie zurück: *»I'm allright – with the help of God and his most blessed Mother.«*

»Sind Sie ganz sicher«, fragte mich der Fahrer leise, »daß Sie wirklich zum Drumcliff Churchyard wollen?«

»Ich bin ganz sicher«, sagte ich.

Auf den Hügeln ringsum lag verblichener Farn wie nasses Haar einer alternden Rothaarigen, zwei düstere Felsen bewachten den Eingang zu dieser kleinen Bucht: »Benbulben und Knocknarea«, sagte der Fahrer, als stelle er mir zwei weitläufige, gleichgültige Verwandte vor.

»Da«, sagte der Fahrer und zeigte nach vorne, wo ein Kirchturm im Dunst auftauchte; Krähen flogen um den Kirchturm herum, Wolken von Krähen, die von weitem aussahen wie schwarze Schneeflocken. »Ich glaube«, sagte der Fahrer, »Sie suchen das alte Schlachtfeld.«

»Nein«, sagte ich, »ich weiß nichts von einer Schlacht.«

»Im Jahre 561«, fing er in mildem Fremdenführerton an, »wurde hier die einzige Schlacht geschlagen, die je auf der Welt um ein Copyright geschlagen wurde.« Ich sah ihn kopfschüttelnd an.

»Es ist wirklich wahr«, sagte er, »die Anhänger von St. Columba hatten einen Psalter abgeschrieben, der St. Finian gehörte, und es gab eine Schlacht zwischen den Anhängern von St. Finian und den Anhängern von St. Columba. Dreitausend Tote – aber der König entschied den Streit; er sagte: ›Wie zu jeder Kuh das Kalb gehört, gehört zu jedem Buch die Abschrift.‹ Sie wollen also nicht das Schlachtfeld sehen?«

»Nein«, sagte ich, »ich suche ein Grab.«

»Ach«, sagte er, »Yeats, ja – dann wollen Sie sicher auch noch nach Innishfree.«

»Ich weiß noch nicht«, sagte ich, »warten Sie, bitte.« Krähen flogen von alten Grabsteinen auf, krächzten um den alten Kirchturm herum. Naß war Yeats' Grab, kalt der Stein, und der Spruch, den Yeats sich hatte auf seinen Grabstein schreiben lassen, war kalt wie die Eisnadeln, die aus Swifts Grab heraus auf mich geschossen worden waren: *Reiter, wirf einen kalten Blick auf das Leben, auf den Tod – und reite weiter.* Ich blickte hoch: waren die Krähen verzauberte Schwäne? Sie krächzten mich höhnisch an, flatterten um den Kirchturm herum. Flach, vom Regen erdrückt lagen die Farnkräuter auf den Hügeln ringsum, rostfarben und welk. Mir war kalt.

»Weiter«, sagte ich zu dem Fahrer.

»Also doch nach Innishfree?«

»Nein«, sagte ich, »zum Bahnhof zurück.«

Felsen im Dunst, die einsame Kirche, von schwarzen Krähen umflattert, und viertausend Kilometer Wasser jenseits von Yeats' Grab. Kein Schwan war zu sehen.

Joseph O'Connor

Inishowen Blues

Er schlug das Buch auf und suchte Inishowen, die winzige, rhombenförmige Halbinsel, die die nordöstliche Spitze von Donegal bildet. Die Karte von Irland war ein kleiner Punk-Rocker, und Inishowen war sein Mohikanerschnitt. Das hatte Julie einmal gesagt, beim ersten oder zweiten Mal, als sie mit ihr nach Inishowen gefahren waren. Wann mochte das gewesen sein? Um die Zeit, als sie in die Schule kam. Er erinnerte sich daran, wie sie am Malin Head auf seinem Schoß saß und fragte, wie er Mama kennen gelernt und geheiratet hatte. Das war eine Frage, die einem ins Herz schnitt. Sag mir, wie hast du Mama kennen gelernt?

Im Sommer 1969, als er mit der Schule fertig war, hatte sein Bruder Johnny einen Arbeitsunfall gehabt und zweihundert Pfund Entschädigung bekommen. Zu Hause war das Leben hart, im vergangenen September war Aitkens Vater gestorben. Die Gewerkschaft hatte getan, was sie konnte, aber die Fabrikbesitzer fochten seinen Pensionsanspruch an. Johnny hatte das ganze Geld seiner Mutter geben wollen, aber sie bestand darauf, nur die Hälfte zu nehmen. Ihr Vorschlag war es auch, dass die beiden Brüder irgendwo Ferien machen sollten. Raus aus der Stadt, irgendwo Spaß haben. Es war Martins letzter Sommer in der Freiheit, wie sie sagte. Danach fing der Ernst des Lebens an.

Sein Bruder und er hatten ihre Gitarren und Rucksäcke geschnappt und sich aufs Geratewohl nach Clare aufgemacht. In

Doolin war ein Musikfestival, sie hatten irgendwie die Vorstellung, sie könnten sich als Straßenmusikanten über Wasser halten. Als das Folklorefest vorbei war, waren sie nach Galway weitergereist, dann nach Spiddal, Clifden, Westport, Inishbofin. Sie trampten, fuhren mit Vertretern und Touristen, schliefen im Zelt oder manchmal unter freiem Himmel, und so verschlug es sie eher zufällig nach Sligo. Sie redeten vage davon, irgendwo einen Job anzunehmen, aber den größten Teil der Zeit trieben sie sich bloß herum, vertranken die wenigen Pfund, die sie sich erspielten, versuchten gelegentlich und etwas halbherzig, sich an amerikanische Mädchen heranzumachen. Über dem ganzen Sommer lag ein Hauch von Abschied, die Ahnung, dass etwas zu Ende ging, wie ein Geruch nach etwas, das dabei ist, in Fäulnis umzukippen.

Aitken hoffte, im folgenden Oktober in Templemore anzufangen, das war die Polizeischule in Tipperary, wo die angehenden Polizisten ausgebildet wurden. An dem Tag, an dem die Benachrichtigung von seiner Bewertung in dem Aufnahmegespräch kommen sollte, rief er von einem Münzfernsprecher am öden Strand von Lough Erne seine Mutter an, während sein verkaterter Bruder eine Zigarette nach der anderen rauchend auf dem Kiesweg auf und ab stapfte. Er war angenommen, sagte sie ihm, vorausgesetzt, seine schriftlichen Prüfungsergebnisse wären gut. Sie klang atemlos vor Aufregung und Stolz.

In Irland änderten sich die Dinge allmählich. Von der anderen Seite der Grenze kamen Nachrichten von neuen Unruhen. Ende Juni kam es zu Krawallen in den Straßen von Derry, in Belfast wurden Katholiken aus ihren Häusern geräuchert, RUC-Streifen wurden mit Pistolen und Handgranaten angegriffen.

Mitte Juli waren die Brüder die Küste hinauf bis nach Buncrana gekommen, einem Badeort an der Südspitze von Inishowen. In den Kneipen und Cafés wimmelte es von Leuten, die über die Grenze gekommen waren. Juli war die »Marschsaison« in Nordirland, dann wurde es brenzlig, und die meisten wollten weg.

In der Stadt Dungiven wurde in jenem Sommer bei Krawallen eine Oranierloge in Brand gesteckt, ein Mann namens McCloskey kam dabei zu Tode. Kurz darauf starb ein Mann namens Devenney, der von der Polizei in Derry bewusstlos geschlagen worden war. Auf der Falls Road wurde eine Wache der RUC überfallen, die Täter waren Jugendliche aus dem Ort, die die Tür mit einem Telegrafenmast einrammten. In den Unity Flats wurden Katholiken angegriffen, ein Mann namens Corry wurde von der Polizei tödlich verwundet. In einer Bar in Buncrana sah Aitken in den Fernsehnachrichten einen Bericht über eine Bürgerrechtsdemonstration, die Beamte der RUC angegriffen und unter Einsatz von Schlagstöcken und Hunden aufgelöst hatten. Es hieß, britische Soldaten würden entsandt, um die Katholiken und Protestanten auseinanderzuhalten, aber der Mann hinter dem Tresen sagte, so weit würde es nie kommen. In dem Augenblick kam Aitkens Bruder in die Kneipe gestürmt.

»Hast du schon gehört?«, keuchte Johnny.

»Die Sache mit dem Norden?«

»Scheiß auf den Norden. Ich rede von Taste.«

»Taste?«

»Die spielen heute Abend hier. Los, komm.«

Die pastellfarbene Tanzhalle an der Promenade stammte aus den Vierzigern und sah aus, als würde sie jeden Moment einstürzen. Auf dem Dach sprossen Unkraut und Moos, rostende, scharfkantige Löcher klafften in den Wellblechwänden. Alte, ausgebleichte Schilder in den oberen Fenstern kündigten Veranstaltungen an: THE NORTHERN STAR CEILIDH BAND – AM KOMMENDEN DONNERSTAG und JEDEN ABEND VOLKSMUSIK. Zu beiden Seiten des Haupteingangs waren Schaukästen, in denen hinter geborstenem Glas ramponierte Konzert-Plakate hingen. Con Dunphy and the Deportees, Red Hurley, Big Tom, Cahir O'Doherty, der »Elvis Irlands«. Vor der Tanzhalle trieben sich Jugendliche aus dem Ort herum, aber auch Touristen spazierten in Grüppchen umher und fotografierten sich gegenseitig vor dem Gebäude. Die meisten trugen Tweedjacken und Pullover mit Aranmuster. Der eine oder andere hatte auch einen knorrigen Spazierstock bei sich. Aitken und sein Bruder drängten sich durch die Menge in die miefige, baufällige Halle.

Von einem Sockel in der Logenwand lächelte eine Herz-Jesu-Statue herab. Hoch oben im Gebälk schlug eine Möwe mit den Flügeln. Der Holzboden war so verzogen, dass sich in der Mitte eine mehrere Zentimeter tiefe Mulde gebildet hatte. Ein Schlagzeug und etliche Verstärker waren auf der wackligen Bühne aufgebaut. Drei elektrische Gitarren ruhten auf Ständern, ein magerer Roadie mit Pferdeschwanz hockte auf den Knien und stimmte eine Akustikgitarre. Ein Transparent mit der Aufschrift TASTE war über ein Klavier gespannt, daneben hing ein altes, handgemaltes Schild: »Kein Rock 'n' Roll-Tanz. Auf Anordnung der Geschäftsführung.« Ein kugelförmiger Spiegel, der von der Decke hing, warf flackernde Lichtreflexe auf die schmuddeligen Wände. Über Lautsprecher wurde angekündigt, das Konzert würde in fünf Minuten anfangen.

Johnny brachte vor Aufregung kaum ein Wort heraus. Er zog eine Wodkaflasche aus der Jacke, nahm einen ordentlichen Schluck und gab sie an seinen Bruder weiter. »Das wird die Nacht deines Lebens, Kleiner«, sagte er. Er umarmte Aitken und drückte ihn fest an sich. Die Halle füllte sich schnell, nach kurzer Zeit konnte man sich in dem Gedränge kaum noch rühren. Die Vordertür stand weit offen, von draußen drängten immer mehr Leute herein. Um neun Uhr gingen die Lampen in der Halle aus. Ein Kranz roter und gelber Lichtflecken flackerte über der Bühne. Tosender Applaus erfüllte den

Raum. Ein puttengesichtiger, etwas unbeholfen wirkender junger Kerl mit langem zotteligen Haar und einem karierten Holzfällerhemd kam auf die Bühne und winkte der jubelnden Menge zu.

Er wirkte, als sei ihm der besessene Applaus peinlich. Er wurde rot und verbeugte sich mehrmals. »Irgendwer hier aus Donegal?«, gluckste er ins Mikrophon. Das rasende Geheul, das darauf antwortete, entlockte ihm ein Grinsen. Er legte sich die Akustikgitarre um, drosch ein paar Akkorde, klimperte noch einmal über die Saiten und verfiel dann in einen steten, getriebenen Country-Blues-Rhythmus. Ein Schrei voller Sehnsucht und Glück stieg aus dem Publikum, sie fingen an im Takt zu stampfen und zu klatschen. Der Gitarrist hieß Rory Gallagher, und er kam aus Ballyshannon, einem sauberen, verschlafenen kleinen Städtchen, das Aitken und sein Bruder ein paar Wochen zuvor auf der Durchreise gesehen hatten. Die blonden Touristen in ihren Zopfmusterpullovern sperrten ungläubig Mund und Ohren auf, als er ans Mikrophon trat und zu singen begann.

Gonna tell you 'bout the wildest showdown
Ever shook the Texas plains,
That made the prairies rumble
And the bullets fall like rain,
When a bunch of foolish lawmen messed
With Frank and Jesse James.

Er stand leicht gebückt in dem einzigen weißen Scheinwerfer, die langen Finger seiner klauenartigen linken Hand rasten über das Griffbrett, sein Kopf hüpfte hin und her, während er mit geschlossenen Augen heulte und knurrte, der Gitarre die Töne abzwang.

Aitken hatte noch nie in seinem Leben etwas Ähnliches gehört. Ein Kribbeln jagte durch seine Adern. Frenetischer Jubel und klagendes Geheul brachen los, als das Stück zu Ende ging. Das Getrampel der Füße auf dem Holzboden war laut wie Donner.

»Rory!«, schrie sein Bruder. »Gallagher ist Gott!«

»Und jetzt«, lachte Rory Gallagher heiser und keuchend, »jetzt begrüßt Johnny Wilson am Schlagzeug und Ritchie McCracken, den Mann am Bass! Yeah!« Zwei langhaarige Jungs in Hosen mit Schlag und geblümten Westen traten an den Bühnenrand, winkten und warfen dem Publikum Kusshände zu. »Als Nächstes ein Stück von Muddy, das ihr sicher alle gerne hört«, sagte Gallagher und warf die Haare zurück. »Jetzt kommt der *Gypsy Woman Blues*.« Er nahm eine verbeulte Fender Stratocaster, schnallte sie um und schloss sie an. Kreischend hallte die Rückkopplung im ganzen Raum wider. Drei Jungen in Jeans, die vor Aitken standen, hatten die Arme umeinander gelegt und sprangen auf und ab. Johnny Wilson schlug auf seine Becken und drosch auf sein Snare. Ritchie McCracken drehte seinen Bass so weit auf, dass das Dröhnen in Wellen durch den Fußboden lief.

Die Touristen sahen einander mit missbilligendem Stirnrunzeln an, JEDEN ABEND VOLKSMUSIK. Das stand auf dem Schild im Fenster. Aber das hier war eindeutig keine Volksmusik. Jedenfalls nicht in Donegal.

»Spiel mal *Danny Boy*!«, rief ein Tourist.

»Danny Boy ist tot, Mann!«, schrie Aitkens Bruder.

»Aber Ledbelly lebt«, sagte Rory Gallagher ins Mikrophon. Grölendes Gelächter und Applaus erfüllten die Halle. Rory Gallagher zählte den Auftakt. Die Band stieg in einen wüsten Blues ein, jaulende Gitarrenriffs schnitten durch die Luft, laute, verzerrte Elektroakkorde, schepperndes Schlagzeug. Ein Junge in Lederjacke stürmte nach vorn, warf die Arme um den Bassverstärker und versuchte, seinen Kopf in den Trichter des Lautsprechers zu stecken. Dann ging die Türe vor der Damentoilette auf, und dieses Mädchen schlenderte herein: geschmeidig, schlank, in einem engen blauen Baumwollkleid. Sie hatte dunkle, lockige Haare und eine Art zu gehen, dass man sie unwillkürlich ansah. Ringsum schrien und tanzten die Leute, sprangen einander auf die Schultern und stießen die Köpfe aneinander. Aber sie bewegte sich federnd und selbstsicher durch die Menge, fast als wäre niemand da. Sie warf einen Blick in seine Richtung und schien Aitken zuzuwinken. Als er zaghaft zurückwinkte, kam es ihm vor, als lächelte sie ihn an, ein betörendes strahlendes Lächeln, das sich über ihr sonnengebräuntes Gesicht breitete. Aber dann trat ein hagerer bärtiger Typ in Schlaghosen und Schuhen mit Plateausohlen aus der Menge und umarmte sie, sie legte die Arme um ihn und klopfte ihm auf die Schultern.

»Scheiße, bist du doof«, lachte sein Bruder.

»Wovon redest du? Ich hab sie noch nicht mal angeguckt.«

»Mich verarschst du nicht«, sagte Johnny. »Bleib bei deiner Preisklasse, Junge.« Das Stück ging in ein anderes über. Rory Gallagher packte das Mikrophon und sang laut und melodisch, als die Möwe unter besessenem Flügelschlagen aus dem Dachgebälk kam und sich auf der Bühne niederließ.

Same old story, it's gettin' me down.
Same old story, in this one horse town.

Johnny fuchtelte mit den Armen in der Luft herum und kreischte. »Du machst mich fertig, Rory, Mann.«

Gegen Mitternacht, als das Taste-Konzert vorbei war, gingen Johnny und Aitken zu einem Hotel in der Stadt, wo Dickie Rock und die Miami-Tanzkapelle freitagabends eine Spätvorstellung gaben. Tanzkapellen waren musikalisch zwar nicht gerade nach Johnnys Geschmack, aber das Hotel war der einzige Ort, wo man um diese Zeit noch etwas zu trinken bekam. Sie saßen eine gute Stunde am Tresen, sahen den Leuten dabei zu, wie sie Walzer und »Hucklebuck« aufs Parkett legten, und machten sich über einzelne Tänzer lustig. Sie waren betrunken, und Johnny war in einer seltsam galligen Laune. Er eröffnete Aitken, dass er im Herbst nach England gehen würde. Er hatte von Dublin die Nase voll, und der Rest von Irland war noch schlimmer. Ein verherrlichter Scheißhaufen, der absolute Arsch der Welt. Ein jämmerliches kleines Land, an dem die Zeit vorbeigegangen war.

»So schlecht ist Irland doch nicht«, sagte Martin. »Was ist denn mit Rory Gallagher?«

»Sieh mal.« Sein Bruder zeigte seufzend auf die Tanzfläche. Ein Mann in mittlerem Alter mit einer breiten geblümten Krawatte versuchte, eine beschwipste Frau zum Tanzen zu überreden. »Guck dir mal den Pomadenheini an, der meint, er sei in. So eine arme Wurst. Tanzt Twist mit Kuhscheiße an den Gummistiefeln. Wenn du wissen willst, wie Irland ist, schau's dir an.«

Als Aitken sich kurz von seinem Bruder abwandte, sah er das schöne Mädchen aus dem Taste-Konzert mit ihren Freunden hereinkommen.

Die Kapelle spielte *Die grünen Auen von Antrim,* und er ging quer über die Tanzfläche zu ihr und forderte sie auf. Sie sah ihm ins Gesicht und schien es sich zu überlegen. Er merkte, dass ihre Freunde unterdrückt kicherten.

»Dublin?«, sagte sie. Das war das erste Wort, das sie zu ihm sagte.

Zum Schluss spielte die Kapelle die Nationalhymne. Alle im Raum verstummten und standen auf. Einige reckten die geballten Fäuste empor. Ein junger Mann kletterte auf das Podest und nahm das Mikrophon. »Gott segne Irland«, brüllte er. »Und scheiß auf die Briten«, schrie jemand im Hintergrund.

»Dieser Kacker«, sagte Valerie. »Als ob die Briten was von ihm wollten.«

Hinterher gingen sie am Strand spazieren. Sie war aus Cardonagh, einer Kleinstadt weiter nördlich auf der Halbinsel. Sie hatte fünf Schwestern, ihre Mutter war tot. Sie studierte Französisch und Volkskunde am University College in Dublin und war für den Sommer nach Hause gekommen. Sie arbeitete in der Rezeption eines kleinen Hotels an der Promenade.

Sie küssten sich, und er fragte, ob er sie wiedersehen könnte. Sie schlug vor, sich am nächsten Tag zum Kaffee zu treffen. Als die Woche vorbei war, sahen sie sich jeden Tag und jeden Abend, wenn sie Feierabend hatte.

Damit war die Reise der Brüder vorbei. Den Rest des Sommers verbrachten sie in Inishowen. Was war ihm von dieser sorglosen Zeit in Erinnerung geblieben? Sie gingen am Five Fingers Beach schwimmen, wo das Wasser auch am heißesten Sommertag bitterkalt war. Salzgeschmack auf sauberer, nasser Haut. Ein Nachmittagsspaziergang durch ein Feld mit wilden Fuchsien und Wollgras. Ein langer Abend in einer winzigen Bar in Culdaff, er und sein Bruder, mit Valerie und ihrer Cousine Karen, die den ganzen Abend mit Johnny flirtete, sie alle waren lustig vom Cidre und versuchten zu der Tanzmusik aus der Musikbox zu tanzen.

Er war seines Vaters einziger Sohn,
Seiner Mutter ganzer Stolz,
Und so innig liebten sie
Ihr wildes Kind der Kolonie.

Später ging er mit Valerie nach Inishowen Head hinauf. Das war ihr Lieblingsplatz, sagte sie. Hier hatte der heilige Colmcille Irland zum letzten Mal gesegnet, bevor er in die Verbannung ging. Eines Nachts Mitte August lagen sie zusammen im hohen Gras und sahen auf der anderen Seite der Bucht merkwürdige Lichter über Derry flackern. Sie hatte noch nie solche Lichter gesehen. Dort war mit Sicherheit keine Stadt, sagte sie. Sie hatten sich gefragt, ob es Geistererscheinungen waren. Es hieß, die Geister derer, die in der großen Hungersnot umgekommen waren, gingen in dieser Jahreszeit, um Maria Himmelfahrt, manchmal um. Aber am nächsten Tag erklärte jemand in Malin, was das für Lichter waren. Sie kamen von dem britischen Militärlager, das im Krieg in Magilligan Point errichtet worden war. Soldaten waren eingetroffen und hatten das Lager wieder in Betrieb genommen.

In dieser Nacht kamen in Belfast acht Menschen um. Die RUC durchlöcherte den Divis-Wohnblock mit einem Maschinengewehr, das auf einen gepanzerten Wagen montiert war. Unter den Toten war auch ein neunjähriger Junge. Ein Protestant namens Herbert Roy wurde von Schüssen zerfetzt. Die Bombay Street wurde in Brand gesteckt, zwei Drittel der Häuser brannten völlig ab. Als Martin Aitken das am nächsten Tag in der Zeitung sah, konnte er kaum glauben, dass das alles geschehen war, als er in den Armen seiner Freundin dort auf dem Hügel gelegen hatte. Die Bombay Street sah aus wie nach einem Bombenangriff. Der Krieg war nach Irland zurückgekehrt.

Er hatte sich dazu überreden lassen, an dem Nachmittag, an dem er nach Dublin zurückfahren sollte, zum Tee zu ihrer Familie zu kommen. Sie traf sich mit ihm vor der Kirche der kleinen Stadt und erklärte ihm unter Tränen, dass ihre Tage ausgeblieben waren. Er erinnerte sich an den Geruch von gebratenem Speck in dem kleinen Sozialwohnungshaus, die gerahmte Fotografie ihrer Mutter über dem Kamin, an ihre Schwestern, die ihm kokett zulachten, während sie den Tisch deckten und aus einem Zinnkrug Milch in Gläser gossen.

Nach einiger Zeit kam ihr Vater herein, ein auffallend gut aussehender breitschultriger Mann aus Derry, der Kapitän eines Fischerboots in Greencastle Port war. Valerie stellte sie einander vor, und er musterte Aitken eine Zeit lang eingehend, bevor er ihm die Hand schüttelte.

»Du bist also dieser Großstadtwindhund, der meine Tochter die halbe Nacht davon abhält, nach Haus zu kommen?«

»Ja, Mr. Houghton.«

»Nur gut, dass es jetzt wieder zurück nach Dublin geht, was?«

»Mag sein. Aber mir gefällt es wirklich gut hier.«

»Oho«, sagte der Vater und wandte sich an seine Töchter. »Ihm gefällt es wirklich gut hier. Da haben wir ja Schwein, dass der Stutzer uns seine Anerkennung ausspricht.«

Die Mädchen lachten laut, und Valerie wurde rot.

»Und stimmt es, dass du zur Polizei willst?«

»Ja, das stimmt. Zumindest hoffe ich, dass es klappt. Ich muss noch mein Abschlusszeugnis abwarten.«

»Heutzutage ist das ein gefährlicher Beruf. Vor allem für einen in der Freistaatsuniform.«

»Was meinen Sie damit – Freistaat?«

Er erinnerte sich daran, dass plötzlich alle im Raum verstummten, als sei ein Gespenst aus den Bodenritzen gestiegen. Houghtons Töchter sahen schockiert aus, weil jemand ihrem Vater eine Frage stellte. Ein langer Augenblick verging, bevor er Aitken wieder ansah, diesmal mit einem bitteren Lächeln.

»Ich meine die so genannte Republik Irland. Die sich von denen im Norden abgewendet hat.«

»Papa, lass doch«, sagte eines der Mädchen.

Er setzte sich an den Tisch und knöpfte sich die Manschetten auf. »In diesem Land wird's nicht eher Frieden geben, als es wieder unser eigenes Land ist. Das ist meine Meinung, falls die einen hier interessiert. Vielleicht denken sie anders, da unten in Dublin. Westbritisches Pack dort, die ganze Bande.«

»Papa«, sagte Valerie. »Fang doch nicht schon wieder damit an.«

»In meinem eigenen Haus fang ich an, was ich will, Madam. Und ich bring's auch zu Ende, wenn's recht ist.«

Die ganze Mahlzeit über fiel kaum ein Wort. Nachher begleitete Valerie ihn durch die Stadt bis zum Busbahnhof. Ohne viele Worte darüber zu verlieren, hatten sie beschlossen zu heiraten. Sie küsste ihn sanft und strich ihm übers Gesicht.

»Jetzt wirst du Inishowen nie wieder vergessen, Martin Aitken.« Inishowen. Er schloss die Augen und sagte den Namen laut vor sich hin. Er dachte dabei an Wellen, die sich am Ufer brechen.

Dort war Robbie begraben. Er sah die Lichter, die auf der anderen Seite des Lough schimmerten. Wilde Iris und Rhododendron im Wind am Soldier's Hill. Ein Paar in der Star-of-the-Sea-Kirche in Malin, das Mädchen sichtbar schwanger, der Junge im Anzug seines Bruders, beide weinen vor Liebe und Glück. Die Inschrift über der Tür des kleinen Gemeindesaales, wo die Familien Bier und belegte Brote bereitgestellt hatten. St. Mary's Hall. Errichtet von Priestern und Volk im Verein, 1912. Das raue Meer, das gegen die Felsen von Altnadarrow schlug. Eine Gruppe von Trauernden, die einen kleinen Sarg um einen Grabhügel aus der Bronzezeit tragen, bevor sie ihn zum Friedhof bringen. Das sei Tradition hier, hatte jemand behauptet. Das hatte man in Inishowen immer so gehalten.

Joseph O'Connor

Irische Grenze

»Wie weit noch bis Inishowen?«, fragte sie.

»In fünf Minuten überqueren wir die Grenze, dann geht's rauf durch Enniskillen, Omagh und Derry. Und hinter Derry fängt Inishowen an.« Er sah auf die Uhr. »In anderthalb Stunden sind wir dort. Spätestens um neun.«

»Na gut«, sagte sie. »Fahren wir weiter.«

»In Red Castle kenne ich ein Hotel, so eine Art Familienpension. Da gibt es ein tolles Frühstück. Ich dachte, wir könnten da für die Nacht absteigen.«

»Hört sich gut an.«

Belturbet wirkte nicht geheuer und fast wie eine Geisterstadt, sie ließen den Ort schnell hinter sich. Bald tauchten Schilder am Straßenrand auf: BUREAU DE CHANGE 100 Meter, Pfund Sterling werden hier angenommen, zu guten nordirischen Preisen.

Auf einer Sperrholzdarstellung eines Maschinengewehrs, die hoch oben an einem Laternenpfahl angebracht war, stand BRITS GO HOME.

»Was ich dich die ganze Zeit schon fragen wollte«, begann Aitken. »Warst du schon mal im Norden? Mit deiner Gruppe?«

»Nur einmal in Belfast, nach den Hungerstreiks. Ich hatte zu Hause für die Familien der Gefangenen Spenden gesammelt.«

»Aha.« Er lachte. »Na schön.«

»Findest du das witzig?«

»Nein, nein.«

»Warum lachst du dann? Was ist so witzig?«

»Jetzt fahr mir nicht direkt an die Kehle«, sagte er sanft. »Ich hatte keine Ahnung, dass du damit etwas zu tun hattest.«

»Ich habe mich sehr damit identifiziert. Das galt für viele von uns.«

»Das waren wohl verrückte Zeiten damals.«

»Es war eine Schande«, sagte sie mit Nachdruck. »Dass man so etwas zugelassen hat. Es tut mir Leid, dass ich nicht mehr getan habe.«

IN KÜRZE ERREICHEN SIE DEN GRENZÜBERGANG
FAHREN SIE LANGSAM
UND BLENDEN SIE DIE SCHEINWERFER AB

»Da sind wir«, grinste er. »Die besetzten Gebiete.«

Sie verzog ihr Gesicht zu einem ironischen Lächeln. »Adios, Irlanda Libre.«

Über die Zufahrtsstraße zogen sich fluoreszierende gelbe Schwellen, durch die Fahrzeuge die Geschwindigkeit drosseln sollten. Die Autos wurden zwischen zwei hohen Metallwänden auf eine einzelne Spur geschleust, die auf eine dunkelgrüne von Scheinwerfern bestrahlte Wellblechkonstruktion zuführte, vor der sich eine Schranke und die Dienst habenden Grenzer befanden.

An dem Grenzübergang hatte sich ein kurzer Stau gebildet. Sie rollten unter der hochgestellten Schranke hindurch und in ein weiteres umzäuntes Gelände, das wie ein kleiner Parkplatz wirkte. Den Zaun entlang standen Betonpfosten mit Überwachungskameras und weiteren Scheinwerfern, deren Lichtstrahlen kleine Pfützen von greller Weiße in der Dunkelheit bildeten. Rechts von ihnen waren Soldaten und RUC-Beamte dabei, einen Lastwagen zu durchsuchen, während der

Fahrer daneben stand und eine Zigarette rauchte. Ein Beamter mit einem Klemmordner fragte ihn offenbar aus. Der Fahrer nahm immer wieder die Mütze ab, kratzte sich am Kopf und begann dann wie verrückt zu gestikulieren, als wolle er etwas erklären. An der hinteren Tür des Lastwagens tauchten jetzt drei Männer in gelben Leuchtuniformen auf, die Taschenlampen schwenkten. Auf dem Rücken ihrer Jacken stand ZOLL. Sie kletterten heraus, hockten sich auf den Boden und leuchteten mit ihren Taschenlampen die Achsen und Räder ab. Zwei weitere Männer kamen aus dem Lastwagen, sie schleppten Holzkisten, die offenbar sehr schwer waren.

Ein Soldat trat vor und hob die Hand. Über sein Gesicht zogen sich Linien schwarzer Tarnfarbe, den Rand seines Helms hatte er tief in die Stirn gedrückt. Er hielt eine Maschinenpistole im Arm. Aitken hielt an und kurbelte das Fenster herunter.

»'n Abend«, sagte der Soldat.

»Ihnen auch einen guten Abend. Wie geht's?«

Der Soldat wirkte verblüfft über die Frage.

»Bisschen verkühlt«, sagte er schließlich. Er hatte einen breiten nordenglischen Akzent.

»Ja, bei dem Wetter zieht man besser lange Unterhosen an, das soll wohl sein.«

Der Soldat stülpte die Lippen vor und nickte. »Jawohl. Wohin geht die Reise?«

»Wir fahren für ein paar Tage nach Donegal.«

»Welche Gegend?«

»Inishowen.«

»Aha. Haben Sie vielleicht einen Ausweis bei?«

Aitken zog seine Brieftasche heraus und zeigte die Erkennungsmarke. Der Soldat nahm sie, betrachtete sie eingehend, verglich sie mit Aitkens Gesicht.

»Sie sind Polizist?«

»Ich bin Inspektor bei den Garda, ja. Unten im Süden.«

Ein leichter Regen setzte ein, während der Soldat die Marke prüfte. Er schauderte leicht und knöpfte sich den Jackenkragen zu. Das Radio an seiner Schulter piepte.

»Sie sind aus Newcastle?«, fragte Aitken.

»Jawohl.«

»Geordie, ja? Wie Jackie Charlton. Er ist doch aus der Gegend da drüben, oder?«

»Ja, so ziemlich in der Nähe.« Der Soldat grinste. »Aber der ist jetzt doch auch Ire, oder nicht?«

»Ja, richtig«, sagte Aitken. »Der führt praktisch das ganze Land.« Der Soldat lachte glucksend und rückte seinen Kinnriemen zurecht. »Dieses Foto hier« – er tippte mit dem behandschuhten Finger darauf –, »das sind Sie auf diesem Foto, ja?«

»Jawohl, das bin ich.«

»Sieht nicht aus wie Sie.«

»Es ist schon ein paar Jahre alt.«

Der Soldat betrachtete es wieder. Hielt es gegen das Licht.

»Wir werden alle nicht jünger«, sagte Aitken.

»Bleiben Sie im Wagen«, sagte der Soldat. »Einen Augenblick.«

»Okay.«

»Haben Sie verstanden? Ich bitte Sie, einen Augenblick auf mich zu warten, ja? Sie und Ihre Frau. Schließen Sie die Fenster. Und versuchen Sie nicht, den Wagen zu bewegen, verstanden?«

»Ja, ich habe verstanden. Stimmt irgendetwas nicht?«

Der Soldat schüttelte den Kopf. »Glaub nicht. Kurbeln Sie nur das Fenster hoch. Bin gleich wieder da.«

Aitken schloss das Fenster. Der Soldat entfernte sich ein paar Schritte und sagte etwas in scharfem Ton zu einem Kollegen, der neben der Tür eines Büros im Schatten stand. Jetzt lösten sich drei weitere Soldaten wie Geister aus dem Dunkel. Einer von ihnen, ein muskulöser Schwarzer, bezog vor dem

Wagen Stellung, mit dem Gesicht zu ihnen. Die anderen beiden stellten sich rechts und links von ihnen auf, der Mann auf der Fahrerseite stand so nah, dass Aitken die Tätowierung erkennen konnte, die sich über seine Fingerknöchel zog.

»Was ist los?«, fragte Ellen.

»Entspann dich«, sagte er. »Nichts ist los.«

»Das gefällt mir nicht.«

»Wir sind im Handumdrehen durch. Bleib ganz gelassen.«

Ein geschmeidiger Fuchs huschte über den Asphalt, den buschigen Schwanz hochgereckt, einen leblosen Vogel zwischen den Zähnen. Er tauchte unter einen gepanzerten Wagen, erschien im nächsten Moment wieder und schlüpfte durch den Grenzzaun.

»Weißt du, dass sie hören können, was wir reden, Martin?«

»Wer?«

»Die Briten. Sie haben Mikrophone, die Gespräche belauschen können, sogar in einem Auto.«

Aitken lachte. »Ach was, Ellen. Hör doch auf.«

»Doch, ich sag's dir. Das ist allgemein bekannt.«

»He, du Knilch«, rief Aitken leise einem vorbeigehenden Offizier zu, der einen Schäferhund an der Leine führte. »Wer schneidet dir denn die Haare, du hässlicher Strubbel?«

Der Mann ging weiter, der Hund trottete hinter ihm her. Dann blieb er stehen, als hätte er plötzlich etwas bemerkt. Er drehte sich um und bedeutete dem Schwarzen vor dem Auto etwas mit einer Gebärde.

Der Schwarze winkte Aitken mit einer Hand zu.

»Was?«, fragte Aitken.

Dann zeigte er auf etwas.

»Was ist los?«, rief Aitken.

Der Mann deutete heftig mit ausgestrecktem Finger auf das Auto. »Ich verstehe Sie nicht.«

»Standlicht«, rief der Soldat. »Machen Sie das Standlicht aus.« Aitken griff nach dem Hebel, aber seine Hand rutschte aus, und er schob den Hebel auf Fernlicht. Ein greller Schein flutete über den Asphalt. Die drei Soldaten brachten sofort die Gewehre in Anschlag. Die Hand des Offiziers fuhr an den Pistolenhalfter. »Ausmachen!«, brüllte der schwarze Soldat und machte einen Satz nach vorn, das Gewehr auf die Windschutzscheibe gerichtet. »Ausmachen, hab ich gesagt!«

»Schon gut!«, schrie Aitken.

Der Soldat brüllte: »Jetzt, hab ich gesagt! Sofort! Aus!« Dunkelheit breitete sich wieder über den Platz.

»Schon gut«, rief Aitken. »Sie sind aus, sie sind ja aus.«

Der Offizier bellte dem schwarzen Soldaten etwas zu, der entschuldigend nickte und Habachtstellung einnahm. Der Offizier bückte sich und nahm dem Hund die Leine ab. Dieser senkte die Nase und schnupperte am Boden, machte ein paar vorsichtige Schritte auf den Mini zu. Blieb stehen. Ein Gullydeckel nahm seine Aufmerksamkeit in Anspruch, er schnüffelte prüfend. Dann legte er den Kopf schief, nieste kurz, leckte sich die Lefzen, trottete langsam zu Ellens Seite. Die Schwanzspitze wedelte vor dem Beifahrerfenster. Der Hund gab ein kurzes scharfes Bellen von sich. Man hörte seine Klauen an der Tür kratzen.

»Martin«, sagte Ellen.

Plötzlich sprang der Hund hoch, stellte sich auf die Hinterbeine, sein Gesicht war vor ihrer Scheibe, die lange sabbernde Zunge hing ihm über die Zähne.

»Mein Gott«, sagte Ellen.

»Sei ganz gelassen.« Er fasste nach ihrer Hand.

»Ich hab Angst, Martin.«

»Du brauchst keine Angst zu haben. Sei ganz ruhig.«

Der Hund ließ sich wieder auf alle viere fallen und trottete zurück zu dem Offizier. Auf dessen Befehl setzte er sich verdrossen hin. Weiter hinten war der Soldat, der sie befragt hatte, dabei, mit dem RUC-Feldwebel zu sprechen. Der Lastwagenfahrer versuchte immer wieder, sie zu unterbrechen, er wirkte ungeduldig und ärgerlich, aber der Feldwebel schenkte ihm gar keine Beachtung. Er nahm Aitkens Garda-Erkennungsmarke und betrachtete sie eine Weile, dann starrte er zu dem Mini herüber.

Er zog seinen Regenmantel enger, kam über den Platz auf sie zu und bedeutete Aitken mit einer Geste, dass er das Fenster herunterkurbeln solle.

Er war ein dickliches, gedrungenes Fässchen von einem Mann mit ordentlich gestutzten rotblonden Koteletten, einem fleischigen Gesicht und langen, schlenkernden Armen. Dem Aussehen nach hätte er einmal Boxer gewesen sein können. Er grüßte flüchtig und gab die Erkennungsmarke zurück.

»Scheußlicher Abend, nicht wahr, Herr Inspektor?«, sagte er.

»Allerdings«, stimmte Aitken zu.

»Wirklich. Sie fahren rauf nach Donegal, ja?«

»Das stimmt.«

Der Feldwebel beugte sich vor. Sein Atem roch nach Pfefferminz.

Hinter ihm fiel der Regen wie Schnüre aus ovalen Perlen durch den Scheinwerferstrahl.

»Also, die Straßen sind verteufelt gefährlich heute. Fahren Sie nicht über Lifford, da ist Hochwasser, drüben, auf der Republikseite. Aber durch Omagh und so weiter, da gibt's keine Probleme.«

»Über Derry meinen Sie?«

»Ja, über Londonderry. Das wär gescheiter.«

»In Ordnung, das mach ich. Danke schön. Ich wollte ohnehin diese Strecke nehmen.«

Der Feldwebel bückte sich noch tiefer und starrte zu Ellen hinüber. Regen strömte am Schirm seiner Mütze hinab. »Und was ist mit Ihnen, gnä Frau?«

Ellen sah ihn an. »Was soll mit mir sein?«

Sein Gesicht war ausdruckslos. »Kann ich vielleicht … irgendwelche Ausweispapiere sehen?«

Sie wandte sich ab und sah geradeaus, verschränkte die Arme entschlossen. »Ich habe keine.«

»Keinen Führerschein? Eine Kreditkarte?«

»Nichts dergleichen.«

»Aber … Sie müssen doch irgendetwas haben, was Sie vorzeigen können?«

»Nein.«

»Ihre Tasche ist vor kurzem in Dublin gestohlen worden«, erklärte Aitken. »Alle ihre Papiere und persönlichen Sachen waren darin.«

Der Feldwebel schüttelte mitfühlend den Kopf. »Also wirklich. So ein Ärger.«

»Aber ich kann für sie bürgen«, sagte Aitken.

»Ja, natürlich.« Er nahm ein kleines Notizbuch heraus und zog einen Stift aus der Tasche, bevor er sich wieder herunterbeugte, um mit Ellen zu sprechen.

»Wussten Sie schon, dass der Mann, der das Weiße Haus entworfen hat, Vorfahren aus Ulster hatte?«, strahlte er.

Sie gab keine Antwort.

»Also … Darf ich Sie um Ihren Namen bitten, gnä Frau?«

»Ellen Donnelly. Frau Donnelly für Sie.«

Er zuckte mit den Achseln und nickte, kritzelte etwas in sein Notizbuch.

»Und aus welchem Ort in Amerika sind Sie?«

»Ich bin aus Scarsdale, New York. Wenn Sie das etwas angeht.«

Der Feldwebel blinzelte fragend, als sei er belustigt. Dann seufzte er und kniff sich in die rote Knollennase. »Also, alles, was recht ist, aber für so einen Ton gibt es wirklich keinen Grund, muss ich sagen. Meine Männer und ich, wir wollen Sie nicht länger als nötig aufhalten. Wir haben alle Familien, zu denen wir um diese Jahreszeit fahren können. Ich tue hier meine Arbeit, weiter nichts. Zum Wohl aller Beteiligten. Ich glaube, Ihr Mann hier versteht das, von seinem Beruf her.«

»Das ist nicht mein Mann.«

»Ach so. Ich verstehe.«

»Seit wann muss jede Frau auf der Welt einen Mann haben?«

Der Feldwebel sah Aitken prüfend an. Seine Augen unter den schweren Lidern sahen müde und traurig aus. »Entschuldigen Sie bitte, aber ich bin jetzt ein wenig verwirrt. Sie haben dem Soldaten dort drüben gesagt, das sei Ihre Frau.«

»Nein, das habe ich nicht. Er hat einfach angenommen, dass sie es ist.«

Der Feldwebel richtete sich auf und ging zu dem Soldaten. Sie wechselten ein paar Worte und kamen dann zu dem Mini zurück. Der Feldwebel wirkte jetzt ein wenig besorgt.

»Darf ich Sie beide bitten, einen Augenblick auszusteigen?«

»Gibt es ein Problem?«, fragte Aitken.

»Gar nicht. Wir müssen Sie nur um ein klein wenig Geduld bitten, wenn Sie nichts dagegen haben. Ich würde gern einen Blick in Ihren Wagen werfen.«

Ellen fuhr herum und sah ihn wieder an, ihre Augen verengten sich zu zornigen Schlitzen. »Was um alles in der Welt finden Sie so toll daran, uns hier zu schikanieren?«

Er setzte einen Ausdruck gespielter Ungläubigkeit auf.

»Was gibt Ihnen das Recht dazu? Diese Uniform, ja?«

»Ellen, bitte.« Aitken seufzte.

Das Lächeln des Feldwebels verschwand. »Steigen Sie aus dem Auto. Jetzt sofort.«

»Warum kommen Sie nicht und holen mich raus?«

»Ellen, um Himmels willen. Mach doch, was er sagt.«

Sie drehte sich wieder nach vorn. Die Soldaten, die um das Auto standen, hatten die Gewehre hochgehoben. Der Mann rechts hatte an seinem Gewehrlauf einen kleinen Scheinwerfer, der ihr direkt in die Augen schien. Sie hob die Hand und bedeckte ihr Gesicht. Der Regen war jetzt stärker. In der Ferne hörte man ein dumpfes Donnergrollen. Der Feldwebel öffnete die Fahrertür und winkte Aitken heraus, dann bedeutete er ihm, die Jacke zu öffnen. Zwei RUC-Beamtinnen in kugelsicheren Westen und Lederhandschuhen traten an die Beifahrertür und öffneten sie mit einem Ruck.

Der Feldwebel begann, Aitkens Taschen abzuklopfen. »Steigen Sie langsam auf Ihrer Seite aus, heben Sie die Hände hoch.«

»Das ist ein Missverständnis«, fing Aitken an. »Kommen Sie, wir wollen nur ...«

»Hände hoch. Sie beide bitte.«

Sie stieg gequält aus und hob die Hände in die Luft. Die Beamtinnen begannen, sie zu durchsuchen, tasteten ihren Mantel ab, ihre Achselhöhlen, ihren Oberkörper. Eine von ihnen kauerte sich hin und tastete ihr die Schenkel, die Kniekehlen und das Gesäß ab.

»Können Sie bitte die Beine spreizen?«, fragte sie.

Ellen machte einen Schritt zurück. »Nehmen Sie Ihre Finger von mir. Sofort.«

»Ich bin gesetzlich dazu befugt. Wir können es hier machen oder drüben auf der Wache.«

»Aha, ich verstehe. Dort wollen Sie mich einer Leibesvisitation unterziehen, was?«

»Nur, wenn es erforderlich ist. Das liegt ganz an Ihnen.«

»Wie können Sie es wagen?«, zischte Ellen. »Wie können Sie es wagen, mir so zu drohen? Wofür zum Teufel halten Sie sich denn?«

Die Frau wandte sich fragend an den Feldwebel.

»Hören Sie, meiner Freundin geht es nicht gut«, sagte Aitken. »Es geht ihr sehr schlecht.«

Der Mann sah ihn an. »Das ist wohl wahr, möchte ich meinen.«

»Sie ist ernstlich krank. Sie hat Schmerzen. Wir haben gerade fünf Stunden im Krankenhaus in Cavan verbracht, wo sie eine sehr schmerzhafte Spritze bekommen hat.«

Das Heulen des Windes hörte sich klagend und einsam an. Der Feldwebel starrte Ellen eine Zeit lang wortlos in die Augen. »Lasst sie in Ruhe«, sagte er dann. Die Frauen ließen sie los und blieben still stehen. Er bedeutete ihnen mit einem Nicken, dass sie gehen konnten.

»Wie heißen Sie?«, fragte Ellen ärgerlich.

»Ruttledge«, erwiderte der Mann. »Feldwebel Mervyn Albert Ruttledge. Meine Dienstnummer ist G7 9z67A. Wollen Sie sonst noch etwas wissen?«

»Diese kleine Show wird Ihnen noch Leid tun, Feldwebel Ruttledge.« Sie sprach seinen Rang aus, als stehe er in Anführungszeichen. »Das wird Ihnen noch verdammt Leid tun. Der amerikanische Botschafter ist ein sehr guter Freund von mir. Ihre Vorgesetzten werden gleich morgen früh von diesem Vorfall erfahren.«

»Ja, gnä Frau«, sagte der Feldwebel leise, ohne sie anzusehen. Er ließ jetzt den Strahl der Taschenlampe durch das Innere des Mini gleiten, über den Rücksitz und die Ablage am Heckfenster. Er setzte sich auf den Fahrersitz, klappte die Sonnenblenden herunter, prüfte die Taschen in den Türen, sah unter den Fußmatten nach.

Im Handschuhfach fand er den Packen mit ihren Briefen. Er nahm sie heraus und hielt sie hoch.

»Was ist das?«

»Das sind persönliche Schriftstücke.«

»Ich dachte, alle Ihre persönlichen Sachen seien in Dublin gestohlen worden?«

»Geben Sie mir die Briefe zurück.«

Er fing an, in dem Stapel zu blättern, untersuchte ihn eingehend im Schein seiner Taschenlampe.

»Ich habe gesagt, Sie sollen sie mir zurückgeben. Auf der Stelle.«

Er schenkte ihr keine Beachtung und las weiter, von Zeit zu Zeit wischte er sich mit dem Handschuhrücken die Nase ab. Als er fertig war, hielt er ihr das Bündel entgegen, und sie riss es ihm aus der Hand.

»Das macht Ihnen wohl Spaß, was? Die Nase in die Angelegenheiten anderer Leute zu stecken?«

»Ellen, um Himmels willen«, sagte Aitken.

Der Feldwebel seufzte tief und stieg aus dem Auto. Sein Blick schien über die Hügel zu schweifen.

»Sagen Sie mir doch bitte«, wandte er sich an sie, »was habe ich denn heute Abend getan, dass Sie so beleidigt sind?«

Sie gab keine Antwort.

»Vielleicht interessiert Sie die Tatsache, dass wir Informationen über subversive Aktivitäten in der Gegend hier haben. Dass im letzten Monat eine Frau hier in der Nähe überfallen wurde. Dass letzte Nacht nicht weit von hier, unten in der Republik, ein hochgefährlicher Vergewaltiger aus dem Gefängnis entkommen ist.«

»Aha, ich verstehe. Und ich sehe so aus wie er, ja?«

»Ich erkläre Ihnen ja nur, um was es geht. Ich muss meine Arbeit tun.«

»Bitte sehr, tun Sie sie. Gibt's hier nicht noch ein paar Kinder, die Sie schikanieren können?«

Der Mann sah sie an. »Meinen Sie nicht, dass ich selbst Kinder habe, Frau Donnelly?«

»Die müssen aber stolz auf ihren Vater sein.«

»Ellen, jetzt reicht es.«

»Ja, ich hoffe, dass sie stolz sind«, sagte der Mann. »Ich hoffe, sie haben Grund dazu.«

»Oh ja, sehr stolz.«

»Aber so, wie ich es sehe, gnä Frau, muss man sich Respekt verdienen. Und Vertrauen auch. Jawohl.«

»Oh, bestimmt sind sie stolz. Auf einen Vater, der diese Uniform trägt und unschuldige Menschen schikaniert. Weil sie das so genannte Verbrechen begehen, Iren zu sein.«

Der Feldwebel lachte. »Ich bin auch Ire. Was man nicht von allen hier Anwesenden behaupten kann.«

»Und Ihre Frau, die ist doch sicher auch mächtig stolz.«

Das Lächeln auf dem Gesicht des Feldwebels erstarb. Er sah Ellen an und nickte ein paar Mal.

»Also, ich glaube, diese Bemerkung werde ich keiner Antwort würdigen, wenn's recht ist. Ich wünsche Ihnen jetzt eine gute Nacht.« Er wandte sich Aitken zu und salutierte. »Gute Nacht, Sir. Tut mir Leid, wenn wir Ihrer Begleiterin Unannehmlichkeiten bereitet haben. War nicht verletzend gemeint. Wir tun nur unsere Arbeit.«

»Gute Nacht«, sagte Aitken.

Der Feldwebel streckte ihm die Hand entgegen. Aitken schüttelte sie zum Abschied.

»Ich heiße Sie willkommen und wünsche Ihnen eine gute Reise«, sagte der Feldwebel.

Ellen stieg ein und knallte die Tür hinter sich zu. Der Feldwebel drehte sich um und ging langsam die Straße hinab. Er blieb stehen, blickte zum Feld hinüber, als gehe dort etwas Besonderes vor sich. Ein Wachtmeister kam und bot ihm eine Zigarette an. Er nahm sie, beugte sich vor, um sie anzuzünden, ging dann ein paar Schritte weiter in eine Metallkabine und schloss die Tür leise hinter sich. Kurz darauf ging der Wachtmeister zu der Kabine und klopfte. Sie wechselten ein paar Worte. Dann schloss der Wachtmeister die Tür und kam die Straße hinauf zur Grenzkontrolle.

»Sie können jetzt fahren«, sagte er zu Aitken.

»Fehlt ihm irgendetwas?«

»Na ja, ich glaub, die Bemerkung über seine Frau hat ihn getroffen, Sir.«

»Wieso?«

»Vor drei Jahren ist seine Frau bei einem Bombenattentat schwer verletzt worden. Seitdem sitzt sie im Rollstuhl.«

»Mein Gott, kann ich nochmal kurz mit ihm reden?«

»Sie fahren jetzt besser weiter, Sir. Sie halten den Verkehr hinter Ihnen auf.«

Er stieg wieder ein, drehte langsam aus dem Grenzkontrollbereich, der Mini hüpfte leicht, als er über die Schwellen rollte. Er konnte den Feldwebel durch das Fenster der Hütte sehen, er stand ganz still da, mit dem Rücken zur Scheibe, und rauchte.

Tony Hawks

Der Kühlschrankmann beim König von Tory Island

Die Verhandlungen waren einfacher, als ich erwartet hatte. Wie sich herausstellte, glaubte Kevin keinen Augenblick lang, dass ich so dumm sein würde, dieses Unternehmen wirklich durchzuführen, und daher bereitete es ihm auch keine Schwierigkeiten, meine Bitte zu akzeptieren. Er war, wie eigentlich leicht vorhersehbar gewesen war, ziemlich überheblich, was die ganze Angelegenheit anging.

»Größe spielt keine Rolle«, spottete er.

Ich habe diese Ansicht nie geteilt. Meiner Meinung nach sind Leute, die behaupten, dass Größe keine Rolle spielt, einfach nicht groß genug, um zuzugeben, dass sie zu klein sind.

Kevin erhob aber eine Forderung. Nach einem Blick auf die Landkarte bestand er darauf, dass meine Reise nach Tory Island an der äußersten Nordwestspitze von Irland, nach Cape Clear Island im äußersten Südwesten und nach Wexford im Südosten führen sollte. Davon abgesehen durfte ich jede Route nehmen, die mir passte, vorausgesetzt, ich fuhr per Anhalter. Mit einem Kühlschrank. Mir wurde der Luxus zugestanden, auf den ersten Meilen aus Dublin hinaus einen Bus zu benutzen, und Kevin akzeptierte auch meinen Vorschlag, Nordirland auszusparen, weil zweifelsohne die Möglichkeit bestand, dass man meinen Kühlschrank für eine Bombe halten würde. Es ist schwierig zu entscheiden, wie hoch eine Wettsumme sein muss, damit man für sie sein Leben riskiert, aber hundert Pfund sind etwas zu wenig.

[...]

Ich schleppte mein Gepäck langsam zu einem geeigneten Punkt am Straßenrand und bemerkte mit Sorge, dass die Autos in erschreckend unregelmäßigen Abständen vorbeifuhren. In einem Zustand nahe der physischen und psychischen Erschöpfung baute ich mich am Straßenrand auf und zwang mich dazu, optimistisch zu sein. Obwohl der Regen nachgelassen hatte, tröpfelte es noch, und die Wolken am Horizont ließen vermuten, dass es nicht lange dauern würde, bis ich das Regenzeug wieder brauchte. Ich betrachtete die Umgebung, mit der ich, wie ich hoffte, nicht allzu vertraut werden würde, und entdeckte, dass ich einen unwirtlichen, bedrückenden Straßenabschnitt gewählt hatte, um meine Reise zu beginnen. Die Gegend war nicht hässlich, aber sie war eindeutig nicht attraktiv. Es war einfach ein langweiliges Stück irischer Landstraße. Strommasten, ein paar Felder und die Rückseite eines Schilds, auf dessen anderer Seite hoffentlich »Tramper auslachen verboten!« stand. Ich stellte den Kühlschrank ein Stück vor mir ab und lehnte den Rucksack dagegen, um den Eindruck von Normalität zu erwecken. Als gehörten ein Kühlschrank und ein Rucksack zusammen. Und dann hielt ich den Daumen raus.

Ein Ford Fiesta fuhr vorbei. Dann ein Vauxhall Cavalier. Als Nächstes ein Renault und dann ein rotes Auto, dessen Marke ich nicht kannte. Vier Autos, und keines von ihnen hatte irgendwelche Anstalten gemacht anzuhalten. Was war los? Hatten sie meinen Daumen nicht gesehen? Machte der Anblick des Kühlschranks sie nicht neugierig? Einen Citroën, einen großen Lastwagen, einen Ford Escort und einen BMW später setzte ich mich für einen Augenblick auf den Kühlschrank, um mich zu sammeln. Acht Fahrzeuge waren vorbeigefahren, und ich stand jetzt zehn Minuten dort. Ich erkannte, dass dies weniger als ein Auto pro Minute bedeutete. Ich beobachtete meine Uhr und wartete eine Minute lang. O je. Nichts. Und es wurde noch schlimmer. Sogar viel weniger als ein Auto pro Minute. Ich versuchte, mich aus der Depression, in die mich diese statistische Berechnung gestürzt hatte, zu befreien, indem ich mir eine aufmunternde Rede hielt und beschloss, eine Viertelstunde positiv zu denken. Ich rutschte vom Kühlschrank runter, stellte mich wieder hin und versuchte mich als ein starker, positiver Mensch zu präsentieren, der trotzdem einen Hauch Verletzlichkeit spüren lässt, und hoffte, damit die größtmögliche Zahl von Fahrern anzusprechen.

Von dem Theater bekam ich Krämpfe. Ich setzte mich also wieder auf den Kühlschrank und fragte mich, wie ich so naiv hatte sein können, auf einer Hauptstraße einen steten Verkehrsstrom zu erwarten. Vielleicht hätte ich ein Stück Pappe mitnehmen sollen, auf dem mein Ziel stand. Vielleicht hätte ich ein Stück Pappe mitnehmen sollen, auf dem »Irgendwohin« stand. Vielleicht hätte ich den Unterschied zwischen einer lustigen Idee und dem Versuch, sie praktisch durchzuführen, beachten sollen. Die Autos kamen so selten vorbei, dass ich von einem Verkehrsstau zu fantasieren begann. Die Benommenheit, die ich zu Anfang verspürt hatte, war längst verschwunden, und meine Emotionen schwankten stattdessen von einem Extrem zum anderen. Jedes Mal, wenn ich ein Auto oder einen Lastwagen am Horizont entdeckte, wurde ich von Vorfreude erfüllt. »Das ist es! Endlich!« Während das Fahrzeug näher kam, wuchsen meine Hoffnungen derart an, dass ich mir grob zurückgewiesen vorkam, wenn es dann einfach vorbeifuhr. Zwanzig Minuten und siebzehn grobe Zurückweisungen später begann ich, mich ein wenig niedergeschlagen zu fühlen. Drei oder vier Wochen von dieser Art Folter würden dafür sorgen, dass ich eine teure Therapie nötig hätte. Ich dachte an die Wette. Es würde mich nicht umbringen, hundert Pfund zu verlieren, und der Schlag, den mein Stolz würde einstecken müssen, wäre eindeutig weniger schmerzlich als eine tägliche Dosis von dem, was ich gerade durchmachte. Nach noch nicht einmal einer Stunde schon mit dem Gedanken ans Aufgeben zu spielen war nicht der Start, den ich mir erträumt hatte. Kein Zweifel, ich hing in den Seilen. Eigentlich lag ich schon am Boden und war bis ungefähr sechs angezählt.

Manchmal fuhr ein Paar vorbei, und ich konnte etwas sehen, was wie der Beginn einer Unterhaltung zwischen beiden aussah:

»War das ein Kühlschrank?«

»Was?«

»Der Kerl eben … der Tramper … hatte er einen Kühlschrank dabei?«

»Du bist müde, Liebling. Halt bei der nächsten Gelegenheit an, dann fahr ich mal.«

Ich dachte mir: ›Redet nicht darüber, haltet an und nehmt den armen Kerl mit! Egoistische Schweine, ihr hattet Platz in eurem Auto!‹ Nie wieder würde ich einen Tramper am Straßenrand stehen lassen.

Ich begann mit der Möglichkeit zu spielen, den Kühlschrank zu verstecken und seine Existenz erst zu offenbaren, wenn ein Fahrer schon angehalten hatte, um mich mitzunehmen. Ich kam zu dem Schluss, dass dies keine Mogelei wäre, sondern eine Maßnahme, auf die ich erst nach zwei Stunden, und falls es wieder stark zu regnen anfing, zurückgreifen sollte. Keine von beiden Möglichkeiten schien in allzu ferner Zukunft zu liegen. Ich stand auf. Ich versuchte es damit, die Autos anzulächeln. Es funktionierte nicht und ließ mich vermutlich aussehen, als wäre ich reif für die Klapsmühle. Um die Langeweile zu bekämpfen, versuchte ich herauszufinden, ob es möglich war, erstaunt zu wirken. Es muss das Privileg großer Schauspieler sein, auf Kommando erstaunt wirken zu können.

[…]

Bald erreichte ich einen Platz, den ich noch für den besten unter den vielen schlechten, die mir zur Auswahl standen, hielt. Ich musste mich zwar immer noch neben geparkten Autos aufbauen, aber ich dachte mir, ich sollte es mal versuchen. Gerade, als ich mich so attraktiv wie möglich platziert hatte, fing es zu regnen an. Und zwar stark.

[...]

Mit einiger Beklommenheit stellte ich mich der Herausforderung des Rucksacks. Ich hatte ihn gerade geöffnet und setzte die oben liegenden Kleidungsstücke erbarmungslos den Widrigkeiten des Klimas aus, als Gott sei Dank ein Auto anhielt. Ein blauer Datsun-Kombi, ein Sunny oder Cherry oder so was: Nein, ich weiß, was es war: der Datsun-Retter. Ich lief zur Beifahrertür und öffnete sie.

»Wie weit fahren Sie?«, fragte ich.

Der Fahrer blickte mich erstaunt an. »Ich parke bloß«, erwiderte er.

Oh. Ich ging beiseite, damit er sein Manöver ohne weitere Unterbrechung vollenden konnte. Vor ihm hatte ein anderes Auto angehalten, um zu parken. Ich stand wirklich am ungeeignetsten Platz. Ich kehrte zu meinem Gepäck am Straßenrand zurück. Das Auto weiter vorne hupte. Niedergeschlagen wühlte ich weiter nach meinem Regenzeug. Dann machte das Auto weiter vorne etwas sehr Seltsames. Es stieß zurück und hielt neben mir. Der Fahrer beugte sich herüber, kurbelte das Beifahrerfenster herunter und sagte: »Ich habe Sie heute Morgen im Radio gehört. Ich dachte, Sie wären längst viel weiter.«

Nach einem Fehlstart hatte die Reise jetzt wirklich begonnen.

[...]

Brendan, mein Retter, war tadellos mit Anzug und Krawatte bekleidet und hatte nicht das kleinste bisschen Schlamm an sich kleben. Er hatte am Morgen Radio gehört und wusste genau, was ich vorhatte und warum ich es tat, was nach meinen jüngsten Erfahrungen mehr war, als ich von mir selbst behaupten konnte.

Er war ein Vertreter von Drogerieartikeln, stammte aus Nordirland, hatte aber in letzter Zeit auch Kunden in der Republik Irland gewonnen. Er punktete auf drei Gebieten: Er war charmant, er war amüsant, und er war auf dem Weg nach Cavan. Während seine Scheibenwischer im Kampf gegen den jetzt sturzflutartigen Regen Akkordarbeit verrichteten, unterhielten wir uns über das Leben, die Liebe, Politik, Religion und den steigenden Preis von Deos. Und das alles in dem herrlichen, trockenen Innenraum seines Autos. Verdammt noch mal, ich hatte wirklich Glück gehabt.

Brendan erklärte, dass er, bevor wir nach Cavan kämen, noch ein paar Kundenbesuche erledigen müsse, und fragte, ob mir das was ausmache. Natürlich nicht, er war ja mein Retter. Er hätte mich um alles bitten können, und ich hätte eingewilligt. Fast alles. Und schon schossen wir durch den Regen bis nach Cootehill, wo er ein paar Drogerieartikel verkaufte und ich in einem altertümlichen Tea-Room Kaffee trank. In einem Tea-Room Kaffee zu trinken bereitet mir immer ein besonderes Vergnügen, denn ich habe dann das Gefühl, gegen das bestehende System zu rebellieren. Es ist, wie wenn man Spaghetti in einer Pizzeria isst oder Huhn in einem Steakhaus und sich in einem thailändischen Massagesalon den Nacken massieren lässt. Wir fuhren Richtung Norden nach Clones im County Monaghan, was, wie Brendan mir erklärte, eine Hochburg der IRA war. Ich war mir nicht sicher, welche Konsequenzen ich daraus ziehen sollte, beschloss aber, dass ich, falls uns ein Mann mit einer Gesichtsmaske und einer Schrotflinte in der Hand anhalten sollte, auf heitere Scherze verzichten und versuchen würde, nicht über meine Tage bei der Combined Cadet Force in der Schule zu plaudern. Als wir nach Clones kamen, wartete ich im Auto, während Brendan in einem mittelgroßen Supermarkt seiner Arbeit nachging. Er brauchte eine ganze Weile, was mich überraschte, denn ich dachte, wenn es einen Ort gibt, an dem Drogerieartikel leicht zu verkaufen sind, dann ist es ein Supermarkt. Er muss ein schlechtes Gewissen bekommen haben, denn nach einer Viertelstunde brachte er mir ein Eis, entschuldigte sich und versprach, dass es nicht mehr lange dauern würde. Das gefiel mir. Es schien, als wäre ich wieder acht. Vierzig Minuten später waren wir in Cavan, meinem Tagesziel. Als wir ein Viertel ansteuerten, in dem es, wie Brendan wusste, Pensionen gab, war ich ziemlich stolz auf mich. Es war erst gegen fünf, aber der nächste Teil meiner Reise, auf dem ich immer wieder die Grenze nach Nordirland würde überqueren müssen, konnte gefährlich werden, und ich wollte nicht in der Dämmerung aus Versehen in ein paramilitärisches Trainingscamp stolpern und nach einem preiswerten Bed & Breakfast fragen. In einer trübseligen Wohnstraße hielten wir vor einer wenig einladenden Pension. Ich stieg aus und begann auszuladen. Es tat mir Leid, mich von Brendan zu trennen. Es kam mir vor, als wäre er auf meiner Seite gestanden, während alle anderen sich gegen mich verschworen hatten. Und er hatte mir ein Eis gekauft.

Ich leitete die heitere Verabschiedungsszene ein. »Sollte ich dich jemals in England mit einem Kühlschrank am Straßenrand stehen sehen, halte ich ganz bestimmt an.«

»Solltest du mich jemals mit einem Kühlschrank am Straßenrand in England stehen sehen, hast du halluzinogene Drogen genommen.«

»Komm gut nach Nordirland zurück!«

»Wie? «

»Gute Heimreise!«

»Ich fahre nicht nach Hause.«

»Wo fährst du denn dann hin?«

»Donegal Town.«

»Wozu das denn?«

»Ich habe dort morgen früh einen Termin.«

Wir hatten uns so schnell so gut verstanden, dass wir das Geplauder übersprungen hatten, mit dem solche wichtigen Details geklärt werden. Ich fand, dass es die Mühe wert wäre, jetzt auf eines von ihnen hinzuweisen.

»Nun, ich bin auch auf dem Weg nach Donegal.«

»Nicht Cavan?«

»Cavan war nur eine Etappe auf dem Weg nach Donegal.«

»Gut. Na, dann steigst du besser wieder ein.«

Und genau das tat ich mit großer Freude.

Der Tag war ein Strudel anstrengender Emotionen gewesen, aber als wir am Ufer des herrlichen Lough Erne entlang durch die atemberaubende Seenlandschaft des County Fermanagh fuhren, gestattete ich mir, ein weiteres Gefühl auszukosten: Triumph. Die Sonne kam sogar fünf Minuten zum Vorschein, und die frisch gewässerte Landschaft strahlte ähnlich wie ich, nur etwas weniger selbstgefällig. Ich verfolgte stolz unser Fortkommen auf der Landkarte und wies darauf hin, wie unsinnig es war, dass der Lower Lough Erne in Wirklichkeit über dem Upper Lough Erne lag. Brendan erklärte mir, dass der Lower Lough Erne nur für mich als Betrachter einer genordeten Karte höher lag. In der geografischen Wirklichkeit aber war er dem Meeresniveau näher und daher ganz bestimmt der tiefere der beiden Lough Ernes.

Mein Triumphgefühl wich sofort der Scham. Dieser Teil der Welt hatte in seiner Geschichte auch ohne meinen ignoranten Beitrag schon genug kartografische Inkompetenz seitens der Kolonialherren erlebt. Wir waren schließlich in Nordirland. Wir mussten nur an einer Polizeiwache mit all ihren grotesken Barrikaden vorbeifahren, um daran erinnert zu werden.

Bald erreichten wir die Hauptstadt des County Fermanagh, Enniskillen. Enniskillen. Schon der Name genügte, um Erinnerungen an Fernsehsendungen über eine der allzu häufigen Schreckenstaten des Nordirland-Konflikts wachzurufen, aber hier vor mir lag die echte Stadt, nicht der Beitrag einer Nachrichtensendung, die ich mir im friedlichen England ansah. Ich war mit Nordirland in den Schlagzeilen aufgewachsen, war dagegen allmählich immun geworden und hatte eigentlich nie richtig wahrgenommen, dass die Leute dort in Hauptstraßen genau wie unseren einkauften, dass sie Telefonzellen der British Telecom benutzten und Abgeordnete in unser Parlament entsandten. Ich meine, in ihr Parlament – na ja, wie auch immer –, genau das ist der Knackpunkt, wie mir scheint. Nachdem wir die scheinbar friedliche Grenzstadt Belleek hinter uns gelassen hatten, fuhren wir an einem letzten verlassenen Grenzposten vorbei und kehrten in die Republik Irland zurück. Ich hatte mich von einem Teil des Britischen Königreichs, den ich nicht erkennen oder verstehen konnte, verwirren lassen, aber jetzt, da wir uns Donegal Town näherten, erfüllte mich wieder das Gefühl, etwas vollbracht zu haben. Ich weiß, es war nur der erste Tag, aber ich hatte viele Meilen zurückgelegt und mir selbst bewiesen, dass ich nichts Unmögliches versuchte.

Mit Donegal Town erreichte ich einen Punkt, der sowohl den Anfang als auch das Ende einer Rundtour durch Donegal County bilden würde und daher das Privileg genoss, neben Dublin der einzige Ort in Irland zu sein, den ich zweimal besuchen sollte. Die Einfahrt in die Stadt zeichnet sich durch einen kleinen Hafen und einen reizenden Blick auf die Bucht von Donegal aus.

Brendan setzte mich vor einem Bed & Breakfast mit einem »Zimmer frei«-Schild ab, und wir verabredeten, später in seinem Hotel ein Bier zu trinken. Es war nicht nötig, nach dem Weg zu fragen: Es lag in Donegal Town, und angesichts der Größe des Orts genügte das als Information. Vermutlich waren in seinem Hotel auch Zimmer frei, aber ich glaube, zwischen Brendan und mir herrschte die stillschweigende Übereinkunft, dass es wegen der vielen Zeit, die wir inzwischen miteinander verbracht hatten, irgendwie eine wichtige Bestätigung unserer Heterosexualität wäre, in verschiedenen Unterkünften abzusteigen.

Ich wurde von der Lady, die das Bed & Breakfast führte, begrüßt, als wäre sie es gewohnt, Engländer mit Rucksack und Kühlschrank zu empfangen. Sie hatte eine zittrige Stimme und redete quälend langsam, als ob sie in der vorherigen Woche gerade erst herausgefunden hätte, was es mit dem Sprechen auf sich hat. In einem endlosen Vortrag erklärte sie mir, dass ich den Kühlschrank an der Eingangstür abstellen könne, wie die Dusche funktioniere und dass es ihr lieber sei, wenn ich im Voraus zahlte. Als sie endlich fertig war, war es schon fast Zeit, Brendan zu treffen. Ich zog mich in mein winziges Zimmer zurück, ließ den verblüffenden Tag Revue passieren und überlegte mir, was ich morgen machen würde und ob ich schon mal ein Schlafzimmer mit weniger Fußbodenfläche gesehen hatte.

Ich hatte vor meinem Treffen mit Brendan nur für einen schnellen Rundgang durch die Stadt Zeit. Es war eine Schande, dass ich nicht ein bisschen mehr Spielraum hatte, denn dann hätte ich ihn zweimal machen können. Donegal Town ist winzig, und es gibt nicht sehr viel mehr zu sehen als die Burg, die ein nettes altes Haus zu sein scheint, zu dem noch ein paar Zinnen hinzugefügt worden sind, damit es den Status einer Burg erlangte.

Brendan und ich tranken in drei Pubs, von denen mir der letzte bei weitem am besten gefiel. Von außen verriet kaum etwas, dass es sich um einen Pub handelte: Netzgardinen, eine alte Lampe und ein verblichenes altes Schild mit einem Nachnamen darauf. In Irland halten sie nur wenig von so pompösen Pub-Namen wie ›The Coach and Horses‹ oder ›The Prince of Wales‹. Sie benennen die Pubs einfach nach den Besitzern, ›Daly's‹ zum Beispiel oder ›McCarthy's‹, was ein erstes Indiz für die intime Atmosphäre ist, die einen drinnen erwartet. Ich taufte diese Einrichtungen bald »Gute-Kumpel-Pubs«, denn jeder redet dort mit jedem, egal, um wen es sich handelt, was zum einen daran liegt, dass die Kunden sehr freundlich sind, und zum anderen daran, dass sie sehr betrunken sind.

Genauso, wie jedes Orchester seinen Ersten Geiger hat, haben die meisten Pubs ihren Ersten Betrunkenen. Oder den Hausbetrunkenen. Er hat mit dem Pächter vermutlich ein Abkommen getroffen, dass er nur für Getränke, die er noch klar verständlich bestellen kann, zu zahlen braucht. Seine Hauptaufgabe scheint es zu sein, Neuankömmlinge mit einem langen Heulen zu begrüßen und dabei wie ein Ertrinkender mit den Armen herumzufuchteln, bis sein ohnehin schon labiles Gleichgewicht so weit gestört ist, dass er sich völlig von seinem Barhocker zu lösen droht. An diesem Punkt streckt der Zweite Betrunkene instinktiv die linke Hand aus, um ihn daran zu hindern, zu Boden zu stürzen, und trinkt dabei mit der rechten weiter, als hätte er das ganze Manöver sorgfältig einstudiert. Was natürlich stimmt. Seit Jahrzehnten jeden Abend.

Es dauerte nicht lang, bis Brendan und ich in eine Unterhaltung mit den Stammgästen verwickelt waren, deren Thema die Höhepunkte des Formel-1-Rennens an diesem Tag, die auf dem Fernseher hinter der Bar gezeigt wurden, bestimmten. Ich hielt mich bei dieser Diskussion zurück, was vor allem an meiner Ignoranz in Sachen Motorsport lag und an meiner Unfähigkeit, irgendwas von dem, was gesagt wurde, zu verstehen. Soweit ich feststellen konnte, ging es hauptsächlich darum, wer Erster, Zweiter und Dritter geworden war.

Der Erste Betrunkene lag jetzt schon fast im Koma, denn die Anstrengung, die es ihn gekostet hatte, uns zu begrüßen, forderte ihren Tribut. Viele Namen wurden vorgebracht und wieder verworfen, aber nach zehn Minuten angeregter Debatte einigte man sich darauf, dass Schumacher gewonnen hatte und Eddie Irvine Dritter geworden war. Alle Anwesenden schienen mit dem, was sie erreicht hatten, zufrieden zu sein. Plötzlich plärrte der Erste Betrunkene: »Wer ist Fünfter geworden?«

Alle wandten sich ihm schockiert zu. Woher kam diese Frage? Der Mann war während der letzten Viertelstunde in sich zusammengesackt auf seinem Barhocker gesessen. Drei Probleme beschäftigten uns alle: Wie hatte er mitbekommen, was um ihn herum passierte? Wieso hatte er seinen ersten verständlichen Satz an diesem Abend äußern können? Und warum wollte er wissen, wer Fünfter geworden war?

»Wer ist Fünfter geworden?« Er wiederholte seine außergewöhnliche Frage, aber diesmal schien er der Ansicht, dass es besser sei, sie zu brüllen. Zum ersten Mal an diesem Abend (und ich vermute, auch zum ersten Mal seit einigen Jahren) verstummten die Besucher der Bar völlig. Keiner wusste, welcher Kurzschluss im Hirn des Betrunkenen diese Äußerung ausgelöst hatte, wo doch »Wer ist Zweiter geworden?« wichtiger und »Hilfe!« passender gewesen wären. Vor allem aber herrschte Stille, weil niemand wusste, wer Fünfter geworden war. Als die Diskussion zur Lösung dieses Rätsels endlich in Gang kam, beschlossen Brendan und ich, dass dies das Signal sei, ins Bett zu gehen. Unser »ein Bier für den Heimweg« war zu »drei Bier für den Heimweg« geworden, und wir liefen Gefahr, dem Heimweg allzu viel Respekt zu erweisen.

[...]

Am Abend zuvor hatte mir Brendan angeboten, mich die ungefähr vierzig Meilen nach Letterkenny mitzunehmen, sobald er seine Morgentermine in Donegal Town erledigt hatte. Aber danach würde er nach Nordirland zurückkehren, und ich würde mich wieder den Unwägbarkeiten der Straße ausliefern müssen. Während er seine Vertreterbesuche erledigte, hatte ich genug Zeit, zur Touristeninformation zu gehen und die beste Art herauszufinden, nach Tory Island zu kommen. Mir wurde gesagt, dass jeden Abend um 9 Uhr von einem Ort namens Bunbeg aus ein Postboot dorthin fahre, also wurde Bunbeg mein Tagesziel.

[...]

Brendan, der fantastische Brendan, wartete geduldig in seinem Auto, während ich die *Gerry Ryan Show* von einer Telefonzelle auf dem Hauptplatz aus rasch über meinen ersten Tag informierte. Gerry war von meinem Vorankommen bisher äußerst beeindruckt und erklärte, dass Donegal Town an Tag eins »der echte Wahnsinn« sei. Ich erzählte von meinem Plan, heute noch Bunbeg zu erreichen und dann nach Tory Island überzusetzen, und er bat die Autofahrer unter den Zuhörern, in ungefähr einer Stunde nördlich von Letterkenny nach mir Ausschau zu halten. Das war wirklich sehr nett von ihm, und angesichts der bedrohlichen Regenwolken am Himmel konnte dies den Unterschied zwischen guter Gesundheit und einem längeren Krankenhausaufenthalt wegen einer Lungenentzündung ausmachen. Am Ende unseres Gesprächs wurde mir mitgeteilt, jemand habe, während wir auf Sendung waren, angerufen und mir eine kostenlose Übernachtungsmöglichkeit in Bunbeg angeboten. Ich schrieb die Adresse auf und war völlig verblüfft, dass mein Unternehmen auf derart positive Resonanz stieß. Ich legte auf und war verdutzt und befriedigt zugleich. – Keine leichte Übung.

Ich habe irgendwo gelesen, dass Letterkenny über die einzige Ampel im County Donegal verfügt, was entweder ein Beleg dafür war, wie abgelegen und ruhig dieser Landstrich ist, oder einfach ein weiteres Zeichen dafür, dass hier den Leuten in den Seitenstraßen grundlegende Menschenrechte verwehrt bleiben. Falls Ersteres zutraf, was wahrscheinlicher war, dann war das Reisen per Anhalter in dieser Gegend vermutlich nicht so einfach. Als Brendan mich gleich nördlich von Letterkenny am Straßenrand absetzte, war ich ausgesprochen erleichtert darüber, dass der heftige Dauerregen, der unsere Fahrt bis hierher begleitet hatte, vorübergehend aussetzte. Da wir unsere Abschiedsszene schon einmal geprobt hatten, spielten wir sie jetzt geübt herunter, und Brendan versprach, nachdem er seine Geschäfte in der Stadt erledigt hatte, zurückzukommen, um nachzusehen, ob ich immer noch am Straßenrand stand. Was er, außer sein Mitleid zu bekunden, zu tun gedachte, falls ich wirklich noch da sein sollte, wusste ich allerdings nicht.

Glücklicherweise fand ich es auch nie heraus. Ich hatte nämlich gerade erst die einem Anhalter angemessene Haltung eingenommen und begonnen, mir einen Aktionsplan für den nächsten Regenschauer auszudenken, als ein riesiger Lastwagen – und ich meine gigantisch – eine Vollbremsung hinlegte und vierzig Meter weiter zum Stehen kam. Ich ließ mein Zeug zurück und rannte los, um nachzusehen, ob er wegen mir angehalten hatte oder wegen irgendeines Hindernisses auf der Straße. Der Lastwagen war so groß, dass ich den Griff der Kabinentür nur mit Mühe erreichte. Ich öffnete sie, und der Fahrer sah zu mir herunter.

»Bist du Tony?«, fragte er.

»Ja.«

»Na, dann hol deinen Kühlschrank.«

Es lief wirklich ganz gut für mich.

Es war eine ziemliche Kletterei hoch in diesen Lastwagen. Die Kabine war überraschend klein, und die Enge wurde noch durch den Kühlschrank verstärkt, der hinter meinem Sitz verkeilt war. Der Platzmangel wirkte ein bisschen absurd angesichts der Tatsache, dass wir einen 15 Meter langen Sattelschlepper hinter uns herzogen.

Nach einer förmlichen Begrüßung (na ja, so förmlich, wie sie unter diesen Umständen möglich war) erfuhr ich, dass ich mich in der Gesellschaft von Jason befand, einem Mann Anfang zwanzig, der mich sofort mit Fragen überhäufte.

»Was hast du eigentlich mit dem Kühlschrank vor?«

»Äh, ich mache mit ihm eine Reise, um eine Wette zu gewinnen.«

»Du spinnst ja. Ich habe dich heute Morgen im Radio gehört, und da hätt's mich fast zerrissen.«

Ich war mir nicht sicher, ob das gut oder schlecht war, aber Jason lächelte.

»Ich war gerade auf dem Weg nach Donegal Town, als du erzählt hast, dass du in Letterkenny stehen würdest, deshalb hab ich nach dir Ausschau gehalten.«

»Großartig. Das war wirklich nett von dir.«

»Zuerst wusste ich nicht, ob du es bist, aber dann habe ich den Kühlschrank gesehen und mir gedacht ...«

Gelächter schüttelte ihn eine Zeit lang, bevor er unter Mühen fortfuhr: »Ach, das alles ist ziemlich witzig.«

Toll, er hatte es kapiert.

Ich brauchte einen Moment, um das zu verarbeiten. Der Kühlschrank war längst keine Behinderung mehr, sondern entwickelte sich zu einem wahren Segen und zum Protagonisten einer Reise, die immer surrealer wurde.

Aus dem Schutz der Lastwagenkabine beobachtete ich den peitschenden Regen, der gegen die Windschutzscheibe trommelte, und fühlte mich irgendwie unschlagbar. Vor allem, nachdem Jason verkündet hatte, dass er meinen heutigen Zielort ansteuern würde: Bunbeg. Na gut, ich würde warten müssen, während er ein paar Sachen auslieferte, aber das machte mir nichts aus. Warum sollte es auch? Am Tag zuvor hatte ich mit Drogerieartikeln zu tun gehabt, heute mit Lebensmitteln. Und ich kam in unmittelbaren Kontakt mit dem, was die Welt am Laufen hält: gute, ehrliche Arbeit.

Unser erster Halt war McGinleys in Dunfanaghy, und als ich Jason mit Schachteln und Paletten kämpfen sah, wurde ich vom Anblick seines verbissenen Fleißes erfreut und von der Tatsache, dass ich damit nichts zu tun hatte, beruhigt. Es sah anstrengend aus. Manche Leute sind für diese Art von Arbeit geboren, andere sind dazu geboren, dabei zuzuschauen. Mir fiel die Entscheidung, zu welcher dieser beiden Kategorien ich gehörte, nicht schwer. Viele Jahre lang habe ich meinen Erfolg in der von mir gewählten Berufssparte daran gemessen, wie wenig ich zu heben habe. Schwere Sachen hochzuheben mag gut für den Charakter sein, aber es ist schlecht für den Rücken und hindert einen oft genug am Herumgammeln.

Nachdem wir den Mace-Supermarkt in Dunfanaghy mit ausreichend Lebensmitteln versorgt hatten, machten wir uns auf den Weg durch eine der wilderen, windgepeitschten Landschaften Irlands. Graue, abweisende Berge ragten über dunklen, stillen Seen empor, Sümpfe und Bäche säumten die Straße, die diese Bezeichnung kaum verdiente, und sture Schafe blockierten den Weg, wann immer und wo immer sie das Bedürfnis danach überkam. Ganz egal, ob da ein verdammt großer Lastwagen auf sie zuraste: Sie würden erst zur Seite gehen, wenn sie Lust dazu hatten, und keine Sekunde früher. So weit ich sehen konnte, lag um diese Schafe herum meilenweit offenes Gelände, das ihnen ausgezeichnete Weidemöglichkeiten bot, aber diese Tiere zogen es trotzdem vor, sich mitten auf der Straße zu versammeln. Soll noch mal einer behaupten, dass ihnen die Unannehmlichkeiten, die sie anderen verursachen, kein perverses Vergnügen bereiten! Schafe sind nicht dumm! Sie sind kleinlich, boshaft und blutrünstig. »Ihr Arschlöcher!«, dachte ich mir, als der Lastwagen zum hundertsten Mal anhalten musste, und beschloss, Lammfleisch in das abendliche Menü aufzunehmen.

Irgendwann verließen wir das Konferenzzentrum der Schafe, und Jason arbeitete sich durch die zehn Gänge seines riesigen Lastwagens durch, bis wir so was wie dessen Höchstgeschwindigkeit erlebten. Eine Menge Geld der Europäischen Gemeinschaft ist in die Verbesserung von Irlands Straßen investiert worden, aber es gab nur dürftige Anzeichen dafür, dass die Verkehrswege von Nord-Donegal davon profitiert haben. Jason hatte seine eigene Methode, um mit dem ausgesprochen abwechslungsreichen Höhenprofil der Straße fertig zu werden, und die bestand darin, über die Buckel hinweg zu beschleunigen.

Wenn wir über die größeren von diesen Unebenheiten hinwegjagten, hob ich ab, mein Arsch löste sich einen Augenblick von allen festen Dingen, und ich durfte für einen viel zu kurzen Moment erleben, wie es ist, frei zu schweben. Die negative Folge erlebte ich einen Sekundenbruchteil später in Form einer unbequemen Landung, und gleich darauf rammte sich die scharfe linke obere Ecke eines kleinen Kühlschranks mit Macht in mein schutzloses Schulterblatt. Jedesmal, wenn dies passierte, was leider ungefähr alle zwanzig Sekunden der Fall war, versuchte ich, nicht vor Schmerz zusammenzuzucken, und lächelte dem unerschütterlichen Jason zu. Unerschütterlich, weil er den Vorteil hatte zu wissen, wo die Buckel waren, und weil ihm der »Kühlschrank-bohrt-sich-ins-Kreuz«-Schmerz erspart blieb.

»Geht das mit dem Kühlschrank?«, fragte Jason.

»Ja, prima«, antwortete ich.

Ich wollte keine Szene machen.

Als Jason mich schließlich an einer Stelle absetzte, die er Bunbeg nannte und die die meisten von uns für ein Stück Straße gehalten hätten, hatte es vollständig zu regnen aufgehört. Um mich herum gab es ein Hotel, ein paar Häuser, viel offenes Land und einen schönen Ausblick auf eine sandige Bucht. Die kostenlose Unterkunft war mir von Bunbeg House angeboten worden, einer Pension, die sich, wie mir die Radio-Leute erzählt hatten, unten am Hafen befand. Auf Nachfrage im Hotel erhielt ich eine Wegbeschreibung und meine erste schlechte Nachricht: Während des höflichen Geplauders hatte ich verraten, dass ich nach Tory Island wolle, und damit ein Kopfschütteln hervorgerufen.

»Das werden Sie nicht vor Freitag schaffen.«

Wie sich herausstellte, wurde die Fähre einmal im Jahr für eine Generalüberholung nach Killybegs gebracht, und das war ausgerechnet heute Morgen passiert.

Die Fähre war drei Tage lang nicht einsatzbereit. O je. O je, o je. Ein Rückschlag von beträchtlichem Ausmaß. Der Besuch auf Tory Island war Bedingung der Wette, und im Augenblick schienen drei Tage Aufenthalt an einem Stück Straße ein bisschen viel verlangt. [...]

Zwischen der Küste und Tory Island liegen vierzehn Kilometer Wasser, die als Tory Sound bekannt sind. Das letzte Stück gilt als besonders tückisch, denn es ist starken Winden und gefährlichen Strömungen ausgesetzt. In den Wintermonaten ist die Insel manchmal bis zu einem Monat vom Festland isoliert, und es passiert ziemlich häufig, dass die Boote drei Tage hintereinander weder in die eine noch die andere Richtung übersetzen können. Es wehte eine steife Brise, aber glücklicherweise blies sie vom Land weg, und die berüchtigte Dünung würde deutlich geringer sein als bei Nordwestwind. Donohoe zufolge war die Insel seit prähistorischen Zeiten besiedelt und ein einsames, felsiges, ödes Land, auf dem jetzt ungefähr hundertdreißig Menschen vom Fischfang lebten. Teilweise arbeiteten sie nebenbei auch als Künstler und malten naive Landschaften, die große Anerkennung fanden. Ich hatte keine ihrer Arbeiten gesehen, bezweifelte aber stark, dass sie sich in die weitere Diskussion über die Privilegierung der Abstraktion und deren Legitimität in einer Welt des Konflikts einfügten. Ich beschloss trotzdem, dieses Thema nicht anzuschneiden, außer, die Unterhaltung geriet arg ins Stocken.

[...]

Rory McClafferty und sein Boot legten Punkt elf ab. Das

war das erste Mal in über vierhundert Jahren, dass in diesem Teil der Welt jemand etwas genau zum angekündigten Zeitpunkt tat. Eine kleine Menschenmenge hatte sich zu meinem Abschied versammelt: Cait, Rolf und Andy und Jean und ihre drei kleinen Kinder, die ich bisher, gemäß einer vorteilhaften Umkehrung des Spruchs, wonach man »Kinder sehen, aber nicht hören soll«, nur gehört, aber nie gesehen hatte. Der Kühlschrank und die Blumen wurden von der verdutzten Mannschaft unter Beifallsrufen meines Abschiedskomitees an Bord genommen. Die beiden so wertvollen Dinge wurden ohne Zeremoniell auf einem Haufen Schlackensteine abgeladen und wirkten dort genauso fehl am Platz, wie auch ich mich fühlte. Wir legten gleich darauf ab, denn einer der Vorteile des Glaubenssystems der Fischer war es, dass man keine Zeit darauf verschwenden musste, den Leuten zu erzählen, wo die Schwimmwesten verstaut waren. Es herrschte stillschweigendes Einverständnis darüber, was im Notfall zu tun war: Geht das Schiff unter, ertrinke!

Beim Auslaufen aus dem Hafen von Bunbeg muss man eine Reihe schmaler, sehr schöner Kanäle durchfahren, bevor man die offene See erreicht. Zum ersten Mal schien richtig die Sonne, und London schien mir Lichtjahre entfernt. Als ich das Boot und meinen Kühlschrank und den Blumenstrauß auf diesem betrachtete, war ich mit mir und dem, was ich gerade aus meinem Leben machte, zufrieden. Ich wusste, dass diese Einschätzung einer genaueren Untersuchung nicht standhalten würde, aber es gab um mich herum niemanden, der solch eine genauere Untersuchung vornehmen wollte. In dieser Hinsicht hatte ich also Glück, und ich hatte Gelegenheit, die Vorstellung zu genießen, dass alles großartig war und niemand daran zweifelte.

Die ersten 45 Minuten unserer Reise verbrachten wir damit, uns zwischen kleinen, mit verfallenen Häusern gesprenkelten Inseln hindurchzuschlängeln. Wie Rory mir mitteilte, wohnte seit zwanzig Jahren niemand mehr auf ihnen, und dies hatte ironischerweise damit zu tun, dass sie dem Ufer so nahe waren. Weil es so leicht zu erreichen war, fuhren die Bewohner der Inseln abends oft in ihren primitiven Ruderbooten, den ›Currachs‹, zum Festland, um sich dort zu amüsieren. Anschließend versuchten sie, völlig betrunken die Rückreise anzutreten. Nun neigt ein Betrunkener schon auf der Terra firma zum Hinfallen, kommen aber noch kabbeliges Wasser, die Unfähigkeit zu schwimmen und eine Schiffsmannschaft, der es auffällig an Lebensrettungsmedaillen mangelt, hinzu, ist das Ergebnis eine zwar durchschlagende, aber irgendwie auch sehr endgültige Methode, einen Kater zu kurieren. Es ereigneten sich so viele Todesfälle, dass die irische Regierung schließlich die Inselbewohner zwang, auf das Festland zu ziehen, aber draußen auf Tory, wo die Betrunkenen ohne schlimme Folgen in die Straßengräben taumelten, ging das Inselleben munter weiter.

Vorsichtig stellte ich mich an die Reling und betrachtete voll Respekt die See, deren trübe, tiefschwarze Farbe, in der sich der blaue Himmel über uns nicht spiegelte, mich ein bisschen verwirrte. Vielleicht hatte sie sich entschieden, einen Farbton anzunehmen, der besser zu den vielen Leichen in ihrer Vergangenheit passte.

Schon bald wurde ein winziger Fleck, bei dem es sich um Tory Island handelte, am Horizont sichtbar. Er wurde größer und größer, bis man endlich nah genug war, um zu sehen, wie klein er war. Fünf Kilometer lang und einen Kilometer breit. Rory stand im Heck und steuerte uns in den Hafen, und ich stand neben ihm und schaute über seine Schulter auf eine Karte der Insel. Eine ›East Town‹ und eine ›West Town‹ waren eingezeichnet, obwohl nicht mehr als ein paar hundert Meter zwischen ihnen liegen konnten. Ich stellte mir die Zeichen am jeweiligen Stadtrand vor:

East Town
(Partnerstadt von West Town)
Bitte gehen Sie vorsichtig!

West Town
(Partnerstadt von East Town)
West Town freut sich über vorsichtige Fußgänger

Wir legten am Ende eines verlassenen Piers an, und ich stellte zu meiner Enttäuschung fest, dass mich kein königliches Begrüßungskomitee empfing, keine schöne, sexuell ausgehungerte Prinzessin, die darauf wartete, von einem Ritter in glänzender Rüstung umworben zu werden (oder von einem Mann mit einem Kühlschrank – je nachdem, wer zuerst kam). Ein paar schmuddelig aussehende Inselbewohner tauchten schließlich aus einem der vier Häuser der Metropole, die vor uns lag, auf und begannen, auf Gälisch mit Rory und seiner Mannschaft zu sprechen. Einer von ihnen half mir dabei, den Kühlschrank ans Ufer zu schleppen, und ich nutzte die Gelegenheit, um ein paar Informationen einzuholen.

[...]

»Wann fährt Patrick Robinson mit den Amerikanern zurück?«

»Oh, der ist vor einer Stunde gefahren.«

»Was?«

»Ich würde sagen, dass er ungefähr vor einer Stunde gefahren ist.«

»Ich dachte, er würde erst morgen fahren.«

»Nun, die Amerikaner haben beschlossen, dass sie schon heute fahren wollen.«

Ich blickte mich auf diesem winzigen, düsteren Außenposten der Zivilisation um und konnte nachvollziehen, wie dieser plötzliche Sinneswandel der Amerikaner zustande gekommen sein mochte. Die Grenze zwischen friedlich, abgelegen und klein oder richtiggehend langweilig ist sehr dünn, und für die Amerikaner war sie offenbar überschritten worden.

»Es wird morgen also niemand zum Festland zurückfahren?«

»Das erste Boot morgen wird das Postboot mittags sein. Falls es fährt.« [...]

»Rory, wie lange brauchst du, um die Steine auszuladen?«, rief ich Rory zu.

»Ungefähr eine halbe Stunde, würde ich sagen.«

So kurz nur? Nach all den Schwierigkeiten, die ich gehabt hatte, um nach Tory Island zu gelangen, sollte ich hier nur dreißig Minuten bleiben? Das wäre lächerlich. [...]

»Rory! Patrick Robinson ist schon weg, deshalb würde ich gerne mit dir zurückfahren, wenn ich kann, aber wenn ich nicht bis halb zwei zurück bin, heißt das, dass ich doch nicht mitkomme.«

Er nickte und tat sein Bestes, damit es nicht so aussah, als wäre es ihm scheißegal.

Die Einwohner dieser winzigen, abgelegenen Insel müssen im Laufe der Zeit schon eine Menge seltsamer Dinge gesehen haben, aber hatten sie schon jemals etwas so Eigenartiges beobachtet wie die Ankunft eines Mannes, der ein Wägelchen mit einem Kühlschrank hinter sich herzieht und einen Blumenstrauß in der Hand hält? Die paar Leute, die in der Nähe des Kais standen, hielten in ihrer jeweiligen Beschäftigung inne und starrten mich an, vollkommen unfähig zu erschließen, welche Verkettung von Umständen dazu geführt haben mochte, dass gerade diese beiden Gegenstände zusammen transportiert wurden.

Ich musste Patsy Dan finden, und die Blumen mussten die Prinzessin erreichen. Mein Gepäck und ich kamen vor einem alten Mann zum Stehen, der uns mit offenem Mund angaffte, als würden an seinem Unterkiefer Gewichte hängen.

»Wissen Sie, wo Patsy Dan ist?« Eigentlich sagte ich »yer man Patsy Dan«, und dieses »yer man« hatte ich mir erst vor kurzem angewöhnt als freundliche Verbeugung vor dem lokalen Dialekt.

Er musterte mich und meinen Besitz und kurbelte langsam den Kiefer hoch, bis dieser wieder zum Rest seines Gesichts stieß.

»Patsy Dan? O ja, der ist sicher nicht weit.«

Das war die eine Sache, die man mit Sicherheit von jedem auf der Insel behaupten konnte.

»Ist er zu Hause?«

»O ja, ich schätze schon.«

»Wo wohnt er denn?«

Der Mann gab mir eine genaue Wegbeschreibung und beäugte dabei immer wieder verstohlen meinen Kühlschrank und den Blumenstrauß, fühlte sich aber offenbar nicht in der Lage, die Frage nach dem Grund für ihre Anwesenheit auf der Insel anzuschneiden.

»Wie lang dauert es, dorthin zu kommen?«

»Och, ich würde sagen, so sechs oder sieben Minuten.«

Ich nahm an, er hatte die Tatsache mit eingerechnet, dass ich ein bisschen durch den Kühlschrank, den ich hinter mir herzog, gebremst wurde. Sechs oder sieben Minuten hin und sechs oder sieben Minuten zurück. Damit blieb mir weniger als eine Viertelstunde, um die Prinzessin für mich zu gewinnen. Ich machte mir nicht viel Hoffnung. Selbst wenn sie Prinzessin Hastig geheißen hätte, wäre es ein ganz schönes Stück Arbeit gewesen. Andererseits könnte ich ja übernachten …

Während ich den Kühlschrank die buckelige Schotterpiste hochzog, die zu der Königsresidenz führte, beschloss ich, außer die Prinzessin würde mich umstimmen, mit Rory McClafferty zurückzufahren. Die Sonne strahlte noch immer, aber von der Insel ging eine Trostlosigkeit aus, die alles andere war als die Einladung, ein bisschen zu bleiben und das Leben zu genießen.

Ein Mann in einer Arbeitshose, der wie ein Statist aus *Die Waltons* aussah, bestätigte mir, dass ich den Anweisungen des alten Mannes richtig gefolgt war.

»Das stimmt. Er wohnt gleich dort drüben«, erklärte er stolz.

Falls König dieser Insel zu sein überhaupt irgendwelche Vorteile mit sich brachte, dann gehörte der, eine besonders gute Behausung zur Verfügung gestellt zu bekommen, nicht dazu. Ich blickte auf einen weißen Bungalow, den einiges von einem Palast unterschied. Ich klopfte an die Tür, und Sekunden später erschien ein untersetzter, robust wirkender Mann mit einem blonden Schnurrbart und einer spitz zulaufenden Mütze anstelle einer Krone.

»Hallo, sind Sie Patsy?«

»Ja, das bin ich.«

»Patsy, ich bin Tony Hawks.«

»Ah – failte, failte!«

Ich vermutete, dass »failte« das gälische Wort für »Willkommen!« war, aber es hätte genauso gut »Verschwinde!« heißen können. Falls dem so war, muss Patsy von meiner schlagfertigen Replik beeindruckt gewesen sein: »Danke.«

Mutig fuhr ich fort. »Ich habe Blumen für Ihre Tochter dabei, denn sie ist eine Prinzessin, und Prinzessinnen haben Blumen verdient.«

»O je. Sie ist nicht auf der Insel. Sie ist heute Morgen gefahren und bleibt ein paar Tage auf dem Festland.«

Man sagt, dass Timing das Geheimnis einer guten Komödie ist. Es kann auch auf anderen Gebieten von Vorteil sein.

»Sie wäre hier gewesen, aber sie ist mit Patrick Robinson mitgefahren, weil die Amerikaner früher zurückwollten«, erläuterte Patsy.

Das entschied es. Ich würde mit Rory fahren.

»Nun, dann kriegen Sie die Blumen, Patsy. Oder geben Sie sie Ihrer Frau. Die Königin soll sie haben.«

»Du meine Güte, danke. Vielen Dank.«

»Es ist schade, dass Ihre Tochter nicht hier ist. Ich hatte gehofft, sie zu heiraten und ein Prinz zu werden.«

»Du meine Güte, nun, ich glaube nicht, dass das so einfach wäre. Sie würden eine Menge reden müssen. Und dann die vielen Sitzungen und so weiter. Wollen Sie eine Tasse Tee?«

Ich hatte das Gefühl, dass mir diese ersatzweise angeboten wurde.

»Ich habe nur Zeit für ein schnelles Tässchen, dann muss ich wieder runter zum Pier, sonst fährt das Boot ohne mich los.« Und so tranken wir den Tee in der engen Küche des Palasts und verwendeten fünf Minuten darauf, uns in herzlicher Atmosphäre über das Leben der Insulaner und deren Kampf, auf Tory bleiben zu dürfen, zu unterhalten, denn in den 70er und 80er Jahren tat die irische Regierung ihr Möglichstes, um sie zum Verlassen ihrer Heimat zu bewegen. Noch vor nicht allzu langer Zeit hatten die Straßen über offene Abwasserrinnen verfügt, und heißes Wasser und Elektrizität waren Errungenschaften der letzten zwanzig Jahre. Wir sprachen darüber, wie Patsy Dan König geworden war. Die Geschichte war die, dass nach dem Tod des letzten Königs dessen Sohn das Amt abgelehnt hatte, weil es zu viel Verantwortung mit sich brachte. Patsy hatte den Posten vor allem deshalb bekommen, weil niemand sonst auf der Insel ihn haben wollte. Keine langwierigen, blutigen Auseinandersetzungen, stattdessen ein Haufen gefälschter Atteste und immer neue Versionen von Ausreden, die man seit jeher benutzt hat, um sich in der Schule zu drücken, und die hier schlau variiert wurden, um dem Thron zu entgehen: »Es wäre mir eine Ehre, König zu werden, aber ich habe eine Warze, und außerdem erlaubt mir meine Mutter nicht, etwas Metallisches wie eine Krone auf dem Kopf zu tragen, weil ich davon Migräne kriege.«

Bei mehreren Gelegenheiten beugte sich Patsy zu mir, um einen Punkt besonders zu betonen, und ein Hauch von seinem Atem verriet mir, dass seine Vorliebe einem etwas stärkeren Getränk als Tee galt. Ich schaute auf die Uhr und staunte, dass ich schon soviel Alkohol in seinem Atem riechen konnte, obwohl es erst zwanzig nach eins war. Zwanzig nach eins! Ich musste los. Ich sprang auf, und mein Magen stieß ein lautes Grummeln aus, fast so, als wolle er ein gleichgültiges Hirn daran erinnern, dass er eher ziemlich bald etwas Essen brauchen würde. Als mir klar wurde, dass zwei weitere Stunden auf See unmittelbar vor mir lagen, ließ ich den Blick über die Arbeitsplatte der Küche streifen, bis er an einer Obstschale hängen blieb.

»Könnte ich vielleicht einen Ihrer Äpfel haben?«, fragte ich den König. (Ich möchte mich für diesen letzten Satz entschuldigen, der wie ein Zitat aus einem Kinderbuch klingt, aber genau das waren meine Worte.)

»Du meine Güte, ja, bedienen Sie sich!«

Ich nahm einen Apfel, der sich wie der Inbegriff all dessen, was ich hier erreicht hatte, anfühlte. Ich entschuldigte mich für meinen lächerlich kurzen Aufenthalt, und Patsy entschuldigte sich dafür, dass er mich nicht bei meiner Ankunft am Pier empfangen hatte. Wir posierten rasch für ein Selbstauslöserfoto vor dem Palast, aber unser endgültiger Abschied wurde aufgeschoben, denn Patsy bestand darauf, mich zum Boot zu bringen, und nahm es auf sich, den Kühlschrank für mich zu ziehen, damit ich mich, wie er sich ausdrückte, »von ihm erholen« konnte. Er war von Bewunderung für mein Kühlschrank-Abenteuer erfüllt, und das vor allem deshalb, weil er, obwohl ich es ihm zweimal auszureden versucht hatte, überzeugt war, dass ich um Irland herum*wanderte*. Als wenn ich mich je auf so eine blödsinnige Unternehmung eingelassen hätte!

Während der Kühlschrank zufrieden den Hügel zum Meer

hinabratterte, freute ich mich darüber, wie die Audienz beim König verlaufen war. Sie war beträchtlich erfolgreicher gewesen als meine erste Begegnung mit jemandem von königlichem Geblüt, und außerdem hatte ich auch noch einen Apfel bekommen. Einen Apfel von der königlichen Tafel. Ich bedauerte nur, dass meine Unterredung mit dem König sich, was die Kürze betraf, fast mit der messen konnte, die ich mit dem Prinzen geführt hatte. Am Kai signalisierte ein riesiger Steinhaufen, dass die Abfahrt des Boots kurz bevorstand.

Patsy schüttelte mir die Hand und äußerte seine denkwürdigsten Worte: »Wissen Sie, Tony, ich mag zwar der ärmste König der Erde sein, aber ich bin glücklich.«

Das klang gut und ziemlich tiefsinnig. Selbstverständlich könnte es sein, dass das nur eine Phrase war, die er für Touristen aufsagte, und die Wahrheit sah vielleicht ganz anders aus, aber als das Boot aus dem Hafen auslief und er lächelnd am Pier stand und winkte, fiel es mir nicht schwer zu glauben, dass er es besser als andere verstand, mit dem Leben, der Liebe und der Monarchie umzugehen.

Fünfte Reise: Ausflüge nach Ulster

Hugh Shearman

Ulster

Der Name Ulster ist ein schwieriger und umstrittener Name, und das nicht nur, weil er sich in den Köpfen der Menschen jahrelang mit der sogenannten »Ulster-Frage« verband, sondern auch deshalb, weil er zu verschiedenen Zeiten in der Geschichte ganz unterschiedlich große Gebiete bezeichnete. Gewiss, seit Jahrhunderten ist Ulster eine Region im Norden oder Nordosten von Irland, und es war stets die Heimat eines besonderen Menschenschlages; aber der anerkannte Grenzverlauf dieser Gegend hat sich immer wieder stark geändert.

Den frühesten Bericht über das einstige Uladh findet man in der alten Legende vom »Táin Bó Cualgne«, dem Rinderraub von Cooley, die uns ein Bild von Ulster zu Beginn des christlichen Zeitalters gibt. Diese Geschichte erzählt davon, dass Irland zu dieser Zeit aus fünf Königreichen bestand, von denen Ulster das größte war, ein Reich, das das gesamte nördliche Irland umfasste und sich im Süden bis zum Boyne und weit im Westen bis zum Shannon erstreckte. Etwa drei Jahrhunderte später ist das Königreich Uladh jedoch kaum noch größer als die heutigen Grafschaften Down und Antrim. Zu Beginn des fünften Jahrhunderts n. Chr. entsteht dann durch weitere Verschiebungen im Machtgefüge zwischen den irischen Fürsten ein neues Königreich Uladh.

Während der Zeit der Wikingereinfälle erhielt der Name Uladh seine germanische Endung und lautet seither Ulster.

Viele Jahrhunderte lang war Ulster zwar als eigene Region

anerkannt, aber es war keineswegs immer klar, wo es genau endete und eine andere Provinz begann. Endlich beschlossen unter der Herrschaft von Königin Elisabeth einige englische Hofbeamte, die Sache in die Hand zu nehmen. Völlig willkürlich und allein im Hinblick auf das, was der Bequemlichkeit, Machtausübung und Verwaltung diente, legten sie einen Grenzverlauf fest und bestimmten, dass die Provinz Ulster aus den heutigen neun Grafschaften Antrim, Down, Londonderry (die damals noch Coleraine hieß), Armagh, Tyrone, Fermanagh, Donegal und Monaghan bestehe, zu denen einige Jahre später noch Cavan hinzugefügt wurde. Diese Festschreibung Ulsters als einer eigenständigen Provinz wirkte sich während der folgenden Jahrhunderte in der Verwaltung kaum aus; und die Aufteilung Irlands in Provinzen war lange Zeit nur insofern von Bedeutung, als sie es ermöglichte, Fußballspiele und Ähnliches zwischen verschiedenen Provinzen auszutragen. Die Grenze von Ulster stellte zwar in gewisser Weise auch die einer bestimmten Bevölkerungsgruppe dar, aber nur ganz ungefähr.

Im Laufe der Zeit hat man das Ulster der neun Grafschaften fälschlicherweise mit dem Uladh früherer Zeiten, dessen Grenzen ganz anders verliefen, gleichgesetzt. Es kommt häufig vor, dass Leute, wenn sie über jene neun Grafschaften reden oder schreiben, die einmal von einer kleinen Gruppe englischer Beamter abgegrenzt und mit dem Namen »Ulster« versehen wurden, so tun, als handele es sich dabei um »die alte Provinz Ulster«. Indem man deren ehrwürdige und beinahe heilige Qualitäten zu Unrecht auf dieses in ganz bestimmter Weise definierte Ulster überträgt, benutzt man sie, um zwei völlig gegensätzliche politische Argumente zu untermauern. Das ist der Grund, weshalb ich so nachdrücklich auf das hinweise, was sich wirklich ereignet hat. Mir geht es nicht um Politik; und obwohl diese englischen Beamten von damals es auf ihre Weise sicherlich gut meinten, waren sie doch hartgesottene Burschen, denen das alte Uladh völlig gleichgültig war und deren Entscheidung über den Grenzverlauf für uns, die wir klären wollen, was Ulster wirklich ist, nicht mehr Gewicht besitzt als die Schlussfolgerungen oder Meinungen anderer Leute.

Und jetzt, heute, und während des letzten Vierteljahrhunderts hat sich die Bedeutung des Namens Ulster noch einmal verändert. Er ist praktisch gleichbedeutend mit den sechs Grafschaften von Nordirland, jenem Teil Irlands, der ein Teil des Vereinigten Königreichs geblieben ist, während der Irische Freistaat oder Eire oder die Republik Irland ein selbständiger Staat geworden ist. Für bestimmte sportliche Wettkämpfe zwischen den Provinzen und eine Reihe anderer privater Zwecke werden jedoch die alten Provinzgrenzen, darunter auch die des Ulster der neun Grafschaften, weiterhin benutzt.

Colum McCann

Cathals See

Ein trauriger Sonntag ist das, wenn man schon wieder einen Schwan in der Erde suchen muß. Das Radio knistert und bringt Cathal die Todesnachricht, gerade als er im Bett liegt und kräftig an einer Zigarette zieht. Er seufzt.

Vierzehn Jahre auf dieser Erde, der Junge, und wahrscheinlich nicht mal alt genug, sich zu rasieren. Vielleicht hatte er eine Mähne wie ein Weizenfeld. Oder Augen blau wie Drosseleier. Jung, linkisch und schlaksig, vielleicht mit einem Liverpool-Schal vermummt, die Zunge in die Wolle gesteckt, mit einer ungeheuren Obszönität, die aus der Tiefe seines Magens kommt. Eine Flasche voll Benzin in den Händen, im Flaschenhals ein brennender Lappen aus der Küche seiner Mutter. Sein Arm holt gerade zum Wurf aus. Dann ein Plastikgeschoß, das seine Brust rammt, ganze achtzehn Zentimeter mit 160 Stundenkilometern voll auf die Lunge. Die Flasche fliegt dem Jungen aus den Fingern. Zersplittert auf dem Pflaster unter seinem Rücken. Drosseleier zerbrechen, und Reihen von Weizen gehen in Flammen auf. Die Straße plötzlich still und grau, als, zu spät, andere Jungs ihn in Pfützen hin und her rollen, um die Flammen zu löschen. Ein Bus brennt. Eine Taube fliegt mit klatschendem Flügelschlag über die Dächer von Derry, eine Kruste Weißbrot im Schnabel. Rauch zieht in einem Klagelied über das Scheppern von Mülleimerdeckeln und das Heulen der Sirenen. Und später, ein Dutzend weiterer Sträuße, die unnachgiebig in Milchflaschen die Straße hinuntergeworfen werden.

Cathal hustet Schleim hoch, sein Tribut an dieses Bild. Ach, es ist ein trauriger Sonntag, wenn man wieder graben muß, und wo der See dieses Jahr doch schon fast voll ist.

Er langt über seinen Nachttisch und stellt das Radio aus, steigt wankend aus dem Bett, ein großer Farmer mit breiter Brust. Die Zigarette baumelt zwischen seinen Lippen. Während er nackt zum Fenster geht, streicht er sich über das schüttere Haar und stellt sich die graue Straße vor, wo der Regen auf die Wellblechdächer herabrieselt. Eine Menschenmenge versammelt sich, zornig, Gesichter zucken. Der Junge ist noch am Leben in seinem Haus aus verbrannter Haut. Vielleicht ist seine Lunge kollabiert, und eine Krankenschwester beugt sich über ihn. Eine junge Mutter, hysterisch zerlaufene Wimperntusche im Gesicht, drischt die Luft mit seifigen Fäusten, denkt an eine Seite unerledigter Schulaufgaben, die auf dem Küchentisch liegengeblieben ist, neben einer Vase mit verblühenden Ringelblumen. Oder Kapuziner. Oder Gänseblümchen. Eine Nähnadel, mit Tinte an der Spitze, oben in seinem Zimmer, wo der Junge dabei war, sich ein Wort auf die Knöchel zu tätowieren. *Love* oder *Hate* oder *Fuck* oder *Hope.* Die Sirenen peitschen durch den Regen. Die Reifen knirschen über Glassplitter.

Cathal schaudert, zieht die zerschlissene Gardine zur Seite und sieht, wie ein Nieselregen träge durch die Morgenluft auf den See niedergeht, wo seine Schwäne treiben. So viele da draußen dieses Jahr, daß sie in der Luft zusammenstießen, würden sie alle auf einmal die Flügel ausbreiten und aufsteigen, ein Sperrfeuer von Weiß.

Vom Fenster seines Farmhauses hat Cathal gewöhnlich eine meilenweite Sicht – über die gepflügte schwarze Erde, die jadegrünen Felder, die gewundenen Hügelketten, die wogenden Wälder bis hin zu den fernen graubraunen Bergen. Heute, wegen des Regens, kann er gerade mal den See ausmachen, der selbst schon eine Miniaturlandschaft ist – gesäumt von Kastanien und Brombeerbüschen, auf der Nordseite eine drei Meter hohe Böschung, auf der Ostseite ein weiterer Hügel, von dem oft Froschgesang zu hören ist. Der See ist tief und klar, trotz der einsickernden Jauche aus den Feldern, auf denen sein Vieh weidet. Auf der Oberfläche schwimmen die Schwäne, die Hälse tief nach unten gekrümmt, durch das Schilf und die Wasserlilien. Der See ist von der Straße aus nicht zu sehen, auf der, eine halbe Meile entfernt, gelegentlich Verkehr vorbeirumpelt.

Cathal macht das Fenster auf, steckt den Kopf hinaus, läßt die Zigarette fallen und guckt zu, wie sie im feuchten Gras zischt und erlischt. Er sieht noch einmal auf den See.

»Guten Morgen«, ruft er. »Habt ihr noch Platz für einen neuen?«

Die Schwäne treiben weiter, wie Papier, während die Rufe in einem leisen Echo zu ihm zurückkommen. Er hustet wieder, spuckt aus dem Fenster, schließt es, geht zu seinem zerwühlten Bett, zieht seine Unterwäsche an, ein weißes Hemd mit offenem Kragen, einen großen schmutzigen Overall und ein Paar Wollsocken. Er zockelt langsam über den Treppenabsatz und die Treppe hinunter, um sich sein Frühstück zu machen. All diese jungen Männer und Frauen, die da sterben, denkt er, während seine Socken über den Holzboden rutschen. Verdammter Mist.

Und vielleicht war der Soldat, der das Gewehr abgefeuert hat, selbst noch ein Junge. Cathals Schinken brutzelt und knallt, und der Kessel stößt ein leises Pfeifen aus. Vielleicht war sein einziger Wunsch, als er den Jungen mit dem Liverpool-Schal um den Mund herankommen sah, zu Hause zu sein. Dann, als eine Brandbombe durch die Luft geschleudert wurde, hat der Soldat vielleicht bloß an ein einfaches Pint Watney's gedacht. Oder an eine Reihe Wohnsiedlungen in Tyneside, wo er einen Fußball gegen die Mauer kicken konnte. Oder daran, in irgendeiner kleinen Seitengasse von Newcastle eng umschlungen mit seiner Freundin zu stehen. Vielleicht wünschte er sich, seine Haare würden seine Schultern berühren, so wie früher. Oder daß er mit dem Sold vom nächsten Monat etwas afghanisches Hasch kaufen und mit seinen Kumpels in der Kaserne zusammenhocken könnte, Saturnringe zur Decke blasend. Vielleicht waren seine Augen so tief und grün wie Flaschen in einem Keller. Vielleicht lag ein Buch von Wilfred Owen unter seinem Kopfkissen, um die Pfiffe auf dem Stacheldraht zu ergründen. Doch hier war er, ganz schlottrig und zittrig, in Londonderry, mit stechender Schulter vom Rückschlag der Waffe, den Blick zum Himmel gerichtet, und sah eine Rauchsäule aufsteigen.

Cathal nimmt den Schinken mit den Fingern aus dem brutzelnden Fett und schlägt zwei Eier auf. Er gießt sich eine Tasse Tee ein, hustet und hinterläßt einen weiteren Schleimpfropfen im Spülbecken. Das Wetter dieses Weihnachten war gnadenlos gewesen. Stürme, die einem durch Haut und Knochen schneiden, wie eine Sense durch eine Vogelscheuche, haben ihm eine fürchterliche Erkältung beschert. Nicht einmal die Bushmills, die er gestern abend getrunken hat, konnten seine Brust durchpusten. Was für ein schrecklicher Gedanke. Er reibt sich die Brust. Bushmills und Bomben.

Vielleicht, denkt er, hat der Soldat an der Wand über dem Etagenbett in der Kaserne ein Bild von seiner Freundin hängen. Eselsohrig und leicht vergilbt. Aufgeplusterte Haare und ein glutvolles Lächeln, bei dem der Soldat weiche Knie kriegt. Und er, verzweifelt, muß sie anrufen, sagt: »Es war keine Absicht, Schatz. Wir haben bloß versucht, die Menge zu zerstreuen.« Oder vielleicht auch nicht. Vielleicht hat er ein Gesicht wie eine Ratte, Augen dunkel wie Sumpflöcher, hockt in einem Pub, martialisch in seinen schwarzen Stiefeln, man klopft ihm auf die Schulter und lobt ihn, er hebt sein Glas zu einem Toast und sagt: »Habt ihr das gesehen, Jungs? Verdammt guter Schuß, was? Newcastle United 1, Liverpool 0.«

Dieser ganze wundersame Haß. Gott, man kriegt sein Frühstück nicht mehr runter, weil der Bauch schon so voll davon ist. Cathal stippt ein Stückchen Brot in ein flüssiges Eigelb und wischt sich das Kinn ab. Im Hof streiten sich einige Hühner um ein paar Futterreste. Ein Rabe landet auf einem Zaunpfosten unten bei der roten Scheune. Dahinter kauern ein Dutzend Kühe in der Ecke eines Feldes unter einem Baum, Schutz vor dem Regen suchend, der jetzt in Strömen herunterkommt. Mitten auf dem Feld steht Cathals Traktor. Er gab gestern seinen Geist auf, gerade als Cathal ein paar Säcke Hafer, gemähtes Gras und geschroteten Weizen hinunter zu den Schwänen bringen wollte.

Während er sich die letzten Bissen seines Frühstücks in den Mund stopft, beobachtet Cathal, wie die Schwäne eng aneinandergedrängt träge über das Wasser gleiten. Du lieber Gott, da draußen ist wirklich nicht mehr viel Platz übrig dieser Tage.

Er läßt das Frühstücksgeschirr im Spülbecken, schließt die Haustür auf, setzt sich auf einen Holzschemel unter dem Verandadach und zieht mit pfeifendem Atem seine Gummistiefel an. Hin und wieder werden Regentropfen unter die Veranda geweht, und er zurrt die Bänder an seiner Anorakkapuze fest. Wingnut, eine dreibeinige Collie-Hündin, die ihr Vorderbein verlor, als der Traktor drüberfuhr, kommt heran und legt den Kopf in Cathals Kniekehle. Er holt eine Schachtel Zigaretten aus seiner Anoraktasche und zündet sich eine hinter der schützenden Hand an. Höchste Zeit, mit diesen verdammten Dingern aufzuhören, denkt er, während er mit knisternder, glühender Zigarette über den Hof geht. Auf ihren drei Beinen humpelnd, jagt Wingnut die Hühner um einige Pfützen herum.

»Wingnut!«

Die Hündin duckt den Kopf und folgt Cathal zur roten Scheune hinunter. Heu ist in kleinen Ballen aufgestapelt, und die Regale sind mit Futtersäcken vollgestopft. In einer Ecke liegt ein Haufen Traktorteile, und an der Wand türmt sich ein chaotisches Durcheinander von Werkzeugen. Cathal schiebt den Zeh unter den Griff einer Heugabel und läßt sie mit einem Schnicken des Fußes quer durch die Scheune segeln. Dann hebt er ein Stemmeisen auf, lehnt es an die Ecke und schnappt sich seine Lieblingsschaufel mit dem blauen Griff.

Gott, was man jetzt alles tun könnte, wenn man nicht dazu verflucht wäre zu graben. Könnte den Verteiler am Traktor reparieren. Oder den Nordzaun ausbessern. Etwas Petroleum in diesen Fuchsbau gießen und dafür sorgen, daß dieser kleine rotschwänzige Dreckskerl keine Hühner mehr jagt. Oder ganz unten im Südfeld nachsehen, ob das Vieh genügend Ballen hat, um die Kälte zu überstehen. Oder einfach vor dem Kamin sitzen, eine rauchen und fernsehen, wie es jeder anständige Mensch mit fünfundsechzig gerne täte.

Dieses jahrelange Graben. Man könnte seinen Bruder in Australien oder seine Schwester in Amerika erreichen oder sogar seine Eltern im Himmel oder in der Hölle, wenn man dieses ganze Gegrabe zu einem Loch zusammensetzen würde.

»Stimmt's, Wingnut?« Cathal langt hinunter, nimmt Wingnuts Vorderbein und führt sie, die Schaufel unter den Arm geklemmt, aus der Scheune hinaus, lacht, als der Collie bellt.

Er geht wieder über den Hof zurück, die Hündin dicht hinter ihm. Beim Gehen fegt er mit dem Schaufelblatt durch die Pfützen und summt ein Liedchen. Ob sie jetzt wohl gerade über dem Leichnam des armen Jungen singen? Die Verbrennungen sind vielleicht kosmetisch aufgehellt, die herbstfarbenen Haare zurückgekämmt, die Augenlider friedlich geschlossen, der Mund bitter und ernst, die tätowierte Hand diskret bedeckt. Ein Priester meckert, weil er nicht will, daß eine Fahne über den Sarg drapiert wird. Ein schlauer Leichenbestatter sagt, daß der Junge nur das Allerbeste verdient hat. Seidene und goldene Tressen. Freunde schreiben für ihn Gedichte bei symbolischem Kerzenlicht. Die verwelkenden Ringelblumen werden weggeworfen und durch Rosen ersetzt – phantastische Rosen mit vollkommenen Blütenblättern. Lappen werden benutzt, diesmal, um Whiskey vom Tresen zu wischen. Ein Aschenbecher quillt über vor Kippen. Milchflaschen sind sehr beliebt bei den Damen, für ihre Tassen Tee.

Er erreicht die Schneise, der Wind peitscht ihm Regentropfen seitlich ins Gesicht. Cathal spürt, wie die Kälte in seine Knochen sickert, während er um die Furchen und Schlaglöcher herummanövriert, wobei er die Schaufel als Gehstock benutzt. In der Ferne treiben die Schwäne weiter, ohne dem Wetter Beachtung zu schenken. Das Seltsamste bei alldem ist, daß sie sich nie zu streiten scheinen. Aber andererseits singen sie auch nicht. Selbst wenn sie ziehen, der ganze Schwarm, jedes Silvester, hört er nie den Schwanengesang. In einer Fernsehsendung an irgendeinem Abend meinte ein Wissenschaftler, der Schwanengesang sei eine mythologische Erfindung, vielleicht sei es ein paarmal passiert, daß ein Vogel in der Luft abgeschossen wurde, und der aus der Luftröhre entweichende Atem klang für irgendeinen törichten Dichter wie Gesang. Aber wenn es wirklich wahr ist, wenn es wirklich so etwas gibt wie einen Schwanengesang, wäre es dann nicht wunderschön, ihn zu hören? Cathal pfeift durch die Zähne, dann lächelt er. So gäbe es jedenfalls kein verdammtes Graben mehr, und man könnte sich endlich mal ausruhen.

Er entriegelt das Torscharnier, geht um die Schlammpfütze hinter dem Weidenrost herum und stapft weiter aufs Feld. Mit jedem Schritt quatscht Wasser um seine Gummistiefel hoch. Die Vögel auf dem Wasser haben ihn noch nicht bemerkt. Ein paar von ihnen folgen einander in einer Reihe durch das Wasser und wirbeln kleine Wellen auf. Ein großer Schwan, vier Fuß hoch, schlingt seinen Hals um den eines Weibchens, ihre leuchtendgelben Schnäbel sind mit schwarzen Flecken durchsetzt. Langsam greifen sie herum und putzen sich gegenseitig das Gefieder. Cathal lächelt. Da schwimmt sie, die Anna Pavlova, ein Spitzname, den er seinem Lieblingsschwan gegeben hat, ein Junges, das in den ersten Tagen des Jahres, bevor der See so brechend voll wurde, über das Wasser tanzte und Gischtschauer in die Luft spritzte. Andere versammeln sich im Schilf. Eine Gruppe von neun Tieren kauert nah am Ufer, die Hälse zum Himmel hochgereckt.

Will verdammt sein, wenn da noch viel Platz für einen weiteren sein soll – vor allem für einen Jungen, der ein bißchen lebendig sein dürfte. Cathal schüttelt den Kopf und schleudert die Schaufel nach vorn zum Rand des Sees. Sie landet mit dem Blatt zuerst und rutscht dann im Schlamm, schliddert fast ins Wasser. Die Vögel blicken auf und schnattern. Einige fangen an, mit den Flügeln zu schlagen. Wingnut bellt.

»Maul halten, allesamt«, brüllt er. »Laßt mir mal ein bißchen Ruhe und Frieden.«

Er holt die Schaufel und wischt das Blatt an der Hüfttasche seines Overalls ab, zündet sich noch eine Zigarette an und klemmt sie sich zwischen die gelben Zähne. Die meisten Schwäne beruhigen sich wieder, blicken zu ihm hinüber. Aber die älteren, die schon seit Januar da sind, wenden sich ab und lassen sich forttreiben. Wingnut läßt sich auf den Boden nieder, legt den Kopf auf die Vorderpfote. Cathal treibt die Schaufel mit Schwung in den feuchten Boden am Rand des Sees, in der Hoffnung, daß er die richtige Stelle erwischt hat.

Sie haben alle mehr oder weniger die gleiche Größe und Gestalt und das gleiche weiße Gefieder. Das Mädchen, das mit der Scheune in die Luft gesprengt wurde, sieht aus wie eine Zwillingsschwester des Soldaten, der zusammengesackt auf dem Vordersitz eines Saracen gefunden wurde, mit einem faustgroßen, mit einem herzgroßen Loch im Kopf. Und er, der Zwillingsbruder des Jungen aus Cavanagh, der ertrunken in einem Graben gefunden wurde, ein Armalite in der Hand und ein Schilfrohr zwischen den Zähnen. Und er, der Zwillingsbruder der Mutter, die aus Versehen erschossen wurde, als sie ihr Baby im Kinderwagen ausführte. Sie, die Zwillingsschwester des Vaters, der erhängt an einer Eiche gefunden wurde, nachdem er seine Tochter in einem Kleid aus Teer und Federn gesehen hatte. Er, der Zwillingsbruder der drei Soldaten, und zwei Scharfschützen, die sich letzten März gegenseitig ermordeten – mein Gott, war das ein Gezische beim Graben. Und letzte Woche, kurz vor Weihnachten, der alte Mann, der am Straßenrand gefunden wurde, ohne Kniescheiben, neben seinem blauen Fahrrad, das war auch eine grausam schwere Arbeit.

Jetzt sinkt das Blatt leicht in den Boden ein. Er knallt den Fuß auf die Schaufel hinunter. Mit einem Stoß aus der Schulter und etwas Druck von seinen Füßen hebt er den ersten Brocken aus – schwer von Wasser und Grasklumpen –, schleudert ihn nach links, blickt dann nachdenklich auf in den Himmel.

Vielleicht gab's Weihnachtsdekoration in der Kaserne. Lametta, Postkarten, Glöckchen und viele bunte Farben. Die Kiefernnadeln eingesprüht, damit sie nicht abfallen. Ein Soldat, der nichts für Truthahn übrig hat. Ein Soldat, der sich über die Fleischpastete hermacht. Irgend jemand, der über die Mutter aller Flaschen kichert. Ein Junge an einer Straßenecke, der einen dunklen Fleck auf dem Pflaster sieht und einen Vorsatz fürs neue Jahr faßt. Ein Lehrer, der alte Aufsätze durchgeht. Eine Freundin auf einer englischen Promenade, rauchend. Eine Großtante mit riesigen Mengen von Resten. Meldungen in der unteren linken Ecke der Zeitungen.

Ein weiterer Klumpen, der Haufen wird höher. Der Wind weht Cathal hart in den Rücken. Wolken fegen über den Morgenhimmel. Zigarettenrauch strömt Cathal aus Nase und Mund. Unter all der schweren Kleidung fängt er an zu schwitzen. Nach ein paar Minuten drückt er die Kippe in die Erde, holt ein rotes Taschentuch hervor und wischt sich die Stirn, bearbeitet dann wieder die Erde. Sachte jetzt, sonst brichst du dem armen kleinen Kerl noch den zarten Hals.

Als der Haufen hoch aufgetürmt und das Loch einen Meter tief ist, sieht Cathal die Spitze einer weißen Feder. Der feuchte Boden zittert. »Ruhig jetzt«, sagt er. »Sachte. Schlag mir jetzt nicht so wild herum.« Er gräbt weiter, einen tiefen breiten Bogen um den Schwan herum, legt dann die Schaufel auf den Boden und stellt sich breitbeinig am Rand des Loches auf. Über das Loch hinweg zwinkert er Wingnut zu, die dies oft genug gesehen hat, so daß sie gelernt hat, nicht mehr zu bellen. Auf dem See, hinter seinem Rücken, hört er einige Schwäne schreien. Er greift in das Loch hinunter und kratzt mit den Fingernägeln an der Erde herum. Wozu dieses ganze Geschwitze im Regen, in einem sauberen weißen Hemd, wenn es eine Million anderer Dinge zu tun gibt? Der Lehm klumpt sich unter seinen Fingernägeln. Der Vogel liegt seitlich im Boden.

Er greift nach unten und um den Körper herum, lockert die Erde noch etwas mehr, aber nicht so viel, daß die Flügel schlagen können. Ein kräftiger Schlag mit einem von den Dingern kann einem den Arm brechen. Er legt dem Tier die Hände auf den Bauch und spürt das Herz flattern. Dann kratzt er noch etwas Erde um die schwimmhäutigen Beine herum weg. Ganz behutsam gräbt Cathal einen Tunnel, aus dem er Hals und Kopf herausziehen kann. Als die Erde locker genug ist, hebt er den langen gewundenen Hals heraus und packt ihn mit einer Hand. »Fang mir jetzt nicht an zu zischen.« Er läßt die andere Hand um den Körper gleiten. Geschickt hebt er den Schwan aus der Erde heraus, legt eines der beiden Beine gegen den Flügel, drückt den anderen Flügel dicht an die Brust. Er hebt den Schwan in die Luft und wirft ihn dann von sich.

»Los jetzt, du kleiner Emporkömmling.«

Cathal hockt auf dem Rand der Grube, läßt die Gummistiefel herabbaumeln und beobachtet, wie herrlich der Schwan über dem See auffliegt, Erde von den Flügeln schüttelnd, merkwürdig und schön, und nach einem Platz zum Landen Ausschau hält. Er beobachtet, wie die anderen Schwäne Platz machen, gleiten, wobei ihre Flügel knirschend aneinanderreiben. Das Neugeborene läßt sich auf einem kleinen Fleck Wasser an der Ostseite des Sees nieder.

Irgendwo mitten in einer Wohnsiedlung stopft eine Mutter Kleider in schwarze Plastiksäcke. Ihr Mund zittert. Im Treppenhaus vor der Haustür sind neue Graffiti an der Wand. Von einer Schlafzimmerwand werden Bilder von Fußballern heruntergenommen. Eine Nähnadel wird in einen leeren Mülleimer geworfen, wo sie klappert. Draußen machen sich Zeitungsreporter Stenonotizen in kleine Ringbücher. Kameras laufen auf Akkubetrieb. Irgend jemand denkt daran, Zucker ins Wasser zu tun, damit die Blumen länger halten. Ein weiterer Mann, mit einer flachen Mütze, gräbt. Ein Soldat ruft seine Freundin an. Oder schnitzt eine Kerbe. Schwäne singen nicht, nur wenn sie ganz weit oben abgeschossen werden, oben, in der Luft. Ihre Luftröhren pfeifen. Das ist bekannt.

Cathal zündet sich seine letzte Zigarette an und denkt daran, wie, in zwei Tagen, der ganze Schwarm wegfliegt und das Graben wohl wieder von vorne losgehen wird. Scheiß drauf, was soll's. Jeder hat seinen eigenen Fluch. Cathal winkt seinen Hund zu sich, hebt die Schaufel auf, stemmt sich dann in seinen grünen Gummistiefeln heimwärts in Richtung Farmhaus. Beim Gehen springen Schlammspritzer hinten auf seinen Anorak. Rauchspiralen wehen ihm aus dem Mund. Er bemerkt, daß der Zaunpfosten in der hinteren Ecke des Feldes schief steht, etwas bedudelt. Das muß repariert werden, denkt er, während der Regen in Böen heruntergepeitscht kommt.

Robert McLiam Wilson

Eureka Street, Belfast

Rosemary Daye kaute blasenschlagend den dritten Nikotinkaugummi des Tages. In den ganzen letzten drei Wochen hatte sie nur zwei Zigaretten geraucht. Beide, als sie sich mit Sean auf einen Drink getroffen hatte. Ein neuer Freund, das war immerhin ein Grund, hatte sie sich gedacht. Bei der zweiten Verabredung war sie so nervös gewesen, daß die Zigarette, die er ihr anbot, ihr half, sich in jene mondäne Aura zu hüllen, mit der sie ihn blenden wollte. Inzwischen wußte sie, daß sie sich diese Mühe hätte sparen können. Inzwischen wußte sie, wie herrlich verblendet er auch so schon gewesen war. Sie hatte ihr buntes Baumwollkleid angehabt, und als sie es langsam abgestreift hatte, da hatte er richtig gewinselt.

Die matte Sonne wärmte ihr fast schon die Haut, als sie daran dachte. Sie überquerte die Royal Avenue und ging in ihre Lieblingsboutique. Dort lümmelten elegante Mädchen herum. Sie stöberte zerstreut. Er war zu teuer, und sie wußte gar nicht so recht, ob er ihr gefiel, sie probierte ihn trotzdem an, den grünen, knielangen Leinenrock. Was Sean über ihre Hüften gesagt hatte – seine durch den Augenschein bestätigte Ehrlichkeit –, sie wurde jetzt noch rot, wenn sie daran dachte. Als sie sich den Rock vor einem halbhohen Spiegel zurechtzupfte, merkte sie, daß er unterm Bauch bereits die ersten Knitter hatte. Vor einer Woche wäre sie sich darin noch wie eine Birne vorgekommen. Jetzt schrieb sie, noch ehe sie wieder in ihre eigenen Sachen geschlüpft war, munter den gepfefferten Betrag auf den Scheck. Sie wußte, dieser Rock, diese Knitter, das brächte ihn zum Weinen.

Als sie bezahlte, lächelte die Verkäuferin sie an, und Rosemary fragte sich, ob das Mädchen Gedanken lesen konnte. Ihre Fröhlichkeit hatte etwas Intuitives, etwas Konspiratives. Sie fragte sich, ob diese Kleine, ein hübsches Ding übrigens, wohl jemanden hatte, der sie ebenso anbetete, wie sie von Sean angebetet wurde. Sinnlos, aber verschwenderisch; sie wünschte es ihr.

Als sie auf die Straße trat, war es zwar noch sonnig, aber nicht mehr so warm. Ihre Laune wurde immer besser, sie schwenkte sogar die Hüften beim Gehen, nicht sehr, aber durchaus spürbar.

Sie überlegte, warum sie ihn vor heute nacht nicht schön gefunden hatte. Jetzt hätte sie ihm am liebsten sein Lächeln vom Gesicht gelutscht. Wenn sie an seine breiten Zahnreihen dachte, an die winzige Lücke vorn zwischen den Schneidezähnen, an sein kräftiges Kinn, wo die Haut dunkel war von den darunter sprießenden Bartstoppeln, kriegte sie tief innen so ein komisches Gefühl, und ihr wurde ganz heiß.

In einem dunklen Schaufenster lächelte sie sich zu. Mechan's Schönheitssalon. Rosemary betrachtete sich oft in diesem Fenster. Rosemary betrachtete sich überhaupt oft in Schaufenstern. Es gab nur wenige Fußgängerrouten in der Stadt, die Rosemary nicht anhand der spiegelnden Oberflächen hätte beschreiben können, die es dort in regelmäßigen Abständen gab. Sie hatte einen Stadtplan, dessen Wegmarken die Orte waren, an denen sie ihr eigenes Spiegelbild betrachten konnte. Dunkle Schaufenster, schummrige Ladenfassaden, sogar parkende Autos. Rosemary fühlte sich nicht wohl, wenn sie mehr als zwei-, dreihundert Meter laufen mußte, ohne ihr Aussehen prüfen zu können.

Das war keine Eitelkeit. Es war Sorge. Rosemarys Haare hatten ihr Leben beherrscht, seit sie dreizehn war. Diese eigensinnigen, unbezähmbaren Haare konnten sie so unglücklich machen wie sonst nichts auf der Welt. Jahrelang hatte sie Unsummen für Haarschneiden und Haarpflege ausgegeben und für Frisuren, die sie sich in den teuersten Szenesalons machen ließ. Sie hatte andere Frauen und deren Haar studiert, sie hatte sich ausgerechnet, was die für Probleme und für Friseurkosten hatten. Wenn sie mit ihrem Wagen hinter einem Auto herfuhr, in dem mehrere Frauen saßen, konnte sie fast auf den Penny genau sagen, wieviel die alle zusammen pro Jahr in ihre Trichozyten investierten.

Seit ein paar Jahren hatte sie ihre Haare mehr oder minder im Griff. Sie hatte die Schlacht gewonnen, dank eines elektrischen Glättungsapparats und eines geheimnisvollen, nach dem Waschen anzuwendenden, offenbar kräftigend wirkenden Pflegebalsams. Zwar sah ihre Haartracht noch oft genug wie eine aus der Mode gekommene Stewardessenfrisur aus, und die Tage, an denen ihre Haare nicht liegen wollten, waren für sie immer die schlimmsten, aber es war schon ein Fortschritt zu verzeichnen.

Trotzdem hatte sie nach wie vor die Angewohnheit, sich prüfend in irgendwelchen Fenstern zu betrachten. Sie stellte fest, daß sie nicht die einzige war. Auch andere Frauen kontrollierten regelmäßig ihr ätherisches Selbst in solchen Ersatzspiegeln, und Männer taten es anscheinend noch öfter als Frauen. Sogar die häßlichen, feisten Männer schauten stur alle paar Schritte wieder ins eigene Spiegelbild. Die attraktiveren Männer taten es mit einer Mischung aus Verlegenheit und Faszination, die häßlichen, feisten Männer aber betrachteten sich völlig unvoreingenommen und mit sichtlichem Wohlgefallen. Rosemary selbst war erst seit kurzem mit ihrem Spiegelbild zufrieden. Sie fing an, sich zu mögen. Sie fing an zu denken, daß sie, wenn sie ein Mann wäre, eine Frau wie sie gewiß nicht von der Bettkante geschubst hätte. Sie war sechsundzwanzig. Es wurde langsam Zeit.

Als sie sich in der breiten Royal Avenue umsah, kam es ihr auf einmal so vor, als ob die Straße von Männern wimmelte, die sie begehrten, und dieses Begehren war anders als die unangenehme, erniedrigende Gier, die sie früher erlebt hatte. Es war, als hätte Sean eine Welt entfesselt oder enthüllt, die voll war von gutem Begehren, von verschwenderischem Begehren. Der Mensch hat nun einmal den Drang, mit seinem Fleisch das Fleisch eines anderen zu berühren, warme Haut an warmer Haut. Was sollte daran schlecht sein?

Rosemary ging über die Straße; sie lächelte einem Mann zu, der keine Notiz von ihr genommen hatte. Da sah er sie an, erfreut und verwirrt ob der Wärme und Offenheit ihres Lächelns.

Es war Viertel nach eins. Noch fünfzehn Minuten, dann mußte sie wieder an die Arbeit, zurück zu den mageren Freuden des Versicherungswesens. Zum erstenmal seit drei Jahren hatte sie richtig Sehnsucht nach ihrem Büro mit seinem milchigen Zwielicht und seiner einschläfernden Wärme. Ein Nachmittag mit ein paar vereinzelten Telefonaten, ohne große Anstrengungen. Sie würde sich die Schuhe abstreifen und mit den nackten Zehen den warmen Teppich unter ihrem Schreibtisch kneten – es war das erste Mal in diesem Jahr, daß sie keine Strumpfhosen trug, und sie hatte erfreut zur Kenntnis genommen, wie wenige Frauen das an diesem sonnenarmen Tag riskiert hatten. Sie würde reichlich Zeit haben, an Sean zu denken, an seine harte/weiche Haut und an die Zukunft, die sie vielleicht vor sich hatten.

Sie nahm die Abkürzung durch die Queen's Arcade und tauchte ein in den Halbschatten der spärlich überdachten, mannsbreiten Gasse, die sie eigentlich furchtbar kitschig fand und die ihr heute prächtig vorkam und wie verwandelt. Ihre noch längst nicht auf dem Höhepunkt angelangte Laune stieg und stieg. Sie wünschte sich, daß dieses Gefühl bis an ihr Lebensende dauern sollte.

Sie fühlte sich, als hätte er jeden Millimeter ihres Leibes mit seinen Küssen bedeckt. Er war ihr Fünfter. *Oh, laß mich dein Fünfter sein,* hatte er sie angefleht, als sie ihm erzählt hatte, daß sie schon mit vier anderen Männern geschlafen hatte. Noch nie war einer so zärtlich gewesen, so dankbar. Als sie an sein atemloses Schweigen zurückdachte, an seine reine, verzückte Dankbarkeit, wäre sie beinahe mitten in der Arkade gestolpert, und abermals breitete sich in ihrem Bauch diese Hitze aus und dieses feuchte Gefühl.

Sie hatte nicht über Nacht bleiben wollen, und als er sagte, er würde sie anrufen, hatte sie nicht gelächelt. Es hatte sie geschmerzt, dieses »Ich ruf dich an«, weil es die ganze schöne Stimmung zunichte gemacht hatte. Von all den Worten, die er gesagt hatte, waren dies die einzigen, die sie schon öfter gehört hatte. Doch als sie dann im Auto saß und nach Hause fuhr, war sie wieder zur Vernunft gekommen und hatte sich gesagt, nimm's nicht so schwer. Männer sind halt so. Wütend müßtest du sein, nicht dich schämen. Doch als sie heimkam und Orla, ihre mürrische Mitbewohnerin, ihr kurz und knapp vermeldete, es habe gerade ein gewisser Sean für sie angerufen, nachts um halb drei (!), da konnte sie ihre Freude nicht verbergen. Orla sagte, er sei anscheinend betrunken gewesen, doch Rosemary wußte, daß er nichts getrunken hatte – nichts als sie. Orla ging wütend wieder ins Bett, und Rosemary rief ihn zurück. Seine Stimme klang hellwach, aber leise, und er hörte sich tatsächlich berauscht an. Er sagte ihr lauter kitschige Sachen, daß sein Bett viel zu groß sei ohne sie und daß er beim Anblick ihrer Hüften das Gefühl gehabt hätte, jetzt könnte er in Frieden sterben. Das war vielleicht nicht viel, aber es genügte ihr.

Sie tauchte wieder auf aus dem Dunkel der Queen's Arcade. Ein dunstiges Wolkenband hatte sich verzogen, die Sonne schien wärmer, und sie spürte die Hitze auf ihrem auch so schon heißen Gesicht. Ihr Fleisch war wundervoll warm. Sie dachte, daß ihr nie wieder kalt werden könnte. Ihr war, als sei jeder Zoll ihres lebendigen, atmenden Leibes aufgewühlt von Glut, von einem langsamen, wohltuenden Brand.

Das Licht des Fountain Place brachte sie wieder leidlich zur Besinnung. Sie hatte so viel Zeit mit Herumschlendern und Röckekaufen vertan, daß sie ganz vergessen hatte, etwas zu Mittag zu essen. Jetzt mußte sie sich eilen. Sie steuerte den kleinen Sandwichshop an, in den sie immer ging. An der Tür blieb sie stehen und ließ einen gutaussehenden, leicht verlotterten jungen Mann im grünen Anzug vorbei. Verdutzt ob der Röte, die ihr Gesicht und ihren Hals überflog, lächelte er kokett und hielt ihr mit halbwegs galanter Miene die Tür auf. Sie griente glücklich und schlüpfte unter seinem Arm hindurch. Sie drehte sich um, murmelte ein Dankeschön und hörte auf zu sein.

Eine der Vitrinen flog größtenteils in ihre Richtung. Das Ding war schon zu Bruch gegangen, ehe es sie traf, doch die Granatsplitter und die Glasscherben waren immer noch groß genug, um sie auf der Stelle zu töten. Eine Glasplatte hatte ihr den linken Arm abgerissen, und ein verbogener Metallrost hatte ihr fast völlig den Kopf und das Gesicht zerschmettert. Der Stahlrahmen der großen, dreiteiligen Vitrine zerschnitt ihre kürzlich noch gepriesenen Hüften oder rahmte sie ein, und ein paar schwere Glaskrüge krachten ihr auf Brustkorb und Magen und zermalmten die wichtigsten Organe. Ja, und eine Glasscherbe von beträchtlicher Größe zerriß ihr das Zwerchfell und quetschte die Hälfte ihrer Innereien durch das große Loch, das in ihrem Rücken klaffte.

Der junge Mann, der ihr die Tür aufgehalten hatte – er war vierunddreißig, hatte aber immer noch eine faltenlose Haut und dichtes Haar und wurde stets jünger geschätzt, als er war, was ihn mit Anfang Zwanzig geärgert hatte, ihn jetzt aber freute, wo er sah, daß seine alten Schulkollegen verheiratet oder kahl geworden waren, während er nach wie vor lässig mit zehn Jahre jüngeren Mädchen flirten konnte –, war ebenfalls tot, obwohl es fast zwanzig Sekunden gedauert hatte, bis er aufhörte zu sein. Ein Stück von der Vitrine hatte ihm ein Bein komplett abgetrennt und ihm Geschlecht und Becken verstümmelt. Glas von der Tür hatte ihm das Gesicht zerfetzt, die Nase abgerissen und das Gehirn durchbohrt. Sein Name war Martin O'Hare. Er war zur Schule gegangen. Er hatte Dickens gelesen, *Große Erwartungen*, und Astronom werden wollen. Er hatte die Menschen geliebt und war von den Menschen geliebt worden. Auch er hatte eine Geschichte.

Im Innern des Sandwichshops (wie unglamourös, wie prachtlos – in Nordirland legt man keinen Wert auf dramatische Mordschauplätze, da genügen Gassen, Eckläden, Wettbüros, Sandwichbuden, fahrbare Kioske, das letzte Pub, verrufene Tanzschuppen, irgendwelche Wände, bekrakelte und unbekrakelte) hörte Kevin McCafferty auf zu sein. Kevin hatte gerade einem Geschäftsmann mittleren Alters, der ihm unsympathisch war, ein Baguette mit Salat und Schinken serviert, Flora drunter, keine Butter. Kevin war schlecht bezahlt, hatte aber noch einen zweiten Job, damit er über die Runden kam. Er sang in einer Band, die ihren Namen bei jedem Gig änderte, mit anderen Worten: einmal im Monat. Im Grunde machte er sich nichts aus Musik, und er wußte auch, daß er nicht singen konnte. Aber so konnte er die Haare lang tragen, Mädchen aufreißen und vielleicht sogar eines Tages im Fernsehen sein, was sein sehnlichster Wunsch war.

(Ein halbes Jahr später sollte Kevin dieser Wunsch erfüllt werden, als nämlich eine unabhängige Filmgesellschaft auf Channel 4 eine Dokumentation über die Unruhen ausstrahlte und dabei einige von den Tatortfotos aus der Fountain Street verwendete, die innerhalb der nächsten fünf, sechs Stunden aufgenommen werden sollten. Kevin, der unmittelbar neben der Explosion gestanden hatte, war besonders eindrucksvoll zerstückelt gewesen, und obwohl er keinen Kopf mehr hatte und ihm ein Bein und große Teile des Oberkörpers und des Unterleibs fehlten, war immer noch etwas übrig, woran man erkannte, daß dieser Haufen rohes Fleisch einmal ein Mensch gewesen war. Andere Opfer waren vollkommen zerfetzt, und obwohl die Farbbilder von diesen Menschen [oder, besser gesagt, von den Fetzen] zweifellos schockierend waren, hatte der Regisseur gefunden, daß ihnen die menschliche Dimension fehlte, dieses extrem schockierende Moment, das jener Haufen Hackfleisch in annähernd menschenähnlicher Gestalt besaß, der von Kevin übrig war. Die Beschwerdestelle des Senders erhielt nachher zu dieser Sendung so viele Beschwerdebriefe wie noch zu keiner davor, von Leuten, die so etwas nicht sehen wollten, und von Kevins Mutter, die ebenso unerklärlicher- wie berechtigterweise behauptete, die inneren Organe ihres Sohnes erkannt zu haben, seine freiliegenden Rippen, die Wirbelsäule, sein kopfloses, grotesk verstümmeltes Selbst. Die Frau des Regisseurs verweigerte ihrem Mann daraufhin fast ein Vierteljahr den Beischlaf, und der Tatortfotograf von RUC beging fünf Monate später Selbstmord, wobei nicht ganz sicher ist, ob es da einen Zusammenhang gibt.)

Auch Kevin hatte eine Geschichte.

Natalie Crawford hatte auch eine Geschichte. Sie war erst acht, und darum war ihre Geschichte noch nicht sehr lang und ist für die meisten erwachsenen Leser vielleicht nicht einmal unheimlich interessant (außer natürlich für ihre Eltern, die sie zärtlich liebten), aber normalerweise wäre ihre Geschichte länger geworden, die Personnage hätte sich vergrößert, genauso wie die Zahl der Schauplätze und der Ereignisse. Trotzdem, selbst eine Geschichte von acht Jahren ist zu lang, um so abrupt zu enden. Sie, ihre Schwester Liz – zwölf Jahre alt und schon verliebt in einen Jungen aus Carryduff, der, wie sie hartnäckig behauptete, nicht nur höchst eindrucksvolle Sommersprossen, sondern genau solche Augen wie Brad Pitt hatte – und Margaret, ihre Mutter, diese drei hörten mehr oder minder unisono auf zu sein, als sich das heiße Metall eines explodierten Getränkekühlschranks über ihr weiches, widerstandsloses Fleisch ergoß.

Die Familie Crawford hatte ihre eigene, kollektive Geschichte. Natürlich raubte der Verlust der drei weiblichen Crawfords dieser Geschichte einen beträchtlichen Teil ihres dynastischen Gewichtes. Hinzu kam, daß Robert, der Ehemann und Vater, wohl das Gefühl hatte, daß der Rest seines persönlichen Romans nicht mehr ganz den Schwung hatte, den er hätte haben sollen. Ohne seine Frau, ohne die Kinder wollte Robert einfach nicht einsehen, daß das Leben weitergehen mußte. Er war nicht bereit, sich mit dem Leben zu befassen. In den ersten Wochen danach hatten die Fernsehteams, die über die trauernden Hinterbliebenen berichteten, seinen Fall genüßlich ausgeschlachtet. Die tote Frau und die zwei kleinen Mädchen – eine tolle Story. In den folgenden Monaten, als Robert, dieser sture Kerl, sich rundheraus weigerte, sich zu trösten oder wieder glücklich zu sein, machten die Fernsehteams einen Bogen um ihn. Seine leidenschaftliche Trauer, sein Mangel an Entwicklung, seine weder vernünftige noch telegene Weigerung zu verzeihen, all das war keine so tolle Story mehr.

Roberts größter Kummer war, daß seine Frau überhaupt nicht mit den Kindern in die Fountain Street gegangen wäre, wenn er und Margaret sich nicht so furchtbar gezankt hätten, weil er nie den Abwasch machte. Wieder einmal war der in zehn Jahren Ehe angestaute Groll mit voller Wucht aufgebrochen, und Margaret war mit den beiden Kindern in die Stadt gerannt, um zu weinen, zu schmollen und getötet zu werden.

Robert konnte sich nie daran gewöhnen, wie weh es tat; er hörte nie auf, darüber zu staunen, wie ungestüm und grenzenlos seine Trauer war. Mitten in der Nacht riß sie ihn aus dem Schlaf. Er brauchte nicht von ihr zu träumen: Sie lag wie eine Kruste auf seinem Denken, dem bewußten und dem unbewußten, ein gewaltiger Schmerz, für den er keinen Platz hatte und der dennoch in ihm wucherte wie ein obszönes Gewächs, das sich in seinem Leib ausbreitete. Als er nach der Explosion zum erstenmal wieder masturbierte, drei Monate danach, hatte er sich nachher in den Schlaf geweint, tot vor Scham und Schuldgefühl. Es war, als wäre nichts von dem, was er zu tun imstande war, der Würde angemessen, mit der er sich an sie hätte erinnern sollen. Es war, als hätte er sie erst lieben gelernt, nachdem sie zerfetzt worden waren. Die Liebe schnürte ihm ebenso die Kehle zu wie die Trauer. Furchtbare, unbändige Zärtlichkeit, die kein Ziel hatte. Wo sollte er hin mit all der Liebe, mit der sie sein Gefühl erfüllten, seit sie tot waren? Er hatte nie gewußt, wie schrecklich, wie zerstörerisch Liebe sein kann.

Roberts Geschichte war kommerziell nicht mehr verwertbar. Er verlor seine Arbeit. Er verlor seine Freunde. Er trank – um sich zu erinnern, nicht, um zu vergessen –, und den Rest seines Lebens regnete es in seinem Herzen.

Kurzum, so führte ein, wie manche sagen, hochexplosives Gemisch aus Geschichte, Politik, unglücklichen Umständen und Sprengstoff zur Detonation einer Zentnerbombe im vorderen Teil eines engen Sandwichshops, in einem geschlossenen Raum also von siebeneinviertel mal vier Metern. Und weil der Raum so klein und der Sprengsatz so groß war, hatte die Explosion eine solche Wucht, daß das zweite Stockwerk vom Vorbau des Hauses fast völlig in die Imbißstube krachte und sich von dort auf die Straße wälzte. In dem Sandwichshop waren vierzehn Menschen. Fünf Menschen befanden sich im Moment des Einsturzes in dem darüber gelegenen Schönheitssalon und zwölf auf der Straße, in unmittelbarer Nähe der herumfliegenden Granatsplitter und des einstürzenden Schönheitssalons. Einunddreißig Menschen, alles in allem, von denen siebzehn sofort oder später aufhörten zu sein und von denen elf so schwer verletzt waren, daß sie ein Glied oder ein Organ verloren.

Auf der gegenüberliegenden Straßenseite, in einer Buchhandlung mit großer Glasfront, wurden ein Wachmann und zwei in Reiseführern blätternde Kunden schwer verletzt durch die Glassplitter der geborstenen Schaufensterscheiben. Der Wachmann verlor ein Auge ganz und auf dem anderen bloß das Augenlicht, während das Gesicht und die Kopfhaut einer Frau mittleren Alters, die sich gerade einen Bildband über Mauritius ansah, für immer verstümmelt wurden. Der zweite Kunde büßte den größten Teil seiner zarten Hals- und Gesichtshaut ein.

Ein Papierkorb, der durch die Kraft der Explosion bis zum Ausgang der Queen's Arcade geschleudert wurde, traf einen Schüler, der dort auf einer der steinernen Bänke saß, und brach ihm so schlimm das Becken, daß er nie wieder richtig laufen können wird.

Viele Menschen hatten Schnittwunden und Kratzer, viele Menschen waren zu Tode erschrocken. Ein paar freiwillige Sanitäter und Sanitäterinnen, die in das Trümmerfeld gestapft waren, als der Rauch und der Staub sich verzogen hatten, erblickten furchtbare, Brechreiz erregende Bilder, die sich wie ein Film über alles legen sollten, was sie von da an im Leben sähen.

In der klirrenden, bohrenden Stille direkt nach der Bombenexplosion herrschte ein paar Augenblicke lang so etwas wie ein grotesker Friede. Die Toten waren tot, viele der Sterbenden waren bewußtlos oder konnten nichts mehr sagen, die meisten Verletzten und Entsetzten waren im Schock oder einfach sehr, sehr überrascht. Denn das Ganze war sehr, sehr überraschend gewesen. Ein banaler, völlig unspektakulärer Ort in der Stadt (irgendein Café, irgendein Laden, irgendeine Kneipe, irgendeine Straße) war Knall und Fall in ein Schlachthaus verwandelt worden. Die am Leben Gebliebenen brauchten ein paar Sekunden, bevor sie begriffen, bevor sie anfingen zu schreien.

Drei Minuten später waren ein paar Polizisten vor Ort. Einige standen oder hockten neben den Verwundeten oder Sterbenden, einige kletterten über die Trümmer, um nach Überlebenden zu suchen, ein besonders intelligenter Polizist drehte sich auf dem Absatz um und lief davon. Nach fünf Minuten waren die ersten Krankenwagen da. Die beiden Sanitäter, die sich für alte Haudegen hielten, gingen ziemlich beherzt hinein; binnen Sekunden standen sie da und kotzten.

Die Erste-Hilfe-Maßnahmen wurden teilweise durch das Zartgefühl der Polizei behindert. Es gehört bei diesen Anschlägen quasi zum guten Ton, daß die Bombenleger ein paar Minuten später einen zweiten oder sogar noch einen dritten Sprengsatz hochgehen lassen, und zwar genau dort, wo sie vermuten, daß die Polizei ihre Sperren errichtet. Die Polizisten und die Feuerwehrleute nahmen sich Zeit, um diese Möglichkeit auszuschließen – dadurch starb ein Opfer aus dem Sandwichshop, das nicht hätte sterben müssen.

Binnen zehn Minuten hatte sich die Zahl der Toten noch weiter erhöht. Immer mehr Sanitäter kämpften mit ihrem Entsetzen, und immer mehr Polizeibeamte und Feuerwehrleute krochen in den Trümmern herum. Etliche Passanten waren einfach zu Boden gesackt wie Kinder, denen schlecht geworden ist, gestaltlose Häufchen, zitternd, stumm.

Nach fünfzehn Minuten hatten die meisten Anwesenden die Situation erfaßt. Das Terrain war abgesperrt worden. Schaulustige und Journalisten wurden zurückgedrängt. Man hatte Bergungstrupps gebildet. Ein Team von Sanitätern nahm die Erstversorgung der Verletzten vor, und für den reibungslosen Ablauf sorgte eine junge Ärztin, die nie erfahren würde, wie ähnlich ihr Rosemary Daye gesehen hatte. Und doch war bemerkenswert, wie viele Menschen sich immer noch weigerten, das Geschehene zu begreifen. Einige der schockierten Schaulustigen saßen da und starrten dumpf auf die Exkremente, die Hautfetzen, das Blut und wollten einfach nicht kapieren, wie politisch das alles war. Ein naiver Feuerwehrmann, der gerade etwas bergen wollte, das wie ein Teil von einem abgetrennten Kopf aussah, war so naiv zu glauben, es handele sich um einen Akt von Sadismus. Eine Frau mit blutüberströmtem Gesicht, die neben der Buchhandlung stand und ihren kleinen Sohn tröstete, hatte keine rechte Vorstellung von den historischen Imperativen, die zu solch einem Ereignis führten. Ein französischer Tourist, der näher an der Castle Street als an der Bombe gewesen war, aber trotzdem ein paar schlimme Kratzer abbekommen hatte, wunderte sich sogar, wieso jemand, der gern möchte, daß die Briten die Iren in Ruhe lassen, diesem Wunsch dadurch Ausdruck verleiht, daß er irische Menschen tötet. Aber das war ein Franzose.

Es herrschte allenthalben ein beklagenswerter Mangel an Einsicht, an Objektivität. Die Betroffenen waren nicht bereit, das Ereignis im richtigen Zusammenhang zu sehen. Und ein paar aufmüpfige Gemüter meinten gar, das sei ein Prozeß, der eine Weile dauern könnte. Hat doch so ein dreifach amputierter Spielverderber tatsächlich ein paar Wochen später in einer Zeitung erklärt, er werde die Menschen, die die Bombe gelegt hatten, nie verstehen und ihnen nie verzeihen können.

Vieles davon ist natürlich mit der Überraschung der Betroffenen zu entschuldigen und teilweise wohl auch mit dem unmittelbaren körperlichen Schmerz, der solch ein Ereignis zu begleiten pflegt; schwieriger dürfte es hingegen sein, der Tatsache auf den Grund zu gehen, weshalb sich einige wenige doch recht standhaft geweigert haben, auf Argumente oder Erklärungen zu hören. Mag sein, daß viele Menschen in solchen Momenten einfach nicht bereit sind, zwischen den Zeilen zu lesen. Mag sein, daß sie den Lügen Glauben schenken, die ihre Augen ihnen erzählen.

Denn die Männer, die die Bombe gelegt hatten, wußten, daß sie nicht schuld waren. Schuld waren ihre Feinde, die Unterdrücker, die einfach nicht das taten, was sie, die Bombenleger, von ihnen verlangten. Sie hatten sie oft genug gebeten, ihnen doch ihren Willen zu lassen. Ohne Erfolg. Dann hatten sie gedroht, daß sie Gewalt anwenden würden, wenn sie nicht ihren Willen bekämen. Als auch das nichts genützt hatte, war ihnen doch schließlich nichts weiter übriggeblieben, als – wenn auch höchst widerwillig – Gewalt anzuwenden. Also lag es auf der Hand, daß sie nicht schuld waren.

Es war die reinste Buddelkastenpolitik. Wenn Julie Suzy haut, haut Suzy nicht etwa Julie zurück, sondern sie haut Sally.

Der Rest des Tages in der Fountain Street war eine lange, langsame Angelegenheit. Die Stunden verrannen, als ob die Explosion die Zeit an sich beschädigt hätte. Die Zeit verging im selben Tempo, das ein Mensch brauchte, um zwischen den Trümmern umherzuwandern. Die Zeit verging wie der Tod.

Sie transportierten die Schwerverletzten ab. Sie transportierten die Leichtverletzten ab. Sie transportierten die Schockpatienten ab. Die Entsetzten transportierten sie nicht ab. Ein Teil der Entsetzten mußte dableiben. Ein Teil der Entsetzten waren sie selber. Die Polizei vernahm die Zeugen. Die Presse interviewte die Polizei. Die Politiker gaben Erklärungen ab. Die Ärzte gaben Erklärungen ab. Es folgte eine Runde entschiedener Verurteilungen und allseitiger Empörung. Nur wenige hielten inne und dachten nach, wie oft sie diese Worte in den letzten zwei Jahrzehnten schon gesagt hatten. Die zugänglichen Leichen wurden weggebracht, und dann wurde es ernst, denn dann begann man mit der Bergung der weniger zugänglichen.

Ernst war das rechte Wort. Was jetzt kam, war eine gezielte und bewußte Exkursion ins Reich der Würde, in den tiefen Ernst. Die Bergungsmannschaft bestand teilweise aus freiwilligen Zivilisten. Da machten sich Männer und Frauen mit einem gesunden Humor ans Werk und erkannten bald, daß ihnen das Lachen ein für allemal vergangen war. Sie fanden so manches. Sie fanden ein beschädigtes Hörgerät, das keinem der Opfer mehr zuzuordnen war. Sie fanden das Menübrett des Sandwichshops, blutverschmiert und in tausend Stücken. Angeblich fanden sie sogar ein komplettes menschliches Gehirn, ganz nackt und bloß. Sie fanden einen unbeschädigten grünen Leinenrock, was sie in Erstaunen versetzte – waren doch alle weiblichen Leichen grauenhaft verstümmelt und ihre Kleider größtenteils in Fetzen –, bis einem guten Beobachter auffiel, daß noch ein großes Preisschild daran hing. Sie fanden Kleidungsstücke, Geldbörsen, Spielzeug, Handtaschen, Mäntel, Schuhe und Stiefel, Menschen, Teile von Menschen, und sie fanden Dinge, die niemand identifizieren konnte.

Ein Mann namens Francis, ein Vater von zwei Kindern, fand ein kleines blaues Etwas; er wußte nicht, was es war. Er wollte es gerade auf den Haufen mit den gefundenen Kleidern werfen, als er bemerkte, daß an diesem Etwas ein Fetzen mit blonden Haaren hing. Das sprengte ihm das Herz, als ob es selber eine Bombe wäre. Entsetzt ließ er das Etwas fallen. Es war ein Stück von einem blauen Hut, an dem ein Stück vom Schädel eines kleinen Mädchens klebte. (Später hat man es als zu einem der größeren Überreste der Natalie Crawford gehörig identifiziert.) Er rief die anderen und setzte sich keuchend auf die Trümmer. Ein paar Feuerwehrleute kamen herbei. Francis zeigte auf das kleine blaue Etwas. Einer der Männer hob es auf. Und einer klopfte ihm auf die Schulter. »Geht's wieder?«

Francis nickte. Er hechelte immer noch wie eine Frau in den Wehen. Nach ein paar Atemzügen ging er wieder an die Arbeit und kletterte von neuem über die Trümmerhaufen. Es wäre besser gewesen, wenn ein alleinstehender Mann das kleine blaue Etwas gefunden hätte, oder wenigstens ein Mann ohne Kinder. Aber Francis hatte nun einmal zwei Töchter und mehr Talent zum Mitleid, als gut war. Wenige Minuten später hielt er sich die Hände vor Mund und Nase und schluchzte wie ein geprügeltes Kind – auch Francis war ein sentimentales Gemüt und hatte keinen rechten Begriff von Geschichte und Politik.

Immer wieder kam es an den Schauplätzen von Bombenanschlägen zu solchem Fehlverhalten. Auch in den beiden Krankenhäusern, in denen man sich mit den Verwundeten und den Todesopfern beschäftigte, war einiges in dieser Art zu beobachten. Die Unfallstation des City Hospital war binnen weniger Minuten das reinste Irrenhaus. Andere, ganz normale Patienten, die mit einem verstauchten Knöchel oder einem Bandscheibenvorfall gekommen waren, rannten von Entsetzen gepackt davon. Im Leichenschauhaus breitete man die Leichen jeweils Stück für Stück aus und setzte sie dann langsam wieder aus den siebzig oder achtzig Pfund nichtidentifizierter Gewebemasse zusammen, die dort hingebracht worden war. Keine leichte Aufgabe, weil so vieles davon verschmort und zerfetzt war. Das menschliche Fleisch ist bekanntlich nur bedingt geeignet, unter solchen Bedingungen unversehrt zu bleiben. Was hatte das Fleisch nur getan, daß es solche Behandlung verdient hatte? Die Sünden des Fleisches mußten sehr schwere Sünden gewesen sein, so, wie dieses Fleisch behandelt worden war.

Auch unter den Polizisten und Polizistinnen, die man losgeschickt hatte, um die Angehörigen der identifizierten Toten zu benachrichtigen, kam es hier und da zu derlei Fehlreaktionen. Es war schon erschreckend, wie widerwillig sie an die Erfüllung dieser Pflicht gingen.

Wirklich professionell verhielten sich nur die Reporter und Kameraleute vor Ort und in den Krankenhäusern. Sie bewiesen wahre Stärke und wahren Arbeitseinsatz. Auf alles richteten sie ihre Kameras und Mikrofone. Ein deutscher Journalist hielt sein Mikrofon sogar einem auf einer Bahre liegenden

Leichnam unter die Nase. Da mußten die einheimischen Journalisten aber lachen. Sie stellten den Toten schon längst keine Fragen mehr.

Um Mitternacht waren die meisten Betroffenen bereits nach Hause gegangen. Die Polizisten, die Sanitäter, die Hinterbliebenen und die Arbeiter, die die Trümmer wegräumen mußten. Für viele von ihnen hatte dieser Tag etwas seltsam Verbindendes gehabt. Und viele von ihnen dachten in jener Nacht, während sie eine Tasse Kaffee tranken oder sich die Zähne putzten oder einen Film sahen oder eine Tür abschlossen: *Merkwürdig, daß ich so was noch tun kann, nach dem, was ich gesehen habe.* Viele hatten ein pelziges Gefühl in ihrem Innern, ein innerliches Jucken. Das war ein völlig ungewohntes Gefühl, das sie sich nicht erklären konnten.

Und es gab noch etwas Verbindendes. All diese Menschen waren um eine Erkenntnis reicher. So wenig sie auch verstanden hatten, so hatten sie doch etwas begriffen, das sie bis dahin nicht gewußt hatten. Manchen hatte dieser Tag einen ganz neuen Respekt vor der Vergänglichkeit des Fleisches beigebracht, manche hatte er etwas über die Möglichkeiten menschlicher Grausamkeit gelehrt, eine Erkenntnis aber war ihnen allen gemeinsam.

Sie hatten alle miteinander gelernt: Aus Revolution fließt Blut, fließen all unsere menschlichen Wasser.

Die Toten der Fountain Street waren Daye, Rosemary (Hüften und Haare); O'Hare, Martin (hoffnungsvoller Astronom); McCafferty, Kevin (arbeitslos, konnte nicht singen); Crawford, Natalie (keine lange Geschichte), Liz (liebte Brad Pitt) und Margaret (haßte Geschirrspülen); Mullen, John (kam nicht mehr dazu, sein Baguette mit Salat und Schinken zu essen); Best, Angie (die Besitzerin, zweiundvierzig Jahre alt, geschieden, zwei Kinder, ein fünfundzwanzigjähriger Liebhaber, mit dem sie gerade Schluß machen wollte); Patterson, William (bin ihm nie begegnet); Soundso, Patrick; eine Frau namens Smith und sechs Menschen ohne Namen. Die Liste ist sinnlos. Die Liste ist bald vergessen.

Mit Namen, ohne Namen. Erinnert, vergessen. Sie alle haben den Trick gemacht, den Tote immer machen. Egal, ob sie sofort starben, ob mehr oder minder sofort, oder ob erst später, den Trick haben sie alle gemacht. Vom lebendigen Menschen zur Leiche – die schnellste Verwandlung der Welt.

Es ist sinnlos und es ist unmöglich, sie aufzuzählen. Als Angie Best zweiundzwanzig war, hatte sie ihren Führerschein gemacht, und das hatte sie unglaublich in Ekstase versetzt und ihr ein ungeheures Gefühl von Freiheit gegeben, ein Gefühl, mit dessen Intensität keine ihrer späteren Erfahrungen auch nur annähernd mithalten konnte. Ihr Prüfer bei der Fahrprüfung, ein Mann namens Murray, hat sein Lebtag nicht vergessen, wie ungestüm sie sich damals gefreut hatte. Besonders gern dachte er daran zurück, wenn er an einem verregneten Mittwoch mal wieder den einen oder anderen Führerscheinanwärter durchfallen lassen mußte.

Sie alle hatten ihre Geschichte. Aber das waren keine Kurzgeschichten. Jedenfalls waren sie nicht als Kurzgeschichten angelegt. Aus jeder einzelnen dieser Geschichten hätte ein Roman werden sollen, ein tiefsinniger und zugleich amüsanter Roman, achthundert Seiten oder länger. Und das gilt nicht nur für das Leben der Opfer, sondern auch für das Leben der Mitbetroffenen, die Bande der Freundschaft, der Vertrautheit, der Verwandtschaft, die sie mit denen verknüpften, die sie liebten und von denen sie geliebt wurden, mit denen, die sie kannten und von denen sie gekannt wurden. Welch ein kompliziertes Geflecht. Welch ein Reichtum.

Was war geschehen? Ganz einfach. Die Geschichte und die Politik waren in eine Sackgasse geraten. Ein einzelner oder mehrere einzelne hatten beschlossen, daß etwas unternommen werden mußte. Ein paar Geschichten waren gekürzt worden. Ein paar Geschichten waren beendet worden. Das Lektorat hatte dreist entschieden.

Es war ganz einfach gewesen.

Die Seiten, die jetzt noch kommen werden, sind leichter durch ihren Verlust. Der Text ist weniger dicht, die Stadt ist kleiner geworden.

Eoin McNamee

Belfaster Auferstehung

Hinterher gestand Dorcas, ohne sich zu schämen, die häufigen Umzüge während seiner Kindheit hätten Victor verstört. Doch überall sei der Verdacht aufgekommen, sie wären Katholiken, die sich als Protestanten ausgäben. Ihr Mann James war in dieser Hinsicht keine Hilfe. Er war so zögerlich und schüchtern, daß er zweimal aufstehen mußte, bevor er einen Schatten warf. Auch wenn sie dem römischen Glauben nur wenig Verständnis entgegenbringe, seinen religiösen Fanatismus habe Victor jedenfalls nicht mit der Muttermilch eingesogen, behauptete Dorcas. Sie war der Meinung, im Grunde habe er nur ein voll entwickeltes und verantwortungsbewußtes Mitglied der Gesellschaft sein wollen, loyal gegenüber der britischen Krone und seiner Mutter innig verbunden. Aber er litt darunter, daß man ihn nicht verstand. Was ihn quälte, war das Leben.

Dorcas und James stammten aus Sailortown im Hafengebiet. Nach dem Krieg verschwand Sailortown allmählich von der Bildfläche. Heute durchzieht eine vierspurige Schnellstraße die Gegend. Es gibt nicht einmal einen Ort, wo man sich hinstellen und dem Verkehr zuschauen kann. Da muß man schon auf das Dach eines Lagerhauses steigen, wo man im Morgengrauen vielleicht auf einen einsamen Sniper stößt, der sich unerbittlich vorkommt in der Kälte und, während er den Verkehr beobachtet, an Vogelzüge denkt – ein Sichbewegen auf vorgegebenen Bahnen.

Die Stadt selbst hat sich in ihre Straßennamen zurückgezogen. Palestine Street. Balaklava Street. Namen eroberter Häfen, verlorener Schlachten, vergessener Außenposten, verteidigt gegen das Dunkel im Innern. Man spürt den zusammengebrochenen Handel und den massiven Verfall. Allein in ihren Namen treibt die Stadt Handel mit sich selbst, erhebt in Schattenreichen heimlich Zoll.

James war Hafenarbeiter. Er hatte dieses starre Gesicht, als lausche er Witzen in der Ferne. Es war, als ob er sich als Unglücksraben betrachtete, für den Schweigen eine Vorbedingung fürs Überleben war. Daß er den Namen Kelly trug, bedeutete, daß er stets verdächtigt wurde, ein Katholik zu sein. Er schützte sich, indem er sich im Hintergrund hielt. Während der Jahre seiner Vaterschaft war er ein stiller Helfershelfer, der keine erkennbaren Spuren hinterließ.

Manchmal, wenn Dorcas darauf bestand, nahm er seinen Sohn mit zum Windsor Park, wo Linfield spielte. Er ereiferte sich und schrie der Mannschaft zu: »Auf geht's, ihr Blauen!« Dann sah Victor ihn an, aber er hatte seinen Schrei schon wieder weggesteckt, als wäre er etwas, das er unter seinem Mantel auf die Zuschauerränge geschmuggelt hatte und nicht wieder hervorzuholen wagte.

Einmal brachte er Victor während der Nachmittagsvorstellung im Apollo-Kino in der Shankill Road zum Vorführraum. Der Filmvorführer hieß Chalky White und war mit James zur Schule gegangen. Chalky war eins neunzig groß, gebeugt und hatte Lampenruß in den Haaren und im Schnurrbart. Es gab zwei große Peerless-Projektoren mit Asbestabzugsrohren, die zur Decke führten. Auf dem Boden lagen Filmdosen aus Aluminium, und an der Wand hingen lange Sicherungskästen aus Bakelit. Es roch nach phosphorigem, chemischem Feuer.

Chalky zeigte Victor eine lange weiße Narbe an seinem Arm, wo er aus Versehen das heiße Gehäuse berührt hatte.

»Freigelegt bis auf den Knochen«, sagte Chalky. Er zeigte Victor den Schlitz in der Wand, durch den sich der Vorführer die Filme ansehen konnte. Er sprach über Filmstars, die er bewunderte. Marion Nixon, Olive Brook. Victor mochte Edward G. Robinson und James Cagney in *Der Staatsfeind.* Als er durch den Schlitz blickte, sah er Laurence Tierney als John Dillinger wie das letzte Exemplar einer ausgestorbenen Spezies auf einer Bank im Leichenschauhaus aufgebahrt liegen. Blitzlichter flammten auf. Eine Frau sagte: Ich hab schon gedacht, er sollte sich lieber vorsehen. Dillinger hatte die Augen aufgeschlagen und blickte an den Frauen und an den Reportern vorbei in seine Heimat Dakota, wo unter einem Belagerungsmond kleine Farmen glitzerten.

James hatte ein Foto von seinem eigenen Vater, das er in seiner Brieftasche aufbewahrte. Mit anderen Männern aus seiner Schicht stand er in den Docks. Sie stützten sich auf ihre Schaufeln, rauchten und strichen sich über ihre langen Schnurrbärte wie eine grimmige Interimsregierung der Toten.

Manchmal, wenn er fernsah, glaubte Victor in einer Menschenmenge, die sich um eine Unglücksszene drängte, seinen Vater zu erkennen. Oder sein Vater stand bei einem großen Ereignis etwas abseits. Oder sah von den Zuschauerrängen aus großartigen Linfield-Mannschaften aus den Fünfzigern und Sechzigern zu, wie sie von der Seitenlinie weite Flanken schlugen und im Regen Elfmeter verwandelten.

Nach seinem Besuch im Apollo arbeitete Victor an der Vervollkommnung seines Gangsterschritts. Es war eine Kombination tödlicher Bewegungen und unerwarteter, rascher Blicke. Auf der Hut vor FBI-Agenten. Tagsüber schwänzte er die Schule und lief hinunter zu den Docks. Die Huren am Hafentor mied er. Ihr blondes Haar kommt aus der Flasche, sagte Dorcas, und in seinen Träumen wogte das Haar wie ein angsterregendes Weizenfeld.

Die meiste Zeit verbrachte Victor am Rande der Hafenanlagen hinter dem Steuer eines aufgebockten alten Ford Zephyr. Der Motor war ausgebaut worden, und durch die Radkästen wuchs ölverschmiertes Gras. Der Wagen hatte gefährlich aussehende Heckflossen und verchromte Stoßstangen, die Victor immer polierte. Vom Fahrersitz konnte er die geteerten Dächer der Güterwaggons auf den Rangiergleisen im Viehhof sehen. Dorcas' Bruder arbeitete dort im Büro eines Viehexporteurs. Abends saß er bei ihnen vor dem Kamin und sprach über Rinder – Victor haßte das. Dorcas' Bruder liebte seine Arbeit leidenschaftlich: die Frachtbriefe, Statistiken über Gewichtsverlust während des Transports, Sterblichkeitsziffern.

Eines Abends, als er glaubte, Victor höre nicht zu, erzählte er Dorcas, wie sie in dem Schuppen, der zur Salzlagerung verwendet wurde, einmal ein katholisches Mädchen gefunden hatten. Das war in den dreißiger Jahren gewesen. Winter. Die Waggons waren auf den Gleisen festgefroren. Die Luft selbst war die Geburtszange. Das Mädchen war mit ihrem Baby in dem Salzschuppen umgekommen, auf der Stirn der erstarrte Schweiß ihrer Wehen, zwischen den Schenkeln die undurchtrennte Nabelschnur. Als sie sie fanden, durchschnitten sie die Nabelschnur mit dem Blatt einer Schaufel. Beim Hochheben sahen sie, daß an ihren Schenkeln Salzkristalle hafteten wie bei einer Druse, die, im Augenblick ihres Todes, für sie gebrochen worden war.

Die meisten Abende saß Victor bis zum Einbruch der Dämmerung hinter dem Steuer des Wagens. Es gefiel ihm besser, wenn es allmählich dunkel wurde. Bei Tag schien die Stadt alt und vieldeutig. Ihre Macht verlor sich, wenn sie dem Tageslicht ausgesetzt war. Sie wirkte heruntergekommen und kolonial. Man hatte den Eindruck, es sei Sperrstunde, auf dem Marktplatz verfaulten die Waren. Bei Nacht beschrieb sie sich mit Hilfe ihrer Lichter, die die Straßen definierten – ein Code für Fahrtziele. Victor saß da, das große Lenkrad des Zephyr gegen die Brust gepreßt, und dachte an John Dillingers Gesicht, das, bei Nacht durch eine Windschutzscheibe gesehen, wegen des Regens und der Falschheit der Frauen spitz wirkte.

Es war dunkel, als Trevor Garrity und Alan McAtee aus seiner Schule Victor in dem Wagen fanden. Garrity ließ den Kofferraumdeckel zurückschnellen und spähte hinein. McAtee ging zur Fahrertür und schaute durchs Fenster. Victor dachte an Grenzübergänge, wo man dem unschuldigen, hintergangenen Gesicht des eigenen jüngeren Ichs einen aufgeschlagenen Paß entgegenhält.

»Wie geht's unserm Pat?« fragte McAtee. Er war drei Jahre älter und hatte schlechte Zähne, was Victor nicht ausstehen konnte.

»Ich heiße Victor. Pat ist 'n Katholenname.« Er überlegte, wie Edward G. Robinson damit fertig werden würde. Später erkannte er, daß Männer seit Jahrhunderten nichts anderes taten, als einander an entlegenen Orten anzuhalten und Nachweise für Rassenzugehörigkeit und Nationalität zu verlangen.

»Kelly klingt für mich wie 'n Katholenname«, sagte McAtee beiläufig. »Deine Ma hat wohl mit 'nem Katholen gebumst?«

»Nun guck dir das bloß mal an«, sagte Garrity. McAtee ging zum Heck des Wagens. Victor folgte ihm. Die meisten seiner persönlichen Habseligkeiten hob er im Kofferraum auf, und jetzt hatte Garrity sie alle auf den Boden geworfen. Es gab ein Pfadfindermesser mit imitiertem Holzgriff. Zwanzig Gallagher's Blues mit einer Schachtel Streichhölzer aus der Rotterdam Bar. Einen Smirnoff-Flaschenöffner. Ein Exemplar von *Intime Geheimnisse,* vereinigt mit *Die verheiratete Frau,* das Victor gefunden hatte. Als er hörte, wie Garrity sich am Kofferraum zu schaffen machte, rechnete Victor damit, daß ihm etwas wegkommen würde. Die Zigaretten. Das Messer. Statt dessen sah er, daß Garrity das Heftchen in der Hand hielt.

»Nun guck dir das bloß mal an«, wiederholte Garrity. McAtee stellte sich zu ihm, schaute ihm über die Schulter und fing an zu lesen.

»Meine Fresse, Männe traute seinen Augen nicht ...«

»Sein tückischer Liebestrank machte mich ganz kirre ...«

»Ich spürte, wie mich in meinem intimsten Bereich ein Schauder durchlief ...«

»Mein heimlicher Liebhaber, ein Kathole – von Mrs. Dorcas Kelly.«

Victor griff nach dem Messer auf dem Boden. McAtee stellte seinen Fuß darauf.

»Das paßt unserm Pat wohl nicht?«

»Pat ist ja so empfindlich, was seine Ma angeht.«

Victor wartete. Er konnte sehen, wie die Gewalt in seinem Kopf Konturen gewann – wie auf einer Polizeiskizze die Reifenspuren, die vom Tatort wegführten.

Er lernte, daß solche Augenblicke einem bestimmten Muster gehorchten. Ein System an und für sich belangloser Einzelheiten. Als er den ersten Schlag auf die Schläfe abbekam und in die Knie ging, dachte er an die letzten Momente von Gangstern. Plötzlich war er sich der Textur und Temperatur bewußt. Er begriff, weshalb die Leute sich über das Wetter unterhalten, das auf einer Beerdigung geherrscht hat. Er stellte sich vor, ein Gangster zu sein und einen Kakerlaken zu sehen, eine metallene Feuerleiter oder was sie in Amerika sonst noch hatten. Garrity trat ihm zwischen die Beine. Ein Schauder im intimsten Bereich. Das Heftchen lag aufgeschlagen neben seinem Kopf auf dem Boden. Die Ehefrau des Monats hatte lange, gelbe Brüste, halb verdeckt, die sie ihm zum Trost darzureichen schien. Ihr Mund stand offen, als wollte sie jeden Augenblick Geheimnisse verkünden, Botschaften ausgesprochener Einsamkeit, die ihm galten. Hat wohl mit 'nem Katholen gebumst?

Sie waren in so viele Viertel gezogen, daß es ohne Bedeutung schien, was Dorcas dachte. Einen Sohn in so unterschiedlichen Straßen aufzuziehen verlieh dessen Leben nicht eben Stabilität; trotzdem tat sie ihr Bestes. Victor freundete sich stets mit älteren Jungen an, manchmal mit Männern, denen sein moralisches Wohl gleichgültig war. Andauernd war er in Schwierigkeiten, und sie wußte kein Mittel, dem abzuhelfen. Sie fand, es war ein Wunder, daß es ihr überhaupt gelungen war, dieses Leben durchzustehen. Mit siebzehn schwanger und in einer solchen Windeseile heiraten müssen, daß sie nur mit Mühe würdevoll an den Altar treten konnte. Manchmal glaubte sie, einen Schatten oder Geist geheiratet zu haben, so ruhig war James. Ihren Pflichten ihm gegenüber kam sie nach, obwohl es Zeiten gab, in denen sie eine schreckliche Leere des Bedauerns empfand. Um zurechtzukommen, war es notwendig, feste Überzeugungen zu haben. Sie erinnerte sich, daß Victor, als er im Gefängnis war, ihr oft von seiner Kindheit geschrieben und seine Briefe stets mit »Liebe Mutter« begonnen und mit »D. D. liebender Sohn« beendet hatte.

Mit zwölf Jahren kriegte Victor Ärger wegen Auto- und Ladeneinbrüchen, zu denen seine älteren Freunde ihn anstifteten. Beherzt redete sie auf den Amtsrichter ein, und Victors Strafe wurde noch einmal zur Bewährung ausgesetzt. James, sein Vater, ließ sich nicht einmal in der Nähe des Gerichts blicken. Sie nahm von Victor nichts an, das nicht ehrlich verdient war, dabei hatte er für sie immerzu kleinere Geschenke, weswegen sie sich über die Zeitungen wunderte – manchmal logen sie wie gedruckt.

Später freundete sich Victor mit Garrity und McAtee an. Er brachte ihnen bei, wie sie jüngeren Schülern die Dauerfahrkarten abnehmen und sie weiterverkaufen konnten. Victor hielt jemanden am Schultor an. McAtee packte ihn, und Garrity schlug ihn zusammen. Victor beobachtete die Augen. Es ging darum, einen bestimmten Ausdruck abzuwarten. Man lenkte das Opfer zur Dankbarkeit hin. Man erwartete von ihm, daß es die Lektion in Sachen Gewalt zu würdigen wußte.

Die Leute lernten, servil zu sein, sich ihm zu unterwerfen. Das führte zum Problem der Isolation. Er glaubte zu wissen, wie Elvis zumute war.

Nach der Schule ging er die University Street hinunter, wo er darauf wartete, daß die Mädchen von der Methody-Schule herauskämen und die vorgeschriebenen schwarzen Strümpfe und hochhackigen Schuhe trügen. Sie nahmen Stunden in Körperhaltung und sexueller Gravität. Ihre Röcke mußten sie drei Zentimeter über dem Knie tragen, und mit einem stählernen Lineal wurden die Strumpfnähte daraufhin geprüft, ob sie auch gerade saßen. Sie nahmen Schminkunterricht, in dem sie lernten, wie man entscheidende Makel verdeckt und präzise Sehnsüchte weckt. Der eigenen Attraktivität waren sie sich vollauf bewußt. Sie wußten, wie man Augenblicke der Vorfreude in die Länge zieht. Spitzen-BHs waren sichtbar.

Ihre Väter versammelten sich in der University Street, um sie nach Hause in die Vorstädte zu fahren. Dieser Aufgabe kamen sie nach, ohne zu lächeln. Sie vermieden es, auf die Beine der Klassenkameradinnen ihrer Töchter zu schauen, und grüßten einander nur mit strengem Nicken. Sie ergriffen von ihren Töchtern Besitz, als wären sie obskure Wissensgebiete. Es gab Dinge, die waren nur Vätern schöner Mädchen zugänglich, exklusives Leiden.

Hinterher ging er zum Cornmarket, um sich die Prediger und ihre vielstimmige Litanei sektiererischer Geschichte anzuhören. Es waren schwarzgekleidete schmächtige Männer mit zerfurchten Gesichtern. Sie sagten Hungersnöte voraus und predigten mit tausend Zungen. Ihre Augen schienen einer anderen Zeit anzugehören. Sie aßen spärlich, schliefen auf Brettern, träumten monochrom. Die Stadt war von einem Netz kleiner Kirchengemeinden und mitleidloser Glaubenslehren überzogen. Gemeinden der Erzürnten. Baptisten. Freie Presbyterianer, Lutheraner, Methodisten, Kirche der Heiligen der letzten Tage, Adventisten vom Siebenten Tag, Quäker, Covenanter. Heilsarmee, Moralische Aufrüstung und Pfingstbewegung. Betsäle aus Wellblech am Rande der Schiffswerft wurden von Reisepredigern Monate im voraus gebucht. An die Giebelwände wurden mit Sorgfalt Bibelsprüche gepinselt.

Victor hörte ihnen zu, wie sie von Katholiken sprachen. Die Hure Rom. Es gab barbarische Riten, schmerzgequälte Märtyrer. Die Zellen des Papstes waren mit dem geronnenen Blut zierlicher protestantischer Frauen beschmiert. Katholiken waren Verschwörer, Ketzer, unbekümmerte Verräter.

Wenn er nach Hause kam, wusch sein Vater sich in der Küche, und Dorcas sah fern. *Dies ist Ihr Leben.* Dorcas fragte, wo er sich herumgetrieben habe.

»Unten am Cornmarket.«

»Diese Prediger. In Amerika gibt's so Prediger im Fernsehen.« Sein Vater kam herein und trocknete sich den Hals ab.

»Paß bloß auf dich auf, Victor. Am Ende wirst du womöglich noch erlöst«, sagte er.

Victor und Dorcas drehten sich um und sahen einander an. James blickte über ihre Köpfe hinweg auf den Fernseher, seine Unaufmerksamkeit hob das gesprochene Wort auf.

»Hast du was gehört?« fragte Dorcas ihren Sohn.

»Keinen Pieps, Ma.«

James öffnete die Hintertür und ging hinaus. Im Hof hielt er Tauben. Dorcas sagte, er verbringe mehr Zeit bei den Tauben als mit der eigenen Familie. Er sah nicht einmal mit ihnen fern, sondern bewegte sich aus einer Region des Schweigens in die andere.

»Mit deinem Pa ist es die reinste Tortur«, sagte sie. »Mach dir nichts draus, Ma«, sagte Victor. »Der Kerl wird dir kein Härchen krümmen, Puppe.« Dorcas lachte.

»Ich und du, wir pumpen den Kerl mit Blei voll und verduften aus der Stadt.«

Dorcas mochte es gern, wenn Victor wie dieser große Gangster aus den Filmen redete, aber es kam auch vor, daß sie ihn im Hof mit einem Stock züchtigte. Sie erinnerte sich, daß sie Victor verprügelt hatte und James über den Hof gelaufen kam, als ob sie gar nicht da wären. Manchmal dachte sie, was ihr Mann habe, sei eine Art Wahnsinn. Später, im Gefängnis in der Crumlin Road, las Victor Bücher darüber und berichtete ihr von verschiedenen Formen mentaler Abwesenheit.

Sie machte sich Sorgen um Victor, wenn sie seine Briefe über den Wahnsinn las. Es kamen darin Wörter vor, die sie nicht aussprechen konnte. Lange Wörter, deren Bedeutung nur mit Hilfe fein geeichter und furchtbar teurer Instrumente gemessen werden konnten. Die Konsequenzen solcher Wörter konnte sie nicht erfassen. Psychopathologie. Sie fragte sich, ob solche Wörter Victor etwa gefährlich werden könnten.

1969 wurden die Straßen für Victor lebendig. Aus dem Munde von Nachrichtensprechern klangen sie düster und bedrohlich wie die Zentren untergegangener Zivilisationen. Delphi Avenue. Er bekam einen Job als Lastwagenfahrer. Tagsüber prägte er sich eine Straße ein – die Trümmergrundstücke, Rechtsabbiegen verboten, Gegenden voll seltsamem Mitleid unter den Straßenlaternen. Im Führerhaus hörte er BBC. Unity Flats, Kashmir Road. Die Namen gewannen das Aussehen von zersplittertem Glas, mit Kreide eingekreisten Einschlaglöchern, mit Wasser gelöschtem verkohlten Holz. Er merkte, wie die ganze Stadt eine Polizeiskizze der Gewalt wurde, mit ihm als Mittelpunkt. Victor bekam die Namen in den Griff.

An seinen freien Tagen fuhr er zum Amtsgericht in der Crumlin Road. Stellte den Wagen ab und ging hinein. Die Frauen drehten sich nach ihm um. Das war ihm in die Wiege gelegt. Schaust gut aus, Victor. Es war der leise Respekt des Verhörzimmers, die Aussicht auf freudlosere Tage, die ihm bevorstanden. Auf der Zuschauergalerie setzte sich Victor zu den Angehörigen der Angeklagten, die aufgerufen wurden. Es gefiel ihm, wenn ein Kathole in den Zeugenstand gerufen wurde, die magere Gestalt eines Mannes in billiger Lederjacke und Pullover mit V-Ausschnitt. Er haßte die katholischen Frauen, die neben ihm saßen. Verachtete ihre ängstlichen Blicke. Als säßen sie auf einem menschenleeren Bahnsteig auf ihrem Pappkoffer, von einer halbverhungerten Stadt zur andern flüchtend.

Gierig sog er die Einzelheiten eines Verbrechens in sich auf, besonders die ausgeschmückten Details von Fahrtstrecke und Fahrtziel. Er beschäftigte sich mit dem verwendeten Waffentyp, dem Drall des Gewehrlaufs, der Flugbahn. Wenn das medizinische Gutachten mit den Aufnahmen der Ein- und Ausschußstellen im Gericht herumgereicht wurde, folgte er der vertraulichen Wanderung von Hand zu Hand.

Schließlich waren da die Zeugenaussagen: Dann hab ich was Blaues in seiner Hand blitzen sehen, und der Verstorbene hat sich irgendwie hingesetzt, kann's auch nicht erklären. Die Aussagen der Kriminalbeamten von der Abteilung Delta oder Charlie. Victor mußte darüber lachen, was für ein Gesicht die dem Richter zuliebe aufsetzten. Die Daten politischer Unruhen verfolgen mich im Traum, Euer Ehren.

Victor hätte jede Frau haben können, die er wollte. Er brauchte nur mit den Fingern zu schnippen. Aber die Frauen hielten es nie länger als ein, zwei Nächte bei ihm aus. Sie sahen in sein Gesicht, wenn sie mit ihm allein waren, und bekamen es mit der Angst zu tun. Es war, als sähen sie sich eine Fernsehübertragung ihres eigenen Todes an, wenn sie in Victors blaue Augen schauten, während sie mit ihm vögelten. Ein tieftrauriges Filmepos.

Er fand, Heather war die einzige Frau, die die Intensität seiner Begierde je verstand. Während der guten Jahre kehrte er immer wieder zu ihr zurück. Außerdem mochte Victor eine Frau mit was dran, mit Taschen aus Fleisch, in die man seine Hand eintauchen konnte. Gegen Ende trank sie Bacardi und heulte wie ein Schloßhund. Doch am Anfang hieß es immer nur: Gott, Victor, ich könnte dich auffressen. Ihre breite, langsame Stimme. Komm her, du geiler Bock. Ich brenne drauf, dich zu ficken. Dich mit nach Hause zu nehmen und zu vögeln, bis du schief und krumm bist.

Dorcas sagte, Victors Lieblingssendung sei Harry Worth gewesen. Er schüttelte sich immer so sehr vor Lachen, daß sie dachte, ihm würde jeden Augenblick eine Ader platzen. Auf Autos war er auch schon immer verrückt gewesen. Sein erstes war ein Mk II Escort mit Breitstreifen und einer Hand, die an der Heckscheibe klebte und hallo winkte. Für Big Ivan war das das Gelbe vom Ei. Victor und Big Ivan fuhren zum Parkplatz am Annadale Embankment und veranstalteten auf dem Kies mit angezogener Handbremse Schleuderbremsungen.

Bevor er seine eigene Einheit bildete, war Victor bei etlichen Tötungen dabei. Einmal griffen sie sich auf der Springfield Road einen Katholiken in einem entführten schwarzen Taxi. Er kriegte ein paar Rippenstöße ab und stöhnte schon, als sie ihn zu einer Garage in der Nähe der Shankill Road brachten. Sie trugen ihn hinein. In der Ecke lag eine Acetylenlötlampe. Aus einer Batterie floß Säure auf den Boden. Victor trug einen blauen Overall und hatte ein Messer mit kurzer Klinge bei sich, das er im Army-&-Navy-Laden gekauft hatte. In der Luft lag der Geruch von Butangas, ein Gefühl, als habe man Grenzen erreicht.

Die Leiche wurde im Eingang eines Geschäfts in der Berlin Street aufgefunden. Sie wies hundertvierundzwanzig mit äußerster Sorgfalt zugefügte Stichwunden auf. Der Tod war durch langsames Erdrosseln eingetreten. Anscheinend hatte das Opfer, während ihm die Messerstiche versetzt wurden, von einem Balken herabgebaumelt. Das Taxi wurde verlassen auf einem Stück Ödland entdeckt. An den Fenstern fanden sich Blutspuren, unter dem Beifahrersitz der Lippenstift einer Frau.

Monica McInerney

Auf den Hügeln von Tara

Lainey saß in ihrem Leihwagen und war auf dem Weg, Dublin zu verlassen. Es war kurz nach Mittag, und bis zu ihrem Termin mit dem Anwalt ihrer Tante in Dunshaughlin hatte sie noch jede Menge Zeit.

Als sie so dahinfuhr, war sie ganz überwältigt von dem Gefühl, zu Hause zu sein und sich in einer vertrauten Landschaft wiederzufinden. Sie liebte die Atmosphäre in Dublin, die engen Straßen, den Liffey River, der sich durchs Zentrum schlängelte, die dicht gedrängten Läden. Oberflächlich betrachtet war es eine Stadt wie jede andere – Leute, die zur Arbeit eilten, einkaufen gingen, sich in einer lebendigen Mischung unterschiedlichster Typen auf den Bürgersteigen tummelten und mit ihren bunten Regenschirmen, Schals und Mützen für Farbtupfer sorgten. Auf den Straßen drängten sich moderne Autos, überfüllte Busse mit Touristen oder Pendlern, Taxis, Fahrräder, genau wie bei ihr zu Hause in Melbourne. Aber in Melbourne fuhr sie nicht am Trinity College vorbei oder am geschwungenen Gebäude der Bank of Ireland oder über die Brücke zur O'Connell Street, vorbei an Eason's Buchladen, Clerys Kaufhaus und der Hauptpost, wo eine Touristengruppe wahrscheinlich über die Osterunruhen von 1916 informiert wurde. Und ihr Autoradio in Melbourne würde auch nicht die RTE Jingles spielen, und die Sprecher würden keinen irischen Akzent haben und keine Hörerdiskussion über die letzten Querelen zwischen Fianna Fáil und

Fine Gael, den beiden wichtigsten Parteien Irlands, moderieren. »Ich bin in Irland«, sagte sie laut. »Das hier ist Irland. Ich bin zu Hause.« Es laut auszusprechen ließ es realer erscheinen.

Nachdem sie das Stadtzentrum verlassen hatte, gelangte sie auf die Vorortstraßen, die von vollkommen identischen Reihenhäusern gesäumt waren. Viele Häuser hatten kleine Veranden als Schutz gegen Wind und Regen. Sie passierte kleine Lädchen und Pubs, deren Schilder, auch wenn sie neu waren, altmodische, geschlungene Schriftzüge trugen. Eine neue Schnellstraße führte sie vorbei an jüngeren Vororten, wo neue große Shopping Center entstanden waren. Bald folgten die ersten Felder. Die Bäume waren kahl, aber wunderschön im sanften Licht. Sie nahm alles sehr intensiv wahr, die grünen Straßenschilder mit den Ortsnamen in englischer und irischer Sprache. An den Nummernschildern der Autos konnte man erkennen, aus welchem der irischen Countys ihre Besitzer stammten: D für Dublin, C für Cork, G für Galway. Sie versuchte, alle zweiunddreißig Countys aufzuzählen, und stellte beschämt fest, dass sie nur gut zwanzig zusammenbekam. Ein Skandal, dachte sie. Dieses Manko musste sie so schnell wie möglich beseitigen. Vielleicht gab es ja einen Reiseführer »Irland für Anfänger und zurückgekehrte Emigranten«.

Sie war kaum eine halbe Stunde unterwegs, als sie das Schild entdeckte. »Dúm Seachlainn. Dunshaughlin.« Ihr alter Heimatort. Bei ihrer letzten Reise hatte sie ihn nicht besucht, da ihr wegen Evas und Josephs Hochzeit keine Zeit geblieben war. Sie war zuletzt vor zehn Jahren da gewesen, als sie zwei Monate in Irland verbracht hatte.

Am Beginn der Hauptstraße fuhr sie an die Seite. Es war eine andere Stadt geworden. Es gab neue Läden, neue Pubs, neue Straßenlaternen, und die Gehwege waren genauso belebt wie in Dublin. Sie hatte den Leuten immer erzählt, dass sie aus einem ländlichen Städtchen in der Nähe von Dublin stammte.

Das musste sie jetzt revidieren. Sie startete den Wagen und fuhr zu dem früheren Haus ihrer Familie, einem Bungalow am damaligen Stadtrand. Jetzt war er umgeben von lauter neuen Wohnhäusern. Eva hatte mit ihren Eltern und ihrer Schwester Cathy nur ein paar Häuser weiter gewohnt. Sie fuhr langsamer. Sollte sie einfach anklopfen und die neuen Besitzer um eine kurze Besichtigungstour bitten? Aber am Ende dachten sie noch, sie wolle sie ausrauben. Es hatte ja auch keine Eile, denn sie würde ein ganzes Jahr in der Gegend verbringen. Sie konnte sich langsam wieder eingewöhnen.

[...] Sie fuhr zurück auf die Hauptstraße und beschloss, sich ein B&B für die Nacht zu suchen. Aber dann besann sie sich anders. Sie wollte lieber nach Navan, der nächsten größeren Stadt, fahren und sich dort in einem Hotel einquartieren. Schließlich würde sie die nächsten dreihundertfünfundsechzig Nächte in einem Bed and Breakfast verbringen.

Sie hatte gerade die erste Abfahrt zum Hügel von Tara passiert, als ihr klar wurde, dass sie nicht bis zum nächsten Tag warten konnte, um das B&B in Augenschein zu nehmen. Es würde sicher nicht schaden, es von außen anzusehen. Nach ein paar Kilometern bog sie in die zweite Abfahrt ein und war überrascht, wie vertraut ihr die Straße erschien. Ihr letzter Besuch in der Gegend lag viele Jahre zurück, aber als Kind war sie oft mit ihrer Familie hergekommen, um Tante May zu besuchen oder auf dem Hügel ein Picknick zu machen.

Die Straße war so schmal wie eh und je, die Bäume an den Seiten kahl, die Hecken regennass. Zwei andere Autos kamen ihr entgegen, und sie fuhr an den Rand, um ihnen auszuweichen. In einer Kurve tauchte plötzlich ein Bus auf, und sie musste noch weiter nach links rüberziehen. »Teufel nochmal«, sagte sie, als sie ein wenig ins Rutschen kam. Sie schaute sich um. Der Busfahrer fuhr ungerührt weiter in Richtung Hauptstraße. Der Hügel von Tara war abgehakt, dachte Lainey. Was stand als Nächstes auf dem Programm? Trim Castle wahrscheinlich. Dann war Eile geboten, denn es würde bald dunkel werden. Sie fuhr um eine Ecke und bog links in einen holperigen Feldweg. Nach ein paar hundert Metern stand es vor ihr. Ihr Zuhause für die nächsten zwölf Monate.

Es sah schrecklich aus.

Anders konnte man es nicht ausdrücken. Tante May war erst seit gut sieben Wochen tot, aber das Haus machte den Eindruck, als sei es seit Jahren unbewohnt. Es war ein zweigeschossiger, dunkler Steinbau, teilweise von Efeu überwuchert. Die kleine Eingangsveranda brauchte dringend einen neuen Anstrich. Die Ziegel waren fleckig und unansehnlich. Links und rechts von der Veranda befanden sich zwei große Fenster, zwei weitere lagen im ersten Stock. Das Bed-and-Breakfast-Schild vor dem Haus war zur Hälfte von Efeu verdeckt. Lainey schaute zurück, um zu sehen, ob in der Einfahrt ein weiteres Schild stand. Es gab keines. Man musste schon wissen, wonach man hier suchte.

Sie stieg aus, zog sich die Strickjacke enger um den Körper und drückte die Klinke vom Gartentor herunter. Es sprang sofort auf. Der Weg zum Haus war zugewuchert. Sie ging näher heran und rechnete fast damit, Blitze einschlagen zu sehen oder flatternde Fledermäuse oder im Fenster die Umrisse einer alten Frau im Schaukelstuhl. Schluss damit, Lainey. Du bist nicht in einem Film. Dies ist nur das Haus deiner Tante. Die trübsinnige Stimmung wurde durch den düsteren Nachmittag und den aufsteigenden Nebel noch verstärkt.

Über der Eingangstür hing ein verblichenes Schild. *Green Gables,* las Lainey. Sie erinnerte sich nicht an diesen Namen. Sie blickte nach oben. Die Giebel waren in Wirklichkeit nicht grün, sondern rot. Sie versuchte, zuerst die Verandatür und dann die Hintertür zu öffnen. Beide waren verschlossen. Sie schaute in die Fenster, aber dichte Spitzengardinen und schwere Vorhänge verwehrten ihr den Blick auf das Innere des Hauses. Diese Freude musste sie sich bis morgen aufsparen. Ein leichter Regen setzte ein und brachte ein paar kalte Windböen mit sich. Sie zitterte und rannte zurück zum Tor.

Vom warmen Auto aus nahm sie das Haus noch einmal in Augenschein. Gut, es sah grau und abweisend aus. Aber was hatte sie erwartet? Ein Haus voller freundlicher Gäste, die ihr vom Fenster aus zuwinkten? Strahlend blauen Himmel, wehende Palmen und einen Garten mit bunten Blumen? Schließlich konnte das Haus nichts dafür, dass sie an einem düsteren Februarnachmittag hierher gekommen war. Sie würde ein bisschen jäten und aufräumen müssen. Dann würde es hier draußen schon ganz anders aussehen. Wenn sie dann noch den Ofen in Gang hatte und anheimelnder Rauch aus dem Schornstein stieg und wenn erst das Schild repariert war, würde alles gleich viel netter und einladender wirken.

Als sie den Motor anließ, fiel ihr noch etwas ein, das sie tun musste, bevor sie sich ein Hotel suchte. Die Asche ihrer Tante war auf dem Hügel von Tara verstreut worden. Hätte es ein Grab gegeben, dann hätte sie es besucht und ihr im Namen der Familie die letzte Ehre erwiesen. Trotz der Kälte und der nahen Dämmerung beschloss sie, noch schnell einen Umweg zum Hügel zu machen.

Der Parkplatz neben dem Café und dem Souvenirladen am Fuße des Hügels war etwa halb voll. Auch hier gab es Veränderungen, stellte sie fest. Früher war hier nichts gewesen, wo man gemütlich hätte einkehren können. Sie wusste noch, wie lobend sich ihr Vater darüber geäußert hatte. Er liebte die Wildheit der Landschaft, die windzerzausten Felder. Es gefiel ihm, dass die historische Stätte so unauffällig und für jeden zugänglich war.

Sie parkte den Wagen und stieg aus. Eine eisige Böe pustete gegen ihre Jacke. Sie befand sich nicht mehr im geschützten Tal. Hier fegte der Wind ungehindert übers freie Feld. Sie öffnete den Kofferraum und zerrte ihre dicke Schaffelljacke aus der Reisetasche. Bis oben hin zugeknöpft, mit Kapuze auf dem Kopf war die Witterung besser zu ertragen.

Sie hatte gehört, dass hier im Laufe der Jahre viel angelegt worden sei, aber der Eingang war noch genau wie früher, ein schräg gestelltes Schwingtor, das die auf dem Hügel grasenden Schafe daran hindern sollte davonzulaufen. Hinter dem Tor stand ein neues Schild, auf dem die Geschichte der historischen Stätte erläutert wurde.

Der Weg war ausgebaut und mit frischem Kies befestigt worden. Er führte zu der alten Kirche, die von Grabsteinen und Bäumen umstanden war. Sie ging nicht ganz bis zur Kirche, da sie zuerst auf den Hügel wollte. Zu ihrer Linken stand eine große weiße Statue von St. Patrick auf einem Sockel, umgeben von einem Eisenzaun. Seit ihrem letzten Besuch war er von der Spitze des Hügels hier heruntergezogen. War er eine der rätselhaften, wandelnden Statuen, von denen manchmal erzählt wurde? Der Boden federte unter ihren Füßen, die Luft war nebelfeucht. Ihre Stiefel wurden nass im langen Gras. Sie erreichte den ersten Graben, sprang darüber und erinnerte sich daran, wie sie erstmals Luftaufnahmen von Tara gesehen hatte. Was man zunächst für Gräben gehalten hatte, erwies sich als die Fundamente uralter Gebäude und Grabhügel, die sich kreisförmig durch die Felder zogen. All diese Dinge hatte sie Adam erzählt, und sie dachte daran, wie aufmerksam er zugehört und wie viele Fragen er gestellt hatte. Als die Erinnerung andere Erinnerungen hervorrief, musste sie die Gedanken an ihn verscheuchen.

Sie ging weiter auf die Spitze des Hügels zu. County Meath lag ihr zu Füßen, der Dunst verschleierte die Sicht, verstärkte jedoch die Atmosphäre friedvoller Stille. Hier oben gab es keine Gebäude, kein Informationszentrum, nichts als grüne Felder, durchzogen von grasbewachsenen Gräben und Hügeln, die von prähistorischen Gräbern und einem heiligen Brunnen kündeten. Dazwischen ein paar schwarznasige Schafe. Etwas weiter links sah sie eine Gruppe von Menschen stehen, wahrscheinlich eine Führung. Lieber hätte sie den Ort für sich allein gehabt.

Beim Lia-Fáil-Stein blieb sie stehen. Der Stein des Schicksals wurde der Sage nach vom rätselhaften Volk der Tuatha de Danann nach Tara gebracht. Sie berührte ihn und dachte an die uralte Legende, nach der er anfangen würde zu brüllen, sobald der wahre König von Tara die Hand auf ihn legte. Jetzt blieb er stumm. Anscheinend war sie nur eine gewöhnliche Sterbliche. Zu ihrer Rechten befand sich das keltische Kreuz. Es war ein guter Tag, um hier zu sein. Die milchige Wintersonne tauchte die Szene in sanftes, wässeriges Licht. Sie erinnerte sich, wie sie an einem klaren Sommertag mit ihrem Vater und ihren Brüdern hier gestanden hatte. Mr. Byrne hatte alle historischen Stätten erläutert. »Wir befinden uns hier im wichtigsten irischen County. Seht ihr, alle Straßen führen nach Tara.« Er deutete auf die Mountains of Mourne, den Hill of Slane, den Hill of Skyrne. »Und da ganz hinten, könnt ihr's sehen? Das ist Newgrange, eine über fünftausend Jahre alte Grabanlage. Der Legende nach wurden alle Könige von Tara dort begraben.« Seine Stimme klang in diesem Augenblick lauter und realer als die tatsächlichen Geräusche um sie herum, das sanfte Blöken der grasenden Schafe, das Stimmengemurmel der Reisegruppe.

»Hallo, Tante May«, flüsterte sie. Dies war ein schöner Ort für eine letzte Ruhestätte, hier war sie Teil der Landschaft geworden, Teil der Geschichte. Sie fragte sich, ob Tante May diesen Ort wegen seiner Schönheit oder allein wegen seiner Geschichte geliebt hatte. Vielleicht würde sie es im Laufe des Jahres herausfinden. Hastig murmelte sie ein Gebet für den Frieden ihrer Seele.

Sie blieb noch einen Moment stehen und versuchte, sich vorzustellen, wie es vor vielen Jahrhunderten hier gewesen sein mochte, mit Königen, Poeten und Rittern, Pferden und Kutschen, Paraden, heiligen Riten … Dann fing ein Schaf an zu blöken, und das Ganze sah wieder aus wie ein ganz normaler grüner Hügel mit schöner Aussicht.

William Makepeace Thackeray

Schöne Landschaften

Ist die Landstraße von Larne nach Glenarm bereits schön, so ist der Küstenweg vom letzteren Ort nach Cushendall noch weit schöner; und abgesehen von dem unvergleichlichen Westport habe ich in Irland nichts gesehen, was so malerisch ist wie diese großartige Küstenlandschaft. Zum Glück ist die neue Straße noch nicht fertiggestellt, und wer schöne Landschaften liebt, sollte bald dorthin fahren, bevor man die Straße begradigt und verbessert und am Wasser entlang führt und einem dadurch die Hälfte der wunderbaren Ausblicke nimmt, die sich jetzt noch von der bergigen alten Straße aus bieten, welche nach alter Weise jede Anhöhe geradewegs hinaufsteigt und es tapfer ablehnt, sie zu umgehen. Aus einer Entfernung von drei Meilen, nahe dem Dorf Cairlough, wirkt Glenarm schöner als aus der Nähe; und wenn der Reisewagen dann weiterfährt zum überwältigenden Garron Head, hat der Reisende, wenn er sich umdreht, einen Blick nach Süden über die gesamte Küstenlinie bis zur Insel Magee, mit ihren Buchten und weißen Dörfern und hohen, steil abfallenden Klippen, grün und weiß und grau. Wendet man sich nach links, so kann man staunend die Berge betrachten, die sich hinter und dann auch in dem hübschen Park und Gelände von Drumnasole erheben. Hier, nahe den Wäldern von Nappan, die Tausende verschiedener Farben tragen – gelb verfärbte Blätter von Eschen, rote Nussbäume, braunes Birkenlaub, Lindenblätter mit schwarzen Flecken (Zeichen einer Krankheit, die sie nie loswerden) –, steht ein Schulhaus, das einem französischen Schloss ähnelt und wohl einmal eine Villa gewesen ist; als wir vorüberfahren, entlässt es eine Schar blonder Kinder, die sogleich wild und mit wehendem Haar den Abhang hinunterstürmen. Auch der Reisewagen fährt wie wild den Abhang hinunter, und man kann es kaum glauben und dankt seinem guten Stern, dass das Pferd nicht stürzt oder die Kinder erdrückt, die vorauslaufen, und dass man selbst auf der hinteren Bank sitzt. Ab und zu stolpert das Pferd, und dann stößt die inkognito reisende Kammerzofe, die einen Kanarienvogel auf dem Schoß hält und sich wegen ihrer guten Haube in der Hutschachtel große Sorgen macht, spitze Schreie aus; worauf der Kutscher grinst und den Berg nur um so schneller hinunterrattert. Die Straße, die fast überall dicht am Abhang verläuft, ist an manchen Stellen durch den blanken Fels gebaut worden, und an der ganzen Strecke wird hart gearbeitet: eingeebnet, geschaufelt, gehackt, gesprengt und aufgefüllt. Als ich gerade eine hohe Klippe hinaufsah, die oben stellenweise grün bewachsen war und an deren Fuß, wo eben noch die Meereswogen angeprallt waren, hohes, dünnes Gras im Winde wehte, das, wie ich zu meinem Nachbarn, einem Lebensmittelhändler, sagte, aussah wie das Haar von Meerjungfrauen (obwohl er diesem Vergleich nicht zustimmte) – als ich diesen Abhang hinaufsah und dabei zwei Ziegen bewunderte, die auf einem grünen Flecken grasten, und zwei Schafe, die noch weiter oben standen (so viel Geschicklichkeit hatte ich bei Schafen noch nie beobachtet) – als ich, wie gesagt, dabei war, alles dieses zu betrachten, da stößt mich der Lebensmittelhändler in die Rippen und sagt: *»Schaun Sie mal hier herüber – das ist Schottland dort.«*

Heimkehr von der Heiligen Insel

Edna O'Brien

Flucht nach England

Irland zu verlassen bereitete mir keinerlei Trennungsschmerz. Ich nahm das Postschiff, wie die meisten anderen auch, blieb die ganze Nacht auf, beobachtete das Trinken, das Verkleckern, spazierte auf dem Deck herum, dachte daran, wie Mr. Thackeray und Heinrich Böll mit dem Schiff hergekommen waren, um müßig über Irland zu berichten, dachte an die Millionen anderen, die damit fortgegangen waren, um zu vergessen. Euston Station war ein Dschungel, finster und unpersönlich, selbst die Tauben wirkten, als wenn sie künstlich wären, und als ich die Gesichter der Engländer sah, dachte ich nicht an den langen Katalog der bluttriefenden Historie, sondern an die Mordgeschichten, die ich in der Sonntagszeitung gelesen hatte, und an die dunkelhäutige englische Touristin von früher, die Hühneraugenpflaster dabeigehabt hatte und eine Puderquaste, die in ihrem Taschentuch eingenäht war.

Das sollte nun mein Zuhause sein. Es hatte nichts, das für es spräche. Ungesund, unfreundlich, mit verfallendem Putz und für meine unwissenden Augen morbide, da ich überall Kränze sah und nicht wußte, daß es in England so etwas wie einen Remembrance Sunday, einen Volkstrauertag, gibt. Aber ich war entkommen. Das war mein Sieg. Der wahre Streit mit Irland begann damals erst in mir zu keimen; ich hatte daran gedacht, wie es mich verkorkst hatte und alle um mich herum und deren Eltern vor ihnen, alle waren durch eine Vielzahl von Ängsten erniedrigt worden – Angst vor der Kirche, Angst vor dem

Leihhaus, Angst vor Geistern. Angst vor der Lächerlichkeit, Angst vor Hunger, Angst vor Vernichtung und Angst vor der eigenen tief verwurzelten Aggression, die man nur aneinander auslassen konnte, da einem nicht das Selbstbewußtsein gegeben war, auf diejenigen einzuschlagen, die über einem standen. Auch Mitleid kam in mir auf. Mitleid mit einem Land, das so oft kahlgeschlagen wurde, Mitleid mit einem Volk, dem es widerstrebt, zuzugeben, daß irgend etwas nicht stimmt. Deshalb gehen wir fort. Weil wir die Frechheit haben, anderer Meinung zu sein. Weil wir uns fürchten, seelisch zu ersticken. Aber man geht nur unter Vorbehalt. Der Mensch, der du bist, ist nur die verhaßte Kehrseite des Menschen, der du gern wärest.

Aber die Zeit ändert alles, unsere Einstellung zu bestimmten Orten eingeschlossen. Es gibt keinen immerwährenden Haß, genausowenig, wie es unzweideutige Zustände irdischer Liebe gibt. Stunde um Stunde kann ich an Irland denken, ich kann mir ziemlich genau vorstellen, was in jedem dieser kleinen Städtchen bei Tag oder bei Nacht passiert, kann die gepflügten Felder sehen und die von Mauern umgebenen Gärten, den verschütteten Bierschaum auf den Schanktischen, ich höre Streitgespräche und Balladen, das Wandlungsglöcklein und die Gebete für die Toten. Ich könnte fast zu jeder Stunde sagen, was jeder meiner Freunde gerade macht, so gleichförmig ist der Lebensrhythmus dort. Ich schlage ein Buch auf, vielleicht ein Schulbuch oder ein Buch über Aberglauben oder eins mit Ortsnamen, und ich brauche nur die Namen Ballyhooly oder Raheen zu lesen, um wieder in diese Welt einzutauchen, von der ich solchen Reichtum und solchen unsäglichen Kummer erfahren habe. Die Tinkers von Rathkeale werden wohl gerade zu ihren Siedlungen zurückfahren, und die Frau, die in ihrem Wohnwagen wahrsagt, wird ihr Kind in den Ort schicken, um den zehnten Laib geschnittenen Brotes zu holen, während ein oder zwei Meilen weiter eine Lady

Sowieso auf ihrem Gut gerade ihrem Reitknecht erzählt, wie sie schon wieder ihr Pferd zu Schaum geritten hat, und an einer Tür in einer Stadt baumelt eine schwarze Kreppschleife an einem Türklopfer, mit einer schwarzumrandeten Karte daran, auf der handgeschrieben steht, wann und wo die sterblichen Reste beigesetzt werden, während die abstoßenden kahlen Bungalows wie Pilze den Straßenrand säumen. Die Männer werden wie immer versuchen, sich von ihrem Schicksal zu distanzieren, entweder durch Alkohol oder durch schmutzige Geschichten, und die älteren Frauen werden ganz von dem Wissen um ihre niederdrückende Bürde erfüllt sein, während die jungen Mädchen plappern, um Zerstreuung zu suchen.

Es stimmt, daß die Heimat unsere Kindheit wie eine Kapsel umschließt, und jene Feldwege, Kuhställe, Wiesen, Blumen, Insekten, Sonnen, Monde und Sterne erscheinen immer wieder neu und peinigen mich mit der Aussicht auf einen goldenen Schlüssel, der mich über die Geburt hinaus zu den Wurzeln meiner Abstammung führt. Irin? Ich möchte nichts anderes sein. Irisch ist ein Wort für eine Geisteshaltung – ebenso wie für ein reales Land. Es bedeutet, mit anderen Nationalitäten im Hader zu liegen, eine ganz andere Philosophie über Freude, Strafe, Leben und Tod zu haben. Wenigstens läßt es einen nicht kleinmütig sein.

Irland bedeutet für mich Augenblicke seiner Geschichte, seiner Landschaft, ein paar Leute, die seine seltsame Beschaffenheit verkörpern, die Züge eines Gesichts, einen lauten Ruf, eine Zeile aus einem Stück von Synge, der Hauch der Nachtluft – aber es ist ein Irland, unsubstantiell wie die Göttinnen, von denen Dichter träumen und die sie in seltsame Gefilde entführen. Ich lebe nicht in Irland, denn irgend etwas warnt mich, daß ich, wenn ich dort lebte, aufhören könnte zu fühlen, was es heißt, ein solches Erbe zu besitzen, daß ich gelassen werden könnte, wo ich doch in Wirklichkeit immer wieder und aus unerklärlichen Gründen diesen selben Weg aufs neue verfolgen möchte, diesen schneidend scharfen Weg der Kindheit, in der Hoffnung, irgendeinen Hinweis zu finden, der den Sprung möglich machen wird oder machen würde oder machen könnte, der einen wieder zurück zu seinem Ausgangspunkt und ursprünglichen Bewußtseinszustand bringt, zu der radikalen Unschuld im Augenblick gerade vor der Geburt.

Hugo Hamilton

Heimweg in die Irre

Nun versuchen wir, nach Hause zu kommen. Wir versuchen immer noch, den Heimweg zu finden, aber manchmal ist nicht mehr ganz klar, wo er hinführt. Nach Vaters Tod kehrte Mutter noch ein einziges Mal nach Deutschland zurück, um alle Verwandten und Freunde und den Ort ihrer Kindheit zu besuchen. Aber sie fand sich nicht zurecht. Sie erkannte nichts wieder. Und nun sucht sie einen Ort in Irland, an den sie sich erinnern kann. Wir machen uns auf den Weg, um Dinge zu finden, sagt sie. Sie backt einen großen Kuchen, und wir packen Sandwiches und Regenmäntel in unsere Taschen und stehen früh am Morgen auf, um den Bus zu nehmen. Wir reisen im Land umher und besuchen jene Orte, an denen Mutter vor ihrer Heirat gewesen ist, damals, als sie zu einer Pilgerreise nach Irland kam, damals, als Irland ein heiliges Land voller Priester und Esel mit Kreuzen auf dem Rücken war.

Wir kamen zu einer Stadt, in der man Karneval feierte, und die Hauptstraße war voller Menschen und Lautsprecher, aus denen Musik erklang. Fahrende Verkaufsbuden gab es, und es gab einen Stand, an dem man eine Flasche Whiskey gewann, wenn man Holzringe darüberwarf. Es roch nach Zuckerwatte und manchmal nach einer Mischung aus Pommes frites, Essig und dem Diesel der Laster. Wir fuhren im Riesenrad, und Mutter und Ciarán wurden immer kleiner und winkten uns zu. Wir setzten uns vor der Stadt auf eine Bank, um den letzten Rest Kuchen zu essen, und der Wind trug uns die Musik des Karnevals zu. Und es ist schön, dass Mutter lacht, weil ich ihr einen Apfel zugeworfen habe und sie ihn gefangen hat. Und als wir weitermussten und sie von der Bank aufstehen wollte, stießen wir sie immer wieder zurück, bis sie schließlich Tränen lachte. Woher soll man wissen, ob sie glücklich oder traurig ist? Es wurde spät, und sie begann nach dem Ort zu suchen, an den sie sich erinnerte. Sie wollte jenes Haus finden, in dem sie nach dem Krieg als Pilgerin nach der Rückkehr von Station Island gewohnt hatte.

»Hier muss es sein«, sagte sie immer wieder.

Wir liefen sehr lange, und sie sah viele Dinge, an die sie sich erinnerte, Steinwälle etwa und Weiden mit Kühen. Manchmal hörten die Kühe mit dem Kauen auf und starrten uns an, als wären sie erstaunt, uns so weit fort von zu Hause und noch dazu in Irland zu erblicken. Es war Sommer, und wir gingen weiter, damit die Fliegen uns nicht einholten. Wir kamen an einem Haus mit einem bellenden Hund vorbei. Einmal fragte Mutter einen Mann nach dem Weg, und da wussten wir, dass wir wieder richtig waren. Noch eine Kurve, sagte Mutter, und dann komme ein Tor, von dem aus man die Berge sehen könne, hinter denen die Sonne untergehe wie auf den Heiligenbildchen. Sie wollte mit der Frau des Hauses sprechen, in dem sie gewohnt hatte und auf dessen Dach der Regen die ganze Nacht den Rosenkranz getrommelt hatte. Aber wir fanden es nicht. Und die Nacht war uns dicht auf den Fersen. Wir suchten, bis es dunkel wurde, bis das Land alle Farben verlor und wir nichts mehr sehen konnten. Wir konnten nur noch das Heu und die Kuhfladen riechen. Es sei so dunkel, dass man nur noch mit der Nase sehen könne, sagte Mutter. Vielleicht hatte sie sich in der Straße oder den Bergen in der Ferne geirrt. Irland, sagte sie, habe sich ein wenig verändert. Oder es sei nur ein Land der Phantasie.

»Vielleicht habe ich alles geträumt«, sagte sie.

In der Ferne sahen wir die Lichter der nächsten Stadt. Mutter holte eine Zigarette heraus, denn nach Vaters Tod durfte sie rauchen. Wir standen auf der Straße und sahen, wie ihr Gesicht einen Moment von der Flamme des Streichholzes erhellt wurde. Wir rochen den Rauch, der in der klaren Luft hing, und warteten. Sie wisse nicht, sagte sie, wie es von hier aus weitergehe. Wir hatten uns verirrt, aber sie lachte, und es war ja auch egal.

Nachwort

»Ihr habt am Himmel keine solchen Farben, keine solche Lockung in den Fernen, keine solche Traurigkeit an den Abenden. Oh, das Träumen, Träumen – das qualvolle, herzversengende, nie zu befriedigende Träumen, Träumen, Träumen, Träumen!«

(George Bernard Shaw: John Bulls andere Insel)

»Es gibt dieses Irland:
wer aber hinfährt und es nicht findet,
hat keine Ersatzansprüche
an den Herausgeber.«

(frei nach Heinrich Böll: Irisches Tagebuch)

Annäherung an die Insel

Für eine Reise nach Irland bieten sich mehrere mögliche Routen an. Sofern man nicht irgendwo in ein Flugzeug steigt, fährt man mit dem Auto oder der Eisenbahn, wobei es in jedem Fall mindestens einmal (sofern man sich in den neuen Tunnel durch den Ärmelkanal wagt) das Meer zu überqueren gilt. Mit der Bahn erreicht man, über Londons Victoria Station, in Wales den Fährhafen Holyhead. Dem Autoreisenden bieten sich als Varianten noch die Überfahrt von Fishguard nach Rosslare oder von Swansea nach Cork; und wer weiter in den Norden fahren möchte, kann von Liverpool, Preston oder Heysham nach Dublin oder zum Teil nach Belfast übersetzen, und auch aus Schottland (Ardrossan, Stranraer) bieten sich einige Fähren nach Belfast oder Larne an.

Man kann allerdings auch von Frankreich gen Irland gelangen, vorzugsweise von der Bretagne aus, der kulturell und sprachlich mit Irland am engsten verwandten Region auf dem europäischen Kontinent. Erfahrene Irland-Reisende jedenfalls wählen diesen bretonisch-irischen Weg, weil die Überfahrt auf Routen wie zum Beispiel Le Havre–Rosslare bei meist rauer See einen ›Härtetest‹ darstellt und damit erst so recht auf die Insel einzustimmen vermag.

HEINRICH BÖLL jedoch hat bei seiner Reise nach Irland die ›klassische‹ Route von Liverpool nach Dublin/Dun Laoghaire gewählt. Wie es sein *Irisches Tagebuch* festhält, ist schon auf der Fähre aus den Gerüchen und Gesprächen zu spüren, dass England zu Ende und eine Grenze überschritten worden ist. Dabei scheint für Böll das Schiff mehr von Auswanderern als Heimkehrern bevölkert zu sein, womit bereits ein Thema angeschlagen wird, das für die irische Geschichte wie Befindlichkeit bestimmend ist: eine gleichsam transitorische Existenz zwischen Weggehen und Zurückkommen. Nicht immer ist klar zu unterscheiden, welches Land der Reisende verlässt und in welches er zurückkehrt. Und aus dem Gespräch zwischen dem Priester und der jungen Frau geht die eminente Rolle der Kirche hervor, mehr noch, in den Worten der Skeptikerin melden sich sogar Zweifel am Glauben an jenes »Märchenirland« mit mythischen Personifikationen wie Kathleen ni Houlihan (von Dichtern wie zum Beispiel W. B. Yeats gefeiert). Es gibt magische Namen wie Galway und Connemara, die eben nicht nur betörend schöne Landschaften beschwören, sondern auch an Elend, Kargheit und Not gemahnen. Derart eingestimmt und hoffentlich davor gewarnt, in Stereotypen und Klischees zu schwelgen, die Irland zur Idylle und touristischen Kitschkulisse verklären, fahren wir in der Dunkelheit auf die »Insel der Heiligen« zu.

Hugo Hamilton beschreibt in seinem autobiografischen Buch *Gescheckte Menschen* jenen vorhin erwähnten Zwischenstatus vieler Iren auf der Insel und im Rest der Welt. Als Sohn eines irischen Vaters und einer deutschen Mutter weiß er von Kindheit an, was die Vermischung nationaler Identitäten bedeutet. Sie ist ihm vertraut aus den Liedern des Vaters, in denen das Hungern, das Dableiben und das Fortgehen besungen werden. Von der Mutter hat er erfahren, was »in der Fremde« leben eigentlich heißt. Immer wieder geht es um den Traum vom ›großen Sprung‹, wie es schon der Name der väterlichen Heimatstadt (Leap im County Cork) orakelhaft andeutet. Für den Vater ist England inexistent, aber Irland – Éire – muss über die »Erinnerung der Emigranten« und die »Zukunftsvisionen der Idealisten« hinaus erst geschaffen werden. Da er für Bach und Beethoven schwärmt und Irland »von einem Traumland zu einem wirklichen Land« werden soll, beschließt er, seine kulturellen Vorlieben und das nationale Selbstverständnis zu verbinden: durch Gründung einer deutsch-irischen Familie.

In gewisser Weise baut Hamilton so für den Reisenden aus Deutschland eine (gedankliche) Brücke zur Insel, wenn wir den Spuren seiner Eltern auf den *Deutsch-irischen Wallfahrten* mit Feingefühl folgen. Die deutsch-irische Vermählung findet zu Weihnachten in Deutschland statt, die Fortsetzung des Ehelebens in Irland. Auf dem Fährschiff scheinen die beiden ein wenig an Bölls Mitreisende zu erinnern, denn als Paar sind sie Heimkehrer und Emigranten zugleich. In beiden Ländern wird ein magischer Berg besucht, in Deutschland der Drachenfels am Rhein (unweit Bölls Heimat), auf der Insel der Croagh Patrick im County Mayo. In Deutschland gibt es Seilbahn und Hotel, in Irland Rosenkranz und Kapelle. Letzteres rührt daher, dass im Jahre 441 der heilige Patrick vom Gipfel des später nach ihm benannten Berges die Dämonen und Schlangen ins Meer geworfen haben soll. Seither pilgern Tausende auf den heiligen Berg der Iren, dessen geröllreicher Anstieg zum Gipfel (765 m) erst bezwungen werden will. Steht der Pilger nicht gerade im Nebel, dann bietet sich ihm ein Zauberblick auf die Inseln der Clew Bay, die Glück verheißen sollen. So genießt auch das jungvermählte Paar das großartige Panorama mit dem Land ringsumher und den Inseln bis weit in den Atlantik hinein.

Mit Rundumsicht und Fernblick vom heiligen Berg der heiligen Insel sind auch wir angekommen – vorläufig nur, denn die eigentliche Rundreise kann jetzt erst beginnen.

Erste Reise:
In Dublin und Umgebung

Elizabeth Bowen schildert in ihrer Erzählung *Eine unangenehme Vorstellung* das Leben von Frauen in Dublin und seinen Vororten. Eine Fahrt mit der Straßenbahn (mit samtenen Sitzbezügen!) führt an der Dubliner Bucht entlang über Ballsbridge nach Dun Laoghaire, also zu jenem Hafen, der uns schon von den Fährschiffen Bölls und Hamiltons vertraut ist.

Die Geschichte spielt während des Zweiten Weltkriegs, das Meer ist vermint, die Bevölkerung auf Luftschutz und Evakuierung eingestellt; im Hafen dürften kaum Touristenschiffe einlaufen. Die beiden Damen in Bowens Erzählung entstammen dem gut situierten Bürgertum und haben ganz andere Sorgen. Saisongemäß kümmern sie sich mehr um den Sommerschlussverkauf, um neue Hüte oder Stoffe oder die Pferdeschau, standesgemäß beklagen sie das langsame Tempo der Straßenbahn. Die relative Ruhe wissen sie kaum zu schätzen. Trotz der angesichts des Großen Krieges kleinen Alltagssorgen der bürgerlichen Frauen mag man ihnen wünschen, dass sie von einer Invasion verschont bleiben und sich wiedersehen.

RODDY DOYLES Roman *Paddy Clarke Ha Ha Ha*, für den der Autor den angesehenen Booker-Preis erhalten hat, spielt Ende der sechziger Jahre und schildert die tragikomische Geschichte eines Dubliner Vorstadtjungen. Der Titelheld Patrick verfolgt im Fernsehen Chips knabbernd den fernen Vietnamkrieg, sein eigentliches Interesse richtet sich jedoch auf *Irische Idole oder Barrytown United.* Die Idole aus der irischen Geschichte, die Helden im Kampf um Freiheit und Unabhängigkeit, scheinen den Schulkindern bereits weit entfernt, nur Namen aus der Vergangenheit, die höchstens an den eigenen Großvater denken lassen. Da hilft es auch nichts, wenn die Lehrerin sich bemüht, den Knaben die Freiheitskämpfer und die Unabhängigkeitserklärung von 1916 ins Gedächtnis zu rufen. Sie interessieren sich viel mehr für Fußball, das heißt im Dubliner Glasscherbenviertel Barrytown natürlich Fußball auf der Straße mit allen damit verbundenen Abenteuern und Risiken.

Die Idole der jungen Kicker heißen eben nicht Pearse oder Connolly, sondern George Best, Bobby Charlton, Denis Law oder Nobby Stiles. Ihre Lieblingsvereine sind Manchester (United natürlich), Liverpool und Leeds. Die Partie lautet Nordirland gegen Schottland, und Bobby Charlton bekommt von den Jungs einfach eine Spielerlaubnis für Nordirland, das im übrigen 42:38 gewinnt, weil George Best alias Paddy Clarke mindestens sieben Hattricks erzielt. Doch Resultat und Torschützen dieser Begegnung sind kaum von Belang. Denn auf diesem improvisierten Spielfeld ereignet sich ein kleines, für die Jungen alltägliches Wunder: die Utopie der Einheit, gestiftet von der Heiterkeit des Spiels in einem ›United Kingdom‹, dessen versöhnender König Fußball heißt.

SEAN O'CASEY schildert in dem Text *Die Razzia,* der seiner Autobiographie entstammt, aus eigenem Erleben Ereignisse, die den Schulkindern bei Doyle im Geschichtsunterricht (mit mäßigem Erfolg) vermittelt werden. Auch unsere Kenntnisse lassen sich durch O'Casey um einige Lektionen erweitern. In den Elendsvierteln Dublins herrschen Fäulnis und Verfall, Schmutz und Krankheit; sogar die Blumen und Pflanzen meiden diesen Ort, allenfalls verirrt sich ein Sperling hierher, und die Sonne scheint zu schaudern, wenn sie ihre Strahlen über die Dächer wirft. Die Angst geht um in dem Viertel, jede Nacht birgt Gefahren. Wir befinden uns just in den Zeiten des Freiheitskampfes und des Osteraufstandes von 1916 (mit den Anführern Larkin und Connolly), in dem sich die Iren nicht nur der Engländer (»Tommys«) erwehren müssen, sondern auch noch mit den eigenen Rivalitäten zu rechnen haben: Katholiken und Protestanten, Tans (Black and Tans; ein paramilitärisches Korps, das die Bevölkerung terrorisiert) und IRA (Irisch Republikanische Armee) und Sinnfein (radikale nationalistische Partei).

Alle im Viertel sind »der guten Sache zugetan«, deshalb bedeutet eine Razzia in den Dubliner Slums stets Lebensgefahr. Nur der zerbrechliche, unscheinbare Mr. Ballynoy scheint sich aus all dem herauszuhalten. Dafür geht die schöne, temperamentvolle Mrs. Ballynoy – nicht die viel besungene Rose von Tralee, sondern eine »liebliche Rose der Slums« – umso selbstbewusster ihrer Leidenschaft nach. Während ringsum Terror herrscht, setzt sie all ihre Reize ein, um den jungen Sean zu verführen, was ihr zweifellos gelänge, wenn sie nicht mitten im Gerangel von Tommys und Tans gestört würden. Die Pointe der Episode liegt weniger in dem ausgerechnet von Tommys und Tans unwissentlich verhinderten Ehebruch, sondern in dem für die geschichtliche Situation bezeichnenden Phänomen, dass nicht einmal die Ehefrau die innersten Geheimnisse ihres Mannes kennt. Denn der so ängstlich, leidenschaftslos, unbedeutend und apolitisch scheinende Charlie Ballynoy erweist sich als der wahre Held dieser Nacht: mit einem Hoch auf die Republik begibt er sich in Gefangenschaft.

BRENDAN BEHAN dagegen schildert in *Ein Bekenntnis* die Rückkehr aus dem Gefängnis, nämlich der Jugendstrafanstalt Borstal in England. Dort hat er drei Jahre abgesessen, nachdem man ihn, der bereits als Kind der IRA beigetreten war, 1939 in Liverpool wegen Beteiligung an der Vorbereitung eines Bombenattentats verhaftet hatte. Die Rückfahrt mit der Bahn von Dun Laoghaire nach Dublin stellt sich nicht so idyllisch dar wie noch bei Elizabeth Bowens Damen: Es gibt keine samtenen Sitze mehr im offenbar »dreckigsten Zug in Irland«. Nach dem Wiedersehen mit der Familie in einem Sozialbau im Stadtteil Crumlin begibt sich Behan sogleich zu seiner todkranken Freundin Maureen in der Benburb Street, wo deren Eltern einen Gemüseladen führen, »im Herzen von Dublin« bei der Guinness-Brauerei, die auf der anderen Seite des Flusses Liffey liegt.

Die sozialen Verhältnisse und die Religion spielen noch in den privaten Moment des Wiedersehens hinein, so dass Behan wegen der hohen Fischpreise sich rücksichtsvoll als Protestant ausgibt: ein gut gemeinter Verrat an Christus mit einem Pfund Rindersteak als Judaslohn. Dem jungen Paar ist keine Zukunft beschieden; Maureen muss sterben. Wenn die Knaben, wie das Lied von Brendans Mutter singt, »unter welkem Grün« liegen und »die Rosen verblühn«, dann gehen die irischen Männer, die Frauen ihrem Schmerz überlassend, in den Pub an der Ecke, denn in Zeiten der Not »muss der Ire einen trinken, um seinen Kummer zu ersäufen«.

Auch die Erzählung *Eine kleine Wolke* von JAMES JOYCE spielt in Dublins Zentrum, genauer in der vornehmen Bar ›Corless‹, wo sich nach acht Jahren zwei alte Freunde wiedersehen. Little Chandler ist zu Hause geblieben, ernährt sich und seine Familie redlich durch seine Arbeit in den King's Inns (Dubliner Law School), doch träumt er immer wieder – weil man in Dublin nichts werden könne – seinen melancholischen Traum vom Dichterruhm, vom Fortgehen und von einem neuen Leben. Der ›große‹ Ignatius Gallaher dagegen hat im Londoner Pressewesen Karriere gemacht. Für ihn ist die Rückkehr wie eine Art Urlaub im Slum, deshalb spricht er von seinem »lieben schmuddeligen Dublin«. So kann einer leicht reden, der London, Paris und Berlin und die ganze »Unmoral« dort gesehen (und praktiziert) hat, während Chandler sich für seine einzige Reise auf die Insel Man meint schämen zu müssen.

Wie meistens bei Joyce werden die Beziehungen der Personen zueinander nur durch Details oder winzige Hinweise angedeutet, und auch (Selbst-)Erkenntnisse der Charaktere verstecken sich oft hinter unscheinbaren Kleinigkeiten, die alles entscheiden. Minderwertigkeitsgefühle und Neid, Angst und Hass sind bei Chandler unterschwellig stets bestimmend, manchmal brechen sie blitzartig hervor, um sogleich wieder verdrängt zu werden – genau wie jener Moment der Erkenntnis, als er Gallaher und sich selbst schlagartig und vollkommen durchschaut: Die ›falsche‹ Freundschaft der beiden beruht auf der Gönnerhaftigkeit des anderen und auf der eigenen lebenslänglichen Gefangenschaft. Es wird sich nichts ändern, wenn die kleine Wolke der Erkenntnis und der Düsternis vorübergezogen ist.

SEAN O'CASEY schildert in dem Abschnitt *Rot über Grün* aus dem ersten Teil seiner Autobiographie, wie alle »anständigen« Stadtteile Dublins der englischen Königin Victoria (Regierungszeit 1837-1901) ihre Liebe und Treue bekunden, und erteilt uns mit seiner politischen ›Farbenlehre‹ während einer Stadtrundfahrt mit der Tram eine vertiefende Lektion in irisch-englischer Geschichte. Grün steht natürlich für Irland und dessen patriotische Anhänger, gleich ob sie es nun mit dem Protestanten Parnell und Gründer der Homerule-Bewegung (Forderung nach irischer Selbstregierung, 1921 verwirklicht) halten oder ob sie katholische Fenier (Sinnfeiner) sind.

Es kommt darauf an, alles mit einem richtig sehenden »irische[n] Auge« zu betrachten; und es ist gar nicht leicht, »über ein einfaches Thema« ein paar »einfache Worte« zu sagen.

Was die Treue zum britischen Königshaus anbelangt, die am Tag der Illumination mit Lichterglanz und Gloria zur Schau gestellt wird, so zeigen O'Caseys Formulierungen, die von kompromissloser Ironie geprägt sind, dass es hier um die Inszenierung des Englands der Reichen und Renommierten, der Lords und des Adels geht. Für den patriotischen Iren aus den Armenvierteln, der die Veranstaltung nur als Zuschauer erlebt, ist das ganze Gefunkel eine Veranstaltung für die »Hungerkönigin«, der in Ermangelung vergleichbarer Lichterpracht in Grün das Lied über den irischen Revolutionär Wolfe Tone entgegengeschmettert wird. Auf Seiten des britischen Königshauses leuchten noch andere Farben: Orange und Blau (Farben der Nassauer, die zuletzt mit Wilhelm III. regierten) am Orangistenhaus (der Orange-Orden versammelte reaktionäre Kräfte und terrorisierte alle irischen Freiheitsbewegungen), aber auch die Fahnen Deutschlands und Dänemarks (wegen politisch-dynastischer Bündnisse) und das blaue Banner Dublins sind gehisst. Zur Eskalation kommt es, als am Trinity College die Studenten zum Protest antreten und mit Fahne und Kampflied den Ruf erschallen lassen: »Grün über Rot!« Am Ende der Stadtrundfahrt, nach der pompösen Veranstaltung und dem Blutvergießen auf der Straße bleiben zurück: ein einsamer anonymer Mensch und eine lustige grüne Fahne.

Samuel Beckett lädt uns in der Erzählung *Fingal* aus seinem ersten Prosaband zusammen mit dem Helden Belacqua zu einer Wanderung in die Grafschaft Fingal im nördlichen Umland von Dublin ein. Von dem mittelalterlichen Schloss Malahide und dessen Park wandert Belacqua zusammen mit seiner (für die Dauer einer Erzählung aktuellen) Freundin Winnie weiter auf den Wolfsberg. Der Rundblick umfasst die Dubliner Berge (zur Erinnerung: in dem Sanatorium dort oben hat Brendan Behans Freundin Maureen ihre letzten Tage verlebt), die Inseln Lambay und Ireland's Eye: für den Helden ein »Zauberland« weitab vom Schuss, die ideale Gegend für seine melancholischen Meditationen auf der Suche nach Weisheit.

Sein Lieblingsort in dieser Körper und Herz erhebenden Gegend ist die Irrenanstalt Poltrane. Der Weg dorthin führt vorbei an einem Martello-Turm (Wehrtürme aus den Napoleonischen Kriegen, allein im Fingal County gibt es zwölf solcher Türme) – nicht zu verwechseln mit dem Martello Tower im Ortsteil Sandycove von Dun Laoghaire. Vermutlich handelt es sich hier um eine buchstäblich ›en passant‹ eingestreute Hommage an James Joyce, der im Martello Tower in Sandycove wohnte und seinerzeit dem jungen Beckett »Talent« attestiert hatte. Der Wasserturm bei Poltrane dagegen, der an die Große Hungersnot von 1845-47 (Vernichtung der gesamten Kartoffelernte) erinnert, birgt ein anderes Literaturgeheimnis: der Dechant Swift ist niemand anders als der Dichter Jonathan Swift, der Dekan von St. Patrick's Cathedral gewesen, dort auch begraben ist und der in dem Turm seine Geliebte Stella versteckt bzw. unter Verschluss gehalten haben soll. Belacqua versteckt sich seinerseits vor seiner Interims-Geliebten. Er ›reicht‹ sie weiter an den Irrenarzt und verdrückt sich in Swords östlich Malahide in Taylors Kneipe, um anderen Betrachtungen nachzugehen.

So enden unsere Streifzüge durch Dublin und die Ausflüge in dessen Umgebung an einem angemessenen, für weitere Meditationen Raum lassenden Ort: im Wirtshaus.

Zweite Reise: Im Osten und Süden von Éire

Folgen wir SAMUEL BECKETTS Helden Belacqua bei seinen Exkursionen noch ein Stück, so gelangen wir in der Erzählung *Von Liebe und Lethe* in die Wicklow Mountains, ein Traumziel jedes Irlandreisenden. Doch touristisch-zünftig wird man, wie von Belacqua nicht anders zu erwarten, bei diesem Abenteuer kaum bedient; es geht vielmehr um grundsätzliche Fragen der menschlichen Pilgerschaft auf Leben, Liebe und Tod. Der Name des Helden verweist übrigens auf eine Gestalt aus Dantes *Purgatorio,* die dort für Faulheit und Nichtstun büßen muss.

Belacquas Freundin ist diesmal eine an Nervenschwäche leidende, nicht mehr ganz taufrische Magdalena namens Ruby Zach aus Irishtown. Da ihr Leben nur eine »Stiege aus lauter Treppenwitzen« darstellt und Belacqua sich entschlossen hat, durch ein Loch aus der Welt zu schlüpfen, planen die beiden eine »Spritztour« der besonderen Art. Weil Venedig als Ort des vornehmen Hinscheidens nicht durchführbar ist, haben sie sich für die Vorberge der Wicklow Mountains entschieden. Der Leser wird dabei, gleichsam umworben von den herrlich hintergründig-ironischen Volten des Erzählers, zum Komplizen der suizidären Expedition.

Da dem Helden Wicklow wie eine »Ansammlung pickeliger Brüste« erscheint, kommt dies als Tatort nicht in Betracht, auch wenn John Millington Synge (dessen Spuren anschließend aufgenommen werden sollen) als kundiger Chronist der Region unvergessen bleibt. Das lebensmüde Paar entscheidet sich für einen Vorgipfel, der nicht ohne Mühen und Kleiderverlusten erklommen wird, dafür aber mit einem großartigen Panorama belohnt: Wie zum Abschied präsentieren sich Dun Laoghaire, die Flanken des Three Rock, Kilmashogue und das blaue Meer. Doch der finale Schuss geht fehl, da ausnahmsweise vom »Finger Gottes« gelenkt. Eros triumphiert über Thanatos, Lebenssäfte über Lethe; es wird eine »Heidehochzeit« gefeiert. Vorübergehend scheinen die beiden doch ›bei Trost‹, denn wenigstens in diesem Moment können sie sich vereinigen im Wissen, dass Liebe und Tod – nach dem berühmten Wort aus den *Sonetten für Helene* (1578) des Dichters Pierre de Ronsard – die Kehrseite einer Medaille darstellen. So entlässt sie Beckett in eine melodische Nacht, in die Arme der Natur und der Poesie.

John Millington Synge bekam vom ›Manchester Guardian‹ den Auftrag, Reiseberichte über die Regionen Irlands zu schreiben. Seine ausgedehnten Fußwanderungen führten ihn dabei auch in die Grafschaft *Wicklow*, die man als ›Irlands Garten‹ bezeichnet. Doch der grüne Garten hat auch seine »Schattenreiche«, nämlich Amerika, das Armenhaus und die Irrenanstalt. Aus Furcht, in einem der beiden letzteren zu landen, sind viele Bewohner Wicklows ausgewandert. Manche haben ihr Eldorado in Amerika oder Australien gefunden und dann, wie ein alter Mann klagt, nie mehr etwas von sich hören lassen, geschweige denn ein halbes Pfund geschickt. Für die daheim Gebliebenen wird es schon zu einem Problem, keine Zäune zu haben, weil Kälber, Gänse und Hühner davonlaufen, als würden selbst sie vom Drang beherrscht, sich anderswo umzutun – kein Wunder, wenn Mensch wie Tier ihr Dasein im Tal des Teufels (Devil's Glen) fristen.

Synge interessiert sich für die Alltagssorgen der Bewohner ebenso wie für die landschaftlichen Schönheiten, und er liest überall Geschichten auf, in den Hütten und Wirtshäusern und auf den Straßen. Ob sie wahr sind oder nur von A bis Z zusammengereimter Schwindel wie im Falle des alten Schnurrpfeifers, der sich mit seinen Anekdoten das tägliche Getränk verdient, spielt eigentlich keine Rolle. Denn solang diese Menschen sich noch Geschichten erzählen, sind sie nicht in einem der Schattenreiche verschwunden und vergessen.

DÓNALL MAC AMHLAIGH erzählt in *Der Drahtesel des Dichters* von den kinematographischen, velozipedischen und amourösen Abenteuern des (frei erfundenen) irischen Dichters Schnitzer Theophilus O'Shea. Dieser schlägt sich im Brotberuf mühsam als Farmarbeiter durchs Leben, während er sich in der Freizeit der Dichtung widmet und den Träumen von der großen weiten Welt. Sein wertvollster Besitz ist ein altes, aber stets auf Hochglanz poliertes Armeefahrrad, mit dem er die gesamte Gegend um Kilkenny erkundet. Tagesetappen von neunzig Meilen, nur um in Tramore einmal das Meer zu sehen, schafft er auf seinem Dichterross mit Leichtigkeit. Er steht in dem Ruf, ein naiver, ebenso verschrobener wie harmloser Einzelgänger zu sein, der das Lokalkolorit um einen Tupfer bereichert.

Im Kino von Kilkenny gibt es die Märchen von Manhattan, Hongkong und Hawaii und den Zelluloidtraum von der großen Liebe. Anders als sein Seelenverwandter Belacqua bei Beckett ist Schnitzer aus ehrlichem Holz geschnitzt. So wirbt er rührend naiv um Anastasia, die zwar nicht ganz mit den Leinwandschönheiten mithalten kann, die aber unglücklicherweise als Tochter des reichen, cholerischen Bauern Ned Purcell unerreichbar bleiben muss. Schnitzer darf sich glücklich schätzen, dass er nicht von der Mistgabel des tobsüchtigen Wüterichs abgestochen wird. Auf seinem Drahtesel ergreift Schnitzer die Flucht und behält fortan seine ungekühlte Leidenschaft still für sich, nach Art jener Dichter, die ihre Geliebte aus der Ferne verehren. Eine Woche nach der Vertreibung aus dem niemals betretenen Paradies befindet sich Schnitzer an Bord der abgetakelten ›Prinzessin Maude‹, einer Fähre (vermutlich von Rosslare) nach England. Sein letzter wehmütiger Blick wandert über die Wicklower Berge.

WILLIAM TREVOR erzählt in *Irische Hochzeit* (aus dem Roman *Turgenjews Schatten)* eine ähnliche Geschichte wie die von

Schnitzer O'Shea und Anastasia, nur unter umgekehrten Geschlechter-Vorzeichen. Hier heiratet ein reicher, alles nach Zahlen kalkulierender protestantischer Erbe aus der Textilbranche eine arme Bauerntochter, die kaum mehr als »kindliche Unschuld« und ihren protestantischen Glauben aufweisen kann. Diese Verbindung lassen die sozialen Gepflogenheiten zwar ohne weiteres zu, aber ob das gut gehen wird, scheint mehr eine Sache der Hoffnung als der Gewissheit.

Schauplatz dieser irischen Eheanbahnungen ist die Gegend um Mitchelstown und Waterford. Auch dazu bilden Tanzveranstaltungen und Kinofilme den üblichen Rahmen für erste Kontaktaufnahmen. Marie Louise ist wie der arme Schnitzer mit dem Fahrrad mobil, während der prospektive dickliche Gatte Elmer, im Ortszentrum residierend, nicht einmal ein Auto benötigt. Im Kino ›Electric‹ gibt es »Flammende Sinne« mit Lana Turner und »Flieder im Frühling«, doch Elmers Begeisterung für diese Filme ist ebenso geheuchelt, wie seine Annäherungsversuche halbherzig bleiben. Die Sicherheitsnadel, mit der sich Mary Louise für die Kinobesuche bewaffnet hatte, erweist sich in Anbetracht von Elmers Phlegma als vollkommen überflüssig. Sie hätte sie besser auch in die »Vernunftehe« mitgenommen. Auch wenn alle beschwören, dass es die Bauerntochter – wie man schönfärberisch sagt – »hätte schlechter treffen können«, sieht man künftiges Unglück heraufziehen, denn Marie Louises Flucht aus den engen Verhältnissen hat sie geradewegs ins Gefängnis der Ehe geführt. Ob sie daraus wieder hinausfindet, soll an dieser Stelle aber nicht verraten werden.

Elizabeth Bowen stellt die *Grafschaft Cork* näher vor, in deren Nachbarschaft bereits Trevors Roman geführt hatte. Der beherrschende Eindruck im County Cork ist für Bowen »die Leere«. Es gibt keine Seen, dafür Blütenfülle in den Bäumen und sattes Gras und immerhin mit dem farbenprächtigen

Galtymore (nördlich von Mitchelstown) den dritthöchsten Berg der Insel, von dem aus man bis in die Grafschaft Kerry und natürlich zum Meer sehen kann. Nach dieser ersten geographischen Orientierung führt die Reise weiter durch die Grafschaften Cork und Limerick.

FRANK MCCOURT ist 1930 in New York geboren, im Alter von vier Jahren mit den Eltern zurück nach Limerick gekommen und dort aufgewachsen. Seine *Kindheit in Limerick* ähnelt sehr derjenigen des 1903 geborenen irischen ›Klassikers‹ Frank O'Connor, der in seiner Autobiographie *Einziges Kind* (siehe Literaturhinweise) schildert, wie er in Cork aufgewachsen ist. Vergleicht man O'Connors und McCourts Erinnerungen, so gewinnt man den Eindruck, als habe sich in dem Vierteljahrhundert, das beide Autoren trennt, zwischen Cork und Limerick kaum etwas geändert – bis hin zu den Namen: O'Connors Familie lebte in Barrackton, die McCourts wohnten in Limericks Stadtteil Barrack Hill; die einen brauchten für den Umzug einen Eselskarren, den anderen genügte ein klappriger Kinderwagen. Eine Barackenjugend also mussten beide erleben, und McCourt stellt nüchtern fest, dass schlimmer als alle normalen unglücklichen Kindheiten »die unglückliche irische katholische Kindheit« ist.

In Limerick regnet es mehr als das halbe Jahr über, alles trieft vor Feuchtigkeit, das einzige trockene und warme Haus ist die Kirche, weniger ein Hort des Glaubens denn ein Unterschlupf gegen Kälte und Nässe. Manchmal ist der Hunger so groß, dass die Kinder schon mit einer Hostie zufrieden wären. In der Roden Lane am Ende der Gasse gibt es ein Außenklo für die ganze Gasse, noch erbaut »zur Zeit von Königin Victoria persönlich« – man erinnere sich an O'Casey, bei dem die gleiche Regentin von den Iren den Beinamen »Hungerkönigin« erhielt. Der arbeitslose Vater bringt das Stempelgeld nach Hause, das bei der Feldarbeit verdiente »Bauerngeld« versäuft er bis lange nach der Sperrstunde in der Kneipe, und der Grad seines Rausches ist sowohl akustisch als auch inhaltlich am Patriotismuspegel seiner Lieder zu messen. Da das Erdgeschoss die Hälfte des Jahres überschwemmt ist, richtet sich die Familie wie beim Überwintern in wärmeren Zonen im ersten Stock ein, den man Italien nennt. Vor Ostern zieht man wieder hinunter nach Irland. Das Weihnachtsfest stellt die Familie vor große Probleme, denn der schändliche Schweinskopf und die geschenkten Würstchen wollen erst gekocht sein. Also müssen die Kinder Kohle und Torf im strömenden Regen herbeischaffen. Zum Glück gibt es einen guten Samariter in Gestalt von Pa Keating, der für ein kleines Kohlenwunder sorgt.

An den Morgen gehört der Vater ganz dem Jungen. Da erklärt der Vater die Tagespolitik, erzählt von der irischen Geschichte, als die katholischen Kinder in Heckenschulen unterrichtet wurden und die Lehrer ihr Leben riskierten, und erfindet Geschichten. Der Junge versteht mit der Zeit, dass der Weg in ein besseres Leben nur über Bildung und Phantasie führt – und wieder zurück nach Amerika, heraus aus dem grauen Nest namens Limerick.

Am Ende des Romans (*Die Asche meiner Mutter.* S. 522) trifft Frank McCourt auf dem Schiff nach Amerika einen Priester, der von Irland nach Kalifornien ging und den Trennungsschmerz nie verwunden hat: »Man lebt in Los Angeles und hat Tag und Nacht Sonne und Palmen, und man fragt Gott, ob wohl die Möglichkeit besteht, dass Er einem nur einen einzigen Tag mit sanftem Limerick-Regen beschert.«

Sean O'Faolain gibt uns in *Kinsale* einen kurzen kulturgeschichtlichen Überblick über das Hafenstädtchen an der mediterran angehauchten Südküste, ›Irlands Côte d'Azur‹. Ganz in der Nähe befindet sich das Charles Fort, eine der mächtigsten sternförmigenFestungen Europas. In Kinsale »wimmelt« es vor Geschichte, in der das Jahr 1601 mit der Landung der Spanier und der folgenden Schlacht das Ende der alten irischen Welt einleitet: »ein Datum wie ein Totenglöckchen«. Wenn das Nationalgefühl sich auflöst »wie Gischt auf dem bewegten Meer«, dann müssen die Sänger, Dichter und Geschichtenerzähler das Letzte vor der Zerstörung bewahren: die Erinnerung.

BRIAN MOORES Roman *Mangans Vermächtnis* führt in die südwestliche Ecke Irlands und erzählt die Geschichte eines Heimkehrers, der nach seinen irischen Wurzeln sucht. Von New York kommend landet James Mangan auf dem Shannon Airport und fährt mit einem Mietwagen über Limerick nach Cork (wo einst sein Urgroßvater, wie übrigens auch Frank O'Connors Vater, in der britischen Kaserne lebte). Die Fahrt führt vorbei an Blarney Castle, das zu den meistbesuchten Attraktionen Irlands gehört und außerdem mit einer Legende aufwarten kann: Wer auf die Zinnen des Schlosses steigt und oben, auf dem Rücken liegend, den berühmten ›Blarney Stone‹ küsst, der soll die Gabe der Beredsamkeit erlangen …

Über Brandon erreicht der Reisende Bantry. Von dort ist es nicht mehr weit bis zum »äußersten Zipfel der Insel« am Mizen Head mit seinem Leuchtturm. Orientierungshilfen sind dem Reisenden äußerst willkommen, denn in dieser Gegend hilft auch die Lektüre von Joyce, Yeats und O'Casey nicht mehr weiter. In Durrus sieht Mangan eine große Bucht vor sich (die Dunmanus Bay), ein langer, wilder Einschnitt des Ozeans. Irgendwo in der Nähe versteckt liegt das Dorf Drishane, in dem es gar nicht leicht fällt, eine Unterkunft zu finden, selbst wenn noch Verwandte dort wohnen sollen. Doch der findige Makler vor Ort hat eine mehr als passable Unterkunft auf den Hügeln oben anzubieten. Der Weg dort hinauf allerdings gestaltet sich als Labyrinth, belohnt am Ende aber mit einem prächtigen Blick über Täler, Berge und Buchten hinweg zum Leuchtturmfelsen von Fastnet. Bei einbrechender Dunkelheit wirkt der Abendhimmel geradezu überirdisch, dazu blitzt der Leuchtturm in der Ferne auf, es herrscht eine beinahe vollkommene Stille, als sei die Zeit zurückgedreht worden. Nur der unvermeidlich einsetzende Regen tröpfelt sein stetiges Geräusch auf das Schindeldach. Hier kann der fremde Gast sich zur Ruhe legen; noch ahnt er nichts von dem Geheimnis, das auf ihn wartet.

Damit schließt die zweite literarische Reise nicht in einem Wirtshaus, sondern in einem warmen Bett hoch über dem Meer, fast im äußersten Südwesten der Insel.

Dritte Reise:
Am Rand der westlichen Welt

Christoph Ransmayr entdeckt, nun wirklich am äußersten südlichen Ende der Insel, *Eine Bühne am Meer*. Sie liegt hoch über den Klippen des Atlantiks, und man erreicht sie durch das Straßenlabyrinth (in dem sich auch Brian Moores Held beinahe verirrt hätte) zwischen dem Galley Head und dem südwestlichen Kap Irlands, dem Mizen Head. Ein Freund aus Skibbereen führt Ransmayr, der selbst eine Zeit lang in dieser Gegend gelebt hat, zu der Plattform an einer Wegkreuzung namens »Schöne Weide«. An Sonntagabenden ist diese steinerne Bühne ein Ort gemeinschaftlicher Erinnerung: In Liedern, Balladen und Geschichten wird von Strandgut und Schiffsuntergängen (die Chronik verzeichnet über zweitausend), von Kriegen und Katastrophen erzählt, die das Land immer wieder heimgesucht haben.

Unvergessen sind die Schiffe, die Irlands Reichtum nach England verbrachten oder die untergegangen sind wie die in Belfast gebaute unsinkbare ›Titanic‹ oder deren von Deutschen versenktes Schwesterschiff ›Lusitania‹, deren Wrack man bei Kinsale erforscht; oder die Auswandererschiffe, die an dieser Küste mit den gefährlichen Klippen und wüsten Stürmen vorüberkamen, den Zurückgebliebenen einen letzten Heimwehgruß boten, bevor sie hinter dem Leuchtturm von Fastnet (dem südlichsten Punkt Irlands, auch *Die Träne Irlands* genannt) irgendwo in den atlantischen Weiten auf dem Weg ins Traumland verschwanden.

Wenn auf dieser Naturbühne, die zugleich Schauplatz der Wirklichkeit ist, Heim- und Fernweh beschworen werden, dann erscheint »das verlassene Land dabei so grün und so unvergeßlich wie nur in der Poesie«. Daraus wird auch die Aufgabe dieser Bühne verständlich. Jeder Auftritt auf ihr gilt dem Erinnern, worin schon Sean O'Faolain die einzigartige Möglichkeit des Erzählens gesehen hat. Gerade am Rand der Welt geht es darum, das »Gedächtnis der Menschheit zu bewahren«.

Mit JOHN MILLINGTON SYNGE, dessen Spur wir wieder aufnehmen, sehen wir uns um *In West Kerry*. Von Tralee aus führte einst eine kleine Bahnlinie auf die Dingle-Halbinsel. Während der Blick aus dem Abteilfenster Ausblicke gewährt auf die Inselgruppe der Seven Pigs (oder Hogs, Margharee-Inseln) und dahinter auf Kerry Head oder im Süden auf die Macgillycuddy's Reeks mit dem Carrantuohill (1041 m) und dem Killarney National Park, gedenken die Mitreisenden immer wieder der ausgewanderten Landsleute, denen die Einsamkeit das Herz gebrochen hat. Dazu erstrahlt die Dingle Bay im schönsten Abendlicht. Ein Junge mit einem Karren bringt Synge ans Ziel der Reise, ein kleines namenloses Dorf im Westen der Halbinsel. Anderntags unternimmt Synge eine seiner ausgedehnten Fußwanderungen. Zunächst Richtung Dunquin, einem kleinen Hafenort, in dem übrigens zahlreiche Szenen von David Leans Film *Ryans Tochter* gedreht worden sind. Hier sieht man erstmals die benachbarten Blasket-Inseln und Dunmore Head, den westlichsten Punkt am Rande Europas.

Eine weitere Wanderung führt zum Sybil Head, von wo aus man, Hunderte Meter hoch über dem Meer auf den Steilklippen stehend, einen unbeschreiblichen Blick hat nach Süden über den bei Touristen (Panoramastraße!) beliebten Ring of Kerry hinweg bis zum Carrantuohill auf der Iveragh-Halbinsel und auf die winzige Inselgruppe der Skelligs bis in den weiten Atlantik sowie auf Loop Head im Norden, wo der Fluss Shannon endgültig ins Meer übergeht. Gekrönt wird die Aussicht durch »das wunderbar zarte und durchdringende Licht, das es nur in Kerry gibt«. Dann folgt ein Satz, für den Dingles Tourismusbranche Synge ewig dankbar sein dürfte: »An solchen Orten fragt man sich, warum noch irgendein Mensch in Dublin, London oder Paris wohnt, wo es doch sicher besser wäre, an diesem großartigen Meer, unter diesem Himmel in einem Zelt oder einer Hütte zu leben und die wunderbare Luft einzuatmen, die sich zwischen den Zähnen anfühlt wie Wein.«

Auf der nächsten Exkursion begibt sich Synge auf die Große Blasket-Insel, kleine Fährboote bringen den Gast von Dunquin aus (oder Dingle) hinüber. Auch auf der Insel macht Synge die Erfahrung, dass die Verschlossenheit der Einheimischen aufzubrechen ist, wenn man Irisch (das Synge eigens gelernt hat) statt Englisch spricht. Dann zeigen sich Gastfreundschaft und Erzählkunst der Insulaner. Wer mehr über diese Inselgruppe lesen möchte, deren Literatur in den letzten Jahren einen neuen Aufschwung genommen hat, dem seien die Bücher von Cole Moreton, Tomas O'Crohan, Maurice O'Sullivan und Peig Sayers (siehe die Literaturhinweise) empfohlen. Doch das Panorama hat seit den Zeiten von Synge kaum an Reiz verloren: »Der Anblick von Meer und wilden Inseln war so klar und kalt und brillant wie in einem Traum, der lebendig wird in dem einzigartig strengen Glanz, der diesem Ort hier eigen ist.«

Auf die Dingle-Halbinsel (fast ist man versucht zu sagen, aufs Festland) zurückgekehrt, erscheint Synge die Inselgruppe großartiger denn je in der Erinnerung. Er besucht die Forts von Fahan (Dunbeg Fort), eine eisenzeitliche Festung, die irgendwann der hier mit ungeheurer Wucht anstürmende Atlantik hinwegfegen könnte. Möglicherweise meint Synge auch die so genannte Fahan Group, eine Ansammlung uralter Steinhütten, in denen vor Zeiten Mönche siedelten. Hier sind das »Blau der See und das Blau der Hügel« – die Insel ist eben nicht nur grenzenlos grün – so überwältigend und auf den Tod schön, dass der Abschied schwer fällt.

William Butler Yeats zeigt in seiner in der Grafschaft Galway spielenden Erzählung, *Wie das Seil gedreht wurde.* Der Held Rot-Hanrahan ist ein literarischer Vorfahre jener durch die irische Literatur geisternden Dichter vom Schlage Belacquas und Schnitzer O'Sheas, die immer auch Sänger und Tänzer und mehr oder weniger Trinker und Herumtreiber, sprich Philosophen und Lebenskünstler, sind. Hanrahan kann an keinem geselligen Haus vorübergehen, so auch nicht in Kinvara, wo keinem fahrenden Sänger der Einlass verwehrt wird. Als es ihm aber gelingt, trotz schäbiger Kleidung und zerrissener Schuhe, einen Zauber über die Tochter des Hauses zu werfen – einen Zauber aus Poesie und Geflunker –, besinnen sich die Damen auf eine List, um den Schürzenjäger loszuwerden. Man lässt ihn ein Seil drehen, bis er – Hochmut kommt vor der Schmach – sich selber rückwärts über die Schwelle tretend einen schändlichen Abgang bereitet und mutterseelenallein auf der Straße steht. Was bleibt ihm anderes übrig, als dieses traurige Erlebnis in ein unsterbliches Lied zu verwandeln, in das aller Kummer dieser Welt hineingeflochten ist? Und wenn er nicht gestorben ist, dann geistert er noch heute auf der Insel herum.

John Millington Synge hat die Gruppe der Aran-Inseln zwischen 1898 und 1902 insgesamt fünfmal besucht, hat dort den Liedern, Geschichten und Märchen gelauscht und diese wie seine Erlebnisse in dem Buch *Die Aran-Inseln* festgehalten, das er selbst als seine erste ernsthafte literarische Arbeit betrachtete. Wenn es auf den Inseln aufklart, legt die Sonne ihren silbrigen Glanz über Land und Meer, die Bucht von Galway erstrahlt in blendend blauem Licht. Synge bewundert die Flugkünste der Kormorane und Krähen, deren Sprache ihm leichter scheint als das Gälische, das er lernt, um »den wirklichen Geist dieser Insel« zu begreifen. Die Inseln gehören zu jenen Orten, die bis in die Träume hinein »eine unbewußte Erinnerung an ihre Vergangenheit wachrufen«. Auch in den Märchen und Lügengeschichten von alten Männern wie Pat Dirane, die manchmal frappante Ähnlichkeiten aufweisen mit den überlieferten Volksmärchen (vgl. Jakob und Wilhelm Grimm: *Irische Elfenmärchen.* Leipzig 1826, und *Irische Volksmärchen.* Düsseldorf 1962), bleiben diese vergangenen Zeiten lebendig bewahrt.

Als Synge die Inseln ein weiteres Mal besucht, ist Pat Dirane seiner eigenen Ankündigung (beim letzten Abschied) gemäß gestorben, einige Freunde sind nach Amerika ausgewandert, andere arbeiten auf dem Festland (gemeint ist, aus der Sicht der Aran-Bewohner, Irland), die Mütter trauern ihren weggegangenen Söhnen und Töchtern nach. Da ist es schon eine bedeutende Abwechslung, Photos zum Beispiel aus Wicklow zu betrachten, denn die Menschen hier sind »des Meeres müde«. Bei diesem Besuch zeigt sich Synge Aran von der dunkleren Seite: Ein Sturm peitscht über die Insel und wächst sich zu einem Orkan aus, vor dem sich sogar Regenpfeifer und Brachvögel verkriechen. In dieser Welt roher elementarer Gewalt vermittelt sich etwas von der Gefahr, in der die Männer der Insel ständig schweben. Da die Mütter so oft ihre Söhne verlieren, wird nicht selten ein angenommenes Waisenkind zum Trost für den Verlust.

Nach dem Sturm wandert Synge trotz des Regens auf seinen

Pampooties (Sandalen aus Kuhfell) über Klippen und Strand und stemmt sich gegen den Wind, um die Gewalt der Elemente am eigenen Körper zu spüren und die Geschichte der Inseln und die Geschichten ihrer Menschen besser zu verstehen: »Es war wie ein Traum, daß ich hier unter den Männern und Frauen saß und dieser urtümlichen und schönen Dichtung lauschte, die von den ältesten Leidenschaften der Welt erfüllt ist.«

Wer weitere Reisen auf diese Inseln unternehmen möchte, dem seien empfohlen: die Erzählung *Der Lotse* des auf Inishmore geborenen irischen ›Klassikers‹ Liam O'Flaherty (in: *Meistererzählungen.* Zürich 1961), Tim Robinsons Fotobände *Stones of Aran* (siehe Literaturhinweise), Cees Nootebooms Reportage *Inseln im atlantischen Nichts* (in: Merian 53. Nr. 8: *Irland.* August 2000), ganz besonders aber der wunderbare Dokumentarfilm *Männer von Aran* (1934, Regie: Robert J. Flaherty; gelegentlich in den Dritten Programmen), der die gewaltige Kraft der Elemente und das gefährliche Leben der Menschen dieser Inselgruppe eindrucksvoll zeigt. Sogar noch im Grab ist man vor den Wellen des Ozeans nicht sicher, wenn es nicht tief genug ausgehoben wurde.

GEROLD SPÄTH, der die Sommer am liebsten an Gewässern am Rand der westlichen Welt verbringt, erzählt *Aus den Joyce Mountains* im County Galway. Zum besseren Verständnis sei vorab gesagt, der Empfänger dieses irischen Reisebriefes ist der Herausgeber der schweizerischen Kulturzeitschrift ›du‹, in deren Dublin-Themenheft auch Späths Text erschienen ist. Natürlich können auch wir Leser den von Späth vorgeschlagenen Exkursionen folgen, die so phantastisch genau sind, dass wir kaum eine Landkarte brauchen.

Das umtriebige Galway, in dem seinerzeit schon Synge der touristische Rummel gestört hat und das heute als europäische »Boom-City in Goldrush-Land« die Hand aufhält, ist nicht wegen des »Scheusals« von einer Kathedrale besuchenswert –

wenn schon Kirche, dann St. Nicholas –, sondern eher als Gelegenheit, sich auf die hiesigen Verhältnisse einzustimmen. Dies fällt leichter, wenn man von einem kundig-pfiffigen Mentor wie Späth an der Hand genommen wird. Naturgemäß würden wir sonst in die überall lauernden Fettnäpfchen treten, als da sind die Gesprächsthemen Nummer eins bis drei: das Verhältnis der Iren zum »Großverdienerverein« namens Regierung, das windige Wetter, Kirche nebst klerikalen Geheimnissen. Späth spürt die bekannten Irland-Klischees auf, entlarvt sie spielerisch als solche und entdeckt dennoch ein Körnchen Wahrheit in ihnen, das nur der Eingeweihte im passenden Moment mit den richtigen Worten bekennen darf. Dem noch nicht initiierten Anfänger empfiehlt Späth »still stumme Recherchen«, mit einer schlagenden Begründung, die sämtliche akademischen Begriffe von Kulturdifferenz und Alterität überflüssig macht.

Kennys Bookshop ist der beste des Landes, hier hängen alle echten irischen Autoren, Joyce mehrmals, nicht nur weil ganz in der Nähe, in dem Sträßchen Bowling Green, Nora Barnacle ihr Zuhause hatte. So erfahren wir einiges aus der Familiengeschichte, das nicht oder anders in den Joyce-Biographien steht. Dann geht es weiter auf die Suche nach den Joyce Mountains, gemächliches angepasstes Tempo bringt besser ans Ziel. Entlang dem Lough Corrib, in dem der Hecht gar nichts zählt, weil er Forelle und Salm wegfrisst (mehr zum Fischen in irischen Gewässern in Gerold Späths Buch *Das Spiel des Sommers neunundneunzig*. Frankfurt am Main 1993) – dem Schilf an Lough Corrib entlang also erreicht man Annaghdown, das die Ruinen von Irlands größtem Franziskanerkloster aufweist, und Headford mit Ross Abbey. Bald danach fahren wir vorübergehend ins County Mayo ein, wo in Cong John Ford den amerikanisch-irischen Prügel-Sauf-Nostalgie-Film *Der Sieger* (1952) gedreht hat, was Scharen amerikanischer Touristen herlockte, die zum ›Originalschauplatz‹ im »irischen Hillbillyland« pilgerten. Dazu passte denn auch das »Schneewittchenschloß« der Guinness-Dynastie. In der Zeit kurzlebiger Attraktionen ist es seither in dieser Ecke der Welt wieder still geworden.

Hinter Clonbur, wieder im County Galway, sind wir endlich im legendären Joyce Country angekommen, das, wie es sich für ein zünftiges Geflunker aus Literatur und Leben gehört, der Meister selbst nie betreten hat. Dafür hat er John Stanislaus Joyce, einem jener sagenhaften irischen Fabulierer und Trunkenbolde, tausendundmehr Geschichten abgelauscht und dessen Krüge gefüllt, auf dass der Quell der Erzählung nie zu sprudeln aufhörte. Mit Respekt packen auch wir den Krug beim Henkel und stärken uns, denn es heißt, den Pub zu verlassen und mit »Schweiß und Schnauf« einen gar nicht so harmlosen Vierhunderter namens Benlevy zu besteigen. Von Becketts Geist nicht erschrocken, genießen wir die Rundumsicht über das Land von Joyce und den Fernblick auf den Atlantik, dankbar dafür, dass auch wir den heiligen Berg Croagh Patrick diesmal auslassen dürfen, zumal wir ihn, wenigstens im Geiste, mit Hugo Hamiltons Eltern schon bestiegen haben. So überlassen wir uns, um einige Erfahrungen bereichert, »wachen Geistes der in äußerster Ferne sich verlierenden Weitsicht«.

Folgen wir ein letztes Mal JOHN MILLINGTON SYNGE, der *In Connemara und Mayo* weniger so genannte touristisch lohnende Ziele zu bieten hat, sondern eher Dinge, wovor der Tourist meist die Augen verschließt. In der Gegend zwischen Spiddal und Clifden ist es die Armut, auf die Synge fast auf Schritt und Tritt stößt und die ihn bedauern lässt, dass nahezu alles, was dem irischen Leben Buntheit verleiht, immer mit den sozialen Verhältnissen verbunden ist. Die Leute dort sind, zumindest zu Synges Zeiten, so arm, dass sie nicht einmal Geld für Streichhölzer ausgeben und lieber das Torffeuer am Glimmen halten. Die Pfarrei Carraroe gilt als die ärmste im ganzen Land. Sogar die Connemara-Ponies drohten damals auszusterben. Ein gutes Geschäft für arme Leute war die Schwarzbrennerei, vorzugsweise ›poteen‹ (Whisky), daneben das Fischen und die Tangaschebrennerei. Auffallend jedoch ist, dass selbst in der allerärmsten Gegend von Irland niemand bettelt. Die Halbinseln Lettermullan und Gorumna sind nicht besser dran, denn das seinerzeit eingeführte Arbeitsbeschaffungssystem brachte keine entscheidende Verbesserung. Den Menschen sind Singen und Tanzen vergangen, nur die Geschichten sind nicht aufzuhalten, immer noch werden sie in der Schenke erzählt.

Im Norden Mayos, in der Gegend um Belmullet, »ein weiterer extrem armer Bezirk«, treten Torf und Moore an die Stelle der Steinwüsten Galways. Der Weg mit der Kutsche führt Synge von Ballina über Bangor durch endlose öde Moore, das einzige, was die reichen Bauern den armen Leuten hinterlassen haben. Wenigstens gibt es von Belmullet eine Fährverbindung nach Sligo und von dort weiter nach Schottland. Dies bietet für viele Männer einen vorübergehenden Ausweg, denn die Wanderarbeit in Schottland hat immerhin die Sehnsucht nach Amerika eine Weile zurückgedrängt, eine Sehnsucht, »die Menschen überkommt, die das ganze Jahr auf einem elenden Stück Land verbringen müssen«.

Flann O'Briens *Irischer Lebenslauf* schildert seinen ersten Schultag in Galway und einige sich später daran anschließende wundersame, irische Dinge. Die Schüler kommen aus Dingle oder den Aran-Inseln (wohin sie noch am Abend »zurückschwimmen mußten« [!]), und alle haben Furcht vor dem Schulmeister. Die erste Lektion gilt der Erfahrung, dass das Gälische in »ausländischen Weltgegenden« einem nur Ärger und sogar Prügel einbringt. Dass der Schulknabe seinen Namen nicht auf Englisch hersagen kann, führt zu einem mächtigen Hieb auf den Schädel – alle kehren sie an dem Tag geprügelt und zerschunden nach Hause. Die Mutter klärt den Jungen auf, dass es sich um Strafe und Rache handele und eine Narretei, die seit Generationen mit den ABC-Schützen getrieben werde.

Sieben Jahre später, als die englische Regierung gedenkt, »ein edles Werk zum Wohle der Armen« zu verrichten, hat die Familie O'Donnell stellvertretend für alle O'Donnells die Gelegenheit, die Narretei mit einer ebensolchen zu vergelten. Für jedes Englisch sprechende Kind sollen die Eltern zwei Pfund erhalten, nach Prüfung durch einen Inspektor, der zum Glück halb blind und taub und arbeitsscheu ist. Da jede Kuh zu melken und das diebstahlsichere Geld noch nicht erfunden sei, heckt der gewitzte Vater einen genialen Plan aus. Die Frischlinge des Hausschweins werden entsprechend eingekleidet und in »tiefes Zwielicht« getaucht, so dass der Inspektor problemlos die Bilingualität des Borstenviehs bescheinigt. (Später wirkt eines der Ferkel sogar bei linguistischen Feldstudien und der Sammlung von Folklore-Geschichten erfolgreich mit, die auf dem Kontinent Aufsehen erregen.) Die große Banknote trifft ein und beweist damit einmal mehr, dass Ferkeleien und Geflunker zu den besten Überlebenstechniken der Iren gehören, sofern ein ausländischer Weltbürger bereit ist, diese für bare Münze zu nehmen.

Während die erste Reise im Wirtshaus endete und die zweite im Bett einer Pension, mag die dritte Reise ausklingen irgendwo zwischen Schulhaus und Schweinestall am westlichen Rand der Welt.

Vierte Reise: Im Licht der Grünen Insel

Sean O'Faolain erzählt in *Liebe und Pilgerfahrt* von einem jungen Paar, das von Dublin zu einer besonderen Art von Wallfahrt aufbricht. Die einigermaßen katholische Jenny möchte schon lange eine Pilgerfahrt zum Lough Derg unternehmen und bittet ihren weniger katholischen Freund Bobby darum, sie dorthin zu fahren. Nicht sehr begeistert willigt dieser ein. Als Jenny in Carrick bei einer Pause einen Drink ablehnt, als sie dann in Sligo einer Nonne im Kloster einen Besuch abstattet, ahnt Bobby allmählich, dass es sich um keine reine Erholungsfahrt handelt. Wir erfahren unterwegs, dass Jenny verheiratet ist und seit sechs Jahren ein Verhältnis mit Bobby hat und dass dies etwas mit dem Grund ihrer Pilgerreise zu tun haben muss. Wäre Bobby gläubiger Katholik, so Jenny, dann würde er dies verstehen. Über Ballyshannon gelangen sie ans Ufer des Sees, Fährboote setzen die Pilger über, auf der Insel im See (genannt die »Insel des Heiligen«) befinden sich etwa zweitausend bußfertige Menschen. Fortan heißt es fasten, beten, nicht schlafen und pausenlos barfuß Buße tun – eine Prozedur, den Eingeweihten als »Sankt Patricks Fegefeuer« bekannt.

Im Mittelalter war die Insel die berühmteste Wallfahrtsstätte der bekannten Welt, heute erinnert sie eher an Lourdes oder Fatima, nur ist sie nicht ganz so als »Kapitalsanlage« organisiert. Bobby schließt sich zuletzt doch dem Bußunternehmen an und hält tapfer durch, während Jenny feststellen muss, dass sie zwar alle Bußübungen ablegt, aber einfach nicht dem »Fleisch« zu entsagen vermag. Das geht manchem anderen gut katholischen ›Stammgast‹ ebenso. Die von allen gefürchtete Beichte erweist sich als halb so schlimm, weil die Priester zumeist nicht viel von der Ehe verstehen. Am dritten Tag beschließen Bobby und Jenny, die Zeit bis Mitternacht mit einer in die Länge gezogenen Rundreise zu verbringen. Bei Glencar angelt Bobby vier Forellen, die aber mit Rücksicht auf das Fastengebot verschmäht werden. Über die Easky-Halbinsel und Ballina geht die Pilger-Heimfahrt weiter nach Castlebar (zwei Stunden werden im Kino mit *Charleys Tante* totgeschlagen), über Killary und Clifden das wie zu Synges Zeiten »einsame Land an der Galway-Bucht« durchquerend, bis man Salthill kurz vor Galway erreicht, wo ein reserviertes Hotelzimmer und ein Abendmenü auf die Büßer warten. Wie Helden werden die in ganz Westirland bekannten »Zwölf-Uhr-Heimkehrer vom Lough Derg« empfangen, denn der Lohn für die Buße sind ein üppiges Mahl, reichlich erlesene Getränke und Tanz bis in den Morgen.

Bei einer Promenade am Meer mit Blick hinüber zu den Aran-Inseln kommt es zum entscheidenden Augenblick. Jenny gesteht, dass sie diese Nacht noch nicht wieder mit dem Sündigen anfangen möchte. Und Bobby hat begriffen, dass es sich manchmal als ganz praktisch erweisen kann, ein wenig mehr katholisch zu sein, wenn er vorschlägt, im nächsten Jahr wieder hinzufahren. Nach dem gemeinsamen Entschluss, binnen Jahresfrist wieder Buße zu tun, können sie ihre Liebesbeziehung ein weiteres Jahr ohne allzu schlechtes Gewissen fortsetzen. O'Faolain erzählt hier nicht nur eine sehr irische, sondern auch eine sehr katholische oder eine gar nicht so katholische Geschichte. Honni soit qui mal y pense.

HEINRICH BÖLL berichtet in *Mayo – God help us* von seiner Weiterfahrt in den Westen Irlands. In Athlone in der Mitte der Insel wird der Zug geteilt, der bescheidener ausgestattete bringt die Gäste nach Westport, mangels Wechselmöglichkeiten sogar auf Kredit, was trefflich zu dieser »merkwürdigen Insel« passt. Roscommon, Claremorris und Castlebar heißen die Haltestationen. Überall ist es grün, denn Irland ist »sehr grün, aber sein Grün ist nicht nur das Grün der Wiesen, auch das Grün des Mooses«, und das steht laut Böll für Verlassenheit und Resignation. Daraus erklärt sich auch die Sitte, dass die Iren bei der Erwähnung Mayos gleich die Hilfe Gottes anflehen. Auf Achill Island angekommen, wo es bis New York nur noch Wasser gibt und wo man auch die Trinkgelder auf Kredit verteilen kann, können die Reisenden feststellen, dass ihnen wirklich der liebe irische Gott geholfen hat. Ein guter Grund, um auf Irlands größter Insel zu bleiben. So hat Böll denn auch in den fünfziger Jahren in dem Dorf Dugort längere Zeit gelebt und mit seinem *Irischen Tagebuch* ganze Generationen von Reisenden begleitet (vgl. Heiko Gebhardt, Hanns-Jörg Anders: *Bölls grüner Traum*. In: Stern Nr. 40/1996. S. 98-106).

Bei COLUM MCCANN kehrt ein junger Mann vorübergehend in seine irische Heimat zurück und lernt dort *Das Gesetz des Flusses* kennen. Er beobachtet seinen Vater beim Fliegenfischen und muss feststellen, dass der Fluss seiner Kindheit trübe und träge geworden ist. Während der Heimkehrer hinter einer Hecke verborgen seinem Vater zusieht, erinnert er sich daran, wie sich Vater und Mutter kennen gelernt haben. Der Vater ist ein Findelkind, ausgesetzt an der Spitze eines Kliffs bei Mayo und aufgenommen von zwei protestantischen Damen, die ihm nach ihrem Unfalltod ein Haus und vor allem eine Kamera hinterließen. Mit seinen Photos hält der Vater die Zeit fest, er feiert erste Erfolge, wird eine lokale Berühmtheit und verursacht mit seinen Bildern in Mayo einen mittleren Skandal.

Es folgt das Wiedersehen von Vater und Sohn, der sich freut, wieder hier zu sein, aber nur in dem Wissen, dass er auch wieder »wegkommt«. Denn er ist nur zurückgekommen, um sich eine Green Card zu besorgen. Beim Reden über das Angeln versuchen beide, eine Art Vertrautheit herzustellen, die aber nicht ganz gelingt. Der Sohn hilft bei der kunstvollen Herstellung der Fliegen. Dann geht es erneut an den Fluss, denn der Vater träumt immer noch seinen Traum von dem Riesenlachs. Um den Glauben des Vaters an ein »verdammtes Wunder« nicht zu enttäuschen, entschließt der Sohn sich zu einer gut gemeinten Lüge. Der Vater glaubt seinen großen fetten Fisch aus dem Wasser springen zu sehen. Er ist ganz bei sich selbst, wenn er die Leine mit der Fliege in weitem, kunstvollem Bogen auswirft. Da wir in Mayo sind, besorgt den Rest vielleicht der liebe Gott. Das Gesetz des Flusses hält alles in Bewegung, solange man die Hoffnung nicht aufgibt.

Heinrich Böll fährt in *Kein Schwan war zu sehen* mit dem Zug von Westport über Ballymote nach Sligo. Bei den Mitreisenden beherrschen zwei der irischen Hauptthemen die Gespräche: das Wetter und das Auswandern. Die junge Frau schwärmt von der Sonne im schönen Kalifornien, für den Priester ist der Regen schuld an der irischen Tristesse und ändert doch nichts daran, dass auch Irland schön ist. In Sligo wundert sich der Taxifahrer zunächst, dass Böll zum Drumcliff Churchyard möchte. Als guter Ire weiß er aber natürlich, dass auf diesem Friedhof der Nationaldichter William Butler Yeats begraben liegt. Der ist zwar 1939 in Roquebrune an der Côte d'Azur gestorben, aber 1948 erfüllte man ihm seinen letzten Wunsch und verbrachte ihn nach Drumcliff, wo ihn verzauberte Schwäne bewachen. Böll gibt eine Übersetzung der berühmten Grabinschrift, die nach Art barocker Grabsprüche den Passanten anspricht und ihn an die eigene Sterblichkeit gemahnt. Für den Kenner sei hier abschließend der englische Wortlaut zitiert, mit dem Yeats das letzte Wort behalten soll:

Cast a cold eye
On life, on death.
Horseman, pass by!

Joseph O'Connor schildert in *Inishowen Blues*, wie Johnny und Martin Aitken eine erste Ferienreise unternehmen, die sie aus ihrer Heimat auf der Halbinsel Inishowen an der nordöstlichen Spitze von Donegal hinausführt. Sie ›klappern‹ die irische Westküste im County Clare ab und halten sich als Straßenmusikanten in Orten wie Doolin (mit den berühmten Cliffs of Moher), Spiddal, Clifden, Westport, Inishbofin und Sligo über Wasser. Der letzte Sommer in Freiheit, vor dem so genannten Ernst des Lebens; Martin will auf die Polizeischule in Tipperary gehen. In dem Badeort Buncrana an der Südspitze von Inishowen, schon fast wieder zuhause, ist ein Konzert der Rockgruppe Taste angekündigt. Das interessiert die beiden viel mehr als die Nachrichten von Krawallen und Toten in Nordirland. Die Grafschaft Donegal übrigens gehört eigentlich zu Ulster, als aber 1921 die Insel geteilt wurde, kam Donegal wegen seiner durchweg katholischen Bevölkerung zum Freistaat (Éire).

Ein Konzert von Taste also. Der Gitarrist dieser Gruppe ist ein junger Kerl aus Ballyshannon und heißt Rory Gallagher. Zwar versprechen die Plakate in dem Tanzsaal Volksmusik, aber wer sich deshalb in das Taste-Konzert verirrt hat, dem dürfte schnell klar geworden sein, dass es sich hier eindeutig nicht um Volksmusik handelt, um äußerst populäre Musik allerdings schon. Und wer die Gruppe einmal erlebt hat, der kann verstehen, warum Johnny begeistert ruft: »Gallagher ist Gott!« Trotzdem möchte Johnny nach England gehen, denn Irland sei ein »verherrlichter Scheißhaufen, der absolute Arsch der Welt. Ein jämmerliches kleines Land, an dem die Zeit vorbeigegangen war«. Irland kann aber so schlecht nicht sein, meint Martin, wenn es den Gitarrengott Gallagher hervorgebracht hat. (Für den in Rockmusik weniger kundigen Leser sei hier vermerkt, dass Joseph O'Connor und die bekannte Sängerin Sinead O'Connor Geschwister sind.) Außerdem hat Martin bei diesem Konzert Valerie aus Cardonagh kennen gelernt, die Frau seines Lebens. Später fährt er mit Valerie zum Schwimmen an den Five Finger Strand (dessen Sanddünen zu den höchsten Europas gehören, heute ist dort das Baden wegen gefährlicher Strömungen verboten) und hinauf zum Inishowen Head, von wo man einen Blick nach Nordirland hinüber genießen kann. In Derry (Londonderry) flackern seltsame Lichter; es ist das britische Militärlager. In Malin (der dazu gehörige Malin Head ist der nördlichste Punkt Irlands) erfahren sie, dass in dieser Nacht in Belfast acht Menschen umgekommen sind, der Krieg ist nach Irland zurückgekehrt. Valeries Vater spricht aus, was viele denken: »In diesem Land wird's nicht eher Frieden geben, als es wieder unser eigenes Land ist.«

Inzwischen sind Jahre vergangen, Martin Aitken ist Polizist in Dublin geworden. Zusammen mit der Amerikanerin Ellen, die in Irland auf der Suche nach ihrer Vergangenheit ist, fährt er in die Heimat Inishowen zurück. Dabei überqueren die beiden die *Irische Grenze.* O'Connor versteht es ausgezeichnet, die beklemmende Atmosphäre beim Grenzübertritt im geteilten Land zu vermitteln: Soldaten mit Maschinenpistolen, Standlicht, Spürhunde, Abhörmikrophone, Leibesvisitation, Durchsicht der Briefe im Handschuhfach. Dennoch sind die Grenzwächter um Höflichkeit bemüht, die Kontrolle fällt auch deswegen so streng aus, weil in der Nähe ein Verbrecher aus dem Gefängnis ausgebrochen ist. Trotzdem kann Ellen ihre Wut über die Einschränkung ihrer Freiheit nicht beherrschen. Am Ende allerdings tut es ihr Leid, für eine Entschuldigung ist es zu spät. Die Frau des Feldwebels ist bei einem Bombenattentat schwer verletzt worden, seither sitzt sie im Rollstuhl. Auch das ist Irland, zu Zeiten der Teilung.

Bei Tony Hawks geht es weniger ernst, vielmehr sehr lustig zu, wenn *Der Kühlschrankmann beim König von Tory Island* zu einem Besuch antritt. Das ganze Unternehmen geht auf eine verrückte, englisch-exzentrische Wette zurück, wonach Tony mit einem Kühlschrank und per Anhalter die gesamte Insel (Nordirland ausgenommen) umrunden soll, wobei er Tory Island an der Nordspitze und Cape Clear Island an der südwestlichsten Ecke nicht auslassen darf. Das Abenteuer fängt schlecht an, denn Tony muss erfahren, was es heißt, im irischen Regen zu stehen. Endlich naht doch noch ein Retter namens Brendan, der ihn zunächst bis nach Cavan mitnimmt, mit ihm diverse Stationen in den Counties Monaghan und Fermanagh abklappert, ihn am herrlichen Lough Erne vorbeichauffiert (kein besonderes Vorkommnis auf nordirischer Seite) und ihn schließlich in Letterkenny im County Donegal absetzt. Da Tony clever genug war, für sich und seine Aktion bei einem Radiosender zu trommeln, wird er rasch als ›Fridge Man‹ eine Berühmtheit, so dass er nicht lange warten muss, bis ihn ein Fernfahrer nach Bunbeg mitnimmt, Ausgangshafen für eine Überfahrt nach Tory Island.

Die Insel liegt vierzehn Kilometer von der Küste Donegals entfernt und war früher ein Schlupfnest für die Atlantik-Piraten. Bis auf den heutigen Tag hat sich die kleine Inselbevölkerung jedem Versuch, sie aufs Festland zu übersiedeln, verweigert und sich die kulturelle Eigenständigkeit bewahrt; die einheimischen Künstler fanden mit ihrer Malerei sogar internationale Anerkennung. Wie auch die Bewohner der Aran-Insel bezeichnen sie Irland als Festland (›the country‹). Zum ersten Mal strahlt für Tony richtig die Sonne, und London scheint ihm »Lichtjahre entfernt«. Der Besuch beim König fällt natürlich ernüchternd aus: statt Palast ein kleiner Bungalow, statt Krone eine Mütze. Und als Gastgeschenk gibt es Tee und einen Apfel. Die Traumhochzeit mit der Prinzessin kommt nicht zustande, weil sie gerade erst mit einem Boot zum Festland gefahren ist. König ist Patsy Dan außerdem auch nur geworden, weil sich kein anderer für den elenden Posten gefunden hat. Die Audienz beim König dauert zwar nur eine Viertelstunde, aber allein folgendes wahrhaft königliche Wort ist den Besuch wert: »Ich mag zwar der ärmste König der Erde sein, aber ich bin glücklich.«

Damit schließt die vierte Reise an der äußersten Nordspitze der Insel, auf einer viel kleineren Insel, die ein Königreich für sich darstellt, am Ende der Welt.

Fünfte Reise:
Ausflüge nach Ulster

HUGH SHEARMAN gibt zunächst eine kurz gefasste Einführung darüber, was man unter *Ulster* zu verstehen hat. Zu Beginn des christlichen Zeitalters bestand Irland aus fünf Königreichen, dessen größtes Ulster war, das das gesamte nördliche Irland umfasste und bis zu den Flüssen Boyne (1690 Schauplatz einer blutigen Schlacht, bei der die englischen Truppen des Königs Wilhelm III. das irische Heer besiegten) im Süden und dem Shannon im Westen reichte. In der Wikingerzeit erhielt das Gebiet den germanischen Namen Ulster. Unter der Herrschaft von Königin Elisabeth I. wurde die Region aus Machtgründen sozusagen am Reißbrett neu entworfen: Sie bestand aus den neun Grafschaften Antrim, Down, Londonderry, Armagh, Tyrone, Fermanagh, Donegal, Monaghan und Cavan. Seit der Teilung Irlands 1921 wiederum, bei der die drei letztgenannten Counties dem Irischen Freistaat (Free State oder Éire) eingegliedert wurden, versteht man unter Ulster die sechs verbliebenen Counties Nordirlands.

COLUM MCCANN beschreibt in *Cathals See*, wie in Derry (Londonderry) ein Farmer für jeden beim blutigen Bürgerkrieg (›troubles‹) getöteten Menschen einen jungen Schwan aus der Erde gräbt und ihn auf seinem See aussetzt. Der See ist überfüllt mit Schwänen, die für die zahllosen Toten stehen. Für die Protestanten ist Derry eine Art heilige Stadt, Symbol des Widerstandes gegen die Engländer; noch heute sind die Wunden aus dem Bürgerkrieg nicht verheilt. Die Opfer sehen einander sehr ähnlich, der Tod macht sie alle gleich. Der Text lässt offen, ob es sich bei den Schwänen um die Trauervisionen eines bei dem Sterben ringsum verrückt gewordenen alten Mannes handelt. Möglicherweise ist dieser ja auch der liebe Gott, der den Menschen nur noch symbolisch helfen kann, weil er »seinen eigenen Fluch« zu tragen hat.

Auch Robert McLiam Wilson schildert in *Eureka Street, Belfast* den blutigen Bürgerkrieg, der auf unberechenbare Weise den Alltag der Menschen bestimmt. Die Geschichte setzt ein mit Rosemary Daye, die in der Belfaster Royal Avenue in ihre Lieblingsboutique geht (mit Sicherheit nicht im Castlecourt Shopping Centre, einem Glanzstück moderner Architektur, das aber erst 1990 eröffnet wurde) und dort einen neuen Rock kauft, weil sie sich schön machen will für ihren neuen Freund. Es sollte aber bei der ersten und einzigen Liebesnacht bleiben, denn plötzlich hört sie auf »zu sein« – wie eine ganze Reihe anderer Menschen, die bei einem Bombenattentat umkommen. Die Geschichten der Menschen werden immer kürzer, bis die Opfer am Schluss nicht mal mehr einen Namen haben.

Wilson verwendet immer die gleiche Formulierung für den plötzlichen Tod. Neben diesem Stilmittel sind es vor allem die Lakonismen, mit denen er die unfassbare Brutalität dieses Bürgerkrieges betont. Die Mordschauplätze entbehren in Nordirland jeglicher Dramatik, sie sind genauso alltäglich und banal wie die Lebensläufe der gewöhnlichen Menschen. Deren Menschlichkeit zeigt sich gerade in ihrem »Fehlverhalten«, ihren Schockreaktionen. Gegen den Schock sind weder die Pathologen und die Sanitäter noch die Polizisten der RUC

(Royal Ulster Constabulary) gefeit; nur die Presseleute sind dermaßen abgebrüht, dass sie sogar Interviews mit den Toten versuchen. Wilson ist bestrebt, den Ursachen von Hass und Gewalt auf die Spur zu kommen und den Zusammenhang der Dinge zu begreifen. Es handelt sich um ein »hochexplosives Gemisch aus Geschichte, Politik, unglücklichen Umständen und Sprengstoff zur Detonation einer Zentnerbombe«. Aus der Geschichte der Menschen hätte ein Roman werden sollen, aber nachdem Politik und Geschichte »in eine Sackgasse geraten« sind, gerinnt das Leben der Opfer zur Kurzgeschichte. Die Überlebenden sind um die Erkenntnis reicher, dass unsere Vergänglichkeit mehr Respekt verdient, denn vom »lebendigen Menschen zur Leiche – die schnellste Verwandlung der Welt«.

Eoin McNamee versucht in *Belfaster Auferstehung* ebenfalls zu ergründen, wo Hass und Gewalt ihre Wurzeln haben. Victor Kellys Mörderkarriere beginnt im Grunde genommen schon bei seinem Namen. Weil man ihn deswegen für einen »Katholen« hält, muss er eine Menge Demütigungen und Hänseleien ertragen. Diese kompensiert er damit, dass er sich mit Leinwandhelden identifiziert, deren Gestik und Mimik einstudiert, um sich so in einen veritablen Gangster zu verwandeln. Victor ist ein Musterbeispiel dafür, wie Gewalt stets Gegengewalt erzeugt. Mit zwölf wird Victor wegen diverser Auto- und Ladendiebstähle erstmals verhaftet: der Beginn einer Verbrecherkarriere unter den Bedingungen des Bürgerkrieges. In der paramilitärischen Organisation, der sich Victor anschließt, treten die politischen Mordmotive immer mehr in den Hintergrund; Victor entwickelt sich zum Prototyp eines Serienkillers, der nicht aus politischen Gründen tötet, sondern um seinen Hass und seine Grausamkeit auszuagieren: ganz normale, alltägliche Kriminalität, aber kaum zu unterscheiden von politisch motivierten Bombenattentaten oder Tötungsritualen. Was Victor eigentlich ist, zeigt sich am besten in der Reaktion seiner Freundinnen. Beim Blick in Victors Augen war es den Mädchen, »als sähen sie sich eine Fernsehübertragung ihres eigenen Todes an«.

Zum Glück haben sich die Zeiten inzwischen geändert. Heute sind die katholische Falls Road und die protestantische Shankill Road (Victors bevorzugtes Operationsgebiet) Teil touristischer Besichtigungsprogramme. Belfast war das Zentrum des Bürgerkrieges, bei dem am ›Bloody Friday‹ 1972 neun Menschen getötet wurden, als insgesamt 26 IRA-Bomben hochgingen, und bei dem 19 Katholiken von den loyalistischen ›Shankill Butchers‹ zu Tode gefoltert wurden. Insgesamt kamen bei diesem Bürgerkrieg 3500 Menschen ums Leben, über 30000 sind verletzt worden. Ab 1997 kam der Friedensprozess in Gang, und heute kann der Tourist ohne Lebensgefahr Nordirland bereisen; viel wichtiger aber ist, dass das Land und die Menschen endlich zur Ruhe kommen und ihren Frieden finden. So schrieb auch Ralph Giordano in *Mein irisches Tagebuch,* an die britische Regierung gewendet: »Es muss Schluss, es muss endlich Schluss sein mit der Gewalt.«

Monica McInerney bietet in *Auf den Hügeln von Tara* ein Kontrastprogramm, denn der Text führt wieder in friedlichere Gefilde und strahlt eine heitere Urlaubsstimmung aus. Die Heldin Lainey Byrne ist vor Jahren nach Australien ausgewandert. Da erhält sie die Nachricht, dass sie von ihrer Tante in Irland den Familienwohnsitz (ein Bed & Breakfast) geerbt hat. Allerdings ist das Erbe an die Bedingung geknüpft, dass sie die Frühstückspension ein Jahr lang ganz normal führt. Aus diesem Grund kehrt sie in ihre Heimat zurück, um das Terrain zu sondieren. Sie ist überwältigt von dem Gefühl, wieder »zu Hause zu sein« – ein uns mittlerweile bekanntes irisches Heimkehrergefühl –, jedoch weiß sie nicht alle zweiunddreißig irischen Counties aufzuzählen und hätte gerne einen

Reiseführer ›Irland für Anfänger und zurückgekehrte Emigranten‹ zur Hand. Ihr alter Heimatort ist Dunshaughlin in der Grafschaft Meath (wir befinden uns also vorübergehend wieder auf freistaatlichem Gelände), ganz in der Nähe liegt der legendäre Hill of Tara. Diesem und der auf dem Hügel verstreuten Asche ihrer Tante stattet sie zunächst einen Besuch ab, die Ruine von Trim Castle (wo Mel Gibson Teile von *Braveheart* gedreht hat) wird auf später verschoben.

An der Statue des heiligen Patrick vorbei geht sie zur Spitze des Hügels hinauf, der in »friedvoller Stille« liegt. Wenngleich der Dunst die Fernsicht etwas verschleiert, weiß die Heimkehrerin aus der Erinnerung, dass von hier der Blick das halbe County Meath umfasst und über die umgebenden Berge reicht bis nach Newgrange, Irlands größter prähistorischer Begräbnisstätte, älter als Stonehenge und die Pyramiden Ägyptens, weshalb man hier auch vom ›irischen Tal der Könige‹ spricht. Denn alle Könige von Tara sollen dort begraben sein. Am sagenhaften Stein des Schicksals (Lia-Fáil-Stein) wird die Probe aufs Exempel gemacht, dankbar nimmt man die Bestätigung der eigenen normalen Sterblichkeit entgegen. Auch wenn sich um den mythischen Ort Sagen und Legenden ranken, so erweist er sich zuletzt als »ganz normaler grüner Hügel mit schöner Aussicht«. Das zeigt sich auch darin, dass der heidnische Ort heute zu einer eher profanen Wallfahrtsstätte geworden ist für Esoteriker, selbst ernannte Hexen und Schamanen aller Art, die sich am Stein der Weisen treffen, um der keltischen Muttergöttin Maeve zu huldigen. Die entsprechenden Devotionalienshops fehlen auch nicht, selbst ernannte Druiden verkaufen, gegen teure Euros, echtes magisches Moorholz (wobei sich das Echtheitszertifikat nur auf das Holz bezieht), in den Buchhandlungen stapeln sich die Esoterika, und es scheint nur eine Frage der Zeit, bis irgendein Leimsieder auf die Idee kommt, das heidnische Terrain als Heimat der Hobbits zu vermarkten. Ein ganz normaler grüner Hügel also, der vor allem, sofern man ihn allein genießen kann, durch seine Stille verzaubert.

William Makepeace Thackeray sucht bei seiner Irlandreise ebenfalls *Schöne Landschaften.* Neben der Gegend um Westport begeistert ihn vor allem die nordirische Küste zwischen Larne, Glenarm, Cairlough und Cushendall. Nichts sei so malerisch wie diese großartige Küstenlandschaft. Tatsächlich gehört Antrim Coast vom Giant's Causeway im Norden (Weltkulturerbe mit fast 40000 Basaltsäulen) bis Larne im Osten zu den Höhepunkten jeder Irlandreise, auch wenn der von Thackeray befürchtete Straßenbau längst modernen Ansprüchen genügt, von denen der Dichter nichts ahnen konnte. Am »überwältigenden« Garron Head reicht der Blick auf die umliegenden Antrim Mountains und die tausendfarbigen Wälder von Nappan, im Süden die gesamte Küstenlinie entlang bis zur Insel Magee, und im Osten in dunstiger Ferne zeichnet sich am Horizont in Gestalt von Halbinseln ein anderes Land ab: Schottland. Wir dürfen vermuten, dass es sich um die Halbinsel bei Stranraer im Osten und im Nordosten um die Mull of Kintyre handelt, die Paul McCartney so schön besungen hat.

Damit beschließen wir die fünfte Reise in der nordöstlichen Ecke von Ulster, und es wird Zeit, allmählich an die Heimkehr zu denken. Wir haben ein Irland näher kennen gelernt, das manchmal wirklich so überirdisch schön scheint, wie es die Reiseprospekte versprechen oder die Dichter es besingen; aber auch ein Irland, das den gängigen Stereotypen und Klischees zuwiderläuft, insbesondere wenn wir an die jüngere irische Literatur denken, die wieder Anschluss gefunden hat an Europa und an die Weltliteratur, weil sie begonnen hat, ihre eigenen Geschichten zu erzählen.

In diesem Sinne zieht auch Hugo Hamilton Zwischenbilanz, dessen Urteil wir vertrauen dürfen: »Wir haben uns langsam, aber sicher von Heinrich Bölls Irland entfernt. Anders als in den fünfziger Jahren leiden die jungen Leute nicht mehr unter den Repressionen der katholischen Kirche. Und auch wenn *U2*, eine von Irlands lauteren Stimmen, mit fast jesuitisch anmutender Feierlichkeit der Morgendämmerung eines neuen irischen Agnostizismus mit einer Art eigener Liturgie entgegenschreitet, wird die irische Literatur im Großen und Ganzen nicht durch Prophetie und Polemik kompliziert. Sie verdankt ihre Anhängerschaft in erster Linie phantasievollem Geschichtenerzählen. Sie ist wirklich experimentell, aus ihrer Position am Rande Europas, von einem Inselvolk, das seinen Platz in der Welt verkündet, als wäre es in einer globalen Gesellschaft wieder einmal vom Untergang bedroht.« (*Irisches Schreiben.* In: Frankfurter Rundschau vom 2.10.1996. Supplement S.1)

Heimkehr von der Heiligen Insel

EDNA O'BRIEN beschreibt in *Flucht nach England,* wie sie Irland für immer verlassen hat. Dabei empfand sie »keinerlei Trennungsschmerz«. Sie nimmt einfach das Postschiff, bleibt die ganze Nacht auf, geht an Deck spazieren und denkt daran, wie die Herren Thackeray und Böll mit dem Schiff hergekommen waren, »um müßig über Irland zu berichten«, und sie erinnert sich daran, wie Millionen anderer fortgegangen waren, um zu vergessen. O'Brien sieht einen Sieg darin, entkommen zu sein, weiß aber auch, dass man »nur unter Vorbehalt« geht, weil man beide Seiten seines Wesens nicht zurücklassen kann – fast wie in dem Wort des Philosophen Ernst Bloch: »Man nimmt sich mit, wohin man geht.« So nimmt sie auch Irland mit, alle Erinnerungen, Ängste und Hoffnungen. Deshalb ist für sie Irisch »ein Wort für eine Geisteshaltung – ebenso wie für ein reales Land«. Und doch hat Irland auch etwas Geistiges, Unsubstantielles, etwas, wovon »Dichter träumen«. Das hat zu tun mit der Sehnsucht, den Weg zurück in die Kindheit zu gehen, zum »ursprünglichen Bewußtseinszustand«, zur Unschuld im Augenblick vor der Geburt.

Auch bei HUGO HAMILTON, mit dem sich unser Erzählkreis rund um die Heilige Insel schließt, gleicht der Weg nach Hause einem *Heimweg in die Irre.* Hamiltons Familie versucht nach dem Tod des Vaters, den »Heimweg« zu finden, aber es ist nicht mehr klar, wo das Zuhause zu suchen ist. Für die Mutter nicht in Deutschland, nicht am Ort ihrer Kindheit (den sie sucht wie Edna O'Brien), weil sie sich dort nicht mehr zurecht findet. Deshalb besucht sie in Irland jetzt alle Orte, die sie einst bei ihrer Pilgerreise in dem heiligen Land unternommen hat. Aber sie findet das Haus nicht, in dem sie damals gewohnt hat, obwohl sie sucht bis in die Dunkelheit, in der »das Land alle Farben« verliert. Denn Irland hat sich verändert. Vielleicht aber ist es auch »nur ein Land der Phantasie«.

Jeder trägt sein eigenes Irland in sich – sei es ein Irland, das er verlassen hat oder in dem er geblieben ist; sei es ein Irland, in dem er als fremder Gast Aufnahme gefunden hat; sei es ein Irland, das er bei seinen literarischen Phantasiereisen kennen und lieben gelernt hat. Es gibt dieses Irland, man muss nur das Glück haben, es zu finden.

Autoren und Quellen

Mit * versehene Überschriften
stammen vom Herausgeber der vorliegenden Ausgabe

SAMUEL BECKETT (1906–1989)
Der in Dublin geborene Autor war Freund und Sekretär von James Joyce. Seit 1938 lebte er in Frankreich, 1969 erhielt er den Nobelpreis für Literatur. Beckett starb in Paris.
Texte: Fingal. / Von Liebe und Lethe (1934).
Quelle: S. Beckett: Mehr Prügel als Flügel. Ü: Christian Enzensberger. © Suhrkamp Verlag 1989, S. 23–34 und S. 93 bis 108.

BRENDAN BEHAN (1923–1964)
Der in den Dubliner Slums aufgewachsene Autor verbrachte wegen seiner Zugehörigkeit zur IRA acht Jahre im Gefängnis, seit 1947 lebte er meist in Paris. Behan starb in Dublin.
Text: *Ein Bekenntnis (1958).
Quelle: B. Behan: Bekenntnisse eines irischen Rebellen. Aus dem Englischen von Annemarie Böll. © 1978 by Verlag Kiepenheuer & Witsch, Köln.

HEINRICH BÖLL (1917–1985)
Der in Köln geborene Autor hielt sich 1955 in Irland auf, 1962 unternahm er eine Russlandreise. 1972 erhielt er den Nobelpreis für Literatur. Böll starb in Bornheim-Merten.
Texte: *Ankunft. / Mayo – God help us. / Kein Schwan war zu sehen (1957).
Quelle: H. Böll: Irisches Tagebuch. © 1957, 1988, 1996, 2000 by Verlag Kiepenheuer & Witsch. Köln und Berlin.

Elizabeth Bowen (1899–1973)
Die in Dublin geborene Autorin wuchs in England auf, mit dreißig Jahren kehrte sie zurück an den Familiensitz in der Grafschaft Cork. Bowen starb in London.
Text: Eine unangenehme Vorstellung (1941).
Quelle: E. Bowen: Eine unangenehme Vorstellung. Deutsch von Hans-Christian Oeser. In: Frauen in Irland. Erzählungen. Herausgegeben von Viola Eigenberz und Gabriele Haefs. München: dtv 1990. © für die deutsche Übersetzung bei Hans-Christian Oeser. By arrangement with Curtis Brown Group Ltd. & Agence Hoffman GmbH, Munich.
Text: Grafschaft Cork (1950).
Quelle: Voices of Ireland. Irland-Lesebuch. Herausgegeben und übersetzt von Harald Raykowski. © für die Übersetzungen von Harald Raykowski 2002 Deutscher Taschenbuch Verlag, München. By arrangement with Curtis Brown Group Ltd. & Agence Hoffman GmbH, Munich.

Roddy Doyle (geb. 1958)
Der in Dublin geborene und dort lebende Autor gehört zu den bekanntesten Vertretern der irischen Gegenwartsliteratur. Er arbeitete vierzehn Jahre als Lehrer in Nord-Dublin, nach seinem Erfolgsroman »Paddy Clarke« verlegte er sich ganz aufs Schreiben. Zahlreiche seiner ›Kultstatus‹ genießenden Werke wurden erfolgreich verfilmt.
Text: *Irische Idole oder Barrytown United (1993).
Quelle: R. Doyle: Paddy Clarke Ha Ha Ha. Roman. Aus dem Englischen von Renate Orth-Guttmann. © S. Fischer Verlag GmbH, Frankfurt am Main 1994.

Hugo Hamilton (geb. 1953)
Der als Sohn eines Iren und einer deutschen Mutter in Dun Laoghaire/Dublin geborene Autor hat bisher fünf Romane veröffentlicht. Er lebt mit seiner Familie in Dublin.

Texte: *Deutsch-irische Wallfahrten. / *Heimweg in die Irre (2003).

Quelle: H. Hamilton: Gescheckte Menschen, © Hugo Hamilton. Deutschsprachige Übersetzung von Henning Ahrens, erschienen 2004 im Albrecht Knaus Verlag, München, einem Unternehmen der Verlagsgruppe Random House GmbH.

TONY HAWKS (GEB. 1960)

Der in Brighton/Sussex geborene englische Autor hat mit dem Song »Stutter Rap« die britischen Charts erobert und ist vor allem als Entertainer und Komiker bekannt geworden. Seine exzentrischen irischen Reiseabenteuer wurden in England zum Bestseller. Hawks lebt in London.

Text: *Der Kühlschrankmann beim König von Tory Island (1998).

Quelle: T. Hawks: Mit dem Kühlschrank durch Irland. Aus dem Englischen von Xaver Engelhard. München 2000. © Wilhelm Goldmann Verlag, München, in der Verlagsgruppe Random House GmbH.

JAMES JOYCE (1882–1941)

Der in Rathgar geborene und in Dublin aufgewachsene Autor lebte außer in seiner Heimat an verschiedenen Orten (Paris, Triest, Zürich), in denen seine Jahrhundertromane »Ulysses« und »Finnegans Wake« entstanden. Joyce starb in Zürich.

Text: Eine kleine Wolke (1914).

Quelle: J. Joyce: Dubliner. Ü: Dieter E. Zimmer. © Suhrkamp Verlag 2003, S. 71-86.

DÓNALL MAC AMHLAIGH (1926–1989)

Der in Galway geborene Autor wanderte 1951 nach England aus und verdiente seinen Lebensunterhalt als Bauarbeiter. In seiner Freizeit schrieb er Romane. Mac Amhlaigh starb in Northampton.

Text: *Der Drahtesel des Dichters (1985).

Quelle: D. Mac Amhlaigh: Das Alphabetagam. Getreuliche Lebensbeschreibung des Dichters Schnitzer O'Shea. Aus dem Englischen von Hans-Christian Oeser. © Hitzeroth Verlag, Marburg 1993.

COLUM MCCANN (GEB. 1956)

Der in Dublin geborene Autor unternahm viele Reisen durch Asien, Europa und Amerika. Er schrieb mehrfach preisgekrönte Romane und Erzählungen und lebt heute in New York.

Text: *Das Gesetz des Flusses (1995).

Quelle: C. McCann: Gesang der Koyoten. Deutsche Übersetzung von Matthias Müller. Copyright © 1996 by Rowohlt Verlag GmbH, Reinbek bei Hamburg.

Text: Cathals See (1994).

Quelle: C. McCann: Fischen im tiefschwarzen Fluß. Deutsche Übersetzung von Matthias Müller. Copyright © 1998 by Rowohlt Verlag GmbH, Reinbek bei Hamburg.

FRANK MCCOURT (GEB. 1930)

Der in New York als Sohn irischer Einwanderer geborene Autor kehrte als Kind nach Limerick zurück, besuchte dort die Schule und ging danach wieder nach Amerika. Bis zu seiner Pensionierung 1987 arbeitete er als Lehrer. Mit seinen Kindheitserinnerungen hatte er internationalen Erfolg. McCourt lebt in New York.

Text: *Kindheit in Limerick (1996).

Quelle: F. McCourt: Die Asche meiner Mutter. Irische Erinnerungen. Deutschsprachige Übersetzung von Harry Rowohlt, erschienen 1996 im Luchterhand Literaturverlag, München, einem Unternehmen der Verlagsgruppe Random House GmbH

MONICA MCINERNEY (GEB.-DAT. unbekannt)
Die Autorin wurde im südaustralischen Clare Valley geboren (irische Einwanderer in der vierten Generation) und lebte in Australien, Irland und England. Sie veröffentlichte bisher vier Romane und lebt mit ihrem Mann derzeit in Dublin.
Text: *Auf den Hügeln von Tara (2003).
Quelle: M. McInerney: Bed & Breakfast. Roman. Aus dem Englischen von Inge Wehrmann. München 2004. © Wilhelm Goldmann Verlag, München, in der Verlagsgruppe Random House GmbH.

EOIN MCNAMEE (GEB. 1961)
Der in Kilkeel im nordirischen County Down geborene Autor verfasste bisher Novellen und zwei Romane sowie Filmdrehbücher. Er lebt heute im County Sligo.
Text: Belfaster Auferstehung (1994), Auszug.
Quelle: E. McNamee: Belfaster Auferstehung. Aus dem Englischen von Hans-Christian Oeser. © Rotbuch Verlag, Hamburg 1996.

BRIAN MOORE (1921–1999)
Der in Belfast geborene Autor übersiedelte 1948 nach Kanada, wo er zunächst als Journalist tätig war. Er blieb kanadischer Staatsbürger, obwohl er 1959 nach New York zog und ab 1967 in Kalifornien lebte. Er veröffentlichte neunzehn Romane und viele Drehbücher. Moore, der zahlreiche Literaturpreise erhielt, starb in Malibu.
Text: Mangans Vermächtnis (1979), Auszug.
Quelle: B. Moore: Mangans Vermächtnis. Roman. Aus dem Englischen von Bernhard Robben. Copyright © 1999 Diogenes Verlag AG, Zürich.

EDNA O'BRIEN (GEB. 1932)
Die in Tuamgraney im County Clare geborene und in Galway

aufgewachsene Autorin studierte in Dublin Pharmazie und ging später nach England, wo sie zu schreiben anfing. Ihre mehrfach ausgezeichneten Bücher wurden in fünfzehn Sprachen übersetzt und erreichten Millionenauflagen, in Irland dagegen waren sie lange verboten. Die Autorin lebt in London.
Text: Flucht nach England (1976).
Quelle: E. O'Brien: Mein Irland. Deutsch von Momo Schlender. Copyright © 1996 by Hoffmann und Campe Verlag, Hamburg.

FLANN O'BRIEN (1911–1966)
Der in Strabane im County Tyrone als Brian O'Nolan geborene Autor studierte in Dublin Gälisch, Englische Literatur und Deutsch. Berühmt wurde er mit seiner täglichen Kolumne für die »Irish Times« (ab 1940) und dem Roman »Auf Schwimmen-Zwei-Vögel« (1939). O'Brien starb in Dublin.
Text: Irischer Lebenslauf (1941).
Quelle: F. O'Brien: Das Barmen. Herausgegeben von Myles na Gopaleen. Aus dem Irischen ins Englische übersetzt von Patrick C. Power, aus dem Englischen ins Deutsche von Harry Rowohlt. Copyright © KEIN & ABER AG, Zürich.

SEAN O'CASEY (1880–1964)
Der in Dublin als Sohn einer protestantischen Arbeiterfamilie geborene Autor schlug sich zunächst als Hilfsarbeiter durch und engagierte sich in der Gälischen Liga. 1916 trat er in die Sozialistische Partei ein. Berühmt wurde er durch seine Dramen und seine umfangreiche Autobiographie. Der Autor starb in Torquay/Devon.
Text: Die Razzia (1939).
Quelle: S. O'Casey: Irland, leb wohl! Autobiographie. Band IV. Deutsch von Werner Beyer. Paul List Verlag, Leipzig 1957.

Text: Rot über Grün (1939).
Quelle: S. O'Casey: Ich klopfe an. Autobiographie. Aus dem Englischen von Georg Goyert. Copyright © 1978 Diogenes Verlag AG, Zürich.

JOSEPH O'CONNOR (GEB. 1963)
Der in Dublin geborene Autor studierte in Dublin und Oxford. Mittlerweile liegen von ihm mehrere Romane, Kurzgeschichten und Drehbücher vor. Er erhielt zahlreiche Auszeichnungen. O'Connor lebt in Dublin.
Texte: Inishowen Blues. / *Irische Grenze (2000), Auszüge.
Quelle: J. O'Connor: Inishowen Blues. Roman. Aus dem Englischen von Esther Kinsky. © S. Fischer Verlag GmbH, Frankfurt am Main 2001.

SEAN O'FAOLAIN (1900–1991)
Der in Cork als John Francis Whelan geborene Autor war in der IRA engagiert, wandte sich aber später von ihr ab. Von 1929 bis 1933 arbeitete er als Englischlehrer in Boston, London und Middlesex, kehrte danach nach Irland zurück, wo er die wichtige Zeitschrift »The Bell« gründete. Sein Werk umfasst Romane, Biographien und seine Autobiographie. O'Faolain starb in Dublin.
Text: Kinsale (1941), Auszug aus: An Irish Journey. Longmans Green: Readers Union 1941.
Quelle: Voices of Ireland. Irland-Lesebuch. Herausgegeben und übersetzt von Harald Raykowski. © für die Übersetzungen von Harald Raykowski 2002 Deutscher Taschenbuch Verlag, München.
Text: Liebe und Pilgerfahrt (1947).
Quelle: S. O'Faolain: Sünder und Sänger. Ausgewählte Erzählungen. Aus dem Englischen von Elisabeth Schnack. Copyright © 1960 Diogenes Verlag AG, Zürich.

Christoph Ransmayr (geb. 1954)

Der in Wels/Oberösterreich geborene Autor studierte in Wien und ist seit 1982 freier Schriftsteller. Mit seinen Büchern »Die letzte Welt« und »Morbus Kitahara« erwies er sich als einer der wichtigsten deutschsprachigen Gegenwartsautoren. Ransmayr lebt in Dublin/Irland.

Text: *Eine Bühne am Meer (1997).

Quelle: C. Ransmayr: Die dritte Luft oder Eine Bühne am Meer. © S. Fischer Verlag, Frankfurt am Main 1997.

Hugh Shearman (geb. 1915)

Der in Belfast geborene Autor verfasste zwei Romane und vor allem Bücher über die irische Geschichte und Nordirland.

Text: Ulster (1949), aus: A look at Ulster, its history, places and people. Robert Hale Limited 1949.

Quelle: Voices of Ireland. Irland-Lesebuch. Herausgegeben und übersetzt von Harald Raykowski. © für die Übersetzungen von Harald Raykowski 2002 Deutscher Taschenbuch Verlag, München.

Gerold Späth (geb. 1939)

Der im schweizerischen Rapperswil geborene Autor ist einer der wichtigsten deutschsprachigen Schriftsteller der Gegenwart. Vor allem mit seinen in der Tradition des Schelmenromans stehenden Prosawerken, die von unbändiger Phantasie und Fabulierlust geprägt sind, hat er die geschilderte Schweizer Provinz zum eigenen weltliterarischen Kosmos erhoben. Späth lebt heute in der Toskana und in Irland.

Text: Aus den Joyce Mountains (1995).

Quelle: G. Späth: Aus den Joyce Mountains. In: du. Die Zeitschrift der Kultur. Heft 3. März 1995. S. 86–89, 106. © Gerold Späth.

JOHN MILLINGTON SYNGE (1871–1909)
Der in Rathfarnham bei Dublin geborene Autor wollte ursprünglich Musiker werden, entschied sich aber während einer Reise auf den europäischen Kontinent für die literarische Laufbahn. Von 1898 bis 1902 hielt er sich mehrfach auf den Aran-Inseln auf; er lernte Irisch und schrieb ein Buch über die Inselgruppe. Berühmt wurde er vor allem durch seine Theaterstücke. Synge starb in Dublin.

Text: Die Aran-Inseln (1907), Auszug.

Quelle: J. M. Synge: Die Aran-Inseln. Ü: Christian Grote. S. 45–47 und S. 83–99. © für die deutsche Übersetzung bei Christian Grote.

Texte: In Wicklow. / In West Kerry. / *In Connemara und Mayo (1907).

Quelle: J. M. Synge: In Wicklow, West Kerry und Connemara. Deutsch von Gabriele Haefs. © der deutschen Übersetzung: Schöffling & Co. Verlagsbuchhandlung GmbH, Frankfurt am Main 1996.

WILLIAM MAKEPEACE THACKERAY (1811–1863)
Der in Kalkutta geborene Autor wuchs in englischen Internatsschulen auf, unternahm später ausgedehnte Reisen auf den Kontinent (in Deutschland Besuch bei Goethe, später Aufenthalte in Rom und Paris), kehrte 1837 nach England zurück. Thackeray wurde vor allem durch seine Romane bekannt, darunter »Jahrmarkt der Eitelkeit« (1848) und »Barry Lyndon« (1844; verfilmt von Stanley Kubrick). Thackeray starb in London.

Text: Schöne Landschaften (1842), Auszug aus der Reiseschilderung »The Irish Sketch Book«.

Quelle: Voices of Ireland. Irland-Lesebuch. Herausgegeben und übersetzt von Harald Raykowski. © für die Übersetzungen von Harald Raykowski 2002 Deutscher Taschenbuch Verlag, München.

WILLIAM TREVOR (GEB. 1928)

Der in Mitchelstown im County Cork geborene Autor studierte am Trinity College in Dublin, war Bildhauer und Werbetexter, bevor er freier Schriftsteller wurde. Mit seinen zahlreichen Romanen gehört er zu den wichtigsten englischsprachigen Gegenwartsautoren. Trevor lebt seit 1954 in der englischen Grafschaft Devon.

Text: *Irische Hochzeit (1991).

Quelle: W. Trevor: Turgenjews Schatten. Roman. Deutsch von Thomas Gunkel. © Hitzeroth Verlag, Marburg 1993.

ROBERT MCLIAM WILSON (GEB. 1964)

Der in Belfast geborene Autor ging auch dort zur Schule, studierte in Cambridge, brach das Studium aber kurz vor dem Examen ab und lebte zeitweise als Penner in London. Diese Erfahrungen flossen in seinen ersten Roman »Ripley Bogle« (1989) ein, dem weitere Romane folgten. Wilson lebt mittlerweile in Paris.

Text: Eureka Street, Belfast (1996), Auszug.

Quelle: R. McLiam Wilson: Eureka Street, Belfast. Aus dem Englischen von Christa Schuenke. © S. Fischer Verlag, Frankfurt am Main 1997.

WILLIAM BUTLER YEATS (1865–1939)

Der in Dublin als Sohn eines berühmten Malers geborene Autor folgte zunächst den Fußstapfen des Vaters, indem er Kunst studierte. Mit 21 Jahren verlegte er sich jedoch auf das Schreiben. Yeats betrieb mit Erfolg die Schaffung eines eigenen irischen Theaters, war als Herausgeber der wichtigste Förderer der Keltischen Renaissance, zu der er selbst vor allem durch seine Lyrik beitrug. 1923 erhielt er den Nobelpreis für Literatur. Yeats starb in Roquebrune Cap Martin, 1948 wurde sein Leichnam auf den Drumcliffe-Friedhof bei Sligo überführt.

Text: Wie das Seil gedreht wurde (1905).
Quelle: W. B. Yeats: Werke II. Geschichten von Rot-Hanrahan. © William Butler Yeats, Werke II. Deutschsprachige Übersetzung von Susanne Schaup und Ernst G. Sein, erschienen im Luchterhand Literaturverlag, München, einem Unternehmen der Verlagsgruppe Random House GmbH.

Bibliographische Hinweise

Anthologien

Boch, Gudrun (Herausgeberin): Irisches Lesebuch. Frankfurt am Main 1996

Dieselbe (Herausgeberin): Wo immer du bist, wird mir Irland sein. Irische Liebespaare. Frankfurt am Main 1996

Bolger, Dermot (Herausgeber): The Picador book of contemporary Irish fiction. London 1993

Clune, Anne T. (Herausgeberin): Der Rabe. Sonderheft Nr. 46: Der lebendige irische Rabe. Zürich 1996

Eigenberz, Viola, und Gabriele Haefs (Herausgeberinnen): Frauen in Irland. Erzählungen. München 1990

Erkundungen. 30 irische Erzähler. Berlin 1984

Garrity, Devin A. (Herausgeber): 44 Irish Short Stories. An Anthology of Irish Short Fiction from Yeats to Frank O'Connor. New York 1968

Haffmans, Gerd (Herausgeber): Meistererzählungen aus Irland. Zürich 1995

Krieger, Michael (Herausgeber): Irland erzählt. 15 Erzählungen. Frankfurt am Main 1996

Lemke, Bettina (Herausgeberin): Die irische Seele. München 2002

Oeser, Hans-Christian (Herausgeber): Treffpunkt Irland: ein literarischer Reiseführer. Stuttgart 1996

Derselbe und Jürgen Schneider (Herausgeber): Liebesgeschichten aus Irland. Hamburg 2002

O'Domhnaill, Ronan (Herausgeber): Alte irische Mythen und Legenden. Remshalden-Grunbach 2002

O'Neill, Rosaleen, und Peter Nonnenmacher (Herausgeber): Geschichten aus der Geschichte Nordirlands. Frankfurt am Main 1987

Raykowski, Harald (Herausgeber): Voices of Ireland – Irland-Lesebuch. München 2002

Robben, Bernhard (Herausgeber): Irisches Lesebuch. München 2001

Schnack, Elisabeth (Herausgeberin): Irische Erzähler. Nachwort von Sean O'Faolain. Zürich 1952

Dieselbe (Herausgeberin): Die schönsten Liebesgeschichten aus Irland. Zürich 1969

Tremayne, Peter (Herausgeber): Der Todesstein. Irische Gruselgeschichten. Hamburg 1999

Trevor, William (Herausgeber): The Oxford Book of Irish Short Stories. Oxford 1991

Uthe-Spencker, Angela (Herausgeberin): New Irish Writers. Neue irische Erzähler. München 1974

Walter, Ilse (Herausgeberin): Irland im Herzen. Irische Erzählungen. Augsburg 2001

Allgemeine Literatur und Literaturgeschichten

Bachmann, Dieter (Herausgeber): du. Die Zeitschrift der Kultur: Nummer 3. März 1995: Dublin. Die Dubliner. Joyce in Dublin lesen. Zürich 1994

Clarke, Desmond: Ireland in Fiction: A Guide to Irish Novels, Tales, Romances and Folklore. 2 Volumes. Cork: Royal Carbery 1985

Elvert, Jürgen: Geschichte Irlands. München 1999

Ireland and its Diaspora. Irland und seine Diaspora. Dublin 1996 [Programmheft zum Festival, Frankfurter Buchmesse 1996]

Kiberd, Decan: Inventing Ireland. The Literature of the Modern Nation. London 1995

König, Johann-Günther: Irish Pubs. Ein Reisebegleiter durch Irland. Frankfurt am Main 2004 [mit vielen literarischen Beispielen]

Löpelmann, Martin: Keltische Sagen aus Irland. München 2004

Maletzke, Elsemarie: Irish Times. Unterwegs in Irland und Schottland. Frankfurt am Main 1996

O'Brien, Eoin: The Beckett Country. Samuel Becketts Irland. Frankfurt am Main 1997

Schnack, Elisabeth: Spiegelungen. Begegnungen mit Frank O'Connor, Liam O'Flaherty u. a. Zürich 1989

Schulze-Marmeling, Dietrich (Herausgeber): Nordirland: Geschichte, Landschaft, Kultur, Touren. Göttingen 1996

Sotschek, Ralf: Gebrauchsanweisung für Irland. München 1996

Lektürehinweise

Vorbemerkung: Es handelt sich hier um eine Auswahl aus einer unübersehbaren Fülle von Literatur. Es wurden nur ins Deutsche übersetzte (Prosa-)Werke erfasst; aus Raumgründen sind die jeweiligen Originalausgaben nicht angeführt. In dem vorliegenden Lesebuch vertretene Autorinnen und Autoren wurden hier nicht mehr berücksichtigt. Der Schauplatz der Handlung ist, wenn aus dem Titel nicht ersichtlich, jeweils [in Klammern] angegeben.

Bannville, Vincent: Sad Song. Roman. Frankfurt am Main 2003 [Dublin]

Banville, John: Das Buch der Beweise. Roman. München 2004 [Irland u. a.]

Bateman, Colin: Eine Nonne war sie nicht. Roman. Bergisch Gladbach 1996 [Belfast]

Binchy, Maeve: Der grüne See. Roman. München 1996 [Lough Glass]

Birch, Carol: Frauen am Meer. Roman. München 2001 [Ballinaphuca]

Bolger, Dermot: Journey Home. Roman. Marburg 1992 [Dublin]

Derselbe (Herausgeber): Finbars Hotel. Roman. [Von Dermot Bolger, Roddy Doyle, Anne Enright, Hugo Hamilton, Jennifer Johnston, Joseph O'Connor, Colm Tóibín]. Frankfurt am Main 1999 [Dublin]

Boylan, Clare: Irische Rosen. Roman. München 2002 [Dublin]

Breasted, Mary: Das Wunder von Dublin. Roman. Zürich 1996

Brown, Christy: Mein linker Fuß. Roman. München 2003 [Dublin]

Cardinal, Fran: Die Tote von Bantry Bay. Roman. Reinbek 2004

Cunningham. Peter: Die Stimme aus dem Delta. Kriminalroman. Berlin 2001 [Südirland]

Deane, Seamus: Im Dunkeln lesen. Roman. München 1997 [Nordirland]

Donleavy, James P.: Ginger Man. Roman. Reinbek 1992 [Dublin]

Dunne, Patrick: Die Keltennadel. Roman. Bergisch Gladbach 2001 [Dublin]

Friel, Brian: Das Strohwitwensystem und andere Erzählungen. Zürich 1970 [Donegal u. a.]

Gibson, Maggie: Ein mörderisches Team. Kriminalroman. Berlin 1999 [Dublin]

Healy, Dermott: Der Lachsfischer. Roman. Hamburg 2000 [Halbinsel Mullet/County Mayo, Dublin, Nordirland]

Heavy, Tara: Picknick zu dritt. Roman. München 2005 [Dublin, Ballymuck]

Hogan, Desmond: Eine merkwürdige Straße. Roman. Frankfurt am Main 1997 [Belfast, Athlone]

Kavanagh, Patrick: Ankerlicht. Roman. Zürich 1998 [Atlantikküste]

Keegan, Claire: Wo das Wasser am tiefsten ist. Göttingen 2003 [Irland]

Lavin, Mary: In einem Café. Erzählungen. Frankfurt am Main 1996 [Irland]

Lusby, Jim: Fatale Neigung. Kriminalroman. Reinbek 1997 [Waterford]

Mac Laverty, Bernard: Cal. Roman. Zürich 1986 [Nordirland]

McCabe, Patrick: Phildy Hackballs Universum. Frankfurt am Main 2001 [Barntrosa, fiktive Kleinstadt]

McCarthy, Pete: McCarthys Bar. München 2004 [Irland-Rundreise]

McCourt, Malachy: Der Junge aus Limerick. Erinnerungen. Frankfurt am Main 1999

McDermott, Alice: Irischer Abschied. Roman. Düsseldorf 2001 [Long Island und Irland]

McEldowney, Eugene: Die Ballade vom Faloorie Man. Roman. Bergisch Gladbach 2004 [Belfast]

McGahern, John: Die Bekehrung des William Kirkwood. Erzählungen. Göttingen 1996 [Die irische Provinz]

McGuffin, Sean: Der fette Bastard. Roman. Hamburg 1996 [San Francisco und Irland]

Montague, John: Anlaß zur Sünde. Erzählungen. Zürich 1969 [Dublin u. a.]

Moreton, Cole: Abschied von der Insel. München 2001 [Blasket Islands]

Morton, H. V.: Irlandreise. Frankfurt am Main 1978

Norman, Diana: Die Piratenkönigin. Roman. München 1998 [Irland im 16. Jahrhundert]

O'Connor, Bridget: Jetzt kommt John. Hamburg 1996 [Irland allgemein]
O'Connor, Frank: Einziges Kind. Autobiographie. Zürich 1964 [Cork]
O'Connor, Gemma: Die Frau auf dem Wasser. Roman. München 2001 [Südwestirland]
O'Connor, Joseph (Herausgeber): Yeats ist tot! 15 Autoren schreiben einen sehr irischen Roman. München 2001 [Dublin, Wicklow, Limerick]
O'Crohan, Tomas: Die Boote fahren nicht mehr aus. Köln 2004 [Great Blasket Island]
O'Doherty, Brian: Aufzeichnungen eines Landpfarrers. Roman. München 2002 [Kerry]
O'Faolain, Eileen: Die schöne Moireen. Geschichten aus Alt-Irland. Zürich 1974
O'Faolain, Nuala: Nur nicht unsichtbar werden. Ein irisches Leben. Berlin 2000
O'Flaherty, Liam: Zornige grüne Insel. Eine irische Saga. Roman. Zürich 1987
O'Hanlon, Ardal: Talk of the Town. Roman. List 2001 [Dublin]
O'Neill, Jamie: Im Meer, zwei Jungen. Roman. München 2003 [Dublin und Umgebung]
O'Riordan, Kate: Steine der Erinnerung. Roman. Köln 2005 [West Cork]
O'Sullivan, Maurice: Das Meer ist voll der schönsten Dinge. Köln 2000 [Blasket Islands]
Parsons, Julie: Sündenherz. Roman. München 2004 [Dublin]
Robinson, Tim: Stones of Aran. 2 Bände. Harmondsworth 1997
Ronan, Frank: Dixie Chicken. Roman. Frankfurt am Main 1998 [Irland allgemein]
Sayers, Peig: So irisch wie ich. Köln 1999 [Blasket Islands]
Sheridan, Peter: Dublin im Herzen. Roman. München 2000

Slavin, Michael: The Book of Tara. Dublin 1996

Stephens, James: Unter Irlands Himmeln. Eine Kesselflickergeschichte. Köln 1986 [Westirland]

Taylor, Alice: Zur Schule durch die Felder. Eine irische Kindheit. Köln 1996 [Newmarket County, Cork]

Tóibín, Colm: Flammende Heide. Roman. Reinbek 1996 [Enniscorthy u. a.]

Troy, Una: Das Meer ist Musik. Roman. München 2001 [Irland allgemein]

Irland im Internet

www.ireland.travel.ie
www.ireland.com
www.goireland.com
www.irland-urlaub.de
www.intercelt.com
www.visunet.ie/VisitorsGuide
www.pubireland.com
www.homepages.iol.ie/~discover/welcome3.htm
www.irland-infos.de
www.visitdublin.com/homepage.htm
www.southeastireland.travel.ie
www.askaboutireland.ie
www.dingle-peninsula.ie
www.local.ie
www.irelandinformationguide.com

[Datenbaken mit umfangreichen Informationen zu den Themen Reisen, Landeskunde, Kultur sowie zahlreichen weiterführenden Links]

Irische Literatur im Internet

www.irelandliterature.com
www.irishwriters-online.com
www.irishcultureguide.com/literature
www.poetryireland.com
www.writerscentre.ie
www.dublinwritersfestival.com
www.qub.ac.uk/iis
www.ulst.ac.uk/iasil
www.nli.ie
www.tcd.ie/library
www.jamesjoyce.ie
www.pgil-eirdata.org

[Datenbanken mit biografischen Informationen, Werkverzeichnissen, Rezensionen sowie mit Links zu den Homepages zahlreicher Autorinnen und Autoren]